KB203153

한국 신학의 두 뿌리

한국 신학의 두 뿌리
: 성(誠)과 풍류(風流)

2021년 12월 28일 초판 1쇄 발행

지은이 | 김광묵
펴낸이 | 김영호
펴낸곳 | 도서출판 동연
등　록 | 제1-1383호(1992. 6. 12.)
주　소 | 서울시 마포구 월드컵로 163-3
전　화 | (02)335-2630
전　송 | (02)335-2640
이메일 | h-4321@hanmail.net
블로그 | https://blog.naver.com/dong-yeon-press

ISBN 978-89-6447-736-6 93230

이 저서는 한국연구재단의 2019년 시간강사지원사업(과제번호: 2019S1A5B5A07110405) 지원에 의하여 연구되었음.

성誠과 풍류風流

한국 신학의 두 뿌리

김광묵 지음

동연

머리말

필자가 신학이라는 학문을 접한 지도 40년의 세월이 흘렀습니다. 당시는 신학 공부와 목회 훈련이 함께 이뤄지던 때니, 목회 생활 역시 그만큼의 시간이 흘렀습니다. 특히 필자는 장로교(예장통합) 목사이지만, 교단 신학에만 안주하지 않고, 이른바 보수적인 신학으로부터 진보적인 신학에 이르기까지 다양한 신학적 입장을 두루 섭렵하면서 신학 공부와 목회 사역을 감당해왔습니다. 그러는 가운데 필자의 가슴엔 신학과 목회는 분리될 수 없다는 신념이 굳게 세워졌습니다. 목회는 신학적이어야 하고, 신학은 목회적이어야 한다는 것이지요.

그렇지만 그러다 보니 어느 한쪽도 제대로 이루지 못한 것 같아 자괴감도 들고, 하나님 앞에서 송구스럽기도 합니다. 하지만 또다시 이런 기회가 주어질지라도 필자는 같은 노선을 고수하고 싶습니다. 신학 없는 목회나 목회를 벗어난 신학이나 둘 다 문제가 있기 때문입니다. 이것은 필자가 적지 않은 세월을 목회 현장과 신학교육 현장에서 온몸으로 부딪히는 가운데 절실하게 깨달은 사실입니다. 목회와 신학이 분리된 듯한 한국 교회의 목회 현장과 신학교육이 사실상 오늘의 한국 교회의 민낯을 만들어온 것이 아닐까요?

더욱이 필자는 목회와 신학 공부를 병행하면서 달려오는 동안 늘 가슴에 살아 있는 질문이 한 가지가 있었습니다. 그것은 "하나님의 말씀을 한국인이라는 대상에게 어떻게 전할 것인가?"에 대한 것입니다. 그래서 필자는 학부 때부터 늘 복음과 한국인이라는 화두를 가슴에 안고 달려왔습니다. 그러다가 석사과정에서 만난 스승 김광식 박사님을 통해 한국 신학에 대한 구체적인 접근을 하게 되었고, 박사과정에서 만난 스승 김흡영 박사님을 통해 서구 신학의 깊고 다양한 세계와 한국 영성과의 만남 문제를 바탕으로, 한국 신학이라는 주제에 한층 정진할 수 있게 되었습니다. 이 지면을 빌려 두 분 스승님의 가르침에 깊은 감사를 표하고 싶습니다.

본 연구의 주된 내용은 본래 석사과정에서 수행했던 윤성범 신학에 대한 연구("土着化神學으로서 誠의 神學에 대한 研究")를 대폭 수정하고(2장), 유동식 신학에 대한 연구를 새롭게 진행하였으며(3장), 한국 신학에 대한 필자의 생각과 이해를 나름대로 표현한 것입니다(1장, 4장). 책 제목 '한국 신학의 두 뿌리'는 한국 신학의 거장이신 두 분의 신학을 정리한 것임을 암시합니다. 이 작업의 시작은 김광식 박사님의 제안으로 이뤄졌지만, 목회와 신학 공부를 이유로 작지 않은 세월 동안 미뤄오다가 한국연구재단의 2019년 시간강사지원사업에 선정되어 본격적인 연구가 이뤄졌고, 부족하나마 결실을 드러내게 됐습니다. 이에 대해 한국연구재단에 깊은 사의를 표하는 바입니다. 한국연구재단의 지원이 없었다면, 도무지 꿈꾸지 못할 일이기 때문입니다.

한국 교회 안에는 한국 신학에 대한 오해와 편견이 여전하지만, 사실상 한국 교회라는 독특성 자체가 이미 한국 신학이라는 장르를 요청하고 있습니다. 따라서 서구 신학만이 하나님의 말씀인 성서에 가장 가까이 접근하였고, 한국 신학은 변방의 신학이라는 태도는 이미 의미가 없습니다. 오히려 지금껏 서구 신학 일변도의 한국 신학계가 만들어낸 것이 오늘날 한국 교회의 현실이라면, 거기에 대한 깊은 반성이 필요하지 않을까요? 신학은 교회를 교회답게 만들고, 교회의 목회 활동을 건강하게 만들어주어야 한다고 봅니다. 이를 위해 신학은 늘 냉철하게 자신을 돌아보고, 성서를 통하여 '오늘 그리고 여기(Here and Now)'를 향한 하나님의 말씀을 다시 들어야 하겠지요. 목회 또한 현장에서 제기되는 문제들을 안고서, 신학적으로 깊이 숙고하는 진실한 태도가 요청되겠지요. 그렇게 할 때 한국 교회는 교회다운 교회로 세워질 것입니다. 필자는 바로 이러한 고민을 안고, 이 작업을 수행하였습니다. 보잘것없는 이 작은 몸부림이 한국 교회와 사회에 작은 물결이라도 일으킬 수 있다면, 필자는 그것으로 인해 살아계시는 하나님께 감사할 것입니다.

사실 이 책은 어떤 이들에겐 다소 어려울 수도 있습니다. 또한 장로교회 목사로서, 감리교회의 신학자들에 대한 이야기를 하는 것 자체가 어느 정도 편견이 작용할 수도 있습니다. 그렇지만 독자들이 조금만 인내한다면, 복음과 우리 영성과의 만남의 문제를 두고 씨름했던 선각자들의 고민에 동참할 수 있을 것입니다. 필자는 교단 신학적 입장을 떠나 한국 교회라는 보다 큰 맥락에서 두 선각자의 사상을 이해하려고 노력했습니다. 그렇지만 그 과정은 사실상 거대한 두 기둥 앞에 너무도 왜소한 자신의 현실을 탓하는 순간들이기도 했습니다. 독자 제위의 양해와 함께 더욱 깊은 가르침을 기대합니다.

끝으로 오랜 세월 힘든 목회자의 길에 말없이 동행해준 아내와 사랑하는 자녀들에게 고마움을 전하고, 부족한 종의 목회 현장인 오산찬양교회 성도들에게 기쁨을 전합니다. 그리고 특히 어려운 시기에 출판을 맡아준 도서출판 동연 김영호 대표님을 비롯한 임직원들께 심심한 감사를 표합니다. 귀한 출판사를 하나님께서 더욱 새롭게 세워가시기를 진심으로 기도하는 마음입니다. 하나님의 은혜와 평강이 독자들에게 늘 함께하시기를 기원합니다.

2021년 12월

김광묵 목사

차례

2장 | 윤성범과 성(誠)의 신학

3장 | 유동식과 풍류신학

들어가며

한국 신학이라는 지평

성서는 하나님께서 당신의 피조물인 인간과 세상을 사랑하셔서 자신을 나타내신다고 말한다. 신학은 이 하나님의 자기 드러내심을 계시(Revelation)라고 부르며, 그 목적은 인간과 세계의 구원이라고 진술한다. 그런데 성서는 하나님의 그 계시가 예수 그리스도를 통하여 온전하게 주어졌음을 밝힌다. 곧 성서는 하나님 아들이 사람이 되셨는데(Incarnation), 그분이 예수 그리스도이며, 그분은 세상을 위한 속죄양으로서 십자가에 달려 죽었고, 3일 만에 부활함으로써, 참된 구주가 되셨다고 말한다(요 1:14, 3:16; 빌 2:5-11). 즉 예수 그리스도의 오심과 그분의 사역이 인간과 세계를 위한 하나님의 구원사건이며, 그런 의미에서 예수 그리스도가 하나님의 자기 계시라는 것이다. 성서는 이러한 예수 그리스도를 통한 하나님의 자기 계시에 대한 증언이며, 그런 의미에서 성서는 하나님의 말씀이다.

그런데 성서는 하나님께서 그 예수를 그리스도로 믿는 이들에게 구원을 베푸신다고 말함으로써(요 1:12), 과거에 일어난 하나님의 구원사건이 오늘 우리를 위한 은총임을 선포한다. 그리고 신학은 그 은총에 대한 수용의 태도를 신앙(Faith)이라고 부른다.[1] 즉 하나님은 그리스도 안에서 인간과 세계의 구원을 위한 객관적 근거를 마련하셨고, 인간은 그 은총을 수용함으로써 구원의 자리에 서게 되는데, 그 하나님의 객관적 구원행위에 대한 인간의 주체적 수용과 신뢰가 바로 신앙인 바, 그것은 곧 "하나님의 구원사건에 대한 인간의 응답"을 의미한다.[2] 그런 의미에서 신앙은 객관적인 하나님의 구원 은총을 오늘의 우리를 위한 주관적·구체적인 사건이 되게 하는 결정적인 계기이다. 그렇지만 신앙은 인간의 가능성에서 출발하는 인간적 사건이 아니라 하나님의 절대적 은총의 사건이다. 왜냐하면 하나님의 객관적인 구원행위는 인간의 그 어떤 것과도 연결되지 않을뿐더러, 인간은 단지 그 은총을 수용할 뿐이기 때문이다(엡 2:8-9).

이렇게 보면 기독교 신앙은 하나님의 절대적 은총에 대한 인간의 수동적인 수용인 동시에 주체적인 신뢰라는 이중적 의미를 갖는다. 이러한 신앙개념은 역사적으로 다양하게 이해되었다. 특히 우리에게 익숙한 신앙에 대한 명제는 루터(M. Luther)의 "믿음에 의한 칭의(以信得義)" 혹은 "오직 믿음(*sola fide*)"이라는 표현인데, 문제는 이것이 종교개혁신학 명제 중, 가장 많이 오해되었다는 점이다. 곧 루터의 오직 믿음은 본래 "오직 믿음 자체 만에 의해서"라는 뜻이기보다, "오직 은총에 의해 수용된 믿음을 통하여"라는 의미를 담고 있다. 곧 루터에게 있어서 신앙이란, 기본적으로 하나님의 은총에 대한 수용 이외에 다른 뜻이 아니었다.[3]

칼뱅(J. Calvin) 역시, 같은 맥락에서 신앙을 이해한다: "믿음은 하나님께서 우리에게 긍휼을 베푸시는 것을 확고하고도 분명하게 아는 지식이며, 이 지식은 그리스도 안에서 값없이 주어지는 약속의 신실성에 근

1 김균진, 『기독교조직신학 III』(서울: 연세대학교 출판부, 1987), 145.

2 *Ibid*.

3 P. Tillich, *A History of Christian Thought* (New York: A Touchstone Book, 1972), 236.

거하고, 성령에 의해 우리의 지성에 계시되고, 우리의 마음에 인친 것이다."[4] 곧 칼뱅에 따르면 신앙이란, 첫째, "우리를 향한 신적 긍휼"에 근거한다. 즉 신앙은 하나님의 긍휼에 대한 전인격적 확신이라는 점에서, 신앙은 인간에게서가 아닌, 하나님의 은총에서 시작된다는 것이다. 둘째, 신앙은 "확고하고 분명하게 아는 지식"이라는 것이다. 칼뱅은 신앙을 특히 지식(*cognitio*)으로 표현하는데, 이는 단순한 지성(Intelligence)이 아닌, "우리의 마음에 인친 것"으로서, 하나님의 구원 은총을 인식하고, 수용하는 결단과 관련된 지식이다. 따라서 신앙은 하나님의 약속과 성령의 은혜에 의해, 우리에게 주어지는 은총으로서 성격을 지닌다.[5] 이러한 신앙은 그리스도와의 신비적 연합(*unio mythtica cum Christi*)을 가져오고, 거룩한 삶을 펼치게 한다. 이처럼 칼뱅에게 있어서 신앙이란, 하나님의 구원 은총을 인정하고 수용하는 동시에, 그분에 대한 전인격적인 신뢰와 헌신으로의 결단을 의미한다. 그렇지만 신앙은 우리의 주관적·내면적 심리상태를 뜻하지 않는다. 오히려 신앙은 지·정·의 전인격적 차원이며, 그것은 우리에게 하나님을 향한 새로운 행위를 가져오는 바, 곧 신앙인은 신앙 대상인 삼위일체 하나님을 예배하고(情), 그분의 사람으로 살아갈 뿐 아니라(意), 자신이 믿는 바를 고백하고 진술하는 신학(Theology)을 추구하게 된다는 것이다(知).

그런데 초기 교회는 외부적으로는 극심한 박해에 직면했고, 내부적으로는 각종 이단들과 투쟁상황이었기에(특히 영지주의), 처음부터 과학적이고 체계적인 학문으로서 신학 작업이 불가능했고, 다만 변증가들에 의한 변호와 증언이 대부분이었다. 그 후 밀란 칙령(313)에 의해 기독교

---

4 J. Calvin, *Institutes of Christian Religions* III(1559), Trans. Ford Lewis Battles (Philadelphia: The Westminster Press, 1960), 2-7.

5 이양호, 『칼빈, 생애와 사상』(서울: 한국신학연구소, 2001), 137-155.

가 공인되자, 비로소 다양한 신학 활동이 이뤄졌고, 주요 교리들이 제정되었다. 역사적으로 가장 고전적인 교리는 니케아신조(325)라 할 수 있다. 이러한 신학 활동은 12세기의 캔터베리 대주교 안셀무스(St. Anselmus)의 "나는 이해한 다음에 신앙하고자 하는 것이 아니라, 오히려 이해하기 위하여 신앙한다(*fides quaerens intellectum*)"는 명제처럼, 신앙인은 자신의 신앙 대상인 하나님에 대한 이해를 추구함으로써, 신앙의 기쁨을 고양함에 그 의의가 있다. 기독교 신앙은 처음부터 맹목적인 것이 아니라, 신앙 대상에 대한 이해를 추구하기 때문이다. 그리하여 신학은 잠정적으로 하나님에 관한 이해를 추구하는 교회의 이성적 · 학문적 활동이라고 정의할 수 있다. 즉 예수 그리스도 안에서 자신을 드러내신 하나님께 대한 신앙은 신자로 하여금, 하나님에 관해 탐구하도록 자극하고, 현실에 안주하려는 습성과 싸우게 하며, 하나님과 세상과 인간에 대해, 미처 검토하지 못한 전제들을 놓고 끊임없이 질문하게 만드는 바, 신학은 이러한 신앙인의 지성적 열정에 대한 교회의 이성적 응답이라 할 수 있다.[6]

그런데 신학은 언제나 자신의 역사적 · 실존적 삶의 자리를 갖고 있다. 다시 말해서 신학은 하나님 말씀인 성서가 선포하는 진리, 즉 하나님의 절대적 자기 계시인 예수 그리스도의 십자가와 부활의 복음(Kerygma)에 대한 진술에 근거한다는 점에서는 보편성(Ecumenicity)을 갖지만, 동시에 그것이 선포되는 구체적 · 역사적인 삶의 자리, 곧 신학하는 주체의 개별적 삶의 자리라는 특수한 현장성(Locality)을 지니게 된다. 그리하여 신학은 초월적이고, 객관적인 하나님의 계시와 역사적 · 주관적인 인간의 경험과의 관계, 즉 하나님의 말씀(Text)과 인간의 상황(Context)과의 관계에서 양자를 통전적으로 상호 연관시키고, 매개 · 통합하는 과정을

---

6 D. L. Migliore/신옥수, 백충현, *Faith seeking Understanding*, 『기독교조직신학개론』 (서울: 새물결플러스, 2012), 27.

요청한다.[7] 이러한 측면에서 신학은 the Text(성서)와 Context(상황) 사이의 부단한 대화라 할 수 있고, 이에 따라 신학은 과거 전통에 대한 단순한 반복이 아닌, 하나님 말씀을 시대 · 역사 · 문화적 상황에서 재해석하고, 오늘, 여기(Here and Now)라는 구체적 현실에서 진술하는 과제를 지닌다. 이러한 신학 연구는 다음과 같은 매우 복잡한 과정을 거치게 된다.

첫째로, 신학은 하나님의 말씀인 성서에 관한 진지한 연구를 요청한다. 즉 교회의 학문인 신학은 성서가 말하는 복음의 진리를 진술함으로써, 교회사역의 바탕이 되며, 교회가 선포하는 복음에 대한 비판적 기능을 수행한다는 점에서, 늘 성서에 근거하며, 성서의 진리를 그 시대와 상황 속에서 새롭게 해석하는 사명을 지닌다. 이를 위해 신학은 무엇보다 성서의 사신에 대한 진지한 경청이 필요하다. 하나님의 말씀에 대한, 성실하고 진지한 연구에 바탕을 두지 않는 신학은 자칫 한 시대의 시류에 의해 좌우되는 종교적 이념으로 그칠 위험이 있기 때문이다.

둘째로, 신학은 교회의 유산에 대한 진지한 검토를 요청한다. 왜냐하면 모든 신학은 사실상 하나님의 말씀에 대한 일종의 시대적 해석이기 때문이다. 신학은 이러한 교회의 유산을 성서에 비춰서 재검토하고, 자신의 시대적 맥락에서 새롭게 해석하는 비판적 기능을 함께 갖고 있다. 이러한 태도는 종교개혁신학에서 잘 드러난다. 개혁자들은 과거의 신학적 전통(특히 아우구스티누스의 신학)을 하나님의 말씀에 비춰서, 자신들의 종교 · 문화적 맥락에서 새롭게 해석하였다. 그래서 그들의 신학은 개혁신학이고, 계속해서 개혁을 추구하는 신학이라는 프로테스탄티즘의 전통을 수립함으로써, 신학발전에 중요한 공헌을 하였다.

셋째로, 신학은 성서와 교회의 유산과 함께, 신학도의 삶의 자리에 대한 역사 · 문화적인 상황(Context)에 대한 진지한 검토를 요청한다. 신학

---

7 윤철호, 『현대신학과 현대개혁신학』(서울: 장로회신학대학교출판부, 2008), 199; 204.

이 아무리 성서와 전통에 충실할지라도. 그것이 선포되는 삶의 자리(목회 현장)와 무관한 메시지라면, 또 하나의 현학으로 그칠 수 있기 때문이다. 그런 면에서 신학은 처음부터 실존적·실천적 성격을 함의한다. 전술한 바와 같이 종교개혁자들은 한결같이 성서에 기반을 두고서, 과거의 신학적 전통을 공부하는 데에 게으르지 않았을 뿐만 아니라, 자신의 시대적 상황에 대해서도 날카로운 지성의 눈을 가졌다는 사실은 우리에게 좋은 귀감이 될 수 있다. 그런데 신학의 대상인 인간과 그의 세계는 고정되어 있지 않고, 늘 변화하는 과정이라는 점이 신학 작업에 어려움을 불러온다. 즉 하나님 앞에 서 있는 인간과 그의 역사·문화적 상황이 매우 다양하고, 늘 변화되는 현실에서, 신학은 인간의 제한된 언어와 논리와 사고방식을 바탕으로, 성서의 하나님과 그분이 말씀하시는 바를 진술해야 하기 때문에, 언제나 한계를 느끼게 된다. 이에 대해 김균진은 "신학은 영원한 하나님의 말씀을 부족한 인간의 통찰과 언어를 통하여, 특정한 시대 속에서 해석해야 한다"는 점에, 난점이 있음을 지적했다.[8] 이러한 맥락에서 신학은 시대마다 그리고 신학자마다 다양한 모습일 수밖에 없다(다양성). 따라서 어떤 신학도 완벽할 수 없으며 또한 부단한 자기 발전을 꾀하지 않는 신학은 언제든지 그 생명력을 잃을 수 있다. 그런 점에서 신학은 자기 절대화에 대한 집착을 버리고, 매 순간 예수 그리스도를 통한 하나님의 자기 계시에 근거하여, 자기를 새롭게 규정해야 한다. 신학은 언제나 도상의 학문이기 때문이다.

넷째로 신학은 항상 자기 방법론에 대한 진지한 검토가 필요한 바, 곧 복음의 토착화 문제가 그것이다. 신학은 하나님의 진리를 인간의 제한적인 언어로써 표현한다는 점에서, 어떤 신학도 절대화될 수 없고, 끊임없는 자기 발전과 다양성이 필요하다(현장성, 다양성). 그렇지만 신

8 김균진, 『기독교조직신학』 1(서울: 연세대학교출판부, 1986), 10.

학은 자체 안에 신학으로써 견지해야 할 내용이 있는 바(항구성, 보편성), 그것은 하나님의 자기 계시인 예수 그리스도의 복음이다. 왜냐하면 복음은 신학을 기독교적이 되게 하는 본질적인 내용이기 때문이다. 따라서 복음에 대한 진술이 불분명한 신학은 그 정체성을 상실했다고 말할 수밖에 없다. 다시 말해서 신학은 늘 기독교 신학으로써 정체성을 견지해야 하며, 그것은 무엇보다 하나님의 아들 예수 그리스도의 십자가와 부활의 복음에 그 중심이 있다.

그런데 문제는 그 복음은 처음부터 텅 빈 진공 세계가 아닌, 다양한 종교·문화적 상황을 안고 있는 실존적인 삶의 현장 한복판에 선포되었고 그것은 지금도 여전히 그렇다는 점에서, 신학의 주요 방법론으로서 이른바 토착화(Indigenization)의 문제가 대두된다. 사실 토착화 문제는 근대 이후 선교 현장에서 비로소 제기된 것이 아니라, 성서 자체가 이미 그것을 전제하고 있다. 즉 구약시대 이스라엘의 신앙과 삶은 서아시아의 종교·문화와 깊은 관련이 있는 바, 이스라엘 종교가 그 토양에 뿌리를 내리면서, 더욱 풍요로운 신앙을 창조하기에 이르렀다.[9] 물론 그 과정에서 부정적인 요소도 함께 유입되었고, 이스라엘이 그로 인해 많은 고통을 겪었지만, 역설적이게도 그것은 이스라엘의 신앙과 삶을 더욱 풍요롭게 만들었다.

가령 이스라엘의 구원신앙은 고대 서아시아의 창조신앙과의 만남을 통해, 여호와에 대한 이해의 폭이 훨씬 넓어졌다.[10] 신약성서 역시 유대-

---

9 구약성서학은 이스라엘의 야웨 종교가 서남아시아 종교·문화 속에 어떻게 토착화되었는가를 밝혀준다(H. Ringgren/김성애, *Israelitsche Religion*, 『이스라엘의 종교사』[서울: 성바오로출판사], 1990; C.F. Whitley, *The Genius of Israel*, Philo Press, Amsterdam, 1969; 김중은, "성서신학에서 본 토착화신학", 「基督教思想」 제390호 (1991. 6.), 16-28; 김이곤, "토착화신학의 성서적 전거", 『예수·민중·민족』, 서울: 한국신학연구소, 1992, 94-104).

10 물론 이 시각은 보수적 입장에서는 수용하기 어렵겠지만, 그들도 이른바 점진적

그리스 문화권을 중심한 복음의 토착화 현상을 보여준다. 즉 하나님의 자기 계시는 유대문화권이라는 구체적·역사적 상황에서, 예수 그리스도라는 한 인격을 통하여 주어졌는데(요 1:11, 14), 그분은 일차적으로 한 사람의 유대인으로 오셨지만(成肉身), 또다시 사마리아인과 이방인들의 구원을 위한 선한 사마리아인과 이방인으로 다가오신다는 것이다(土着化). 즉 하나님 아들은 이스라엘이라는 특정 역사·문화적 상황에 성육신했지만, 다시 복음(Kerygma)의 형태로서, 또 다른 역사·문화적 시·공간에 자기를 드러내신다. 따라서 예수 그리스도는 "유대인인 동시에 이방인도 되신다(*simul Judaeus et paganus*)." 다시 말해서 그분은 성육신을 통해 우리에게 원초적으로 오셨지만, 토착화를 통해 우리에게 두 번째로 오신다.[11] 바로 이런 맥락에서 우리는 과거 이스라엘의 하나님 여호와를 그리스도 안에서, 오늘 우리의 하나님으로 고백하게 된다. 왜냐하면 하나님은 오직 한 분이기 때문이다. 그래서 이제 우리는 다음과 같은 성구를 보다 실존적으로 음미할 수 있다.

> **하나님은 유대 사람만의 하나님이십니까? 이방 사람의 하나님도 되시는 분이 아닙니까? 그렇습니다. 이방 사람의 하나님도 되십니다. 참으로 하나님은 오직 한 분이십니다(롬 3:29-30a).**

그렇지만 토착화는 인간의 신학 작업 이전에 하나님 자신의 사건으로서, 우리를 향한 하나님 오심의 사건이요, 과거 이스라엘을 구원하셨

계시(Progressive Revelation)라는 차원에서 본다면, 어느 정도 수용 가능성이 있을 수 있다.

11 Kwang Shik Kim, "Simul Christianus et Paganus", *Theologische Zeitschrift*, Universität Basel, Jahrgang 54-1998, 241-244(이하 TZ).

을 뿐만 아니라, 그들 역사에 함께하셨던 여호와 하나님을 오늘 우리의 하나님으로 고백하려는 교회의 신앙적 자각이요, 하나님의 구원 은총에 대한 응답이다. 이에 따라 한국 신학 역시 그리스도 안에서 한국인을 구원하신 하나님에 대한 한국 교회의 신앙적 자각이라 할 수 있다. 신학에 대한 이러한 논의는 결국 기독교가 역사와 분리된 초월적인 종교 현상이 아닌, 처음부터 주위 종교와 문화 그리고 역사적 상황과 밀접하게 관련된 역사적 종교임을 시사한다. 즉 토착화신학은 단지 유행적 신학 사조나 다양한 신학 주제 중의 하나가 아니다. 형태상의 차이는 있지만, 처음부터 교회의 관심사였으며, 선교사역과 연관된 중요한 문제이다. 특히 심일섭은 "토착화의 문제는 어느 민족이나 지역교회를 위한 과제라기보다는 복음 자체의 성격에 연유하는 선교적 요청이라"고 주장함으로써, 토착화신학의 당위성을 분명하게 일깨웠다.[12]

특히 한반도는 다양한 종교·문화적 상황에서 기독교 복음을 수용했다. 한반도에는 일찍이 시베리아로부터 흘러든 샤머니즘(Shamanism)이 살아 있었고, 그것을 바탕으로 유·불·선(儒·佛·仙)이 서로 영향을 주고받으면서, 한국인의 심성에 뿌리내려왔다. 따라서 한국기독교는 처음부터 이들 종교와의 관계에서 자신의 역사를 열어야 했다. 그렇지만 기독교는 기존의 종교들을 대체물이거나 또 다른 정신적 돌파구가 아니었다.

오히려 이미 한국인의 심성 속에 살아 있는 기존 종교적 요소들과의 만남을 통해, 그것들을 창조적으로 변화시켜왔을 뿐 아니라, 한민족을 구원하는 참된 종교로서 역사를 열었다는 데에 우리의 관심이 있다. 그런 의미에서 한국에서 기독교 신앙과 신학을 말한다는 것은 일차적으로 한국적인 종교다원적 현실에서의 기독교의 자기 정체성 문제와 연관될 수밖에 없고, 이것은 결국 한국에서의 신학 활동은 어떤 형태든 토착화

---

12 심일섭, "韓國神學 形成史 序說(上)", 「基督敎思想」 제174호(1972. 11.), 91.

와 연관되지 않을 수 없음을 시사한다.

한국 교회(개신교회)는 초기 약 30년간을 제외한 이른바 한국 신학 태동기부터 이미 토착화에 관심을 가져왔지만,[13] 본격적인 논의는 1960년대에서였다. 사실 토착화란 용어는 장병일(張炳日)이 가장 먼저 사용했지만,[14] 토착화신학에 대한 학문적 정리는 윤성범(尹聖範)과 유동식(柳東植)에 의해서였다. 후자는 토착화 논쟁의 효시를 이뤘다는 점에서 한국 토착화신학사에 한 획을 그었고, 전자는 나중에 논쟁에 가담했지만, 가장 먼저 토착화신학 방법론을 제기했다는 점에서 역시 큰 발자취를 남겼다. 그리하여 두 사람은 토착화신학이 한국 신학으로써 자리매김하는 데에 산파역을 담당함으로써, 한국 신학의 새로운 지평을 열었다고 할 것이다. 본 연구는 한국 신학으로써 토착화신학의 양대 산맥인 윤성범의 성(誠)의 신학(神學)과 유동식의 풍류신학(風流神學)에 대한 이해에 주안점이 있다. 그동안 한국 신학계에서 두 사람의 신학 사상에 대한 논의는 적잖게 이뤄졌지만, 그들의 지대한 공헌에 비해 미미할 뿐 아니라 그나마 많은 오해까지 품고 있는 실정이다. 이것은 아마도 과거 토착화 논쟁과 한때 감리교단 내에서 있었던 종교다원주의 논쟁과 연관이 있는 것으로 보인다.[15] 그리고 한편 토착화신학 자체가 1970년대 이후

13 유동식은 한국근대사를 구한말시대, 식민지시대, 해방후시대 등으로 구분하고, 여기에 따라 한국 신학 사상사 역시 태동기(1900년대), 정초기(1930년대), 전개기(1960, 1970년대)로 나누면서, 태동기의 신학사적 주요 인물을 윤치호(尹致昊)와 최병헌(崔炳憲)을 든다. 신학사에 대한 이러한 구분은 신학 잡지들의 발간연대를 중심한 것이지만, 다분히 토착화신학적 관점이다(유동식, 『韓國神學의 鑛脈』, 서울: 전망사, 1986, 46-65).

14 장병일, "檀君神話에 대한 神學的 理解-創造說話의 土着化小考", 「基督敎思想」 제49호(1961. 12.), 70-77.

15 토착화신학에 대해 보수적 시각에서는, 복음에 대한 왜곡 혹은 변혁주의 또는 종교 혼합주의로, 민중신학적 측면에서는 시대적 상황을 무시한 진부한 구시대적 유물로 오해한다(김광식, "토착화신학에서 본 문화신학", 한국 문화신학회

현실 참여를 강조하며 등장한 민중신학에 의해 가려지면서, 그것은 마치 더는 논의 가치도 없는 구시대 유물처럼 보인 데에도 한 원인이 있다고 할 것이다.

혹자의 오해처럼, 한국 신학으로써 토착화신학은 이른바 문화습합론이나, 문화혼합주의 혹은 종교다원주의가 아니며, 단지 한 시대를 풍미하고 지나간 유행신학도 아니다. 그것은 오히려 한국 종교·문화적 영성을 바탕으로 예수 그리스도의 복음에 대한 참된 이해를 지향한다는 점에서, 이해를 추구하는 신앙(*fides quaerens intellectum*)이라는 고전적 전통에 서 있을 뿐만 아니라, 한국인의 구원을 지향하는 선교적 관심이라는 양대 모토에 뿌리를 둔 한국 교회의 실존적인 자기 이해의 노력이다. 다시 말해서 한국 신학으로써 토착화신학은 한국적인 사회·문화적 현실에 존재하는 한국 교회의 실존적인 삶의 표현양식이지, 결코 서구식 칵테일 영성이 아니며 또한 성령의 역사에서 비롯된 복음과 한국인의 심성(영성)과의 구체적인 만남, 곧 하나님의 거룩한 구원사건으로부터 솟구치는 한국 교회의 신학적 자기반성이요,[16] 신학화 작업 이전에 그리스도를 통해 자기 안에 일어난, 하나님의 구원역사에 대한 인간의 실존적인 자기 이해이다. 그러므로 토착화신학은 하나님의 성령에 의한 선행적인 은총의 차원과 그 은총에 대한 교회공동체의 실존적 자기 이해라는 이중적 지평(duel Horizon)을 견지한다.

이러한 원리를 바탕으로, 한국 신학은 복음에 대한 건전한 이해에

편, 『한국 종교문화와 그리스도』, 서울: 한들, 1996, 11-15).

16 "성령의 역사로서 토착화"란, 토착화를 인간적 노력 이전의 하나님의 구원사건이요, 교회공동체적 사건이며, 인간 의식 이전에 일어나는 성령에 의한 사건으로 이해하려는 시각이다(김광식, 『土着化와 解釋學』, 서울: 대한기독교서회, 1987. 7. 23.; 김광식 교수회갑기념논총위원회, "김광식의 신학 사상(대담)", 김광식 교수 회갑기념논총, 『해석학과 토착화』, 서울: 한들, 1999. 5. 30., 536).

뿌리를 두고, 교회의 거대한 전통적 유산들의 바탕 위에서 한국적 영성(靈性)의 채널을 통해 복음을 해석하고, 한국인의 심성의 토양에 심긴 복음의 씨앗에 대하여 한국적 열매를 기대한다. 그리하여 한국 신학은 한국인을 향한 하나님의 구원역사에 헌신하면서, 하나님 나라를 위한 참된 섬김의 길을 가려고 한다. 이러한 측면에서 우리는 한국 신학이라는 거대 담론 안에 토착화신학을 담으려 하고, 이것은 나아가 민중신학과 종교 신학까지도, 한국 교회 공동체가 한민족 선교를 위한 책임 의식을 바탕으로 한민족의 종교·문화적 영성과의 대화를 통해 수립해온 한국 신학이라는 측면에서 바라보려고 한다. 다만 여기서는 지면 관계상 한국 토착화신학을 바탕으로 한국 신학을 이해하되, 특히 해천 윤성범의 성의 신학과 소금 유동식의 풍류신학에 대해 서술하려고 한다.

1장

한국 신학의 형성과 흐름

한국 교회는 선교 사상 유래를 찾기 어려울 정도로, 짧은 기간에 큰 성장을 이뤘다는 평가를 받고 있다. 세인들은 그 요인을 한국 사회의 역사적 위기 상황에서의 입신안명(立身安命) 추구라는 심리적 동기와 봉건사회에 대한 개혁적 동기에서 찾으려 한다. 물론 한국 교회의 성장 배면에는 그런 측면도 있다. 그러나 한편 그것은 한민족의 독특한 종교·문화적 영성과도 무관하지 않을 것이다. 한민족은 예로부터 다양한 외래 종교·문화를 수용하여 재주조하는 저력을 품고 있었다. 가령 일찍이 전래된 불교나 유교 등은 모두 본래 모습을 넘어, 이른바 한국적 불교, 한국적 유교 형태로서, 토착 종교를 형성했다. 이러한 한민족의 종교·문화적 영성은 조선 후기(18C)에 전래된 천주교회나 조선 말기(19C)에 한반도 역사에 등장한 프로테스탄트교회(개신교회)에서도 그 저력을 발휘했고, 그 결과 한국 교회적 영성이라는 독특한 결실을 가져왔다. 더욱이 오늘 한국 사회는 다양한 종교들이 공존하는 종교다원적인 상황이지만, 특별히 종교 문제로 인한 갈등이 거의 없는 독특한 사회적 특성 역시 한국 종교·문화적 영성에서 찾을 수 있다.

해천(海天) 윤성범(尹聖範)과 소금(素琴) 유동식(柳東植)의 신학 사상에 대한 고찰에 앞서, 한국 교회의 신학 사상 형성과정에 대해 고찰하는 이유는 독특한 한민족 심성에 뿌리내린 한국 교회의 신앙과 신학의 현주소를 이해하기 위해서이다. 신학이란 하나님의 자기 계시에 대한 인간의 이성(理性)적 반사를 의미한다. 그런데 신학은 무엇보다 예수 그리스도를 통한 하나님의 자기 계시를 구원의 복음으로 수용하도록 이끄시는 성령에 의한 특별한 은총을 전제하게 되며, 이러한 신학은 하나님께서 각 민족에게 허락하신 독특한 종교·문화적 영성에서 비롯된 이성적 채널에 의해 이뤄지는 학문적인 활동 내지, 응답이라고 할 수 있다. 이러한 시각에서 보면, 기독교 신학사 전체가 하나님의 자기 계시에 대한 각 시대적·민족적·문화적 영성을 바탕으로 하는 열매들이라 할 수 있고, 이것은 한편, 한국 교회의 모든 신학 활동들이 복음에 대한 한민족의 종교·문화적 영성에 의한, 복음의 한국적 토착화의 문제와 연관된다고 할 것이다. 그렇다면 한국 교회의 신학은 어떻게 형성되었으며, 그 흐름은 또한 어떻게 이어졌는가?

I. 한국 신학의 역사적 흐름

한반도에 전래된 기독교는 150여 년의 역사를 이어오고 있다.[1] 그런데 그것은 한국 교회만의 독자적 여정이 아니라, 다양한 한국 문화·사회적 현실과 맞물려 있다. 이것은 신학적 측면에서도 마찬가지다. 즉 오랜 한민족의 역사적 과정을 통해 형성된 사회·종교·문화적 영성이 예수 그리스도의 복음에 대해, 한국인 나름의 응답을 가져왔고, 한국 교회적 특수한 현실을 이뤘으며, 그 한국 교회의 장으로부터 한국 신학이 형성되었다는 것이다.[2] 그리하여 한국 신학사의 흐름과 그 의미에 대한 규명은 한국 신학 연구를 위한 필수 과제라고 할 수 있다.

그런데 이것은 단순히 몇몇 신학자의 신학 사상에 대한 무의미한 나열이 아니라, 민족문화사의 흐름과 연계하여 정리된, 한국 교회사의 조명을 바탕으로 이뤄져야 할 통전적인 작업이어야 한다. 이러한 측면에서 신학 사상사를 서술해온 이들은 유동식, 송길섭, 심일섭, 주재용 등이다. 우선 유동식은 한국 근세사 100년을 크게 구한말시대, 일제식민지시대, 해방 후 시대로 구분하고, 그 밑그림에 따라 한국 신학사를 다음과 같이 이해한다.[3]

---

1 한국 교회의 역사는 천주교회를 포함하면 약 250년이지만, 여기서는 19세기 말 프로테스탄트교회의 전래를 중심으로 논의하려고 한다.

2 유동식은 한국 신학을 한국에서 이뤄진 신학 활동 전체(한국의 신학)와 한국 교회의 문화적 전통과 역사적 특수성을 배경으로 형성된 개성 있는 신학(한국적 신학)으로 구분한다(『韓國神學의 鑛脈』, 3-4). 그러나 양자 모두 사실상 한국 교회가 지닌 문화적 전통과 한국 사회라는 역사적 특수성을 기반으로 한다는 점에서, 굳이 양자를 구분할 필요는 없을 것이다. 필자는 다만 외국 신학의 단순한 번역과 적용을 넘어, 한국 종교·문화적 영성을 바탕으로 기독교 복음을 이해하려는 한국 교회의 주체적인 신학 활동을 한국 신학으로 잠정 규정한다.

3 유동식, "1970年代의 韓國神學", 「神學思想」 제36집(1982. 3.), 81.

1) 한국 신학의 태동기(1900~1915) — 「신학월보」 시대

2) 한국 신학의 발아기(1916~1927) — 「신생명」 시대

3) 한국 신학의 정초기(1928~1939) — 「신학세계」와 「신학지남」 시대

4) 한국 신학의 혼란기(1940~1956) — 「십자군」 시대

5) 한국 신학의 개화기(1957~1972) — 「기독교사상」 시대

6) 한국 신학의 발전기(1973~1982) — 「신학 사상」 시대

곧 유동식은 한국 신학사를 신학 잡지들을 중심으로 이해하되, "한국 신학의 광맥"이라는 대주제로 한국 교회가 배출한 걸출한 신학자들의 사상을 분석 · 정리하여, 「基督教思想」에 게재하였고(제116-127호/1968. 1-11.), 그것을 단행본으로 출판했다(『韓國神學의 鑛脈』, 1982). 그의 작업은 한국 교회 역사상 최초로 한국 신학 사상사라는 이름으로 각 교단 신학의 형성과정과 여러 신학자의 사상을 정리한 것인데, 특이하게도 한국 신학을 예수교장로교 중심의 보수적 근본주의 신학과 기독교장로교 중심의 진보적 사회 참여신학, 감리교 중심의 문화적 자유주의 신학으로 구분하였다. 그러나 그의 작업은 한국 신학사의 흐름을 너무 단순화했다는 비판에서 자유롭지 못하다. 특히 장로교 신학의 경우, 박형룡 계통의 보수적인 근본주의(예장합동)와 김재준 계통의 진보적인 사회 참여 신학으로 구분했는데(기장), 이것은 한국장로교회의 신학을 너무 단순화한 결과인 바, 한국장로교회 안에는 여러 교단이 존재할 뿐 아니라, 신학적으로도 보수와 진보로만 구분할 수 없는 실정이기 때문이다. 특히 한국장로교 안에는 보수와 진보 양측을 포용하면서, 중도적 노선을 지향하는 예장통합이라는 거대 교단이 있고, 그들은 한경직, 이종성 등을 주축으로 한 이른바 통전의 신학을 형성하고 있음을 간과하였다.[4] 물론

---

4 김흡영 역시 같은 맥락에서 이것을 지적한다(김흡영, "한국조직신학 50년: 간문화적

그는 초교파적 시각으로써, 한국 교회를 바라봤겠지만, 감리교신학자의 눈에는 장로교회의 신학이 보수주의와 진보주의로 양분된 것처럼 보일 수밖에 없었을 것으로 여겨진다.

심일섭은 한국 신학사에 대해 토착화신학이라는 시각으로 접근하였는데, 특히 그는 토착화신학 문제가 단지 1960년대에 한국 교회 안에서 발생한 일시적인 시류가 아니라, 기독교 복음 자체가 처음부터 토착화적 성격임을 피력하면서, 한국 교회 안에 등장한 다양한 학자들의 신학 사상을 두루 분석하는 가운데, 한국 신학이란 "한국인의 머리로써, 한국인이 제기하는 문제들을 복음과 대결시키는 작업이 바로 한국의 신학이요, 그 과제라"고 주장하였다. 또한 그는 더 나아가 이제는 한국기독교가 토착화 방법론이나 가능 여부를 시비할 시기가 아니라, 한국의 신학계가 세계 수준에 도달했다면, 지금은 바야흐로 서론 단계를 지나, 토착적인 살아 있는 교회 또는 신학운동이 본격적으로 전개되어야 함을 외쳤다.[5] 이처럼 그는 한국 신학의 독창성을 주목하면서도, 한국 신학을 세계신학적 지평에서 바라보았는데, 다만 그의 주장들이 몇몇 논문에서 그쳤을 뿐, 보다 큰 결실로 나타나지 못한 점은 아쉬움으로 남는다.

송길섭은 포괄적 민족사관으로써, 한국 교회 신앙유형에 따라, 한국 신학 사상사를 펼쳤다. 즉 그는 대한제국 말기부터 일제강점기까지의 한국 교회 신앙유형을 민족 구원 신앙(福音과 開化)으로, 일제강점기부터 민족 해방기까지의 신앙유형을 개인 구원 신앙(所望의 福音)으로 관찰하

고찰", 이화여자대학교 한국문화연구원, 『신학연구 50년』, 서울: 혜안, 2003, 141-188). 김정형 역시 한국신학사상사에서의 이종성 신학의 중요성을 제시한다 (김정형, "한국적 신학을 향한 여정: 춘계 이종성의 3단계 토착화론에 대한 소고", 「한국조직신학논총」 제57집, 2019, 12., 55-96).

5 심일섭, "韓國神學 形成史 序說(上·中·下)", 「基督教思想」 제174·175·180호(1972. 11; 12; 1973. 5), 89-101; 106-137; 94-105.

면서, 개인 구원 중심적인 신앙 노선은 대체로 보수주의 신학을 수렴하였고, 사회 참여적인 사회 개혁 의지가 강한 민족 구원신앙 노선은 주로 자유주의 신학발전에 기여했다면서,[6] 한국 신학사를 사회·문화적 상황에서 형성된 한국 교회의 신앙유형의 흐름으로 이해한다. 그러나 이러한 시각 역시 한국 신학사를 너무 단순화한 것으로 보인다. 전술한 바와 같이 보수와 진보를 아우르면서, 개인 구원-민족 구원을 포괄하는 신학적 흐름도 존재하기 때문이다.

주재용은 주체적 한국 신학이라는 관점에서 저술한 『한국 그리스도교 신학사』에서, 한국 신학의 흐름을 다음과 같이 5시기로 구분하여 이해하려고 하는데, 그의 시각은 어디까지나 서구선교사들의 신학을 넘어선, 한국 신학자들에 의한 한국 신학이야말로 한민족을 위한 신학이라는 관점을 견지하는 것으로 보인다.

> 제1기(1784~1900): 한국의 전통사상에서 기독교 사상의 수용·해석기[7]
> 제2기(1901~1933): 선교사 신학에 의한 한국 신학의 바빌론 포로기
> 제3기(1934~1959): 보수와 진보주의 신학의 갈등과 투쟁기
> 제4기(1960~1972): 한국토양에서 주체적 한국 신학 형성을 위한 진통기
> 제5기(1973~현대): 한국의 문화·역사 현실에서 한국 신학의 전개기

주재용의 관점은 유동식과 대동소이하지만, 유동식처럼 신학잡지 중심의 이해를 넘어, 민족교회론적 관점에 서서, 한국 교회의 주체적 신학이라는 시각으로서 한국 신학사를 이해하려고 한다. 그는 한국 신학에 대해 이렇게 피력했다: "한국 신학 형성은 한국의 전통 문화 및 한국이라는 토양

---

6 송길섭, 『韓國神學思想史』(서울: 대한기독교출판사, 1987), 5-6.
7 주재용, 『한국 그리스도교사상사』(서울: 대한기독교서회, 1997), 13-17.

에 대한 이해와 함께 세계신학과 연관을 맺는 가운데 가능할 것이다. 한국 교회와 신학은 우리의 특수성(Locality) 속에서 보편성(Ecumenicity)을 담보하고, 그것에 비판적으로 참여해서 발전적인 에큐메니컬 신학을 창출해야 한다."[8] 말하자면, 한국 신학은 한국 교회적 영성이라는 특수성과 세계교회적 흐름이라는 보편성이 조화를 이루는 가운데, 한국인에 의한, 한국 교회를 위한, 한국 교회의 신학이라는 자기 정체성을 찾아야 한다는 것이다.

그렇다면 우리는 한국 신학사의 흐름을 어떻게 이해할 것인가? 한국 교회의 신학운동은 한국 교회의 역사만큼이나 복잡하고 다양하다. 따라서 한국 신학을 어느 한 시대의 특정한 신학 사조를 염두에 두는 오밀조밀한 그림판들로 들여다보려는 미시적 시각을 넘어서, 김광식의 설명대로, 총론적으로 한국 사람이 한국 교회 공동체에 대한 책임 의식을 가지고 한민족과 세계를 섬기기 위해 수행한 신학 작업으로 규정하는 가운데,[9] 한국 신학이란 한국 교회 공동체의 주체적인 신학 활동이라는 큰 그림, 즉 한국이라는 사회·문화적 상황에서, 한국 교회 공동체에 의해 발생한 모든 신학적 활동을 포괄하는 개념으로 보자는 것이다. 이러한 관점에서 우리는 한국 신학사의 흐름에 대해, 다음과 같은 맥락으로 이해하려고 한다.

제1기: 동터오는 여명(1800년대 초~1900년대 초)
제2기: 박토에의 파종(1900년대 초~1930년대 초)
제3기: 시련과 성장(1930년대 초~1950년대 말)
제4기: 도약과 결실(1960년대 초~1980년대 중반)
제5기: 새로운 적응(1980년대 중반 이후)

---

8 *Ibid.*, 417.

9 김광식외 3인, "한국 신학의 현황과 과제", 심포지엄, 「神學思想」 제82집(1993. 9.), 7-53.

이제 구체적으로 기독교 복음이 한민족의 역사·문화적 상황에서 뿌리내리는 과정에서 발생한 한국 교회의 신학적 활동의 흐름과 그 의미들을 간략하게나마 살펴보자.

1. 동터오는 여명(1800년대 초~1900년대 초)

신유학의 성리학을 국가이념으로 삼은 조선 사회는 중기를 지나면서, 4번에 걸친 사화(士禍: 무오사화, 갑자사화, 기묘사화, 을사사화)와 극심한 당쟁으로 인해 사회적 기반이 약해졌고, 그것은 급기야 조일전쟁(16C: 임진왜란)과 조청전쟁(17C: 병자호란)이라는 국란을 겪으면서, 사회 전반이 심각한 상처를 입었다. 그렇지만 국가사회의 당면과제에 앞장서야 할 지도자들은 여전히 이념논쟁에 매여있었고, 경제 역시 신분사회라는 구조적 모순이 피폐한 상황을 빚어내고 있었다. 그렇지만 18세기에 접어들면서, 조선 사회에는 서서히 변화의 물결이 일어나기 시작했다. 정치일선에서 소외된 남인 계통의 지식인들을 중심으로, 관념론적 성리학을 탈피하여, 도탄에 빠진 백성구제를 위한 실사구시(實事求是)의 학풍, 이른바 실학(實學)이 형성된 것이다. 이때 특이한 상황은 그들 중, 이 벽, 권철신, 권일신, 이기양, 이승훈, 정약전, 정약종, 정약용 등이 사회 개혁을 위한 학문적·실천적 방편으로서, 천주교를 접하게 된 점이다.[10] 그들 눈에 비친 천주교는 성리학의 관념성을 극복하면서 조선 사회에 새로운 변혁을 가져올 수 있는 이념적 바탕이었다. 이에 따라 그들은 천주교를 종교적 목적보다, 사회 개혁을 위한 이념, 곧 성리학의 대안으로서 새로운 학문인 서학(西學)으로 수용하였다.

---

10 한영우 외, 『한국사특강』(서울: 서울대학교출판부, 1995), 179-193; 강만길, "한국 민족운동사에 대한 기본시각", 『한길역사강좌』 1(서울: 한길사, 1986), 41-47.

그렇게 한국에서의 복음과 한국 문화와의 초기적 만남은 순수한 신앙적 목적보다는 사회 개혁적 방편으로서 의미가 컸다. 이 상황은 1세기 후에 이뤄진 개신교회(Protestant Church)의 수용에서도 그대로 재현된다. 19세기의 조선 사회는 18세기와 별반 다르지 않았다. 오히려 오랜 세월 계속되어온 봉건사회의 구조적 모순이 서구열강들의 도전 앞에서 민족사의 장래를 더욱 어둡게 했다. 이런 때에 지난 세기처럼, 역시 일부 지식인들이 국내·외적 위기 상황 극복을 위한 사상적 기반으로서 개화 이데올로기를 찾게 되었고, 그 과정에서 그들은 특히 기독교(개신교회)를 주목하게 되었다. 그들은 갑신정변(1884년)의 주도자들인 김옥균, 박영효, 홍영식, 서재필 등이었다.[11] 이처럼 개신교회의 수용도 천주교회의 경우처럼, 인간과 그 사회를 구원하는 복음에 대한 순수한 열정보다는 사회 개혁을 통한 민족국가의 발전이라는 일종의 정치·사회적 개혁을 위한 이념적 목적이 강했다는 점에서는 큰 차이가 없었다.

요컨대 이전 세기의 천주교회의 경우처럼, 19세기 말의 개신교회를 통한 한국 문화와 복음의 만남 또한 국가·사회의 개혁을 위한 이념적 목적이라는 특수상황을 고려할 때, 신학적 차원에서는 그 성과를 논하기 어렵지만, 그래도 기독교 복음과 한국 문화의 조심스러운 접근이 이뤄졌다는 측면에서는 한국에서의 복음의 토착화를 위한 첫걸음이라는 의의를 지닌다. 따라서 우리는 이 시기를 **한국 신학의 여명기**로 부를 수 있다. 그리고 그 만남은 당시 정치·사회적 지배 이념이었던 신유학의 성리학을 기반으로 실용적 측면에서 이뤄진, 매우 신중한 **보유론적 입장(保儒論的 立場)**이었다고 할 것이다.[12] 이에 따라 복음에 대한 한국 문화적 반응

---

11 주재용, 『한국 그리스도교사상사』, 27-29.

12 이는 종교 현상학적으로 서로 다른 두 종교를 하나로 결합시키는 독특한 방식으로서, 유교의 진리를 그대로 보존하면서도, 그것을 더욱 심도 있게 기독교 진리에 연결시키는 태도를 말하는데, 한국 교회의 토착화신학 형성에 중요한 영향을

은 대체로 호기심과 사회적 불안 극복을 위한 대안이라는 양면성을 띠었지만, 양자는 보다 진지한 만남을 위해 조심스럽게 다가서고 있었다. 이러한 태도는 천주교 측에서는 18세기에 등장한 이 벽의 『천주공경가』와 『성교요지』, 정약전의 『십계명가』, 정하상의 『상재상서』, 19세기 개신교회 측에서는 윤치호와 최병헌의 작품들에서 그 분위기를 읽을 수 있다. 물론 그들의 복음 이해는 현대신학적 논의에는 못 미치지만, 그래도 유학자의 눈으로써 놀라울 정도로 기독교 진리에 정통하고 있었다.[13] 이런 분위기는 개신교회보다 천주교회 측이 더욱 강렬하였다. 한때 서학파의 거두였던 이익(李瀷, 1681~1763)은 천주교 교리서들인 『칠극(七克, 1814)』과 『천주실의(天主實義, 1603)』를 읽고, 그 가르침이 유교의 근본 사상에서 어긋나지 않는 선유의 상제 사상과 통하는 보유론적 체계와 다름없다고 보았다. 이에 대해 주제용은 이렇게 말한다.

> 그 학문은 오로지 천주를 숭상하는데, 천주란 곧 유교에서 말하는 상제다. 그들이 공경해서 섬기고 두려워해서 믿는 것은 불씨(佛氏)의 석가와 같다. 천당·지옥으로써 악을 징계하고 선을 권장하며 두루 인도하고 교회하는 것을 야소(耶蘇)라 한다. 야소는 서양에서는 구세(救世)의 칭호다.[14]

비록 그들은 기독교 복음에 대해, 아직 서투른 이해에 그치고 있었지만, 그럼에도 불구하고 그들은 이미 자신들의 신앙적 표현들 안에, 은연

끼쳤다(주재용, 『한국 그리스도교사상사』, 21-47).

13 『만천유고(蔓川遺稿)』에 나오는 『천주공경가(天主恭敬歌)』와 『성교요지(聖教要旨)』등은 이벽이 당시 유학자의 눈으로 기독교 복음을 어떻게 이해했는지를 확연하게 보여준다(이성배, 『유교와 그리스도교』, 왜관: 분도출판사, 1979, 53-119). 이에 대해 논란은 있지만, 기존의 견해를 수용한다.

14 주재용, 『한국 그리스도교사상사』, 23, 재인용(『星湖先生文集』, 券五十五, "跋天主實義").

중 장차의 한국 신학을 위한 씨앗을 배태하고 있었으며, 한국 땅에 하나님의 풍성한 구원 사역을 위한 토대를 놓았다는 점에서, 그들의 활동기를 한국 교회와 신학을 위한 여명기였다고 명명할 수 있을 것이다. 그들의 선구적인 땀방울이 없었던들, 한민족은 구원의 복음을 위해 더 오랜 세월을 기다려야 했을지도 모른다.

2. 박토의 파종(1900년대 초~1930년대 초)

한국의 19세기는 매우 힘든 시기였다. 이른바 오리엔탈리즘(Orientalism)에 입각한 서구 열강들의 거센 도전과 함께, 일본 제국주의자들에 의한 강화도조약(1876)과 을사늑약(1905), 경술국치(1910) 등의 민족적 아픔이 한꺼번에 밀려왔기 때문이다. 그러나 한편, 국채보상운동(1907), 3·1 독립운동(1919), 물산장려운동(1920년대 초-1930년대 말) 등의 민중운동과 독립운동, 임시 정부 수립(1919)과 무장독립운동(광복군) 등이 전개되면서 민족 주체성이 확립된 시기이기도 했다. 그렇게 한민족은 모진 시련을 겪으면서도, 내부적으로는 굳게 결속하면서, 새롭게 펼쳐질 역사의 봄날을 기다리고 있었다.

한국 교회 역시 민족사의 질곡에도 굴하지 않고, 힘찬 생명력을 발휘하였다. 이런 몸부림은 신앙적 측면에서는 1907년에 시작된 대부흥운동에서, 신학적 측면에서는 「신학월보(1900)」, 「신학세계(1916)」, 「신학지남(1918)」, 「신생명(1923)」 등 신학 잡지들의 출간에서 나타났다. 하지만 아직 모든 것이 선교사들 손에 있었다. 물론 이때 최병헌(崔炳憲-신학월보주간), 양주삼(梁柱三-신학세계창간), 송창근(宋昌根-신생명창간) 등의 한국 신학자들이 무대에 나서기는 했지만, 그 주역은 여전히 선교사들이었다. 당시의 이 상황은 특히 『네비우스 선교정책』에서 뚜렷이 드러난다. 그것은 당초 한국 토착교회 설립에 목표를 뒀지만, 운용에 문제가 적지 않았다. 곧 거기에는 한국 역사·문화에 대한 사전 이해가 없던 선교사들이 자신들의 종교·문화에 대한 우월의식 속에서 자기들의 신학적 유산을 성급하게 이식하려는 일종의 문화제국주의적 성격이 담겨 있었다. 그것은 특히 장차 한국 교회를 책임질 교역자 양성지침에서 뚜렷하다. 그들은 한국인 교역자의 지적 수준을 일반 신자와 선교사의 중간수준으로 제한했고, 자기들의 사상을 일방적으로 주입하려 한 것이다. 이러한 현상은 감리교보다 장로교가 더욱 심했다. 감리교회에서는 이미 최병헌(신학월보), 양주삼(신학세계) 등의 한국인 신학자들에 의해 신학잡지들이 출간됐으나, 장로교회에서는 뒤늦게 「신학지남(1918)」이 출간됐지만, 그마저 초대 편집인은 호주 선교사 G. Engel(한국명, 왕길지)이었고, 집필자 또한 처음 10년간은 주로 평양신학교 교수진(선교사들)이었다. 이런 상황은 장로교가 오랫동안 서구 신학적 영향을 받을 수밖에 없었음을 단적으로 보여준다. 다만 장로교의 송창근이 감리교의 전영택 등과 함께 「신생명(1923)」을 창간한 점은 주목할만하다.[15] 「신생명」은 당시의 한국 교회와 사회를 위해 매우 의미 깊은 논설들을 쏟아냄으로써,

15 「신생명」은 1923년 1월 창문사에서 발간한 개신교 월간지로서, 1925년 10월에 폐간됐다. 편집 겸 발행인은 일제의 압력을 피하려고 선교사 쿤스(E. W. Koons, 君芮彬)로 내세웠으나, 실제로는 감리교의 전영택(田榮澤), 장로교의 송창근(宋昌根)·채필근(蔡弼近) 등이 주도했다. 그 후 편집인은 박승봉(朴勝鳳), 김지환(金智煥), 홍병선(洪秉旋) 등으로 바뀌었고, 일제 탄압 때문에, 발행인도 겐소(J. F. Genso, 金炤), 반하르트(B. P. Barnhart, 潘河斗) 등으로 바뀌었다. 이 잡지는 신학적으로 자유주의적·진보주의적 성향이었고, 사회적으로는 민족주의적 성향을 띠었기에, 당시의 보수적 신앙 노선과 외세 의존 세력에게 강력한 도전 세력이었다. 또한 3·1운동의 영향이 컸던 시기에 나왔기에, 민족의식과 민족문화에 대한 커다란 관심을 표했고, 기독교 신앙과 민족 문화와의 관계를 해명하는 내용이 많았다.
(https://encykorea.aks.ac.kr/Contents/Item/E0033056, 2020. 3. 11.)

기독교 신앙의 가치와 의미를 확고히 해준 중요한 신학잡지였다.

이처럼 당시는 한국인 신학자들의 활동은 제한적이었고, 신학 사조 또한 선교사들 주도로 한국 문화에 대한 극복 내지, 정복으로 흐를 수밖에 없었다. 그래서 주재용은 이 시기를 **한국 신학의 바빌론 포로기**로 혹평한다.[16] 그렇지만 암울한 현실에서도 나름대로 한국적 신앙 형태가 조금씩 형성되었을 뿐 아니라, 미흡하지만 소수의 한국인 신학자들의 활동이 이뤄졌다는 점에서, 유동식의 말처럼, 복음과 한국 문화가 본격적인 만남을 시작하는 **한국 신학의 태동기**로서 의의는 있다.[17] 그러므로 우리는 이 시기를 비록 선교사 주도적 현실이라는 한계상황에도 불구하고, 한국 교회는 신앙과 신학에 있어서, 나름대로 서서히 내일을 향한 꿈과 씨앗을 키우며, 착실하게 기초를 놓고 있었다는 점에서 **한국 신학의 파종기**라고 부를 수 있을 것이다.

3. 시련과 성장(1930년대 초~1960년대 초)

이 시기의 한국 사회는 엄청난 위기 상황이었다. 한민족의 삶의 터전을 찬탈한 일제는 운명이 다했음을 알았는지, 겉으로는 문화통치를 표방했으나, 실제로는 민족 말살을 획책하였다(1938). 한글 사용 금지, 창씨개명 요구, 강제 징용·징병으로 이 땅은 깊은 상처를 입었다. 그러다 겨우 해방을 맞았지만(1945), 또다시 국토분단과 동족상잔의 아픔을 겪었다(1950). 한국 교회도 민족과 함께 가시밭길을 걸었다. 아파하는 민족을 위해 십자가를 걸머지고 함께 울부짖었다. 하지만 한국 교회는 계속되는 고난에도, 어느새 큰 나무로 자라 있었다. 이것은 신앙적·신학적 측면

---

16 주재용, 『한국 그리스도교사상사』, 51-128.

17 유동식, 『韓國神學의 鑛脈』, 35-115.

모두에서 그러했다. 그리하여 본격적으로 한국 교회 안에서 이뤄지는 신학적 활동들에 대해 한국 신학이라 부를 수 있는 분위기가 서서히 형성되기 시작했다.

초기 한국 교회의 신앙 노선은 내적 신앙과 외적 신앙, 종교적 동기의 신앙과 개화 지향적 동기의 신앙 사이의 구별이 힘들 정도로 통전적이었다.[18] 하지만 이러한 전통은 1907년 이후의 대부흥운동을 거치면서, 탈사회적·탈정치적 신앙, 곧 개인 구원 중심의 소승적(小乘的) 흐름과 사회참여적인 대승적(大乘的) 흐름으로 양분되었고, 다른 한편 초현실적·내세주의를 지향하는 제3의 신비주의적·열광적인 노선도 생겨났다. 이러한 분위기에서 신학적 측면에서는 유동식의 말대로, 이른바 한국 신학의 3대 조류라 할 수 있는 박형룡(朴亨龍)의 보수적 근본주의와 김재준(金在俊)의 사회 참여적 진보주의, 정경옥(鄭景玉)의 문화적 자유주의가 구체적으로 형성되었고, 한국인 신학자들의 활동도 활발히 전개되었다. 즉 신학적 측면에서의 한국 교회적 개성, 곧 토착화(Indigenization) 문제가 드러나기 시작한 것이다.

그런데 기독교 신앙과 신학에서의 토착화 문제는 복음과 피선교지의 역사·문화적 전통과의 관계에 관한 개념으로서 복음과 문화의 만남뿐만 아니라, 시대적 상황 역시 주요 변수로 작용하게 된다. 그래서 토착화양상은 피선교지 교회의 독특성으로 나타나는데, 한국 교회의 경우, 전통적인 종교·문화적 영향과 암울한 민족사 현실, 초기 선교사들의 청교도적 신앙관 등으로 인해 1930년대부터 신학에서 이른바 보수주의, 진보주의, 자유주의라는 3대 조류로 나타난 것이다.[19] 첫째로, 보수주의

---

18 민경배, 『韓國基督敎會史』(서울: 연세대학교출판부, 1994), 194.

19 유동식, "韓國敎會의 土着化類型과 神學", 「神學論壇」 제14집(1980. 11.), 11-31. 이러한 한국 교회의 신앙적 양태들을 한국 교회의 사회 현실에 대한 일종의 대처 방향이었다. 즉 절망적인 현실을 외면하고 영혼 구원을 전개하는 흐름(길선주)과

신학은 초기 선교사들의 경건주의적 신앙관의 영향을 받아, 성·속 분리의 태도를 지향하는 가운데, 탈사회적-근본주의적인 신앙과 신학을 양산했다.[20] 물론 선교사들의 열정은 한국 교회와 사회에 적잖은 공헌도 했지만, 한편 그들은 한국사와 사회 현실, 한국자생교회의 성격, 신학이 갖는 역사적 삶의 자리를 무시한 채, 서구 자본주의적 사회·역사적 맥락에서 형성된 경건주의적 신학을 그대로 이식함으로써, 한국 교회 안에 근본주의적 신학 사조를 양산하였다. 한국선교 반세기 기념 예배에서 마펫(S. A. Moffett)은 "40년 전에 전파한 그 복음을 그대로 전하자… 원로 선교사와 원로 목사들의 전한 복음을 그대로 전하자"고 외쳤는데,[21] 이러한 전통을 계승한 이가 박형룡이었다. 그는 1953년 장로회총회신학교장 취임식에서 이렇게 말했다.

> 우리는 우리 교회의 신학적 자유주의의 발현에 호응하여 한국 교회신학의 수립에 정신(挺身)할 것이다. 한국 교회신학수립이란 결코 우리가 어떤 신학체계를 창작함이 아니라, 사도적 전통의 정신앙을 그대로 보수하는 신학, 우리 교회가 70년 전에 창립되던 당시에 받은 그 신학을 우리교

위기적 현실을 개혁하려는 신앙운동(윤치호) 그리고 거시적 안목에서 한국 문화와 복음의 만남을 통해 문화 전체의 의미를 재검토하려는 움직임(최병헌)이 그것이었다. 이 3대 조류는 결국 보수적 근본주의사상, 진보적 사회 참여 사상, 문화적 자유주의 사상을 형성했고, 시간이 흐를수록 신학적으로 더욱 확고해갔다.

20 민경배, 『韓國基督教會史』, 144. 당시 미국장로교외지선교회 총무, A. J. Brown은 이렇게 말했다. "처음 25년간의 전형적인 선교사는 퓨리턴형의 사람이었다. 이들은 안식일을 지키되 우리 뉴잉글랜드 조상들이 한 세기 전에 행하던 것과 같이 지켰다. 춤 담배 카드놀이 등은 기독신자들이 빠져서는 안 될 죄라고 보았다. 신학이나 성경을 비판할 때, 이러한 선교사는 강력하게 보수주의적이었으며, 그리스도의 재림에 관한 전천년의 견해를 없어서는 안 될 진리라고 주장했다. 고등비판주의와 자유주의신학은 위험한 이단으로 생각되었다."(A. J. Brown, *The mastery of the Far East*, New York: C. Scribner's sons, 1919, 540).

21 김양선, 『韓國基督教解放十年史』(서울: 장로회총회종교교육부, 1956), 190.

회의 영구한 소유로 확보함을 이름이다.[22]

결국 초기 선교사들의 열정적인 청교도적 경건주의 신학이 박형룡 등의 장로교신학자들에 의해 보수적 근본주의 신학 사조로 토착화되면서, 한국 교회에 하나의 중요한 토착화유형으로 이어졌고, 이것은 후일 장로교 안에서의 보수주의 신학과 진보주의 신학 사이에 갈등을 불러왔으며, 급기야 장로교회가 예장 측과 기장 측으로 분열되는(1953) 요인으로 작용하였다.

둘째로 암울한 민족사의 현실에서 복음으로부터 사회 개혁과 민족해방을 위한 에너지를 얻기 위해 힘쓰는 가운데, 사회-정치적 복음 운동에 관심을 가진 이들을 중심으로, 복음의 역사화를 지향하는 형태의 토착화 신학이 양산되었다. 사실 기독교 복음은 인간을 비인간화하는 모든 세력으로부터 인간을 해방한다는 점에서, 구원은 사회·정치적 차원을 내포한다. 이러한 복음의 성격에 힘입어 대한제국 말기의 개화파 지식인들은 기독교를 개화를 위한 하나의 이념적 방편으로 삼으려 했고,[23] 실제로 초기 한국 개신교회 신앙인 중에는 개화파 인사들이 적지 않았다. 당시 한국 사회의 기독교에 대한 시각을 「독립신문」은 이렇게 증언하고 있다.

구라파 안에 일등 국가들은 다 성교(聖教)를 하는 나라들이라.[24]
서양 각국에 구세주를 숭봉(崇奉)하는 나라들은 하나님을 공경하고 사람을 사랑하는 고로 법률을 실시하고 정치가 분명하여 백성이 요족(饒足)하고 나라가 부강하며….[25]

---

22 *Ibid.*, 263.
23 이만열, 『한국기독교와 민족의식』(서울: 지식산업사, 1992), 206-212.
24 「독립신문」 제2-30호(1897. 3. 13.).
25 「독립신문」 제3-224호(1898. 12. 24.).

기독교 신앙에 대한 이러한 시각은 많은 사회지도층들로 하여금, 기독교에 입문하는 동기로 작용하게 되었고, 인간해방의 능력으로서 복음은 결과적으로 당시 현실에서 한민족에게 사회 개혁과 자주독립이라는 민족적 당면과제를 일깨웠다. 이것은 실로 한국 기독교인들의 주체적·토착적 복음 운동의 효시였다. 이러한 사회-정치적 복음 운동의 전통을 이어간 인물이 한국기독교 장로교의 김재준이었다. 그의 관심은 예언서를 연구한 학자답게 예언자적 역사의식에 있었고, 이것은 신학적 주체의식과 현실 참여 의식을 그 내용으로 하였는데,[26] 그의 이러한 입장은 결국 보수진영의 박형룡 등과의 갈등을 일으켰고, 마침내 장로교회의 분열의 한 요인이 됐지만, 그가 이어받은 사회 참여적 신앙을 바탕으로 하는 주체적·진보주의적 신학의 생명력은 후일 1970년대의 한국 사회적 상황에서 교회의 현실 참여 기치를 높이 들었던 민중신학의 심원한 기반이 되었다.

셋째로 복음과 한국 종교·문화적 전통과의 관계에서 형성된 또 하나의 신학조류가 있었는데, 그것은 이른바 토착화신학으로 불리며, 1960년대에 한국 교회를 뜨겁게 달궜던 신학 논쟁의 핵심 주제였다. 이것은 주로 감리교회 안에서 형성된 자유주의적 전통이었다. 선두주자는 정경옥이었다. 그는『기독교 신학개론(1939)』의 서문에서 다음과 같이 말한다.

> 나는 신앙에 있어서 보수주의요, 신학에 있어서 자유주의란 입장을 취한다. … 나는 그 계시가 인간의 경험과 실제 상으로 구분된다고 생각할 수 없다. 나 자신은 신학상으로 보아 리츌을 많이 배웠다. 따라서 칸트를 좋아한다. 그러나 나는 어떤 의미로 보든지 "리츌리안"은 아니다.… 나는

---

26 유동식, "韓國의 神學世代論", 김정준 박사 회갑기념논문집,『성서신학과 선교』(서울: 한신대출판부, 1974), 619.

계시가 역사인 것을 믿는다. 그리고 그 역사는 그것이 하나님의 창조와 섭리 아래 있는 이상 계시인 것을 믿는다.[27]

이러한 1930년대의 정경옥의 사고는 한국의 전통적인 종교문화와의 대화적 관계에서 한국 고유의 종교와 문화적 전통을 중요시하는 가운데, 복음에 대한 주체적 해석을 시도하려는 한국 신학으로써 토착화신학을 형성하는 원류가 되었으며, 그것은 1960년대의 소위 토착화신학 논쟁에서 다시금 분출되었다.

요컨대 한반도에 뿌려진 복음은 민족사적 혼란에서도 이미 한국 교회를 형성했고, 짧은 역사에도 신앙적 측면에서는 나름대로 토착화를 이루었다. 하지만 신학적 측면에서는 선교사들의 영향력으로 인해, 독자적인 토착화를 이루지 못한 가운데, 보수주의·진보주의·자유주의라는 3대 조류를 형성했으며, 그것은 소위 정통신학(正統神學), 민중신학(民衆神學), 토착화신학(土着化神學)의 형태로 그 맥을 이어가게 되었다. 물론 넓은 의미에서 이 3대 조류는 지금도 여전히 한국 교회 안에서 계속 상호조화를 이루고 있지만, 시대적 상황 때문에 통전적인 의미의 한국적 토착화신학 곧 한국 신학을 형성하지 못한 채, 하나의 전환기적 상황에 머물렀다는 점은 아쉽다. 그렇지만 이 시기는 한국 신학자들의 활동이 본격적으로 시작되었고, 비록 호된 시련에서도 나름대로 토착화를 이뤘다는 점에서 의의가 크다.

4. 도약과 결실(1960년대 초~1980년대 중반)

제4기는 복음과 한국 문화의 만남에 대한 구체적·실험적 활동이

27 *Ibid.*, 622-623.

토착화론(1960년대 초중반)이라는 주제 아래, 활발하게 전개되었고, 교회의 현실 참여 문제와 관련해서 소위 세속화신학(1960년대 후반)과 민중신학(1970년대)이 형성·발전된 시기였다. 이때 한국 교회는 서구 의존적 태도를 지양하고, 주체적인 신학 수립을 위해 다양한 의견들을 교환했고, 신학적 정체기에서 벗어나, 진정한 의미에서의 복음의 토착화를 위해 몸부림치는 일대 변화를 가져왔다는 점에서, 이 시기를 **한국 신학의 도약기**라 부를 수 있다. 흥미롭게도 한국 신학 사상사를 살펴보면, 전술한 한국 교회의 3대 신학 사조가 약 10년 단위로 한 번씩 큰 흐름을 형성한 것을 볼 수 있다.[28] 즉 보수적인 근본주의 신학은 1940~1950년대에 장로교 안에서 소위 자유주의신학 논쟁을 일으켰고, 종교·문화적 자유주의는 1960년대를 전후한 토착화 논쟁에서 그 진가를 드러냈으며, 마지막으로 사회 참여적 진보주의는 1970년대 중반 이후 1980년대까지 소위 민중신학에서 그 힘을 유감없이 발휘했다. 그리하여 1940~1950년대 토착화론이 서구정통주의 신학의 이식으로서 신학의 토착화였다면, 1960년대 토착화신학은 복음의 한국 종교·문화적 토착화였고, 1970년대 민중신학은 복음의 정치적 토착화라고 할 수 있는데, 결국 토착화신학과 민중신학은 한국 교회가 나름대로 지향해온 **신학적 토착화**의 결실들이었다.

그런데 한편 이 시기에는 이른바 한국 교회의 3대 신학 사조로만 가늠할 수 없는 새로운 신학적 양상들이 등장했다. 우선 장로교회 안에서 박형룡 계열의 보수적인 **근본주의 신학**(예장합동-총신대학교 / 예장고신-고신대학교 등)과 김재준 계열의 **진보주의 신학**(기장-한신대학교)을 아우르며, 제3의 길을 모색한 한경직, 이종성 계열의 **통전적 신학**(예장통합-장

28 물론 어느 한 신학 사조가 주동적일 때, 다른 사조들도 멈추지는 않았다. 비록 한국 상황에 따라 약 10년 단위로 주된 사조가 교체되기는 했지만, 다른 조류들도 여전히 그 힘을 잃지 않고 있었다(유동식, "1970年代의 韓國神學", 「神學思想」 제36집, 1982. 3., 87).

신대학교)이 새로운 지평을 펼쳤다. 사실 예장통합과 예장합동은 기장과의 분열 이후 하나의 교단이었으나, 1959년에 세계교회협의회(WCC) 가입 문제와 신학교 부지 관련 사건, 경기노회 총대사건 등을 계기로 분열된 후, 각기 독자노선을 걸었고, 예장합동은 기존의 박형룡 계열의 보수주의 노선을 따랐으나, 예장통합은 에큐메니컬 운동을 수용하면서 신정통주의적 노선을 지향하는 가운데, 이른바 통전의 신학을 구축한 것이다. 예장통합의 통전의 신학은 그동안 첨예하게 대립해온 보수주의와 진보주의를 극복하면서, 한국장로교회를 위한 대안적 노선을 제시했다는 점에서, 나름대로 한국적 토착화신학이라고 말할 수 있다. 특히 이종성의 통전의 신학은, 복음이 특정 종교·문화와 만날 때, 복음 자체의 능력에 의해, 자동적인 토착화(auto-Indigenization)가 이뤄지고, 이후 시간이 흐름에 따라, 토착화된 교회의 신앙과 신학에 비 복음적인 요소가 침투함으로써, 복음에 비본질적인 문제들이 생길 때, 이에 대한 비판적 성찰 단계인 비토착화(de-Indigenization)가 필요하며, 철저한 신학적 반성을 통해, 복음의 진리를 종교문화 안에 다시 심어가는 재토착화(re-Indigenization)가 필요하다면서, 이른바 자동적 토착화-비토착화-재토착화의 3단계 토착화론을 천명하였다.[29] 이러한 이종성의 신학은 박형룡의 근본주의와 김재준의 진보주의와의 화해를 시도하며, 중도적 입장에 서서, 세계적인 신학 사조에 참여하면서, 예장통합 교단의 신학적 바탕을 이루고 있다.[30]

---

29 김정형, "한국적 신학을 향한 여정", 「한국조직신학논총」 제57집(2019. 12.), 55-96. 이러한 이종성의 토착화론은 김광식의 성령의 역사로서의 토착화(Indigenization as the work by Holy Spirit)와 어느 정도 통하는 측면이 있다고 하겠다(김광식, 『토착화와 해석학』, 1991, 23).

30 이종성의 통전의 신학은 현금에 와서, 김명용에 의해 온 신학이라는 이름으로 새롭게 정비되어 등장하였는데, 김명용은 특히 칼 바르트 신학에 대한 깊은 이해를 바탕으로 다양한 신학들을 통전하는 온 신학을 주창하였다(김명용, 『온 신학』,

그리고 이때 또 다른 신앙운동(신학운동)이 등장하는데, 오순절 계열의 교회가 그것이다. 이것은 여의도 순복음교회를 중심으로 한 조용기 계열의 오순절 신학인 바, 성령 운동과 성령의 은사 등을 강조했다. 오순절교회의 신앙운동은 유동식의 표현처럼, "역사나 정치-사회체제 등에 관심을 가는 것이 아니라, 소외되고 병든 민중의 하나하나의 심령을 안아주고 힘을 주며 치유해주려는 모성애적 성령 운동"으로서, 과거 장로교의 길선주 계통의 유교적 전통에 뿌리내린 부성적 성령운동과는 달리 한국 무교적 전통에 뿌리내린 모성적 성령운동이라고 할 수 있다.[31] 사실 오순절교회는 깊은 신학적 논의보다는 다소 신비적인 성령운동에 관심이 깊은데, 한국 오순절교회는 그것과 함께, 1970~1980년대의 한국의 경제개발 운동과 맥을 같이 하면서, 한국인의 현실적 요구에 부응하는 메시지를 통해, 나름대로 한국적 토착교회와 신학을 형성하기에 이르렀다.

또한 이 시기에는 같은 웨슬리 계열이면서도 감리교회와는 맥락을 달리하는 성결교회(기성-서울신대 / 예성-성결대)의 중심의 토착화신학도 등장하였다. 성결교회의 모체는 카우만(C. E. Cowman) 부부와 킬버른(E.A. Kilbourne)에 의해 동아시아 선교를 목적으로 설립된 미국의 동양선교회(The Oriental Missionary Society, 1901)인데, 일본 동경에 복음전도관을 창설한 후, 한국에는 1907년에 서울 종로에 복음전도관을 세우면서 시작되었다. 본래 동양선교회는 교회가 아닌, 전도관 전도를 지향하였으나, 점차 교인이 많아짐에 따라 교회를 설립하고, 교역자 양성을 위한 성서학원을 세우면서 하나의 교파를 형성하였다.[32] 그들은 이른바 중생(重生)·성결(聖潔)·신유(神癒)·재림(再臨)의 사중복음(四重福音) 교리

서울: 장로회신학대학교출판부, 2015).

31 유동식, 『素琴 柳東植 全集』 제4권, "한국 신학의 광맥" (서울: 한들출판사, 2009), 508

32 https://100.daum.net/encyclopedia/view/14XXE0008162 (2020. 2. 10.).

를 바탕으로 중생케 하시는 그리스도, 성결케 하시는 그리스도, 치료하시는 그리스도, 재림하시는 그리스도를 선포하면서, 시대·사회적으로 깊은 시름 속에 있던 한민족에게 구원의 복음을 통해, 토착교회를 설립하였고, 신학적 자유주의를 표방하는 감리교회와는 차별화된 복음주의적인 노선을 따르면서, 이른바 성결신학을 바탕으로 한국 사회에 영향력을 드러냈다.

나아가 이 시기에는 비록 주류적 신학 사조와는 별개로 한국 기독교 사상을 돋보이게 한 중요한 사상적 흐름이 있었는데, 무교회 운동의 중심인물, 김교신(金敎臣)과 함께 활동했던 함석헌(咸錫憲)의 씨알신학이 그것이다. 유동식은 이에 대해, "신학 아닌 신학"이라고 표현했는데, 아마도 함석헌이 전문적인 신학을 공부한 적도, 신학 논문도 쓰지 않았지만, "그의 사고와 사상은 철저하게 성서적이며 한국적이라"는 점에서 그렇게 부른 것으로 보인다. 그는 "1970년대의 냉혹한 역사적 현실 속에서, 몸과 정신으로 씨알사상을 형성했고, 종교와 역사와 예술이 하나의 유기적인 생명체를 형성하게 하는 문화 신학의 틀을 제시"했다.[33] 어찌 보면, 그는 "참믿음이 애국이라는 확신"을 바탕으로 기독교 신앙의 역사적 책임을 강조한다는 점에서, 외견상 민중신학과 일맥상통하지만, 내용으로는 차이가 있다. 함석헌은 본래 제도적 교회에서 신앙을 접한 후, 기존 교회의 틀을 벗어났는데, 그 바탕에는 우치무라 간조(內村鑑三)의 무교회주의와 다석(多夕) 유영모(柳永模)의 토착기독교적 시각의 영향력이 살아 있는 것으로 보인다.

그리고 1889년에 내한한 캐나다의 독립선교사 펜윅(Fenwick, M.C.)에 의해 시작된 침례교회 역시 이 시기에 한국 교회라는 무대에 본격적으로 등장하게 된다. 펜윅은 다른 교단과의 마찰을 피하기 위해, 대도시가

33 유동식, 『素琴 柳東植 全集』 제4권, "한국 신학의 광맥"(2009), 401.

아닌 함경도 오지(奧地)와 간도 지역에서 활동하였고, 독립선교사라는 어려운 조건에서도 개인 전도와 순회 선교라는 선교방식을 통하여 1906년에는 충남 강경에서 대회를 열고 대한기독교회를 조직, 46개 조의 회칙을 만드는 결실을 가져왔다. 해방 후 1949년, 대한기독교회는 다시 강경에서 총회를 열고 교단명을 대한기독교침례회로 변경했고, 미국 남침례회와 손을 잡았다. 그후 교권문제로 잠시 갈등도 있었으나, 1976년에 교명을 기독교한국침례회로 변경하여 오늘에 이르고 있다.[34] 침례교는 신학적으로는 대체로 보수적인 흐름으로 이어가고 있으며, 주로 선교 사역에 치중한다는 점에서, 한국 교회 안에서 아직까지 신학적으로는 큰 반향을 불러오지 않고 있다.

요컨대 이 시기는 복음의 종교·문화적 측면의 토착화에 관심을 둔 토착화신학과 정치·사회적 측면에 관심을 둔 민중신학이 연이어 논의되고, 보수적인 정통신학과 통전신, 성령 운동에 뿌리를 둔 오순절 신학, 성결 신학, 나아가 한국의 종교·문화적인 현실을 복음으로 아우르면서, 토종신앙과 신학을 모색하였던 함석헌의 씨ᄋᆞᆯ신학이 함께 어우러진 풍성한 시대였다. 다시 말해서 이 시기는 예수 그리스도의 복음을 기반으로 한국의 종교·문화·정치·사회 전반에 걸친 토착화 논의가 이루어졌으며, 그러한 논의에 보수적 노선, 진보적 노선, 자유주의적 노선이 함께 열띤 논쟁을 이뤄냈다는 점에서 또한 기존의 신학 조류와 함께 새롭게 등장한 신학 사조들이 나름대로 발판을 넓혀갔다는 점에서, 한국 신학사에 있어서 매우 중요한 시기였다. 특히 이 시기의 풍성한 신학 논의들은 이른바 교회 성장학파의 영향을 받아, 양적 팽창에만 매달리던 한국 교회의 신학적 실존에 대한 자각에 크게 공헌했을 뿐만 아니라, 한국적 신학에 대한 새로운 비전을 품고서, 다음 시기를 위한 도약의 발판을 마련

34 https://100.daum.net/encyclopedia/view/14XXE0058571 (2020. 8. 4.).

함으로써, 한국 신학의 새로운 내일을 기약하게 되었다고 할 것이다.

5. 새로운 적응(1980년대 중반 이후)

한국 신학사에서 제5기는 소위 포스트모더니즘(Post-Modernism)의 등장으로 인한 종교다원주의 논쟁과 함께 신학의 새로운 패러다임(Paradigm) 문제가 부상하였다. 즉 현대 사회라는 새로운 현실이 지금까지의 신학에 대한 반성과 함께 새로운 방향을 모색케 했고, 이에 따라 교회는 싫든 좋든 현대주의라는 다양한 사고체계에 맞서, 나름대로 새로운 신학적 해답을 찾지 않으면 안 되었다. 이런 상황에서 한국 교회에는 1980년대 후반 종교다원주의적 종교 신학 논쟁이 뜨겁게 달아올랐다. 그것의 긍정, 부정을 떠나, 종교다원주의적 종교 신학도 넓은 의미에서는 한국 사회적 현실에서 일어난 토착화신학 논의가 틀림없고, 60년대의 토착화 논쟁에 이어지는 한국 신학의 문제로서, 현대주의라는 거친 물결의 도전에 대한 한국 교회의 또 다른 몸부림이었다. 그렇지만 뜨거운 신학 논쟁에서도 한반도에서의 하나님의 구원역사는 계속됐고, 그 구원역사에 대한 이해를 추구하는 한국 신학은 새로운 세기를 지향하고 있었다. 따라서 이 시기를 한국 신학의 새로운 패러다임에 대한 적응을 모색하는 시기라고 부를 수 있다.

일반적으로 종교다원주의는 타 종교와 대화 문제에서 비롯된 종교 신학 혹은 문화 신학적 성찰을 일컫는다. 오랜 기독교적 유산에 젖어 있던 서구세계는 동양 종교를 정복과 극복의 대상으로만 인식해왔다. 그러다가 19세기에 이르러 다양한 동양 세계를 접하면서, 기독교와는 또 다른 고도의 가치체계를 지닌 동양 종교들의 존재를 알게 되었고, 자신들의 태도를 달리하기 시작했다.[35] 가장 먼저 로마가톨릭교회가 제

2차 바티칸공의회(1962~1965)에서 비그리스도교에 관한 선언을 통해 종교다원주의적 신학에 대한 성찰기반을 마련했고, 개신교회는 1967년 스리랑카 캔디(Kandy)에 모인 세계교회협의회(World Council of Churches: WCC)에 의해 종교 간의 대화를 위한 전향적 신호를 올렸으며, 1971년에는 WCC 중앙위원회가 "타 종교와 다른 이념을 가진 사람들과의 대화국"을 창설함으로써 종교 간의 대화가 제도적으로 추진될 수 있는 기틀을 마련했다.[36] 그런데 이러한 문제는 종교다원주의 주창자들에 의해 비로소 제기된 것은 아니다. 그것은 사실상 기존의 기독교와 타 종교와의 관계 문제의 연장선이다. 그동안 기독교는 타 종교에 대해 배타주의(K. Barth, E. Brunner, H. Kraemer), 포괄주의(K. Rahner, H. Küng), 종교다원주의(E. Troelch, P. Tillich, J. Hick, J. Cobb, R. Panikkar, W.C. Smith) 등으로 대별되는 태도를 견지해왔다.

배타주의(Exclusivism)는 기독교만이 절대 유일의 종교임을 주장하는 입장으로 『프랑크프르트 선언(1970)』과 『로잔대회(1974)』에서 재 천명되었다. 특히 『로잔대회』는 성서의 절대적 권위와 그리스도의 유일성을 강조하면서, 어떤 종류의 절충이나 대화도 배격하며 타 종교와의 유일한 관계란 그 허구성을 밝혀, 개종시키는 것뿐임을 주장했다. 이에 대한 이론적 기초는 칼 바르트(K. Barth)에 의해 제공되었다. 그의 말을 들어보자.

---

35 이정배, "종교다원주의의 진리성과 실천성", 「神學思想」 제96집(1996. 6.), 9-11.

36 1967년 회의의 선언문은 다음과 같다. "전 세계적으로 서로 상이한 종교에 속한 인간은 불화가 아니라, 우의 가운데서 만나야 한다는 인식이 관철되고 있다. 우리는 그리스도인으로서 과거에 다른 종교에 대한 사랑과 이해를 결여하고 있었음을 고백한다. 이제 다른 믿음을 가진 자들과 대화를 시작하는 일이 우리의 정직한 소망이다."(R. Bernhardt, "Aufbruch zu einer pluralistischen Theologie der Religionen", *ZThK 2*, 1994).

> 아버지를 계시하시는 유일한 한 분이요, 우리를 아버지께 화해시키시는 한 분으로서 예수 그리스도는 하나님의 유일한 아들이다. 이 한 분으로서 그는 우리에게 오신 유일한 아들로서 혹은 우리에게 말씀해 오신 하나님의 말씀으로서 그 자신을 계시하신다.[37]

포괄주의(Inclusivism)는 타 종교에서 계시와 구원의 가능성을 인정하나, 완전한 구원을 위해 그리스도와 교회의 필요불가결을 강조한다. 대체로 제2차 바티칸공의회 이후의 로마가톨릭신학적 관점으로서, 칼 라너(K. Rahner)가 선두주자이다. 그는 하나님이 사랑의 신이고, 그분의 구원은 인류 전체를 지향하기 때문에 하나님은 모두에게 한결같은 은혜를 내려주셨다. 그래서 인간은 누구나 내재하는 초월적 계시를 체험할 수 있고, 따라서 누구나 구원받을 가능성을 가지고 있다는 것이다. 그러므로 그에 따르면, 그러한 인간의 자기수용은 예수 그리스도의 수용과 동일하고 따라서 신앙의 성취와 다름없다.

> 인간은 자기 자신을 수용하는 가운데 은총을 통한 하느님을 지향하는 자기 자신의 익명적 운동의 절대 완성이며 보증으로서 그리스도를 수용하는 것이다. 그리고 이 신앙의 성취는 인간 혼자만의 행위가 아니고, 그리스도의 은총인 하느님 은총의 역사(役事)인 것이다.[38]

요컨대 라너에 따르면, 사람들은 각기 나름대로 종교 속에서 하나님과의 관계 안에 있는 자신을 발견할 수 있고, 모든 인간 안에는 주제화되

---

37 K. Barth, *Church Dogmatics*,I-1(Edinburgh: T & T CLARK, 1975), 414.

38 심상태, 『익명의 그리스도인-칼 라너 학설의 비판적 연구』(서울: 성바오로출판사, 1985), 142 재인용.

지 않은 하나님에 대한 인식이 포함되어 있으며, 그것으로 인해 인간은 거룩한 신비이신 하나님께 무한히 개방되어 있는 바, 그 선험적인 초월적 경험(*Transzendentale Erfahrung*)에 의해, 하나님의 구원에 가까이 다가갈 수 있다. 그러한 측면에서 그는 이른바 익명의 그리스도인이다. 하지만 그 역시 구원의 완성은 궁극적으로 예수 그리스도 안에서 성취된다고 보았다. 즉 현실적으로는 익명의 그리스도인이지만, 궁극적으로는 예수 그리스도를 통하여 구원의 길에 이를 수 있다는 것이다.

마지막으로 종교다원주의(Religious pluralism)는 "초월적이고 절대 신에 대한 지식은 모두 상대적이고, 부분적이므로 보다 완전한 신에 대한 진리를 얻기 위해서는 각 종교가 서로를 필요하다"고 본다. 곧 종교다원주의는 "개념이 무엇이든 복수 종교의 근저에는 궁극적으로 형언 불가능한 한 분의 유일한 궁극적인 신적 실재(the One ultimately indescribable Divine reality)가 존재하며, 이 실재에 대한 여러 다른 형식의 종교들이 상호보완적으로 존재한다"고 주장한다.[39] 그러기에 특정 종교의 우월성을 부정함으로써, 모든 종교는 상대적이며, 궁극적 실재에 대한 진리를 부분적으로 소유한다는 것이다. 이러한 종교다원주의는 관점에 따라, 신중심주의, 그리스도 중심주의, 상호대화주의로 구별되지만, 크게 2가지로 정리된다. 하나는 다양한 현대 사회적 현실에서 어느 특정 종교만이 아니라, 모든 종교가 각자의 자리에서 다양한 문제 상황들의 해결을 위해 협력하자는 순수윤리적 차원과 서로 다른 것들을 하나의 통일된 원리와 이념으로, 궁극적인 근거 속에서 상호 관계시키려는 해석학적 입장이 그것이다.

한국에서의 본격적인 종교다원주의 논쟁은 1980년대 감리교단을

39 홍정수, "기독교 종교 신학의 비판적 연구", 「신학과 세계」 제13호(1986. 11.), 268.

중심으로 시작되었는데, 특히 변선환(邊鮮煥)이 파니카(R. Panikkar)의 해석학적 종교다원주의 신학에 영감을 받아, "타 종교의 신학"이라는 주제로 한국에 종교다원주의를 소개하면서 그 효시를 이루었다. 이렇게 변선환을 시작으로 도입된 종교다원주의 신학은 홍정수의 종교 신학과 함께,[40] 감리교단뿐 아니라, 한국 교회 전체에 큰 소용돌이를 일으켰고, 두 사람은 마침내 감리교 서울연회에서 목사직과 교수직에 대한 면직과 출교 선고를 받았다(1992. 5. 7.). 이러한 종교다원주의 신학의 최대 관건은 역사적 예수(Historical Jesus)를 유일한 구주(the Messiah)로 신앙하는 기독론 중심의 신학으로부터, 역사적 예수를 상대화하는 우주적 그리스도론 중심의 신학 혹은 신 중심의 신학으로의 모형 전이에 있다. 사실 한국 사회는 종교·문화적으로 다원적 상황이기에, 기독교가 타 종교를 무조건적 극복 대상으로 여기기 전에 대화의 대상으로 볼 수밖에 없다. 특히 한국인의 심성 자체가 이미 재래종교들과 깊은 연관이 있고, 이에 따라 한국인들은 기독교 이전에 형성된 한국인 특유의 심성으로 복음을 수용한다는 점에서, 김광식의 말처럼, 한국 기독교인은 '기독교인인 동시에 타 종교인'이다.[41] 따라서 한국에서 논의되는 모든 신학은 종교다원적 현실을 염두에 둘 수밖에 없고, 엄밀히 말해서 모든 한국 신학은 종교다원적 신학(Religious Pluralistic Theology)일 수밖에 없다. 그렇지만

---

40 홍정수는 한 신학수상에서 다음과 같이 말했다. "예수와 기독교의 절대성은 언제나 재확인될 수 있는 것이어야 한다. 겁이 나서 타 종교나 다른 (과)학의 소리에 미리 귀 막아 버리는 것은 "돈독한" 신앙이 아니라, 가장 겁 많고 가장 나약한 맹신의 폭로이다. 진정 진리에 접한 자리면 자기를 개방하는 데 무엇을 꺼리랴. 이런 뜻에서 이 같은 비판의 신학은 그 운동 방향에 있어서 밖으로부터의 신학이 될 수도 있다. 절대성을 주장하는 수많은 진리가 공존하고 있는 오늘의 한국, 이 다원성의 현실이 신학의 방법론 이해에 반영되지 않는다면, 우리의 신학 작업은 시대착오, 상황착오의 우를 범하고 있는 것이다."("오늘, 한국에서 神學한다는 것", 「基督教思想」 제321호, 1985. 03., 198-199).

41 Kwang Shik Kim, "Simul Christianus et paganus", *TZ* (1998), 241-258.

그것이 곧 역사적 예수의 절대적 메시아성을 부정하고, 그분을 상대화하는 가운데, 우주적 그리스도 혹은 신 중심의 기독교로 대치하려는 **종교다원주의 신학**(Theology of Religious Pluralism)을 뜻하는 것은 아니다.[42] 종교다원주의 신학의 종착점은 종교혼합주의 내지 종교획일주의 또는 종교상대주의로 귀결될 위험이 있고, 결과적으로 기독교 신학의 범주를 넘어선, 하나의 종교론으로 흘러갈 위험이 있다.

덧붙일 것은 많은 이의 오해처럼, 토착화신학은 종교다원주의를 위한 전초 작업이 아니다. 토착화신학은 종교다원주의처럼 역사적 예수를 배제하거나, 기독교의 절대적 진리성을 상대화시키는 태도를 거부하기 때문이다. 다만 **종교다원적 신학으로써 토착화신학**은 자신의 안목의 제약성을 겸허히 인정하고, 상대방에게 배움을 통해, 자신의 것을 더욱 확실하고 풍부히 하려는 방향, 즉 자기 실존 안에서 이뤄지는 내면적 변증법을 통해, 정신적으로 성숙해지려는 **대화적 신학**(Dialogical Theology)인 동시에 **해석학적 신학**(Hermeneutic Theology)을 모색한다. 그러나 그것 역시 '유·불·선'이라는 종교·문화적 토양을 가진 한국 그리스도인 개개인 심성 안에서 이뤄지는, 실존적 자기 인식의 차원임을 잊어서는 안 된다. 왜냐하면 신학 자체가 역사적 예수 그리스도를 통한 구원이라는 복음의 기초에 기반을 두며, 거기서부터 특정 문화적 선험성(얼, 영성)의 눈으로 하나님의 은총에 응답하는 태도를 지향하기 때문이

---

42 여기서 필자는 **종교다원적 신학**(Religious Pluralistic Theology)과 **종교다원주의 신학**(Theology of Religious Pluralism)을 구분하려고 한다. 전자는 역사적 예수 그리스도(Historical Jesus Christ)에 기독교 신앙과 신학의 중심을 두고, 다원적인 한국의 종교·문화적 현실과의 대화를 시도하는 가운데, 한국인으로서 주체성을 가지고, 예수 그리스도의 복음을 이해하려는 태도이나, 후자는 역사적 예수의 존재와 사역의 보편성을 상대화하는 동시에 다원적인 종교·문화 현상에만 치중하면서, **신중심주의적 신학**(Theocentric Theology) 혹은 **우주적 그리스도 중심주의적 신학**(Universal christ centric Theology)을 지향하는 태도로 정리할 수 있다.

다. 그런 측면에서 타 종교와의 대화 역시, 무전제적인 종교 간의 대화(inner-religious dialogue)가 아니라, 자신의 실존 안에서 이뤄지는 종교 내적 대화(intra-religious dialogue)라는 차원으로 나아가야 한다.[43] 이처럼 제5 시기의 한국 신학은 종교다원주의 신학의 도전으로 적잖은 혼란을 겪었지만, 그것은 한국 신학의 발전을 위한 또 하나의 좋은 발판이 되었다. 그러기에 이따금 마주치는 도전들은 오히려 한국 신학의 발전을 위한 보양제(補陽劑)가 될 수 있다.

파란 많은 민족사의 질곡에서도 끈질긴 생명을 이어온, 한국 교회라는 맥락에서 자라난 한국 신학은 이제 그 나름의 결실을 이루면서 한 세기를 마감하고, 또다시 새로운 세기를 향한 꿈을 꾸고 있다. 물론 아직 그것은 보잘것없는 모습이고, 한국 교회 안에는 여전히 보수주의적 흐름과 진보주의적인 흐름 그리고 자유주의적인 흐름이 공존하며, 때때로 갈등과 반목을 표출하기도 한다.[44] 더욱이 한국 교회에는 여전히 한국 신학 혹은 토착화신학이라는 용어 차체가 익숙하지 못한 실정이다. 그렇지만 신학 작업 자체가 하나님의 구원역사에 대한 신앙인의 학문적 응답

---

43 파니카는 기독교와 타 종교와의 대화에 있어서 **종교 간의 대화**(inner-religious dialogue)와 **종교 내적 대화**(intra-religious dialogue)를 구분한다. 전자의 경우 양자의 만남의 장은 종교와 종교 사이(inner)인 바, 이것은 그 만남의 장이 대화 참여자의 종교 밖이라는 인상을 주게 된다. 후자의 경우는 만남의 장이 대화 여자의 종교 내부(*intra*)에 있다는 점에서, 양자의 대화는 자기종교와 무관한 객관적-비종교적 대화가 아니라, 당사자의 종교적 실존 안에서 이뤄지는 대화를 뜻한다(R. Panikkar, *The Intrareligious Dialogue*, 김승철 역, 『종교간의 대화』, 서울: 서광사, 1992, 90-107.

44 앞에서 언급된 교단과 신학적 유형들 외에도, 한국 교회 안에는 다양한 교단들과 신학적 경향들이 존재한다. 가령 1935년 최태용에 의해 시작된 자생적 교단인 복음교회와 1938년에 설립된 나사렛 성결교회, 1924년에 들어온 그리스도의 교회 등의 작은 교단들과 다양한 신학적 경향들이 있지만, 지면 관계상 다 수록하지 못하였다.

이라는 공통의 장이라는 점에서, 하나 되게 하시는 성령 안에서, 에큐메니컬-통전 신학의 장에 대한 소망은 결코 하나의 이상일 수만은 없다. 한국 교회를 위한 그러한 에큐메니컬-통전 신학에 대한 꿈이 바로 한국 신학이라는 장르이다. 이러한 근거와 당위성 아래 한국 신학은 오늘도 복음에 대한 진지한 응답을 통해, 한국 교회와 민족사회를 위해 섬기려 한다.

II. 한국 신학의 독특한 지평들

한국 교회의 신학적 흐름은 복음과 한국 종교·문화적 영성의 만남이라는 독특한 역사적 맥락에서 형성되었다. 신학은 하나님의 자기 계시에 대한 증언인 성서(the Text)와 시대·종교·문화적 영성을 바탕으로 하는 상황(Context)의 만남이 전제될 수밖에 없다. 그리하여 신학은 하나님의 자기 계시인 예수 그리스도의 십자가와 부활의 복음을 핵심으로 하는 보편성을 확보해야 한다는 점에서 언제나 보편성(항구성)을 근간으로 하지만, 한편 그 시대·종교·문화적 현실이라는 역사적 상황에서 실존하는 이들에게 복음을 선포하는 것을 궁극적인 목표로 한다는 점에서 다양성(상황성)을 함의할 수밖에 없다. 한국 교회가 걸어온 신학적 발자취 역시 같은 맥락에서 접근하게 된다. 여기서는 그동안 많이 논의되었고, 한국 신학에서 두드러진 특성을 보인 세 가지의 신학적 흐름에 대해, 보다 미시적으로 접근하려고 한다. 그것은 1960년대의 토착화신학과[1] 1970년대의 민중신학, 1980년대의 종교 신학 등이다.

1. 한국 신학의 새로운 장을 연 토착화신학

한국토착화신학은 한국 신학사에서, 최초로 많은 관심을 불러 모은 한국 신학이었다는 점에 그 의의가 있다. 특히 토착화신학은 출발은 감

1 한국 신학사에서 토착화신학이라는 용어를 최초로 사용한 이는 김광식이다. 그전까지는 토착화론이라는 용어로 통용되었다. 김광식은 기존의 논의들에 신학적 의미를 부여하여, 토착화신학이라는 이름을 붙였다. 여기서는 토착화론이라는 명칭보다는 이미 일반화된 토착화신학을 사용한다(김광식, "유동식 신학의 형성과정과 전개", 『韓國宗敎와 韓國神學』, 유동식 교수 고희기념논문집(천안: 한국신학연구소, 1993): 33-55.

리교 신학에서였지만, 논의과정은 감리교뿐만 아니라, 장로교 신학자들과 심지어 일반학계까지도 참여했고, 특히 당시 한국 신학자들 대부분이 관심을 가졌다는 점에서, 한국 교회의 신학 분야에 새로운 장을 열었다고 할 수 있다.

1) 토착화신학의 출현 배경

1960년대의 토착화신학 논쟁에 대해, 한국 교회의 시대적 · 목회적 고민을 담아낸 신학적 몸부림으로만 치부한다면, 상황을 너무 단순화한다는 비판이 있을 수 있다. 오히려 토착화신학 논쟁은 1960년대를 전후한 한국 사회 · 문화적 맥락이라는 거대한 시대적 흐름에서 들여다볼 필요가 있다. 1960년대의 한국 사회는 중대한 전환기였다. 4 · 19 혁명이 민족사의 새 지평을 열었으나, 5 · 16 군사 쿠데타에 의해 사회는 또다시 혼란에 빠졌고(1961), 제3 공화국이란 이름으로 군사정부가 출범하면서(1963), 한국의 민주주의는 다시 수면 아래로 가라앉게 되었다. 1964년 군사정부의 굴욕적 대일 외교와 한일 협정 강행에 민중 시위가 발발하자, 군사정부는 계엄령과 휴교령으로 맞섰고, 그 혼돈상황은 1969년 삼선개헌을 둘러싼 정치 · 사회적 갈등으로까지 이어졌다. 그러나 한편, 이 시기는 군사정부의 두 차례에 걸친 경제 개발계획의 성공으로 GDP가 상승하고, 산업구조 전반에 걸친 변화와 함께 전통 사회 구조가 무너지면서, 도시가 발달하고, 인구의 도시 집중화가 이루어졌다. 이러한 급격한 사회변화 과정에서 종교 인구가 크게 증가했는데, 이것은 경제 성장 정책이 몰고 온 물량적 가치관이 도시로 몰려든 민중들에게 깊은 불안으로 작용하면서, 정신적 안식처를 찾으려는 사회심리적 현상으로 볼 수 있다.[2] 이러한 시대적 상황에서 한국 교회 안에 토착화신학에 대한 논의가 풍성하게 이뤄졌다는 점은 많은 것을 시사해준다. 곧 불안과 혼돈의 시대로서, 사회 전체가 기초부터 흔들리던 1960년대의 상황이, 한국 교회로 하여금 신학적 측면에서의 자기성찰과 함께, 한국 사회에서의 선교적 방향성과 의미에 대한 질문을 던지게 했고, 이것이 토착화신학 문제로 표출된 것으로 보인다.

1960년대의 문화적 상황 역시 중요하다. 한민족 문화는 중국과의 밀접한 관계 속에서도 독자적인 정체성을 지켜왔다. 그러나 19세기 말 일본문화의 강압적 침투를 시작으로 해방 후엔 서구문화에 많은 침식을 당하였다. 특히 서구문화는 민주주의, 자본주의 등을 미끼로 우리 문화의 깊은 곳까지 파고들었고, 그 폐해는 전통 사회 구조와 가치관의 붕괴 및 의식 구조변천에 이르기까지 사회·문화 전반에 걸쳐 나타났다. 하지만 우리는 1960년대 후반에야 비로소 외래문화의 침식을 자각했고,[3] 민족 문화에 대한 위기를 느끼게 되었다. 그리하여 한국학에 대한 관심이 고조되면서,[4] 특히 원시종교에 관한 연구들이 활발했다. 한국 문화의 기반을 알기 위해서는 기존 종교들에 관한 연구가 필수적이었기 때문이다. 이에 따라 단군신화를 비롯한 고대 신화와 함께 한민족의 뿌리에 관한 다양한 연구가 이뤄졌다. 이러한 흐름은 한국 신학계에도 흘러왔는데, 이른바 1960년대 초에 일어난 토착화신학 논쟁이 그것이었다. 그러기에 토착화신학 논쟁은 한국 교회의 사회·문화적 흐름에 부응하는 한국 교회의 신학적 반응이었다.

나아가 1960년대의 종교적 상황 또한 토착화신학 논쟁의 배경으로 자리하였다. 특히 이때는 종교 인구의 성장이 돋보인다. 불교도의 급증

2 이러한 상황은 초기 신자들의 입교 동기에 큰 영향력으로 작용한 것으로 보인다(민경배, 『韓國基督教會史』, 15-194; 송길섭, 『韓國神學思想史』, 78-94.).

3 이광규, "傳統文化와 外來文化와의 葛藤", 「基督教思想」 제157호(1971. 6.), 36-37.

4 서영대, "韓國原始宗教研究史 小考", 「韓國學報」 제30집(1983. 3.), 171.

은 정치적 영향력을 배제하더라도, 당시의 불안한 사회적 상황과 밀접한 관계가 있었음을 보여준다. 또한 다양한 신흥종교들이 활개치면서, 심리적으로 안정을 찾지 못하는 민중들을 혹세무민하는 현상들도 비일비재했다.[5] 물론 이 시대에 기독교인 숫자도 눈에 띄게 증가했다. 당시 한국 교회는 1950년대에 있었던 교단 분열의 아픔을 넘어, 안정을 찾는 가운데, 연합기관·단체가 100여 개나 형성되었고, 선교·문화·사회봉사 활동에 적극적이었으며, 교회 일치운동과 함께 교회의 현실 참여 문제가 논의될 정도로 활기를 띠었다. 또한 신학 교육 기관들이 증가했으며, 「基督教思想」 등 신학 학술지들이 창간되고, 저술 활동이 활발하게 이뤄졌다. 더욱이 신학 활동의 자유가 인정되면서, 세계적인 신학 사조들을 거침없이 소개됐다. 심지어 근본주의가 이단시하던 역사·과학적 성서비평론이 도입되었고, 바르트, 틸리히, 불트만 등의 선구적 신학 사상들이 소개되었다. 바야흐로 한국 교회에는 자기 신학을 논할 수 있는 분위기가 무르익고 있었다.

이러한 시대·사회적 상황에서 시작된 토착화신학 논쟁은 당시의 한국 교회가 자주적으로 하나님의 계시에 응답하려 했던 신학적 노력의 일환이라고 평가할 수 있다. 즉 1960년대의 특수한 한국 사회적 현실에서, 기독교 본연의 과제를 수행해야 할 한국 교회로서는 효과적인 선교 활동을 위해 서구 신학 의존 일변도의 자신을 반성하고, 한국인의 영성을 바탕으로 복음과의 접촉점을 찾으려는 움직임, 곧 우리의 혼과 목소리를 담은 한국적 신학을 요청하는 한국 교회의 주체적 자각에서 토착화 신학 논쟁이 발생한 것이다. 그렇지만 토착화신학이 한 시대적 유행이라

---

5 1964년에 약 100만 명이던 불교도가 1969년에는 약 500만 명으로 늘었고, 기독교인은 1964년 80만 명, 1969년 300만 명으로, 교회는 6,800여 교회에서 12,800여 교회로 늘어났다(유동식, 『韓國神學의 鑛脈』, 218).

는 말은 결코 아니다. 오히려 이것은 복음 자체의 능력에 의한 발현이며, 그런 점에서 하나님의 역사였다. 곧 토착화신학 논쟁은 복음에 대한 한국적 인식 과정에서 나타난 필연적 과정이었지만, 이것이 다만 1960년대라는 특수한 역사적 정황에서 일어났다는 점에서 그 특이성이 있었다.

2) 토착화신학 논쟁의 시작과 발전

비록 "토착화"라는 말은 1960년대에 처음 등장하지만,[6] 사실 그런 노력은 논쟁 이전부터 있었다. 그 주역에는 장로교의 길선주(吉善宙), 채필근(蔡弼近), 감리교의 윤치호(尹致浩), 최병헌(崔炳憲), 정경옥(鄭景玉) 등이 있었다. 그 외에 신학자는 아니지만, 장로교 길선주에 견줄만한 감리교 부흥사 이용도(李龍道)가 있었다. 또한 당시 한국 교회에는 토착화 신앙 운동과 함께, 토착교회 삼대 원칙인 자급(自給), 자율(自律), 자전(自傳)을 골자로 한, 『네비우스 선교정책(Nevius Missionary Methods)』이 실행되고 있었다. 이것은 비록 선교사들에 의한 것이었지만, 한국적 토착교회설립을 지향했다는 점이 중요하다. 그러나 그것은 이상만큼 좋은 결과를 내지는 못했다.[7] 정책 자체가 선교사 주도상황이라는

---

6 장병일, "檀君神話에 대한 神學的 理解", 「基督敎思想」 제49호(1961. 12.), 70-77.

7 네비우스 정책의 가장 큰 문제점은 목회자의 훈련원칙이었다. 선교사들이 평양신학교에서 실시한 교육의 원칙은 이러했다. 소극적 원칙: 1)교인을 목사로 훈련시키려 할 때, 어느 시간까지 이 사실을 그에게 알리지 말 것. 2)한국 사람을 전도사나 설교자로 사용할 때는 외국돈으로 지불하지 말 것. 3)선교 초기에는 절대로 한국 사람을 미국에 보내어 공부시키지 말 것. 적극적 원칙: 1)목사 후보자는 영적 경험의 깊은 자리에 합당하게 하며, 무엇보다도 성령의 사람이 되도록 노력하게 할 것. 2)목사 후보자는 철두철미 말씀과 기독교 근본 교리 위에 토대를 갖도록 할 것. 3)목사 후보자는 예수 그리스도의 선한 군병으로서 어려움을 견딜 수 있게 훈련할 것. 4)한국의 그리스도인들의 문화와 현대문명이 높아짐에 따라 목사 교육 수준을 높이되, 일반인보다 너무 높아서 시기나 거리 감정을 일으키지 않고 존경과 위신을 유지할 수

특수 현실 때문이었다. 사실 선교사 중에는 한국을 이해하고, 기독교의 한국적 토착화에 힘쓴 이들도 있었지만,[8] 인종적·문화적 우월감에 싸여, 한민족의 문화와 신앙을 경원시한 이들도 적지 않았고, 선교사들과 일제 통치자들 사이의 묘한 밀월관계 역시 토착적 한국 교회 설립에 적잖은 걸림돌이 되었다.[9] 그러나 시대적 어려움 속에서도, 한국 신학자들의 선각적 활동들이 1960년대 토착화론에 못지않았다는 점은 오늘 신학도들에게 커다란 긍지와 무거운 책임을 느끼게 한다.

(1) 토착화 논쟁의 시작

전술한 대로 1960년대의 교회의 급성장은 한국 교회로 하여금 자신의 신학적 실존을 질문하게 되었고, 그 응답은 다양하게 제시되었다. 보수적 노선은 사회·문화 현실에 별 관심을 두지 않았으나, 진보적 노선과 자유주의적 노선은 적극적이었다. 전자는 주로 사회 현실의 구조적 모순과 관련하여 교회의 현실 참여 문제에 관심하면서 세속화 논쟁으로, 후자는 현실사회의 종교·문화적 차원과 관련하여 토착화신학 논쟁으로 나갔다. 토착화신학 논쟁의 발단은 사실상 1962년 10월 「監神學報」에 발표된 유동식(柳東植)의 논문이지만,[10] 이에 앞서 발표된 다른 글들도 간과할 수 없다.

있도록 할 것 등이다. 이러한 원칙은 한국 교회의 신학적 자립을 기대할 수 없을 뿐만 아니라, 처음부터 신학적 토착화의 길을 막고 있었다(G. Paik, *The History of Protestant Mission in Korea*, 1882~1910, Peyung-Yang, Korea, Union Christian College Press, 1929, 205).

8 이들에는 언더우드, 게일, 헐버트, 펜위크, 알렌 등을 들 수 있다(민경배, "한국 초대교회와 서구화의 문제", 「基督教思想」 제163호, 1971. 12., 45-46).

9 서광선, "韓國基督教 神學의 形成", 「基督教思想」 제339호(1987. 3.), 46.

10 유동식, "福音의 土着化와 韓國에서의 宣教的 課題", 「監神學報」 창간호(1962. 10.), 43-58.

채필근, "동양사상과 그리스도",(1/2), 「基督教思想」(1958. 1): 52-57/ (1958. 2.): 17-65.

유동식, "복음 전달에 있어서의 문제점에 대하여", 「基督教思想」(1958. 12.): 45-50.

"도와 로고스-복음의 동양적 이해를 위한 소고", 「基督教思想」(1959. 3.): 54-59.

"복음과 재래종교와의 대화 문제", 「基督教思想」(1962. 7.): 54-62.

윤성범, "한국 신학방법서설", 「벌레틴」 No.1, 서울: 감리교 신학대학 (1961.).

장병일, "유형학적 입장에서 본 기독교와 샤마니즘", 「基督教思想」(1961. 6.): 52-59.

"단군신화에 대한 신학적 이해", 「基督教思想」(1961. 12.): 70-77.

장로교 채필근의 글은 비교종교론적 성격이 강하나, 근본 의도는 기독교 삼위일체론과 기독론을 동양 종교에서 발견하는 것이었다. 이 점에서 그는 비록 교단은 달랐지만, 사상적으로는 감리교의 최병헌과 함께였고, 유동식과 윤성범 혹은 변선환(邊鮮煥)의 선구자라 할 수 있을 정도이다. 이듬해 유동식은 유대적 복음 이해를 위해 헬레니즘 학자들이 로고스(Logos) 개념을 도입한 것처럼, 동양인은 도 개념을 도입할 수 있다면서,[11] 효과적인 선교를 위해서는 복음이 동양인에게 친숙한 개념으로 재해석되어야 한다고 주장했다. 왜냐하면 복음이 살아 있는 것으로 전달

11 유동식, "道와 로고스-福音의 東洋的 理解를 위한 小考", 「基督教思想」 제19호 (1959. 3.), 56-59.

되기 위해서는 옛 표상은 새롭게 해석될 필요가 있기 때문이었다. 이러한 주장은 다분히 불트만(R. Bultmann)적이었지만, 한편으로는 토착화에 대한 관심의 발로였다.

이어서 윤성범(尹聖範)은 주체적인 한국 신학을 역설하면서 한국 신학의 가능 조건을 한국 문화 아프리오리(*a priori*)에서 찾자고 역설했다. 이것은 복음과 전이해(소재/감)라는 내용과 형식의 대립으로부터 조화적 합일에 이르는 변증법적 솜씨로서, 한국 문화의 과거·현재·미래를 꿰뚫으며, 한국인으로서 정체성을 갖게 하는 얼과 같은 것이다. "복음은 씨(種子)와 마찬가지이다. 이 종자는 토양(土壤)을 필요로 한다. 토양 없이 씨는 자랄 수 없다. 이것을 나는 한국의 종교적 터전이라 부르고 싶고, 다른 말로는 종교적 아프리오리(*a priori*)라고 말하고 싶다."[12] 특히 한국 신학은 종교적 아프리오리로서, 한국 문화적 영성(얼)을 전제해야 하는데, 이는 거기에만 복음이 담길 수 있기 때문이었다.[13] 이러한 그의 주장은 이미 토착화론의 구체적 방법론을 제시하는 것으로서 당시로서는 획기적인 주장이었다.

그러자 장병일(張炳日)은 한 걸음 나아가 원시종교와의 비교연구를 시작했다. 그는 "복음의 씨앗을 뿌릴 때는 최소한 이 땅의 토양과 풍토와 기질을 세밀히 검토해야 한다"고 전제하고,[14] 이러한 한국인 심성의 주된 특징인 샤머니즘이 복음 인식을 위한 전이해가 될 수 있다고 보았다. 그의 주장은 한국적 종교·문화적 토양에 씨앗인 복음에 대한 단순한 이식이 아닌, 새로운 해석으로서 토착화를 말한다는 점에서, 지금까지

---

12 윤성범, "現代神學의 課題", 「基督敎思想」, 제57호(1962. 8·9.), 10-11.

13 윤성범, "神學方法序說", 『基督敎와 韓國思想』(서울: 대한기독교서회, 1964), 19.

14 장병일, "類型學的 立場에서 본 基督敎와 샤머니즘", 「基督敎思想」 제44호(1961. 6.), 52.

의 토착화론과는 달랐다. 이어서 유동식은 장병일의 주장을 의식한 듯, 한국인에 의한 복음 이해는 곧 한국 문화를 매개로 한 재래종교와 복음 사이의 대화 형성을 뜻하는데, 그 형식은 일방적 설복, 절충적인 혼합주의, 복음적 태도 등으로 대별되지만, 바람직한 방법은 복음적 태도라고 보았다. 이것은 주체적이고, 자기 부정적이며, 복음화의 목적을 지니면서,[15] 비록 재래적 양식과 관념으로써 복음을 해석하지만, 재래적 관념으로 복음을 대신하는 것이 아니라, 그것의 내용과 의미를 복음화하는 일대 변혁의 측면에서의 대화를 의미했다. 이상의 논문들은 외견상 서로 무관한 것 같지만, 내면적으로는 밀접한 관련이 있었다. 즉 이것들은 아직 예비적이고 변증적인 입장이지만, 뒤에 나타날 보다 대담하고 논쟁적인 논문들을 위한 일종의 도화선과도 같았다.

본격적인 토착화 논쟁의 기폭제는 유동식의 글, "복음의 토착화와 한국에서의 선교적 과제"였다. 그는 크리스천으로서 한국 문화에 관한 애착과 선교적 관심에서 출발하여, 불트만의 해석학과 크래머(H. Kraemer)의 성서적 실재주의[16] 그리고 나일스(D.T. Neiles)의 토착화운동에 기반을 두고,[17] 토착화를 성육신 원리로 규정, 이것을 씨와 토양의 관계

15 유동식, "福音과 在來宗教와의 對話問題", 「基督教思想」 제56호(1962. 7.), 57-61.

16 크래머는 "교회는 선교(The Church *is* Mission)"라 전제하고, 교회의 존재 의미는 세계선교에 있다고 본다. 이러한 입장은 결국 선교 도구로서 교회와 복음의 구분을 시도하고, 타 종교와의 대화를 중요시하며, 결국 복음의 절대성과 관용성이 동시에 존중되어야 함을 시사한다(H. Kraemer, *A Theology of the Laity*, 유동식 역, 『平信徒神學』, 서울: 대한기독교서회, 1963, 143-150).

17 D.T. Neiles는 토착화를 선교사들이 서양에서 자란 교회라는 화초를 서양 흙이 담긴 화분에 심어서 들여왔으므로, 이 화분을 깨뜨리고 화초를 우리 옥토에 심어 힘차게 자라도록 하는 것으로 보고, 토착화의 3가지 방향, 곧 "신앙표현의 문제", "신학의 문제", "교회 조직과 관리의 문제" 등을 들었다("聖經研究와 土着化問題", 「基督教思想」 제59호, 1962. 10., 67-68).

로 이해하면서, 토착화란 "초월적 진리가 일정한 역사적 상황 속에 적응하도록 자기를 변화하는 것이지만, 결코 자기 주체성을 해소하는 혼합주의는 아니라"고 주장했다. 유동식의 토착화론은 자기부정과 성육신 원리의 기반 위에 세워진 주체자로서의 복음의 자기 적응 모델로 보인다.

> 전혀 타자이신 하나님께서 어떻게 인간과 사귐을 가지셨는가? 그것은 "말씀이 육신이 되어" 이루어졌다. … 다시 말하면 하나님께서는 인간과의 사귐을 위해 이 세상에 토착화하신 것이다. … 하나님은 결코 자기를 고집하지 아니하시고 "자기를 비어" 사람들과 같이 되심으로 사람과의 사귐을 가지고 사람을 구원하여 하나님의 자녀가 되게 하셨다.[18]

이것은 그의 선교적 과제로서의 토착화에 충실하자는 입장에서, 그것을 위한 구체적 방법론을 제시한 것이지만, 복음의 토착화란 말이 파문을 불렀다. 가장 먼저 전경연(全景淵)이 반박했다. 그는 "그리스도교 문화는 토착화될 수 있는가?"라는 논문에서, 기독교는 문화현상이 아닌, 초월적 계시에 대한 응답으로서 특별 종교이고, 자기표현이 구체적 · 시간적 형태를 취할 때도 독특한 형태를 띠었다. 따라서 초자연적 계시를 전제하는 기독교는 문화도 자연 종교도 아니므로 문화의 토착화 수준에서 생각할 수 없다. 복음의 역할은 인간을 하나님께 대면시키는 일이다. 신앙은 신앙으로 존속해야지 문화로 변질해서는 안 된다고 주장했다.[19] 유동식이 복음의 자기부정과 주체적인 성육신 원리를 중심으로 문화에 대한 복음의 관계를 변증법적으로 파악한 것과는 달리, 전경연은 인간의

18 유동식, "福音의 土着化와 韓國에서의 宣教的 課題", 「監神學報」 창간호(1962. 10.), 43-44.

19 전경연, "基督教文化는 土着化할 수 있는가", 「新世界」 제2권 3호(1963. 3.), 84-86.

자기부정을 통한 기독교 문화성립을 주장했고, 문화적 동기와 신앙 고백적 동기를 구별하면서 기독교의 동양 전래는 서구 교회 전통과 신앙 고백의 이식이어야 함을 주장했다. 곧 복음의 토착화가 아닌, 기독교 문화의 토착화를 말했다.

둘 다 혼합주의적 습합론은 거부하면서, 복음의 본질 규명 내지, 신앙 고백 전통의 고수라는 의미에서 기독교적 정체성에 대한 해석학적 관심에서 토착화의 필요성과 가능성은 인정했지만, 토착화에 대한 견해는 달랐다. 유동식은 토착화의 필연성을 말했으나, 전경연은 토착화의 불용성을 주장했다.[20] 그래서 유동식은 기독교 신앙 고백의 서구문화와의 불가분리를 전제하는 전경연의 주장을 일축하고, 우리를 구원하시는 하나님께 대해, 우리의 신앙과 표현형식이 필요하다는 차원에서 토착화를 말했다. 그리고 전경연의 오해처럼, "토착화는 복음의 변질이 아니라, 초월적 진리가 어떻게 개별현실에 내재하여 그 생명력을 실현하느냐?"의 문제임을 천명했다.[21] 유동식의 주장은 교회의 선교적 과제와 연관된 교회의 신앙적 주체성 문제이며, 이는 곧 한국적 상황(Context)에서의 복음(Text)에 대한 이해와 연관된 것이었다. 즉 "Text로서 복음 자체보다, 그 Text가 한국이라는 Context에서 어떻게 이해되고 수용되는가?"에 관련된 것이었다. 결국 그의 토착화론의 주된 관심은 Text보다는 Context에 있었다. 이것은 그의 관심이 바르트보다는 불트만에 있음을 천명하는 것이었다.

유동식의 해명에 대해 전경연은 토착화의 건전한 이해를 말하면서도, 여전히 토착화론은 현대 서구 사조의 하나이며, 현대 실존주의 해석학적 이론의 피상적 적용이라고 비판하면서, 토착화를 그리 탐탁지 않게

---

20 김광식, 『土着化와 解釋學』(1991), 41-43.

21 유동식, "基督敎의 土着化에 대한 理解", 「基督敎思想」 제64호(1963. 4.), 65-66.

여겼다. 바르티안인 그의 주된 관심은 Context보다 Text였겠지만, 그의 논점은 어디까지나 서구 신학적 전통에 대한 한국적 계승에 있었다. 이것은 복음의 한국적 상황에의 토착화의 문제, 즉 신학적 토착화가 아니라, 결국 일종의 서구 신학 내지 서구적 신앙 고백의 한국적 토착화와 다름없는 것이었다. 전경연은 다음과 같이 말했다.

> 필자는 그래서 토착화의 문제는 기존의 전통을 신앙 고백에 의하여 해석하는 문제라고 주장하는 것이다. 그리스도교 진리는 일정한 역사적 정황 속에 자기를 변화하는 진리가 아니다.… 그리스도교는 먼저 신앙이었고, 문화는 아니었기 때문에 박해를 감수하고 피를 흘리고도 그 박해를 이기고 신앙으로 존속하였다. 문화로서 죽고 신앙으로 다시 삶으로 그 전통이 살게 된 것이다.[22]

이들의 논쟁은 사실 무모했다. 같은 내용에 대해 오해와 편견을 앞세웠고, 심지어 자기 입장마저 경우에 따라 변하는 것을 거의 의식하지 못했다. 특히 두 사람은 각각 바르티안(전경연)과 불트마니안(유동식)으로서 처음부터 상대방을 이해하려는 마음이 없었고, 결과적으로 불트만 신학과 바르트 신학의 충돌을 가져왔다. 그런데 이때 유동식의 해명과는 별도로 이장식(李章植)이 전경연을 반박하면서, 논쟁은 더욱 열기를 띠었다. 그는 기독교 역사의 일면은 오히려 토착화역사이고, 토착화는 결국 복음이라는 절대적 진리를 역사와 문화 속에 보편화함으로써, 세속세계까지도 성화하고, 변혁시켜 나가는 과정으로 보았다.

22 전경연, "基督敎 歷史를 무시한 土着化理論은 原始化를 意味", 「基督敎思想」 제65호(1963. 5.), 26.

특수를 보편화하는 것이 선교와 토착화 운동이므로, 기독교의 토착은 기독교의 보편성을 왜곡시키기는커녕 오히려 기독교의 유일무이한 특수 진리를 보편화하는 것이며, … 하나님과 상관없던 세속적·원시적 문화들을 말살하거나 불태워 버리는 것이 아니고, 오히려 그것을 기독교의 세례로서 성화시키고 시정하고 순화하여 복음을 노래하며 하나님을 섬기는 것이 되게 하기 위함이다.[23]

기독교 역사가 일명 토착화의 역사라는 이장식의 주장은 토착화론에 무게를 실어주었다. 사실상 토착화는 하나님의 구원사와 밀접하며, 하나님의 종말론적인 목적에 봉사한다는 측면에서, 그 궁극적인 의미가 드러날 것이기 때문이다. 홍이섭(洪以燮) 역시 역사적 관점에서 기독교와 전통 문화와의 관계를 기독교 전래 당시의 한국 사회·문화적 상황을 중심으로 논하면서 토착화를 찬성하고 나섰다.[24] 이제 논쟁은 일반학계로까지 확산됐고, 논의의 장도 신학학술지(「基督敎思想」)를 벗어나, 일반학술지(「思想界」)로 확대되면서, 한국 사회와 교회가 함께 토착화 문제에 큰 관심을 보이게 되었다.

요컨대 유동식을 중심한 토착화 논쟁의 초기상황은 주로 복음의 인식 문제, 곧 ① 복음은 상황에 적응하는 자기부정의 원리인가(유동식)?, 하나님의 계시로서 불변적인 절대적 원리인가(전경연)? ② 토착화모델을 중심한 토착화에 대한 찬반 문제, 곧 복음의 전달 문제에 초점을 둔 토착화론인가(유동식)?. 복음의 절대성과 보편성에 강조점을 둔 토착화론인가(전경연)? ③ 그리고 토착화의 성격 곧 복음의 토착화인가(유동식)?, 기독교문화의 토착화인가(전경연)?에 대한 것들이었다.

23 이장식, "基督敎 土着化는 歷史的 課業", 「基督敎思想」 제66호(1963. 6.), 37, 44.
24 홍이섭, "基督敎와 儒敎文化", 「基督敎思想」 제66호(1963. 6), 14-21.

(2) 토착화 논쟁의 발전

이 상황에 윤성범이 등장하면서 논쟁은 새로운 방향으로 전개되었다. 이때까지 논쟁이 주로 '토착화에 대한 찬반 문제'였다면, 그의 등장은 '토착화에 대한 방법론 문제'로 토착화 논의의 방향에 대한 일대 전환을 가져오게 되었다. 흔히 그를 중심한 토착화 논쟁을 일컬어 '단군신화 논쟁'이라고 하는데, 이것은 그가 토착화 방법론과 관련하여, 단군신화를 신학적으로 해석하면서부터 논쟁이 시작됐기 때문이다. 그는 특히 전술한 논문 "한국 신학 방법서설"에 이어, "한국 재발견에 대한 단상"을 발표했는데, 여기서 그는 토착화신학은 복음의 본질적 내용과 한국 문화의 순수형식의 조화문제이므로, 한국적 토착화신학 수립을 위해서는 무엇보다 한국인으로서 주체적 자기 이해가 선행되어야 하며, 단군신화와 율곡 사상 연구는 그것을 위한 하나의 본보기가 될 수 있고, 한국인으로서 자기 이해는 결국 한국 문화의 순수 형식 문제와 직결되는데, 이것은 단군신화나 율곡 사상처럼 모든 것을 종합·화해시키는 한국 문화의 일반적 특성으로서 조화미고, 이것 하나만 올바로 설명된다면, 한국 문화의 특질의 태반을 이해할 수 있다고 주장했다.

> 그렇기 때문에 우리가 토착화 문제에 대해 많이 언급하지만, 사실 어디에다 그리스도인의 본질적 내용을 결부시키느냐는 중요한 과제가 아닐 수 없는 것이다. 덮어놓고 접촉시켜 놓는다면, 그리스도교의 세속화, 이교화에 다름없을 것이 분명해진다. 그러므로 우리는 그리스도교를 한국에다가 바로 전파하려면, 먼저 한국 문화의 본질적 내용과 순수한 형식을 올바로 찾아 놓아야만 될 것이다. 다시 말하면 복음의 내용이 한국 문화의 순수형식과 결부되어야만 한다는 것이다. 비순수한 것과 결부될 때에는 그리스도교는 변질되고 말게 된다.[25]

토착화 문제를 위해 한국 문화의 순수형식을 찾던 윤성범은 마침내 "환인·환웅·환검은 곧 하나님이다"라는 글에서 본격적으로 한국 문화 순수형식, 곧 한국인의 주체적 이해를 위한 전이해의 형식을 제시했다. 그에 따르면, 단군신화는 설화적 성격이 뚜렷하며, 삼신(三神) 사상은 동방교회 삼위일체론의 잔해이다. 이는 비록 가설이지만, 고고학적·역사적 뒷받침이 된다면, 단군신화의 신관이 기독교 삼위일체 신론을 위한 전이해가 될 수 있고, 그렇게 단군신화의 종교적 의미가 기독교의 빛 아래서 청명하게 드러날 때, "한민족은 정신적으로 소생할 수 있다"는 것이다.[26] 곧 그는 기독교 진리의 내면성과 한국 문화의 형식이 조화·합류되는 토착화, 즉 한국 문화의 중요한 특성인 조화미를 바탕으로 하는 복음의 토착화를 주장한 것이다.

이러한 윤성범의 주장에 박봉랑(朴鳳琅)과 전경연(全景淵)이 반박하고 나섰다. 박봉랑은 "이미 한국 교회는 토착화되었지만, 토양의 깊이와 계발의 연약함 때문에 생긴 불순물을 제거하여 복음 순화를 단행해야 한다"면서, 윤성범의 단군신화 해석을 신학적 탁상담화로 일축하는 동시에, 복음은 이미 벗길 수 없는 유일회적 옷을 입고 있으므로, 토착화는 기독교 진리가 한국 옷을 입고 나타나는 것이 아니라, 복음이 시공간을 넘어 특유한 문화 카테고리와 말을 도구로 모든 문화를 극복하면서, 본질적 사명을 다하는 과정으로 보았다.[27] 전경연도 단군신화를 기독교 삼위일체론에 비교하는 것은 방법론적으로 문제가 있고, 복음 이해를 위해 전이해가 꼭 필요한 것은 아니라고 보았다.[28] 두 사람의 반박이 제기되자 정하은(鄭賀恩), 한태동(韓泰東), 홍현설(洪顯卨) 등이 가세했다.

---

25 윤성범, "韓國再發見에 대한 斷想", 「基督教思想」 제63호(1963. 3.), 19.
26 윤성범, "桓因·桓雄·桓儉은 곧 하나님이다", 「思想界」(1963. 5.), 267-271.
27 박봉랑, "基督教 土着化와 檀君神話", 「思想界」(1963. 7), 173-176.
28 전경연, "所謂 前理解와 檀君神話", 「基督教思想」 제68호(1963. 8·9.), 24, 28.

정하은은 철저한 복음의 이해와 동시에 그 복음이 수용될 한국적 상황에 관한 철저한 연구를 통해, 한국적 표현양식을 빌어 스스로 현실에서 복음에 응답하는 토착화신학을 확립할 것을 주장했고, 한태동은 복음과 문화의 조화를 기반으로 한 크래머(H. Kraemer)의 토착화론을 모델로 수용할 것을 주장했으며, 홍현설은 복음 수용을 가능케 하는 매개 원리 곧 촉발(Touch and Release) 개념으로 토착화를 정리했다.[29] 박봉랑의 반박에 대해 윤성범은 단군신화를 한국 고유의 창조설화나 개국설화가 아닌, 삼위일체의 잔해(*Vesitgium trinitatis*)로 보기 때문에 단군신화 해석은 토착화와 직접적 관계가 없고, 단지 기독교 삼위일체론의 순전한 형식적 유형학에 의해 고찰했을 뿐이라면서 박봉랑의 몰이해를 공격했다.[30] 윤성범은 다음과 같이 자기 견해를 밝혔다.

> 나는 결코 단군신화를 한국의 문화 아프리오리로나 종교 아프리오리로 생각해서 기독교의 삼위일체론의 내용적인 요소를 종래의 한국 종교 관념의 하나인 단군신화의 형식에다가 맞추어보려는 의도로서 해석한 것

---

29 정하은, "神學의 土着化의 起點", 「基督敎思想」 제67호(1963. 7.), 30; 한태동, "思考의 類型과 土着問題", 「基督敎思想」 제67호(1963. 7.), 15-16; 홍현설, "土着化의 可能面과 不可能面", 「基督敎思想」 제68호(1963. 8 · 9.), 18.

30 윤성범, "하나님 觀念의 世界史的 性格", 「思想界」(1963. 9.), 226. 이에 대해 김광식은 그가 한자로는 잔해(殘骸)를 쓰면서도, 라틴어로는 *Vestigium*으로 표기했기 때문에 당사자들과 독자들을 혼동시켰는데, 잔해에 해당하는 라틴어는 *residua*가 옳았다면서 결국 두 사람은 중심을 빗나갔다고 보았다(『土着化와 解釋學』, 49-50). 하지만 훗날 박봉랑은 그때를 회고하면서, 그것은 어휘 문제가 아닌 신학적 문제였고, 자신은 윤박사의 논조에서 자연신학 문제보다 삼위일체 하나님의 아날로기아 문제를 읽었는데, 윤박사도 여기에 대해 신학적 해명의 아날로기아를 넘어 단군신화를 삼위일체 하나님 인식을 위한 불가결한 연결점, 조건이라는 원리로 일관했다고 말한다(박봉랑, 『신학의 해방』, 서울: 대한기독교출판사, 1991, 824-827). 결국 이 논쟁은 아직도 끝나지 않은 셈이다.

> 은 아니다. 도리어 단군신화를 기독교 신론의 수용의 형식으로 본 것은 단군신화가 기독교 삼위일체론으로부터 유래한 것이 아닌가 하는 가정 밑에서였던 것이다.[31]

즉 단군신화는 토착화신학을 위한 방법론으로서 한국 문화 아프리오리와 복음을 조화·결합시키는 한국 고유의 직관적 변증법의 원리가 아닌, 새 술을 담기 위해 새 가죽 부대를 준비하는 하나의 노력, 곧 삼위일체 신론을 이해하기 위한 하나의 흔적을 찾으려는 것이라고 주장했다. 계속해서 윤성범은 전경연의 반론에도 같은 차원으로 반박하며, 자기 견해를 덧붙였다.

> 우리는 천주교나 개신교가 한국에 들어오기 전에 벌써 훌륭한 하나님 개념을 가지고 있었다는 것 하나만 가지고도 굉장한 사실이 아닐 수 없는 것이다. … 만일 단군신화가 진정한 의미의 삼위일체의 잔해(*vestigium trinitatis*)라면 우리 기독교는 잃었던 부모를 찾은 기쁨과 흡사한 느낌을 가지게 될 것이다.[32]

전경연에 답하는 윤성범의 글이 「基督教思想」에 실린 것과 때를 같이하여 박봉랑의 재반박이 「思想界」에 실렸다. 그는 ① 단군신화는 삼위일체 신론의 흔적, 그 인식의 연결점, 전이해, 수용형식이 될 수 없다. ② 계시의 유일한 소스(source)는 성서이며, 계시가 삼위일체론의 근원이라고 반박하면서,[33] 윤성범의 논지가 일관성이 없고, 전이해와 한국적

31 윤성범, *Ibid.*, 229.
32 윤성범, "檀君神話는 Vestigium Trinitatis이다", 「基督教思想」 제69호(1963. 10.), 16.
33 박봉랑, "聖書는 基督教 啓示의 唯一한 쏘스", 「思想界」(1963. 10.), 241-247.

아프리오리 개념도 모호하다고 지적했다.[34] 그들의 반박은 칼뱅과 바르트의 후예다웠다. 하지만 한국적 아프리오리는 윤성범의 신학방법론에 나오는 솜씨 혹은 직관적 변증법을 뜻하며, 그것이 또한 토착화의 구체적 방법론임을 몰랐던 두 사람으로서는 단군신화론이 토착화와 직접 관계가 없다는 윤성범의 말에 혼란할 수밖에 없었다. 윤성범의 전이해 역시 오해를 샀다. 하나님의 초자연적 계시를 강조하는 바르티안 전경연은 "복음 이해를 위해 전이해가 꼭 필요한 것은 아니라"고 반박했다.[35] 윤성범 역시 바르티안이었지만, 전이해에 관해서는 불트만을 따랐다. 그러나 그는 불트만을 답습하지는 않았다. 불트만의 전이해가 성서해석상의 기본전제였다면, 그의 전이해는 신앙에 대한 인식근거(*ratio cognoscendi*) 또는 계시에 대한 응답으로서 주체적 결단을 위한 자기 인식적 매개 요소였다. 이것을 이해하지 못한 전경연으로서는, "윤성범이 종교개혁 전통을 무시하고 신학 형식을 단군신화나 퇴계, 율곡 또는 원효 사상에서 찾으려 한다"고 비판할 수밖에 없었다. 윤성범이 단군신화와 관련해서 오해를 산 것도 바로 이 문제였다. 그는 단군신화가 토착화와 간접적으로만 관계되며, 그것의 해석은 토착화로 가는 전 단계라고 말했다. 이것은 한국 교회의 주체성과 관련된 것이었다. 그에 따르면 교회는 절대적인 복음 수용을 위해 상대적인 문화와 종교를 무시해서는 안 되고, 오히려 거기에 담긴 근본정신을 파악함으로써, 새 술(福音)을 담을 새 부대(教會)를 준비해야 한다. 이 새 부대가 바로 전이해이며, 그것을 찾으

34 훗날 박봉랑은 그때를 회고하면서 그 논쟁 동기는 특히 당시 한국의 객관적인 현실, 곧 정치·사회적 상황과 관련이 있었다고 말했다, 사실 박봉랑의 반박은 자신이 1947~1953년 성서영감설 논쟁 당시 조선신학교 재학생으로서 겪은 고통스러운 기억으로부터, 윤성범의 주장을 또 다른 측면의 기독교 계시론의 문제로 인식하고, 오직 성서만이 기독교 신앙의 유일한 원천임을 말하려는 내면적 동기가 함께 작용했던 것이다(『신학의 해방』, 824).

35 전경연, "所謂 前理解와 檀君神話", 「基督教思想」 (1963. 8·9.), 28.

려는 마음의 태도 곧 한국인의 얼(문화 아프리오리)이 곧 주체성이라는 것이다.

> 우리가 토착화 문제를 많이 언급하지만 사실 어디다가 그리스도인의 본질적 내용을 결부시키느냐는 중요한 과제가 아닐 수 없다. … 그러므로 우리는 그리스도교를 한국에다 바로 전파하려면 우리는 먼저 한국 문화의 본질적 내용과 형식을 올바로 찾아 놓아야만 될 것이다. 즉 복음의 내용이 한국 문화의 순수형식과 결부되어야만 한다.[36]

윤성범은 전이해와 문화 아프리오리 개념을 바탕으로 토착화론을 향해 발걸음을 옮겼다. 그의 토착화에 대한 본격적 논의는 율곡 이해를 통한 해석학에서였다. 그는 율곡의 성(誠) 개념에 집중했다. 그에 따르면 성은 관념과 실재의 일치를 위한 매체로써 변증법적인 솜씨, 조화미와 같은 것이다.[37] 이렇게 보면 그의 토착화론은 솜씨의 변증법을 위주로 하는 신학 이론이지, 단군신화론이라는 전이해로서 수용성이 아니다. 사실 그는 감·솜씨·멋이라는 한국 신학 방법론을 주장하다가 토착화에 관심을 가졌다. 그리고 단군신화 연구를 통해 토착화를 문화 아프리오리의 소산으로 확신하면서, 단군신화론은 문화 아프리오리와는 무관하다고 생각했다. 그리하여 전이해 개념이 직접 토착화에 원용된다던 통념과는 달리, 윤성범은 전이해를 단지 솜씨가 다루게 될 소재로만 취급하고, 토착화는 오직 솜씨(한국 문화 아프리오리)의 결과라고 보았다.[38] 이제

---

36 윤성범, "韓國再發見에 대한 斷想", 「基督教思想」(1963. 3.), 19.

37 윤성범, "栗谷思想의 現代的 解釋", 「思想界」(1963. 8.), 232.

38 김광식, 『土着化와 解釋學』, 52. 한때 윤성범은 이렇게 말했다. "한국 문화 *a priori* 는 신학 이해의 한 계기는 될 수 있으나, 그것이 신학 이해의 전체는 될 수 없다는 것이다. 진정한 말씀의 이해는 단순한 말씀으로도 안 되고 그것이 문화

윤성범은 본격적으로 토착화에 집중했고, 그 원리를 한국의 멋(미)에서 발견했다. 그에 따르면 한국미는 조화미, 곧 예술·도덕·종교가 혼연일체가 된 종합 미이며, 율곡의 성에 해당하는 토착화를 향한 역동적인 힘이다. 이런 측면에서 한국 종교사는 불교, 유교, 도교 같은 외래 종교가 한국 샤머니즘 터전에 토착화한 과정이라는 것이다. 그리고 멋으로서 한국미는 화랑도와 원효와 율곡, 심지어 김유신과 이순신에게서도 찾을 수 있지만,[39] 종교에서는 천주교(기독교)를 한국 샤머니즘 토대 위에 토착화한 형태인 천도교에서 발견된다고 주장해서, 소위 천도교 논쟁을 일으키기도 했다. 곧 그가 천도교는 천주교가 한국 샤머니즘 토대 위에 토착화된 것이기에, 결국 기독교의 일파라고 주장하자, 천도교 쪽에서는 거꾸로 오히려 기독교가 천도교의 한 부분이라고 반박했다.[40] 이런 주장들은 종교 간의 형식적 유사점에 기반을 둔 것으로서, 절충주의 내지 혼합주의라는 오해를 가져올 수 있지만, 본질적으로 주체적 한국 신학을 위한 한국적 솜씨의 관점에서의 재래종교에 관한 이해라는 점에서, 토착화론에서 적잖은 의미를 지닌다. 이처럼 윤성범을 중심한 토착화 논쟁은 단군신화 논쟁과 천도교 논쟁 그리고 이어진 한철하 교수와의 신학방법론 논쟁 등을 통해, 한국 신학계에 적잖은 파문을 일으켰고, 한국토착화 논쟁사의 한 획을 그었다. 그 후에도 윤성범은 토착화와 연

---

a priori 에 담겨지고 따라서 솜씨에 의하여, 곧 그리스도 구속의 작용으로 생명화되고 다시금 멋에 의하여, 곧 성령에 의하여 약동화되는 데서 가능한 것임을 알게 된다"(윤성범, "韓國神學 方法序說", 1964, 38).

39 윤성범, "花郎精神과 韓國 샤마니즘", 「思想界」(1963. 12.), 214-216; "超越로서 韓國의 멋", 「思想界」(1959. 6.), 332-333.

40 윤성범은 "天道敎는 基督敎의 한 宗派인가?", 「思想界」(1964. 5.)에서 그런 주장을 했고, 이에 대해 천도교 측에서는 박응삼("기독교는 천도교의 한 부분이다", 「新人間」, 포덕 105. 8)과 이광순("윤성범 교수의 소론을 박(駁)함", 「新人間」, 포덕 105. 8)이 반박해왔다. 이에 해천은 「世代」 誌를 통해 재반박을 시도했다("反宗敎運動의 根源", 제17호, 1964. 10.).

관된 글들을 많이 발표했다.

"한국 교회의 신학적 과제", 「現代와 神學」(1964. 12.): 7-26.

"한국미의 형이상학", 「思想界」(1965. 2.): 225-233.

"한국인의 인간성 진단", 「基督敎思想」 (1965. 5.): 24-31

"재래종교에 대한 이해와 오해", 「基督敎思想」(1965. 4.): 40-57.

"Cur Deus Homo와 복음의 토착화", 「基督敎思想」 (1966. 12.): 26-33.

"한국에 있어서의 한국 신학", 「現代와 神學」 (1967. 4.): 40-60.

"Das Idealistisch-Gnostische im Taoismus", 「東方學誌」 (1967. 10.): 369-379.

"한국 기독교와 제사문제", 「史叢」 (1968. 9.): 693-701.

"그리스도론과 그리스도상", 「基督敎思想」 (1968. 9.): 100-107.

"한국의 신관념 생성", 「基督敎思想」 (1969. 6.): 104-125.

1960년대 중반을 넘기면서, 논쟁은 다소 소강상태가 됐으나, 새롭게 등장한 세속화 논쟁과 함께 그 흐름은 계속 이어졌다. 이장식은 "한국 윤리사상과 기독교 신학"(「基督敎思想」, 1966. 12.)을 발표, 토착화를 지지했으나, 한철하는 "한국 교회의 신학적 과제"(「基督敎思想」, 1968. 1.)를 통해 토착화를 비판했다. 이장식은 다시 "한국 신학 형성의 길"(「基督敎思想」, 1968. 8.)을 통해 토착화신학적인 한국 신학 사상사의 가능성을 제시하였다. 한편 장병일은 "춘향전의 성서적 해설"(「基督敎思想」, 1966. 2.) 때문에 물의를 일으키기도 했다.[41] 그 외에 안병무는 성서신학적 시각에서 논쟁에 동참하였다.[42] 참으로 1960년대는 한국 신학사에 있어서

---

41 김광식, 『土着化와 解釋學』, 65.

42 안병무, "韓國神學-聖書神學에서 가능한 길", 「현대와 신학」 제4집(1967. 4.), 40-60.

위대한 시기였다.[43] 서구 신학 일변도이던 한국 신학에 대해, 주체적 한국 신학이라는 새로운 가능성을 열었기 때문이다. 하지만 아쉬움도 있다. 1960년대 토착화 논쟁이 기독교와 한국 문화·종교와의 유비론적 변증론에서 그칠 것이 아니라, 보다 넓은 지평에서 해석학 이론을 충분히 섭취하면서, 우리의 길을 찾았더라면, 한층 더 성숙한 논의가 이뤄졌을 것이라는 점이다.

(3) 토착화 논쟁의 전환

1970년대는 급격한 사회변화에 따른 각종 부작용과 정치권력의 비합법적 파행성, 남북한의 첨예한 대립 등으로 온 민족이 고통하며 자유를 구가하였다. 이에 따라 교회는 사회 현실에 무관심할 수 없었고, 거기에 깊이 개입하면서 새로운 주체적 신학을 추구하였다. 그 결과 민중신학이 등장했고, 토착화 논의도 새로운 국면을 맞이하였다. 즉 토착화에 대한 단순한 찬반론이나 방법론에만 집착하기보다 뭔가 내용 있는 논의가 필요했다. 이때 윤성범은 "바르트의 영 이해와 기술의 문제"(1969. 10.), "정감록의 입장에서 본 한국의 역사관"(1970. 1.), "화해론의 현대적 과제"(1970. 3.), "한국적 신학-일명 성의 신학"(1970. 11.), "한국적 신학-성의 신학"(1971. 3.), "한국적 신학-기독론"(1971. 11.)을 발표했는데, 이것들은 특히 『韓國的 神學(1972)』의 구상과 연관된 것이었다. 윤성범의 방향은 한국적 실존과 정황, 곧 한국의 문화적·정신적 전통에다 서구 신학적 전통을 가미함으로써 우리 전통을 되살리려는 측면이었고, 이를

43 김경재는 1960년대를 "한국 문화신학 모색의 본격적 탐구가 만개했던 토착화신학 논쟁 시기였다"고 평가하면서, "진보신학계와 보수신학계, 진보신학계 중에서도 찬성과 반대, 역사학자, 철학자, 동양사상가 등 총 35편의 논문들이 「基督教思想」 誌를 매개로 재토론의 장을 엮어 나갔다."고 술회한다("한국 문화신학 형성과 「기독교사상」", 「基督教思想」 제400호, 1992. 4., 37-44).

위해 바르트와 율곡을 대비시킨 것이었다.[44]

이렇게 구상된 '한국적 신학'은 또 다른 논쟁을 불러왔다. 이종성(李鐘聲)은 성 개념은 기독교의 신이나 그리스도나 성령과는 거리가 멀다. 성의 입장에서 신, 그리스도, 성령을 이해하는 것은 또 하나의 관념론에 빠질 수 있다. "성은 심적 상황을 말한다"면서, 윤성범의 학문적 대담성을 장난기 어린 유희로 논박했다.[45] 이에 대해 윤성범은 복음, 곧 기독교 진리는 역사적이며, 토착화와 연관된다. 이러한 토착화과정은 결국 해석학과 관계되며, 한국적 신학은 유교의 골자인 성으로써, 복음의 진리를 해석한 것이다. 성은 유교 형이상학의 핵심으로서 존재론적 관념이며 중용(中庸)이기도 하다. 이러한 형이상학적 관념인 성이 한국사상계를 지배해왔으므로, 그것을 통해 복음을 해석하는 것이 한국적 신학이라고 답했다.[46]

이어서 김의환(金義煥)도 '한국적 신학'의 방법론을 문제 삼았다. ① 윤성범의 토착화론은 문화와 종교의 가분성이 전제된 문화 대체론적 선교론이다. ② 해석방법론에 있어서 영원한 복음의 역사화, 특수화 작업으로 성을 해석 매개로 삼았는데, 문제는 성이 유교의 형이상학적 골자라 말하기 어렵고 더구나 맹자와 율곡에 있어서 성은 인본주의적 개념일 뿐이다. 따라서 윤성범의 '한국적 신학'은 한갓 혼합주의 및 절충주의에 불과하다고 비판했다.[47] 이러한 김의환의 논박에 대해 김광식(金光

---

44 윤성범, "바르트의 靈 理解와 技術의 問題-韓國과의 對話를 위한 하나의 試圖", 「基督敎思想」 제137호(1969. 10.), 145-159. 특히 그는 바르트의 *Geist*를 율곡의 성에 연결시킨다. *Geist*는 인간과 하나님과의 생명적인 관계, 영·육의 유기적 생명적 통일을 가능케 하는 것으로, 신과 인간, 인간과 인간 그리고 영혼과 육체를 연결하는 연결자로서 기독론적 성격을 지니는데, 이러한 *Geist*와 같은 개념이 율곡의 성에 나타난다고 보았다.

45 이종성, "1972년도의 韓國敎會의 決算", 「복된 말씀」 제19권 10호(1972. 12.), 13.

46 윤성범, "誠의 神學이란 무엇인가?", 「基督敎思想」 제177호(1973. 2.), 83-91.

植)이 나섰다. 그는 비록 한국적 신학이 문제는 있지만, 토착화신학의 가능성과 필요성을 제시했다는 점에서 선구자적 위치를 차지한다고 전제하고, 성의 신학을 이해하기 쉽게 성의 존재론과 변증법으로 분석하여 설명했다.[48] 그러자 박아론(朴雅論)은 한국 교회와 한국 신학의 주체성이 결코 기독교와 한국사상의 절충혼합을 통해서 성취될 수 없다.고 전제하고 윤성범과 김광식을 싸잡아 비판했다.[49] 그 외에 심일섭은 "한국 신학 사상사 서설"에서 토착화론의 흐름과 그 발자취들을 정리했고,[50] 박봉배(朴鳳培)는 "타협인가 변혁인가?"(「神學思想」, 1973. 3.)에서, 윤성범의 신학에 대해 보충적 비판을 가했으며, 이종성 또한 "한국 교회의 신학적 과제"(「基督教思想」, 1975. 8·9.)에서 토착화를 포함한 여러 신학 사조에 대해 고찰했다. 1960년대 중반을 넘어서면서 토착화론은 가능성 문제를 벗어나, 구체적인 방법론을 찾게 됐고, 이를 위한 시도들이 여러 측면에서 등장하는 가운데, 더 깊은 차원으로 나아갔다고 할 수 있다. 그렇지만 토착화 논쟁은 여전히 진행 중이었다.

3) 토착화신학 논쟁의 결실과 새로운 전망

1960년대 초반, 유동식으로부터 시작된 토착화 논쟁은 10년이 넘도록 한국 교계를 뜨겁게 달궜고, 일반 사회에까지 그 관심도를 증폭시켜 나갔다. 그 후에도 토착화신학 논쟁의 여운은 계속 이어져서 1980년대까

47 김의환, "誠 신학에 할 말 있다", 「基督教思想」 제178호(1973. 3.), 108-114.
48 김광식, "誠 神學에 可能性 있다", 「基督教思想」 제179호(1973. 4.), 84-91.
49 박아론, "韓國的 神學에 대한 異論", 「基督教思想」 제183호(1973. 8.), 81-87; "韓國教會와 韓國思想", 「神學指南」 제161호(1973, 여름), 59-69.
50 심일섭, "韓國神學思想史 序說",(上/中/下) 「基督教思想」 제174(1972. 11.), 89-101./ 제175(1972. 12.), 106-187./ 제180호(1973. 5.) 94-104.

지도 그 열기가 식지 않았다. 그렇다면 토착화신학 논쟁은 한국 교회와 사회에 어떤 결실을 가져왔으며, 향후의 신학적 흐름과 그 의의는 무엇이었을까?

(1) 논쟁의 결실

1960년대를 전후해서 활발하게 이뤄진 토착화 논쟁은 결국 ① 서구 신학이 우리 정신문화에 대해 이질적이라 보고, ② 서구 신학과 한국적 문화 내지, 사고방식과 동질적, 공통적 요소를 찾으려 했으며, ③ 한국인의 독자적 신학 가능성에 대한 한국교계의 반응이었다.[51] 물론 논쟁은 여러 면에서 오해도 있었지만, 그래도 그것은 분명히 우리 신학을 향한 부단한 노력이었다. 한편, 나름대로 결실도 있었다. 우선 논쟁들을 정리한 윤성범의 『基督教와 韓國思想(1964)』과 유동식의 『韓國宗教와 基督教(1965)』를 들 수 있다. 이 두 책은 성격상 주로 초기 단계의 논의들을 정리한 것이지만, 전체적으로 볼 때, 둘 다 한국이라는 토양에 기독교 신앙을 대비하는 측면에 서 있다는 점에서, Text로서 복음에 대한 관심보다 Context로서 한국적 토양에 더 큰 관심을 내보이고 있다.

그리고 1970년대의 논의결실로는 윤성범의 『韓國的 神學(1972)』과 『孝(1973)』, 유동식의 『韓國巫教의 歷史와 構造(1975)』, 『道와 로고스(1978)』, 『民俗宗教와 韓國文化(1978)』, 김광식의 『宣教와 土着化(1975)』 등을 들 수 있는데, 이것들은 토착화신학 입문서와 같은 초기 저술들과는 달리, 토착화신학적 관점에서 한국의 종교와 문화에 대한 해석을 시도하는 것들이었다. 윤성범은 한국 문화를 꿰뚫고 흐르는 문화 아프리오리, 곧 조화의 솜씨를 성으로 규정하고, 성을 중심으로 기독교와 유교의 대화를 시도했고, 유동식은 무교 연구를 통해 한국사상의 기

51 김광식, 『土着化와 解釋學』, 66.

초 이념, 곧 한국인의 영성을 발견하고 이를 풍류도로 이해했다.[52] 김광식은 두 사람의 토착화론을 비판적으로 수용하면서, 성령의 역사로서 토착화라는 토대에서, 토착화와 선교를 연결함으로써, 지금까지의 토착화론을 정리하였다: "토착화신학은 한국적 상황에서 복음이 무슨 말로 들려지느냐는 질문에서 출발하고, 바로 복음이 무엇이냐는 질문에 대하여 대답해 보려고 시도하는 신학이라 할 것이다."[53]

1960년대의 독특한 상황에서 시작된 토착화 논쟁은 분명, 한국 신학사에 새 방향을 제시하면서, 서구 신학에만 의존하던 한국 신학계에 큰 충격을 주었다. 하지만 한국 교회는 변화에 너무 소극적이었다. 처음부터 토착화라는 용어에만 집착하여 힘을 낭비했고, 토착화 논쟁이라는 빈 수레만 요란했지, 결실은 의외로 적었다. 그것도 토착화 찬성자들에 의한 몇몇 저서가 나왔을 뿐이고, 김광식의 저술을 제외하면 토착화론에 대한 건전한 비판서 하나 나오지 못했다. 하지만 토착화신학은 멈추지 않았다. 그것은 이미 또 다른 성숙을 지향하였기 때문이다.

(2) 계속되는 논의들

1970년대에 들어, 토착화신학은 서서히 민중신학에 활발한 논의의 장을 내주었으나, 그 흐름이 단절된 것은 아니었다. 윤성범 사후에도 유동식, 김광식, 변선환, 김경재 등에 의해 논의가 이어졌고, 민중신학도 1970년대 한국적 상황에서 정치·사회적 측면에서 이뤄진 복음의 토착화라는 점에서, 여전히 토착화신학의 범주 안에 있기 때문이다. 그러나 민중신학은 일반적 의미의 토착화신학과는 다르기에, 뒤에 논하기로 하고, 여기서는 주로 토착화신학 분야만 다루기로 한다. 1970년대에 잠

---

52 유동식, 『風流道와 韓國神學』(서울: 전망사, 1992), 15.

53 김광식, 『宣敎와 土着化』(서울: 한국신학연구소, 1975), 18.

시 휴면상태이던 토착화신학은 1980년대에 다시 잠을 깼다. 그리하여 지금까지의 논의들을 정리하고, 그것을 발판으로 삼아 새로운 차원을 구축하기 시작했다. 선두주자는 김광식이었다. 그는 토착화를 단순한 서구 신학의 적용개념(신학의 토착화)이 아닌, 신학적 대상으로서 복음화 사건, 곧 복음을 통한 성령의 역사로서 구원사건을 학문적으로 성찰하는 것임을 확신하면서, 새로운 토착화 논의의 장을 열었다.

> 우리는 두 가지 서로 다른 토착화를 대조시켜 볼 수 있다. 하나는 일반적으로 받아들여지고 있는 통속적 의미의 토착화이다. 이것은 인간이 주체가 되어 인간이 행하는 행위를 의미한다. 다른 또 하나의 토착화는 필자가 옹호하는 개념이다. 즉 토착화는 인간의 인위 조작적 행위가 아니라, 은혜의 기적으로 값없이 주어지는 성령의 역사이다.[54]

이러한 성령의 역사로서 토착화에 대한 그의 통찰은 한동안 한국교계가 잊었던 토착화 문제를 재소환했다는 점에서 의의가 크다. 특히 그는 토착화가 인위적 작업의 결과가 아니라, 성령의 역사, 곧 하나님의 은총의 문제라고 천명함으로써, 토착화의 찬반 문제는 사실상 무의미한 논쟁이라고 규정하였다. 또한 그는 최초로 토착화신학이 해석학적 성격을 지닌다고 주장했다: "토착화신학은 그 의도에 있어서 근본적으로 해석학적이다. 그리스도교의 복음을 혹은 서구 신학을 한국적 상황에 적합하게 수용한다는 문제는 이미 해석학적인 성격을 갖고 있다. 그러나 여기서 해석학적인 것은 시간적인 차이를 극복하려는 것이기보다는 공간적인 차이를 극복하려는 것 같다."[55] 게다가 이 해석학 또한 성령의 역사라

---

54 김광식, "土着化의 再論", 「神學思想」 제45집(1984. 여름), 406.
55 *Ibid.*, 415.

는 점에서, 역시 은혜의 차원일 수밖에 없다. 특히 그는 기존의 토착화론에 대해, 토착화신학이라는 공식 명칭을 사용함으로써, 복음의 토착화 문제가 단순히 종교문화론이 아니라, 신학적 문제임을 분명히 했다. 나아가 그는 민중신학과의 대화를 중시하고, 두 신학 장르는 함께 서구적 신학에 대해 이의를 제기할 뿐만 아니라, 민중신학의 실천적 성격과 토착화신학의 선교적 성격의 상통 가능성이 있다고 보았다. 그의 주장은 성령의 역사로서 신학적 토착화론 또는 해석학적 토착화론과 대화의 신학이라는 독특한 얼굴을 지니게 되었다.[56]

이어서 변선환도 여기에 관심을 표했는데, 그는 야스퍼스, 불트만, 프리츠 부리 등의 사상과 선불교와의 대화를 통해, 기독교와 불교의 만남을 위한 해석학적 지평을 찾으면서, 모든 종교가 배타적 절대주의를 넘어서 한국적 문화공동체 형성을 위해 협력해야 한다고 주장했다. 결국 그의 해석학적 지평은 실존적 기독론이었고, 그 대상은 자아와 무(無) 혹은 공(空)의 개념이었다. 곧 변선환은 예수 그리스도 사건을 비신화화의 장벽을 넘어, 비케리그마화(*Entkerygmatizierung*)의 여정 속에 세웠고, 마침내 붓다 혹은 무(無)·공(空)은 책임적 실존으로 존재하려는 현금의 불교적 사마리아인들에게 실존의 그리스도로 이해될 수 있다고 주장했다. 그렇게 그는 소위 불교적 기독론을 제시하는 가운데, 1980년대 중반 복음과 문화의 상대화 통한 대화적 만남을 지향하는 종교다원주의로 흘러갔다.

> 앞으로 한국 신학의 과제는 아시아 신학자들과의 연대 속에서 우리의 종교적 정체성을 찾기 위하여 철저하게 타 종교의 신학을 밀고 나가야 할

---

56 허호익, "김광식의 해석학적 토착화론과 언행일치의 신학", 김광식 교수 회갑기념 논총, 『해석학과 토착화』, 479.

것이다. 그러기 위하여 한국 신학은 대담하게 다음 세 가지를 포기하여야 한다. 종교에 대한 서구적 편견과 교회중심주의와 그리스도론의 배타적 절대성의 주장이 한국 교회가 포기하고 타파해야 할 우상들이다.[57]

한편 김경재는 틸리히(P. Tillich) 신학에 의존하여, 한국인의 궁극적 관심의 양태를 찾음에서 토착화신학 혹은 한국 문화 신학의 단초를 삼았다. 즉 그는 과거의 토착화론처럼 특정 종교와의 대화에서가 아니라, 한국 문화사의 흐름을 구조적으로 관통하려는 측면에서 신학적 계기를 찾으려 했다. 왜냐하면 특정 종교나 문화는 시대에 따라 소멸·생성을 반복하며 변화도 다양하지만, 그것들을 존재케 한 궁극적 힘 곧 존재의 힘(Power of the Being: the Ground of Being)은 소멸하지 않고, 인간 본성과 우주 본질에 속해 있기 때문이다. 이에 따라 복음의 토착화도 꽃의 꽃받이 작용처럼 힘과 힘, 의미와 의미, 가치체계와 가치체계, 세계관과 세계관이 만나는 것이므로,[58] 과거처럼 한국 사회·문화적 전통과 상황을 복음의 씨앗을 받는 토양으로만 보아서는 안 되고, 그것 자체가 엄연히 살아 있는 또 하나의 꽃임을 진지하게 생각해야 한다면서, 가다머(Hans-Georg Gadamer)의 지평융합(*Verschmelzung der Horizont*) 이론을 수용한다.

지평융합(地坪融合)이란 전승된 본문이나 전통이 내포한 삶의 지평과 해석자의 삶의 지평이 합병·용해·융합되는 과정인데, 여기서 지평(地坪)이란 일종의 은유적 개념으로서 삶 체험의 전망시계(展望視界)인 동시에 사고, 지식, 경험, 관심의 범위와 한계를 뜻하며, 융합이란 둘 이상의 요소가 합하여 전혀 새로운 실재로 형성되는 것이다.[59] 가다머에 의하면,

57 변선환, "他宗教와 神學", 「神學思想」 제47집(1984, 겨울), 699.

58 김경재, "韓國教會의 神學思想", 「神學思想」 제44집(1984. 봄), 6.

59 김경재, "종교다원론에 있어서 해석학적 의미", 「現代와 神學」 제12집(1989. 5.), 97; "한국 신학 수립을 위한 해석학", 「基督教思想」 제453호(1996. 9.), 68-70.

이해란 지평융합 과정이고 전통은 끊임없이 새로운 물이 흘러드는 살아 있는 호수와 같다. 전통 안에서도 끊임없이 지평융합이 진행되기 때문이다. 그러나 지평융합은 종교혼합과는 다르다. 한국인이 성서를 읽는다는 것은 곧 성서의 삶의 전승과 한국인의 삶의 전승, 성서의 구원사 해방 전통과 한국사의 민중 해방 전통, 성서 인물들의 지평과 한국인들의 지평이 융합하는 과정이다. 즉 성서 해석자는 나름의 전이해의 구조 속에서 텍스트를 대하게 되고, 성서의 지평을 만나면서 새로운 지평의 형성, 곧 서로 다른 지평 간의 차이를 무시하고, 지반의 공통분모 혹은 공통지반적 요소들만의 수렴을 통한 단순한 확장이 아닌, 훨씬 더 변증법적이고 역설적인 삶 체험의 질량적 확대 · 심화가 이뤄진다는 것이다.[60]

그런데 가다머의 이론이 비록 데카르트적인 주체-객체의 이분법적 인식 도식을 극복하고, 하이데거의 해석학에 힘입어 주체적 지평들 사이의 융합에 의한 새로운 이해의 지평을 창조한다지만, 곧바로 신학에 적용할 수 있을지는 의문이다. 김경재가 "지평융합은 종교혼합주의와는 다르다"고 역설하지만, 결국 지평융합 자체가 제3의 새로운 지평 형성이 아니냐는 것이다. 그렇게 되면 기독교와 재래종교가 만나 제3의 종교를 형성하는 것과 무엇이 다른지를 구별하기 어렵고, 종교습합론이나 종교다원주의와는 어떻게 다른지에 대한 의문을 살 수밖에 없다. 물론 지평융합이 복음의 순수성을 보존하면서도 문화적으로 상호 이해와 협력이 가능한 차원의 것이라면 못 받아들일 이유가 없다. 하지만 지평융합은 이미 형식상 복음의 순수성 보존의 태도와는 거리감이 있다. 복음을 담은 성서적 지평과 한국 문화적 지평의 융합을 통한 새로운 지평 형성 과정에서 "어떻게 복음의 순수성이 유지될 수 있는가?"에 대한 답변이 쉽지 않다. 공성철의 말처럼, 융합이 모든 것을 정당화하지는 못한다.[61]

60 김경재, 『解釋學과 宗教神學』(천안: 한국신학연구소, 1994.), 61-64, 75.

한편 정진홍은 종교학자라는 자유로운 위치에서 종교 간의 대화에 깊이 참여했는데, 그는 종교 간의 만남을 문화적 상징체계 간의 조우로 규정하면서, 한국 문화가 기독교 문화를 어떻게 수용할 수 있는가에 관심한다. 그리하여 그는 복음의 문화에 대한 자기 선언의 진리성에는 별 관심이 없고, 오히려 그러한 자기 선언이 문화 속에서 어떠한 역할을 하느냐에 주된 관심을 보인다.[62] 그에게 있어서 문화란 인간 삶의 상징-표상적 측면이며 종교 역시 인간 행위 양태의 상징-표상적 측면에 지나지 않는다. 그러므로 종교문화의 만남이란 본질적으로 상징 · 표상 간의 만남이다. 한국의 종교문화는 전통적으로 그 기층에 하느(하늘)님 신앙이라 할 수 있는 절대적 · 초월적 존재의 현존에 대한 의식으로서 하늘-경험의 상징에 대한 표상과 무속으로 불리는 비일상적이면서도 직접적인 일상에 간여하는 가능성으로서 힘을 지향하는 우주론과 신화 논리를 본질적으로 함유하고 있다.[63] 그러므로 한국 종교문화는 외래 종교와의 만남에서 자신의 본질적인 양대 상징 · 표상 혹은 상징체계를 통해 외래 종교의 상징체계를 선택하게 된다는 것이다. 따라서 기독교가 한국 종교 · 문화적 토양에 수용된 것은 상징체계의 강함 때문이었다. 그러기에 한국 교회는 자신을 한국 종교문화 영역에 더욱 철저하게 자리매김하는 신학적 노력을 경주해야 한다는 것이다. 물론 틸리히의 말대로 "종교는 문화

---

61 공성철, "오리게네스, 기독교와 그리스철학의 융합자?", 김광식 교수 회갑기념논총 간행위원회, 『해석학과 토착화』(서울: 한들, 1999), 35-52. 여기서 공성철은 토착화의 노력에 대한 많은 의심이 복음의 진리의 변질 여부에 집중된다고 보고, 서기 2~3세기경에 활동했던 오리게네스의 기독교 복음과 그리스철학의 융합을 통한 신학 활동에 대해 언급하면서, 토착화 논의에 있어서 융합론의 위험성을 지적한다.

62 이정배, "한국 문화신학에 대한 평가와 전망", 『한국 종교문화와 그리스도』(서울: 한들, 1996), 65.

63 정진홍, "宗教文化의 만남", 「神學思想」 제52집(1986. 봄), 5-24.

의 실체요, 문화는 종교의 한 형태"일 수 있고,[64] 정진홍의 말대로 "인간 행위의 상징 표상 혹은 상징체계"일 수도 있다. 하지만 기독교는 그 이상이고, 그것 때문에 상징 표상이 가능하다. 그것은 예수 그리스도의 복음(Gospel)이라는 하나님의 로고스(*Logos*)이다. 이 로고스는 정진홍의 주장처럼, 불교의 미토스(*Mythos*)와의 단순 대비가 불가능하다.[65] 그러므로 정진홍이 주장하는 것처럼, 상징체계 혹은 상징 표상의 강력함 때문에 기독교가 한국 종교문화 영역에 침투할 수 있었던 것이 아니라, 오히려 복음 자체의 진리성 또는 전인간(全人間)을 해방하고 치유하는 능력(성령)이 그것을 가능케 했다고 보는 것이 옳다. 따라서 정진홍의 상징체계는 그리스도의 복음을 둘러싸고 있는 하나의 형식(a form)일 수는 있으나, 그것 자체가 복음의 내용(the meaning)은 될 수 없다. 한국 종교·문화의 영역에 기독교가 토착화될 수 있었던 것은 복음의 형식 때문이 아니라, 복음 자체의 생명력 때문이고, 성령의 특별한 치유와 해방의 은총 때문이었다.

이러한 다양한 논의들이 진행되는 가운데, 유동식이 갑자기 풍류신학(風流神學)을 주창하고 나섰다. 그에 따르면 풍류(風流)란 한국 문화사 전체의 기초가 되어온 민족적 영성이요, 한 · 멋진 · 삶을 자아내는 창조적 얼이었다.[66] 그리하여 그는 풍류도를 중심으로 한·멋진·삶으로 종착되는 하나님의 인간성 회복사건을 토착화로 해석하려 한 것이다. 또한 그는 한 걸음 더 나아가 그러한 시각을 바탕으로 한국 문화와의 깊은 만남과 대화를 통하여, 풍류신학의 완숙한 단계로서 예술신학(藝術神學)의 장르까지 이르게 되었다. 그에 따르면 종교·문화의 절정은 신앙

64 P. Tillich, *Theology of Culture* (New York: Oxford Press, 1959), 42.

65 정진홍, "宗教文化의 만남", 「神學思想」(1986. 봄), 15-16.

66 유동식, 『風流道와 한국의 종교사상』(서울: 연세대학교출판부, 1997), 55-63.

과 삶에 대한 표현이 결국 예술적 형식으로 승화할 때, 그 완성의 미를 드러내기 때문에, 한국의 종교 예술적 표현들은 분명히 중요한 신학적 관심의 대상이라는 것이다. 그리하여 그의 풍류신학은 예술신학이라는 독특한 꽃송이로 새롭게 피어나면서, 한국 문화의 뿌리들 속에 살아 숨쉬는 진정한 생명력을 드러냈다고 할 수 있다.

(3) 제2 세대 토착화론

1980년대를 지나면서, 소위 제2 세대 토착화신학자들이 등장하였다. 그들은 제1 세대 학자들에게서 기초적 훈련을 쌓은 다음, 외국에서 해석학을 중심으로 공부하고 돌아와 토착화신학 논의에 신선한 바람을 일으켰다. 그들 중에는 박종천과 이정배가 있다. 제1 세대가 주로 주체적 한국신학 수립을 외치면서, 기독교 신앙에 대한 실존적 자기 인식에 주된 관심을 두었다면, 제2 세대는 토착화신학의 그런 전환기적 성격을 극복하려는 동시에, 서구해석학을 도구로써, 본격적으로 한국적 토착화신학 수립에 투신하였다. 곧 그들은 신학적 패러다임 전환을 주장하면서, 심지어 종교다원론적 논의도 과감히 수용할 뿐 아니라, 민족 종교들에 대한 폭넓은 접근과 함께 과거의 토착화론이 간과한 사회 현실 문제까지도 아우르는 소위 상생의 신학, 생태학적 신학, 생명신학 등 새로운 장르들을 제시하였다.

우선 박종천은 남북 분단 상황에 있는 한국 사회·문화적 현실과 함께, 동·서 종교 문화의 상극(相剋) 현실을 주목하면서, 한국적 토착화신학은 동·서 종교 문화의 상극적 현실에 대한 정신적 분단상황의 극복을 위한 동기에서 출발, 한민족 종교 문화적 전통 속에 살아 있는 동시에, 고유의 민족 신화들의 기층을 흐르는 상생(相生)의 원리를 해석학적 방법론으로 삼아야 한다면서, 다음과 같은 5가지의 테제를 중심으로 토착화신학의 모형변화를 이뤄나갈 것을 주장했다.

① 토착화신학의 주요 자료는 신앙공동체의 본문과 전통 그리고 인간의 공동경험과 공동언어이다.
② 토착화신학의 학문적 과제는 두 자료에 대한 연구 결과를 비판적으로 상호관계시키는 일이다.
③ 토착화신학은 민족·민중의 공동경험과 공동언어에 현존하는 궁극적 물음을 현상학적으로 탐구한다.
④ 토착화신학은 신앙공동체의 본문과 전통에 대한 서구 신학적 왜곡과 굴절을 이데올로기 비판함으로써 해방실천을 뒷받침하는 본문과 전통의 권위를 복원한다.
⑤ 토착화신학은 한(恨)의 현상학적 계기와 이데올로기 비판적 단(斷)의 계기를 창조적으로 상호 관련짓는 해석학적 접(接) 또는 상생(相生)의 신학을 지향한다.[67]

이 과제를 위해 박종천은 자신의 신학적 모티브를 최수운의 동학사상(東學思想)과 강증산의 해원상생(解冤相生)의 원리 그리고 감리교운동의 창시자 웨슬리(J. Wesley)의 기독교 사회복음주의적 해방 영성의 메시지에서 발견하고, 토착화신학에 대한 내적 비판으로서 종교 신학과 외적 도전으로서 민중신학을 창조적으로 통전할 수 있는 신학적 패러다임을 제안했다.[68]

이에 비해 이정배는 자신의 출발점을 인간 사유의 본질 구조를 패러

67 박종천, 『相生의 神學』(서울: 한국신학연구소, 1991), 88-102.

68 Jong Chun Park, "A Paradigm Change in Korean Indigenization Theology", KJST, vol 2, (1998), 25-44.

다임(Paradigm)으로 보는 근대 이후의 제반 학문적 시도와 이를 기초로 하는 탈이데올로기적 가치와 다원적 세계에 대한 인식, 즉 전통적으로 강요된 인식구조 속에서는 제반 학문들과 이념 체제들이 그 본질로부터 이탈, 학문 미신(*Wissenschftsabelauben*)으로 전락함으로써, 결국 서구 양대 이데올로기들인 마르크스주의와 자본주의처럼, 하나님이 창조하신 인간 삶의 현장과 모든 자연 생태계에 대재난을 가져올 수밖에 없다는 반성으로부터 시작한다. 그리하여 기독교 신학 연구를 포함한 제 학문적 사조들은 과거적 인식 사유의 체제를 극복하고, 자연과학적 세계에 대한 인식 물음으로부터 발원된 새로운 학문 사조에 힘입어, 전 우주를 유기적, 관계적 실재로서, 즉 통일성과 다양성, 일즉다(一卽多)의 전일적 구조를 지닌 생명체로 조망함에서 출발할 것을 주장했다.[69] 그리고 이를 위해, 그는 기독교 신학이 과거처럼, 이스라엘의 특별한 역사적인 경험에 대한 해석에만 집착할 것이 아니라, 오히려 원역사(原歷史)로 불리는 성서 내의 종교사적 자료들을 경유하면서, 더욱더 현금의 자연과학이 밝혀주는 자연 경험에 대한 조망을 통하여, 우주사적 지평으로 확대해나갈 것을 주장한다. 일종의 해체주의적인 시각을 바탕으로 오늘의 신학을 들여다보자는 것이다. 이정배는 다음과 같이 주장한다.

> 우리의 신학적 과제는 기독교 교리를 한국적으로 이식시키고자 하는 제반 시도들뿐만 아니라, 성취론의 맥락에서 동양 종교를 이해하고자 했던 종래의 문화적 토착화 시론들의 입장들이나 기독교적 세계관을 유물론적으로 해석하여 종합하려는 정치적 토착화로서 민중신학 계열과도 그 맥을 달리할 수밖에 없다고 생각한다. 이러한 우리의 계속된 논의는 이로부터 인격적 범주로만 이해되어왔던 종래의 기독교 신관의 우주적(자연

69 이정배, 『토착화와 생명문화』(서울: 종로서적, 1991), 1-4.

적) 차원으로의 지평 확대와 더불어 그에 근거된 한국의 기층적인 종교문화들, 예컨대 풍수지리설, 제사론 그리고 侍天主로서 하나님 신앙들에 대한 근본적인 재평가를 통해 발전되어져 나가야만 하는 것이다. 이러한 우리의 노력은 결국 생명현상 그 자체를 본원적 가치를 인식함으로써 삶의 통전성 및 전체성을 회복해나가려고 하는 근대 이후(post-modern)의 시대정신과 맥을 같이하는 것이라고 보아야 할 것이다.[70]

요컨대 두 사람 모두 전 시대의 토착화론에 대한 단순 계승을 넘어, 그것을 비판적으로 수용하고, 현대 해석학을 도구로 새롭게 해석해 나가면서, 종교 신학 문제에까지 논의의 지평을 확대하려는 경향을 보인다. 그리하여 그들은 제1 세대 토착화신학의 문제점을 극복할 뿐만 아니라, 과거와 현재를 함께 바라보는, 통전적 토착화신학 형성에 힘을 쏟고 있다. 이처럼 한국 신학으로써 토착화신학에 관한 관심들은 1960년대를 시작으로 오늘까지 꺼지지 않는 불로 타오르면서, 이 땅 위에서 펼쳐지는 하나님의 구원역사를 주목하고 있다. 오늘날 토착화신학은 제3세대에 의해 그 생명력을 이어가고 있고, 그 결실들이 서서히 드러나고 있다.

2. 한국 신학에 새로운 맥락을 가져온 민중신학

민중신학은 1970년대의 한국 정치·사회·문화적 상황에 대한 한국교회의 신학적 응답이라는 맥락에서 이해될 수 있다. 1970년대는 동·서 냉전 상태가 극에 달하면서, 한반도 역시 남·북 간의 군사적 긴장이 고조되었다. 그러나 한편 한국 사회는 본격적인 도시화·산업화 단계로 접어들었다. 공업 입국을 근간으로 한 군사정부의 경제 개발 정책은 수출

70 *Ibid.*, 2.

주도적 산업구조를 구축하였고, 이른바 조국 근대화를 향한 경제 성장이라는 성과를 가져왔다. 그렇지만 이 과정에서 힘없는 노동자·농민·도시빈민계층은 왜곡된 분배구조와 사회구조적 모순 때문에, 그 결실에서 소외됐고, 최소한의 인간 존엄성과 인권마저 경제 논리에 밀려서 부정되는 아픔을 겪었다. 이에 따라 한국 사회 곳곳에서 인권운동, 노동운동, 민주화운동이 일어나지만, 군사정부의 억압과 통제로 인한 많은 아픔이 묻어났다. 이러한 시대적 상황에서 한국 교회는 현실 참여 문제에 깊은 관심을 가졌고, 구원의 의미에 대해 새로운 시각을 갖게 되었다. 민중신학은 이러한 시대적 상황이 빚어낸 또 다른 한국 신학이었다.

1) 민중신학의 출현 배경

1970년대의 한국은 정치·경제·사회 전반에 걸친 격동의 시기였다. 정치적으로 군사정부가 삼선개헌(1971. 4.)을 통해 유신독재체제(1972. 10.)를 구축했고, 정권 유지를 위해 국가비상사태(1972. 12.) 선언과 긴급조치(1974. 1.)까지 발동시켰다. 그러자 폭압적 독재에 항거하는 부마항쟁(1979. 10.)이 일어났고, 결국 대통령 암살(1979. 10. 26.)로 이어지면서, 유신체제를 표방하던 군사정권이 무너졌다. 하지만 정권의 공백을 틈탄 신군부가 12·12쿠데타를 통해, 정권을 재장악함으로써, 이른바 서울의 봄은 갑자기 멈추게 되었다. 한편 경제적 측면에서는 1962년부터 추진되어온 경제 개발 5개년 계획의 지속적인 추진을 통해, 과거 제1차 산업 중심이던 산업구조가 제3차 산업 중심사회로 획기적인 변화를 가져오게 되었다. 그렇지만 경제 개발에 독재 명분을 둔 군사 정부의 국가 정책은 결국 표면적으로는 풍요를 가져온 듯했지만, 매사를 경제 개발 논리에 치중하는 정책을 펼치는 과정에서, 비인간화 현상, 생존권 박탈, 빈익

빈 부익부라는 경제분배의 구조적 모순, 물량적 가치관에 의한 부정과 부패로 인해, 많은 이들이 고통을 겪었다.[71]

이러한 한국 사회의 구조적 모순을 고발한 대표적 사건이 전태일 분신 사건이었다(1970. 11. 13.). 평화시장 봉제공장노동자였던 그는 열악한 노동조건과 인권침해에 항거하여 분신을 결행한 것이다. 그의 죽음은 사회적 불의를 가장 강력히 고발하는 기폭제로 작용했고, 1970년대의 한국 사회운동에 큰 영향력을 끼쳤고, 특히 한국 교회의 목회와 신학에 큰 충격을 주었다. 1970년대의 한국 교회적 특징은 한마디로 성장 지향적 교회인 동시에 현실 참여적 교회였다.

우선 한국 교회는 정부의 급속한 경제 성장 정책에 편승하는 가운데, 함께 물량적 가치관에 함몰되면서, 대다수 교단과 교회들이 이른바 교회 성장학파의 교회 성장론에 매료되었다. 거기에다 때마침 여의도 순복음 교회를 중심으로 한 오순절 운동이 가세하면서 한국 교회는 성장일변도로 달려갔다. 여의도광장에는 대규모 집회가 열렸고,[72] 그 분위기는 개별교회 성장으로 이어졌다. 대한예수교장로회(통합)에서는 1970년에 5천 교회 150만 신자 확보를 목표로 3차 5개년 계획을 수립하였는데, 매년 3백 교회를 개척·설립하는 것이었다. 그리하여 1974년에 639,605명이던 신자가 계획종료 무렵인 1977년에는 811,737명으로 증가했는데, 3년간 172,132명이 늘어, 연평균 57,377명의 새 신자가 생겼다. 대한예수교장로회(합동)에서도 1975년, 교세 확장을 위해 1만 교회증설을 목표한 10개년계획을 수립했는데, 계획 실행 3년 전인 1972년에 607,870

71 주재용, 『한국 그리스도교사상사』, 281.

72 여의도광장집회는 1973년의 빌리 그래함 전도대회를 시작으로 엑스폴로 74, 77 민족복음화성회, 80복음화성화, 84선교100주년대성회, 88복음화성회 등을 들 수 있고, 그 외에도 1975년부터 1995년까지 부활절새벽예배가 여의도광장에서 한국 교회연합으로 드려지기도 했다.

명이던 신자 수가 1975년에는 668,618명으로 연평균 20,249명의 신자가 증가했다. 감리교회도 1975년 총회에서 5천 교회 100만 신도운동을 제창하고 성장운동을 전개했다. 특히 여의도순복음교회를 중심한 오순절 교회의 성장운동은 한국 교회의 양적 성장에 크게 기여했는데, 그들은 1960년대 후반부터 소위 성령 운동을 근간으로 성령 체험과 신유, 긍정적 믿음과 십자가 대속으로 주어진 축복을 강조함으로 불안으로부터의 해방과 경제적 번영을 갈망하는 한국인들에게 큰 희망과 용기를 불러오는 신앙 형태로써, 교회 성장에 큰 영향을 끼쳤다.[73]

그런데 1970년대의 한국 교회가 양적 성장 가치에만 매달린 것은 아니었다. 당시 군사정권이 국가안보를 이유로 독재를 펴면서, 인권을 유린하고, 생존권을 위협하며, 경제발전 위주 정책으로 국가와 사회를 신식민주의(Neo-Colonialism)적 방향으로 이끌자, 한국 교회는 선교적 사명을 새롭게 자각하면서, 하나님의 선교신학(*Theology of Missio Dei*)을 정립하였다. 이것은 1960년을 전후하여 WCC를 중심으로 등장한, 성·속, 초자연·자연, 교회·사회의 이분법적 사고를 극복하고, 교회의 사회참여를 가능케 한 새로운 선교개념이었다. 즉 역사의 주인이신 하나님은 인류 역사에 여러 형태의 구원 행동을 보이셨는데, 그것이 곧 하나님의 선교인 바, 하나님 자신이 선교의 주체이요, 선교 자체가 하나님의 활동이며, 교회는 하나님의 활동 수단이요, 동반자라는 것이다. 특히 하나님의 선교는 타락의 역사를 하나님 나라로 이끌어가며, 거기서 자연·인간·하나님이 올바른 관계를 이룸으로써 피조 세계 전체에 하나님의 영광으로 채우려는 하나님의 행동이다. 그런 의미에서 하나님은 역사 현장에서 활동하시며, 특히 선교의 주체로서, 역사와 세계 속에 그리스도를 통하

73 https://blog.naver.com/PostView.nhn?blogId=tjd392766&logNo=220624746214 (2020. 3. 12.).

여, 역사 내의 갖가지 갈등과 아픔 속에 참된 평화와 화해를 이루신다는 것이다. 이를 위해 그분은 그리스도를 보내셨고, 교회는 그 뜻을 받들어서, 역사 속에 하나님의 평화를 선포하며, 부조리한 현실에서, 참된 인간 해방을 위해 섬기며, 소외된 이웃과 함께 고난을 겪는다는 것이다. 이러한 선교개념은 한국 교회로 하여금, 시대적 현실을 직시하게 했고, 70년대 말부터 한국 교회 선교백주년을 향한 선교운동은 하나님의 선교적 차원에서 전개돼야 한다는 요구가 강하게 표출되었다.[74] 이러한 상황에서 발생한 전태일 분신사건은 한국 교회에 큰 충격을 주었고, 마침내 1973년 한국 그리스도인 선언이 선포되었다. 그것은 한국 교회의 현실 참여 문제에 대한 신학적 선언이었고, 이어진 한국 교회의 각종 인권선언과 민주화운동에 대한 적극적인 관심과 행동의 도화선이었다. 한국 민중신학은 이러한 사회적 맥락에서 시작된 한국 교회의 사회에 대한 신학적 책임 의식의 발로였다.

요컨대 1970년대의 한국 교회적 상황에서, 개인 구원 개념을 바탕으로 교회의 양적 성장에 치중한 시각이 주로 보수적인 교단들의 입장이었다면, 개인 구원을 넘어 사회 참여 문제 역시 교회의 중요한 사역으로 이해하는 하나님의 선교적 시각에서 한국 사회를 분석하고, 시대적 현실에 응답하려는 입장은 주로 진보적인 교단(특히 한국기독교장로회)이 주도하였다. 그렇지만 교회의 선교적 방향은 개인 구원과 사회구원(사회참여)이라는 양 측면을 동시에 견지하는 통합적인 시각을 갖는 것이 필요하다고 할 것이다. 하나님께서는 복음을 통해 인간의 전인격적인 구원과 함께 그들이 속한 사회, 곧 역사에 대한 변혁 역시 요구하시기 때문이다.

---

74 주재용, 『한국 그리스도교사상사』, 282.

2) 민중신학 논쟁의 시작과 발전

민중신학은 1970년대 이후의 한국 사회 현실에 대한 한국 교회의 신학적 통찰이요, 시대적인 소명에 대한 응답이라 할 수 있다. 그렇다면 구체적으로 민중신학의 출현 계기는 무엇이며 또한 민중신학의 신학적 배경과 특성은 무엇이며, 민중신학은 어떻게 발전해나갔으며, 그 신학적 의의는 무엇인가?

(1) 민중신학의 출현

전술한 바와 같이 1970년대의 한국 교회 안에는 하나님의 선교라는 새로운 경향의 신학운동이 등장했는데, 그것은 사실 생소한 것은 아니었다. 한국 교회는 초기부터 역사참여와 민족문제를 선교의 과제와 항목으로 삼아왔기 때문이다. 곧 한국 교회는 처음부터 전인적 · 전사회적인 구원역사를 바탕으로 민족을 위한 하나님의 부르심에 신실하게 응답해왔고, 언제나 강한 역사의식, 공동체 의식을 가지고 사회계몽과 변화를 추구하면서, 항상 민족과 함께 하는 교회로서, 한민족의 삶의 터전에서 자리매김해왔다.[75] 그렇지만 잠시 한국 교회는 성장이라는 가치에 함몰되어, 교회의 정체성과 존재 의미를 망각하고 있었다. 그러다가 한국의 정치 · 사회적 현실의 구조적 모순이 표출하는 아픔 앞에서, 하나님의 소명을 다시 듣게 된 것이다. 그래서 민중신학은 1970년대의 한국 사회 · 정치적 상황에 대한 한국 교회의 신학적 응답이라는 측면에서, 일종의 기독교 복음의 사회 · 정치적 토착화라고 말할 수 있다. 한국 교회의 이러한 복음의 사회 · 정치적 토착화에 관한 관심은 사실상 한국 기독교 초기, 즉 대한제국말의 개화파(유길준, 서재필 등)에 의한 사회 · 정치적 운동과

---

75 *Ibid.*, 306.

일제강점기의 전덕기, 이동휘 등의 상동교회를 중심한 민족운동에서 이미 그 싹을 발견할 수 있다.[76] 따라서 민중신학은 한국 교회 초창기부터 이어지는 거대한 흐름으로 볼 수 있다. 그렇다면 왜 이때 비로소 정치적 토착화론이 본격적으로 등장했는가? 전술한 바와 같이 민중신학은 한국 사회·정치적 현실에 대한 한국 교회의 신학적으로 응답으로서, 하나님의 선교 신학적 시각과 밀접한 연관이 있다. 당시 한국 사회는 정치적으로 군부독재 체제 아래, 경제 개발에 모든 역량을 동원하였고, 이와 맞물린 정권 방어용 반공·안보 이념은 노동자를 비롯한 사회 저변의 희생을 강요하고 있었다. 이러한 시대적 상황 속에서 기독교 복음의 실천적 측면을 강조한 일단의 신학자들에 의해 민중신학이 태동하였는데, 그들은 서남동, 안병무, 현영학 등이었다. 그런데 사실 본격적인 민중신학 논의들이 나타나기 전에 이미 민중신학의 출현을 예고하는 듯한 논의들이 간간이 나타나고 있었다.

서광선은 60년대의 세계신학계의 흐름(死神神學)을 돌아보면서, "70년대의 신학은 우리의 실존을 해석하는 신학·우리의 비진리와 노예성을 드러내는 말씀의 신학으로 행동화하여야 하지 않겠는가 생각하여 본다"라고 운을 뗌으로써, 70년대 한국 신학계를 풍미할 민중신학의 출현을 예고하는 듯한 논설을 펼쳤다.[77] 현영학 역시 1960년대의 한국토착화신학을 되짚어 보면서, "우리의 주체적인 삶에의 노력이 있을 때, 거기에 적절하게 응답해주는 메시지가 받아들여지는 것이 토착화"라면서, "우리나라의 교회가 우리 사회에서 제대로 교회의 구실을 하기 위해서는 우리 사회의 구조적인 변화를 체득하고, 거기에 새 구조로 나가고

76 김경재, "복음의 문화적 토착화와 정치적 토착화", 「基督教思想」 제255호(1979. 9.), 59-66.

77 서광선, "70年代의 神學-神이 죽은 뒤의 神學", 「基督教思想」 제138호(1969. 11.), 38.

응답할 수 있어야만 한국의 교회가 될 수 있을 것이다"라고 말함으로써, 한국 교회가 사회적 현실을 직시할 것을 촉구했다.[78] 이처럼 당시 한국 교회의 분위기는 점차 현실 참여 문제가 이슈화되고 있었다. 즉 한국 교회는 교회의 본질에 대해, 역사적 현실을 외면한 채, 피안의 세계만을 추구하는 탈사회적·비역사적 종교가 아니라, 현실에서 하나님의 부르심을 듣고, 응답하는 역사적 신앙공동체임을 인식하기 시작한 것이다. 더욱이 경제 우선주의를 표방하는 군사정권의 반인권적 행태들에 대한 우려가 고조되었고, 때마침 발생한 전태일의 분신 사건은 한국 교회에 강력한 사회적 책임과 신앙윤리에 대한 자각을 요구했으며, 곧바로 한국 교회의 사회적 책임을 강조한 한국 그리스도인 선언(1973)이 이뤄졌다.[79]

이것은 사실상 민중신학의 이론적 기초가 되었는데, 이는 1960년대를 전후하여 WCC를 중심으로 확산되던, 하나님의 선교신학(Theology of *Missio Dei*)에 근거한 한국 교회의 사회적 책임에 대한 깊은 인식의 반영이었다.[80] 그러나 아직 한국 교회 안에는 민중신학이라는 화두는

---

78 현영학, "한국 교회와 서구화", 「基督敎思想」 제163호(1971. 12.), 51-57.

79 이것은 일본에서 작성되었고, 정확한 날짜는 알 수 없다. 다만 1973년 4월 22일, 처음으로 보수교회와 진보교회가 연합하여 남산에서 부활절 연합예배를 드린 이후, 5월 혹은 6월의 어느 주일 아침, 교인들에게 배포하도록 전달되었다는 점에서, 4~5월 사이에 작성된 것으로 추측할 수 있다.

80 『한국그리스도인 선언』은 아시아기독교연합회(CCA)의 오재식의 지원으로 김용복과 지명관이 작성했는데, 민주화운동에 임하는 기독교 신앙적 기반을 명확히 하면서, 한국 기독교의 민주화운동 방향을 제시했고, 삼위일체신학에 기반을 두고 있다. 선언서는 역사의 주인이신 하나님 앞에서 이웃을 대신하여 고난을 겪는 이들의 자유를 위해 기도하며, 하나님 나라의 선포자 예수가 소외된 이들과 함께 한 것처럼, 우리도 그들과 운명을 같이할 것이며, 예수가 정치권력을 향해 진리를 외친 것처럼, 우리도 당당히 진리를 선포한다. 성령께서는 우리가 세상에서 사회·정치적 변화를 위해 싸울 것을 명하시며, 복음은 비정치적이고, 탈역사적인 것이 아니라 구체적인 역사 현장에 선포되어야 함을 고백했다. 이것은 한국기독교 민주화운동의 중요한 신학적 근거가 되었을 뿐 아니라, 정의와 평화에 대한 신앙 고

등장하지 않고 있었다. 다만 현영학은 「한국 신학보(1973. 6.)」에서 기독교는 "민중 속에 성육신해야 한다"면서, "민중이란 말은 소위 엘리트라는 특권층과 대비되는 말로서, 정치적 권력이나 경제적 부나 사회적 지위나 고등교육이 없는 사람들을 가리키는 말"이며, 기독교가 민중의 것이려면, 먼저 "민중과 함께 살고, 함께 생각하고, 함께 보고 느낄 수 있어야"하며, "민중 속에 담겨 있는 지혜와 참을 배우기 위해 민중문화, 특히 민화, 민속, 탈춤 따위에 그리고 민중 종교에 주목해야 할 것이라"고 주장함으로써, 사실상 민중신학의 출현을 요청했다.[81]

그 후, 1975년 「基督教思想」 2월호에, 서광선, 서남동, 안병무 등이 중요한 논문을 발표하였다. 서광선은 1969년의 논문에서처럼, 토착화 신학적 맥락에서 당시 한국 교회와 사회적 상황에서의 신학이라는 것이 어떤 의미가 있는가를 논하였는데, 그에 따르면, 기독교는 당시의 한국의 정치적 현실에 토착화하였다. "기독교의 정치적 저항은 바로 하나님의 명령에 따르는 것이며, 하나님의 정치적 명령은 인간들이 인간답게 살 수 있는 정치사회를 성립하는 일에 참여하는 것이라"고 말함으로써, 민중신학의 신학적 기초를 제시하였다.[82] 서남동 역시 누가복음에 따르면, 예수의 출현 자체가 경제적 빈곤, 사회문화적 편견, 사실이 은폐된 어둠 속에 사는 무지, 정치적 억압으로부터의 인간해방 작업이었으나, 제도적 교회는 복음의 사회적 차원을 잃어버렸다. 이에 오늘의 한국 교회는 인간해방을 위해 일어나야 하며, 현재 한국 교회의 그러한 노력들은 성서적, 역사적 견지에서 정당하며, 세계교회들이 함께함을 피력했

백의 원형이 되었다. 1974년의 『한국그리스도인의 신학적 성명』이나 1988년의 『민족의 통일과 평화에 대한 선언』도 이 선언서를 참조했다. (https://egloos.zum.com/chhistory/v/87794, 2020. 3. 17.).

81 https://cafe.daum.net/lifeligh (2020. 3. 14.).

82 서광선, "神의 政治와 人間의 參與", 「基督教思想」 제201호(1975. 2.), 30-40.

다.[83] 안병무도 성서신학적 견지에서, 구원이란, 차안(此岸)에서 피안(彼岸)으로 도피가 아니라, 어디까지나 내가 선 이 자리에 이뤄질 현실에 대한 문제인 바, 과거에서 탈출하고, 미래에의 희망에 자기를 개방함으로써 현재의 문제를 극복하는 상태, 곧 모든 억압으로부터의 인간해방임을 말하면서, 교회가 이 시대의 구원을 위해 하나님의 소명에 동참할 것을 촉구했다.[84] 이들의 주장은 사실상 민중신학 출현의 신호탄이었다. 이 상황에서 민중신학이라는 이름을 가장 먼저 내건 사람은 서남동이었다. 그는 「基督教思想」 1975년 4월호에 "민중의 신학"이라는 글을 실었는데, 그것은 사실 2월호에 실린 그의 글, "예수 · 教會史 · 韓國教會"에 대해, 김형호가 「文學思想」에서 비판하자, 거기에 대한 반박문 형식이었다.[85] 내용상으로는 반박문 특유의 변증적 시각에서, 민중의 의미를 설명했지만, 제목이 민중의 신학이었다는 점에서 큰 의의가 있었다.[86] 그리고 같은 제호에 실린 안병무의 논문은 민중신학의 기초로서 민중(*oklos*)에 대한 성서신학적 이해를 보다 구체적으로 제시했다: "민중(*oklos*)은 권외적인 대중이다. 저들은 한 집단 안에 있으면서도 권리를 향유할 수 없는 무리들이다. 그런데 주목할 것은 가장 처음에 쓰인 마가복음에서 예수가 싸고돌고, 예수를 무조건 따르며, 그에게 희망을 건 사람들을 *laos*라고 하지 않고, *oklos*라고 했다는 사실이다."[87] 이들의 논문이 중요한 것은 성서의 해방 이야기와 교회사의 민중해방전통들 그리고 한국의 민중해방전통들이 합류되는 과정을 해석학적 시각으로 엮어냄으로써, 민중신학의 바탕을 확고히 한 점이다. 민중신학은 결국 성서

83 서남동, "예수 · 教會史 · 韓國教會" 「基督教思想」 제201호(1975. 2.), 53-68.
84 안병무, "오늘의 救援의 正體", 「基督教思想」 제201호(1975. 2.), 69-79.
85 김형호, "昏迷한 時代의 眞理에 대하여", 「文學思想」 제201호(1975. 2.), 375-378.
86 서남동, "民衆의 神學", 「基督教思想」 제203호(1975. 4.), 85-91.
87 안병무, "民族 · 民衆 · 教會", 「基督教思想」 제203호(1975. 4.), 82.

(출애굽과 예수 이야기)와 한국 교회 그리고 오늘의 민중이 만나, 합류하는 상황적 장르를 특성으로 하기 때문이다.

그 후 본격적인 민중신학의 장르가 구체화 된 것은 70년대 후반인데, 1979년 봄, 한국신학연구소에서 "한국 신학으로써 민중신학의 과제"라는 주제로 심포지엄을 열고(1979. 3. 2.), 그때 발표된 글과 토론내용을 한국 신학연구소의 계간지 「神學思想」에 실은 것이다. 마침내 본격적인 민중신학의 시대가 열렸다. 논문발표를 하고 심포지엄에 참여한 이들은 김용복, 김정준, 서남동 등이었고, 토론에 참여한 이들은 유동식과 백낙청이었다. 김용복은 "民衆의 社會傳記와 神學"이라는 논문을 통해, 민중의 사회 전기를 바탕으로 신학을 전개할 것을 주장했다. 곧 민중의 사회 전기(민중사회사)는 민중을 주체로 할 뿐만 아니라, 역사의 핵심을 민중의 이야기로 본다. 이런 시각은 결국 민중을 종말론적 역사의 주체로 보는 것인데, 민중의 역사 주체성을 실현하는 것은 민중 자체의 내적 힘이나, 역사의 내적 운동이나 법칙에 의한 것이 아니라, 메시아 정치가 미래로부터 현실역사에 돌연적으로 개입함으로써 이뤄지는 것이다. 이러한 민중의 사회 전기를 성서 메시지와 엮어가는 것이 민중신학이라고 보았다.[88] 서남동 역시, 역사의 주체는 언제나 민중이었지만, 민중은 대체로 권력과 반대개념인 바, 역사는 민중이 역사의 주체로서 자기의 외화물(外化物)인 권력을 본래 자리로 되돌려서 하나님의 공의를 회복(구원)하는 과정이라고 보았다. 그리하여 권력이 정의를 반역하고 반민중적이 될 때, 민중 편에 서는 것이 정의인데, 민중의 구원을 위한 주체적 행동의 전거는 특히 성서의 출애굽 사건과 예수에게서 발견할 수 있다는 것이다. 특히 예수는 민중의 동행자이요, 친구였던 바, 그의 십자가는 하나님의 역사개입의 한 지배적인 전거가 사회·경제사적 차원

88 김용복, "民衆의 社會傳記와 神學", 「神學思想」 제24집(1979. 3.), 58-77.

에서 발생한 정치적 사건이라는 점에서, 민중신학의 가장 중요한 전거라는 것이다. 그 외에도 교회사에 등장하는 제도적 교회를 넘어 새로운 내일을 열기 위해 투쟁한 인물들과 사건들과 심지어 한국사에 등장하는 민중에 관한 이야기들에서도 동일한 전거를 찾게 된다는 것이다. 그리하여 그는 한국 민중신학의 과제는 "기독교의 민중 전통과 한국의 민중 전통이 현재 한국 교회의 신의 선교 활동에서 합류되는 것을 증언하는 것이라"고 주장했다.[89]

나아가 김정준은 "민중신학의 구약성서적 근거"라는 글에서, 민중신학의 근거를 구약성서의 '암 하레츠(땅의 백성)'라는 말에서 찾았다. 그리고 최초의 히브리신앙 고백(신 26:1-11)을 민중신학적 시각에서 분석했으며, 사르밧 과부 이야기(왕상 17:12-16)와 나봇의 포도원 이야기(왕상 21:1-9, 11-20)에서, 민중적 시각에서 왕조 전승에 저항하는 예언 전승을 찾았다. 그리고 아모스에게서 민중을 대변하는 예언자 상을, 히브리 탄식시들에서 가난한 민중의 모델을 찾아냄으로써, 민중신학의 구약성서적 기반을 제시했다.[90] 안병무는 신약성서, 특히 마가복음을 정치·문화·경제사적 시각, 곧 사회학적 관점으로 읽음으로써, 민중신학의 신약성서적 기반을 제시했다. 그는 특히 마가복음 1장 14-15절에서 민중신학의 기초로서 마가신학을 발견했다. 그에 따르면 예수는 출신으로나 행태상으로나 하나의 민중이었다: "민중과 더불어 예수가 있는 곳에 민중이, 민중이 있는 곳에 예수가 있다." 그는 예수와 민중을 동일화하였다. 예수는 곧 민중이고, 예수는 민중으로 살고, 민중으로 죽으셨다는 것이다. 그는 이렇게 말한다.

---

89 서남동, "민중의 신학", 「神學思想」 제24집(1979. 3.), 78-109.

90 김정준, "민중신학의 구약성서적 근거", 「神學思想」 제24집(1979. 3.): 5-32.

> 예수는 시종일관 민중의 언어를 썼다. … 민중의 언어는 예수의 존재의 집이며, 마가의 그것이다. … 나사렛 예수가 버림받고 부당한 재판 받고, 십자가에 처형되는 것이 아니나라, 민중(集團)이 그렇게 당한다. 이 수난의 예수(人子)는 집단의 표상이다. 마가는 여기에서 바로 그의 삶의 자리의 민중의 운명을 보고 있다. 아니 그 민중의 운명에 예수의 수난이 현재화되고 있음을 보았을 것이다. … 민중신학자 마가는 그 버림받은 사건에서 힘은 힘으로, 폭력은 폭력으로라는 악순환에 대한 단(斷)의 현실을 보았다. … 예루살렘이 예수를 삼켜버렸다. 그러나 그를 가둔 무덤은 그를 토해버렸다. 이 사건은 절망한 베드로를 위시한 갈릴리 민중의 부활을 의미한다.[91]

이제 한국 민중신학의 성격이 명료해졌다. 그런데 민중신학 운동의 계기를 보다 적극적으로 마련해준 것은 아시아기독교협의회(CCA)의 후원으로 열린 신학연구모임(서울 아카데미하우스)이었다(1979. 10.). 그 후 CCA는 거기서 발표된 논문들을 모아, 『*Minjung Theology*』라는 이름으로 출판했고(1981), 여기에다 한국기독교교회협의회(KNCC)의 신학문제연구위원회에서 몇몇 논문을 더 첨가하여 『民衆과 韓國神學』으로 출판하였다(1982). 특히 이 책의 집필에는 구약성서신학(김정준, 서인석, 문희석, 박준서, 민영진)과 신약성서신학(안병무, 황성규), 조직신학(현영학, 서남동, 김용복, 서광선)과 역사신학(주재용)와 기독교교육학(김성재) 등 다양한 분야에서 동참했다. 학교별로는 한신대가 가장 많고, 감신대와 연신대, 장신대, 이화여대, 서강대도 참여했고, 교단별로는 한국기독교장로회가 가장 많았다.[92]

---

91 안병무, "民衆神學", 「神學思想」 제34집(1981, 9.), 532-536.
92 주재용, 『한국 그리스도교사상사』, 309. 특히 논문 목록.

요컨대 민중신학의 출현 배경에는 전술한 대로, 하나님의 선교라는 신학적 바탕과 1970년대의 한국의 정치·사회적 맥락과 함께, 민중문학운동과 민중문화운동(탈춤)을 들 수 있다. 민중문학운동은 해방 이후 지배적이던 민족문학이 70년대라는 시대적 상황에서 서서히 민중문학을 지향하면서 나타난 장르인 바, 그 중심에는 시인 김지하가 있었다. 특히 서남동은 김지하의 민중문학의 핵심을 그의 담시 『장일담』에서 읽어냈다. 두 이야기의 합류가 『장일담』에서 극화되었다고 볼 만큼, 그는 『장일담』의 신학적 가치를 높이 평가했다. 민중문화운동의 한 장르로서 탈춤 역시 민중신학 출현 배경과 관련하여 중요한 의미가 있다. 한국 사회에서 50년대의 저항 표제어가 반공이었다면, 60년대는 자유, 70년대는 사회정의였던 바, 이러한 저항은 노동자, 농민, 가난한 사람, 고통받는 이들의 연대에서 가능했는데, 그들은 탈춤을 통해 시대적 불의와 부정, 탄압과 고문을 고발하고 거기에 맞선 투쟁의 에너지를 모았다. 특히 탈춤은 예로부터 억눌린 민중의 전형적 가면극이기에, 시대적으로 중요한 맥락을 이루었다.

나아가 민중신학의 철학적 배경에는 함석헌의 씨ᄋᆞᆯ사상도 있었다. 함석헌은 씨ᄋᆞᆯ의 ᄋᆞᆯ자를 풀이하는데, "ㅇ은 초월적인 하늘을 표시하고, ·은 내재적 하늘, 곧 자아를 나타내며, ㄹ은 활동하는 생명을 드러내는 것"이라고 말한다. 그러므로 맨 사람, 난대로 있는 사람인 나는 **내재화된 초월**이므로 나 곧 하늘이라는 동일성이 형성된다. 따라서 씨ᄋᆞᆯ로서 내 존재의의는 하나 곧 전체의 실현에 있게 된다. 그런데 씨ᄋᆞᆯ은 그 실현에 도전을 받는다. 안으로는 사욕이지만, 밖으로는 전체를 허물어뜨리는 사회악으로 나타날 수 있다. 씨ᄋᆞᆯ은 여기에 능동적으로 맞서야 한다. 씨ᄋᆞᆯ의 사회적 저항이 바로 이런 것이다. 함석헌의 맞섬 혹은 대듦은 씨ᄋᆞᆯ의 자존, 자주에 근거한 주체적인 행동을 뜻한다. 이러한 씨ᄋᆞᆯ사상이 민중신학의 철학적 기틀로 작용하였는데, 실제로 씨올의 개념 규정과 저항정신은 민중신학과 거의 맥락을 같이한다. 안병무의 말대로 민중은 씨올의 사회 · 정치 · 경제적 개념이고, 씨올은 민중의 존재론적 개념이다.[93] 요컨대 민중신학은 어느 날 갑자기 하늘에서 떨어진 것이 아니라, 이처럼 다양한 배경과 시대적 상황에서 비롯된, 한국 교회의 정치 · 사회적 복음의 토착화라 할 수 있다.

(2) 민중신학의 특성

민중신학은 관념적이고 추상적인 신학 이론이 아니라, 신학자 자신의 민중 체험을 통해 형성되었다는 점에서, 출발부터 실천, 곧 민중해방에 대한 현실 참여 논리를 담았고,[94] 그런 측면에서는 남미 해방신학과 일맥상통하지만, 그렇다고 양자를 동일시할 수는 없다. 양자는 각자 발생한 역사적 맥락과 함께 내용 또한 상이한 측면이 있기 때문이다. 즉 민중신학은 해방신학과는 달리, 1960년대 이후, 한국 군사정권이 외국의 자본 · 기술 · 자원에 의존하여 경제 개발을 강압적으로 실시하는 과정에서 노동자 · 농민들의 민족 · 민중적 자주성이 유린되는 현실을 직시하는 가운데,[95] 민중의 고난이라는 채널을 통해 기독교적 메시지를 읽어냈다는 점에서, 남미의 경제 · 사회구조적 모순이 가져온 현실에서의 참된 해방을 추구하는 신학운동과는 차이가 있다. 현영학은 민중신학의 출현 배경에 대해 이렇게 서술하였다.

그들(KNCC 인권위원회)의 이야기를 들으며, 함께 먹고 마시며, 때에 따

93 https://cafe.daum.net/lifeligh (2020. 3. 14.).
94 김경재는 이러한 측면에서 민중신학을 "한국적 禪그리스도교"라 부르기도 한다 ("민중신학과 종교 신학의 길항성과 상보성", 「神學思想」 제93집, 1996, 여름, 44).
95 박재순, "민중신학과 민족신학", 「神學思想」 제81집(1993. 여름), 81.

라 예배와 기도와 성서 연구를 하는 과정에서, 이들 신학자들은 꼬방동네 사람들, 10대 소녀매춘부들, 근로청소년들의 비참상을 직접 듣고 목격하게 되었다. 이 경험은 충격적이었다. 멀리서 신학적인 높이에서 살피고 바라보고 알고 생각하면서 알았다고 여겨지던 것과는 비교도 될 수 없는 몸에 부딪혀오는, 창자 속으로 뚫고 들어오는 현실의 충격이었다. 이와 동시에 이들 신학자들은 그렇게도 참혹한 상황에 있으면서도 인간으로서 살아남으려는 가난한 사람들의 용기와 지혜를 꿰뚫어 보게 되었다.[96]

1970년대 한국적 현실에 대한 물음에서 시작된 민중신학은 결국 사회 현실변혁을 지향하는 실천적 신학으로써 한 시대를 주도했지만, 소위 민중신학의 실천으로서 민중운동 자체가 1987년 6월 항쟁에서 절정에 달한 이후, 하향곡선을 긋기 시작한 이래, 1990년대에 접어들면서 보수화 물결에 밀려 그 입지가 상당히 약화되었다.[97] 특히 민중신학은 민중신학자들 사이에도 다소간 견해차가 존재했다. 안병무는 민중신학을 민중사건을 증언하는 것이라는 입장에서 민중을 편드는 동정심에 기초했으나, 서남동은 한국의 민중신학의 과제는 기독교의 민중전통과 한국의 민중 전통이 한국 교회의 하나님의 선교활동에서 합류되는 것을 증언하는 것이라고 함에서,[98] 민중신학은 결국 사회 현실변혁지향이라는 민중해방을 말했다. 그렇지만 현영학은 탈춤(봉산탈춤)의 사회·종교적 의미를 기독교적 시각으로 해석하면서, 탈춤의 각 과장들(노장과장, 양반과장, 미얄과장)들에서 한 맺힌 민중 현실과 그것으로부터의 초월 경험을 기독교적으로 풀어나가는 가운데, 민중으로 하여금 현실을 비판하고, 그것

96 현영학, "民衆神學과 恨의 宗教", 「神學思想」 제47집(1984. 겨울), 764.
97 김창락, "기로에 서 있는 민중신학", 「神學思想」 제96집(1997. 봄), 58.
98 서남동, 『민중신학의 탐구』(서울: 한길사, 1983), 78.

을 넘어서는 꿈을 꾸게 하며, 새로운 문화와 질서를 창조하는 방향,[99] 즉 고난의 현실에 대한 민중 자신의 초월 경험에 근거한 기독교의 민중과의 자기 동일화(Self-Identification)에 따른, 민중 스스로의 자기해방(Self-Revolution)을 지향한다는 점에서 또 다른 견해를 보인다. 다음은 현영학의 설명이다.

> 민중신학은 기본적으로 민중을 위한 신학도 아니고, 민중에 의한 신학도 아니며, 민중의 신학도 아니다. 사람들이 흔히 말하는 것처럼 민중을 의식화시키기 위한 신학도 아니며, 민중을 선동하기 위한 신학은 더욱 아니다. 콘스탄틴 황제에 의해 로마제국의 국교로 인정된 이후에 그리스도교가 지배층 엘리트의 입장에서 역사와 현실을 보고 성서를 해석해 온 전통에 반해서, 처음에 예수를 따르던 사람들, 지배당하고 수탈당하고 업신여김을 받던 사람들, 창녀와 세리와 문둥병자와 같은 소위 죄인 취급을 받던 사람들의 시각과 그들의 예수 이해를 되찾아보려는 것이 민중신학이 뜻하는 바다.[100]

곧 현영학에 의하면, 민중신학은 민중 역사 현장에서 시작되어, 자의든 타의든 민중에 대한 해방이념 역할을 해왔지만, 남미계열의 해방신학과는 달리, 처음부터 민중해방 혹은 사회 개혁이라는 강한 실천을 표명한 것은 아니었다. 다만 민중의 역사 현장을 통해, 그동안 기독교가 잃어버린 복음에 대한 민중적 시각을 재인식하면서, 민중들의 처절한 삶의 이야기를 그리스도인들과 일반사회에 들려줌으로써, 같은 사회 안에서도 자신들과 다르게 사는 사람들에 대한 사회적 문제의식과 책임 의식을

---

99 현영학, 『예수의 탈춤』(천안: 한국신학연구소, 1997), 56-78, 157.
100 현영학, "民衆神學과 恨의 宗敎",(1984. 겨울), 762.

일깨워주는 실천적 성격을 갖고 있었다. 그러기에 민중신학은 복음의 메시지가 1970년대 한국의 정치 · 사회적 현실에 토착화한 형태로서, 역사적 사건 속에서 반복되고 계승되는 민중의 종교·문화적 경험을 신학적 언어와 틀로써 정리한 것이라는 점에서, 결국 복음에 대한 정치·사회적 시각에서의 토착화이며, 그런 의미에서 또 하나의 독특한 장르의 한국신학이라고 말할 수 있다.

요컨대 1970년대는 복음의 종교 · 문화적 측면의 토착화에 관심을 두는 토착화신학과 정치·사회적 측면에 관심을 두는 민중신학이 연이어 논의되면서, 결과적으로 복음에 대한 한국의 종교 · 문화 · 정치 · 사회 전반에 걸친 토착화 논의가 이루어졌으며, 더욱이 그러한 논의에 보수적 신학 노선과 진보적 신학 노선 그리고 자유주의적 신학 노선이 모두 동참하여 고민하고, 함께 열띤 논쟁을 이루었다는 점에서, 한국적 토착화신학사에 있어서 매우 중요한 시기였다고 할 수 있고, 이러한 논의들은 한국 교회의 신학적 실존에 대한 자각에 크게 공헌했을 뿐만 아니라, 한국적 신학에 대한 새로운 비전을 품을 수 있었으며, 다음의 시기를 위한 좋은 발판들을 마련함으로써 한국적 토착화신학의 새로운 역사를 내다볼 수 있게 되었던 것이다.

(3) 민중신학 논쟁과 발전

민중신학은 1970년대의 한국 사회적 상황에서 출현한, 복음의 정치·사회적 토착화신학이라 할 수 있고, 그것은 당시의 피폐한 민중들의 삶의 현장에 대한 한국 교회의 깊은 이해와 반성에서 시작된, 새로운 성서해석에 바탕을 두었다고 할 것이다. 그렇지만 다른 신학 분야와 마찬가지로, 민중신학에 대해, 한국 교회 안에서 적잖은 논쟁들이 있었다. 첫 번째가 앞서 언급한 서남동과 김형효의 논쟁이었다. 서남동이 "예수·

教會史 · 韓國教會"라는 글을 「基督教思想」(1975. 2.)에 게재하자,[101] 문학비평가였던 김형호가 「文學思想」(1975. 2.)에 "昏迷한 時代의 眞理에 대하여."라는 제하의 글을 실었다.[102] 김형호는 서남동의 제시한 민중 개념 자체가 모호하고, 따라서 서남동 등이 주장하는 민중 중심의 사고는 결국 어느 한쪽만을 편들 위험성이 있고, 일종의 편협한 사고일 수 있다고 비판하였다.

> 서 교수가 말한 그 '민중의 소리'에서 민중이란 무엇을 뜻하는가? 우리는 너무도 어떤 개념의 실재에 대한 차분한 숙고를 철학적으로 사려함이 없이 감상적으로 언어를 남용하는 관습에 젖어 있는 풍토에 익숙한 것이 아닌가? … 서 교수가 진리같이 여기는 민중이란 과연 무엇인가? 물론 그것은 낱말의 오르테가적인 뜻에서의 대중(las masas)은 아닐 터이다. 그러면 그것은 전통적 동양사상이 잠재적으로 그려온 民心卽天心에서의 민중이란 뜻인가? … (여기에: 필자) 가브리엘 마르셀이 늘 경고한 추상의 정신(Iesprit dabstraction)이 위험스럽게 도사리고 있는 것이 아닌가 여겨진다. 추상의 정신은 즉각 열광성(fanatisme)으로 탈바꿈된다, 열광성은 전쟁을 부른다. 마태복음 13장의 천국의 비유가 암시하듯이, 역사에서 늘 악과 부조리는 있어 왔다. 구악이 징벌되면 늘 역사는 신악을 만들었다. 역사가 마치 인간을 우롱하듯이. … 단지 그런 발상은 모든 악을 한꺼번에 모조리 제거하겠다는 전투적 결단이 얼마나 위험한 것인가를 경고할 뿐이다. … 어느 시대의 사회 현실이든지 반드시 현실주의(realism)와 이상주의(idealism)의 양 측면이 있다. 현실주의 강점은 사실성에 있고, 이상주의의 강점은 방향성에 있다. 그 두 가지 경향이 각각 상대방의 도움

101 서남동, "예수 · 教會史 · 韓國教會" 「基督教思想」(1975. 2.), 53-68.
102 김형호, "昏迷한 時代의 眞理에 대하여", 「文學思想」(1975. 2.), 375-378.

을 필요로 하지 않을 때에, 즉 고립되어 있을 때에, 각 경향은 논리적으로 보아서 틀린 것은 아니다. 즉 옳다(right). 그러나 옳다고 하여서 그것이 반드시 참(true)인 것은 아니다."[103]

이러한 김형호의 비판은 막 시작된 민중신학의 뿌리를 흔들 만큼의 충격이었다. 이에 대해 서남동은 「基督教思想」 4월호에 반박 논문을 게재하였다.[104] 그는 김형호가 "민중이란 무엇인가?"라는 질문에 대해 답하면서, 민중신학은 결코 추상적인 이론이 아니며, 이 시대의 민중의 아픔을 담은 실재적인 외침임을 피력하였다. 서남동은 다음과 같이 응대하였다.

민중이란 말은 民이란 말이다. 民生 民意 民權 등의 民이고, 봉건사회의 백성에 해당할 것이다. 아마 그 집단적인 실체성 때문에 民衆이라고 하겠지. 공산주의자들이 쓰는 인민이라는 말의 내포와 같은 것이겠는데, 문제는 잘못된 정부가 민족이라는 말을, 민중의 억압을 위한 이데올로기로 사용하듯이, 공산주의자들을 쓰는 인민이라는 말은 그들의 지배를 정당화시키려는 억압의 이데올로기로 쓰고 있다는 차이점일 것이다. 김 교수는 民心卽天心은 현대의 기술사회에서는 어불성설이라고 하는데, 나는 아직도 우리가 天心(진리)을 찾는 길이 民心을 아는 길이라는 것 외에 다른 길을 모른다. … 김 교수는 민중이라는 말은 전혀 실재적 내용이 없는 추상의 허구가 아닌지?라고 평했지만, 지금 우리나라에서 민중운동이나 민중의식에 관련하는 사람들의 신변은 평온하지 아니한 형편이라는 사정을 이 말이 얼마나 실재적인 말인가를 증명한다고 나는 생각한다.… 김

103 *Ibid.*, 378.

104 서남동, "民衆의 神學", 「基督教思想」 (1975. 4.), 85-90.

교수의 둘째 물음은- 이것은 물음이 아니라 경고인데- "추상의 정신은 즉각 열광성으로 탈바꿈된다. 열광성은 전쟁을 부른다" … 이 경고는 의미심장하고 아주 중요한 문제 제기라고 생각하기 때문에 나는 참으로 여기에 감사한다. 이 경고의 글에는 서로 연관된 두 가지 경고가 있다고 분해된다. 하나는 악을 한꺼번에 제거하겠다는 전투적인 결단의 어리석음에 관한 것이고, 하나는 전쟁을 부르는 열광성에 관한 것이다. 둘째 번의 경고는 되풀이 읽어 보았지만 내게는 아주 불분명하다. … 민중의 소리는 전투와 전쟁을 불러일으키는 열광성이 아니라, 그것은 평화의 이데올로기다.[105]

서남동의 반박문에 대한 김형호의 반응을 더는 찾기 어렵다. 이것으로 일차 논쟁은 일단락된 것으로 보인다. 그리고 이 논박을 계기로 민중신학은 기초가 한층 튼튼해졌고, 보다 풍성한 논의의 장으로 들어갈 수 있었다. 그 후에 이어진 것이 앞에서 언급한 김용복, 김정준, 서남동, 안병무, 현영학 등에 의한 민중신학에 대한 깊은 사고와 연구를 통해 제시된 신학적 결실들이었다. 그렇지만 민중신학과 관련된 논쟁이 또 다른 측면에서 제기되었는데, 이른바 보수적인 학자들에 의한 것들로서, 대체로 민중신학에 대한 오해에서 비롯되었다. 그 하나의 발단은 홍지영의 『정치신학의 논리와 행태』라는 단행본이었다.[106] 책의 부제인 "기독교에 침투하는 공산주의 전략 전술"이라는 주제만 봐도 책의 성격을 짐작할 수 있을 정도로, 그는 민중신학을 카를 마르크스의 사회주의이론에 기반을 둔 정치신학의 아류로 평가했다. 이에 대해 김정준의 "정치신학의 논리와 행태를 읽고"라는 논문을 통해, 조목조목 반론을 제기했다. 한마디로 책의 저자는 기독교 신학에 대해 지나친 편견과 오해로 일관한다.

105 *Ibid.*, 88-90.

106 홍지영, 『정치신학의 논리와 행태』(서울: 금란출판사, 1977).

는 것이었다.[107] 그리고 「現代思潮」지에도 몇몇 논문이 실렸는데,[108] 이에 대해 김용복은 "한국 기독청년운동의 방향모색"이라는 논문을 통해, 한국 교회(기독청년)의 현실 참여 논의는 교회의 역사에 대한 책임성 문제임을 분명히 밝힘으로써, 그 주장을 일축했고,[109] 송진섭은 "기독청년의 적색 형태를 우려함"이라는 논문에서, 그의 주장은 기독교의 현실 참여에 대한 지나친 몰이해와 편견을 기반으로 한 군사정부의 경제 논리적 시각에 편승한 것이라고 강한 반론을 제기했다.[110] 그러나 이 논쟁은 사실상 편향적 시각의 비 신학자에 의해 제기된 것이기에 크게 문제될 것은 없었다.

그런데 중견 신학자들의 비판적 논의가 적잖은 반향을 불러왔다. 그것은 1982년 5월 28일에 있었던, 크리스찬아카데미 대화모임에서 있었다. 이때 논문을 발표한 이들은 민영진, 전경연, 김경재, 장일조 등이었다.[111] 전경연은 "민중신학의 성서에 대한 사회·경제사적인 접근부터가 문제라면서, 민중신학은 신학이 아니라"고 주장했다. 그는 그런 접근은 "성서 기자들이 호소하는 것과는 매우 다른 사항을 찾아내려는" 태도이며, 결국 성서 기자들의 증언과는 대립 양상을 띨 수밖에 없고, 해석자의 주관적 시각에 빠질 수 있다고 비판했다. 또한 그는 민중신학이 마가의

---

107 김정준, "정치신학의 논리와 행태를 읽고", 「基督敎思想」 제226호 (1977. 4.), 149-155.

108 그것들은 홍지영, "공산청년운동과 기독청년운동을 혼동하는 경향에 대하여", 「現代思潮」(1979. 3.); 홍지영, "기독청년의 적색형태를 우려함", 「現代思潮」(1979. 5.) 등이었다.

109 김용복, "한국 기독청년운동의 방향모색", 「基督敎思想」 제252호(1979. 6.), 69-77.

110 송진섭, "기독청년의 적색형태 비판을 읽고",「基督敎思想」 제252호(1979. 6.), 103-109.

111 이때 발표된 논문들은 민영진 외, 『한국민중신학의 조명』(서울: 대화출판사, 1983)에 수록되었다.

민중(*oklos*)에 대한 해석을 통해 예수는 민중이라고 주장한 것에 이의를 제기했다. 그에 따르면, 오클로스는 70인역에 61회 나오며, 그리스적 유대인들의 일상적인 보통 명사인데, 그것을 신학화한 것이 문제라는 것이다. 특히 안병무의 예수는 출신으로 형태상으로 한 민중이다. "예수가 있는 곳에 민중이, 민중이 있는 곳에 예수가 있다" 식의 주장은 예수를 역사적 예수가 아니라, 일종의 케리그마적 예수로 전락시키며, "어떤 민중도 예수가 될 수 있다면, 그 예수에게서는 역사성이 박탈된다"면서, "이런 식의 민중신학은 민중운동이지 신학이라 아니라"고 비판했다.[112]

김경재 역시 "민중신학의 신학사적 의미와 그 평가"에서 민중신학은 민중의 이데올로기로 변질할 위험성이 있다면서, 민중신학이 신학으로써 의의를 넘어, 지나친 이념성에 치우치는 것에 대해 경고했다. 장일조(張日祚) 또한 "한국 민중신학에 대한 몇 가지 테제"에서 민중신학의 이데올로기화에 대한 경고와 함께 "민중신학이 정치운동의 도구·기능적 방편으로 형성돼서는 안 된다"고 비판했다.[113] 이들의 비판은 한결같이 민중신학의 신학적 성격보다는 사회적 이념화에 대한 염려에서 비롯된 것이었다.

하지만 민중신학에 대한 논쟁은 여기서 그치지 않았다. 1982년 「교회연합신문」을 통해, 지상 토론이 펼쳐진 것이다. 이때 비판적 입장에 섰던 이들은 김명혁("神學運動이 아닌 社會運動", 7. 4.), 김영한("敎會 고유성격에 혼란", 7. 18.), 손봉호("민중신학이 신학이며 한국적인가?", 8. 1.) 등이었다.[114] 전술한 논의들이 같은 진보 계열 신학자들의 것이라면, 이 논쟁들은 보수계열의 신학자들의 것이었다. 그렇지만 모두 민중신학이라는

112 전경연, "민중신학의 평가 — 성서신학적 입장에서", 크리스찬아카데미발제문(1982. 5. 28), 2-9.

113 김성재, "민중신학의 올바른 이해와 신학함", 「神學思想」 제81집(1993. 6.), 41.

114 이들의 논문 역시, 김명혁 외, 『성경과 신학』(서울: 정음출판사, 1983)이라는 논문집에 수록되었다.

장르가 교리(Orthodoxy)보다 실천(Orthopraxy)에 강조점을 두는 독특한 성격임을 쉽게 수용하지 못한 데서 나온 비판이었고, 이러한 과정을 통해 민중신학은 뿌리가 깊어지고, 사고의 폭이 확대되기에 이르렀다.

그런데 80년대 초반부터 민중신학 논의에 미세한 변화의 조짐이 보이기 시작했다. 서남동은 민중신학을 문화신학과의 연계를 모색하려 했다. 이를 위해 그는 민중신학을 아시아 신학(송천성·문화신학)과의 연계를 통해 폭을 넓혔다.[115] 이것은 민중신학을 그저 정치신학으로만 보는 오해를 불식하기 위한 새로운 접근으로 보인다. 사실 민중신학은 처음부터 민중문화에 대한 성찰을 함의하고 있지 않았던가? 이러한 흐름에 호응하듯, 김용복도 민중신학을 문화선교라는 시각으로 접근, 문화선교는 인간을 죄와 악에서 구원하고 해방하시는 하나님의 구속역사(救贖役事)가 일반 문화사 내지, 문화적 차원에서도 이뤄짐을 믿고, 그 하나님의 역사에 동참하는 선교활동이라면서, 새로운 방향을 제시하였다. 그는 다음과 같이 말하였다.

> "우리는 이 시점에서 문화선교 신학으로써 민중신학을 정립하여야 하겠다는 제안을 하고 싶은 것이다. 이미 서남동 교수는 문화사회학을 방법론에 도입하는 것을 제안하였고, 서인석 교수는 문화 인류학의 방법을 그의 구약연구에 도입하였으며, 현영학 교수는 한국전통 문화, 봉산탈춤을 신학적으로 해석하여 상당한 열매를 맺었으며, 안병무 교수도 언어문제를 그의 신약연구에서 중시하고 있으며, 서광선 교수도 성령과 한국 문화를 밀접히 연결시키는 연구를 하고 있다. 필자도 민중이 사회전기-여기서는 문화전기로도 이해될 수 있음-를 신학방법론에 도입하자는 제안을 한 바 있다. 흔히 이야기되는 민중신학과 해방신학의 다른 점은 민중신학이 문

115 서남동, "文化神學-政治神學-民衆神學", 「神學思想」 제42집(1983. 9.), 674-693.

화문제, 즉 아시아의 문화적 상황에 대하여 보다 깊은 관심을 가진 것으로 따라서 더 큰 가능성과 포괄성을 가지는 것으로 이해되고 있다. 이것은 아시아의 역사적, 문화적 상황으로 보아도 불가피한 귀결이라고 하겠다."[116]

이러한 주장들은 민중신학의 새로운 방향을 위한 과제를 부여하는 것이었다. 사실 그동안의 민중신학은 한국 문화와 기독교의 정체성을 지나치게 정치·사회·경제사적 해석에만 편중되는 경향 때문에 안팎으로 비판을 받아왔다. 따라서 민중신학은 이제 해방자 예수를 넘어, 온 인류를 위한 복음의 우주적 보편성을 포괄하는 우주적 그리스도를 바라보는 새로운 눈을 뜰 필요가 있었다. 현영학도 이때, 같은 맥락에 서 있었던 것으로 보인다: "민중신학은 지지리도 천대를 받아온 한의 종교 무교에서 배우며, 또 무교와 대화를 하려고 한다. 직접적인 신학적 대화가 아니라, 가난하고 업신여김을 받아온 사람들의 경험과 시각을 통한 간접적이고도 현실적 구체적인 대화 말이다."[117] 몇 년 뒤 김용복은 이 문제를 더욱 깊이 다뤘다.

민중신학이 한국 종교문화사를 민중적 시각에서 접근하는 만큼, 복음의 토착화 문제에 관하여 입장을 가질 수 있다. 아니 오히려 민중신학은 토착화 문제에 대하여 적극적이어야 한다. 비록 지금까지의 토착화신학 논의에서는 소극적이었다고 평가될 수 있다. 우선 민중신학에서 토착화 문제를 본격적으로 논의하여 본 일이 없었기 때문이다. 그러나 민중신학은 한국의 정치·사회·경제적인 맥락 속에서 민중의 역사적 주체성을 논하였을 뿐 아니라, 종교문화적 차원에서도 민중의 주체성을 논하였다. 이것은

116 김용복, "文化宣教의 神學과 그 課題", 「基督教思想」 제303호(1983. 9.), 24.
117 현영학, "民衆神學과 恨의 宗教", 「神學思想」 제47집(1984. 12.), 77.

한국민중신학의 중요한 특징이다. 민중신학은 민중의 정치·사회·경제적인 삶과 그들의 종교문화적 삶의 통전적 이해를 바탕으로 하여 왔다. 민중신학자들 중에서도 종교문화적 차원이 어떠한 비중을 가지며, 사회경제적 차원과는 어떠한 관계를 가져야 하는가에는 이견이 있을 수 있다. 그러나 민중의 삶을 사회경제적 차원으로만 축소 이해한다든지, 민중의 종교문화적 차원을 이차적이거나 부수적으로 이해한다든지 하는 것은 민중신학이라고 할 수 없다.[118]

왜 민중신학이 이렇게 새로운 방향을 추구하게 됐을까? 한국의 1980년대는 군부독재의 핵심인 박정희 대통령 피살(1979. 10. 26.)로 시작되었다. 유신체제수장의 죽음은 민주화에 대한 기대를 높였고, 1980년 5월 17일까지 무려 879건에 달한 노동쟁의가 이뤄졌다. 하지만 신군부의 등장은 서울의 봄을 무색하게 했다(5. 17. 비상계엄령). 그런데 이때 5·18 광주민주화운동이 민중운동을 더욱 확산시키는 계기가 되었다. 당시는 이른바 3저(저유가·저금리·저달러) 현상으로 수출 증대가 이뤄지면서, 한국 자본주의의 외형적 반등이 찾아왔고, 고도의 소비사회가 시작되지만, 사람들은 자본주의적 소비문화를 넘어, 새로운 사회에 대한 대안을 찾았으면서, 다양한 형태의 민중운동(시민운동)이 펼쳐졌다. 특히 광주민중항쟁은 한국인들에게 기존 정치세력에 대한 회의와 외세(미국)의 실체에 대한 인식 그리고 비조직적인 민중운동의 무력감을 일깨웠고, 이에 민중 세력은 근본적인 사회변혁을 전망하면서, 스스로를 조직화하기 시작했고, 때마침 열린 86아시안게임과 88서울올림픽은 한민족의 위상을 한층 높이게 되었다.

그런데 당시 한국 교회는 성장 일변도의 보수적인 시각과 사회 참여

118 김용복, "민중신학과 토착화신학", 「基督敎思想」 제390호(1991. 6.), 29-30.

를 주장하는 진보적인 시각으로 양극화되어 있었다. 즉 혹독한 군사정권에 맞서는 세력과 자본주의 체제에 편승하여 대형교회를 추구하는 세력이 공존했다. 이런 분위기에서, 그동안 한국 사회의 민주주의를 위해 달려온 한국 교회는 70년대와는 다른 상황을 맞이하였다. 70년대에는 교회가 민주화운동의 최일선에 섰다면, 80년대에는 여타 민중운동이 커지면서, 교회는 후원자의 위치를 점하게 되었다. 이 상황에서 한국 교회는 민족 통일운동에 눈뜨게 되었는데, 그것은 1988년 민족의 통일과 평화에 대한 한국기독교회 선언과 1995년 평화통일 희년운동으로 나타났다.[119]

바로 이러한 시대적 상황에서, 민중신학은 민중문화의 차원을 새롭게 인식하게 되었을 것으로 보인다. 박종천은 이러한 시대적 분위기를 정확하게 조명하였다. 그는 "80년대 민중신학은 자신을 운동의 신학으로 규정하였다"면서, 70년대의 민중신학은 민주화 인권운동을 선도하면서 민중사건을 통해 현재화하는 그리스도 사건을 증언하였는데, 80년대에는 광주민주화운동 이후, 근본적 사회변혁 운동으로서 한국민중운동의 질적 성숙과 분화된 각 운동의 발전 양상을 기독교 운동의 새로운 도전으로 받아들임으로써, "증언의 신학"에서 "운동의 신학"으로 나갔으며, 이것은 곧 80년대 사회 변혁 운동의 다양화와 일정한 성숙에 대한 민중신학 2세대의 대처 방식이었다고 평가하였다.[120] 그러면서 그는 민중신학은 새로운 모형변화가 필요하며, 기존의 제도교회 대 민중교회라는 이분법적 사고를 넘어서, 상생의 신학을 지향하면서, 토착화신학과의 대화를 주문하였다. 또한 때를 같이하여 민중신학 제1 세대들의 자기반성에 대한 심포지엄이 열렸다(1993. 5. 19., 참석자: 서광선, 안병무, 현영

119 https://cafe.daum.net/yddchFreedom (2020. 3. 20.).

120 박종천, "1980년대 민중신학의 문제와 한국 신학의 새로운 탐색", 「神學思想」 제71집(1990. 12.), 1083.

학, 채수일). 여기서 그들은 민중신학의 본래적 정체성(불의한 권력에 대한 저항과 인권운동)을 재확인하고, 민중문화에 대한 관심을 표명하면서, 민중신학의 토착화를 위한 고심을 토로하였다. 그리하여 민중신학의 변화, 곧 모형전이가 불가피함을 인식하게 되는 계기가 되었다.[121]

3) 민중신학 논쟁의 결실과 새로운 전망

1990년대에 들어서면서, 민중신학은 정체성을 고민하게 되었다. 이것은 김창락의 지적한 대로, 민중신학이 보수화 물결에 밀려, 입지가 상당히 약화됐기 때문이다.[122] 그렇다면 민중신학은 생명력이 다했는가? 그렇지는 않다. 오히려 지나온 발자취를 돌아보면서, 새로운 돌파구를 찾기 위해 몸부림쳤고, 그 나름의 결실들이 제2 세대 민중신학자들을 통해 나타났다. 김성재는 그때까지의 민중신학에 대한 다양한 비판들을 정리하면서, "사실 민중신학은 민중을 위한 기독교적 이론이나 이데올로기가 될 가능성이 언제나 열려 있다. 그러기에 도리어 이 점을 늘 경계해야 한다"고 전제하고, 1993년 5월 24일 민중신학연구소가 주최한 학술심포지엄에서 발표된 제2 세대 민중신학자들의 글을 비판적으로 성찰했다.[123] 김성재는 특히 「神學思想」 1990년 여름호에 실린 글, "민중신학자들과 독일 신학자들의 대화"에서, 독일 신학자들이 제기한 질문 "민중이 구원의 주체인가?", "민중이 메시아적 특질을 가지고 있는가?"에 대해, 2세대 민중신학자들은 한결같이 "아니다."였다면서, 그런 태도는

121 심포지엄, "민중신학의 오늘과 내일", 「神學思想」 제81집(1993. 6.), 7-39.

122 김창락, "기로에 서 있는 민중신학", 「神學思想」 제96집(1997. 3.), 54-98.

123 발표자는 권진관("민중의 존재 양식과 역사의 구원"), 박재순(민중메시아론에 대한 신학적 고찰"), 임태수(민중은 메시아인가?-안병무의 민중메시아론을 중심으로) 등이었다.

결국 그들의 신학하는 자리가 민중의 현실이 아니라, 서구 신학-교리였기 때문이라고 진단하였다. 그러면서 민중신학의 신학함의 문제에서 고려할 점은 신학의 자리와 민중의 정체성, 역사의 주체자로서 민중 문제, 사건으로서 신학, 민중 현장의 교회화 문제 등인데, 2세대 민중신학자들은 신학의 자리로서 민중 현실을 벗어나려 하고, 개념화될 수 없는 민중을 개념화하려 하며, 민중을 계급화함으로써 민중에게서 역사의 주체성을 박탈하며, 언제나 사건으로서 신학이어야 함에도 불구하고, 그들은 예수와 민중, 하나님과 민중을 일치시키려고만 하며, 민중교회 문제 역시 기존의 제도적 교회 안에 머물고 있다는 것이다. 따라서 민중신학이 보다 새로운 진정을 지향하려면 이러한 문제들에 대한 깊은 사색이 필요하다는 것이다.[124]

김성재와 같은 제호의 「神學思想」에 실린 박재순의 글은 현장 발표와는 다소 달랐는데, 그는 특히 박순경의 "민족통일과 민중신학의 문제"(「神學思想」 제80집, 1993. 3.)을 검토한 후, 박순경이 "민중신학은 민족적 성격이 약하다"고 비판한 것을 심도 깊이 반박하면서, 민중신학은 처음부터 민족신학적 성격을 함의하고 있음을 주장하였다. 그러면서 박재순은 민중신학은 민족공동체 창조를 위한 한국 민중의 공동체적 영성을 지향하는 가운데, 민주화와 민족통일운동의 동력을 끌어내는 신학이어야 하며, 결국 통일된 민족공동체를 성취하는 신학으로 나아가야 할 것을 역설하였다.[125] 그의 성찰은 민중신학의 지평에 대한 새로운 방향 제시라는 점에서 큰 의의가 있었다. 그것은 곧 민중신학이 한국 사회의 현실 문제에 집착하는 것을 넘어, 이제는 민족통일 담론을 포괄할 것을 지적한 것이다. 한편 임태수는 그동안 민중신학이 주장해온, "예수는

---

124 김성재, "민중신학의 올바른 이해와 신학함", 「神學思想」(1993. 6.), 40-55

125 박재순, "민중신학과 민족신학", 「神學思想」 제81집(1993. 6.), 79-99.

민중이고, 그런 의미에서 민중이 메시아다"라는 중요한 명제(특히 안병무)를 뛰어넘어, "민중은 메시아가 아니고, 예수가 메시아다", "예수는 메시아임과 동시에 하나님의 아들이요, 인자며, 세상 죄를 지고 가는 하나님의 어린 양이다"라고 주장한다. 이것은 지금까지의 민중신학의 기초를 흔드는 것일 수 있다. 그렇지만, 그는 다음과 같이 말한다.[126]

> 민중이 메시아가 아니고, 예수를 메시아로 볼 경우, "민중신학의 특색이 없어지는 것은 아닌가? 이런 구도하에서 민중신학의 특색은 무엇이며, 민중이 역사와 구원에서 차지하는 역할은 무엇인가?" 하는 의문들이 생길 것이다. 그러나 필자는 민중이 메시아가 아니고, 예수가 메시아라고 하는 구도하에서도 민중신학의 특색은 여전히 존재하며, 결코 그 특색이 퇴색하지 않으리라고 확신한다. 아니 오히려 이러한 구도하에서만이 민중신학이 더 튼튼한 뿌리를 내리고 더 분명한 특색을 가질 수 있고, 더 힘차게 발전할 수 있으며, 교회와 사회에 크게 기여할 수 있으리라고 믿는다.

임태수의 글은 그동안 민중신학이 받아온 다양한 비판들에 대한 깊은 고민이 담긴 것으로 보인다. 그것은 특히 예수와 민중의 관계 문제로서, 민중신학의 근본에 해당되는 것이었다. 그는 이에 대해 지금까지 민중신학이 견지해온 예수=민중=메시아라는 도식을 깨고, 예수는 메시아이고(예수=메시아), 민중은 메시아가 아니다(민중≠메시아).라고 말함으로써, 전통신학과의 대화의 창구를 열었다. 이러한 일련의 흐름들은 민중신학이 자기 정체성과 역할에 대한 강도 높은 자기비판과 성찰이 필요함을 말해준다. 이러한 고민은 박재순의 글에도 등장하는데, 그는 민족의 아픈 역사와 민중의 고통스러운 삶 속에서 생겨난 민중신학은

---

126 임태수, "민중은 메시아인가?" 「神學思想」 제81집(1993. 6.), 78.

분명히 우리의 몸과 마음을 담은 주체적인 한국 신학이라면서, 그것은 여전히 미완이지만, 민중신학이 진정으로 이 땅의 신학으로 꽃피기 위해서는 다음과 같은 세 가지를 고려해야 한다고 주장한다.[127]

> 첫째, 교회와 서구 전통신학과의 대화가 요구된다. 교회의 울타리, 전통 교리의 울타리 안에 민중신학을 가두자는 게 아니다. 한국 교회가 사랑하는 교회의 신학으로써 그리고 신학적 보편성을 지닌 세계적인 신학으로써 민중신학은 꽃피어야 한다. 자유로우면서도 교회 안에 살아 있는 신학, 한국 교회의 목회자들과 평신도들이 사랑하는 신학이 되어야 한다.
> 둘째, 민족의 가슴에 심기어지는 신학, 민족의 얼과 정기, 영성이 담긴 신학, 민중의 삶과 숨결, 눈물과 한숨, 민중의 혼이 담긴 신학이어야 한다. 그러면서도 예수의 삶과 죽음과 부활의 생명이 약동하는 신학, 성서의 말씀이 살아 울리는 신학이어야 한다. 동양의 종교사상이 녹아든 신학, 한국의 종교문화적 영성을 살리는 신학이 되어야 한다.
> 셋째, 공동체 신학, 열린 사회로 가는 신학이어야 한다. 자본주의와 사회주의가 실패한 자리에서 새 공동체를 여는 신학이 되어야 한다. 다시 공동에 시대가 온다. 신시대, X세대라지만, 공동체의 토대가 무너지고 개인주의가 지배하는 것 같지만, 종합과 통전의 시대, 자연과 인간, 인간과 인간, 하나님과 인간, 인간의 깊은 분열을 치유하는 시대가 온다. 민중신학은 지구화를 위해 새 인간, 새 공동체를 낳는 믿음의 산실이어야 한다.

현재 민중신학의 뜨거운 불길은 다소 수그러들었다고 할 수 있지만, 박재순의 주장처럼, 아직도 그 불기운은 살아 있다. 따라서 민중신학은 여전히 내일을 위한 에너지를 품고 있는 한국 교회의 중요한 신학적 전통

---

127 박재순, 『열린 민중신학』(서울: 한울, 1995), 머리말.

이라고 할 수 있다. 다시 말해서 민중신학은 한국기독교의 사회적 영성의 한 측면이라고 할 수 있다. 그러기에 민중신학이 한민족의 비옥한 종교·문화적 전통과 깊은 종교적 영성과 기독교 복음의 영성이 결합된다면, 이 민족의 아픔 가슴을 매만져주고, 새로운 내일을 열어갈 수 있는 한국 교회의 힘찬 메시지로 되살아날 수 있을 것으로 보인다.[128] 게다가 박순경이 제시한 대로, 민족 통일 문제 역시 민중신학의 새로운 돌파구가 될 수 있을 것으로 보인다. 사실 한민족의 가장 절실한 염원이 민족 통일 문제가 아니던가?

요컨대 1970년대의 이른바 제1 세대 민중신학자들은 민중 상황을 분석하고, 민중의 주체성을 강조하며, 민중 편에 서서, 민중의 소리를 대변하는 방향에 서 있었다면, 1980년대의 제2 세대 민중신학자들은 민중신학이 광주민중항쟁을 계기로, 일종의 사회변혁운동이념으로 전락할 위기를 겪게 되자, 스스로 자기를 성찰하면서, 문화신학 내지, 통일신학과의 연계를 모색하였고, 새로운 내일을 열기 위해 몸부림치는 것으로 보인다. 그렇지만 민중신학은 지나치게 교리 중심의 신학 일변도이던 한국 교회에 교회의 실천의 중요성과 가치를 바탕으로 하는 신학적 성찰의 중요성을 일깨워주었다는 점에서 큰 의의가 있었다. 신학은 교리(Orthodoxy)와 실천(Orthopraxy)을 포괄하는 통전적인 시각을 함의해야 하기 때문이다.

3. 한국 신학에 새로운 지평을 연 종교 신학

현대 사회는 다양한 가치관과 문화적 현상들 그리고 복합적인 경험들이 공존한다. 그만큼 우리의 삶이 다양하고, 이에 따라 더욱 개방이 요구된다. 특히 한국 사회는 오랜 세월 종교다원적 특성을 지녀왔다.

128 *Ibid.*, 35.

즉 한국 사회의 구성원들인 한민족은 초장기부터 심성 저변에 무교적 영성을 바탕으로, 유 · 불 · 선 등 외래 종교들을 수용해왔다. 그리하여 한국 사회는 무교적 바탕에서의 유 · 불 · 선이라는 다원적 종교 · 문화적 성향을 띠고 있다. 한국기독교는 이러한 종교 · 사회적 영성과의 만남에서 출발했고, 처음부터 타 종교와의 문제를 인식하고 있었다. 그렇지만 1970년대 후반까지만 해도 타 종교와의 관계에 대해서 깊이 다루지는 않았다. 다만 타 종교인들을 선교 대상으로 여기고, 비교 종교적 시각에서 접근했을 뿐이었다. 그러다가 1970년대 말부터 세계신학계의 타 종교에 대한 관심을 접하면서, 주위의 종교들에 대해 신학적인 관심을 갖게 되었다.

1) 종교 신학의 출현 배경

"기독교 신학에서 타 종교에 대한 관심의 출발은 모든 종교, 심지어 기독교까지도 보편타당한 영원한 진리일 수 없다"고 주장한 트뢸치(E. Tröltsch)의 종교사 신학에서 찾을 수 있지만, 사실상의 원조는 틸리히(P. Tillich)다. 그는 자유주의와 정통주의, 철학과 신학, 성과 속, 실존적 문제와 신학적 대답, 인간문화와 종교 등의 경계선에서 상관 관계적 방법에 따라 종합을 시도했고, 인간 삶의 정황에서 제기되는 물음을 기독교 메시지로 답하는 가운데, 1920년대부터 문화신학을 들고 나왔다. 그에 따르면, 종교란 인간의 정신적 삶의 특수기능과 연관된 문제가 아니라, 인간 삶의 깊이의 차원인 바, "종교란 문화의 실체(Substance)이고, 문화는 종교의 표현형식(Form)"이었다.[129] 곧 종교는 문화에 의미를 제공하는 본질이고, 문화는 종교가 자신을 표현하는 형식이라는 점에서, 양자는 서로 의존되며, 성속(聖俗)으로 분리할 수 없는 공통근원을 갖고 있다

129 P. Tillich, *Theology of Culture* (1959), 70.

는 것이다. 그가 문화에 집중한 이유는 존재의 의미가 문화의 형식과 내용을 통해 전이된다고 생각했기 때문이다. 특히 종교는 일상언어를 통해 궁극적 관심을 표현하는 바, 언어는 실재를 표현하는 문화적 도구라는 차원에서, 종교는 문화의 본질이고, 문화는 종교의 형식이라는 것이다. 이렇게 틸리히는 종교-문화론적 차원에서, 문화신학을 천명하였고, 그의 문화신학은 사실상 종교 신학으로 연결되는 것이었다.[130]

물론 그의 문화신학은 종교다원주의와는 이해를 달리하는 바, 그는 종교의 상대화에 초점을 두지 않고, 오히려 성(聖)의 총체성으로서 종교와 속(俗)의 총체성으로서 문화와의 관계에서, 종교는 문화의 실체, 곧 종교는 문화의 질문에 대한 답변이라는 시각에서 접근한다. 이러한 문화신학은 보다 구체적으로 "문화 속에 내포되고, 문화현상으로 표현되는 인간공동체의 궁극적 관심을 복음 진리의 빛으로 분석하고, 복음의 생명력으로 새롭게 변화시켜, 문화의 형태와 형식 속에 거룩한 것을 육화·담지케 함으로써, 인간 삶이 성속일여(聖俗一如)한 형태 속에서 자유, 정의, 사랑, 아름다움, 조화, 충만, 숭고함, 창조적 새로움 등이 넘치는 문화적 삶이 되도록 돕는 선교적 노력"이라 할 수 있고, 이러한 노력은 인간의 현실적 생의 영역과 연관된다는 측면에서 결국 하나님의 선교(*Missio Dei*) 신학의 한 형태라 할 수 있다.[131]

틸리히에 따르면, 신학자는 무엇을 하든지 자신이 속한 종교-문화전통의 영향을 받으며, 그것으로 자신의 신학을 표현하고, 자기 신학이 종교와 문화 안에 내포된 실존적 물음들에 대한 답이 되게 한다는 것이다. 달리 말하면, 기독교 신앙의 궁극적 관심인 예수 그리스도 안에 나타난 새로운 존재의 빛으로 문화를 조명하고 비판적으로 성찰한다는 것이

130 https://brunch.co.kr/@brunchwint/36 (2020. 3. 13.).

131 김경제, 『解釋學과 宗教神學』, 12, 13.

다. 이것은 타 종교-문화를 기독교적 시각에서의 비판이기보다는 타 종교-문화와의 만남을 통해 기독교 신학을 확장해간다는 의미이다. 따라서 틸리히는 단순히 종교나 문화의 상대주의를 말하지 않는다. "신학자로서 그는 인류의 종교사를 주의 깊게 살피면서, 종교사에는 긍정적인 가치들을 통합하고, 그럼으로써 보편적인 의의를 지니는, 하나의 구체적인 신학을 가능케 하는 중심적 사건이 있을지도 모른다"며 조심스레 접근한다. 전체적 맥락에서 볼 때, 이 중심적 사건은 곧 예수 안에 새로운 존재의 나타남을 뜻한다. 그렇지만 이것은 기독교 우월주의에서 나온 진술이 아니라, 인류의 종교-문화의 역사를 아우르는 신학의 가능성을 바라는 신학적 소망을 제시한 것이다. 그에 따르면, 그 중심적 사건은 기독교의 정체성을 확인해줄 뿐 아니라, 기독교의 이름으로 기독교를 심판하는 기준도 된다.[132] 이런 측면에서 보면, 틸리히의 문화신학은 아직 종교다원주의로 나갔다고 보기는 어렵고, 여전히 서구적 엘리트주의에 머물러 있다고 할 것이다. 그런데 문화신학적 종교 신학은 19세기부터 서구에 동양 세계가 본격적으로 소개되고, 동양에도 고도의 가치체계를 지닌 종교들이 있음을 알게 되면서 변화를 보이다가, 20세기 중반에 큰 전환을 가져오는데, 로마가톨릭교회의 제2차 바티칸공의회(1962~1965)가 비 그리스도교에 관한 선언을 채택하면서부터였다. 그 후 개신교회도 1967년 스리랑카 캔디(Kandy)에 모인 WCC 대표자들이 종교 간의 대화 문제에 대해 전향적 태도를 보였고, 1971년에는 『WCC 중앙위원회』가 『타 종교와 다른 이념을 가진 사람들과의 대화국』을 창설함으로써, 이른바 종교다원적 신학(Theology of plural Religions)이 등장할 수 있는 기틀이 마련되었다.

132 https://blog.naver.com/own2425/221381281341 (2020. 3. 13.).

2) 종교 신학 논쟁의 시작과 발전

한국에서의 종교 신학 문제는 틸리히의 문화신학적 차원이 아니라, 종교다원적 신학으로써 종교 신학(Religious Theology as theology of Pluralistic Religions)의 문제였다. 이것은 70년대 말부터 시작된 다원화된 종교사회에서 기독교가 갖는 자기 정체성 문제에 대한 깊은 논의에서 출발하였다. 사실 종교다원적인 한국 사회에서 이 문제가 비로소 등장한 것은 때늦은 감이 있다.[133] 그렇지만 그동안의 신학 논의들 대부분이 정통신학의 범주 안에서 이뤄진 것에 비해, 종교다원적 신학(Theology of Pluralistic Religions)의 등장은 한국 교회에 적잖은 충격이었다. 사실 이것은 큰 맥락에서 보면, 60년대 토착화 논쟁의 연장선에 있다. 그렇지만 종교다원적 신학 논쟁은 한국 교회 내에서 자생적으로 제기된 문제이기보다 세계신학계의 흐름을 수용하는 과정에서 발생한 내부적 갈등이었다. 당시 세계신학의 큰 흐름은 제2차 바티칸공의회와 WCC의 하나님의 선교신학 그리고 세속화신학 등이었다.[134] 이러한 세계신학계의 흐름에 대한 한국 신학계의 반응은 다양했지만, 특히 문제가 된 것은 종교다원주의(Religious pluralism)와 기독교 신학의 관계였다.

주재용에 따르면, 한국 교회에서의 종교다원적 신학 논쟁은 크게 3가

---

133 그렇다고 한국 교회 안에서 이러한 논의가 전무했던 것은 아니다. 당시 한국교계의 주요 신학계간지 「基督教思想」은 이미 그런 시각의 논문들을 수록함으로써, 한국 신학계의 변화의 바람을 예고하고 있었다. 그것은 다음과 같은 것들이다. John Mcqurry, "基督教와 他宗教", 제92호(1965. 11.), 69-75; 법정(法頂), "기독교와 불교", 제157호(1971. 7.), 62-72; 서경수, "미륵 예수와 스퍼스타 예수", 제217호(1976. 7.), 38-43; Reimundo Panikkar, 서남동 역, "佛教와 基督教의 對話", 제174호(1972. 11.), 71-81 등이다. 이런 글들은 한국 교회가 어떤 신학을 추구할 것인가에 대한 질문으로서 성격을 지녔다고 할 수 있으며, 장차의 신학 논쟁에 대한 일종의 예비적 신호였던 것이다.

134 주재용, 『한국 그리스도교사상사』, 358.

지 형태였다. 첫째는 70년대 「月刊牧會」를 통해 이뤄진 변선환과 박아론의 논쟁이요, 둘째는 80년대 문화신학에 치중했던 감리교회의 내부 논쟁이며, 셋째는 90년대 「基督教思想」을 중심으로 이뤄진 김경재와 김중은의 논쟁이 그것이었다. 우선 변선환과 박아론의 논쟁은 구원의 영역과 선교에 대한 문제였다. 즉 그것은 하나님의 구원행위가 성취되는 범주와 교회와 세상의 긴장 관계 그리고 기독교 구원을 정의하는 근거 문제로 축약될 수 있다.[135] 변선환은 한스 큉(H. Küng)의 입장을 빌어, 교회가 구원에 대한 어떤 독점권도 주장할 수 없으며 또한 교회만이 유일한 구원의 방편과 영역이라는 배타적 교회관은 변화돼야 한다고 주장했다.[136] 이러한 주장은 다분히 제2차 바티칸공의회의 입장을 수용하는 것으로서, 보수신학을 표방하는 박아론으로서는 수용할 수 없었다. 그래서 그는 교회에 선행하는 하나님의 선교의 방편과 영역으로서 세상(타종교)을 인정하는 것은 인본주의라고 비판하면서, 신본주의으로의 회귀를 주장했다. 특히 신본주의적 시각에서 볼 때, 구원받는 이들이 적은 것은 하나님의 영광을 위한 섭리요, 구원은 기독교 신앙과 교회를 통해서만 가능하다는 것이다.[137]

박아론의 주장에 대해, 변선환은 하나님이 교회를 통해 세계에 당신의 말씀을 전하는 것은 사실이지만, 교회(선교사)가 전달하기 전에, 하나님은 이미 역사하시고, 타 종교인이나 무신론자를 통해서도 당신의 사랑과 진리를 증언하실 수 있다고 반박했다.[138] 그러자 박아론은 교회선교

135 *Ibid.*, 361.

136 변선환, "教會 밖에도 救援이 있다", 「월간목회」(1977. 7.), 72-73.

137 박아론, "教會(基督教)밖에는 救援이 없다", 「월간목회」(1977. 8.), 48-50.

138 변선환, "基督教 밖에도 救援이 있다", 「월간목회」(1977. 9.), 65-75. 특히 변선환은 논쟁을 진행하면서, 박아론이 교회라는 말보다 기독교라는 말로 바꿔야 한다고 요구하자, 논문 제목을 "교회 밖에도 구원이 있다."에서 "기독교 밖에도 구원이 있다"로 바꾸었다.

에 선행하는 세상 구원의 가능성을 일축하면서, 교회만이 구원의 매개자 역할을 할 수 있는 것은 기독교가 구원의 종교라는 사실과 직결되는 문제로서, 기독교의 몰락은 기독교 신앙이 말하는 하나님의 존재와 기독교의 정체성 상실을 가져온다고 지적했다.[139] 두 사람은 결국 구원과 교회의 관계를 서로 다른 시각에서 바라봤던 바, 양자의 구원관은 교회와 세상과의 관계를 규정하는 선교관의 차이에서 비롯된 것이었다. 교회가 유일한 구원의 방편이라면, 교회는 세상에 대해 전위적 위치에서, 세상을 구원으로 이끄는 주체가 되어야 한다. 반면 구원사에서 교회와 세상이 함께 구원의 방편일 수 있다면, 기독교 신앙에 대한 일방적·독단적인 전파지향의 선교개념에 대한 변화가 불가피하다.[140] 전자의 입장은 배타주의요, 후자는 포괄주의 내지, 종교다원주의이다. 두 사람은 처음부터 타협의 여지가 없었다. 신학 노선이 달랐기 때문이다. 변선환은 감리교신학자였고, 박아론은 장로교신학자였다. 교회와 세상 모두가 궁극적으로는 구원 대상이지만, 단계적으로는 차별성을 둘 수밖에 없다는 장로교의 박아론과 교회와 세상에 동등하게 작용하는 하나님의 구원 활동을 강조한 감리교의 변선환 사이의 논쟁은 일치점을 찾지 못한 채 종결됐다. 박아론에게는 성서가, 변선환에게는 종교다원적 사회에 대한 선교 신학이 바탕이었다. 그런데 논쟁에서 주요 화두였던 세상은 곧 타 종교를 의미한다는 점에서, 이 논쟁은 사실상 한국 신학계의 종교다원주의 논쟁의 효시로 볼 수 있다.[141]

종교 신학 논쟁의 둘째 단계는 1980년대 초의 감리교단 내부의 논쟁이었다. 첫 번째 논쟁이 외견상으로는 "교회 밖에도 구원이 가능한가?"

139 박아론, "基督教 밖에는 救援이 없다."「월간목회」(1977. 10.), 59-63.
140 주재용, 『한국 그리스도교사상사』, 364.
141 *Ibid.*, 368.

라는 주제로서 교회의 신앙과 학문적 자유가 대립되는 양상이었지만, 그 본질은 유일신 신앙에 바탕을 둔 보수적인 한국기독교가 다원화된 사회에서 어떻게 자기 정체성을 확립할 것인가에 대한 자기성찰의 시험 무대였다고 할 수 있지만, 두 번째 논쟁은 처음부터 성격이 달랐다. 즉 첫 번째 논쟁이 타 종교를 선교 대상이라는 시각에서 바라봤다면, 두 번째 논쟁은 타 종교를 대화상대로 봤다는 점에서, 패러다임이 바뀌었다. 또한 이 논쟁을 통해 신학의 입장도 과거 문화신학적 시각에서, 종교신학이라는 새로운 분야에 접근하게 되었다.[142] 논쟁의 발단은 첫 논쟁을 유발한 변선환이 「基督教思想」에 실은 "佛教와 基督教의 對話"라는 논문이었다.[143] 그는 기독교와 불교의 반목 상황을 전제하면서, 타 종교에 대한 배타적 태도는 반지성적이요, 광신적 이성의 일식(日蝕)으로 단언하면서, 타 종교에 대한 특정 종교(기독교)의 절대적 우위성을 부정하기에 이르렀다. 그에게는 기독교의 타 종교에 대해 선교보다, 대화가 중요했는데, 이는 특정 대상에 대한 신앙보다 종교의 핵심인 궁극적 관심과 신앙의 실천인 사랑에 초점을 맞추는 것을 참된 그리스도인의 삶으로 보았기 때문이다.[144] 그 뒤 그는 「基督教思想」에서 2회에 걸쳐, 그러한 자신의 신학적 입장을 밝혔다. 그것은 "동양 종교의 부흥과 토착화신학"이라는 논문이었다. 외견상 토착화신학에 대한 글이지만, 그것은 사실 라이문도 파니카(R. Panikkar)와 드 실바(L.A. de Silva) 등의 종교다원주의 신학 사상을 설명하면서, 자신의 주장을 확고히 하는 내용이었다.[145] 또한 변선환은 한국기독교100주년기념 신학자대회(1984. 10. 13.)

---

142 *Ibid.*, 373.

143 변선환, "佛教와 基督教의 對話", 「基督教思想」 제291호(1982, 9.), 153-179.

144 주재용, 『한국 그리스도교사상사』, 374.

145 변선환, "동양 종교의 부흥과 토착화신학 1, 2", 「基督教思想」 제300호(1983. 5.), 145-162; 제301호(1983. 6.), 131-147.

에서도 한국 교회의 교회 중심적이고 기독론 중심적인 태도를 비판하면서, 한국 교회는 최후의 신학적 난점인 기독론의 배타적 절대성에서 탈출시키는 지혜를 타 종교의 신학에서 배워야 한다고 말했다. 그에 따르면, 모든 종교와 이념은 우주적 계약과 관계되며, 기독교와 함께 하나님 나라의 실현을 지향하는 도상의 존재요, 길벗이기 때문에,[146] 서로 존중하는 가운데, 대화를 통해, 서로에게서 배워야 한다는 것이다. 그렇게 할 때, 교회는 익명의 그리스도인을 받아들일 수 있는 통로가 되며 또한 그들과 열린 태도로 대화에 임할 때, 하나님의 포괄적 구원의 경륜을 알게 된다는 얘기였다.

> 타 종교와 관계시켜서 신학을 논할 때, 가장 큰 문제는 타 종교를 악마시하거나 저주하는 종교적 제국주의(배타주의)를 넘어서야 하겠으나, 타 종교를 "복음에서의 준비"(praeparatio evangelica)라고 보며, 호교하고 변증하려는 성취설(fulfilment theory)도 지양해야 한다. 종교적 다원사회 속에서 그리스도교는 과거의 개종주의의 입장을 깨끗이 버리고 타 종교와 동등한 자리에서 대화하는 공명한 자세를 가져야 하기 때문이다.… 타 종교는 서구 신학의 관점에서 보게 되는 신학의 수단이 아니라, 오히려 목적이며, 신학의 객체가 아니라, 오히려 주체가 되므로 "타 종교와 신학"이 아니라, "他宗敎의 神學"이 새로운 주제가 된다. "비그리스도교 종교성과 비그리스도교 민중성을 통하여 말하지 않는 신학은 그리스도교 마이놀리티의 은밀한 사치이다."라고 볼 수밖에 없다.[147]

---

146 변선환, "他宗教와 神學", 「神學思想」 제47집(1984. 12.), 705, 714. 이 논문은 한국기독교 100주년기념 신학자대회(1984. 10. 13., 서울)에서 발표한 것을 그대로 수록한 것이다.

147 *Ibid.*, 695.

종교학의 아버지로 알려진 뮐러(Max Müller)는 지난 세기말 런던에서 "종교학은 인간이 시도하는 마지막 학문일지 모릅니다. 그러나 이것이 확립되면 세상의 모습이 달라질 것입니다."라고 호소하였다. 한국 신학자들이 만일 이 종교학자의 소리를 성실하게 받아들이면서, 한국의 종교성이라는 요단강과 한국의 고난과 쪼들린 가난이라는 골고다에서 십자가를 지고 죽을 각오만 갖는다면, 한국 교회에는 놀라운 기적이 일어날 것이다. 부활의 새 아침이 밝아오고야 말 것이다.[148]

변선환의 주장은 대담했고, 이에 대한 한국 교회(특히 감리교단)의 반응은 반대와 지지, 온건한 지지로 나타났다. 이는 각자의 신학적 입장에 따른 것이겠지만, 무엇보다 교회 신학의 불일치가 가장 큰 원인이었다. 즉 한국 교회적 현실이 한국이라는 종교다원적 사회에서 유·불·선 등의 타 종교를 동등하게 바라볼 수 있을 만큼 개방적이지 못했고, 특히 그런 신학을 수용할 만큼의 포용성도 없었으며,[149] 이것은 비단 감리교회뿐 아니라, 사실상 한국 교회 전체에 해당하는 문제였다. 특히 변선환의 주장에 대한 감리교 부흥단의 반응은 뜨거웠다. 그들은 변선환의 대화를 바탕으로 하는 종교 신학은 기독교의 유일성을 부정할 뿐 아니라, 결국 교회 밖의 구원 가능성을 말함으로써, 기독교 무용론을 뜻한다고 보고, 논문이 진술하는 구원에 대한 명확한 개념을 살필 겨를도 없이, "그리스도가 아닌 타 종교에도 구원이 있다는 신학적 입장은 용납될 수 없다"면서, 변선환의 감리교신학대학 교수직 해임을 요구했다.[150]

그런데 문제는 변선환의 주장만이 아니었다. 같은 감리교신학대학

---

148 *Ibid.*, 717.

149 주재용, 『한국 그리스도교사상사』, 374.

150 「교회연합신보」 (1982. 8. 29.).

에서 포스트모던 신학을 추구하던 홍정수 역시 감리교단 내에서 부활신앙 논쟁에 휩싸였다. 그는 교회가 서구 중심적 사고패턴에 젖어 있는 기존의 신학을 넘어, 사고의 중심을 다원화하여 각 민족과 나라의 상황에 맞는 신학을 추구할 것을 외쳤다.[151] 특히 그는 부활신앙에 대해, 서구 신학과는 다른 한국적 색채를 가져야 한다고 주장했다. 그에 따르면, 죽음의 극복과 육체의 부활을 믿는 것은 이교도적이며 무신론적 신앙이다. 왜냐하면 육체의 부활에 중점을 두는 신앙은 본말이 뒤바뀐 것으로 하나님이 아니라, 인간이 불로장생의 신앙 대상이 되기 때문이라는 것이다.[152] 그는 부활에 대해, 성서의 문자적 의미보다 부활신앙이 함의한 메시지를 오늘의 시점에서 재조명하자는 견지에서 육체의 부활로 귀결되는 기독교 신앙을 부정적으로 평가한 것이다. 곧 부활신앙은 기독교신앙의 핵심이지만, 그것의 본뜻은 하나님의 정의가 죽지 않고 분명하게 살아 있음을 소망하는 것이지, 결코 삶을 영속하려는 허황된 욕망이 아니라는 것이다.[153]

> 기독교는 그냥 믿고 전해주었을 뿐, 부활의 메시지를 알아들으려는 진지한 노력을 기울이지 않았다. 이러한 신학적 태만은 교회의 설교자들과 일반 신도들로 하여금 부활의 메시지를 제멋대로 상상하게 만들었다.[154]

홍정수의 주장에 이동주가 논쟁의 불꽃을 당겼다.[155] 그는 육체의

---

151 이러한 시각에서 그는 「神學과 世界」에 중요한 논문을 실었다. "기독교 종교 신학의 비판적 연구",제13호(1986. 11. 가을), 259-305; "세계신학의 개념과 과제", 제19호(1989. 12. 가을), 139-165.

152 홍정수, "부활의 메시지를 다시 조명한다." 「크리스찬신문」(1991. 3. 30.).

153 주재용, 『한국 그리스도교사상사』, 382-383.

154 홍정수, "부활의 메시지를 다시 조명한다." 「크리스찬신문」(1991. 3. 30.).

155 이동주, "홍정수 교수의 부활신학에 대한 성서적 비판", 「크리스찬신문」(1991. 6. 1.).

부활 대신 몸의 부활이란 용어를 사용하면서, 부활체인 영적 몸의 부활은 그리스도로 말미암아 용서받은 사람들이 하나님으로부터 받게 될 새로운 몸이라고 논박했다. 또한 그는 예수 그리스도의 부활 사건은 하나의 이념적 사건이 아니라, 빈 무덤 사건이며, 그것은 곧 성서의 기록대로 죽음을 이기신 육체적 부활 사건이요, 기독교 신앙의 핵심 내용이고, 따라서 부활 신앙은 성육신 또는 창조신앙과 더불어 인간 영역을 초월하는 하나님의 영역에 속함 주장했다.[156] 두 사람의 논점은 사실상 부활관의 대립을 넘어, 진보-보수신학의 갈등 구조에서 본질이 명확히 드러난다. 홍정수는 예수의 죽음과 부활 그리고 그 사건의 해방적 전통을 현대 시각에서 조명했고, 이동주는 하나님의 아들 예수 그리스도의 대속적 죽음과 부활을 전통교리적 시각에서 접근했다.[157]

그런데 사실 홍정수는 자신의 신학이 "전통을 계승하는 신학", "전통을 실천하는 신학" 그리고 "전통 비판의 신학"의 패러다임 안에 있으며, 성서와 교회의 신학적 전통을 중요시하고 있음을 분명히 했다는 점에서, 개혁신학적 전통에서 멀지 않았다. 다만 "한국 문화(고전, 현대)에 대한 최소한의 탐구가 없이는 예수를 오늘의 한국인에게 적절히, 이해될 수 있도록 표현하기가 어렵다"는 측면에서, "한국 교회는 아직 예수 전통을 충분히 계승하지 못한다"고 보았고, 부활에 대한 신학적 해석도 그런 시각에서, 다소 과격한 주장을 펼친 것이다.[158] 그 역시 변선환만큼이나 대담한 주장을 펼쳤다.

예수와 기독교의 절대성은 언제나 재확인될 수 있는 것이어야 한다. 겁이

---

156 주재용, 『한국 그리스도교사상사』, 382.

157 *Ibid.*, 384-385.

158 홍정수, "오늘, 한국에서 神學한다는 것", 「基督教思想」 제321호(1985. 3.), 195.

나서 타 종교나 다른 (과)학의 소리에 미리 귀 막아 버리는 것은 "돈독한" 신앙이 아니라, 가장 겁 많고 가장 나약한 맹신의 폭로이다. 진정 진리에 접한 자라면, 자기를 개방하는 데 무엇을 꺼리랴. 이런 뜻에서 이 같은 비판의 신학은 그 운동 방향에 있어서 "밖으로부터의" 신학이 될 수도 있다.[159]

그 뒤에도 두 사람은 설전을 주고받았지만, 다양성과 포괄성을 기반으로 하는 현대신학적 경향을 이해하고 수용하려는 홍정수와 보수적인 신앙을 바탕으로 신앙 고백적이고 교리적인 시각에서 접근하려는 이동주의 논쟁은 사실상 무의미한 공회전이었다.[160] 그런데 문제는 교권을 쥐고 있던 감리교회의 태도였다. 그들은 앞서 소개한 변선환과 홍정수의 신학적 입장을 거부했고, 이른바 교리수호대책위원회(대표 김홍도 목사, 유상렬 장로)의 고소로 1992년 3월 23일 감리교 서울연회에서 배타주의 선교 지양과 부활의 의미 재해석 등을 주장하는 변선환과 홍정수에 대한 제1차 재판을 열었다(재판장 고재영 목사). 그리고 4월 22일 2차 공판에서, 소위 한국판 종교재판을 통해 두 사람에게 감리교회법상 최고형인 출교를 선고했다. 그들은 종교다원주의와 포스트모던 신학을 주장했다는 이유로 중세의 파문에 해당하는 중벌을 받은 것이다. 그 후 재판위원회는 5월 7일 서울 금란교회에서 두 사람에 대한 선고재판을 열고, 출교를 확정했다. 재판위원회는 판결문에서 변선환에게는 "피고는 예수가 마리아의 아들임을 부정했을 뿐만 아니라, 다른 종교에도 구원이 있다는 종교다원주의를 주장, 기독교 신앙 본질을 부인했다"고 밝혔으며, 홍정수에게는 "무신론적 입장에서 예수의 육체적 부활을 부정하는 등 이단

---

159 *Ibid.*, 198.

160 홍정수, "이동주 교수의 비판에 답함", 「크리스찬신문」(1991. 6. 8.); 이동주, "홍정수 교수의 신학에 답함", 「크리스찬신문」(1991. 6. 15.).

적 주장을 해온 것을 묵과할 수 없다"고 밝혔다.

그러나 사실상 두 사람은 종교다원주의(Religious pluralism) 자체를 주창한 것이 아니라, 한국이라는 종교다원적 상황에서 신학을 어떻게 수립할 것인가에 대한 고뇌를 바탕으로 종교다원적 신학(Theology of Pluralistic Religions)을 주장하는 이들의 이론을 빌어, 설명한 것이었다. 그렇지만 교권주의자들은 그들을 종교다원주의자로 몰아, 강제진압을 했다. 그러나 변선환은 최후진술을 통해 "에큐메니컬 운동을 정죄하는 등, 흑백논리만이 횡행하는 감리교의 현실이 안타깝다"고 전제한 뒤, "기독교는 더 이상 정복자의 종교가 아니며, 전체 인류의 구원을 위해 종교 간 장벽을 허물어야 한다"면서. "종교적 다원주의는 감리교의 세계적 추세."라고 역설했다.[161] 물론 이 사태에 대해서는 두 사람의 책임도 없지는 않다. 객관적으로 볼 때, 두 사람은 너무 성급하게 종교다원적 종교 신학을 들고나옴으로써, 스스로 종교다원주의자라는 오해를 받았다. 사실을 따져보면, 그들의 주장은 종교다원주의(Religious pluralism) 혹은 종교다원주의 신학(Theology of Religious pluralism)이라기보다는 한국이라는 종교다원적 현실에 대한, 선교적 맥락에서 접근한 종교다원적 신학으로써 종교 신학(Religious Theology as theology of Pluralistic Religions)이라고 보는 것이 보다 적절할 것이다.

왜냐하면 비록 그들의 주장들은 대담했지만, 그들의 실제적 신학 배경은 여전히 기독론적 바탕에 근거하고 있는 것으로 보이기 때문이다. 따라서 굳이 그들의 신학적 경향에 대해 평가한다면, 칼 라너 정도의 포괄주의자라고 보는 것이 무난할 것으로 보인다. 이과 관련하여 일찍이 김재준은 "우리나라에 온 초대 선교사들은 한국인과 한국 문화 속에 무

161 https://blog.naver.com/PostView.nhn?blogId=jcy0109&logNo=110022497376 (2020. 3. 12.)

엇이 있었다고 해도 일고의 가치도 없는 악의 소산이라 하며 일망타진을 기도했다. 우리는 타 종교가 악마의 소산이라고 생각하기보다 자유하시는 성령의 역사에 의한 말씀이라고 보는 것이 더 타당하다고 생각한다"면서 이미 종교다원적 한국적 현실에서 신학이 나아가야 할 방향을 제시했다.[162] 당시만 해도 가히 혁명적인 그의 주장은 이후 종교 간의 대화 혹은 토착화신학 논의에 크게 기여했다고 볼 수 있고, 유동식, 윤성범 등 일련의 신학자들의 노력 역시 서구 신학적 사고를 넘어, 종교다원적 상황에서의 신학 수립 문제에 큰 자취를 남겼다고 할 수 있다.

3) 종교 신학의 새로운 전망

종교다원주의적 종교 신학 문제로 인해, 한국 교회는 감리교회를 중심으로 한바탕 큰 홍역을 치렀지만, 현실적으로 한국 사회 자체가 종교다원적 사회임을 부정할 수는 없다. 게다가 오늘날 세계신학계의 흐름은 타 종교와의 대화에 관심이 적지 않은 경향이다. 하지만 1980년대의 한국 교회는 교리주의 울타리 안에 머물고 있었다. 이 상황에서 김경재에 의해 종교 신학 문제가 또다시 제기되었다. 사실 그는 감리교단의 종교 신학 갈등 이전부터 이미 종교 신학적 글을 수차례 발표했지만, 아직까지는 외연에 머물고 있었다.[163] 그러다 감리교 사태를 접하면서, 「基督教思想」에 "종교다원론에 대한 교계의 열병을 보며: 종교다원론과 그리

---

162 김재준, "비기독교적 종교에 대한 이해", 「基督教思想」 제92호(1965. 11.), 34.

163 김경재, "韓國文化史의 側面에서 본 窮極的 關心의 性格과 韓國神學의 課題", 「神學思想」 제4집(1974. 3.), 191-226; "韓國教會의 神學思想", 「神學思想」 제44집(1984. 3.), 5-34; "종교적 상징의 본질과 기능", 「基督教思想」 제335호(1986. 11.), 194-216; "한국인의 심성과 기독교 영성", 「基督教思想」 제352호(1988. 4.), 63-72; "종교다원론에 있어서 해석학의 의미", 「現代와 神學」 제21집(1989. 5.), 87-113 등이 그것이다.

스도 고백"이라는 신학수상(神學隨想)을 투고했다.[164] 그는 여기서 당시 감리교회의 상황을 한국기독교의 열병으로 보면서, 도덕경과 틸리히의 사상을 생각하는 가운데, 다음과 같은 이야기를 펼쳐냈다.

> "이름 붙일 수 있는 이름, 규정할 수 있는 그것은 참 이름이 아니다(名可名非常名)"라 한 옛글이 크리스천인 나를 고발하고 있었다. … 도대체 오직 천상천하에 한 분뿐인 유일무이하신 하나님께서 어찌 이름을 필요로 하고 있는 것일까? 그리고 그 하나님을 어느 특정 종교, 경전, 문화, 신학, 백성이 독점할 수 있을까? 하늘을 독점할 수 없듯이, … 하나님이 특정 백성과 종교공동체를 당신의 목적 때문에 임의로 선택 경륜하실 수는 있어도, 특정 민족, 국가, 왕조, 성전 따위 등 거기에 갇혀 포로처럼 공동운명적 존재가 될 수 없다는 신념이 내 맘에서 사라진 적이 없다. 또 그것이 참 예언자들의 우상경고, 우상파괴의 투쟁 정신이라고 이해하게 되었다.[165]
>
> 아직도 마치 구약 백성들의 야훼(여호와) 하나님과 우리 조상들의 하나님이 전혀 종류가 다른 신이라고 믿고 가르치고 기도하는 그런 신학적 입장을 나는 따라갈 수 없다. 하나님은 인간들의 문화 · 역사적 한정(환경?) 때문에 여러 이름, 여러 개의 신의 호를 가질 수 있으나, 하나님이라고 할 만한 분은 오직 한 분일 뿐이다. 여럿 있는 것은 하나님이 아니다. … 종교다원론 논의에서 가장 심각한 오해와 염려 중 하나는 결국 종교다원론은 성서의 하나님을 저버리는 배교(背教)이며, 성경 예언자들이 그렇게 철저히 경계했던 종교혼합주의(Syncretism)에 빠진다는 비판이다. 나

---

164 김경재, "종교다원론에 대한 교계의 열병을 보며: 종교다원론과 그리스도 고백", 「基督教思想」 제397호(1992. 1.), 181-187.

165 *Ibid.*, 182-183.

의 생각은 그렇지 않다는 신념이다. 종교다원론은 19세기 소위 종교사학파 학자들의 역사상대주의나 자유주의 신학자들의 학자들의 무책임한 종교혼합주의와는 전혀 다른 것이다. … 종교다원론은 기독교는 기독교로서, 불교는 불교로서 그 독특한 창조적이고 생산적인 특성을 드러내고, 유지할 것을 강조하지, 소위 개성을 상실한 종교혼합을 엄금 경계한다.[166]

곧 그에 따르면, 하나님의 초월성은 인간의 한계를 벗어나 존재하시는 그분의 특성이며, 또 인간의 다양한 종교·문화적 상황으로 인해, 하나님을 여러 형태를 인식할 수 있다는 것이다. 따라서 우리 민족사를 주관한 궁극적 존재도 존재 자체를 초월하시는 하나님일 수 있다는 것이다. 이러한 측면에서 종교다원론은 혼합주의가 아니며, 오히려 종교 각자의 신앙의 절대성을 유지하면서도, 열린 마음으로 대화하는 가운데 더욱 풍성한 신학적 결실을 거둘 수 있다는 것이다.[167] 이러한 김경재의 주장에 대해 김중은이 한국 종교다원주의 신학은 "적그리스도의 이단사상"이요, "기독교 신앙의 타락과 위선을 고발하는 변형된 사신신학"이라면서, 출발 자체부터가 잘못됐다고 논박함으로써, 논쟁이 다시 시작되었다.[168] 그는 이렇게 말했다.

김경재는 현재 한국 교회가 종교다원론 때문에 열병을 앓고 있으며, 이 병을 앓고 나면, 오히려 한국 교회와 신학계의 성숙의 계기가 되기를 바란다고 희망사항을 피력하였으나, 이상에서 고찰한 종교다원주의에 대한

166 *Ibid.*, 183-185.
167 주재용, 『한국 그리스도교사상사』, 397.
168 김중은, "종교다원주의에 대한 오해와 이해", 「基督教思想」 제401호(1992. 5.), 137, 139.

관점에 비추어볼 때, 필자는 아무래도 종교포용주의와 구별되는 종교다원주의는 우리 모두의 성숙의 계기를 마련해 줄 수 있는 '열병'이 아니라, 오히려 원치 않는 고통과 성처와 불행과 혼란을 가져다줄 수 있는 '염병'이라고 생각된다.[169]

김중은의 신랄한 비판에 대해, 김경재는 종교다원주의에 대한 김중은의 몰이해를 지적하면서, 분명한 논지도 없이, 상대방에 대한 감정적이고 독단적인 비판이라고 반발했다. 그는 우선 용어 자체를 종교다원주의에서 종교다원론으로 바꾸면서, 종교다원론은 "종교다원현상의 문화적 상황 속에서 기독교 신학이 다원적인 종교 현실들을 신학적으로 이해하고 그 의미를 말해보려는 신학적 이론"이라고 정의한 다음,[170] 종교다원론에 대한 자신의 견해를 피력하면서 김중은에 대한 격한 반론을 제기하였다. 그는 다음과 같이 종교다원론을 설명하였다.

김중은 교수를 포함하여 많은 사람이 종교다원론을 종교적 혼합주의로 빠지는 위험한 이론이라고 오해하고 있다. 그리하여 기독교 신앙의 고유성과 복음의 자기정체성을 상실하고 모든 종교를 동일화시켜 버리는 천박한 의미에서의 기독교 신앙의 상대화라고 오해하고 있다. … 종교다원론은 결코 종교혼합주의가 아니다. 도리어 종교혼합주의를 가장 경계하고 비판적으로 경고하는 이론이다. 종교다원론은 모든 종교는 본질적으로 모두 같다는 그러한 추상적이고 관념적인 일반론을 말하려는 주장이 아니며, 모든 종교의 가장 좋은 요소들을 비빔밥처럼 혼합시켜 인류 미래에 보다 완전한 하나의 종교를 형성하자는 종교혼합론도 아니다. 도리어

169 *Ibid.*, 139-140.

170 김경재, "종교다원론의 참 뜻을 밝힌다",「基督教思想」 제403호(1992. 7.), 154.

기독교를 비롯한 참다운 역사적 종교들이 지닌 고유성과 각 종교체험이 지니는 절대적 궁극성을 진지하게 보존하며 지켜나가야 한다는 주장이다. 그러므로 종교다원론을 주장한다고 해서 기독교 신앙이 고백하는 구원체험의 궁극적 성격, 절대신앙적 고백을 포기하라거나 약화시키라는 것이 아니다. 모든 진지하고 진정한 종교체험들은 틸리히가 잘 말했듯이 "궁극적 관심에 의해 붙들린 존재의 상태"이므로, 궁극적, 절대적, 배타적 고백의 속성을 지니게 된다는 것이다. 다만 나의 신앙만이 그러한 속성을 갖추고 있다고 배타적 독선에 빠져서는 안 된다는 것이다.[171]

김경재의 설명은 종교다원적 종교 신학이 왜 한국 교회에서 문제가 되는가를 잘 보여준다. 그것은 기독교 구원패러다임과 타 종교와 사상에 대한 기독교의 우월감 그리고 성서해석학 등의 문제이다. 사실 종교다원적 종교 신학은 정통 기독교의 구원패러다임을 전적으로 부정하기보다 근본적으로 그것을 전제하면서, 타 종교의 구원패러다임과 대화하는 가운데, 기독교 자신만의 독단적이고 편협한 신앙적 패러다임에서의 해방을 추구하며, 그동안 서구 일변도의 신학에 대한 탈서구화를 꾀하는 가운데, 한민족의 종교·문화적 모체에서 솟구치는 신학을 정립하려는 방향, 곧 자기 이데올로기에 갇혀버린 게토(*Ghetto*)화된 한국 교회의 신학적 독단주의와 편협주의에서 벗어나 진정으로 한민족을 위한 신학을 수립하자는 외침이다.[172]

---

171 *Ibid.*, 155-156.

172 그 후에도 김경재는 "한국 사회의 종교적 갈등과 관용."이라는 글을 통해, 한국 교회가 더 이상의 갈등과 반목을 지양하고, 종교적 관용을 통해 고등종교로서 특성과 품위를 지킬 것을 촉구하면서, 한국 교회의 반성을 외쳤다(「基督教思想」 제436호, 1995. 4., 44-53). 최종식도 김중은의 반론에 대해 자기 입장을 밝히면서, 종교다원적 주장에 대한 한국 교회의 독선적인 태도를 지적하였다("외제신학과 신학의 국산화", 「基督教思想」 제402호, 1996. 2., 139-143). 그뿐 아니라, 오강

김경재의 종교다원론은 그 후 또 다른 논쟁을 가져왔다. 그가 2000년 2월 한 목회자세미나에서 "사도 바울이 아테네 아레오바고에서 알지 못하는 신을 섬기는 아테네인의 종교성과 지적 정직성을 존중하듯이, 기독교도 아시아의 고등종교를 존중, 이를 창조적으로 융합한 복음의 재해석을 이루자"고 강연한 것이 「기장총회보」에 실리자, 강동선(기장, 상수교회 목사)이 정면으로 반박하고 나선 것이다. 김경재는 그 글에서 "지난 세기 서구 신학자들이 취했던 이교 문화와 종교에 대한 정복론적, 배타주의적 선교 신학은 21세기 한국과 아시아에서 더 이상 통용되지 않는다"면서, "새천년엔 기독교가 지구촌 안에서 함께 숨 쉬고 있는 고등종교들과 진지한 대화를 통해, 그 본질을 더욱 뚜렷하게 하고, 알렉산드리아적, 바티칸적 기독교와 다른, 동아시아의 위대한 영성과 창조적 지평 융합을 이룬 복음의 재해석을 이뤄내야 한다"고 말한 것이다. 강동선은 이에 대해 "우리 교단 김경재 교수가 다원주의적 입장을 가지고 불교를 포용할 것 등을 주장하는데, 단순한 개인이 아니고 교단의 목사후보생을 가르치는 교수요, 그리스도를 증거하는 목사의 신분으로 하는 말이기 때문에 그 중요성을 간과할 수 없다"면서, "하나님의 경륜과 성령의 역사하심이 아시아의 고등종교 안에서도 현재하셨음을 믿는다는 것도 성경적 신앙에 대한 도전이라"고 반박하였다.[173]

요컨대 한국 교회가 종교재판을 통해, 이색 주장을 펴는 신학자들을 파문하고, 타 종교와의 대화의 문을 닫아버리는 것은 지나친 배타성 때문이라 할 수 있다. 배타주의(Exclusivism)는 기독교만이 유일한 구원종

남도 폴 니터(P. F. Nieter)의 글 "기독교 신학은 대화신학이어야만 한다."를 번역, 게재하면서, 한국 교회로 하여금 세계신학의 흐름에 동참할 것을 촉구하였다(「基督教思想」 제428호, 1994. 8., 88-105).

173 https://blog.naver.com/PostView.nhn?blogId=jcy0109&logNo=110022497376 (2020. 3. 12.).

교이기에 타 종교는 인정하지 않는다. 이러한 배타주의는 기독교의 자기 정체성 유지에는 도움이 되겠지만, 사실 선교 정책에는 문제의 소지가 있다. 로마가톨릭교회는 1965년 제2차 바티칸공의회에서 비그리스도교에 관한 선언을 발표하면서 배타주의와 종교다원주의(Religious Pluralism)의 중간지대인 포괄주의(Inclusivism)로 전환했다. 칼 라너(K. Rahner)의 익명의 그리스도인에 대한 언설도 이와 무관하지 않다. 종교다원주의는 다양하지만, 대체로 신학의 중심을 기독론에서 신론으로 전환함으로써, 타 종교와의 대결을 넘어 대화를 지향한다. 존 힉(J. Hick)에 따르면, 종교다원주의는 자아 중심에서 실재 중심으로의 인간존재 변혁이 다양한 종교 전통 안에서 여러 방식으로 일어나고 있음을 인정한다. 인간은 그처럼 다양한 종교 전통 안에서 구원, 해방, 완성을 발견할 수 있다는 것이다. 바로 이 문제 때문에 한국 교회가 종교다원주의에 대해 민감한 반응을 보이는 것이다.

사실 우리는 한국 사회가 종교다원적 현실임을 부정할 수는 없다. 그러기에 한국 교회는 선교적 차원에서도 타 종교와의 대화가 불가피하다.[174] 더욱이 변선환을 시작으로 홍정수와 김경재에 이르기까지 이른바 종교다원주의를 말하지만, 그들의 주장을 엄밀하게 따져보면, 스미스(W.C. Smith), 존 힉(J. Hick), 폴 니터(P. Nieter), 파니카(R. Panikkar) 등이 주장하는 종교다원주의 신학에 부합되기보다는, 김중은의 지적대로, 포괄주의의 언저리를 맴도는 것으로 보인다. 왜냐하면 그들의 주장들은 은연중에 기독론 중심적 경향을 견지하기 때문이다. 따라서 그들이 스스로를 종교다원주의자로 자처할지라도, 그들의 신학 자체가 여전히 기독론에 뿌리를 두고 있음을 부인할 수 없다는 점에서, 그들은 여전히 포괄

174 물론 이 대화는 종교 간의 대화(Inter-religious dialogue)가 아닌, 종교내적 대화(intra-religious dialogue)를 지향해야 한다.

주의의 범주에 머문다고 할 것이다. 사실 한국 교회는 종교다원적 현실에서 존재한다는 점에서, 그들의 주장처럼 타 종교에 대해, 보다 진지하게 접근하는 태도는 선교적 차원에서도 의미가 있다. 더욱이 세계기독교의 흐름(심지어 로마가톨릭까지도)이 포괄주의 범주에 서 있음을 볼 때, 한국 교회도 그런 정도의 시각까지도 포용할 수 있을 정도로 신학적 폭을 넉넉하게 확장할 필요가 있다.

그리고 그런 측면에서 한국 교회는 종교다원주의(Religious pluralism)에 바탕을 둔, 종교다원주의 신학(Theology of Religious pluralism)이 아니라, 한국 사회의 종교다원적인 상황(Context of plural Religions)에 기인하여, 종교다원적 신학으로써 종교 신학(Religious Theology as theology of Pluralistic Religions), 곧 종교다원적 신학(Theology of Pluralistic Religions)에 대해 마음을 열어야 할 것으로 보인다. 전자는 말 그대로 기독교에 대한 상대주의를 표방하면서, 신중심주의, 탈 그리스도주의를 지향하는 가운데, 기독교의 모든 가치에 대한 해체를 지향한다. 만약 그리된다면, 그것은 하나의 종교철학일 수는 있겠으나, 기독교 신학이라고 부를 수 있을지가 의문이다. 그렇지만 후자는 기독교의 자기 정체성을 기반으로 타 종교에 대한 이해의 시각에서 그들과의 대화를 통해, 자신에 대한 확장과 변화와 성숙을 추구하는 선교신학적 입장인바, 일종의 성취론 내지, 포괄주의(Inclucivism) 범주에 속한다고 할 것이다. 그리하여 한국 교회와 신학은 타 종교의 사상과 전례들을 진지하게 연구하고, 자신의 실존 안에서 그들과의 만남이 필요하다. 이러한 태도는 종교다원적 상황인 한국 사회에서, 한국인의 심성을 보다 깊이 이해하고, 한국의 종교·문화적 영성을 바탕으로 기독교 복음에 대한 한국적인 이해를 추구할 수 있는 계기가 될 수 있다. 게다가 이러한 견지에서, 이미 한국 교회의 많은 신앙의 선배들과 신학적 선각자들이 활동해 온 것이 사실이다. 물론 그들의 신학적 입장이 다양하고, 신학적 성숙도가 현대 신학적 견지에서의 종교다원적 신학에는 불충분했을지라도, 그들은 분명히 한국기독교 150여 년 역사에서 한국 교회를 살아 있게 만든 선구자들이다. 다만 이른바 종교다원주의 신학 논쟁은 종교다원주의 신학과 종교다원적 신학에 대한 이해가 불충분하였기에 생겨난 열병이었고, 한국 교회가 여기에 대한 보다 진지한 검토도 없이, 성급하게 행동에 옮긴 것이 문제였다.

III. 요약과 정리

한국 개신교회 150여 년의 역사는 서구의 기독교 역사와 견줄 때는 지극히 짧은 기간이지만, 그 과정은 실로 파란만장한 일들이 점철되어 있다. 특히 신학적으로는 초창기부터 보수적인 근본주의를 비롯하여, 사회 참여적인 진보신학, 종교문화적 자유주의라는 중요한 전통이 세워졌고, 이러한 전통들은 1950년대의 장로교 내에서 이른바 성서의 축자영감설 문제를 중심으로 일어났던 자유주의신학 논쟁을 시작으로, 1960년대의 토착화신학 논쟁, 1970년대의 민중신학 논쟁, 1980년대의 종교 신학 논쟁이라는 엄청난 신학적 파고를 일으키면서, 한국 신학의 여러 장르를 형성하기에 이르렀다.[1] 이러한 여러 신학적 패러다임들은 각 시대의 한국 사회의 정치·사회·문화적 상황들과 밀접하게 연결되어 있고, 더구나 각 시대마다 한국 교회의 실존적 상황을 그대로 반영하고 있다고 할 것이다.

그렇지만 이러한 논쟁들의 이면에는 지나치게 보수적인 성향을 견지하려는 한국 교회의 신앙의 현실이라는 강력한 장벽의 실존을 말하지 않을 수 없다. 다시 말해서 보수적인 한국 교회의 신앙적 특성이 개방적이고 자유로운 학문의 길을 추구하려는 신학의 길을 가로막는 과정에서 치열한 신학 논쟁들이 발생하였다는 것이다. 물론 기독교는 예수 그리스도의 십자가와 부활을 그 절대적·핵심적 메시지를 구원의 복음으로 증언하는 기독론 중심의 공동체임에는 분명하지만, 선교지와 선교 대상의 종교·문화적 현상에 대한 폭넓은 이해의 바탕에서 복음을 전하고,

1 여기서는 장로교 내의 자유주의신학 논쟁에 대해서는 언급하지 않았다. 그것은 박형룡 계열과 김재준 계열 간의 성서무오설 내지, 성서영감설 문제에 대한 논쟁으로서, 한국 신학이라는 전체적인 장르에서 언급하기에는 그 의의가 다소 불충분하기 때문이다.

신학적인 작업이 필요하다는 측면에서, 다양한 사회·종교·문화적 상황과의 만남은 필수적이고, 그 맥락에서 다양한 신학적 논의가 이뤄질 가능성이 있다는 것이다. 그러자면 무조건 흑백 논리적 차원에서의 논쟁을 위한 논쟁이 아니라, 서로 다른 시각에서 접근하는 신학적 입장들에 대해, 보다 성숙한 대화의 길을 찾을 필요가 있을 것이다.

따라서 한국 교회의 다양한 신학적 탐구에 대한 여정은 여기서 멈춰서는 안 된다. 한국 교회는 제4차 산업혁명시대를 맞이한 오늘의 시대적 맥락에서, 하나님의 말씀인 성서를 다시 읽으면서, 이 시대를 향한 하나님의 말씀을 재경청하고, 이 시대인들의 영적·정신적인 갈증을 해소해 줄 수 있는 신학을 새롭게 제시할 책임이 있다. 그렇지만 분명히 할 것은 기독교 신학은 언제나 자신의 기반을 하나님의 말씀인 성서(Text)에 두고 있어야 하고, 하나님의 자기 계시인 예수 그리스도의 복음을 통해 검증을 받아야 하며, 자신을 돌아볼 수 있어야 한다는 점이다. 이것은 곧 신학이란 그 시대 사회·문화적 상황에 응답하는 현장성 내지, 다양성을 가지고 있어야 하지만, 근본적으로는 기독교 신학 자체를 살아 있게 만드는 항구성과 보편성을 언제나 견지하고 있어야 한다는 것이다. 그리고 그 신학적 보편성의 중심에는 언제나 하나님의 자기 계시로서 예수 그리스도의 복음이 살아 있어야 한다. 그런 의미에서 신학은 언제나 하나님의 말씀으로서 Text와 그 시대의 사회·문화적 Context와의 부단한 대화로서 성격을 지니고 있어야 할 것이다.

2장

윤성범과 성(誠)의 신학

토착화신학 제1 세대인 해천(海天) 윤성범(尹聖範)은 신유학 인성론의 주요 개념인 성(誠)을 신학과 유학의 대화를 위한 근본 메타포(the Root Metaphor) 혹은 핵심 매체(the Core Metaphor)로 삼아 성(誠)의 해석학을 전개했고, 급기야 유교적 기독교 곧 유교식의 효(孝)의 윤리가 오늘의 사회·문화 전체를 총괄하게 되는 유교적 기독교 문화창달론을 펼쳤다. 이러한 해천의 성의 해석학은 한국 사회라는 유교 문화권에서 새로운 기독교적 실존의 가능성을 타진한 주체적 한국 신학을 향한 부단한 몸부림이었다. 성의 신학 곧 한국적 신학의 백미는 한국 문화의 조화미로서, 한국 문화의 아름다움은 천인합일의 멋, 곧 초월의 역설적 내재로서 성의 문화에 있으며, 이것은 심미적 영역을 넘어, 한민족의 사상적 아포리아(*aporia*: 난제)를 헤쳐나가는 계기가 될 수 있지만,[1] 내용으로는 한국 문화적 선험성과 기독교 복음의 선험성을 확연히 구분하는 동시에 또한 양자를 함께 인정함에서 형식상으로는 신·인협동설을 주장하는 혼합주의로 오해되기도 했다. 요컨대 그의 신학은 복음과 문화 사이의 단(斷), 곧 이질성보다는 양자 사이의 접(接), 즉 친근성에 치중함으로써 한국인이 알 수 있고, 한국인에게 친근한 신학 수립이라는 단초를 함의한다.

1 박종천, 『相生의 神學』, 39; "A Paradigm Change in Korean Indigenization Theology", *KJST*, vol. 2, 30.

I. 윤성범의 생애와 사상적 발전

1. 윤성범의 생애

한 사람의 사상은 진공상태에서 도출되지 않는다. 이것은 신학에서도 마찬가지이다. 특히 기독교 신학은 신학자 개인의 실존적 신앙과 삶의 문제와 깊은 연관이 있다. 그러므로 한 신학자의 사상탐구에는 그의 생애에 대한 이해가 전제될 수밖에 없다. 이에 우리는 윤성범의 사상에 대한 이해를 시작하기 전에, 그의 생애(Biography)를 들여다볼 필요가 있다.

1) 출생과 성장

윤성범은 1916년 1월 13일 강원도 울진(현 경상북도)에서 감리교 목사였던 윤태현(尹兌鉉) 씨와 장영규(長永圭) 여사의 장남으로 태어났다. 그의 가정은 3대째의 경건한 기독교 가정이었다. 그는 동양철학자 석천(昔泉) 오종식(吳宗植) 선생이 지어준 아호 해천(海天, 이전에는 白馬)처럼 관동팔경의 산고수려(山高秀麗)한 자연을 만끽하며 자라나지만,[1] 부친의 잦은 목회지 이동으로, 삼척, 강릉, 횡성, 수원, 공주, 영변, 평양 등지로 자주 이사를 했고, 학교 역시 전학이 잦았다. 초등학교는 횡성에서 4학년까지를 다녔고, 졸업은 경기도 수원지방의 남양초등학교에서 했다. 중학교는 공주 영명학교에 입학했으나, 겨우 한 학기를 마치고 부친을 따라, 평북 영변 숭덕학교로 옮겨, 3년을 마친 뒤, 다시 평양 광성

---

1 해천의 삼녀인 윤남옥은 아버지의 고향에 대한 느낌을 정감있게 그려냈다(윤남옥, 『윤성범의 삶과 신학』, 서울: 한들출판사, 2019., 19-21).

고등보통학교로 전학, 남은 과정을 마쳤다.[2] 특히 광성고보에서의 생활은 그에게 중요한 생의 전환점이 되었는데, 거기서 신학자의 길을 지망하게 된 것이다. 광성고보의 졸업반이던 1934년, 학교는 당시 감리교신학교 정경옥 교수를 초청하여, 한 주간 신앙강좌를 열었는데, 이때 그의 해박한 신학지식에 바탕을 둔 강연에 감명받아서, 자신도 정경옥 교수처럼 신학자가 되기로 결심한 것이다.

그러나 졸업을 두 달 앞둔 그에게, 결핵성 심장병이라는 큰 시련이 닥쳤다. 그는 잠시 꿈을 접고 해주 요양원에서 10개월간 요양했고, 그 후 2년간의 장기 치료를 더 받았다. 하지만 약 3년간의 투병 생활은 부모님을 비롯하여 교우들의 지극한 사랑과 하나님의 치유를 경험한 계기가 되었다. 그는 후일 "부모님의 간절한 정성과 교인들의 지극한 기도에 힘입어, 하나님의 능력으로 나았다"고 술회할 정도였다.[3] 게다가 결과적으로 그 고난의 시간은 무의미하지 않았다. 비록 면학의 길은 잠시 지연됐으나, 하나님의 은혜를 체험한 신앙적 사건 외에 많은 독서와 어학훈련을 통해, 장차의 길을 준비하는 계기가 되었다. 그는 병석에 누워서도 논리학, 철학 등의 책을 독파했고, 특히 칸트의 『순수이성비판』을 읽었는데, 이것은 후일 한국적 신학을 위한 하나의 토대가 되기도 했다. 게다가 1937년 4월부터 6개월간 원산 송도원에서의 요양 중에, 영어와 독일어를 공부하게 된 것은 앞날을 위해 매우 중요한 일이었다. 당시 그는 송도해수욕장 근처의 한준명 목사 집에서 지내면서, 오전에는 주로 어학공부와 독서를 했고, 오후에는 해수욕장에서 시간을 보냈는데, 우연히 원산 덕천의 베네딕트 수도원을 방문하게 되었고, 거기서 만난 수도사들을 통해, 독일어 공부에 많은 진전을 보게 된 것이다.[4]

---

2 윤성범, "나의 생애와 신학", 「크리스찬신문」(1976년 7월 3일자), 2면.
3 *Ibid.*

해천의 성장 과정은 그가 평생 추구해온 신학적 분위기를 짐작할 수 있게 한다. 우선 3대 신앙 가정이라는 경건한 분위기에서 형성된 신앙적 열정과 광성고보에서 경험한 정경옥 교수의 신학적 감화 그리고 질병에서의 치유를 통한 신앙체험 등에서, 그의 한국적 신학의 신앙적·선교적 동기를 발견할 수 있다.[5] 특히 그는 투병 생활에서 깨달은 부모님의 사랑에 대해 말한 적이 있는데,[6] 부모님의 은혜를 항상 감사하는 그의 효성스러운 마음 역시 성의 신학의 실천적 원리로서 효의 숨은 동기로 작용했을 것이다.[7] 그뿐 아니라 계속되는 이사와 나라 잃은 민족적 아픔이 그에게 "고향 상실적 내면세계"를 형성케 했고,[8] 그러한 심리적·내면적 에너지가 신학 사상에도 영향을 주어, 어딘가에 있을 한국인의 사상적 본향을 찾으려는 내면적 동기가 되었을 것이다. 또한 그가 본격적으로 활동한 1950년대 이후의 한국 사회적 상황이 민족적으로 매우 힘든 혼란기였고, 교회마저 그런 현실에 속수무책인 채 시대적 흐름에 편승하고 있었다는 시대적인 삶의 정황 역시, 그로 하여금, 조화와 화해를 지향하는 성의 해석학으로서 한국적 신학을 외치게 했을 것으로 보인다.

---

4 *Ibid.* 윤남옥(2019), 32-33.

5 윤성범, "현대신학의 과제", 「基督敎思想」 제57호(1962. 8·9.), 7; "교회 일치와 토착화", 「神學展望」(1971. 3.), 58..

6 윤성범, "나의 생애와 신학", 「크리스챤신문」(1976년 7월 3일자), 2면.

7 그는 『孝』 서문에서 "이 책은 필자로서는 말하자면 하나의 참회록이요, 신앙 고백이기도 하다. 필자는 이 책을 쓰면서 돌아가신 부모님께 대한 불효를 생각하면서 몇 번이고 눈물을 금치 못한 바도 있다"고 말한다(『孝』, 서울: 서울문화사, 1973. 4.); 윤남옥(2019), 36-38.

8 한숭홍, "윤성범의 생애와 신학", 「敎會와 神學」 제23집(1991), 437.

2) 신학 훈련

병에서 완치된 후, 그는 1937년 10월 감리교신학교에 응시하지만, 이번에는 신체검사에서 불합격판정을 받음으로써 또다시 좌절을 맛보게 된다. 그러나 거기에 그는 굴하지 않고 이듬해 일본 교토 동지사대학 신학부에 입학하게 된다. 그가 감리교신학교에 입학하지 못한 것은 어쩌면, 그의 말대로 하나님의 특별 섭리였는지도 모른다. 왜냐하면 그해(1937년) 가을학기 중, 감리교신학교는 소위 '삐라 사건'으로 인해 휴교했기 때문이다. 꿈에도 그리던 신학 공부, 그것도 동지사에서 생활은 그에게 매우 중요한 신학적 계기가 되었다. 그것은 교토라는 도시가 갖고 있었던 문화적 분위기와 대학 자체의 학문적 분위기 때문이었다. 특히 그는 거기서 우리 민족이 남긴 문화적 발자취에 큰 감명을 받았다.

> 경도는 나에게 있어서 잊을 수 없는 고장이기도 하다. … 내가 애착을 느낀 것은 경도 일대에서 우리 한민족이 건너가서 터 닦아 놓은 문화를 지금도 여실히 볼 수 있기 때문이었다.[9]

유서 깊은 문화유산들을 학문적 장으로 삼았던, 동지사대학은 학문적 분위기도 거기에 못잖았다. 이미 바르트(K. Barth) 신학을 비롯하여, 브루너(E. Brunner)와 고가르텐(F. Gogarten) 등의 서양 신학도 많이 소개되어 있었다. 그리고 칸트(I. Kant) 철학과 함께 신칸트학파의 연구도 성행되고 있었으며, 실존철학도 많이 연구되고 있었다. 이처럼 교토에서

9 윤성범, "나의 생애와 신학", 「크리스찬신문」(1976년 7월 10일자), 2면. 그는 특히 "법륭사(法隆寺)에서는 감격의 눈물 없이는 볼 수 없는 찬란한 불교문화를 일목요연하게 보고 느낄 수 있었다"고 했는데, 아마도 담징의 그림에 대한 감격을 술회한 듯하다.

의 민족 문화에 대한 민족적 자긍심과 함께 동지사에서의 신학, 철학 그리고 종교철학의 자유로운 분위기를 접하게 된 해천은 "경도는 사상계의 중심이요, 특히 철학이나 신학에 있어서 그러하였다"고 감탄할 정도였다. 그는 동지사를 "학문적 성장을 위한 보금자리"로 삼고,[10] 자유로운 학문적 분위기를 마음껏 호흡했다. 특히 그는 바르트 신학과 칸트 철학에 관심을 많이 가졌다.

1941년 "칸트의 종교철학"이란 논문으로 졸업하자, 태평양전쟁이 시작됐고, 현해탄이 봉쇄될지도 모른다는 불안감에, 그해 12월 8일 서둘러 귀국했다. 귀국 후 약 1년간은 강화도 홍천교회에서 목회에 전심하면서, 이희영과 가정을 이루었다.[11] 하지만 건강 때문에 부친의 목회지인 강원도 이천으로 돌아와 휴식하던 중, 부친이 철원지방 감리사로 전임하자, 부친을 이어 교회를 담임하였다. 당시 강원도 일대는 일제의 박해가 극심했기에, 목회 역시 어려움이 많았지만, 그는 목회에 충실하면서, 1945년 5월 목사안수를 받았고, 12월까지 목회를 계속하다가, 1946년 1월에 서울로 내려와 새롭게 시작된 감리교신학교 교수로 취임했다. 하지만 당시 감리교는 교단 재건 문제로 매우 힘든 상황이었고, 신학교 역시 재정적 뒷받침 없이, 양주삼, 변홍규 등 몇몇 인사들에 의해 운영되고 있었다. 자연히 교수생활비 지급이 어려웠기에, 그는 부친의 도움을 받을 수밖에 없었다. 그 후 1950년 3월, 교단 문제가 수습되면서 신학교도 재정비됐고, 류형기 박사가 교장으로 취임하면서 사정이 나아졌다. 이때부터 윤성범은 매주 24시간씩 강의하는 등 매우 분주한 생활을 하게 된다. 하지만 6·25 한국전쟁으로 제주를 거쳐 부산에서 피난 생활을

---

10 *Ibid.* 윤남옥(2019), 39-41.

11 윤남옥은 자신의 어머니 이희영 여사에 대해 자세히 기술하였다(윤남옥 2019, 43-48).

하던 해천에게, 더 깊은 신학 연구의 열망을 불러왔고, 결국 휴전협정(1953. 7. 27.) 체결 직후인, 1953년 9월 24일, 가족을 부산에 남겨둔 채, 십자군장학금으로 수영비행장에서 스위스 바젤대학으로 유학의 장도에 올랐다.

그가 바젤을 선택한 것은 그동안 쿨만(O. Cullmann)과 서신을 통한 교분 때문이었다.[12] 그런데 그는 곧바로 바젤로 가지 않고, 1953년 겨울학기를 WCC 에큐메니컬 신학연구원에서 보냈다. 잠깐이었지만, 거기서의 삶은 바젤 생활의 준비가 됐을 뿐 아니라, 교회 일치 운동의 필요성을 절실히 느끼기도 하였다. 그 후 독일 하이델베르크대학에서, 총장 슐링크(Schlink) 박사의 알선으로 기숙사에 머물면서, 보른캄(G. Bornkamm) 등과 교분을 나눴고, 마침내 1954년 여름학기부터 바젤 생활을 시작했다. 당시 바젤대학교에는 바르트(K. Barth), 야스퍼스(K. Jaspers), 쿨만(O. Cullmann), 아이히로트(W. Eichrodt) 등 쟁쟁한 학자들이 포진하고 있었고, 그는 거기서 다양한 신학적 · 문화적 분위기를 호흡하면서, 특히 바르트(K. Barth)와 야스퍼스(K. Jaspers)의 강의에 심취했다. 그에게 바르트는 우상이나 다름이 없었다.[13] 그렇게 공부에 열중한 해천은 1955년 12월, 유학생활 1년 반만에, 바르트(K. Barth), 오웬(von Owen), 아이히로트(W. Eichrodt), 감브너(B. Gambner), 슈테헬린(E. Stöhelin), 쿨만(O. Cullmann) 등, 심사위원들의 동의와 바르트의 적극적 추천으로, 바울의 인간학에 관한 논문인, "*Römer 7:25 und der Pneumatikos, ein exegetisches Problem der Anthropologie des Paulus*"로써, 한국인 최초로 유럽 대학의 신학박사 학위를 취득하였다.

이때 갓 부임한 어떤 교수가 "너무 이르다"고 반대했지만, 바르트가 "그는 충분히 박사학위를 받을 자격이 있고, 박사로서 연구하고 가르칠

12 윤성범, "나의 생애와 신학", 「크리스챤신문」(1976년 7월 17일자), 2면
13 *Ibid.*

자질이 보이니, 내가 책임질 테니 박사학위를 주어 한국에 가서 속히 교수 생활을 하게 하라"고 적극적으로 추천하여 학위를 취득했다. 훗날 이것이 믿기지 않았던 감리교신학대학 교수들은 바젤대학에 사실 확인을 할 정도였다. 그는 바젤에 있는 동안, 슈테헬린 교수의 지도로 "한국에 있어서의 프로테스탄티즘(*Der Protestantismus in Korea*, 1930~1955)"이란 논문을 바젤대학논문집(*Theologisbe Zeitschrift*)에 게재하기도 했다. 학위를 마친 해천은 그해 12월에 귀국, 1980년 1월 22일, 타계할 때까지, 감리교신학대학 교수로 봉직하였다. 그의 신학지망 동기는 처음부터 목회의 길이 아니라, "학문으로서 신학", 곧 학(學)에 대한 목적에서였다. 그는 이렇게 고백했다.

> 감리교신학을 지망하게 된 것은 그 당시 신학계에 해성과 같이 나타난 정경옥 교수 때문이었다. 그는 내가 광성고보 재학시에 평양에 오셔서 한 주일간 사경회를 학교에서 하신 일이 있었다. 그때 난데없이 우리 졸업반에서는 일곱 명이나 신학교에 가기로 작정을 하게 되었던 것이다. 그만큼 정 교수님은 우리에게 큰 감명을 주셨다.[14]

이러한 해천의 고백은 그때부터 자신도 장차 정경옥 교수와 같은 신학자, 특히 한국 신학을 정립하는 신학자 길을 가겠다는 결심을 하게 되었음을 암시한다. 그런 의미에서 정경옥은 그에게 한국 신학에 대한 영감을 불어놓은 사람이었다. 그 당시 정경옥 교수가 그에게 남긴 인상이 얼마나 강렬했던지, 후일 해천은 다음과 같이 술회하였다.

> 그의 언변은 온 청중을 완전히 사로잡았다. 그의 설득력은 말할 수 없이

14 윤성범, "나의 생애와 신학", 「크리스찬신문」(1976년 7월 3일자), 2면.

켰던 것을 지금도 기억하고 있다. … 그는 양복만 입고 온 것이 아니라, 때로는 새까만 명주 두루마기를 입고 오곤 했는데, … 그 명주 두루마기 속에서 어쩌면 그렇게도 참신한 신학이 쏟아져 나올까 하고 감탄을 하기도 하였다. 이제는 우리 바지저고리 속에서도 훌륭한 신학이 나올 수 있다는 자신도 가지게 되었던 것이다.[15]

그 꿈은 자유로운 면학 분위기의 동지사대학에서 출발하여, 에큐메니컬 신학연구원의 폭넓은 신학적 지평을 바탕으로, 바젤대학의 풍부한 신학적 영양소들을 섭취하면서 자라났다. 특히 바젤의 학문적 분위기는 그에게 한국적 신학을 위한 중요한 모티브가 되었다.

내가 바젤에서 충실히 강의를 듣게 된 과목들은 바르트 교수와 야스퍼스 교수의 것이었다. 이러한 상반되는 사상가 사이에서 나의 사상을 정립할 수밖에 없었다. 이것이 뒤에 한국적 신학의 중요한 모티브가 될 줄은 나 자신도 채 몰랐던 것이다. 이러한 신학적 중용의 길을 걸어갈 수 있는 길을 위의 두 분이 내게 가르쳐 주셨다.[16]

따라서 그의 신학 사상적 특성은 이미 신학지망 시절부터 어렴풋이 내면에서 형성되어 오다가 동지사대학과 에큐메니컬 신학연구원 그리고 바젤대학에서의 연구를 통해 그의 내면에서 용암처럼 끓어오르게 되었고, 그 후 1960년대의 한국 사회라는 시대적 상황에 힘입어 세상 밖으로 힘차게 분출되어 나왔다고 볼 수 있다.

---

15 윤성범, "鄭景玉, 그 人物과 神學的 遺産", 「神學과 世界」 제5호(1979. 10.), 11.
16 윤성범, "나의 생애와 신학", 「크리스챤신문」(1976년 7월 17일자), 2면.

3) 활동과 업적

윤성범은 귀국 후 36년간 감리교신학대학교 교수로서 봉직하는 동안 대학원장직과 두 차례에 걸친 학장직을 맡았었고, 15년간 국제종교사학회 실행위원과(1960~1975) 회장(1970), 한국기독교학회장(1977), 전국신학대학협의회 이사(1978)로 활동했으며,[17] 여러 신학학술지(기독교사상, 현대와 신학, 신학 사상, 신학과 세계, 감신학보, *NEAJT* 등)와 일반학술지(사상계, 문학사상, *Korea Observer* 등)에 많은 글을 투고했고, 20여 권의 저서와 10여 권의 역서를 남겼다.[18] 특히 유동식과 함께 60년대 토착화 논쟁을 이끌었고, 1980년 1월 22일 타계하기까지 한국 신학자로서 한국적 실존과 기독교적 실존 사이의 긴장의 극복과 조화에 힘썼다.

그러나 그의 여정은 그리 순탄하지 않았다. 그의 신학은 일제강점기와 해방 전후의 혼란기, 한국전쟁, 1960~1970년대 군사정권의 암울한 상황에서 잉태되고 자라났다. 따라서 그의 신학은 그의 험난한 여정을 염두에 두고 읽어야 한다. 즉 우리가 왜 그의 글에서 주체적 신학, 조화의 미, 화해와 일치, 효의 윤리 등의 용어를 자주 대하는지에 대한 이유를 먼저 생각해야 한다. 해천은 한 시대의 신학자요, 학교 행정가이기에 앞서, 인간미 넘치는 목회자요, 유머 감각이 뛰어난 인물이었다. 감리교신학대학에서 함께 활동했던 동료 교수들과 학생들의 회고에 의하면, 해천의 재직시절의 감리교신학대학은 참으로 따뜻한 기운이 감도는 봄동산과 같았다고 한다. 박대선 감독의 회고담은 그러한 인간 윤성범의

---

17 변선환, "海天 尹聖範 學長님을 追慕함", 「神學과 世界」 제9호(1983. 10.), 19.

18 「基督教思想」 誌에만 해도 창간호("칼 바르트의 人間 構造論", 1957. 8.)부터 1979년 12월까지("성탄의 깊은 뜻과 과학적 사고") 약 40여 편의 논문을 투고했다. 헤아리기 어려운 수많은 윤성범의 저술들에 대한 목록은 참고 문헌에 따로 수록하였다.

진면목을 느끼게 해준다.

> 윤 박사 주변에 있는 사람들은 누구나 그를 유머의 사람이라고 알고 있다. 감리교신학대학이 냉천동에 있어서 찬 샘과 같은 인상을 받을지 모르지만, 윤성범 박사가 있는 동안에는 따뜻한 온기가 감도는 봄 동산이었던 것이다. 감리교신학대학을 졸업한 수많은 동문들이 졸업한 지 수십 년이 지났지만, 윤 교수가 교수하던 시절이 그립다고, 그의 유머를 다시 듣고 싶다고 말한다.[19]

해천! 그는 언행일치의 사람이었고, 늘 학생들을 자상한 웃음으로 격려하며, 성실하게 가르친 인간미 넘치는 학자요, 목회자였으며 유능한 행정가였다. 그리고 한편 그는 선교와 사회봉사에도 열정적이었다. 잘 알려지지는 않았지만, 그는 일찍이 슈바이처(A. Schweitzer)의 생명경외 사상에 큰 감동을 받아, 오랫동안 V.V. Club(*Veneratio Vitae*, 생명경외 클럽)의 멤버로 활동했다.[20] 이러한 사실은 그가 말만 앞세우는 사람이 아니라, 몸으로 섬김을 실천한 진정한 사회 참여자였음을 밝혀준다는 점에서, 그의 신학이 사회적 관심을 결여했다는 비판들을 무색하게 만든다. 그는 실로 이론만의 사람이 아닌, 진정한 실천의 사람이었다.

2. 윤성범 신학 사상의 발전 과정

윤성범의 한국적 신학은 갑자기 솟아난 것이 아니었다. 다른 이들처

---

19 윤성범 교수 전집발간위원회 편, 『한국 종교문화와 한국적 기독교』 윤성범 전집1 (서울: 감신, 1998), 5.

20 윤성범 교수 전집출판위원회 편, 『생활신앙과 생명사상』 윤성범 전집7(서울: 감신, 1998. 209-315),; 윤남옥(2019), 57-59.

럼 그의 사상 역시 어려웠던 자신의 인생 과정과 무관하지 않다. 곧 그의 지난(至難)한 인생 과정 한 자락 한 자락이, 한국 그리스도인으로서 깊은 신앙적 영성이 그의 신학의 깊은 저류를 이루었다고 말할 수 있다. 그는 처음부터 끝까지 한국 신학자였다. 그의 신학 사상에 대해, 편의상 3단계로 나누어서 고찰하려고 한다.

1) 한국 신학에 대한 모색(1960년대 초까지)

해천의 주된 사상은 한국적 신학으로써 성의 신학이라 할 수 있다. 곧 그는 한국인으로서 한국 신학을 추구한 한국 신학자였다. 그러한 그의 한국 신학에 관한 관심은 정경옥 교수의 감화로부터 시작된다. 즉 광성고보 시절 정경옥 교수의 신앙강좌를 통해, "이제는 우리 바지저고리 속에서도 훌륭한 신학이 나올 수 있다는 자신도 가지게 되었다"고 고백한 것은 이미 그의 신학 방향에 대한 맹아(萌芽)를 엿볼 수 있게 한다.[21] 그렇게 그는 처음부터 한국인으로서 주체적인 바지저고리 신학에 깊은 관심을 가졌고, 바로 그 신학을 위해 선지학교의 문을 노크한 것이다. 그에게 정경옥은 신학 여정에 있어서 첫 번째의 우상적 존재였다고 할 수 있다. 이처럼 청소년기부터 시작된 그의 한국 신학에 대한 관심은, 박사학위를 취득하고, 감리교신학대학으로 돌아온 이후부터 구체적으로 나타났고, 마침내 1960년대 초반부터 본격적인 행보가 이뤄졌다. 그것은 바로 토착화신학 논쟁이었다.[22] 그렇지만 그 이전까지는 칼 바르트

21 윤성범, "鄭景玉, 그 人物과 神學的 遺産", 「신학과 세계」(1983. 10.), 11. 정경옥의 출현은 어쩌면 나라 잃은 젊은이에게 새로운 돌파구를 열어준 계기가 되었을 것이다.

22 본격적 토착화 논쟁을 불러일으킨 그의 글은 "韓國 再發見에 대한 斷想"이었지만, 보 라이케(Reicke, Bo Ivar) 교수에게 제출한 학위논문인 "*Römerbrief 7.25*

신학 이해에 치중하고 있었다. 그에게 바르트는 정경옥에 뒤이은 두 번째의 신학적 우상이었다. 그래서 그는 바르트의 충실한 제자로서, 한동안 바르트 신학을 한국에 전달하는 데 치중했다. 이러한 그의 시각은 귀국 직후에 발표한 몇 개의 논문들에서 찾아볼 수 있다.

"칼 빨트" 「思想界」(1957. 6.), 185-195.

"칼 빨트의 人間 構造論" 「基督教思想」 창간호(1957. 8.), 16-23.

"케리그마와 教會의 再發見" 「基督教思想」 제13호(1958. 8·9.), 10-17.

첫 번째 글, "칼 빨트"에서는 칼 바르트에 대한 개괄적인 내용들을 서술하였다. 곧 바르트의 생애와 신학적 전환점, 하나님 말씀의 신학, 성서론, 교회론, 기독론, 기독교 윤리 등에 대한 기본적인 이해를 소개하였다. 특히 이 글이 게재된 학술지가 일반학술지인 「思想界」였기에, 일반독자들도 염두에 둔 글이었지만, 사실상 신학도들과 목회자를 위한 것이었다. 아직 현대 신학자들에 대해 충분한 이해가 없었던 한국 교회였기에, 그의 글은 한국 교회를 위해서도 매우 중요한 의의가 있었다. 두 번째 글, "칼 빨트의 人間 構造論"은 본격적인 국내 신학 학술지, 「基督教思想」의 창간에 붙인 것인데, 바르트의 인간 이해에 대한 수준 높은 논문이었다. 그렇지만 흥미롭게도 그는 논문 말미를 다음과 같은 말로 마무리하였다.

---

und der Pneumatikos, ein exegetisches Problem der Anthropologie des Paulus"(1955)과 함께, 바젤 시절 신학 잡지에 게재한 논문인 "*Der Protesta- ntimus in Korea*, 1910~1945"(1955)에도 '한국적 신학'에 대한 그의 관심이 드러나고 있다. 특히 전자에는 이미 그의 주된 신학적 방법론인 관념론과 실재론의 조화에 관한 관심이 깊게 나타나고, 후자는 그의 한국 교회와 신학에 대한 깊인 이해를 엿볼 수 있다.

> 빨트는 역시 구라파의 전통에서 살고 있으므로, 곧 그의 인식론적인 입장은 언제나 그들의 전통에 준거하여 사고한 것이기 때문에 우리 동양에 살고 있는 이들로서는 그와 다른 인간 이해라고 할지, 인간 구조라고 할지의 새로운 해석이 상당히 충분한 성서적인 근거 밑에서 가능함을 부언하여 둔다.[23]

곧 그는 바르트까지도 서구 사상적 전통에서 벗어날 수 없는 인물임을 지적하면서, 그가 내린 결론은 "동양인들은 동양인다운 사고로써 성서에 접근해야 한다"는 것이었다. 해천에게 바르트 신학은 하나의 신학적 발판이었지만, 그것은 단지 바르티안으로 머물기 위한 것이 아니라, 장차의 한국적 신학을 위한 인식론적인 모티브로서 발판이었다. 그러기에 이 시기의 그의 사상적 좌표는 여전히 바르티안이었지만, 한편 그는 장차의 한국적 신학을 모색하는 시기였다고 할 수 있다. 그러나 이 시기는 단지 준비 기간만은 아니었다. 그는 이미 신학 여정의 출발점에서부터 한국 신학의 당위성을 가슴 깊이 간직하고 있었기 때문이다. 즉 해천의 한국적 신학을 위한 구체적 논의들은 1960년대 이후에 시작되지만, 거기에 관한 관심은 처음부터 그의 사상적 보고(寶庫)에 내장되어 있었다. 그의 관심은 "언제나 한국인이라면 한국인의 시각으로써, 성서를 읽고, 한국인으로서 하나님의 말씀을 들어야 한다"는 것이었기 때문이다. 그렇게 그는 아직까지 바르트적 시각에 머물러 있었지만,[24] 서서히 바르트를 넘어서려는 모습이 나타나고 있었다. 특히 세 번째 글, "케리그마와 敎會의 再發見"은 바르트적 사고와 불트만적 사고가 묘하게 조화를 이

23 윤성범, "칼 빨트의 人間構造論", 「基督敎思想」 창간호(1957. 8.), 23.
24 그는 칼 바르트 신학에 정통하고 있었다(윤성범, "칼 빨트", 「思想界」(1957. 6.), 185-195; "칼 빨트의 人間構造論", 「基督敎思想」(1957. 8.), 16-23.

루고 있는 것으로 보인다. 그는 이렇게 말한다.

교회는 곧 복음을 전하는 것과 성례전(세례와 성찬)을 집행하는 것의 두 기능을 갖고 있다. 특히 교회는 위의 것, 곧 복음을 전하는 사실, 달리 말하면 말씀을 갖고 있다. 교회가 말씀의 권위와 말씀의 자유를 승인하지 않는다면, 교회는 교회로서 자격을 상실하고 단순한 세속적 단체가 되든가, 그렇지 않으면 철학적인 이념 형태로 변해버리든가 둘 중의 하나가 되고 말 것이다. 그런데 교회는 하나님의 말씀을 직접적으로가 아니요, 간접적으로 가지고 있다. 이것이 성경이다.[25]

우리는 아무리 굉장한 지식을 가졌을지라도 그 시대를 벗어나지 못하는 법이다. 시대적인 제약에 우리는 사로잡혀 있다. 특히 언어적인 사상표현에 있어서는 부자유하리만큼 제약을 받는 것이 사실이다. 그 시대의 사상적인 표현을 성서해석에 적용한다는 것은 케리그마의 가장 적절한 방법이 될 수도 있다. 왜냐하면 성서가 자칫하면 현대인의 이해로부터 동떨어진 감을 줄 때가 많이 있기 때문이다. 말하자면 접촉점을 형성하는데, 큰 도움이 될 수도 있다고 할 것이다.… 교회가 가지고 있는 사명이란 복음을 전하는 것이다. 그러나 어떠한 복음을 전하느냐가 더욱 큰 문제이다. 어떻게 하든지 많은 씨를 뿌리는 것이 교회의 사명이라고 간주하는 것은 위험천만의 생각이다. 왜냐하면 심어서 어떠한 열매가 맺히느냐가 더욱 큰 관심사가 되어야 하기 때문인 것이다.[26]

말하자면 교회는 하나님의 말씀(복음: 케리그마)을 갖고 있기 때문

25 윤성범, "케리그마와 教會의 再發見", 「基督教思想」 (1958. 8 · 9.), 11-12.
26 *Ibid.*, 14.

에 교회일 수 있지만, 그 말씀은 인간적인 상황에 따라 해석이 필요한 바, 각 시대마다의 접촉점을 찾아야 한다는 것이다. 해천은 이제 바르트를 넘어, 불트만을 흡수하면서, 나름대로 길을 찾는 것으로 보인다. 그것은 아마도 불트만이 해석학적 측면에 강점이 있었기 때문으로 보인다. 다음은 당시에 그가 작성한 논문들인데, 불트만적 시각이 보다 선명하게 드러난다.

"불트만의 解釋學" 「基督教思想」 제25호(1959. 10.), 27-35.
"理性과 信仰" 「基督教思想」 제31호(1960. 4.), 20-27.
"哲學的 人間學" 「基督教思想」 제34호(1960. 7.), 22-58.
"保守와 革新" 「基督教思想」 제38호(1960. 12.), 42-48.

해천은 "불트만의 解釋學"에서, 불트만의 핵심 개념인 비신화화(*Enmythologisierung*)와 전이해(*Vorverständnis*)를 소개하면서, 성서 저자와 해석자는 함께 인간의 실존적 공동성에 기반을 두고 있기에, 결국 동일한 인간 실존의 문제로 나아가게 되며, 그때 해석학적 질문이 이뤄지고, 그 해석학적 질문은 전이해를 동반하게 된다고 보았다. 특히 전이해 문제는 훗날 한국적 신학에서 감론으로 등장하였다. 뒤를 이은 논문 "理性과 信仰" 그리고 "哲學的 人間學"은 외견상 일반적인 주제처럼 보이지만, 나름대로 한국적 신학을 향한 사전포석들이었다. 곧 전자는 "이성과 신앙의 문제는 해석학적인 토론과 연구를 통해, 복음이 어떻게 변전(變轉)하는 오늘의 세계에 유효적절하게 전파될 수 있는가?"와 연관이 있는 바, 한국적 상황에서 어떻게 복음을 전할 것인가에 대한 해천의 깊은 고민이 함의되었고, 후자는 철학적 인간학이지만, 신학적 인간학으로 귀결되면서, 하나님과의 관계 안에 있는 인간, 곧 영과 육으로 이뤄진 전체적인 인간을 조명하고, "保守와 革新"에서는 당시 한국 교회의 분열을 의식한 듯, 기독교는 신앙은 보수적이어야 하지만, 역사가 변하고 시대가 변하기에 신앙생활에는 혁신이 필요하다. 곧 기독교 진리는 변할 수 없지만, 시대적 상황에 따라, 교회 생활의 혁신과 갱신은 필요하다.면서, 서구적 전통을 벗어나 우리 종교·문화에 뿌리를 두는 신학을 은연중 역설하였다.

결국 해천의 한국 신학에 대한 여정은 바르트의 초월적 계시관과 불트만의 실존적인 해석학 사이에서 움직인 것으로 보인다. 그러나 바르트와 불트만은 함께할 수 있는 측면도 있지만, 함께할 수 없는 측면이 더 많지 않은가? 그렇지만 해천은 양자를 종합할 뿐 아니라, 그것을 넘어 새로운 길을 찾고 있었다. 이러한 해천의 행보는 그의 말대로 초월로서 한국의 멋과 통하는 바로 그 기교가 아닐까? 그는 이렇게 말한 적이 있다: "한국의 예술은 솜씨 곧 형식과 내용의 공간성을 무한히 좁혀서, 이 공간성이 시간화된 데 있다고 생각한다. 달리 말하면, 한국의 예술적 솜씨는 단순한 아이디어의 각별함이나 혹은 소재의 우수함에 있는 것이 아니라, 이 양자의 공간성(폭)을 무한히 좁힌 시간성 혹은 선에 있다고 할 것이다.... 우리 민족이 가지고 있는 솜씨와 멋은 화목, 조화, 평화, 유모어, 상호 이해, 절도, 중용, 우의, 양보, 체념, 사랑, 동정 등등의 사회적인 현상을 나타내도록 마련인 것이다."[27] 아무튼 해천은 바르트와 불트만을 아우르면서, 자신만의 길을 찾으려 고군분투하였다. 이러한 그의 몸부림은 서구 전통을 넘어서는 한국 교회를 위한 신학적 모형전이(Paradigm Sift)의 필요성에 대한 역설이었다.

27 윤성범, "초월로서 한국의 멋", 「思想界」(1959. 6.), 332-333.

2) 한국 신학을 향한 도전(1960년대 말까지)

감리교신학대학에서 조용히 교편을 잡던 해천이 신학계의 주목을 받게 된 것은 그가 토착화 논쟁에 뛰어들면서부터였다. 1960년대 초, 「基督教思想」에 게재된 논문 "韓國 再發見에 대한 斷想"(1963. 3.)이 뜻하지 않게 논쟁을 불러온 것이다. 그의 논지는 다름이 아니라, 한국 교회가 한국인들에게 제대로 된 복음을 전하기 위해서는 서구 신학을 추종하는 태도를 버리고, 한국사와 한국의 종교·문화와 사상에 바탕을 둔 한국적 신학을 추구해야 한다는 것이었다.

> 우리가 만일 우리 한국의 고유문화 혹은 정신문화의 체질을 체득지 못하는 한 우리의 믿음은 유교적인 고루한 律法主義로 떨어질 수 있고, 불교적인 末世待望과 似而非終末論에 흐를 수도 있다는 것이요, 무당종교(샤아머니즘)와 같은 열광주의적인 디오니소스적인 부흥 운동으로 떨어질 수도 있는 것이요, 도가적인 現世達觀主義로 흐를 수도 있다는 것이다. 문제는 단순히 그리스도교와 이교 지반과의 접촉점(Anknuepfungspunkt)이 문제가 아니요, 그리스도교의 본질적 내용이 한국 문화의 순수형식과 어떻게 조화되느냐에 중요 열쇠가 있다. … 그러므로 우리는 그리스도교를 한국에다가 바로 전파하려면 우리는 먼저 한국 문화의 본질적 내용과 형식을 올바로 찾아 놓아야 할 것이다. 다시 말하면 복음의 내용이 한국 문화의 순수형식과 결부되어야만 한다는 말이다.[28]

그런데 해천은 자신의 글이 논쟁으로 번지자, 기다렸다는 듯이, 이 문제에 관한 관심을 본격적으로 드러내기 시작했다. 이때 그의 토착화에

---

28 윤성범, "韓國再發見에 대한 斷想", (1963. 3.), 19-20.

대한 본격적인 논문은 "한국 신학 방법서설"(1961. 12)이었다. 여기서 그는 특이하게 감·솜씨·멋으로 논지를 전개했다. 감은 신학의 소재로서 내용과 형식으로 구분되는데, 이 두 가지는 한국 신학 수립을 위한 전제이며, 이것이 한국 문화 *a priori* 또는 조화의 변증법에 의해 멋을 이루게 된다고 보았다.[29] 그리하여 해천은 "기독교의 본질적 내용이 한국 문화의 순수형식과 어떻게 조화되느냐에 기독교 토착화 문제의 중요한 열쇠가 있다"면서, 한국 문화의 특성을 조화미에서 발견할 수 있고, 이러한 문화형식에 기독교의 본질적 내용을 결부시키는 것이 토착화의 과제임을 밝혔다.[30] 이러한 논지는 해천의 사상적 기층을 흐르는 중요한 방법론적 원리로 살아 있게 되었다. 그 후 계속되는 논쟁에서 해천은 토착화신학의 가능성과 당위성을 역설하였는데, 특히 단군신화에 대한 신학적 해석 문제를 통해, 소위 단군신화 논쟁을 일으켰다. 다음은 당시에 발표된 논문들이다.

"桓因, 桓雄, 桓儉은 곧 하나님이다" 「思想界」(1963. 5.), 258-271.
"福音의 土着化에 대한 前理解" 「基督教思想」 제66호(1963. 6.), 28-35.
"栗谷思想의 現代的 解釋" 「思想界」(1963. 8.), 230-237.
"하나님 觀念의 世界史的 性格" 「思想界」(1963. 9.), 226-233.
"檀君神話는 Vestigium Trinitatis이다" 「基督教思想」 제69호(1963. 10.), 14-18.
"花郎情神과 韓國샤마니즘" 「思想界」(1963. 12.), 210-222.

모두가 한국 종교문화와 복음의 토착화 문제에 대한 해천의 깊은

29 윤성범, 『基督教와 韓國思想』(1964), 25, 31.
30 윤성범, "韓國 再發見에 대한 斷想", 「基督教思想」 (1963. 3.), 19.

고민이 담긴 논문들로서 토착화 논쟁을 이끌었던 중요한 내용을 담고 있다. 그에 따르면, 한국의 단군신화는 단순한 신화(mythos)가 아니라, 설화(sage, saga)로 봐야 하며, 한국의 신 관념 역시 진화설(상승설)로 볼 것이 아니라, 강하설로 봐야 하는데, 전자는 과학적 역사관에 근거한, 종교사학파적인 주장이나, 후자는 근원적인 높은 유일신 신앙에서 시작되어, 점차 낮은 상태로 쇠퇴하였다는 시각인 바, 단군신화는 본래 유일신 신앙의 흔적이라는 것이다. 이것은 특히 신적 존재에 대해서, 桓因(환인)·桓雄(환웅)·桓儉(환검)이라는 세 인격적 존재를 말한다는 점에서, 형식상으로 기독교의 삼위일체론과 유사하며, 웅녀에 의한 단군의 탄생 이야기 역시 마리아의 몸에서 탄생하신 예수 그리스도 이야기와 유사한 점 역시 의미심장하다는 것이다. 그리고 혹시 단군신화의 신관이 기독교 신관에서 유래되었다면, 동방기독교(경교)의 영향일 수 있다는 것이다. 따라서 단군신화는 "삼위일체론의 잔해(*Vestigium Trinitatis*)"라고까지 말할 수 있다는 것이다.[31]

해천의 과감한 주장에 대해, 한국 신학계가 뜨겁게 달아올랐다. 해천은 이어서 "福音의 土着化에 대한 前理解"를 발표했다. 그는 우리가 만일 "토착화를 싫어한다면, 하나님이란 말조차도 사용하지 말아야 할 것"이라면서, "기독교의 토착화는 복음의 변질을 가져와서는 안 되는 바, 이것은 다만 복음을 듣는 주체자의 문제인데, 주체자가 불분명하면, 복음을 잘못 받아들이기 쉽다는 점에서, 주체성은 복음을 받아들이는 그릇이며, 결국 한국 문화적 특성을 함의한 한국인 혹은 한국 교회라"는 것이다. 여기서 문화는 우리의 정신적 유산 일반으로서, 나 자신을 이해하는데 필요한 요소이며, 주체자로서 전이해가 될 수 있다. 이 전이해

31 윤성범, "桓因, 桓雄, 桓儉은 곧 하나님이다", 「思想界」(1963. 5.), 258-271; "檀君神話는 Vestigium Trinitatis이다", 「基督教思想」 제69호(1963. 10.), 14-18.

없이는 한국 교회가 복음을 받아들일 수 없다. 그런 면에서 문화는 복음을 받아들이는데 전제되는 바탕 혹은 토양이라는 것이다. 따라서 전이해는 기독교 신앙에 대한 존재 근거(*ratio essendi*)가 아니라, 인식근거(*ratio cognoscendi*)라는 것이다. 그는 토착화 개념을 이렇게 정리했다.

> 토착화는 먼저는 소극적, 피동적인 것으로 볼 때에는 하나님의 말씀을 받아들일 수 있는 그릇 또는 새 가죽 부대이며, 복음의 씨를 받아 자라나게 할 수 있는 옥토에 비길만한 토양이며(信仰), 동시에 적극적, 능동적으로는 하나님의 말씀을 우리 고유한-그렇다고 주관적인 것은 아니다.-사고양식으로써 터 닦을 수 있는 학적인 공작이라고 볼 수 있는 것이다(神學).[32]

그렇지만 그의 토착화론이 종교혼합주의 혹은 종교다원주의를 뜻하는 것은 아니었다. 그는 앞서 말한 단군신화를 기독교의 삼위일체론의 흔적이라고 주장한 논문에 대해, 전경연이 비판해오자, "檀君神話는 *Vestigium Trinitatis*이다"라는 논문에서, 기독교토착화 문제는 단군신화론과 직접적인 관계가 아니라, 간접적으로만 관련이 있고, 하나의 가설일 뿐이라고 한발 물러서면서, 주체성이란 "나 자신에 대한 의식(전이해)을 의미하며, 토착화신학은 이제는 한국 신학이 외국 신학 일변도가 아니라, 우리의 신학을 하자는 의미이다. 물론 우리는 신학적 전통을 무시해서는 안 된다. 그 전통을 횡(橫)으로 하고, 우리의 사상적 전통을 종(縱)으로 삼아, 복음을 새롭게 이해하는 것이 토착화다"라고 설명했다.[33] 그리고 이런 시각에서 그는 이 글에 앞서 나온, "栗谷思想의 現代的解釋"과 "하나님 觀念의 世界史的 性格" 그리고 뒤에 나온 "花郎情神

---

32 윤성범, "福音의 土着化에 대한 前理解", 「基督教思想」 제66호(1963. 6.), 35.
33 윤성범, "檀君神話는 *Vestigium Trinitatis*이다", 「基督教思想」 (1963. 10.), 14-18.

과 韓國샤마니즘" 등을 통해, 복음에 대한 전이해로서 한국 종교문화의 가치와 의미를 소상히 제시했다.[34] 이렇게 보면 그는 세간의 오해처럼, 종교혼합주의자도, 종교다원주의자도 아니었다. 그는 여전히 바르트의 삼위일체적·기독론적 신학의 바탕에서 불트만의 해석학을 도구로 한국 종교문화와의 관계 안에서 한국 신학을 펼치고 있었을 뿐이었다.

해천의 신학은 1960년대 중반부터, 폭이 더욱 확장되었다. 우선 자신의 한국적 신학을 위한 기반을 공고히 하기 위해 열정을 쏟았다. 그는 "韓國敎會의 神學的 課題"라는 글에서 복음의 토착화는 결국 단순한 객관주의와 주관주의를 지양하고 양자를 유기적으로 통일 연관을 맺게 하려는 기초작업이고, "이러한 유기적 통일은 성령의 역사임은 두말할 것도 없다. 복음의 씨를 아무 데나 뿌려서 나면 나고, 안 나면 그만이라는 재래식 전도 방법을 지양하고, 이 복음의 씨를 옥토에다 뿌려서 복음의 씨의 합당한 열매를 거두자는 데에 복음의 토착화의 문제가 있다"면서, "토착화 문제는 단순한 성서해석에 국한해서 안 되고, 보다 근본적인 문제에 침투해야 한다"고 주장했다. 곧 토착화는 인위적인 노력에 앞서, 성령의 역사이며, 선교적 시각에서 복음을 한민족의 심성적 옥토인 한민족 종교·문화적 바탕에 뿌리는 작업이라는 것이다.[35] 다시 말해서 "토착화과정은 복음이란 종자를 심어서 한국의 특이한 과실을 만들려는 것이 아니요, 복음이 갖고 있는 본래적인 과실 그대로를 거두기 위함이라"는 것이다. 따라서 복음은 유일회적이요, 변할 수 없는 것이지만, 응당 변해야 하는 것은 우리의 정황이기 때문에, 우리는 우리의 정황을 바로 잡아서, 복음의 정당한 열매를 맺게 해야 한다는 것이다.[36] 이러한 해천의

34 윤성범, "栗谷思想의 現代的 解釋", 「思想界」(1963. 8.), 230-237; "하나님 觀念의 世界史的 性格", 「思想界」(1963. 9.), 226-233; "花郞情神과 韓國샤마니즘", 「思想界」(1963. 12.), 210-222.

35 윤성범, "韓國敎會의 神學的 課題", 「現代와 神學」 제1집(1964. 12.), 10.

토착화에 대한 시각은 보다 구체적으로 한국 신학을 추구하려는 결단과도 같았다. 그리고 이 맥락에서 그는 한국의 종교·문화에 대해 더욱 깊은 관심을 갖게 되었다.

"韓國美의 形而上學" 「思想界」(1965. 2.), 225-233.
"韓國人의 人間性 診斷" 「基督敎思想」 제85호(1965. 3.). 24-31.
"在來宗敎에 대한 理解와 誤解" 「基督敎思想」 제86호(1965. 4.), 40-47.
"韓國 基督敎와 祭祀問題" 「史叢」 제12-13호(1968. 9.), 693-701.
"그리스도論과 그리스도像" 「基督敎思想」 제124호(1968. 9.), 100-107.

특히 해천은 "韓國美의 形而上學"이라는 글에서, 과거 "초월로서 한국의 멋(1959. 6.)"에서 밝힌 대로 한국의 미를 조화미로 규정하면서, 그것은 단순한 심미적 특성을 뛰어넘어, 우리 민족의 사상적 난제(*aporia*)를 헤쳐나갈 계기를 마련해주는 것임을 재천명함으로써, 장차의 한국적 신학의 솜씨론에 대한 근거를 제시했다.[37] 또한 그는 "韓國人의 人間性 診斷"이라는 논문에서 재래종교들의 인간 이해와 기독교의 인간상을 제시했지만, 특히 중요한 점은 "한국인은 외래 종교들을 토착화하는 매우 중요한 심성을 갖고 있다"고 밝힘으로써, 복음의 토착화에 대한 당위성을 제시한 것이다. 나아가 해천은 "在來宗敎에 대한 理解와 誤解"라는 글에서, 한국 종교·문화에 대한 개괄적인 이해를 다루면서, 불트만식으로 말하면 "재래종교야말로 기독교 진리에 대한 전이해이며, 따라서 전이해 없이 기독교에 대한 이해가 불가능하다면, 재래종교를 제대로 이해하지 못한 한국 교회는 기독교의 진리조차도 제대로 이해

36 윤성범, "Cur Deus Homo와 복음의 토착화", 「基督敎思想」 제104호(1966. 12.), 33.
37 윤성범, "韓國美의 形而上學", 「思想界」(1965. 2.), 225-233.

하지도, 터득하지도 못했음을 보여주는 것이다"라고 주장했다.[38] 이러한 그의 신념은 1965년 9월 6~11일, 미국 캘리포니아주 클레어몬트(Clare- mont)에서 열렸던 제11회 국제종교사학회 참석을 계기로 더욱 확고해졌다. 그는 보고서에서 이렇게 말했다.

> 종교와 종교 사이에 교류, 교통, 이해, 관용이 성립된다는 것은 특히 현세계 정세로 보아서 필요하다고 생각한다. … 이번 대회에서 특히 주의할 만한 것은 동양의 종교에 대한 깊은 관심이었다고 생각한다. 이러한 깊은 관심에 대하여 우리 동양사람들이 그들에게 무엇을 줄 수 있어야 되겠는데, 이 점이 앞으로 우리가 타계해 나가야 할 과업의 하나라고 생각한다.[39]

그 후 해천은 "韓國에 있어서의 韓國神學"에서, 한국에서의 신학 작업은 과거처럼, 일부 카리스마적 신학자들에 의한 독단적인 태도를 극복하고, 유구한 교회 전통과 한국 종교·문화에 대한 이해를 바탕으로 수행할 것을 권고하면서, "올바른 한국 신학의 수립은 기독교 신학의 역사적 전통과 한국 고유의 문화서적 전통과의 결합에서 이뤄진다"고 주장했다. 즉 "기독교 전통과 한국 전통과의 상호관계의 올바른 이해만"이 한국 신학 수립을 위한 바탕이 될 수 있고, 이러한 의미에서 "기독교 전통 속에서 계시의 친근성을, 한국 고유의 전통 속에서 계시의 수용성을 밝혀 나감으로써, 한국 신학은 그 본연의 모습을 드러내리라고 생각한다"고 역설하였다. 그리고 전자는 종자(복음)이요, 후자는 토양(자리)로 이해할 수 있다고 보았다.[40] 이것은 그의 한국 신학을 위한 방법론이었

38 윤성범, "在來宗教에 대한 理解와 誤解", 「基督教思想」 제86호(1965. 4.), 41.
39 윤성범, "제 十一회 國際宗教史學會 報告", 「基督教思想」 제92호(1965. 11.). 57.
40 윤성범, "韓國에 있어서의 韓國神學", 「現代와 神學」 제4집(1967. 12.)

다. 그 뒤의 "韓國의 神觀念 生成"은 그러한 신학방법론에 근거하여 한국적 시각에서 하나님에 대한 이해를 시도한 논문이었다는 점에서 그 의의가 적지 않다.[41] 같은 맥락에서 또 다른 논문 "바르트의 靈 理解와 技術의 問題" 역시 "한국과의 대화를 위한 하나의 시도"라는 부제 그대로, 바르트 신학이 말하는 인간의 영 문제와 율곡의 성과의 대화를 통해, 한국 신학적인 인간론의 기초를 제시했다. 이렇게 하여 그는 1970년대 중반에 등장하는 그의 가장 중요한 저술인 '한국적 신학'의 기초를 마련하였다.[42]

그런데 이 시기에 해천은 토착화신학에만 매달리지 않았다. 당시 한국 교회와 사회에 점차 주요 이슈로 등장하던 세속화론과 교회의 사회참여 문제에 대해서도 적잖은 관심을 표명하였다. 이러한 해천의 태도는 그의 신학이 어느 한쪽에만 매달리는 편협한 모습이 아니라, 한국 교회와 사회 전반을 통찰하고, 그러한 시류들에 대해 나름대로 신학적인 응답을 표명할 정도로 폭넓은 시각을 가지고 있었음이 드러난다. 다음은 당시에 그가 남긴 글들이다.

"요한은 어디서 외쳤는가?" 「世代」 제2호(1963. 7.), 46-53.
"基督敎의 正義 槪念" 「世代」 제4호(1963. 9.), 92-97.
"人間의 傷處와 絶對者의 손" 「世代」 제6호(1963. 11.), 82-87.
"선비 意識과 兩班根性" 「世代」 제13호(1964. 6.), 80-87.
"宗敎와 國家" 「감신학보」 제3집(1964. 12.), 59-67.
"말씀의 신학과 세속화론" 「基督敎思想」 제117호(1968. 2.), 106-111.

---

41 윤성범, "韓國의 神觀念 生成", 「基督敎思想」 제133호(1969. 6.), 104-125.
42 윤성범, "바르트의 靈 理解와 技術의 問題", 「基督敎思想」 제137(1969. 10.), 145-159.

이상의 논문들은 교회가 사회에 대해 지속적인 관심을 가져야 하는 바, 이는 교회나 국가(사회)가 다 하나님의 통치 아래 있기 때문이요, 따라서 사회정의나 국가 권한을 단순히 악마적인 것으로 볼 것이 아니라, 국가와 사회 역시 하나님께서 인간을 다스리기 위한 도구로 사용하심을 인식하고, 교회와 국가(사회)가 상호 간에 적대적인 관계가 아니라, 서로를 제한함으로써, 하나님의 경륜이 실현되도록 해야 한다는 것이다.[43] 그렇지만 해천의 입장은 진보주의자들처럼 적극적인 사회 참여를 지지하기보다는 비교적 온건한 입장에 머물러 있었다. 그는 한 좌담회에서 다음과 같이 자기 입장을 피력한 적이 있다.

> 교회가 사회와 유리되어 절간처럼 들어가 있는 것은 아니니까, 결국 교인이면서 사회생활을 영위하는 셈이지요. 요새 크리스천 리얼리즘이라는 것은 하나님의 말씀을 가지고 현시대에 산다는 것을 의미하는데, 제가 보기엔 한국 교회는 적극적인 사회 참여보다 앞서서 자체 내의 모든 문제를 해결하기 전에는 사회책임을 감당하기 어렵지 않나 그렇게 봅니다. … 교회가 되먹지 않은 꼴을 하고서야 사회 참여를 하며, 책임적 사명을 다하기란 어렵다고 생각합니다. 특히 정치적 사회 참여에 있어서 직접 정당을 교회가 조직할 수도 없는 것이고, 전문적인 정치 지식이 없는 형편에 덮어놓고 뛰어들어가 왈가왈부하는 것으로 우스운 일이니, 다만 정계에 투신한 크리스천과의 밀접한 관계를 통하여, 어느 정도 교회로서 견제할 수 있는 책임감에서 대처해야 될 것입니다.[44]

---

43 윤성범, "宗敎와 國家", 「감신학보」 제3집(1964. 12.), 59-67.
44 윤성범 외, "교회의 사회 참여는 가능한가?"-좌담, 「基督敎思想」 제44호(1961. 6.), 46-47.

나아가 해천은 에큐메니컬 운동에 대해서도 깊은 관심을 표했다. "로마와 쥬네브는 그리 멀지 않다"와 "贖罪論的 立場에서 본 新舊教의 一致는 可能한가?"라는 글들이 그것이다. 전자에서는 에큐메니즘의 범위를 가톨릭교회와 개신교회의 관계만이 아니라, 동방교회와 성공회까지를 아우를 것을 주장하면서, 특히 가톨릭교회와 개신교회 간의 일치 운동에 대한 대안을 나름대로 제시하였는데,[45] 그중 신·구교 간의 성서 공동 번역 문제는 실제로 실현되었다. 후자에서는 신·구교 간의 에큐메니컬 운동에 있어서, 초창기부터 중요한 걸림돌로 작용했던 그리스도의 속죄론에 대한 근본 문제를 분석하고, 양자 간의 대화 가능성을 모색하였다.[46] 에큐메니컬 문제로 장로교(예장)의 분열의 아픔이 가시지 않은 상황에서 이러한 논의는 한국 교회가 나아가야 할 방향에 대한 진심 어린 충고였다고 할 것이다.

요컨대 1960년대의 해천은 한국 교회와 사회를 함께 바라보면서, 다양한 글을 통해, 한국 교회와 한국 교회의 신학이 나아가야 할 방향을 제시하기에 여념이 없었고, 서서히 한국 신학을 추구하는 한국 신학자로서 자신의 신학적 정체성을 찾아 나가면서, 다음 시기에 구체적으로 수립하게 될 자신의 신학—한국적 신학(誠의 신학)—에 대한 기초를 세우기 위해 열정을 불태웠다는 점에서, 그의 1960년대는 한국 신학을 향한 도전기로 정리할 수 있을 것이다.

45 윤성범, "로마와 쥬네브는 그리 멀지 않다", 「基督教思想」 제82호(1964. 12.), 40-47.

46 윤성범, "贖罪論的 立場에서 본 新舊教의 一致는 可能한가?", 「基督教思想」 제104호(1966. 6.), 60-66.

3) 한국 신학에 대한 제안(1970년대 이후)

박종천은 해천의 사상에 대해, "1960년대에는 성취론적 토착화론이었으나, 1970년대에 와서는 종교다원적 대화의 입장으로 전환했다"고 평가했다.[47] 보는 이에 따라 다르겠지만, 해천의 사상은 최근의 종교다원주의(Religious pluralism)와는 구별된다. 그가 타 종교와의 대화에 관심을 가졌던 것은 사실이지만, 그렇다고 해서 그것이 종교 간의 혼합론이나 습합론 또는 지평융합(*Horizontverschmelzung*) 형태의 대화는 아니었다. 그는 여전히 기독교 진리의 순수성과 절대성을 인정하였고, 그 바탕에서 타 종교와의 대화를 말했으며, 이것은 곧 선교적 변증론의 시작이었다. 즉 그는 항상 포용주의(성취론)적 시각을 갖고 있었는데, 다만 70년대에 들어서, 그 시각이 확장된 것은 사실이었다. 그 계기는 수차례의 국제종교사학회 참석과 70년대 이후의 한국 종교사학회 활동에서 비롯된 것으로 보인다. 그는 이렇게 회상했다.

> 이것은 나에게 정말로 좋은 기회가 된 것이다. 종교 간의 대화가 무엇을 의미하느냐를 비로소 피부로 느낄 수 있게 된 것이다. 이러한 시대에 나는 한국학에 주의를 기울일 수 있는 기회가 오게 되었다. 그것이 단군신화와 율곡사상의 연구인 것이다. 나는 한국사에 단군신화를 이야기하면 그것이 허무맹랑한 이야기로만 생각했었다. … 그런데 나는 단군신화에 굉장한 진리가 간직되어 있음을 점차로 알게 된 것이다.[48]

---

47 박종천, "檀君神話의 相生理念에 대한 神學的 解釋(I)", 「基督教思想」 제379호 (1990. 7.), 113.

48 윤성범, "나의 생애와 신학 7", 「크리스찬신문」(1976년 8월 21일자) 제2면.

곧 해천은 1960년대에는 토착화신학 테두리에서, 한국 종교·문화적 현상을 주목했다면, 1970년대부터는 타 종교에 관심을 두면서, 점차 종교 간의 대화에 관심했다. 그의 1970년대를 여는 첫 번째 논문은 "鄭鑑錄의 立場에서 본 韓國의 歷史觀"이었다. 그는 여기서 정감록은 한국 역사의 얼을 반영한다는 점에서, 한국사를 규정하는 근본이념이라 할 수 있고, 쿨만의 구속사관에 빗댈 수 있는 일종의 종말론적인 메시아니즘이라는 점에서, 기독교의 구속사적 내용이 개입될 여지가 있다고 보았다.[49] 이제 해천은 한국 종교·문화의 심층으로 접근하고 있었다. 이어지는 논문은 "和解論의 現代的 課題"인데, 특이하게 불교의 해탈 사상과 연계하여 기독교의 화해론을 이해하되, 불교의 문수사리보살회과경(文殊師利菩薩悔過經)의 참회와 기독교의 참회를 대조하면서, 회과경(悔過經)의 참회는 비록 그리스도의 대속 행위 같은 개념은 없지만, 신 프로테스탄트 신학의 주관적인 도덕감화설 보다는 더 신앙적이라고 평가한다.[50]

이러한 해천의 시각은 타 종교와의 대화 문제에 대한 관심의 표명으로서, 한국 신학 수립을 향한 보다 적극적인 행보였다고 할 수 있다. 그런데 1970년 11월 해천은 자신의 한국적 신학에 대한 본격적 행보를 알리는 논문을 발표했는데, 그것은 "韓國的 神學-名 誠의 神學"이었다. 그것은 해천 자신뿐만 아니라, 그동안 한국 신학의 가능성을 탐지해온 여러 신학자들의 고심에 대한 본격적인 응답의 성격을 지닌 것이었다. 그에게 있어서 한국적 신학은 곧 서구 신학으로부터의 해방을 뜻하는, 진정한 한국 교회의 신학이요, 한국 신학이었다.

49 윤성범, "鄭鑑錄의 立場에서 본 韓國의 歷史觀", 「基督敎思想」 제140호(1970. 1.), 102-115.

50 윤성범, "和解論의 現代的 課題", 「基督敎思想」 제142호(1970. 3.), 94-101.

우리의 신학은 이제부터는 사상적인 식민지적 예속에서 벗어나야 하고, 이러한 신학적인 바빌론 포로에서 해방되어야 하겠다는 것이다. 이것은 바로 서구 신학이 마치 우리의 것인 양 오인하고, 이를 터부시해버린 우리의 사대주의적 근성에 기인된 것이라 볼 수 있다. 앞으로의 우리의 신학은 이중적인 과제를 수행해야되겠다는 것이다. 즉 한국적 신학은 한국적인 실존과 한국적인 정황, 다시 말하면 한국적인 문화적, 정신적 전통에다가 서구적인 신학적 전통을 가미함으로써 우리의 전통이 다시금 살아나게 하는 것이 한국적 신학의 과제라 할 수 있다. 이러한 과업은 신학적 토착화의 과제만이 아니요, 이것이 바로 신학 그 자체라고 말할 수 있는 것이다. 이것은 전통적인 종래의 신학에서는 교의학과 기독교윤리의 관계로 특징지워지겠으나, 한국적인 신학에서는 신학과 종교로 특징지워지며, 이러한 종교는 계시와 이성의 관계에서는 이성에 해당하고, 넓은 의미의 종교와 윤리에서는 윤리에 해당한다고 보게 된다.[51]

해천은 계속해서 한국적 신학의 방법론을 제시하는데, 그 핵심으로서 신유학(특히 율곡)의 성을 주목했다. 그에 따르면, 성은 서구 신학이 말하는 계시와 동등한 성격을 지니는 바, 특히 초월적인 동시에 내재적인 성격을 지닌다는 점에서, 바르트의 객관적 계시와 주관적 계시 개념에 대비된다는 것이다. 이러한 성을 바탕으로 하는 성의 신학은 종래의 모든 독단적 철학을 지양하고, 계시와 이성, 계시와 종교, 계시와 윤리의 포괄적인 종합, 정신과 육체, 율법과 복음, 예수와 그리스도, 성과 속, 교회와 세상의 일치, 마침내는 남북통일, 동서 간의 평화까지를 아우르는 조화를 전제한 종합적인 에큐메니컬 신학을 목표로 삼는다는 것이다. 이러한 성은 그 본래 의미가 말씀(言)의 이뤄짐(成)이라는 뜻을 담고 있

51 윤성범, "韓國的 神學- 名 誠의 神學", 「基督教思想」 제150호(1970. 11.), 134-135.

다는 점에서, 결국 기독론적인 의미를 띠게 되며, 따라서 성이신 하나님의 개념을 내포하게 된다.

> 성(誠)은 한국 문화의 기본적인 바탕이 된다. 한국예술의 핵심이 조화미라면, 誠은 바로 이 조화미의 원리인 것이다. 誠은 하나님의 말씀이 초월적인 것과 같이 초월적이요, 동시에 그 말씀이 우리를 부르러 오시는 말씀인 점에서 내재적인 것과 같이 내재적이다. 이 誠은 전 동양 천지에서는 다 통할 수 있는 가장 빠른 전달계기가 되며, 그대로 동양인의 피부에 스밀 수 있는 개념이다.[52]

해천에 따르면, 신유학의 인성론의 성은 결국 존재론적 관념이요, 그리스철학의 로고스 자체이며, 기독교 신학에 있어서는 하나님 말씀과 일치한다(誠者天之道)는 점에서,[53] 한국 종교·문화적 토양에서 복음을 더 잘 이해할 수 있는 매개 원리(전이해)일 수 있으며, 이 따라서 성의 신학은 성을 전이해로 삼았기에, 한국인들에게 기독교 진리를 가장 올바르게 이해시킬 수 있는 공작(工作)이라는 것이다. 그는 이 방법론에 근거하여, 다음과 같은 후속 작업을 이어갔다.

"韓國的 神學-誠의 神學" 「基督教思想」 제154호(1971. 3), 132-148.
"韓國的 神學-基督論" 『홍현설박사 회갑기념논문집』 (감리교신학대학, 1971. 11.), 9-52.
"聖靈과 神靈" 「한국 종교사연구」 제1집(1972. 6.), 45-71.

52 *Ibid.*, 146.
53 윤성범, "誠의 神學이란 무엇인가?" 「基督教思想」 제177호(1973. 2.), 88.

첫 번째 논문은 성의 신학의 신론에 해당하고, 두 번째 논문은 기독론 그리고 세 번째 논문은 성령론에 해당하는데, 이것들은 모두 『韓國的 神學-誠의 神學(1972)』에 그대로 수록되었다는 점에서, 사실상의 한국적 신학에 대한 저술작업이었다고 할 수 있다. 그는 이 논문들에서 시종일관 성을 전통적인 기독교 신학과의 대화 원리로 삼아, 신학의 중요한 주제들인 하나님, 그리스도, 성령에 대한 문제를 오로지 성의 원리를 바탕으로 이해하려고 하였다. 그에게 있어서 성(誠-참 말씀)은 동양인에게는 가장 보편적이고, 가장 친숙한 개념이기 때문이었다.[54] 이것은 그리스도나 성령에 대해서도 마찬가지였다.

> 誠(참 말씀)을 한자 그대로 풀이하면 말씀이 이루어지다의 뜻이 되며, 그리스도론적 특이성을 간직하고 있는 개념이다. 따라서 誠은 초월적 개념이면서 동시에 내재적 개념도 되어, 神人(Gott-Mensch)의 도식에 부합된다 하겠다(Cur Deus homo?). 이 誠의 이중구조는 中庸 혹은 中和의 개념의 이원화된 표현이라고 보며, 따라서 誠은 中과 庸의 포괄자라고 보아도 좋겠다. … 따라서 誠을 신학적으로는 계시와 동일한 동양적인 개념임을 알 수 있고, … 이러한 낯익은 동양적인 고유관념을 계시 대신에, 아니 계시라는 서구적인 용어를 우리 것으로 번역하여서, 이것으로써 기독론적으로 해석해보려는 것이다.[55]

> 中庸의 진리를 성령의 진리와 대비시켜 보는 것은 中庸의 성격이 중보자적인 성격으로 일관되어 있기 때문이다. 우선 성령의 역사는 神人의 합일

---

54 윤성범, "韓國的 神學-誠의 神學", 「基督教思想」 제154호(1971. 3.), 133.

55 윤성범, "韓國的 神學-基督論", 『홍현설박사 회갑기념논문집』(감리교신학대학, 1971. 11.), 10.

과 화목을 목적한다. … 이것을 한마디로 말한다면, 誠이라는 말로 특징지을 수 있을 것이다. 말씀(中)이 이루어지심(庸)이 바로 誠이기 때문이다. … 聖靈의 役事는 바로 誠의 役事이며, 그것이 영적, 정신적인 점에서 볼 때, 공통된다 하겠다. 그러므로 성령론과 중용론은 표현은 다르나, 내용적으로는 같다 할 수 있으며, 중용은 바로 정신(혹은 영)을 어떻게 살리느냐의 중요한 문제가 내포되어 있는 것이다. 극단을 회귀할 수 있는 길은 中庸의 道밖에 없는 것이기 때문이다.[56]

이렇게 성의 신학의 기반을 마련한 해천은 마침내 1972년, 『韓國的 神學-誠의 神學』이라는 단행본을 출간, 그간의 노력에 대한 결실을 얻었다. 그렇지만 그는 거기서 만족할 수 없었다. 사실 그것은 개론서였고, 그것을 바탕으로 진정한 한국 신학 수립을 목표했기 때문이다. 그는 다시 성을 바탕으로 신앙의 실천 문제인 기독교 윤리를 유학의 효(孝)로 풀어냈고, 그것은 『孝(1973)』라는 결실로 나타났다. 그에 따르면, 동양 윤리의 근간은 효(孝)인 바, 그것은 비단 부자 관계뿐 아니라, 모든 덕(德)의 근본이다. 효(孝)는 이스라엘 전통에도 적용될 수 있는데, 창조 설화는 하나님과 아담의 부자 관계를 근간으로 하며, 이것은 나아가 하나님 아버지와 예수의 관계에도 나타나는데, "예수의 신앙은 하늘 아버지에 대한 충성(忠誠)에 다름없다. 우리가 예수로부터 배울 것은 바로 이러한 부자 관계에서 일어난 사실들을 두고 말한다"는 것이다.[57] 특히 예수는 아버지의 뜻에 겸손히 순종했는데, 그것이 바로 효(孝)의 극치이며, 그런 측면에서 예수는 모름지기 효자라는 것이다.[58] 효(孝)는 인간관계에서는

---

56 윤성범, "聖靈과 神靈", 「한국 종교사연구」 제1집(1972. 6.), 52.

57 윤성범, 『孝』(서울: 서울문화사, 1973), 19.

58 윤성범, "예수는 모름지기 孝子다", 「基督教思想」 제217호(1976. 7.), 20-31.

휴머니즘적인 인(仁: 사랑)으로 나타나는데, 인(仁)은 효(孝)의 인식근거(*ratio cognoscendi*)인 반면, 효(孝)는 인(仁)을 실현하는 존재 근거(*ratio essendi*)가 된다. 따라서 우리는 "인(仁)을 통해, 효(孝)가 뭔지를 알 수 있지만, 효(孝)의 전제 없이 인(仁)의 실현은 불가능하다"는 것이다.[59]

이렇게 보면, 기독교 신학에서 효(孝)는 하나님과의 수직적인 관계(신앙)에, 인(仁)은 휴머니즘으로서 인간 사이의 수평적인 관계에 대비될 수 있다. 그런데 이러한 효(孝)와 인(仁)이 서로 만나는 접촉점이 바로 성이라는 것이다. 곧 성은 효(孝)와 인(仁)의 종합이요, 포괄자라는 것이다. 이런 시각에서. 성은 하나님과의 관계서는 효(孝, 신앙)으로 나타나고, 인간과의 관계서는 인(仁, 사랑)으로 나타나게 된다. 그러므로 성은 인간이 궁극적으로 도달해야 할 목표이고, 인간은 그 성이라는 이상을 향해 달려가는 나그네라고 볼 수 있다는 것이다.[60] 이제 해천은 개론서(『韓國的 神學』)에서 제시한 성의 원리를 기초로, 보다 구체적으로 토착화 신학으로써 한국 신학을 추구해나가되, 신유학과 기독교 신학(특히 칼 바르트의 신학)과의 대화에 깊이 심취하게 된다. 이 시기에 해천은 다음과 같이 말했다.

> 기독교의 영원한 진리가 역사 속에서 구체화되는 일체의 과정을 다 토착이라는 말로 일괄 표현할 수 있다. 여기서 물론 지역적인 차로 인한 많은 상이성과 다양성 같은 것이 이로 좇아 파생될 것은 분명한 사실이 아닐 수 없다. 그렇다면 토착화란 바로 다원화, 상대화라는 결과를 초래할 것도 분명한 사실이 아닐 수 없다. … 상대화, 다원화, 절충화라는 문구가 두려워서 이것을 경원한다면, 영영 좋은 진리의 열매를 거두기 어려울 것이다.[61]

---

59 윤성범, 『孝』, 63.
60 *Ibid.*, 118, 120.

해천은 이러한 시각으로써, 신유학의 인성론(人性論)과 신학의 신학적 인간학과의 대화에 많은 관심을 보였다. 이것은 아마도 유학의 근본이 휴머니즘이었기에, 인간 이해의 범주를 넘어서는 신론(神論)보다는 신학적 인간학(神學的 人間學)과 유학의 인성론과의 대화가 보다 용이하다는 것을 인식하였기 때문으로 보인다. 이에 대해 해천은 다음과 논문들을 발표하였다.

"La Piete Filiale Dans La Societe Coreenne Contemporaine-한국 현대 사회에 있어서의 효사상"「한국 종교사연구」 제2집(1973. 10. 종교사학회), 159-166.

"孝와 현대 윤리의 방향 정립"「基督教思想」 제187호(1973. 12.), 93-100.

"道의 현대적 의미 — 誠의 신학의 구조론"「文學思想」(1974. 9.), 196-205.

"基督教倫理가 儒教倫理를 어떻게 規定할 수 있는가?"「神學思想」 제7집(1974. 12.), 703-722.

"性論"「神學과 世界」 제1집, 감리교신학대학교(1975. 4.), 3-22.

"聖學과 神學의 比較硏究"「韓國學報」 제3집(1976. 6.), 92-111.

"예수는 모름지기 孝子다"「基督教思想」 제217호(1976. 7.), 20-31.

"韓國人의 罪意識"「基督教思想」 제226호(1977. 4.), 78-85.

"基督教와 韓國倫理"「神學과 世界」 제3집(1977. 10.), 1-24.

"儒教 人間觀과 基督教"「基督教思想」 제236호(1978. 2.), 76-84.

해천의 목표는 뚜렷했다. 그는 율곡(栗谷)의 『성학집요(聖學輯要)』에 해당하는 신학적 인간학을 저술하려 한 것으로 보인다. 그렇지만 그

61 윤성범, "誠의 神學이란 무엇인가",「基督教思想」(1973. 2.), 85-86.

의 갑작스러운 별세로 한국적 신학으로써 성의 신학은 미완성으로 남았다. 요컨대 해천은 초기에는 바르트 신학 이해에 충실했으나, 점차 그것과의 긴장을 느끼면서 토착화 논쟁 과정에서 토착화론자로서 발판을 굳히게 되었고, 마침내 한국적 신학에서는 바르트를 넘어서려 하였다. 이를 위해 불트만의 해석학의 도움을 받기도 하였고, 그 과정에서 심지어 상대화, 다원화, 절충주의라는 자극적인 용어까지 사용하면서 나름대로 한국 신학 혹은 한국적 신학 수립에 몰두하였다. 하지만 그는 끝내 바르트 신학을 완전히 극복하지는 못했다. 오히려 끝까지 바르트에게 의존하였는데, 심지어 그의 성의 신학은 성리학을 바탕으로 한, 바르트 신학의 토착화로서 성격이 짙을 정도이다. 바로 이점 때문에 그는 후세대 신학자들에게 성취론자로 비판을 받는다.

그렇다면 그는 왜 바르트를 거부하면서도 굳이 그를 붙들려고 했을까? 그에게 있어서 바르트 신학은 유학과의 대화를 위한 중요한 도구적 전거(典據)였다. 즉 그에게 바르트는 한국적 신학 수립을 위해 넘어야 할 언덕이면서도, 한편으로는 기대야 할 언덕, 곧 자기 신학의 기반인 동시에, 유학을 기독교적으로 들여다보기 위한 유용한 비판적 도구였다. 그러나 한편, 불트만의 해석학은 경직화된 기독교적 전통을 넘어, 다른 세계를 바라보게 하는 유용한 창문이었다. 그래서 해천은 불트만적 노선인 인간적 축점(人間的 軸點: a viewpoint of Divinity)과 바르트적 노선인 신적 축점(神的 軸點: a viewpoint of Humanity)을 동시에 견지하였고, 바로 이점이 후학들에게 혼란을 주었다.

하지만 그는 서구 신학을 넘어서 조화와 중용을 추구하는 조화·전개적인 동양적 사고의 틀로써 한국적 기독교 신학을 구축하려 한 점은 매우 중요하다. 기독교 신앙은 하나님의 은총에 대한 인간의 응답으로서 의미를 지닌다. 이 신앙은 근본적으로 하나님의 선행적 은총을 전제하지만,

이에 대한 인간의 응답 또한 단지 수동적인 것만은 아니다. 기독교 신앙은 오히려 하나님의 은총에 대한 인간의 주체적 응답을 요청한다. 바로 여기서 신적 축점으로써 하나님의 은총에 대해, 인간 문화 아프리오리에 의한 응답으로서 인간적 축점을 동시에 말하게 된다. 그리고 신학 역시 하나님의 구원사건에 대한 인간의 실존적 · 학문적 응답이라는 점에서 양 축점을 동시에 전제하게 된다. 물론 신앙처럼, 신학도 신적 축점에서 출발한다. 그렇지 않으면 신학은 불가능하기 때문이다. 바르트는 다음과 같이 말한다.

> 복음주의 신학이란 하나님의 이 은혜의 "Yes"에 대한 응답의 노고요, 인간을 향하신 그의 우정을 통하여 계시하신 "하나님의 자기 계시"에 대한 응답의 노고이다. 복음주의 신학은 인간의 하나님으로서 하나님과 관계하며, 따라서 하나님의 인간으로서 인간과 관계한다. 복음주의 신학에 있어서 인간은 극복되어야 할 그 무엇(니체)이 아니라, 하나님에 의하여 극복으로 확정된 존재이다. 만약에 신학이란 말이 그의 대상이 지니는 이 결정적인 차원, 즉 자유롭게 반응하는 사랑을 불러일으키는 하나님의 자유로운 사랑, 감사(eucharistia)를 불러일으키는 하나님의 은혜(charis)를 결여한다면, 이것은 정확하게 말해서 신학이란 말의 의미 내용을 충분히 갖지 못하는 것이다.[62]

한 마디로 신학은 하나님 은혜의 바탕, 곧 신적 축점에서 비롯될 때, 비로소 기독교 신학일 수 있다는 것이다. 그렇지만 한편 그 은혜에 응답하는 수용자로서 인간은 자신의 종교 · 문화적 영성이라는 채널을 통해

---

62 K. Barth, *Einführung in die evangelische Theologie*, 이형기 역 『복음주의 신학 입문』(서울: 크리스챤다이제스트, 1987), 33.

응답한다는 점에서, 신학자 개인 혹은 지역마다의 독특한 신학의 장이 펼쳐질 수 있다는 것이다.

3. 윤성범 신학 사상의 시대적 의의

윤성범은 처음부터, 한국 신학에 대한 관심에서 그 여정을 시작했다. 이러한 그의 열정은 필생의 저작이라고 할 수 있는 '한국적 신학'에 농축되어 있는데, 그의 신학의 중요한 방법론적 원리는 불트만적 노선인 인간적 축점과 바르트적 노선인 신적 축점을 동시에 견지하고 있는 바, 그것은 특히 한국의 종교·문화적 아프리오리(영성)라고 할 수 있는 신유학의 성의 원리를 따라 진행되었다. 그에 따르면 신유학의 인성론 개념인 성은 존재론적 관념이요, 그리스철학의 로고스 자체이며, 신학(특히 칼 바르트)에서는 하나님의 말씀과 일치한다(誠者天之道)는 점에서, 한국 종교·문화적 토양에서 복음을 더 잘 이해할 수 있는 매개 원리가 될 수 있는데, 이는 성이 한국인에게 가장 보편화되고 가장 친숙한 개념이기 때문이라는 것이다.

이러한 해천의 신학적 시각은 보수적이고, 근본주의적인 이들로부터, 혼합주의자 혹은 종교다원주의자라는 오해와 비판을 받았다. 그렇지만 해천은 기독교 전통에 확고하게 서 있었을 뿐만 아니라, 특히 그 바탕에는 칼 바르트의 『교회 교의학』이 흐르고 있었다. 다만 한국적 신학을 추구하려는 그에게는 바르트적 시각만으로는 한계가 있었기에, 불트만의 해석학을 함께 수용하려 한 것이다. 그렇지만 그는 바르트나 불트만 중 어느 한쪽에 치우치지는 않았고, 양자를 조화롭게 운용하려고 하였다. 그리하여 그는 신유학의 형이상학적인 인성론 개념인 『中庸(중용)』의 성을 주목하기에 이르렀고, 특히 자신의 '한국적 신학'을 위한 매개 원리(the Principle of Mediation) 내지, 핵심 매체(the Core Metaphor)로 수용한 것으로 보인다.

해천은 그 자신이 처음부터 그토록 염원했던 한국 신학 수립을 위해 한 시대를 풍미한 위대한 신학자로 불리기에 조금도 모자람이 없는 신학자였다. 한국 신학에 대한 그의 열정과 뛰어난 도전정신은 분명히 후학들에게 큰 영향력으로 살아 있어야 옳을 것이다. 하지만 부끄럽게도 후학들은 그의 정신과 열정을 망각하고 있지는 않은지 모르겠다. 그가 이 세상을 떠난 지도 50여 년의 세월이 흘렀지만, 오늘의 한국 신학계는 여전히 그가 그토록 외쳤던, 서구 신학으로부터의 해방의 메시지를 외면한 채, 여전히 서구 신학에만 매달리고 있는 점도 아쉬운 측면이다. 특히 세계교회가 부러워하던 한국 교회의 눈부신 성장 그래프도 빛이 바랜 지 오래된 지금, 한국 교회는 성장이라는 말을 잃어버린 채, 생존에 급급한 현실이 되었다. 이것은 어쩌면 한국 교회가 해천이 그렇게도 외쳤던, 한국인에 의한 한국적 신학의 수립이라는 너무도 당연한 시대적 과제를 외면한 결과가 아닌지 모르겠다.

신학은 단지 대학 강단만을 위한 현학적인 학문이 아니라, 그 시대의 교회와 사회를 위한 가장 중요한 하나님의 메시지를 담고 있다는 점에서, 한국 교회가 그 시대를 향한 신학적 메시지에 귀를 기울이지 않는다면, 그 결과는 불을 보듯 뻔하다. 그러기에 한국 교회는 이제라도 해천이 그렇게도 역설했던 것처럼, 한국의 종교·문화에 대한 깊은 이해를 바탕으로 하는 한국적인 영성에 대해, 보다 진지한 접근이 필요하다. 복음을 수용하게 될 선교의 대상의 삶의 자리라고 말할 수 있는 한민족의 역사·문화적 콘텍스트로서 종교·문화적 영성에 대한 진지한 이해 없이, 어떻게 한민족에게 복음을 전할 수 있단 말인가?

이러한 맥락에서 해천의 시각은 비단 신학이라는 학문적인 측면에서만 중요한 것이 아니라, 오늘 한국 교회가 선교적 실천 대상으로 주목하는 한국인이라는 실체를 제대로 이해하기 위해서는 한국의 종교·문화적 영성을 이해하려는 태도가 필수적일 수밖에 없다는 점에서, 해천이 남긴 유산은 한국 교회의 선교정책과 선교적 실천의 영역에서도 매우 중요한 의의를 지닌다. 하나님께서는 예수 그리스도의 십자가와 부활의 복음이라는 객관적인 은혜로써 다가오시지만, 그 복음의 은혜를 수용하게 되는 한국인들의 심령에 그 은혜를 현재화하는 성령의 역사는 한국인의 종교·문화적 영성을 유효적절하게 사용하신다. 이는 인간의 복음에 대한 인식과 수용은 자신의 종교·문화적 채널(Religio-Cultural Channel, Metaphor)을 바탕으로 이뤄지기 때문이다. 이것은 이미 예수 그리스도의 성육신에서 그 원리를 찾아볼 수 있지 않은가?

더욱이 시각에 따라 다를 수는 있지만, 적어도 초기 이 땅을 찾았던 선교사들은 선교지인 이 땅의 종교와 문화에 대한 이해를 위해 무던히도 노력했던 사실은 우리에게 많은 생각을 갖게 한다. 물론 선교사들 중에는 자신들의 문화에 대한 우월의식에 취한 이들도 적지는 않았지만, 그래도 복음을 선포할 선교지로서 이 땅의 종교·문화에 대한 그들의 진지한 눈빛만큼은 분명했다는 사실을 그들이 남긴 자료들을 통해 확인할 수 있다. 그들은 자신과 선교자 사이의 엄청난 종교·문화적 간격에 대한 극복을 위해 한민족을 깊이 연구하는 일에 성실했고, 한민족의 종교와 문화에 깊은 관심을 두었다.

오늘날 해천의 신학 사상은 교회 안팎으로, 교회의 존재 의미와 사회적 가치문제에 직면하고 있는 한국 교회로 하여금, 자신의 존재와 삶의 자리를 돌아보고, 이 시대의 사회를 위해 무엇을 할 것인가에 대한 깊은 자각을 요구한다. 해천의 주장은 한 마디로 민족 혹은 사회와 유리된 신앙과 신학이 아니라, 만족과 사회의 한복판에서 예수 그리스도의 이름으로써, 민족과 사회를 섬기는 신학으로써 길을 촉구하는 방향에 서 있다. 신학은 무엇보다 하나님의 말씀을 들어야 하지만, 그 말씀을 선포해야 할 자신의 삶의 자리에 대한 깊은 이해와 그곳으로부터 흘러나오는 역사의 신음 소리를 함께 들어야 하지 않는가? 그리고 신학의 자리로서 교회의 자기 이해와 삶의 의미를 계속해서 다시 물어야 하지 않는가?

그런 의미에서 해천은 오늘도 자신의 신학을 통해 목회자들과 신학도들에게 묻고 있다: "당신은 무엇을 보고, 무엇을 듣는가? 그리고 받은바 하나님의 말씀을 누구에게 또한 어떻게 전할 것인가(렘 1:11-14)?"라고. 신학은 언제나 역사의 현장에서 하나님의 말씀을 듣고 선포하는 중대한 소명을 안고 있음을 잊지 말아야 한다. 그때 비로소 신학은 신학일 수 있다. 오늘도 하나님께서는 한국 교회의 신학이 진정한 한국 신학이기를 바라지 않으실까?

II. 성(誠)의 신학에 대한 길라잡이

윤성범의 성의 신학은 그의 토착화론과 밀접한 관계에 있다. 따라서 본격적으로 그의 성의 신학을 열기 전, 그의 토착화론에 대한 기초적인 이해가 필요하다. 그뿐만 아니라, 성의 신학은 비록 미완의 신학이지만, 기독교 신학을 성리학적 기조에서 해설하고 있다는 점에서, 쉽게 접근하기 어렵기에, 그 바탕을 이루는 개념에 대한 정리가 필요하다.

1. 윤성범의 토착화론

윤성범의 토착화론은 그의 신학 전반을 이해하는 열쇠와 같다. 따라서 그의 토착화론에 대한 충분한 이해가 없이는 특히 그의 성의 신학에 대한 이해가 쉽지 않다. 그렇기 때문에, 여기서는 해천의 토착화론과 그의 성의 신학을 이해하기 위한 전초 작업을 시도하려고 한다. 말하자면, 이 부분은 윤성범 신학에 대한 전이해(前理解)와 같은 것이다.

1) 윤성범의 토착화 개념

예수 그리스도의 복음은 인간에게 주체적·신앙적 결단을 통한 전인격적 토착화를 요구한다(마 16:13-16). 따라서 토착화는 한 시대적·지역적·문화적 과제가 아닌, 예수 그리스도의 십자가와 부활의 복음 자체의 선교적 요청(고전 9:19-23)이라 할 수 있다. 즉 토착화 문제는 성육신의 원리로부터 시작되며, 그리스도의 복음이 특정 종교·문화적 토양에 심어질 때마다 발생하는 복음과 상황 간의 원초적 관계 문제다. 말하자면, 그리스도의 복음이 전해질 때마다, 씨앗으로서 복음이 선교지의 종교·문화적 영성과의 만남을 통해, 선교지 만의 독특한 신앙과 삶이라는 결실로 나타나게 된다는 사실에서 복음의 토착화 문제가 대두된다.

그런데 여기서 복음의 토착화사건은 그 과정 자체가 인간에 의한 인위적인 조작을 통한 것이 아니라, 성령에 의한 역사라는 신비적인 성격을 지닌다는 점에서, 복음 자체의 변질이나 선교지의 종교·문화와의 혼합에 의한 제3의 그 무엇을 뜻하지 않는다. 물론 신학적 차원에서는 다양한 논의가 가능하지만, 복음의 토착화는 사실상 인간의 논의 이전의 문제요, 성령의 특별한 은총에 속하는 차원이기 때문이다. 토착화에 관한 관심은 그레고리우스 대제(Gregory The Great, 590~604) 때부터지만, 이 용어가 세계신학계의 주목을 받은 것은 1913년부터다.[1] 특히 토착교회 개념은 세계교회협의회(WCC) 산하, "신앙과 직제위원회(Faith & Order)"의 예루살렘회의(1928)와 마두라스회의(1938)에서 채택된 것이 특히 중요하다. 예루살렘회의의 토착교회 개념은 다음과 같이 요약될 수 있다.

> 한 교회가 예수 그리스도를 통해 하나님 안에 깊이 뿌리내리고 세계교회의 불가결한 일원으로 될 때, 아마도 살아 있고 토착화된 교회라 할 수 있는데,
>
> 1) 그 지교회(支敎會)가 모든 땅과 모든 시대에 있어서 교회의 유산을 보존하는 한편, 그리스도 해석과 그 표현이 그 백성에게 가치 있는 특징을 융합, 예배·관습·예술·건축에서 나타날 때.
>
> 2) 그 지교회를 통해 예수의 정신이 모든 삶의 측면을 감화시키며, 남녀를

1 그 계기는 영국 Sidney J.W. Clark가 해외선교에 관심을 갖고 17년간 연구 끝에, 1913년 중국기독교연합회 요청에 따라, "The Country Church and Indigenous Christianity(지역교회와 토착적 기독교)"라는 글을 썼고, 이것이 다시 *The Indigenous Church*란 제목으로 출판된 데 있었다(John Ritchie, *Indigenous Church Principles in Theory and Practice*, Fleming Co, 1946, 13).

막론하고 모든 사람이 전 능력을 그리스도를 섬기는 일에 온전히 바치게 할 때.

3) 그 지교회가 적극적으로 그 땅의 백성과 생활을 같이할 때.

4) 지교회가 그 지역 사회의 정신적 힘이 되어 때마다 당면하는 문제에 동정적으로 관심을 가지고 그 해결을 위하여 용감히 공헌할 때.

5) 그 지교회가 선교 열정과 개척정신에 불탈 때 등이다.[2]

이러한 개념은 당시로서는 획기적이었지만, 여전히 선교적 관심에 뿌리를 둔 고전적인 것이었다. 그렇다면 1960년대 토착화 논쟁에서 제기되었던, 한국 신학자들의 토착화 개념은 어떠한가? 1960년대부터 1980

〔도표 1〕 토착화론에 대한 한국 신학자들의 다양한 견해들

복음과 문화의 변증법적 작용에 의한 복음의 토착화	복음의 주체성에 의한 기독교 문화 혹은 가치관의 토착화	인간적 노력에 선행하는 성령의 역사로서 토착화
장병일: 복음의 문화 의상 착용 유동식: 초월적 진리의 자기부정을 통한 재창조(풍류 신학) 이장식: 특수의 보편화 정대위: 복음과 문화의 습합 정하은: 복음에 대한 한국적 문화 양식의 응답 한태동: 복음의 번역과 변형 홍현설: 선교적 촉발론 김경재: 복음과 문화의 주체적 지평 융합(문화신학) 변선환: 복음과 문화의 상대화를 통한 대화적 만남(종교 신학)	전경연: 기독교 문화의 토착화 (변혁모델) 박형룡: 문화에 대한 복음의 정복 (정복모델) 박봉랑: 복음의 문화에 대한 극복 (변혁모델) 박봉배: 복음에 의한 문화변혁과 재해석(변혁모델) 이종성: 기독교적 가치관의 토착화(변혁모델) 박아론: 복음에 의한 문화의 초월적 정복(정복모델) 한철하: 복음의 주체성에 의한 문화의 변혁(변혁모델)	김광식: 성령의 역사로서 토착화 - 인간 자신에 의한 의식작용으로서 토착화가 아닌, 하느님의 구원역사에 대한 기독교 공동체의 실존적 자기 인식 작업으로서 토착화론, 즉 인간 의식 이전에 일어난 성령의 구원 사건에 대한 기독교 공동체의 실존적 자기 인식 과정이 바로 토착화신학 작업이다. 그런데 이러한 인식 작용은 문화적 바탕에서 이루어진다.
인간적 축점에 대한 관심	신적 축점에 대한 관심	양축 점에 대한 동시적 수용

2 W. Adams Brown, *Toward a United Church* (Charles, 1946), 127. 심일섭의 번역문. "韓國神學 形成史 序說(I)", 「基督教思想」 제174호(1972. 11.), 92.

년대까지 논의되었던 한국 신학자들의 토착화 문제에 대한 다양한 입장에 대해 다음 쪽의 [도표 1]과 같이 정리할 수 있다.

김경재는 한국 신학자들의 다양한 토착화 개념에 대한 견해들을 **파종모델, 발효모델, 접목모델, 합류모델** 등으로 세분하지만,[3] 크게 세 가지로 나눌 수 있다. 즉 인간적 축점에서 수용자의 종교·문화적 주체성을 강조하면서, 복음과 문화의 만남에 의한 변증법으로서 복음의 토착화를 말하는 입장과 신적 축점에서 복음의 주체적 역동성을 강조하는 기독교 문화의 토착화 입장, 양 축점을 함께 수용하면서도 신적 축점의 선행을 강조하는 제3의 입장으로서, 성령의 역사로서 토착화의 입장으로 대별된다.

그렇다면 해천은 토착화에 대해 무엇을 말하는가? 그는 무엇보다 토착화(土着化)의 의미를 한자어에서 발견했다. 즉 토착(土着)이라는 말을 뿌리내림(root-in)으로 풀이하면서, 토착화는 씨앗으로서 복음이 한국 문화 아프리오리라는 솜씨에 의해 토양인 한국인의 심성에 뿌리내리는 과정으로서, 이른바 **파종모델**로서 토착화를 주장하였다.[4] 따라서 종자와 밭의 변증법적 관계 모형을 전제하는 그의 토착화론에서는 늘 종자로서 복음의 주체성보다, 토양의 질이 문제이다. 다시 말해서 그는 씨앗보다 토질의 생산성, 곧 한국의 종교·문화라는 밭의 비옥한 성질을 주목한다. 이것은 복음을 수용하는 한국 교회의 신학적 인식론에 있어서의

3 김경재, 『解釋學과 宗敎神學』(천안: 한국신학연구소, 1994.), 187-223. 그러나 윤철호는 이러한 분류를 대체로 수용하면서도, 특정 신학자들을 각 모델에 적응시키는 것은 문제가 있다고 본다. 즉 모든 신학자의 입장이 각기 어느 한 모델에 정확하게 부합되는 것이 아니며 또한 각 유형조차 쉽게 끊어 나눌 수 없는 복합적 스펙트럼이 존재한다는 사실을 들어 김경재의 제안을 다소 비판한다(윤철호, "한국토착화신학에 대한 해석학적 고찰", 「組織神學論叢」 제4집, 1999., 154-172).

4 이것은 김경재의 개념과는 다르다. 그는 씨앗의 절대적 생명력을 강조하면서 상대적으로 토양의 기능을 축소하거나 거의 부정하는 개념으로 토착화의 필요성 자체를 부정한다는 점에서, "정복모델" 쪽에 가깝다. 그러나 윤성범의 "파종모델"은 "씨앗과 토양"의 상호 변증법적 관계를 강조한다(김경재, 1994, 188-199).

주체성 문제로서, 곧 전이해(Vorverständnis) 문제와 관련된다. 이 전이해는 한국 종교·문화적 영성과 통하는 개념이다. 한국 교회로서 나는 한국 종교·문화적 영성에 근거한 전이해 없이는 복음을 수용할 수 없다는 점에서, 그것은 곧 신앙의 존재 근거(ratio essendi)는 아니지만, 신앙의 인식근거(ratio cognoscendi)라고 말할 수 있다. 즉 나는 전이해를 통해 자각존재가 되며, 이러한 실존자만이 그리스도의 복음을 통한 은혜를 받을 수 있다. 이것은 새 술(복음)을 담을 새 가죽 부대(토양)와 같은 것이며, 우리 문화 일반의 본래성을 뜻한다. 그러나 이러한 시각은 자칫 씨앗의 동일성이 토질에 의해 변형될 가능성도 있다는 점이 문제이다. 다음은 자신의 토착화 개념에 대한 해천의 설명이다.

> 복음의 토착화란 어떠한 모양의 계획으로써 달성되는 것은 아니다. 복음과 우리 민족과의 부단의 접촉에서 점진적으로 개척되어질 성질의 것이요…. 그러므로 토착화는 먼저는 소극적, 피동적인 것으로 볼 때에는 하나님 말씀을 받아들일 수 있는 그릇 또는 새 가죽부대이며, 복음의 씨를 받아 자라나게 할 수 있는 옥토에 비길만한 토양이며(信仰), 동시에 적극적 능동적으로는 하나님 말씀을 우리 고유한 사고 양식으로써 터 닦을 수 있는 학적인 공작이라고 볼 수 있다(神學).[5]
>
> 결국 복음의 토착화란 복음의 우월성을 제한하려는 것이 아니라, 우리가 복음을 받아들인 경우에 있어서 얻어질 결실에 대한 자기 반성에 다름없는 것이다. 이것은 어디까지나 우리에게 맡겨진 책임이요, 의무인 것이다.[6]

이러한 해천의 토착화론의 특징은 일차적으로 인간적 축점에 있다고

---

5 윤성범, "福音의 土着化에 대한 前理解", 「基督教思想」 제66호(1963. 6), 35.
6 윤성범, 『基督教와 韓國思想』, 103.

할 것이다. 즉 해천은 신학의 가능 조건을 한국 문화 아프리오리에서 찾고자 했는데, 이것은 복음과 전이해 곧 실재와 관념의 조화적 합일을 이루는 역설적인 변증법적 솜씨를 의미하였다. 이러한 해천의 토착화론은 우선 감론과 솜씨론으로 요약될 수 있다. 즉 복음의 씨앗이 한국 문화적 토양에 뿌려져서, 토착화하는 과정은, 신학적인 감(소재)으로서 복음이 자리(토양)인 동시에, 조화의 솜씨로서 한국 문화적 아프리오리에 담겨질 때, 비로소 그 열매를 맺게 된다는 것이다.

> 한국적 문화 아프리오리는 솜씨에 있다고 해도 과언이 아니라고 생각한다. 한국 문화에서 솜씨를 빼어버린다면 이것은 정말로 보잘것없는 것이 되어버리고 만다. … 하나님의 말씀이 한국적인 문화 아프리오리인 이 솜씨에 담겨질 때 비로소 말씀은 빛을 발하게 될 수 있는 것이다.[7]

> 이러한 제 종교를 통해서 일관하는 한국적인 고유한 입장과 주체성을 가지고서만 기독교 진리도 올바로 이해될 것으로 본다. … 달리 말하면 한국 문화의 아프리오리한 것을 찾기 전까지는 기독교 진리의 정당한 이해는 무망한 것이라고 보여진다.[8]

그런데 한편 해천은 감론과 솜씨론에서 한국 신학의 가능 근거를 한국 문화 아프리오리인 솜씨의 변증법에서 찾던 태도를 넘어, 멋론에 이르러서는 갑자기 토착화가 성령의 역사(役事)라고 역설한다. 그래서 지금까지 해천의 토착화에 대한 시각을 인간적 축점이라는 측면에서 바라보던 독자들을 혼동케 한다.[9] 즉 멋론에서는 토착화가 인간적 축점

---

7 *Ibid*., 29.
8 윤성범, "메시아니즘과 終末論", 「思想界」(1963. 2.), 168-169.

이기보다 신적 축점이라는 것이다. 토착화가 신적 축점이라는 말은 곧 토착화의 주체는 인간이 아니라, 전적으로 하나님 자신에 의한 것이라는 개념이다. 그의 말을 들어보자.

> 이러한 솜씨가 인간의 것이라고 본다면 이것이야말로 언어도단이다. 물론 인간은 이러한 솜씨를 흉내낼 수는 있으나 실현할 수는 없는 것이다. … 이것은 성령의 활동 영역인 것이다. 성령의 역사 없이는 성서해석도 무효로 돌아갈 수밖에 없는 것이다.[10]

> 복음의 토착화는 결국 단순한 객관주의와 단순한 주관주의를 지양하고 이 양자를 유기적으로 통일 연관을 맺게 하려는 기초공작이라고 보면 좋을 것이다. 이러한 유기적 통일은 성령의 역사(役事)임은 두말할 것도 없다.[11]

신학방법론으로서 한국인의 천재적 관찰력을 찬양하면서도, 동시에 성령의 역사를 말한 해천은 토착화 역시 인간적 축점으로써 전이해 문제인 동시에 신적 축점으로써 성령의 역사라고 주장한다. 바르트와 불트만이 해천에게서 갈등을 일으킨 셈이다. 그의 태도가 왜 이렇게 바뀌었을까? 바르트 밑에서 공부한 그로서는 토착화를 인간적 축점으로만 말할 경우, 신학 자체의 존립 문제가 있음을 알았기 때문이 아니었을까? 그의 글은 기본적으로 예수 그리스도의 복음이 기독교 신앙과 신학의

---

9 윤성범과 김광식 모두 "성령의 역사로서 토착화"를 말했지만, 그 개념에는 차이가 있다. 전자는 복음과 문화의 변증법적 조화의 솜씨를 일으키는 신학적 주체자로서 성령의 사건을 의미하나, 후자는 신학 활동 이전에 일어나는 하나님의 구원사건의 주체자로서 성령의 역사를 의미한다.

10 윤성범, 『基督教와 韓國思想』, 37.

11 윤성범, "韓國教會의 神學的 課題", 「현대와 신학」 (1964. 12.), 10.

근본이라는 확신에 차 있을 정도로, 철저하게 기독론 중심인 바르트 신학에 신학적 근거를 두고 있다. 그렇지만 한편 한국 신학 수립이라는 목표의식에 사로잡힌 해천으로서는 바르트 신학이 자신의 신학적 모퉁이 돌(the Corner Stone)이 분명하지만, 한편 그것은 자신의 목표에 대해, 일종의 걸림돌(a Stumbling block)로 작용할 수 있음을 알고 있었다. 그래서 그는 성령과 한국인의 천재적 솜씨 사이에서 방황한 것으로 보인다. 이것은 바르트의 삼위일체론을 단군신화의 신관에 접근시키던 솜씨의 고충에서 이미 드러난다. 사실 해천도 자신의 방법론에 내재하는 모순을 알고 있었다.

> 이해란 결코 일치되는 데에서만 가능한 것이 아니다. 도리어 불일치 속에서 명백한 이해가 동반하게 되는 것을 불트만도 지적한 바 있다. 접촉(Anknüpfung)이 있기보다는 도리어 모순(Widerspruch)이 있는 것이 사실이다.[12]

그런데 그는 인간적 축점인 문화 아프리오리로서 한국적 솜씨와 신적 축점인 성령의 역사에 의한 직관적 변증법으로서 토착화론의 내부적 모순을 율곡의 성을 도입함으로써 해결하게 된다. 그가 이해한 중용의 원리인 성은 초월적·내재적 성격을 갖고 있어서, 하나님과 사람을 진리의 말씀으로 연결하는 능력이 있기 때문이다. "적어도 동양 천지에 있어서는 성의 개념을 신학에 도입한다는 것은 그만큼 이해를 빨리할 수 있는 큰 계기가 된다고 볼 수 있다. 우리의 골수에 들어올 수 있는 계시 개념에 대등한 것은 성의 개념밖에 없다고 하겠다. 성의 개념의 초월적인 동시에 내재적인 성격은 칼 바르트의 객관적 계시와 주관적 계기에 대비되기

12 윤성범, "福音의 土着化에 대한 前理解", 「基督敎思想」(1963. 6.), 33-34.

도 한다."[13]

요컨대 해천의 토착화 개념은 "자율(autonomy)로서 복음과 타율(heteronomy)로서 한국의 전통적 요소의 혼합적 성격을 띤다"는 비판의 가능성도 있지만,[14] 그 핵심은 복음과 문화의 혼합이 아니라, 성의 변증법적 원리에 의한 한국인의 조화와 합일의 솜씨였다. 그러므로 그의 토착화 개념은 인간적 축점과 신적 축점의 양면을 견지하면서, 양자의 조화와 일치를 지향하는 통전적 토착화의 성격을 띠었고, 이러한 해천의 태도는 구체적으로 성의 신학의 방법론적 원리로 나타났다고 할 것이다.

2) 윤성범 토착화론의 전개 과정

해천은 토착화과정을 3단계로 고찰한다. 제1 단계는 주체성 문제로서, "거룩한 것을 개에게 던지지 말며, 진주를 돼지에게 던지지 말라(마 7:6)"는 예수님의 말씀처럼 복음은 주체성을 가진 인격자에게만 선포의 의미가 있다고 주장한다.[15] 여기서는 수여자와 수용자가 함께 주체적 인격을 가지고, 반려자로서 복음과 문화를 매개로 마주 보게 된다. 물론 여기서 인간의 주체성은 항상 하나님의 주체성에 따라온다. 따라서 이 단계는 현상학적 직관을 통해, 주객의 상호관계 설정에 앞서 주체와 객체의 본질에 대한 개별적 규명작업, 즉 복음과 한국적 문화와의 관계 또는 접촉점을 찾기 전에 양자에 대한 개별적 이해를 요청한다.[16]

---

13 윤성범, "韓國的 神學-名 誠의 神學", 「基督教思想」(1979. 11.), 135.

14 김용옥, "韓國的 神學 形成의 再試圖", 「基督教思想」 제154호(1971. 3.), 119. 그러나 이정배는 이러한 윤성범의 태도를 "한국 고유의 문화적 선험성 속에서 성령의 역사를 그것과 동시적으로 융합시키려는 신 중심적이고 포괄적인 해석학적 전개"라고 보았다(이정배, "한국 문화신학에 대한 평가와 전망", 『한국 종교문화와 그리스도』, 58).

15 윤성범, 『基督教와 韓國思想』, 89.

제2 단계는 **수용성 문제**로서, 새 포도주는 새 부대에 넣어야 한다는 말씀(마 9:17)을 중심으로 전이해와 관련된다. 여기서 새 포도주는 복음을, 새 가죽 부대는 복음을 받아들이는 인간의 수용 능력을 뜻한다.[17] 즉 새 가죽 부대는 회개하여 새 사람된 한국 신자로서, 새 포도주인 복음을 수용하여 한국 문화적 솜씨로써 복음(내용, 소재)과 자리(형식, 형상) 사이의 원초적 폭을 무한히 좁혀 나가는 조화의 멋을 이루는 능력을 뜻한다. 그러므로 이것은 신앙에 대한 인식근거로서 전이해의 문제와 관련된다.

제3 단계는 **복음의 토착화 문제**로서, "한 알의 밀이 땅에 떨어져 죽으면, 많은 열매를 맺는다(요 12:24)"는 원리를 따른다.[18] 이것은 초월적 복음의 내재화 과정이요, 종자의 자기부정을 통한 성육신화 과정이다. 즉 복음의 씨앗이 한국 문화적 토양에 떨어져, 변질의 위험을 무릅쓰고 토착화하여, 새로운 결실을 맺는 과정이다. 하지만 문제는 토착화의 결과로서 새로운 열매는 인정되지만, 그것이 원초적 씨앗과의 동일성 여부가 불확실하다는 것이다. 그의 논리에 따르면, 복음의 동일성은 전적으로 토양으로서 문화 아프리오리(솜씨)에 달려 있고, 씨앗으로서 복음도 능동적 주체이기보다 한국인의 천재적 솜씨에 내맡겨진 하나의 소재일 뿐이다. 이러한 실존적인 자기 이해는 결국 한국미 안에 표현된 천재적 조화의 변증법을 통한 것이며, 그것의 무의식적 능력이 곧 한국 문화 아프리오리이고(자리·밭), 한국적 천재성이며, 예술적 조화의 기교이다. 해천의 성의 신학이 오해되는 이유가 바로 여기에 있다. 그가 비록 성령의 역사로서 토착화를 말하지만, 사실상 한국인의 천재적 솜씨에 내맡겨진 복음이, 본래적 씨앗으로서 복음과의 동일성을 보장하기 어려운 토착

16 김용옥, "韓國的 神學 形成의 再試圖", 「基督教思想」 제154호(1971. 3.), 119.
17 윤성범, 『基督教와 韓國思想』, 93-94.
18 *Ibid.*, 98-103.

화론이기 때문이다. 실제로 그는 신유학의 인성론 개념인 성을 기독교 신학의 계시, 하나님, 그리스도, 성령과 곧바로 연결하였다는 점에서 많은 이의 의혹을 샀고, 적잖은 신학 논쟁에 휩싸이기도 하였다.

요컨대 해천의 토착화론은 기독교를 한국적인 기독교로 만드는 과정으로서, 만남·대화·적응의 3단계,[19] 곧 주체성(현상학적 만남) → 수용성(해석학적 대화) → 복음의 토착화(실존론적 적응)의 3단계로 전개되며, 신유학의 형이상학적인 인성론 개념인 성을 핵심 매체(the Core Metaphor)로 사용하여, 그 논지를 완성해 나간다고 할 것이다.

3) 윤성범 토착화론의 해석학적 성격

토착화란 결국 보편적인 복음과 특정 문화 및 전통과의 관계개념으로서 필연적으로 해석학적 작업을 거치게 된다. 윤성범의 신학적 저술들의 경우, 초기에는 해석학적인 관심이 별로 나타나지 않지만, 1960년대 후반부터는 분명한 관심을 드러내고 있다. 그렇다면 해천의 신학방법론에는 어떠한 해석학적 성격이 나타나는가?

(1) 직관적 변증법으로서 토착화론

윤성범의 신학방법론은 초기논문 "한국 신학 방법서설"(1961)에서 나타나는데, 그는 여기서 특이하게 감·솜씨·멋의 변증법을 제시하지만, 그것을 크게 발전시키지는 못했다. 또한 그는 이 변증법을 직관적(直觀的)이라고 불렀지만, 그것이 무엇을 뜻하는 것인지에 대한 설명이 불충분했다. 그의 변증법은 서구적인 것과는 달랐다. 서구적 변증법은 개념상으로 규정되어 있지만, 해천은 그것을 명확히 규정하지 않았기 때문

19 김하태, "韓國文化와 그리스도教", 「神學思想」 제45집(1984. 6.), 447.

에, 서구적 변증법과의 구분을 위해, 그는 자신의 변증법을 직관적 변증법이고 불렀다. 이것은 아마도 두 요소의 대립과 종합의 도식인 서구적 변증법과는 달리, 조화와 전개의 도식을 바탕으로, 조화와 합일의 미를 완성하는 조화의 솜씨의 전 과정을 뜻하는 것으로 보인다.

> 솜씨란 우선 이러한 변증법적 계기에 대한 기초적 손질을 의미하고 있지만, 이것으로 솜씨의 역할이 그치고 마는 것은 아니다. 한 걸음 더 나아가서 이러한 형상적인 폭은 좁혀지지 않으면 안될 것이다. 솜씨는 여기에서 비로소 그 기능을 다한다고 말할 수 있을 것이다. 중보자 역할도 이것에 다름이 없다고 할 것이다. … 솜씨란 그러므로 형식과 소재의 원초적인 폭을 무한히 가늘게 좁히는 기교에 다름이 없다. … 우리는 율곡 선생의 사상에서 이 비슷한 철학적 계기를 발견할 수 있지나 않을까 생각해 보고 있다. … 솜씨는 말하자면 조화의 기술이다.[20]

이러한 그의 변증법은 씨와 그것이 뿌려질 자리를 전제함에서 출발한다. 그리하여 씨와 자리, 복음과 전이해, 소재와 형상, 내용과 형식, 진주와 얼 등은 실재적인 것과 관념적인 것으로 서로 대립할 뿐 아니라, 급기야 역설적으로 변증법적인 솜씨에 의해, 조화적 합일에 이르게 된다. 이러한 변증법적 기교를 그는 문화 아프리오리라고 불렀다. 그러므로 해천의 방법론은 내용(복음)과 형식(문화)의 두 요소를 내포하는 감(소재)으로부터 출발, 조화를 이루는 솜씨를 통해 온전한 조화미를 드러내는 멋에서 완성을 보게 된다. 그는 이러한 직관적 변증법의 역설적인 원리를 율곡의 성에서 찾았고, 그것을 한민족 문화·종교적 선험성(*a priori*)으로 간주하고, 그것의 조화와 화해의 솜씨를 기반으로 한국인의

20 윤성범, 『基督教와 韓國思想』, 31-32.

복음 이해를 위한 전 이해를 말하게 되었다. 드디어 그는 성의 현상으로서 예수 그리스도 복음의 계시와 성의 전이해로서 종교(또는 원 계시)를 구분하면서, 이 둘을 결합하기에 이른다.

(2) 천재미학으로서 토착화론

이제 해천은 솜씨의 문제, 곧 천재미학적 솜씨론을 조심스럽게 전개한다.[21] 그에 따르면, 솜씨를 통해 씨앗으로서 복음은 변질의 위험까지 무릅쓰고서, 스스로 토착화를 이뤄간다. 바로 여기에 엄청난 역설(Paradox)이 존재한다. 이것은 마치 하나님 아들의 성육신 사건을 연상케 한다. 그의 설명을 들어보자.

> (복음의) 초월성은 다시 한번 내재화됨으로써만 우리의 생명이 되고 유기적으로 자랄 수 있게 되는 법이다. … 우리는 복음도 토양 여하에 따라서는 변질될 수도 있다는 사실을 인정하지 않을 수 없다. … 이러한 복음의 씨가 변형의 위험을 무릅쓰고라도 자란 뒤에 그 열매가 기독교적인지 아닌지가 중요한 관건이 된다고 볼 수 있다. … 여기서 우리는 복음의 개체성과 함께 동시에 보편성을 인정하게 된다. 이러한 복음의 주객관적 결실을 토착화는 문제 삼게 되는 것이다.[22]

그의 천재미학적 소지는 이미 직관적 변증법에서 나타난다. 즉 소재와 형상이 함께 조화의 곡선, 곧 자유의 곡선을 이루는 생명적 약동의

---

21 천재미학은 김광식 교수가 "土着化神學의 解釋學的 局面에 관한 研究"란 논문에서 해천의 토착화론을 분석하면서 사용한 용어이다(「省谷論叢」 제16집, 1985. 6., 199). 이것은 곧 윤성범의 토착화신학의 출발점과 전 과정이 하나의 인간적 축점을 중심으로 한 미학적인 특징을 갖고 있음을 의미한다.

22 윤성범, 『基督教와 韓國思想』, 98-102.

자유가 바로 역설적인 천재미학이다. 그리하여 땅에 떨어진 씨앗(복음)은 하나의 소재로서, 자리에 종속되어 한국인의 천재적 솜씨인 한국 문화 아프리오리의 능동적인 조화의 기교에 맡겨지고, 그 솜씨의 변증법에 의해 결실이 좌우된다.[23] 이처럼 천재미학적 해석학(Genius aesthetic Hermeneutics)에서는 인간적 축점이 주된 역할을 담당하기 때문에, 항상 뿌려진 씨앗과 결실된 씨앗 사이의 동일성문제 곧 복음의 자기동일성 문제가 따라올 수밖에 없었고, 그래서 그는 혼합주의자로 오해를 받았다. 물론 그는 혼합주의자가 아니었고, 다만 한국인의 심성이라는 토양에 심어진, 씨앗으로서 복음이 실존적인 위험을 극복하고서, 성육신적 결실을 가져오는 것에 대한 기대를 붙잡고 있었다. 그러기에 해천에 대한 비판은 사실상 계시실증주의 일변도이던 한국 교회적 분위기에서 불거진 오해에서 비롯된 것이었다. 게다가 그에게는 천재미학적 솜씨(Genius-aesthetic Skill)만으로는 부족한 무엇이 있었다. 즉 인간적 솜씨(Skill of humanity) 이전에 신적 솜씨(Skill of divinity)로서 그 무엇이 요청되었다. 왜냐하면 씨앗은 근본적으로 신적이기 때문이다. 이에 따라 그는 성령의 역사(the Work of Holy Spirit)를 들고 나왔다. 그래서 같은 책에서 한국인의 천재미학적 솜씨와 성령의 역사를 함께 말한다.[24] 그러다 보니 한국인의 천재미학적 솜씨는 잠시 성령의 역사 안으로 후퇴하였다. 그는 이렇게 말한다.

> 따라서 이렇게 교회에 주어진 자유란 결국은 소극적으로는 어느 쪽에도 예속되어 있지 않은 것을 말한다고 볼 수 있다. 예컨대 우리가 역사문제를

---

23 김광식, 『土着化와 解釋學』(1987), 87-88.

24 윤성범, 『基督教와 韓國思想』, 107-121("栗谷과 韓國思想"); 227-239("權威·傳統·韓國教會").

이해하는 경우에도 단순히 Historie에 종속되어서만도 안 되고, 그렇다 고 Geschichte에만 종속되어서도 안 될, 말하자면 그런 종류의 자유를 말한다고 볼 수 있는 것이다. 이것은 결국 성령의 인도하심을 따르는 길이 아닐 수 없는 것이다. 우리가 성령께로부터 오는 자유를 향유하지 못한다면, 우리는 여전히 바울이 말한 바 몽학 선생 아래 있는 것이나 다름없을 것이 분명한 것이다.[25]

결국 해천에게 있어서 한국인의 미학적 천재성과 성령의 역사로서 솜씨라는 이중 논리 구조는 아마도 복음에 대한 서구적 해석원리와 동양적 사고구조 사이의 대립과 긴장 속에서 발생한 변증법적 역설로서, 한국적 신학이라는 과업을 수행하는 과정에서 겪을 수밖에 없는 현실적인 고충이었을 것이다. 이러한 그의 고민을 김광식은 다음과 같이 이해하였다.

윤성범이 일시적으로 인간학적 축점을 포기하고 성령의 역사를 거론한 것은 아마도 그의 해석학에 대한 이해가 아직 긍정적이 아니었음을 보여주는 것이다. 혹은 그 자신이 바르티안이면서도 동시에 비바르티안이어야 하는 현실 때문에 내적인 갈등을 일으킨 것일지도 모른다. 윤성범은 "성령께로부터 오는 자유"와 "솜씨로 말미암은 자유" 사이에서 양자택일이냐 혹은 양자 혼합이냐를 놓고 고심한 것 같다.[26]

그러다가 해천은 마침내 신적 축점인 성령과 인적 축점인 솜씨 간의 긴장 문제를 동양적인 조화와 합일의 변증법으로 극복하려 하였는데, 바로 신유학의 인성론 개념인 성이 그 핵심이다. 곧 해천은 양자의 조화

25 *Ibid.*, 238-239.
26 김광식, 『土着化와 解釋學』, 88-89.

로서 토착화를 말하면서, 동시에 바르트 신학을 기반으로 하는 성의 해석학(Hermeneutics of Sincerity, SUNG)을 구상하기에 이르렀다.

(3) 성(誠)의 해석학으로서 토착화론

성의 신학에서 계속 제기되는 문제는 멋을 창조하는 솜씨가 한국인의 천재성과 성령의 역사 사이에서 늘 불안하다는 점이다. 그는 조화의 솜씨를 한국적 천재성이 제공한다고 하다가, 돌연 성령을 제시했다. 이것은 어쩌면 그의 신학적 사유 속에 잠재하던 신적 축점에 뿌리를 둔, 바르트 신학의 리비도(*Libido*)적 분출로 보인다. 아마도 해천은 성령으로부터의 자유와 솜씨로 말미암은 자유 사이에서 양자택일 혹은 양자혼합을 놓고 고심하던 중, 신유학의 성을 사고의 내부적 모순과 긴장해결에 대한 역설적인 해석원리로 삼으면서 성의 해석학을 시도했을 것이다. 인간적 축점인 솜씨가 문화와 성령 사이에서 방황하다가 마침내 『중용』의 성에서 해석학적 돌파구를 찾은 셈이다.[27] 그에게 있어 성은 한국사상의 핵심으로서 초월적인 동시에 내재적이며, 마치 하나님과 인간 사이를 연결하는 중보자와 같은 개념으로 이해되었다.

그리하여 유교 인성론 개념인 성은 이제 그에 의해 한민족이 복음에 쉽게 접근하도록 인도하는 중보자 역할을 담당하게 되었고, 바르트가 기독론적 계시론을 신학의 중심원리로 채용했듯이, 그는 성을 그 중심원리로 내세우면서, 성의 해석학으로서 한국적 신학을 구축하였다. 그런데 그가 '한국적 신학'의 부제를 성의 해석학으로 붙일 정도로 해석학을 내세웠지만, 문제는 그것이 사실 해석학과 별로 관계가 없다는 점이다. 그가 해석학에 관심하기 시작한 것은 "불트만의 해석학"(「基督教思想」 제25호)과 "권위 · 전통 · 한국 교회"(「基督教思想」 제74호)에서 불트만의

27 윤성범, 『韓國的 神學』(서울: 선명문화사, 1972), 13.

해석학을 개괄적으로 소개하면서부터였다. 그런데 이때도 해천은 "불트만의 해석학"에서 전이해 개념은 긍정적으로 보았지만, 불트만의 해석학에 대해서는 거의 냉담했다. 더욱이 그는 바르트 신학의 해석학적 소지에 대해서도 사실상 제대로 이해하지 못한 상태였다. 바르트의 신인식론인 신앙의 유비 정도는 이해했겠으나, 유비론과 해석학의 관계에 대해서는 전혀 언급한 적이 없다. 실제로 그가 이것을 오해한 흔적이 "후기 하이데거의 사상의 이해"(「基督教思想」 제95호)에서 나타난다.[28] 또한 '한국적 신학'에 인용된 하이데거 사상들도 부적절한 경우가 많다. 따라서 그가 비록 성의 해석학을 말했지만, 사실 서구 신학의 해석학과는 별 관계가 없다. 단지 그는 해석학의 이름으로써 기독교와 유교 사이의 대화를 시도했을 뿐이다. 더욱이 그는 불트만의 해석학을 의식적으로 기피했다. 그렇다면 그의 성의 해석학은 무엇을 뜻하는가? 그는 '한국적 신학'을 내놓기 전에 방법론을 정리하여 "바르트의 영 이해와 기술 문제"(「基督教思想」 제137호)를 발표한 적이 있다. 여기서 그는 앞의 글, "권위 · 전통 · 한국 교회"에서 제기한 성령의 문제를 다시 솜씨 개념과 결부시키면서, 바르트의 성령론을 하이데거의 Τεχνη와 함께 한국적 솜씨 안으로 융합시키려 했다.

이 誠의 개념이 바르트의 Geist 개념과 대비됨을 알게 되었다. … 바르트

---

28 그는 이렇게 말한다. "구태여 그의 사상(하이데거)을 전후기로 가른다면 나의 생각으로는 전기사상은 분석적인 것 같고, 후기 사상은 종합적인 것 같다. 좀 더 꼬집어서 말하자면, 전기사상은 *analogia entis*라고 한다면, 후기 사상은 *analogia fidei*라고 할 수도 있을 것이다. 물론 *analogia fidei*라는 말이 그리 분명한 개념은 아니다. 특히 칼 바르트에 있어서도 그러하다. 또 이 말이 단적으로 여기에 적용되겠는지도 의문이다. 그러나 하이데거의 전후기 사상을 특징짓는 데에 적당한 말같이 나에게는 생각된다"(윤성범, "後期 하이데거의 思想의 周邊", 「基督教思想」 제95호, 1966. 2. 30.).

도 영혼(Seele)과 육체(Leib)라는 데카르트적 이원론을 극복하고 양자의 유기적 관계를 시도하고 있으며, 정신 혹은 영(Geist)은 도리어 양자를 연결하는 매개역할을 한다고 볼 수 있는 것이다. … 그러므로 바르트의 Geist는 무엇보다도 먼저 그리스도론적 성격을 지니고 있다고 해야 옳을 것이다. 왜냐하면 이것을 참 하느님이시요, 참 사람인 그리스도에게서만 이러한 변증법적인 성격이 기능하기 때문이다. … 그러한 성령은 창조주도 되시고 속죄주도 되시고 구원주도 되신다는 바르트의 견해를 받아들인다면 솜씨와 멋의 역할을 성령의 역사로 볼 수도 있으며….[29]

영혼과 육체를 매개하는 원리인 바르트의 영 개념은 하나님과 인간 사이를 매개하는 기독론적 의미를 갖는다는 점에서, 해천은 바르트의 영과 야스퍼스의 이성 그리고 율곡의 성 등이 서로 공명하는 유비 개념임을 발견했고, 그 논리에 기초하여 영(靈)과 이성(理性)과 성을 솜씨와 동일시하기까지 이른다.

이러한 영혼과 육체의 관계에서 양자에 걸쳐서 공통된 根底를 찾아내는 방도로서 Geist 개념을 바르트는 등장시켰다. 여기에 대하여 야스퍼스는 의식일반보다는 이성(Vernunft)을 등장시킨다. … 율곡에 있어서도 天理는 Geist에 해당하며, 道心은 Seele에, 人心은 Leib에 각기 해당된다고 보아서 잘못이 없을 것이다. … 결국 바르트나 율곡이나 야스퍼스의 경우나 다 마찬가지로 Seele와 Leib, 四端과 七情, Geist와 Dasein 등의 관계를 어떻게 조정하느냐에 중요한 과제가 남아 있는 것이 분명해진다. 이러한 조정과 조화와 통일을 위해서 바르트에 있어서는 Geist의 존재가 필요

29 윤성범, "바르트의 靈理解와 技術의 問題", 「基督教思想」 제137호(1969. 10.), 146-150.

하게 되고, 율곡에 있어서는 誠의 개념이 대두하게 된다. 이것을 구태여 우리말로 표현하자면 필자로서는 솜씨라는 말로 표현하고자 하며, 솜씨는 기교라는 말로 다시 漢譯할 수 있다.[30]

요컨대 윤성범은 대담하게도 바르트의 영(*Geist*)과 하이데거의 기술(*Τεχνη*) 혹은 시작(詩作: *Dichtung*)과 야스퍼스의 이성(*Vernunft*), 율곡의 성을 모두 한국적 솜씨와 연결하면서, 나름대로 성의 해석학을 시도한다. 그리하여 이것은 결국 조화와 합일을 통한 한국적인 미(美)로서, 멋을 창조하는 성의 조화 솜씨를 뜻하는 것이며, 그는 이 성을 통해 동양과 서양, 유교와 기독교 사이의 유비와 조화의 신학을 펼치려고 한 것이다.

율곡의 誠의 개념도 하이데거의 Dichtung 개념과 상통하며, 誠이라는 글자만 보더라도 말의 이루어짐(成言)을 의미하며, 이것은 바로 하이데거의 詩作과 일맥상통하는 개념이다. 즉 誠자의 의미는 말의 짜임새 있는 상태라는 의미로, 이것은 바로 詩作을 의미함은 무리가 아니다.[31]

마침내 해천의 논지는 한국 문화적 선험성에서 영과 기술을 거쳐 성에 이르렀다. 즉 인간적 축점인 솜씨가 문화와 성령 사이에서 방황하다가 성에서 자리 잡았고, 드디어 성을 중심으로 '한국적 신학'을 펼치게 되었다. 그렇지만 전술한 바와 같이 문화와 성령 사이의 긴장 관계는 여전히 그의 신학 체계 안에 잠재적으로 남아 있었고, 이에 따라 그의 '한국적 신학'은 잠정적으로 혼합주의적 경향을 띨 수밖에 없었다.

그렇다면 해천의 '한국적 신학'은 과연 그의 말대로 성의 해석학이라

---

30 *Ibid.*, 149-152.

31 *Ibid.*, 158.

고 부를 수 있는가? 물론 그는 나름대로 성을 중심으로 기독교와 유교 사이의 대화를 시도하면서 그것을 해석학으로 말하지만, 전술한 대로 신학 일반이 말하는 해석학은 아니다. 오히려 그는 성의 원리를 중심한 기독교 신학과 신유학의 인성론 개념과의 유비론적 이해의 길을 걷고 있다. 따라서 해천의 성의 해석학은 엄밀히 말해서, 그 성격상 해석학이기보다는 성의 유비론으로 보는 것이 적절하다.

(4) 선교적 변증론으로서 토착화론

복음과 문화 간의 대화는 필연적으로 선교적 변증론으로 흐른다. 물론 해천은 후학들의 분석대로 후기에는 다소 종교다원주의적 색채를 띤다고 볼 수도 있다. 하지만 사실 그는 여전히 선교적 변증론을 유지하였다. 왜냐하면 그의 '한국적 신학'의 기층에는 한

민족 구원에 대한 열정이 살아 있었기 때문이다. 따라서 그가 성을 신학방법론으로 채택한 것도 이런 측면에서 보아야 한다.[32] 이렇게 보면 그의 성의 신학은 유비와 절충을 통한 기독교 변증론(Christian apology)의 범주에 속한다. 그래서 한때 성의 신학은 서구 신학의 토착화로 오해를 받았다.[33] 그리고 바르트 신학을 기독교 진리와 동일시한다는 오해도 있었다. 그러나 그는 어디까지나 복음에 대한 열정에 있었다. 이에 대해 해천은 다음과 같이 말하고 있다.

> 誠의 신학은 동양인, 특히 한국인들에게 기독교 진리를 가장 올바르게 이해시키기 위한 공작에 지나지 않는다. 그러므로 기독교 진리와 대비되거

---

32 윤성범, 『韓國的 神學』, 30-31.

33 김광식, "誠 神學에 可能性 있다", 「基督教思想」 제179호(1973. 4.), 88-89; 변선환, "他宗教와 神學", 「神學思想」 제47집(1984. 12.), 696.

나 근사한 종교적 현상들을 면밀히 연구하고 검토하는 것을 전폭적으로 허용한다.[34]

이처럼 해천의 관심은 늘 한민족에 대한 선교와 구원에 있었고, 이를 위해 해천은 바르트 신학까지도 한민족 심성의 한 바탕인 유교와의 대화를 위한 하나의 도구적 전거로서 위치를 견지하려고 하였다. 해천에게 있어서 한민족 구원을 위한 선교적인 가치를 함의하지 않는 신학은 이미 무가치한 것이었다. 특히 해천 자신이 신학 교수로서 한국 교회를 섬기기 전에는, 그 역시 한 사람의 목회자로서 목회 활동에 전념함으로써, 민족 구원을 위한 사역에 자신의 의지를 불태웠다는 점에서, 그의 신학은 단순히 현학적인 데에, 그 목적과 가치가 있지 않았던 것이다. 그는 어찌하든지 한민족에게 예수 그리스도의 복음을 보다 쉽고 유용하게 전달할 수 있는 유비적 매체를 찾았고, 이에 신유학 인성론에서 '성(誠)'이라는 유용한 매타포를 발견하게 되었던 것이다.

이런 점에서 그의 토착화론은 비록 그가 '성의 신학'이라는 표제를 내걸고서, '성의 해석학', '직관적 변증법', '천재미학적 방법론' 그리고 '선교적 변증론'으로서의 특성을 드러내고 있지만, 사실 그것은 어디까지나 한국적 조화미를 근간으로 하는 한국적 멋의 신학으로써 토착화론이요, 한국인들에게 기독교 진리를 선포하기 위한 유비론적 변증론이었다고 할 것이다.

34 윤성범, 『韓國的 神學』, 15.

〔도표 2〕 윤성범의 신학 방법과 토착화론 대비[35]

<table>
<tr><th>논문
전개방법</th><th colspan="2">"한국 신학 방법 서설" (1961)</th><th>단군신화 논쟁 관련논문 (1963)</th><th>"한국 교회와 토착화" (1964)</th></tr>
<tr><td rowspan="2">토착화의 예비과정</td><td rowspan="2">감론
(소재론 즉 창조론)</td><td>내용으로서 복음</td><td>단군신화의 삼신론과 동방교회 삼위일체론 비교</td><td>씨로서 복음</td></tr>
<tr><td>형식으로서 자리
前理解(불트만)
情況(틸리히)</td><td>1) 부모 찾기로서 주체성 회복
2) 새 부대로서 前理解 기독교적 신론 이해를 위한 예비작업</td><td>제1단계: 주체성(한국 교회의 민족적 주체성)
제2단계: 수용(새 술을 담기 위한 새 부대)</td></tr>
<tr><td>토착화의 방법</td><td>솜씨론
(기교론 혹은 문화론)</td><td>변증법적 제3자 문화 아프리오리 혹은 성령의 역사로서 솜씨</td><td></td><td>제3단계: 토착화(씨를 위한 옥토의 비옥한 결실 능력)</td></tr>
<tr><td>토착화의 결과</td><td>멋론
(미론 즉 구속론)</td><td>구속사적 곡선자유 즉 조화미
(한국미의 천재성)</td><td></td><td>결실로서 복음화: 좋은 열매(복음이 토착화 과정에서 가능한 변형을 뚫고 변치 않는 복음으로 자라나 열매 맺는 것)</td></tr>
</table>

2. 성(誠)의 신학에 대한 길라잡이

이상에서 살펴본 해천의 토착화론을 기반으로, 그의 성의 신학을 개괄하려고 한다. 그렇지만 성의 신학은 신학적 개념과 신유학의 인성론 철학적 개념이 혼재되어 있기 때문에, 본론으로 들어가기 전에 선행적인 개념 정리가 필요하다. 그렇다면 성의 신학은 어떠한 개념과 성격을 함의하고 있는가? 그리고 그것은 이 시대에 어떠한 의미를 던져주는가?

1) 유학과 성(誠)의 신학에서의 성(誠)

성의 신학이라는 표현은 해천의 "韓國的 神學-名 誠의 神學"(「基督

35 김광식, 『土着化와 解釋學』, 53.

敎思想」 1970. 11.)이라는 논문에서 기인하였고, '한국적 신학'의 중심 주제이다. 특히 성의 신학은 60년대를 전후한 토착화 논쟁을 통해 얻은 결실인 바, 서구 신학 일변도의 한국 신학적 현실을 극복하고, 한국 종교·문화적 실존으로부터 한국인의 구원을 위한 유용한 채널로서 한국 신학 수립을 위한 중요한 매개 원리로서 중요한 의의가 있었다. "적어도 동양 천지에 있어서는 성의 개념을 신학에 도입하는 것은 그만큼 이해를 빨리할 수 있는 큰 계기가 된다고 볼 수 있다. 우리의 골수에 들어올 수 있는 계시 개념에 대등하는 것은 성의 개념밖에 없다고 하겠다."[36] 그에게 있어서 성은 한국인들에게 유학과 신학을 아우를 수 있는 개념이며, 한국 신학을 가능케 하는 대화 채널 혹은 핵심 매체(the Core Metaphor)였다. 그렇다면 보다 구체적으로 성의 신학은 어떠한 방법론적 원리를 가지고 있는가?

(1) 유학에서의 성(誠)

서구적 사고가 인간 밖의 객관적·근원적 문제에 집중해왔다면, 동양적 사고는 인간 내면과 관계된 문제, 곧 인간중심의 자연 이해와 인성 문제에 관심하는 인문주의적 성격을 지닌다.[37] 이러한 동양적 사고의 대표적인 사상은 유학이라 할 수 있고, 유학의 비조(鼻祖), 공자의 핵심 사상은 인(仁)이다. 인(仁)은 인(人)과 개념을 같이할 정도로, 유교 인간학의 주류를 이루는데, 성인(成人)이 되었다 함은 곧 성인(成仁: 仁의 완성 → 聖人)을 뜻한다는 점에서, 인간 최고 위치를 점거한 개념이다.[38] 그러나 인간생존 자체가 곧 인간성 소유는 아니다. 인간은 하늘 이치(天理)로

---

36 윤성범, "韓國的 神學-名 誠의 神學", 「基督敎思想」 (1970. 11.), 135.

37 김충열, "東洋 人性論의 序說", 『東洋哲學의 本體論과 人性論』, 한국동양철학회편(서울: 연세대학교출판부, 1994.), 170.

38 유승국, "東洋의 人間觀", 「基督敎思想」 제34호(1960. 7.), 20-21. 특히 유승국은 윤성범의 "한국적 신학-성의 해석학"에 중대한 영향력을 끼친 인물이다.

서 자기의 본래적 인간성을 인식·체득하고, 수신(修身)을 통하여 인간됨의 본질인 인(仁)을 완성할 때, 비로소 참된 인간일 수 있다.

따라서 현실적 인간은 완성된 인성(人性)이 아니라, 완성을 지향하는 도상의 존재이다. 그러므로 인간성과 인간의 관계는 그대로 인(仁)과 인(人)의 관계이다. 인(仁)은 인간을 참으로 인간되게 하는 가능성의 원리이다. 인(仁)의 소유는 인간 본질로의 회귀를 뜻하고, 그것은 인(仁)에 대한 자각을 통해, 자기를 한정함에서 가능하다(克己復禮). 그렇지만 인(仁)은 인간의 객관적 본성만 아니라, 인간으로서 마땅한 이상적 성질이기도 하다. 즉 인(仁)은 인간적 측면에서는 윤리적 의미로 인(仁)이지만, 인간 내면적 본질로서 천인(天人) 관계에서는 성이다(天命之謂性: 中庸). 인간은 하늘의 성(性: 天性 → 天理)을 받았다고 해서, 그것을 특히 인성(人性)이라 부르며, 따라서 그 인성에는 처음부터 천의 요소가 내재해 있고, 그것을 따라감을 도라고 하며(率性之謂道), 인간교육은 인간 본성대로의 수양을 뜻한다.[39]

이러한 성리학이 송대(宋代, 960~1279)에 이르러, 인성론 철학으로 심화되는 가운데, 주희(朱熹, 1130~1200) 등에 의해, 『중용(中庸)』이 유학의 중요한 경전으로 정리되면서, 성이 중심원리로 채용되는데, 성은 곧 우주 만물이 운행되는 원리를 지칭하는 것이었다. 특히 그 원리는 하늘과 땅, 사람에 이르기까지 일맥상통한다. 곧 "성은 하늘의 도이고, 성하려는 것은 사람의 도(誠者天之道也 誠之者人之道也)"라는 것이다.[40] 즉 성실(誠實)한 것은 하늘 곧, 우주의 원리이고, 성실해지려고 애쓰는 것은 사람의 도리라는 뜻으로서, 사람은 하늘의 운행 원리인 성의 의미와 가치를 깨닫고 배우고 실천함에서 그 인격이 완성되며, 마침내 천인합일의

39 자사(子思), 『中庸』, 김학주 역주, 『중용』(서울: 서울대학교출판부, 2006), 30.
40 *Ibid.*, 93.

경지에 도달하게 된다는 의미를 갖는다. 그리하여 성은 결국 하늘과 인간이 만나는 길이요, 천명지위성(天命之謂性)의 인성을 파악·인식하는 길임을 의미한다. 따라서 인·성·성(仁·性·誠)은 말은 다르나, 의미는 동일하다.[41]

그런데 성이 『중용』 이전에는 등장하지 않는다고 해서, 없었던 개념은 아니다.[42] 고대에는 성이 윤·신·경(允·信·敬) 등의 뜻으로 사용되었다. 특히 갑골문자(BCE 14~12C)에 윤(允) 자가 나타나는데, 이는 사람이 회고(回顧)하는 형상으로서 언행상고(言行相顧)하는 뜻이요, 성찰과 독실의 뜻이었다. 여기서 성찰은 신의(神意)에 대한 것으로 신(神)의 언행을 상고한다는 뜻이다. 주대(周代) 금문(金文, BCE 11C)의 덕(德) 자도 사람이 하늘로부터 얻은 바의 것(人所得乎天者)을 뜻하며, 『서경』에는 "유황상제 강충하민(惟皇上帝 降衷下民)"이라 하여, 상제가 그 성질을 백성의 마음에 내렸다 했으니, 은대(殷代, BCE 16~11C)의 상제관은 초월적 실재요, 주대(周代, BCE 1046~256)의 천명(天命)이나, 덕(德)은 신의(神意)의 내재적 실재이다. 주대 초의 천명(天命), 천덕(天德)이 공자(BCE 6)에게는 천생덕어자(天生德於子: 하늘이 덕을 내게 낳아주었고로 나타났고, 천과 자아가 상호 교응(相互交應)하는 덕의 본질이 충신(忠信)으로 표현됐으며, 그 충(忠)의 개념이 『중용』의 성으로 이어졌다. 결국 은대의 상제 개념이 주대에 와서 천명 또는 천덕으로 변하고, 공자에게는 덕(德)이 인간성의 내재적 개념이 됐으며, 본질이 충(忠)인 덕(德)은 다시 자사(子

41 유승국, "東洋의 人間觀",(1960. 7.). 24-25.

42 誠자가 나타나는 가장 오래된 문헌은 『商書』 『太甲篇』 (BCE 18C)의 "鬼神無常享 享于克誠"과 周易의 幹卦文言에 "閑邪存其誠"이란 글귀이다. 그러나 太甲篇은 今文에 없는 僞古文에 속하므로 成立年代에 대한 異論이 있고, 周易의 文言傳도 공자 이전 시대로 거슬러 올라갈 수 없다. 또한 論語 子路篇에 "誠哉是言也"라 한 것이 있지만, 다만 진실로라는 부사적 개념이었다(유승국, "東洋思想과 誠", 「基督敎思想」 제181호, 1973. 6., 102).

思)의 성으로 변했는데, 여기서 성 단순히 윤리적 차원을 넘어 종교적 의의를 내포하는 것으로 보인다.[43]

그렇다면 성은 왜 『중용』에서 특별히 강조되는가? 이는 공자 이래, 유학의 근본개념인 인, 의 등이 추상화되어 현실성이 약화되자, 그것들의 실질적 활력이 요청되었기 때문이고, 거기에 걸맞은 성이 등장한 것이다. 그리하여 『중용』이 "성자천지도야 성지자인지도야(誠者天之道也 誠之者人之道也)"를 선언하면서, 성은 윤리적, 인간적 혹은 내재적 차원을 뛰어넘어 초월적, 종교적 혹은 존재론적 세계관을 내포하게 되었다. 특히 중용의 성에 대해, 주희는 "진실무망지위(眞實無妄之謂)"라면서, "지귀신지실이이언(指鬼神之實理而言)"으로 주해하여 이(理)의 측면을 말했으며, 조선의 율곡(李珥, 1536~1584)은 "성자 천지실리, 심지본체(誠者 天之實理, 心之本體)"라 하여, 천·인(天·人)의 근원인 실리(實理)요, 본체로서 성을 인식했다.[44] 이러한 천도(天道-하늘 이치)로서 성은 "전기천리지본연, 이불면이중, 불사이득, 종용중도(全其天理之本然, 而不勉而中, 不思而得, 從容中道: 栗谷全書, 拾遺 卷6, 四字言誠疑)"라 하여 천리(天理)의 본연이요, 존재 자체로 이해된다.

이처럼 『중용』은 성을 형이상학적 원리로 발전시켰으며, 후반부에서는 천시(天時)라는 외적 요소와 중용(中庸)이라는 내적 요소가 결합, 성 개념의 확대를 전개하는 바, 천도(天道)는 성(誠) 자체이고, 성(誠)하려고 노력하는 것은 인도(人道)라고 규정함으로써, 성 안에 형이상학적 개념(하늘 이치)과 윤리적 개념(인간성 본질)을 모두 포괄하게 되었다.[45] 특히 성(誠) 자를 해자(解字)하면, 언(言) 자와 성(成) 자이며, 언에서 의미

---

43 *Ibid.*, 102-103.

44 이이, 『誠學輯要』 卷三, 김태완 역, 『성학집요』(서울: 청어람미디어, 2018), 151.

45 이종찬, "성과 한국 문화신학", 『한국 종교문화와 문화신학』, 문화신학회편, 제2집(1998), 86.

를 취하고, 성(成)에서 발음을 취한다. 그런데 성(成) 자는 무(戊)와 정(丁)의 종합으로서 무(戊)는 무(茂)와 통하며, 초목이 무성함을 뜻하고 정(丁) 자도 초목의 싹이 돋아남을 뜻한다. 따라서 음(音)뿐 아니라, 성수·성취의 뜻을 내포한다. 이처럼 성(誠)은 언(言)과 성(成)의 양쪽에서 의미를 취한다.[46] 말 그대로 하늘의 말씀(天理)이 이루어짐을 의미한다.

요컨대 유학의 인성론 핵심 개념인 『중용』의 성은 특히 송대(宋代)에 와서 수양론의 근본 명제가 되었다. 율곡의 성의 방법론은 신유학 형성 과정에서 드러난, 보편과 개체 혹은 관념과 현상 사이의 문제로서 이기(理氣) 양자를 단순한 대극 도식이나 독자적 세계관의 모형으로 내세우지 않고, 오히려 양자의 상호 긴장 관계를 결속시키는 해석방법으로 『중용』의 성의 맥락에서 전개되는 이기론과 맥을 같이한다는 점에서, 이분법적 구조를 극복하는 동시에 원시유교와 신유학의 변증법적 역동성의 구조를 재현한 것이었다. 해천은 이러한 성을 한국인의 얼에 대한 분석 개념으로 수용했다. "이 개념은 바로 동양사상의 핵심이며, 동시에 한국사상의 노른자위와 같기 때문이다. 비단 이 성은 철학이나 종교, 또는 학문 일반에만 적용될 뿐만 아니라, 음악, 시가, 심지어 미술 공예에까지 영향을 끼치고 있으며, 마침내는 가장 근본적으로 우리의 윤리와 사회문제 해결의 핵심적인 계기가 되어 있다."[47]

(2) 성(誠)의 신학에서의 성(誠)

그렇다면 해천은 성을 어떤 의미로 도입했는가? 그에 따르면 성은 유교 형이상학의 핵심으로서, 말이 이루어짐, 곧 참말이며, 이것은 예수께서 운명하면서 "다 이루었다"고 하던 표현, 곧 말씀이 이루어짐을 뜻한

46 유승국, "東洋思想과 誠", 「基督教思想」 제181호, 101-104.
47 윤성범, "韓國的 神學-名 誠의 神學", 「基督教思想」 (1979. 11.), 139.

다는 것이다. 이러한 성은 그리스철학의 로고스 혹은 심지어 서양철학의 존재와도 통한다고 보았다.[48] 이에 대한 해천의 설명은 다음과 같다.

> 말의 어원을 대개 세 가지로 나누어 볼 수 있다. 즉 머리(頭), 마리(首), ᄆᆞᆯ리→마루→ᄆᆞᄅᆞ(宗) 등을 들 수 있는데, 이 말들은 결국 가장 높은 것을 지적하는 개념으로 해석해 봄직하다. … 하이데거도 Sprache를 인간과 관계시키지 않고 신적인 근원으로 주장한다. 그는 말을 존재의 진리의 집 혹은 단순히 존재의 집이라고 말한다. … 말씀은 존재의 집이며, 달리는 하느님의 본질이다. 결국 이러한 말씀은 誠(참말)이 아닐 수 없다. … 하이데거의 Sprache(말)는 동양의 誠과 일치된다고 할 수 있다. 誠은 참말이기 때문에 Tat-Wort 혹은 Wort-Tat(言行一致)이며, 칸트의 신적 오성(悟性)에 해당한다고 보아도 좋다.[49]

곧 해천에게 있어서 성은 불교의 원음(圓音), 일음(一音), 야스퍼스(K. Jaspers)의 초월 · 포괄자, 슐라이어마허(F. D. E. Schleiermacher)의 직관, 감정, 노자의 도 등과 같은 형이상학적 존재, 곧 하나님이라 할 수 있다.[50] 따라서 성은 천지도(天之道)인 동시에 인지도(人之道)의 가능 근거요, 초월적 · 내재적 존재로서 참 말씀에 해당하는 계시적 의미를 함의하고, 한편 인간 실존에 관계하여 본래성을 찾게 한다는 점에서 중보자이며, 역사와 초역사를 합일하는 그리스도상의 동양적, 한국적 표현이라 할 수 있다. 그는 또한 성을 실존철학과 연결, 인간 실존을 본래적 존재와 일상적 존재로 구별하는 시금석으로 이해한다. 즉 성을 모신 존재가 본래

---

48 윤성범, 『韓國的 神學』, 17.

49 *Ibid.*, 17-18.

50 *Ibid.*, 36, 38, 50, 55.

적 존재요, 그렇지 못한 존재는 일상적 존재이다.[51] 왜냐하면 성은 하나님 말씀이므로 말씀을 통한 하나님과의 만남이 없는 존재는 그대로 비본래적 존재로 남기 때문이다. 그러므로 성이 없는 인간은 마치 주인 없는 집과 같다.

이처럼 해천은 성이란 단어의 신성화가 아니라, 성을 통한 기독교 복음에 대한 한국적인 해석에 그 목적을 두었지만, 그는 성에 대한 진지한 숙고 없이, 글자 풀이로 성의 신학을 전개했고, 자신의 논리의 정당화를 위해 유교 경전을 인용하지만, 그것마저 기독교적 시각으로 읽기 때문에, 결국 순환논법에서 헤어나지 못했다. 더욱이 성 자체가 『중용』에서 인성론적 성격이기에, 성을 형이상학적(신학적) 차원에 적용하려는 태도는 수용되기 어렵다. 즉 『중용』은 성을 천지 만물의 공통근원으로 제시하고는 있지만, 성이 사실상 진실무망한 인간성의 본질이요, 도덕적 삶의 근거라는 점에 중점을 둔다.[52] 따라서 해천이 비록 성의 존재론적 성격에 착안, 그 개념을 형이상학적 차원으로 끌어올려 성의 신학에 적용하지만, 여전히 한계점은 남아 있다.

2) 성(誠)의 신학의 성(誠)의 변증법

윤성범은 한때 한국인의 천재적인 조화의 솜씨를 중심한 직관적 변증법을 말하면서, 그 조화의 상태를 멋이라고 불렀지만, '한국적 신학'에

---

51 *Ibid.*, 22, 29-33.

52 이강수, "原始儒家의 人間觀", 『東洋哲學의 本體論과 人性論』, 한국동양철학회편(서울: 연세대학교출판부, 1994), 209. 물론 『中庸』 후반에서 誠이 윤리적 개념과 함께 형이상학적 개념도 강화되는 것이 사실이지만, 대체로 誠은 인성론적 개념이 주류이다. 즉 비록 誠이 天之道라고 표현되지만, 이것은 근본적으로 人之道의 바탕이 된다는 의미에서 결국 인성론으로 귀속된다고 볼 수 있다.

서는 그것을 성의 원리로 설명한다. 그에 따르면 성은 초월과 내재에 대한 형이상학적 조화의 원리이며, 그 원리에 의해서 한국인들로 하여금, 루터(M. Luther, 1483~1546)의 표현대로, 숨어계시던 하나님을 계시되신 하나님으로 경험하게 한다. 즉 성의 변증법적 원리가 한국인으로 하여금 하나님을 만나게 한다는 것이다. 그래서 그는 그리스도의 성육신을 다음과 같이 이해한다.

> 성육신 사건은 말하자면, 초월의 첫째 암호였던 유일신 사상과 둘째 것인 인격신 사상과를 조화, 종합시킨 형태라고 보면 좋을 것이다. 그러므로 예수 그리스도는 역사적이고 동시에 초역사적이며, 그는 참 하나님인 동시에 참 사람이시다.[53]

또한 성의 변증법은 구원론에도 적용된다. 그는 성을 구원의 원리, 특히 성령과 연계시킨다. 그에 따르면 성령은 자유와 생명의 영이므로, 인간은 성령 안에서 계시에 자신을 개방할 때, 구원을 경험한다. 신학적으로 볼 때 성령과 신앙이 하나인 것처럼 성의 객관적 현실성은 성령과 대비되고(無爲之誠), 성의 주관적 현실성은 신앙에 대비된다(無物之誠). 여기서 성은 진리의 입증자, 곧 성령으로서 새 삶을 가능케 하는 능력자이다. 그는 마침내 성령론-중용론의 등식이 가능함을 주장한다.

> 성령의 역사는 바로 誠의 역사이며, 그것이 영적, 정신적인 점에서 볼 때에 공통된다 하겠다. 그러므로 성령론과 중용론은 표현은 다르나 내용적으로는 같다 할 수 있다. 중용은 바로 정신(혹은 영)을 어떻게 살리느냐의 중요한 문제가 내포되어 있는 것이다. 극단을 피할 수 있는 길은 중용의

53 윤성범, 『韓國的 神學』, 46-47.

道밖에 없는 것이기 때문이다. 중용론이 성령론과 일맥상통하며, 따라서 동양인들은 성령론의 문제를 중용론으로 대신하여 이것으로 해결하려 하였다고 볼 수 있다.[54]

그리하여 해천의 성의 변증법은 관념론적인 것과 실재론적인 것의 결합일 뿐만 아니라, 그 결과로 나타나는 조화미(調和美), 즉 구원을 가능케 하는 논리적 근거가 된다. 그렇지만 이것은 서구인들의 분석-종합적 사고와는 달리, 동양인들의 조화-전개적 사고, 곧 도덕경이 말하는 도 → 무명(無名) → 유명(有名: 天地) → 만물(道一生, 一生二, 二生三, 三生萬物, 萬物負陰而抱陽, 冲氣以爲和)이라는 도의 자기 전개 원리와 같은 조화-전개적 변증법에 기초하고 있어, 동양인들로 하여금 복음에 쉽게 접근할 수 있게 할 수도 있지만, 자칫하면 기독교 고유의 진리에 손상을 입힐 위험도 있다. 그렇기 때문에 해천은 성의 문제를 복음에 대한 접근의 용이성과 효과성의 차원에서, 곧 일종의 복음에 대한 핵심 전달 매체로 주목한 것으로 보인다.

3) 성(誠)의 신학의 방법론적 원리

성의 신학은 무엇보다 인간적 축점인 한국적 솜씨와 신적 축점인 성령의 역사에 의한 조화와 합일을 지향하면서, 결국 개혁적 전통인 신앙의 유비(*analogia fidei*) 보다 중세적 전통인 존재의 유비(*analogia entis*)에 가까이 접근한다. 왜냐하면 성의 신학은 양자의 차이에 대한 비판적 인식 없이 성과 계시와의 현상학적 유비를 문제 삼기 때문이다. 그리하여 절대적인 복음의 요소와 상대적인 문화의 요소를 구분하는 기준이나,

---

54 김광식, "誠 神學에 可能性 있다", 「基督教思想」 제179호, 110.

그것의 정당성에 대한 합리적 논증도 없이, 양자를 명제로만 전제하는 한계를 드러낸다.[55] 그러나 기독교 신앙과 신학은 인간적 가능성이 아니라, 신적 가능성에서 그 근거를 찾아야 하며, 결국 신 인식에 있어서, 존재의 유비를 넘어서, 신앙의 유비를 요청할 수밖에 없다.

그렇다면 기독교 신앙과 신학에 있어서 인간적 축점은 무의미한가? 그렇지 않다. 신앙 사건이 하나님의 계시에 대한 인간의 주체적 응답이라는 점에서,[56] 그것은 하나님의 사건인 동시에 인간의 사건이다. 이에 따라 신학 논의도 인간 의식 이전의 구원 사건에 대한 인식 작업, 즉 신적 축점에 근거한 이해를 추구하는 신앙(*fides quaerens intellectum*)이지만, 그럼에도 불구하고 인간의 응답은 자신이 속한 문화 아프리오리라는 인식 틀을 전제한다는 점에서, 인간적 축점 역시 간과될 수 없다. 바로 여기에 Text와 Context의 관계 문제가 등장한다.

(1) 성(誠)의 신학의 방법론적 전제

해천은 성의 신학을 시작하면서, "誠의 신학은 동양인, 특히 한국인에게 기독교 진리를 어떻게 빠르게 전달할 수 있느냐에 집중되어 있으며",[57] 그러기 위해서 "한국적인 실존과 한국적인 상황, 다시 말하면 한국 문화적 · 정신적 전통에다 서구 신학적 전통을 가미함으로써 우리의 전통이 다시금 살아나게 해야 한다"고 말한다.[58] 이러한 성의 신학은 일종의 신학 토착화를 암시하는 것이었다. 이를 위해 그는 10가지의 방법론적 특징을 전제한다.[59]

---

55 윤철호, "한국 토착화신학에 대한 해석학적 고찰", 「組織神學論叢」 제4집(1999), 168.
56 K. Barth, *Einführung in die evangelische Theologie*, 111-113.
57 윤성범, "韓國的 神學-誠의 神學", 「基督教思想」 (1971. 3.), 132.
58 윤성범, "韓國的 神學-名 誠의 神學", 「基督教思想」 (1970. 11.), 134-135.
59 *Ibid.*, 135-137.

① 한국적 誠 개념은 서구 신학이 말하는 계시와 동등한 성격을 가지고 있다.
② 誠 신학은 모든 독단을 지양하고 조화를 전제한 종합적 입장을 목표한다.
③ 기독교 신학이 말하는 복음의 핵심은 그리스도이지만, 복음은 종자와 같이 토양을 전제한다는 의미에서 상대적이다. 따라서 종자 자체가 변형될 수도 있다. 그러므로 복음이 변형되지 않게 지킬 책임이 신자에게 부과되어 있다.
④ 한국적 신학은 인간교육을 중요시한다. 이런 점에서 유교의 전통은 인간교육의 훌륭한 범례가 된다고 볼 수 있으며, 이것은 신앙의 전이해가 아닐 수 없다.
⑤ 誠의 신학은 에큐메니컬적인 신학을 지향한다.
⑥ 誠의 신학은 과거와 미래를 종과 횡으로 하여 장래를 대망하는 미래학이다.
⑦ 誠의 신학은 종말론적이다.
⑧ 誠의 신학은 종합적인 방법, 특히 기독교적-서구적 전통과 우리 고유의 전통을 본질직관 할 수 있는 현상학적 방법을 택한다.
⑨ 誠의 신학은 동양인, 특히 한국인에게 기독교 진리를 가장 올바로 이해시키기 위한 공작에 지나지 않는다.
⑩ 誠의 신학은 엄밀한 의미의 성서의 비종교적 해석이나 세속화 문제에 깊은 관심을 갖는다. 그 이유는 誠의 신학이 만학의 여왕으로 군림하려는 의도에서가 아니고, 사회적-정치적 문제에 신학만이 기여할 수 있는 책임적 역할을 잊어버리지 않기 위함인 것이다.

이것들은 토착화 논쟁에서 그가 끝까지 고심해온 것들이지만, 성과 계시를 아무런 중간단계적인 검토도 없이 직접 연결하거나, 복음 자체의 변질 가능성을 인정하면서도, 거기에 대한 책임은 결국 신자 개인의 주관적 의지에 맡기는 듯한 주장은 처음부터 혼합주의라는 의혹을 살 수밖에 없었다. 마지막 조항 역시 그의 신학에서의 내용적 불충분함 때문에 비판을 받았다.[60] 요컨대 해천은 감·솜씨·멋의 직관적 변증법에 의해, 기독교 신학과 유교 철학의 유비론으로 나가면서, 기독교적 유교 혹은 유교적 기독교의 실현을 지향한다. 따라서 그의 방법론은 기독론적 비판과 성령론적 적용을 결여한 채, 단순히 성의 원리에만 의존한다는 점에서, 처음부터 한계가 있다. 또한 성이 한국선교를 위한 가장 용이한 개념이라는 전제도 불확실하다. 유교 문화가 한국 문화를 대표한다고 보기 어렵기 때문이다. 한국 문화는 오히려 무교(巫敎)를 모태로 삼아, 현실적·주지적인 유교와 신비적·형이상학적인 불교를 종합한 세계문화의 용광로와 같다.[61] 따라서 해천의 성의 신학은 총괄적인 한국·종교문화와 기독교 복음과의 만남 문제이기보다 신유학과 기독교 신학과의 대화의 성격이 짙다는 점에서, 결국 유교적 기독교를 지향하는 하나의 유비론적 토착화론이라 할 수 있다.

(2) 성(誠)의 신학의 이중적 논리 형식

해천은 초기 "한국 신학 방법서설"에서 주장한 감·솜씨·멋의 직관적 변증법의 원리를 성의 신학에서 그대로 유지한다. 그런 점에서 성의 신학

---

60 박종천, 『相生의 神學』, 88-102; 이정배, "개신교신학의 토착화시론", 「司牧」 제156호(1992. 1.), 105-106.

61 김경재, "韓國文化史의 側面에서 본 窮極的 關心의 性格과 韓國神學의 課題", 「神學思想」 제4집(1974. 3.), 196-207. 그는 여러 외래 문화들과의 지속적인 복합, 습합, 이주, 교류, 충돌 속에서, 한국 문화를 한민족의 문화로 지속되게 한 힘이 바로 민족 문화의 주체성으로서 한국인의 궁극적 관심이며, 이것은 곧 "하나님 관념"이라고 주장한다.

논리의 일차적 특징은 인간적 축점이다. 이것은 바르트를 벗어나려는 노력이었다. 그러나 여전히 성령의 역사를 말함으로써, 바르트 그늘을 완전히 벗어나지 못하고, 인간적 축점과 신적 축점 사이에서 방황하고 있다.

① 성(誠)의 신학의 인간적 축점: 바르트는 신학의 학문성을 특정 학문이라는 전제에 묶어두었으나,[62] 해천은 신학도 하나의 학문인 이상, 분석 논리에 기반을 둬야 하며, 바르트의 철저한 성서 의존적 태도는 칭찬할 만하지만, 분석 논리를 약화시킨다는 점에서 그를 넘어서 불트만을 주목했다. 그렇지만 해천은 무조건 불트만을 따르지도 않았다. 불트만 역시 신학에서의 분석 논리를 무시하는 것으로 보였기 때문이다. 특히 불트만의 전이해는 복음과의 관계에 있어서 분석 논리적 연관성을 찾기 어려웠다. 이것은 틸리히에게서도 마찬가지였다. 틸리히가 비록 복음과 정황(Message and Situation)을 함께 말하지만, 양자의 관계에 대한 언급이 없다는 점에서, 역시 분석 논리가 결여되었기 때문이다.[63] 그리하여 해천은 한국 신학자로서 주체적 인식 논리에서 출발, 한국 문화 아프리오리와 전이해에서 길을 찾았다. 둘 다 한국 교회의 주체성 문제와 연관된 개념으로 전자가 신앙 인식의 주체적 원리라면, 후자는 신앙 인식의 가능 근거로서 주체적 자리, 새 부대, 심성, 문화적 영성이라 할 수 있다.

전이해의 의미와 성격: 해천은 한국 신학 방법론적 원리로서 한국 문화 아프리오리와 함께, 전이해를 제시했는데,[64] 그것은 신앙 인식의

62 K. Barth, *Church Dogmatics I-1*, 8-9.

63 윤성범, 『基督教와 韓國思想』, 15-17.

64 *Ibid.*, 11-38; "韓國 再發見에 대한 斷想", 「基督教思想」 제63호, 14-20; "福音의 土着化에 대한 前理解", 「基督教思想」 제66호, 28-35; "權威 · 傳統 · 韓國教會", 「基督教思想」 제74호, 52-59.

가능 근거로서, 신앙 인식의 주체적 원리인 문화 아프리오리와 유사하나 실제로는 구별된다. 전이해는 한국인의 입장에서 복음 인식을 가능케 하는 한국적 경건(敬虔) 혹은 영성(靈性) 형식으로서, 유·불·선의 경건으로부터 기독교 영성(靈性)으로 한국인을 이끌어 가는 일종의 몽학선생(蒙學先生)이다. 이것은 신앙 인식 문제와 관련되며, 그 전거를 예수의 새 포도주와 새 가죽 부대 이야기(마 9:17)에 두고 있다. 그에 따르면 새 술은 복음이요, 새 부대는 복음을 수용하는 바탕 곧 전이해인데, 이것은 새로운 것이어야 하며, 이 새 가죽 부대 준비는 우리 종교·문화에 대한 올바른 이해에서 시작된다.

> 우리의 새것이란 내가 누구인지의 성명쯤이나 알고, 내가 어떠한 환경 속에서 살아왔는가를 알 정도는 되어야 한다는 말이다. 뿐만 아니라, 우리의 문화 일반에 대한 이해를 새롭게 하는 것도 새 가죽부대의 하나의 여건이라고 볼 수 있는 것이다. … 여기서 문화라면 우리가 과거에나 현재 가지고 있는 정신적인 유산 일반을 말하는 것이다. 어느 의미에서는 재래종교 전체도 여기에 포함시키면 좋을 것이다.[65]

즉 전이해는 우리의 종교와 문화 전통에 대한 올바른 파악에서 시작된다는 것이다. 물론 이것은 복음과 문화의 혼합을 뜻하지 않는다. 새 술(복음)과 새 가죽 부대(종교·문화적 영성)는 처음부터 혼합이 불가능하다. 다만 우리의 종교와 문화에 대한 올바른 이해로부터 복음에 접근할 때, 비로소 혼합주의가 아닌, 올바른 토착화가 가능하다는 것이다.

> 우리가 재래종교를 연구하는 것은 그것과 기독교를 혼합하려는 것이 아

65 윤성범, "福音의 土着化에 대한 前理解", 「基督教思想」 제66호, 31.

니요, 도리어 그것과 기독교와의 엄밀할 구획을 그어두려는 생각에서 그러한 것이다. … 재래종교에 대한 문제나 문화 일반에 대한 문제나 다 나 자신을 아는데 필요한 요소가 된다고 볼 수 있으며, 주체자로서 전이해(Vorverständnis)라고 볼 수 있는 것이다. 이 전이해 없이는 나는 그리고 한국 교회는 하나님의 은혜와 진리와 복음을 받아들일 수 없는 것이다.[66]

물론 문화가 복음을 받아들이는 것이 아니라, 한국적 경건 형식에 젖은 한국인이 신앙적 결단으로 수용하는 것이지만, "내가 어떤 존재인가?"는 알아야 한다. 따라서 전이해는 신앙의 존재 근거가 아니라, 신앙이 전이해의 존재 근거이다. 그러기에 전이해는 다만 신앙의 인식근거일 뿐이다. 따라서 나 혹은 한국 교회는 전이해를 통해 자각에 이르게 되는데, 이런 점에서 전이해는 나라면 나, 민족이라면 민족 문화 일반의 본래성을 뜻한다.[67] 해천은 전이해에 논의를 단군신화 연구에서 실험했고, 박봉랑, 전경연 등과 논쟁에 휩싸였다. 그러나 이 논쟁은 단군신화를 기독교 신앙을 위한 전이해로 보았던 해천의 의도를 제대로 파악치 못한 바르티안의 성급한 논박이었고, 문제의 핵심을 간과한 채, 혼란만 거듭했다. 그래서 해천은 전이해를 재해명하였다. 그에 따르면, 만일 십자가의 도를 유대인이나 그리스인들이 각각 자기들의 전이해를 통해서 본다면, 십자가는 어디까지나 유대인에게는 거리끼는 것(*skandalon*)으로, 헬라인에게는 어리석은 것(*moria*)으로 이해되는 것처럼(고전 1:18), 전이해는 일반 의식도, 선험적 주관도, 합리적인 지식이나 관념도 아닌, 마치 물에 빠진 사람이 다급하게 소리를 지르는 것처럼, 계시 앞에서 소리를 지른 것에 불과하고, 외침을 듣고 구해준 사람 앞에서 소리를

66 *Ibid.*, 32.
67 *Ibid.*, 33-34.

지른 것을 공로로 여길 수 없는 것처럼, 신앙 인식을 위한 가능 근거에 불과한 것을 마치 신앙의 존재 근거인 양 여길 필요는 없다고 못 박았다.

즉 전이해가 신앙을 결정하는 것이 아니라, 계시가 결정하며, 따라서 예수 그리스도에게서 진정한 실재를 찾아야 한다는 것이다. 전이해는 단지 복음을 수용할 수 있도록 우리를 이끌 뿐이라는 것이다. 이를 위해 해천은 역사이해도 성서 이해도 교회 전통도 그리스도에게로 돌아갈 것을 주장했다.[68] 논점을 분명히 한 해천은 계속해서 전이해의 관점에서 샤머니즘과 천도교와 유교를 다뤘다. 그에게는 한국의 모든 종교·문화적 현상들과 성현들의 교훈이 기독교 진리 이해를 위한 전이해가 될 수 있었다.[69] 이러한 전이해 문제는 마침내 『중용』의 성에서 종결되면서, 성이 한국 신학의 주요 원리로 등장하게 된다.

한국 문화 아프리오리의 의미와 성격: 인간적 축점으로써 한국 문화 아프리오리는 한국적 경건 혹은 한국 종교·문화적 영성의 내용으로서, 복음과 문화의 소재인 감(자료)을 매만져 조화를 이루는 솜씨(기교)를 뜻하며, 신학적으로는 화목 또는 화해에 해당된다. 이것은 분명히 전체 역사를 꿰뚫는 어떤 것이지만, 그렇다고 단순히 기독교 이전의 유·불·선이 곧 한국 문화 아프리오리는 아니니다. 오히려 그것은 재래종교들 이전부터 한국인의 심성에 살아 있었다. 그러므로 이것은 한국 문화의 고유성 혹은 얼과 연관된 개념이며,[70] 또한 인간성(Humanity)에 속한 문제이다. 해천은 이 한국 문화 고유성을 한국미에서 찾으려 했고, 그것은 결국 조화미로서, 종교적인 멋에서 극치에 이루었는데, 한국인이 한국인으

68 윤성범, "權威·傳統·韓國敎會", 「基督敎思想」 제74호, 55-57.

69 윤성범, 『韓國的 神學』, 30.

70 윤성범, 『基督敎와 韓國思想』, 19-23. 그런데 유동식은 이것을 풍류로, 김광식은 한국 문화적 독특성(*proprium Koreanum*)으로 이해했다.

로서 존재하는 것이 바로 이 멋에 기인한다는 것이다. 그러므로 이러한 종교적인 멋으로서 한국미는 샤머니즘을 비롯한 다양한 종교문화 속에서 함께 호흡하면서 건국 신화들 속에서는 인격신에 대한 신앙으로, 유·불·선의 종교사에서는 종교철학으로, 각종 민중 운동들 속에서는 생명적인 인간성의 발로가 되었으며,[71] 화랑도와 같은 고신도(古神道)에서는 오락의 형태로, 고려청자와 같은 예술에서는 조화미를 담은 부드러운 곡선으로 나타났다. 결국 그가 말하는 한국미로서 한국 문화 아프리오리는 한국인의 천재미학적 솜씨인 바, 그는 이 솜씨와 멋을 계시와 연결하면서 『중용』의 성(誠: 말씀이 이루어짐 → 言+成=誠)에 도달한다. 왜냐하면 모든 것을 조화시키고, 화목케 하는 솜씨로서 한국 문화 아프리오리의 원리는 결국 성에서 집약되고, 그것으로써 로고스의 성육신을 효과적으로 설명할 수 있기 때문이었다.

> 하나님의 말씀이 한국적인 a priori인, 이 솜씨에 담겨질 때에 비로소 말씀은 빛을 발하게 될 수 있는 것이다. … 우리는 율곡 선생의 사상에서 이 비슷한 철학적 계기를 발견할 수 있지나 않을까 생각을 해보고 있다.[72]
> 誠의 神學은 종래의 모든 독단적인 철학의 입장을 지양하고 조화를 전제한 종합적 입장을 목표로 삼는다. 예컨대 계시와 이성, 계시와 종교, 계시와 윤리의 포괄적인 결합, 정신과 육체, 율법과 복음, 예수와 그리스도, 성과 속, 교회와 세상의 일치, 마침내는 남북통일, 동서진영의 평화까지 문제가 된다. 이러한 이율배반적인 상대개념의 종합은 이것을 가능케 하는 제삼 개념인 誠으로 말미암아서만 해결의 길이 열릴 수 있다는 것이 필자의 소신이다.[73]

---

71 김광식, 『組織神學 IV』(서울: 대한기독교서회, 1997), 119.
72 윤성범, 『基督教와 韓國思想』, 29-31.

나아가 해천에 따르면, 한국 문화 선험성으로서 성은 한국적 조화의 솜씨일 뿐만 아니라 또한 솜씨를 가능케 하는 제삼자(第三者)로서, 조화와 화해를 이루는 핵심 원리이다. 곧 그에게 있어서 성은 하나님과 인간 사이의 중보자적 위치를 점유하며, 하늘과 땅, 즉 하나님과 사람, 인간과 인간을 화해시키며, 땅 위에 평화를 선포하는 중요한 원리라는 것이다.

> 결론적으로 誠의 神學은 본질적으로 화해의 신학이다. 誠은 하늘과 땅과 사람에 대한 조화의 원리(unifying principle)이다. 즉 誠은 주관적으로는 하느님과 인간에 대한 화해의 원리(the reconciling principle)이고, 객관적으로는 인간과 인간 사이의 화해에 대한 실현이며, 주-객관적으로는 세상에 평화의 소망을 선포하는 하느님의 말씀이다. 모든 사람은 이 誠 안에서 하나가 된다. 모든 종류의 급진적인 차별, 서로 다른 이념들, 종교적 종파적인 차이들, 신앙과 불신앙, 유신론과 무신론은 바로 이 誠의 원리 안에서 극복되고, 모든 갈등을 초월할 것이며, 조화를 실현하게 될 것이다. 이 誠은 위에 언급된 모든 모순들과 갈등들을 뛰어넘어 서로 껴안을 수 있는 공통적인 이념(the common idea)이다.[74]

요컨대 성은 과거적인 낡은 개념이 아니라, 현재도 살아 있는 한국 종교 · 문화적 선험성으로써, 솜씨쟁이 예수 그리스도 안에서 한국적 경건과 기독교적 영성의 만남을 이루는 신앙 인식의 주체적 원리로서 우리 앞에 서 있다는 것이다.

---

73 윤성범, 『韓國的 神學』, 13.

74 윤성범. "Theology of Sincerity", *NAJT*(1970. 11.), 『윤성범 전집 I』(서울: 감신, 1998), 311.

전이해인 동시에 문화적 선험성으로서 성: 해천이 발견한 성은 한국인의 신앙 인식의 가능 근거로서 한국적 경건의 형식인 전이해인 동시에 신앙 인식의 주체적 원리로서 한국적인 경건의 내용인 문화 아프리오리에도 해당된다.

> 나는 이제 誠의 전이해에 의해 수행되는 복음에 대한 과격한 한국적 해석이 심지어 불신자들 사이에서조차도 매우 고무적인 이해를 가져오는 독특한 역할을 한다고 주장하고 싶다. 요컨대 나의 제안은 우리 한국인들을 위해 복음은 誠의 전이해를 통하여 재해석이 되어야 한다는 것이다.[75] 한국적 문화 a priori는 솜씨에 있다고 해도 과언이 아니라고 생각한다. 한국 문화에서 솜씨를 빼어버리면 이것은 정말로 보잘것없는 것이 되고 만다. … 하나님의 말씀이 한국적인 문화 a priori에 담겨질 때에 비로소 말씀은 빛을 발하게 될 수 있는 것이다. … 우리는 율곡 선생의 사상에서 이 비슷한 철학적 계기를 발견할 수 있지나 않을까 생각을 해보고 있다.[76] 넓은 의미에서 이 성(誠)은 진리에의 하나의 태도라고 봄이 좋을 것이다. 우리말로 표현한다면 하나의 솜씨(기교, τεχνη)에 해당한다고 봄이 좋을 것이다.[77]

이상의 주장들에서 해천의 논지는 성이 전이해와 문화 아프리오리의 양면성을 동시에 지니고 있음을 말해준다. 신앙 인식의 주체적 형식으로서 전이해(가능 근거)와 신앙 인식의 주체적 원리로서 문화적 선험성(존재 근거)의 양면성이다. 따라서 해천에게 있어서 성은 한국 문화 아프

---

75 *Ibid.*, 304-305. 그는 이 부분을 “Sincerity(誠) as Pre-understanding”으로 제시.
76 윤성범, 『基督教와 韓國思想』, 29-31.
77 *Ibid.*, 119-120.

리오리의 대표개념으로서 성의 신학의 핵심 원리인 동시에 한국인의 신앙 인식을 위한 가능 근거로서 신학적인 전이해, 곧 복음 인식을 위한 필수적 요소이다. 그리하여 그는 성을 중심으로 바르트적인 초월적 계시(신적 축점)와 불트만적인 문화 아프리오리(인간적 축점) 사이의 조화와 합일의 변증법을 도출해냈으며, 나아가 신앙 인식을 위한 가능 근거로서 전이해를 논한다. 결국 그에게 있어서 성은 신학의 방법론인 동시에 신학의 대상이며, 신학의 행위자인 동시에 신학적 내용을 담은 형식이라는 이중적 의미를 지닌다.

② 성(誠)의 신학의 신적 축점: 한국적 솜씨로서 인간적 축점인 한국문화적 선험성과 전이해가 해천 신학의 출발점이요, 신학적 표현양식이지만, 그것만으로는 아직 생명력 있는 신학이 될 수 없었다. 여기에는 무엇보다 신적 축점이 요청된다. 그리하여 성의 신학은 한국 종교·문화적 선험성으로서 인간적 축점과 하나님의 계시와 그리스도 그리고 성령의 역사로서 신적 축점이라는 이중 논리 형식을 갖게 되었다.

삼위일체 하나님: 해천은 성의 신학의 출발점을 바르트의 삼위일체론적 논리 형식에 두고, 그것을 바탕으로 유비론적 대화를 이어간다. 이것은 단군신화 논쟁의 도화선이 되었던, "환인·환웅·환검은 곧 하나님이다(1963. 5.)"에서 이미 시작된다.

> 단군신화에는 삼신이 등장하게 된다. 곧 환인, 환웅, 환검(단군) 이 세 분인 것이다. 이 삼자는 다같이 남성적인 것으로 표현되는 것이 주목되는 점이다. 기독교 삼위일체론에서도 아버지가 되시는 하나님, 아들 되시는 하나님, 성령되시는 하나님, 이렇게 해서 부·자·영으로 세 분이 되는데,

환인은 아버지 하나님에 환웅은 성령 되시는 하나님에, 환검은 아들 되시는 하나님에 각기 대응된다고 볼 수 있다.[78]

그의 단군신화에 대한 이러한 해석은 결국 "기독교 삼위일체 신관과 단군신화와의 직접적인 유비를 통한 신관의 접촉점을 찾으려는 시도가 아니냐?"는 거센 비판을 받았다.[79] 그러나 해천은 단군신화는 하나님의 계시를 수용함에 있어서 주체적 전이해와 관련될 뿐이라 면서, 단군신화는 기독교 삼위일체론의 잔해(*vestigium trinitatis*)라고 주장하였다.[80]

단군신화는 삼위일체 신론적이라는데 주목이 끌리게 된다. 즉 삼신사상은 기독교적인 삼위일체 신론과 흡사하기 때문이다. 그리고 세 신(환인, 환웅, 환검)이 다 같이 남성이라는데 특이한 점이 엿보인다. … 삼신일체론이나 삼위일체론은 한국 고유의 종교관이라기보다는 경교(景教)로부터 유래한 것이라고 보아야만 되리라 생각한다. … 만일에 단군신화에 나오는 환인 환웅 환검이 경교의 삼위일체론의 한국적인 표현이라 보고, 환인이 부신으로서 품격을, 환웅이 성령으로서 품격을 그리고 환검이 독생자로서 품격을 각기 지니고 있다고 본다면, 기독교적인 삼위일체론과 대비되는 것이라 할 수 있으며, 이러한 유비야말로 우연의 일치라기보다는 도리어 인과적인 관계로 보는 것이 타당할 것이 아닌가 생각된다.[81]

---

78 윤성범, "桓因 · 桓雄 · 桓儉은 곧 하나님이다", 「思想界」(1963. 5.), 267.

79 박봉랑, "基督教 土着化와 檀君神話", 「思想界」(1963. 7.), 173-175.

80 윤성범, "檀君神話는 Vestigium Trinitatis이다", 「基督教思想」 제69호, 14-18; "Christianity and Korean Thought", *Korean Observer*, III-2(1971. 1.), 윤성범 전집I, 474-383. 그는 대범하게도 이 주장의 근거를 단군신화가 기독교의 한 분파인 경교(景教)에서 왔을 가능성에서 찾는다.

81 윤성범, "韓國人의 神觀念 生成", 「基督教思想」 제133호, 119.

그가 필요 이상으로 삼위일체론에 집착하고, 심지어 단군신화와 재래종교들까지도 삼위일체론과 연관시키려는 태도는 그의 사고의 초점이 어디에 있는가를 말해준다. 그는 서구 신학의 삼위일체론적 논리 형식을 한국의 종교와 문화 속에서 발견함으로써, 복음을 수용하게 될 인간학적 축점으로써 한국적 토양을 문제 삼으려 한 것이다. 곧 그의 관심은 한국적 토양이었고, 거기서부터 한국적 토양이 안고 있는 신적 축점으로써 삼위일체론적 유비점을 발견하려고 한 것이다. 그의 이러한 태도는 '한국적 신학'에도 나타난다. 그는 신인식론을 야스퍼스의 철학이론에 의거하여 유일신, 인격신, 성육신 등으로 설명하고, 그 바탕에서 종교사적 측면(유·불·선)의 이해와 성의 시각에서의 신(神) 개념에 대한 이해를 펼쳐나갔다.

> 철학적 신앙에서 본 유일신, 인격신, 성육신(成肉神)이라든가 모든 종교사적 입장에서 본 유교, 불교, 선교를 통찰한 결과 알 수 있는 사실은 삼위일체 신론의 대두를 필연적으로 요청하지 않을 수 없다는 것이다. 즉 유일신은 단순한 초월신이 되지 않기 위해서는 인격신을 필요로 하게 된다. 유일신과 인격신의 완전한 조화를 위해서는 성육신 교리가 요청되기 마련이다. 바르트는 삼위일체론을 조직 발전시키기 전에 이것을 하나로 통일하여서 생각한 것이 그의 하나님 말씀론(die Lehre des Wortes Gottes)인 것이다 이 말씀론에 해당하는 것이 바로 誠의 관념인 것이다.[82]

요컨대 윤성범의 사고에는 항상 바르트적인 삼위일체 개념이 깊이 녹아 있다. 이러한 삼위일체론은 성의 신학의 기초와 골격이며, 한편으로는 타 종교와 문화와의 대화의 방편과 핵심 원리로 나타난다. 하지만

82 윤성범, 『韓國的 神學』, 57-58.

문제는 그의 방법론이 항상 삼위일체론 중심의 유비론에 머물러 있는 점이다. 그는 심지어 단군신화는 기독교 삼위일체론의 잔해라고 말할 정도로, 처음부터 유비론에 입각한 논의를 지향하고 있었다.

초월자로서 하나님의 계시: 해천의 출발점이 한국 문화 아프리오리라 해서, 마치 성의 신학이 초월적 계시를 무시하거나 혹은 제2, 제3의 계시적 원천을 말하는 것은 아니다. 그는 처음부터 하나님의 초월적 계시로서 복음을 말할 뿐 아니라, 복음에 대한 한국적 이해를 지향한다는 점에서, 항상 전통적인 기독교 신학의 범주 안에서, 한국인들을 향한 선교적 시각에 머물러 있었다. 다시 말해서 그는 언제나 바르트의 계시개념을 염두에 두고 있었다.

> 복음은 신학의 중심 과제이다. 복음을 떠나서는 신학은 성립되지 않는다. 왜냐하면 신학은 하나님 말씀의 학문이기 때문이다. 신학은 '하나님 감'으로서 이것의 내용이 복음인 것이다. 말씀은 신학의 핵심과 마찬가지이다.[83] 복음과 자리 이 두 가지는 한국 신학을 수립하기 위한 전제가 아닐 수 없는 것이다. 왜냐하면 복음만 가지고는 한국 신학을 수립할 필요성을 느끼지 않기 때문이다. 한국적인 것이 있어야만 되겠기에 한국의 신학을 문제 삼는 것이지 그렇지 않다면 하필 한국 신학을 수립하려고 애쓸 것이 없이 우리는 세련된 구라파나 미국 철학에 만족하면 그만이 아니겠는가?[84]

해천에게 있어서 하나님의 계시로서 복음은 성의 신학의 기본전제였다. 그리하여 그는 『중용』의 성이 초월적 · 내재적 성격과 초역사적 ·

---

83 윤성범, 『基督教와 韓國思想』, 11.
84 *Ibid.*, 25.

역사적 성격을 동시에 지니고 있다는 점에서, 성서가 말하는 하나님의 계시에 해당된다고 말할 정도로, 여전히 말씀 곧 초역사적인 동시에 역사적인 하나님의 계시로서 말씀에 관심을 두고 있었다. 따라서 그에게는 바르트처럼 하나님의 초월적 계시가 무엇보다도 신학 수립을 위한 첫 번째 조건이었다. 하지만 문제는 "과연 신유학의 인성론 개념인 성이 하나님의 계시에 유비될 수 있는가?"이다. 더욱이 그가 말하는 하나님의 계시에 대한 이해는 칼 바르트의 해석에 근거한 개념일 뿐이며, 그것을 전제로 하는 신유학의 인성론 철학 개념과의 대화일 뿐이라는 점이다.

화해자와 중보자로서 그리스도: 1960년대 토착화론의 쟁점은 기독론의 한국적 해석에 있었다. 해천의 성의 신학 역시 초월적 측면의 신적 계시와 내재적 측면의 인간문화 사이의 매개 원리인 성에서 기독론적 특성을 붙잡는다. 그에게는 『중용』의 성 자체가 하나님 말씀이요, 중보자 그리스도로서, 말씀의 성립이자, 말씀의 완성이었다. 따라서 성의 해석학은 말씀의 성육신인 그리스도의 복음과 동양적 핵심 매체인 성이 지시하는 고전적 · 영성의 세계를 탁월한 유비적 상상력으로 결합하는 형태로서, 하늘 이치(天理: 道)로서 성의 초월적 성격과 사람의 도로서 성의 내재적 성격의 조화적 실존을 그리스도 안에서 찾으려 한다.[85] 즉 중보자 그리스도가 하나님인 동시에 인간이라는 역설적 · 이중적 신분이듯, 성 역시 천지도(天之道)와 인지도(人之道)의 조화적 실존 원리를 지닌다는 점에서, 결국 예수 그리스도의 실존에 유비된다는 것이다.

이러한 주장은 해천의 말대로 오랜 세월 유교 문화권에서 살아온 한민족에게, 그리스도에게 보다 쉽게 접근할 수 있는 촉발적 원리가 될 수 있다. 그러나 문제는 그의 논리가 성의 의미와 기능에 대한 지나친

---

85 박종천, "토착화신학의 기독론적 쟁점", 「基督教思想」 제396호, 57-58.

확대해석이라는 점이다. 그는 성육신 사건을 지나치게 성 개념에 의존한 존재론적 유비론으로 접근한다. 그러나 하나님의 자기 계시 사건으로서, 성육신 사건은 존재의 유비(*analogia entis*)가 아닌, 신앙의 유비(*analogia fidei*)에 의해서 인식될 수 있다. 바르트의 초기 주장처럼 하나님과 인간 사이에는 무한한 질적 차이가 있다. 그리스도 안에서의 하나님과 인간의 하나됨은 인간의 가능성이 아닌, 전적으로 그리스도 안에 계시는 하나님의 은총이다. 인간은 그 은총이 신앙을 통해 실존적으로 인식하게 된다. 그러나 신앙 또한 인간의 것이 아니라, 하나님의 선물이다(엡 2:8-9). 그리스도 자신이 신비인 것처럼, 신앙도 하나님의 신비에 속한다. 그러나 한편 신앙은 하나님의 은총에 대한 인간의 주체적인 응답이라는 의미에서 인간의 사건이기도 하다—마치 그리스도의 성육신이 하나님의 사건인 동시에 인간의 사건이듯이! 그러므로 신앙은 역사와 문화에 대해 별개의 것인 동시에, 역사·문화적 성격을 갖는다. 성서의 하나님은 바르트의 후기 주장처럼, 전적 타자이신 동시에 인간성을 갖고 계시다. 그리하여 인간에게 다가오시며, 인간에게 말씀하시는 관계의 하나님으로서 초월과 내재, 신성과 인간성을 동시에 보유하신다. 따라서 하나님의 신성은 인간성을 내포한다.[86]

그러므로 신학이 단순히 수동적인 신앙의 유비(analogia fidei)만을 주장한다면, 배타주의의 오류에 빠지게 된다. 존재의 유비(analogia entis)를 극복함과 동시에, 보다 능동적인 신앙의 기초 위에 서 있는 관계의 유비(analogia relationis)으로 나아가야 한다.[87] 그리하여 신앙 사건이

86 박봉랑, 『신학의 해방』, 436-437, 478-479.

87 관계의 유비(*analogia relationis*)는 본회퍼가 『창조와 타락』에서 사용한 말로서, 바르트가 『교회 교의학』에서 창조, 특히 하나님 형상에 대한 해명에서 사용한 개념이다. 그에 의하면 창조 때에 인간에게 부여된 하나님의 형상은 인간의 특수한 소유물이 아니고, 은총의 선물인데, 하나님 안에 아버지·아들·성령의

당신(Thou)으로서 하나님과 나(I)로서 인간의 인격적 만남이듯이, 하나님의 구원사건에 대한 해석학으로서 신학 역시 복음과 문화 간의 만남의 지평에서 구현된다. 물론 이 만남은 하나님과 인간 사이의 질적 차이처럼, 단절이라는 관점과 성육신 사건에서처럼 연속이라는 긴장 관계가 전제된다. 따라서 신학은 자연히 이 복음과 문화 사이의 단절과 연속의 긴장 관계의 자리에서 비로소 자신의 실존을 발견하게 된다.

그런데 윤성범은 이러한 하나님의 계시와 인간문화 사이의 단(斷)과 접(接)의 긴장을 무시한 채, 성의 원리에 의한 연속성만을 추구한다는 점에서 문제점을 드러낸다. 물론 그는 분명히 신적 축점으로써 기독론적 원리를 자신의 성의 신학에서 끝까지 견지한다.[88] 하지만 그의 관점은 기독론의 성육신 원리를 신유학의 성 개념으로 수렴시켜, 일종의 유교적 기독교를 지향했다는 점에서, 한국 문화 아프리오리로서 성에 더 무게를 두었다. 이렇게 보면 해천은 야스퍼스(K. Jaspers)나 파니카(R. Panikkar) 등이 주장하는 탈역사적 종교보편주의를 경계하면서, 바르트적 노선인 기독론 중심적 방향에 서 있지만, 한편으로 인간적 축점인 성을 중심한

인격적 관계와 사랑의 통일성이 있는 것과 같이 하나님은 자신의 형상을 따라 인간을 남자와 여자, 두 인격의 관계와 사랑 속에 있는 인격체를 창조했다. 따라서 하나님 형상은 철저한 나-너의 인격적 공동체며, 사랑, 자유, 축복, 곧 하나님과 인간 사이, 인간과 인간 사이의 인격적 관계 속에 있기 때문에, 그것에 대한 인식은 인격적 관계 안에서 가능하다는 측면에서 관계의 유비를 말한다(박봉랑, 『신의 세속화』, 서울: 대한기독교출판사, 1983, 501-503, 762-773).

88 윤성범, 『韓國的 神學』, 30-31. 이정배도 종교다원적 사조가 팽배한 현대 사회에서 "기독교적 신이 전 우주를 구원하는 진리"를 설명하기 위해서는, 이러한 윤성범 등의 "예수가 하나님과 등가적이라고 하는 성육신적 기독론"의 패러다임을 극복하고, "예수의 활동이 우리와 함께 하는 우주적 신의 한 비유로서 이해될 수 있는 비유적 기독론(Parablic Christology)"를 채택해야 한다면서, 윤성범 신학의 기독론 중심적 특성을 지적한다(이정배, "토착화신학과 생명신학", 「基督敎思想」 제390호, 52).

성의 해석학을 전개한다는 점에서, 기독교와 신유학 사이의 유비론적 이해를 기반으로 한, 조화와 화해의 원리로서 중보자적 기독론을 지향하고 있다.

③ 조화와 종합으로서 성령의 역사: 성의 신학이 인간적 축점과 함께 견지하는 신적 축점의 논리는 그가 감(소재)을 손질하는 솜씨로서 문화 아프리오리와 함께 성령의 역사를 말함에서 드러난다. 해천에 따르면, 말씀과 문화 아프리오리는 성령에 의해 조화됨으로써 생명적인 것일 수 있는데, 진정한 말씀 이해는 그것이 전이해를 통해 문화 아프리오리에 담기고, 그리스도의 구속 작용(솜씨)으로 생명화되어 다시금 성령(멋)에 의하여 약동할 때 가능하다는 것이다.[89] 그는 「바르트의 영 이해와 기술의 문제」(1969. 10.)에서 한국적 신학의 방법론을 다루면서, 「율곡과 한국사상」(1963)에서 성령을 솜씨와 성에 비교한 대로, 다시 바르트의 영(*Geist*), 하이데거의 기술(*Τεχνη*) 혹은 시작(詩作, *Dichtung*) 그리고 율곡의 성을 모두 솜씨 개념과 대비시켜 설명한다. 그에 따르면 바르트의 영(*Geist*)은 관계론적 개념으로서 하나님과 인간, 인간과 인간 그리고 영혼과 육체를 매개하는 연결자와 같다는 점에서 성령론적 성격을 지니고, 하이데거의 *Τεχνη* 혹은 *Dichtung* 역시 감춰진 진리를 드러낸다는 측면에서 계시에 대응되는 개념이며, 율곡의 성 역시 바르트의 영에 해당하는 하늘 이치(天理: 實理)와 인간성(性理: 實心) 사이를 매개하는 관계개념인 바, 인간을 인격화하고 인간을 진정으로 살아 있게 만드는 근원이 된다고 보았다.

필자는 이 誠의 개념이 바르트의 Geist 개념과 대비됨을 알게 되었다. 필

89 윤성범, 『基督教와 韓國思想』, 37-38.

자는 이 誠의 개념의 한국적인 표현을 찾아보려 애썼고, 마침내 솜씨라는 개념에서 찾아보려 하였다. … 誠은 그 성격상으로 보아서 우리말의 솜씨라는 말로 표현하는 것이 이해하기 좋으리라고 생각된다. 왜냐하면 솜씨란 하이데거의 기술(*Τεχνη*)에 해당되며, 바르트의 영(Geist)에도 상응되는 상관개념이기 때문이다. 예술작품이 예술작품다워지는 그 근원을 필자는 솜씨 개념에서 찾고 싶다. 하이데거는 시(詩)와 말(Sprache)의 중요성을 인정하고 있으며, 특히 Dichtung(詩作)은 진리 그 자체의 성격으로 취급되는 것은 주목할 만하다. 율곡의 誠의 개념도 하이데거의 시작(Dichtung)이 개념과 상통하며, 誠이라는 글자만 보더라도 말의 이루어짐(成言)을 의미하며 이것은 바로 하이데거의 시작(詩作)과 일맥상통하는 개념이다…. 결국 바르트의 靈(Geist)이나 하이데거의 詩作(Dichtung)이나 율곡의 誠 개념은 모두 초월적이며 동시에 내재적인 상관개념으로서 정당한 의미의 하나의 기술, 기교 또는 솜씨를 의미한다고 볼 수 있다.[90]

요컨대 해천에게 있어서 복음의 초월-내재적 측면의 이원론적 상태를 극복하고, 조화를 이루는 솜씨는 인간적 축점의 한국 문화 아프리오리만이 아니라, 신적 축점으로써 성령의 역사이기도 하다. 따라서 솜씨는 한국적 천재성인 동시에 하나님의 성령에 의한 것인데, 그것은 성의 원리에서 발견된다. 사실 그가 바르트의 *Geist* 혹은 하이데거의 *Dichtung*과 율곡의 성을 대비하는 형식으로 성의 신학을 구성한 결정적 동기는 그것들 모두가 형식상 데카르트적 이원론을 극복하고 양자를 유기적 관계로 연결하는 매개자 역할을 하고 있다는 논리에서였다. 다시 말하면 그것들 모두 초월과 내재의 상관개념으로서 조화미를 형성하는 솜씨를 지닌다는 점에서였다. 하지만 계시와 종교를 엄격히 구별하는 바르트적

---

90 윤성범, “바르트의 靈 理解와 技術의 問題”, 「基督教思想」 제137호, 146, 158.

사고로 인해 적잖은 걸림돌이 생길 수밖에 없었다. 따라서 그는 이러한 내부적 모순의 극복을 위해 인간적 축점으로부터, 다시 솜씨는 성령의 역사라는 주장으로 후퇴하게 된다.

> 성육신의 교리는 신앙으로서만 타개되는 것이요, 이것은 성령의 역사를 통해서 입증되지 않아서는 안 될 성질의 것이다. 성령의 역사가 곧 우리 마음에서 신앙을 일어나게 해주는 것이다. 말씀이 육신이 되신 사실은 단순한 객관적 역사도 아니요, 그렇다고 단순히 주관적인 이해도 아니요, 성령의 역사하심으로 비로소 우리에게 알리어지는 사실인 것이다. 역사나 이해로 성육신의 사실이 가능하다고 생각하는 것은 망상이 아닐 수 없는 것이다. 역사에 나타난 모든 그리스도 증언자들은 성령의 도움을 힘입어서 비로소 그리스도 사건을 알게 된 것을 입증하고 있는 것이다.[91]

사실 소재(감)만으로는 신학이 불가능하다. 솜씨가 가미되어야 멋으로서 신학이 가능하다. 그런데 그 솜씨에는 인간적 축점인 문화 아프리오리와 신학 축점인 성령의 역사가 조화를 이뤄야 한다. 성령의 역사가 배제된 신학은 종교학일 뿐이다. 따라서 그는 양대 축점을 동시에 말하지 않을 수 없었다. 이러한 성 신학의 방법론은 한국 교회가 토착화 찬반론에 맴돌고 있을 때, 한발 앞서 신학의 방향과 가능성을 말했다는 점에서, 그 적합성 여부를 떠나, 그것 자체로서 중요한 의미를 지닌다.

(3) 성(誠)의 신학의 방법론에 대한 신학적 의의

해천의 성의 신학의 방법론은 조화와 화해의 원리를 함의하는 신유학 인성론의 핵심개념인 성의 천재미학적인 변증법에 기초를 두고 있다.

---

91 윤성범, "Cur Deus Homo와 복음의 토착화", 「基督教思想」 제104호(1966. 12.), 27.

이것은 곧 해천의 토착화론에 근거한 방법론인 바, 인간적 축점인 문화 아프리오리로서 한국적 솜씨와 신적 축점인 성령의 역사에 의한 직관적 변증법(直觀的 辨證法)으로서 토착화론에 의한, 한국 신학에의 길이었다. 그렇지만 신적인 축점(바르트와 칸트)과 인간적인 축점(불트만과 야스퍼스) 사이의 갈등 구조가 그의 길을 힘들게 하였다. 고심 끝에 그는 이러한 자신의 토착화론의 내부적 모순을 율곡의 성을 도입함으로써 해결하기에 이른다. 그가 이해한 신유학의 인성론 개념인 성은 초월적인 동시에 내재적인 성격을 갖고 있어서, 하나님과 사람을 진리의 말씀으로 연결하는 능력이 있다고 믿어졌기 때문이다.

더욱이 그가 이해한 한국인의 천재미학적인 솜씨 또한 서구적인 사고구조인 분석-종합적인 특성과는 달리, 동양인들의 조화·전개적 특성을 띠고 있기에 성은 더욱 한국 신학을 전개해 나갈 수 있는 중요한 핵심 매체가 될 수 있었다. 그리하여 해천은 시종일관 성의 변증법적 특성에 집중하였다. 그에게 있어서, 성은 한국인의 심성을 잘 표현하는 논리적 구조라는 점에서, 복음 진리를 담아내기에 가장 이상적인 바탕이기 때문이다. 그래서 그는 자신의 한국적 신학에 대해서, '성(誠) 신학'이라고 불렀다. 그는 복음이 한국 종교·문화 아프리오리의 핵심인 성을 통해 한국의 종교·문화적 영성에 토착화될 것을 내다 보았던 것이다.

하지만 성의 신학은 외견상 한국의 종교·문화와의 대화와 이해를 지향하였지만, 신학 방법론적 측면에서 볼 때, 그것은 사실상 서구 신학사상(바르트, 불트만)과 한국적 종교·문화적 영성과의 만남의 문제로 귀결되는 구조를 이루고 있다. 그에게 있어서 기독교 진리는 사실상 바르트 신학과 통하는 개념이고(성령의 역사로서 토착화), 그것을 한국 교회와 사회에 제시하는 방법론은 불트만의 실존적인 신학방법론(한국 종교·문화 아프리오리로서 솜씨)에 의존하였기 때문이다. 물론 성의 신학은 서구 신학 일변도를 달리던 한국 교회의 신학적 흐름에 대한 깊은 반성을 가져왔고, 한국인으로서 한국적 신학을 추구하는 것이, 한국 교회의 길임을 분명히 밝혔다. 그리하여 후학들에게 참으로 한국 교회를 위한 신학이 무엇이며, 어떻게 신학 작업을 수행할 것인가에 대해 깊은 울림을 주었다는 점에서는 그 의의가 크다. 신학은 예수 그리스도를 통한 하나님의 자기 계시에서 출발해야 하지만(신학의 보편성), 그 계시는 수용하고 이해하는 신학자의 종교·문화적 영성과의 관계를 고려하지 않으면 안 된다(신학의 다양성). 그런 의미에서 신학은 하나님의 말씀과 종교·문화적 영성과의 만남의 문제라 할 수 있다.

3. 서구 사상과 성(誠)의 신학

성의 신학은 한 신학자의 천재적인 사고의 산물만은 아니다. 그것을 분석해보면, 그 역시 다른 사상들, 곧 서구 사상들을 도구적 전거(典據)로 삼고 있음이 드러난다. 실제로 해천에게 사상적으로 많은 암시를 남긴 이들에는 바르트, 불트만, 칸트, 야스퍼스 등을 들 수 있다.

1) 칼 바르트의 말씀의 신학

성의 신학은 바르트 신학의 한국적 토착화라고 부를 수 있을 정도로 바르트의 영향력이 절대적이다. 칼 바르트에 대한 해천의 관심은 이미 동지사 시절부터 시작되었고, 특히 바젤에서 그의 강의를 직접 들으면서 그의 학문체계를 깊이 호흡하게 되었다.

나는 칼 바르트와 칼 야스퍼스 두 선생님의 사상을 율곡 선생의 사상에서

발견하게 되었고, 이로 인해 후일에 나의 신학적인 발전, 즉 誠의 신학을 전개시킬 수 있는 사상적 근거를 두 선생님의 사상에서 배울 수 있었다.[92]

그리하여 바르트의 영향력은 해천의 의식·무의식 속에 지속적으로 살아 있었다. 이것은 특히 그의 직관적 변증법에서 분명하게 드러난다. 외견상 해천의 직관적 변증법은 사실 바르트와는 정반대 입장이다. 바르트는 神·人 사이의 질적 차이를 전제하고, 인간에 대한 전적인 부정(*Nein*)에서 출발, 하나님에 의한 긍정(*Ja*)으로 나아가지만, 해천은 인간적 축점에서 실재와 관념의 조화와 합일에 이르는 직관적 변증법을 말한다는 점에서, 일종의 바르트에 대한 반역을 감행한다. 하지만 잠시 후 그는 갑자기 태도를 바꾸어, 성령의 역사를 말한다. 지금껏 말해오던 솜씨가 인간의 것이 아닌, 성령의 역사라는 것이다.

이러한 솜씨가 인간의 것이라고 본다면, 이것이야말로 언어도단이다. 물론 인간은 솜씨를 흉내 낼 수 있으나, 실현할 수는 없는 것이다. 그리스도는 길이요, 진리요, 생명이다. 그를 말미암지 않고는 결단코 구원의 상태에, 곧 멋있는 상태에 들어갈 수 없는 것이다. 이것은 다시 무엇을 의미하고 있는가? 멋은 사실 그리스도의 영역은 아닌 것이다. 이것은 성령의 활동영역인 것이다. 성령의 역사 없이는 성서해석도 무효로 돌아갈 수밖에 없는 것이다.[93]

바르트에게 있어서 성령은 『교회 교의학』의 알파와 오메가이며, 코페르니쿠스적 전회와 같다.[94] 이러한 측면에서 바르트는 여전히 종교개

---

92 윤성범, "나의 생애와 신학 5", 「크리스찬신문」 (1976년 7월 31일자), 2면.
93 윤성범, 『基督教와 韓國思想』, 37.

혁적 전통에 서 있다. 그리고 해천 역시 성령을 언급함에서 신학의 가능조건이 인간적 축점이 아니라, 성령의 역사로서 신적 축점에 있음을 인정한다는 점에서 바르트 노선에 서 있다.[95] 그뿐 아니라, 성의 신학의 논리 형식 또한 바르트의 삼위일체론 형식을 따른다. 바르트에게 있어서 삼위일체론은 교의학의 구조적 핵심에 해당된다. 그것은 자신을 계시하시는 하나님이 누구인지를 말하기 위해서였다. 이처럼 바르트는 삼위일체론이야말로 기독교 신론과 계시론을 기독교적인 것으로 만든다고 보고, 그것을 통해 삼신론(三神論)과 일신론(一神論)을 배격한다. 바르트는 이 삼위일체에 대한 논의를 자연 계시 혹은 일반계시가 아닌, 하나님의 아들을 통한 초자연적 자기 계시에서 찾는다.

> 하나님은 그 자신을 주님으로 계시하신다…. 우리는 이 명제를 삼위일체론의 뿌리라고 부른다.[96]

> 하나님의 말씀은 그분의 계시에 나타난 하나님 자신이다. 그 이유는 하나님께서 자신을 주님으로 계시하기 때문이다. 이것은 성서에 의하면 계시

---

94 윤성범, "世紀의 神學者 칼 바르트", 「基督教思想」 제128호(1969. 1.), 92. 계시는 하나님의 사건으로서 객관적 현실이지만, 성령에 의해서 주관적 현실로 우리에게 다가온다고 바르트는 주장한다(Otto Weber, *Karl Barths Kirchliebe Dogmatik*, 김광식 역, 『칼 바르트의 教會教義學』, 서울: 대한기독교서회, 1976, 51-58). 그래서 바르트는 기독론적 집중에서 성령론적 전향을 시도한 것은 사실이지만, 그렇다고 기독론을 포기한 것은 아니었다. 그런 의미에서 바르트의 입장은 기독론적 · 성령론적 신학이라고 해야 옳다.

95 바르트에게 있어서 접촉점은 인간 자신 속에 있는 어떤 가능성이 아니라, 성령 자체이며, 성령의 역사 즉 인간과 하나님을 접촉시키는 것은 철저히 하나의 기적을 의미할 뿐이다(김균진, 『헤겔 哲學과 現代神學』, 서울: 대한기독교출판사, 1990, 182).

96 K. Barth, *Church Dogmatics*, I-1(Edinburgh: T & T CLARK, 1975), 307.

의 개념을 위해 하나님께서 친히 파괴할 수 없는 통일 가운데서도, 파괴할 수 없는 계시자의 상이성 속에서도 계시이며, 계시존재라는 뜻이다.[97]

이러한 초자연적 계시는 성자 안에서 성령을 통한 하나님의 자기 계시적 특성을 지닌다. 곧 하나님은 그리스도 안에서 계시자로서, 계시인 동시에, 계시 존재이다. 그런데 삼위일체론 자체가 계시에 대한 직접적 진술은 아니다. 그것은 계시를 증언하는 본문을 번역하는 것이고, 간접적으로만 계시와 동일하다. 하나님은 계시에 있어서 세 번, 주님으로서 우리와 만나신다. 즉 그분은 역사적 자기 계시인 예수 그리스도 안에서 첫 번째로, 자기 계시의 증언으로서 성서를 통하여 두 번째로, 교회의 선포를 통해, 자신을 전달하심으로써 세 번째로 주님이 되신다.[98] 이러한 하나님의 현실은 오늘도 자기 계시, 곧 계시되고 기록되고 선포된 삼중 형식의 말씀에서 드러난다. 소위 삼위일체 흔적(*Vestigium Trinitatis*)을 통해 삼위일체를 설명하려는 이들도 있지만, 바르트는 피조물의 유추를 통해 하나님을 증명하는 것은 정당하지 못하다고 본다. 그에 따르면, 하나님의 자기 전달은 자기 계시 외에는 없기 때문이다.

이것은 하나님이 우리를 위하여 그 자신의 계시 안에서 현존하시는 방식이다. 그처럼 그분은 친히 명백하게 그분 자신의 삼위일체와 그분 자신의 흔적(Vestigium)을 창조하신다. 우리가 하나님이 우리를 위하여 그분의 말씀의 삼중적 형태 안에, 그의 계시 안에, 성서 안에 그리고 선포 안에 현존하신다는 것을 말하게 될 때, 우리는 다른 어떤 것을 더하는 것이 아니라, 단순히 그와 같은 흔적을 말하는 것일 뿐이다.[99]

---

97 *Ibid.*, 295.

98 김광식, 『組織神學』 I(서울: 대한기독교서회, 1991), 176.

결국 계시는 성부·성자·성령 안에서 일어난 삼위일체 사건이라는 점에서, 삼위일체론은 하나님의 자기 계시에 대한 신학적 이해이다. 이러한 바르트의 삼위일체론적 논리를 해천은 삼분법적 신학으로 불렀는데, 바르트의 그 논리가 해천에게 깊이 각인된 것으로 보인다. 해천에게 특히 중요한 것은 바르트의 신학 내용이 아니라, 그의 신학적 논리 형식이었다. 이러한 태도는 특히 그의 유명한 논문 "단군신화는 *Vestigium Trinitatis*이다"에서 드러난다. 여기서 그는 단군신화를 삼위일체론의 잔해라고 말하면서, 바르트 반대편에 서지만, 논지만큼은 바르트를 따른다. 즉 바르트는 말씀 밖에서 삼위일체 흔적을 찾는 것은 결국 스콜라 신학에서처럼, 존재의 유비(*analogia entis*)를 따르는 길이기에, 관계의 유비(*analogia relationis*) 혹은 신앙의 유비(*analogia fidei*) 또는 계시의 유비(*analogia revelationis*)만을 인정했다.[100] 이에 대해 해천은 바르트를 넘어서, 양자를 동시에 수용한다는 점에서, 그의 사고는 내부적 모순을 일으킬 수밖에 없었다. 이러한 태도는 그의 '한국적 신학'에서 풍부하게 나타나는데, 그는 성의 해석학적 원리를 통해, 여러 신학 주제에 적용했다.

> 誠의 개념이 기독론적으로 터 닦아지기 위해서는 誠이 삼위일체론적인 집약 개념임이 밝혀져야 되며, 따라서 이러한 삼위성은 다시금 기독론으로 분화되는 것이 신학적인 진술의 과정인 것이다. 이러한 교의학적인 시도는 이미 칼 바르트의 교회교의학에서 시험해 본 것이기도 하다.[101]

나아가 바르트의 변증법적 논리가 성의 해석학에 응용되었다. 해천

---

99 K. Barth, *Church Dogmatics*, I-1, 347.
100 김영한, 『바르트에서 몰트만까지』 (서울: 대한기독교출판사, 1982), 52.
101 윤성범, 『韓國的 神學』, 62.

에게 있어서 계시는 곧 성에 유비될 수 있었다. 그는 중용이 불성무물(不誠無物) 관념을 셋으로 나눠 성리(性理)에 적용시킨 점이 바르트의 말씀의 삼중성과 일치한다고 단정한다. 이것은 결국 바르트의 계시를 성으로 대치할 뿐 아니라, 성을 기독론과 화해론으로 이끌어간다. 그리하여 바르트의 계시론 · 기독론 · 화해론은 이제 성의 논리라는 신학적 바탕으로 등장한다.

> 중용 또는 誠의 관념은 중보자의 성격도 지니고 있다. 아니 誠이 중용의 집약개념이요 수감개념이라면, 誠은 바로 조화의 개념이기도 하다. 천지동류(맹자)의 관념과 대비된다고 하겠다. 誠은 바로 모든 관계에 있어서 중간적인 역할을 한다고 볼 수 있다. 그러므로 필자는 이러한 낯익은 동양적인 고유 관념을 계시(*Offenbarung*) 대신에, 아니 계시라는 서구적인 용어를 우리의 것으로 번역하여서 이것으로써 기독론적으로 해석해보려는 것이다. 이것은 달리는 화해의 교리적인 전개임은 두말할 여지가 없다. … 이 통일의 원리를 바르트는 말씀이라고 명명하였던 것은 우리가 잘 아는 사실이다. 실상 誠은 바로 하느님의 말씀(*das Wort*)에 해당되는 개념인 것이다.[102]

물론 유학에는 천 · 인(人)의 하나 됨의 가르침이 있고,[103] 그것이 공자 이후 인(仁) 혹은 성으로 발전되면서, 초월과 내재의 합일원리로 사용되었다. 하지만 그것을 곧바로 바르트의 말씀론 · 기독론에 연결할 수는 없다. 왜냐하면 바르트 신학 자체가 신(神) · 인(人)의 존재를 혼동할 수

---

102 *Ibid.*, 62.

103 Julia Ching, *Confucianlsm and Christanity*, 변선환 역, 『儒敎와 基督敎』(왜관: 분도출판사, 1994) 151-193..

있는 모든 요소를 봉쇄하기 때문이다. 그래서 해천은 형식상으로는 바르트를 의존하였으나, 내용적으로는 그를 넘어서기 위해 고심한 것으로 보인다. 이러한 관점에서 해천은 바르트 신학(Text)과 유학(Context)과의 변증법적 만남을 시도하였고,[104] 그것은 구체적으로 신학으로써 성론(誠論), 인간학으로서 성론(性論) 그리고 윤리학으로서 효론(孝論) 등으로 기획되었으나, 성의 신학에서 멈추고 말았다. 하지만 성의 신학은 부정적이든 긍정적이든, 바르트의 흐름을 따른다는 점에서, 바르트 신학은 성의 신학의 중요한 도구적 전거라고 할 것이다. 그에게 바르트는 처음부터 우상과 같은 존재였기 때문이다.

2) 루돌프 불트만의 해석학

한국 신학은 대체로 불트만 신학과 연관이 깊은데, 해천 역시 예외는 아니다. 불트만에 대한 그의 관심은 "불트만의 해석학"(「基督教思想」 제25호, 1959. 10.)과 "권위 · 전통 · 한국 교회"(「基督教思想」 제74호, 1964. 3.)에서 나타나지만, 그것은 일찍부터 그의 사상적 뿌리의 한 축으로 작용하고 있었다. 특히 해천에게 있어서 불트만의 사상은 전이해 개념과 관련이 있다. 해천에게는 신학의 가능 조건이 바르트처럼, 하나님의 자기 계시만이 아니라, 한국적 문화와 종교에 의해 체질화된 한국인의 주체적 심성 안에 살아 있는 한국 종교·문화적 선험성 또한 매우 중요했다. 그에게 있어서 한국인의 심성은 복음을 수용하는 토양과 같기 때문이다.

> 복음의 토착화는 복음의 변질을 가져와서는 안 될 것이다. 복음을 듣는 자가 누구며, 하나님의 은혜를 받는 자가 누구이냐 하는 말하자면 받는

104 윤성범, "聖學과 神學의 比較研究", 「韓國學報」 제3집(1976), 93.

쪽의, 주체자의 문제인 것이다. 이 주체자가 분명하지 않고는 복음은 잘못 받아들이기가 쉬운 것이다.[105]

불트만의 관심은 복음의 메시지를 현대인들에게 전달함에 있었다. 이를 위해 그는 비신화화와 전이해를 말하면서, 복음과 함께 실존적·역사적 삶의 정황과의 접촉을 문제 삼았다. 이러한 해석 논리는 복음과 문화 간의 시·공간적 간격을 좁힐 수 있는 토착화원리로 적용될 수 있었다. 하지만 해천은 불트만의 주장을 그대로 수용하지는 않았다. 불트만의 전이해는 인간 사고의 본질적 구조와 관계된 개념으로서 이해되어야 할 것에 대한 선이해(先理解)를 뜻했다. 해천은 그러한 불트만의 전이해 개념을 숙지하고 있었다.

모든 해석의 전제는 본문에 직접, 간접으로 표현되며 질문의 방향을 유도하는 사실에 대한 선행적인 삶의 관계이다. … 삶의 관계는 본문과 해석자를 연결시키며, 해석자의 질문에 동기를 부여하며 이해의 방향을 제시한다. 이 사실에 대한 선행적 삶의 관계는 해석자의 先理解로서 해석의 필수 불가결한 요소로 작용한다. 본문의 이해의 방향과 질문은 이 해석자의 前理解에 의해서 특징지워진다.[106]

요컨대 불트만은 해석자가 백지상태가 아니라, 질문을 갖고 본문에 접근하며, 그 질문은 본문의 실존적 해석을 통해 질문자의 삶에 새로운 의미로 다가온다고 보았다. 그런데 해천은 여기에다 자신만의 의미를

105 윤성범, "福音의 土着化에 대한 前理解", 「基督教思想」 제66호, 29.

106 R. Bultmann, "Das Problem der Hermeneutik."(1950), 김영한, 『바르트에서 몰트만까지』, 127. 재인용.

부여하여, 전이해를 한민족 고유의 주체성 문제에 귀착, 신 인식의 주체성으로 보았다. 곧 불트만의 전이해는 성서해석 상의 기본전제를 뜻했지만, 해천의 전이해는 신앙에 대한 인식근거 또는 계시에 대한 주체적 응답을 위한 자기 인식적 필수요소, 곧 기독교화 혹은 유사기독교화였고, 기독교의 올바른 수용을 위해, 한국 종교를 준기독교로 파악, 양자간의 공통점으로써, 복음 수용을 용이하게 하자는 것이었다.[107] 이렇게 해천은 불트만적 시각인 인간적 축점에서 출발한 일종의 혼합주의로서 토착화를 말하면서도, 한편 성령의 역사를 말함에서, 바르트와 불트만을 함께 수용하려는 모험을 감행했다.

> 한국적 신학은 한국적인 실존과 한국적인 정황, 다시 말하면 한국적인 문화적, 정신적 전통에다가 서구적인 신학적 전통을 가미함으로써 우리 전통이 다시금 살아나게 하는 과제를 지니고 있다.[108]

결국 해천은 복음과 한국 문화 선험성의 만남이라는 대전제 아래, 한국적 신학을 펼치면서, 이를 위해 바르트의 계시 실증주의적 신학과 불트만의 해석학적 신학의 상호모순적 원리를 조화·화해시키는 가운데, 그 나름대로 역설적이고 변증법적인 신학적 사고를 수립해나가려고 했다. 말하자면 해천은 모순적인 두 사람, 곧 바르트와 불트만의 신학적 차이를 신유학의 인성론 개념인 성의 논리를 바탕으로 연결해보려고 애쓴 것이다. 곧 서로 모순과 갈등 구조에 있는 서구 신학자 두 사람을, 동양의 신학자가 그것도 동양철학의 인간학적 개념인 성의 논리로써

---

107 김광식, "神學의 變形과 東洋神學의 諸問題", 「基督教思想」 제157호(1971. 6.), 111-112.

108 Yun Sung Bum, "A Theological Approach to the Indigenization of Gospel", *NAJT* (1969. 9, Tokyo, Japan), 29.

화해시키려 한 것이다. 그러다 보니 신학적으로 성의 논리는 해천 스스로에게서도 모순과 갈등을 가져왔고, 당시의 신학자들은 물론 후학들조차, 그의 신학에 대해서는 혼란을 겪게 된 것이다. 하지만 그에게는 바르트의 선명한 계시관과 불트만의 실존적인 해석학이 한국 신학에 있어서 매우 유용한 원리로 다가왔던 것이다.

3) 임마누엘 칸트의 철학

해천과 칸트(I. Kant)의 인연은 신학 공부 이전부터였다. 그것은 그가 질환으로 신학의 꿈을 뒤로 미룬 채, 원산에서의 휴양과정에서 이루어졌다. 당시 그는 영어와 독일어 등의 어학 공부와 함께 일본어로 번역된 칸트의『순수이성비판』을 읽었다. 그렇게 시작된 칸트와의 첫 만남은 독일어가 진전되면서,『순수이성비판』을 독일어 원전으로 독파하기까지 깊어졌다. 이렇게 시작된 칸트와의 인연은 후일 바젤에서 공부할 때, 학문적 · 어학적 소통을 위한 중요한 바탕으로 작용하였는데, 특히 그는 바젤에서 지내는 동안, 독일어로 각종 리포트나 학위논문을 작성할 때, 칸트의 철학적인 표현양식들을 운용함으로써, 비교적 쉽게 작업을 수행할 수 있었다고 술회했을 정도로, 그의 신학의 저류 속에는 칸트적인 요소들이 살아서 숨 쉬고 있었다.

칸트에게 있어서 종교의 의의는 형이상학적 교리나 의식보다 합리적 도덕 종교였는데, 이것이 해천에게 성의 신학을 위한 기반이 되었다. 우선 칸트에게는 순수이성에 대한 긍정과 부정이 도덕 종교 안에 합리적으로 병존하는데, 성의 신학에도 신유학(율곡)의 인성론 개념인 성에 초월(긍정)과 내재(부정)의 성격이 공존하고, 이것이 한국적 솜씨에 의해 조화를 이룬다는 점에서, 해천은 칸트와 율곡이 공명한다고 봤고, 특히 양자의 논리 구조가 함께 윤리로 귀결되는 점에 깊은 관심을 가졌다. 곧 칸트의 철학적 논리가 도덕 종교에서 종결되듯이 율곡의 철학적 논리 역시 성의 실천개념인 효(孝)에서 완결됨을 주목한 것이다.[109] 이러한 양자의 논리 구조의 형식적 유교 사상이 해천의 마음을 이끌었고, 결국 성의 신학에서 양자의 만남을 구체화하게 된 것이다. 이에 대해 해천은 다음과 같이 천명하였다.

> 효는 바로 誠의 권화 혹은 화신이라고 해도 좋겠다. 가정은 효의 workshop이라고 보아도 좋을지 모른다. 誠은 효로써 모든 면에 물샐틈없이 우리의 마음과 정성이 깃든 상태라고 보면 좋을 것이다.… 효는 바로 가정 안에서의 신앙생활이다. 신앙 없는 생활이 죽은 생활인 것같이 효를 잃은 가정은 사막과 같은 고독을 느끼게 해준다.[110]

나아가 해천의 성의 신학에 빈번하게 등장하는 한국 문화 아프리오리라는 용어 역시 칸트에게서 빌어왔을 것이다. 물론 해천과 칸트는 *a priori*(선험성) 개념에 대해서는 의미를 달리한다. 칸트에게서 선험성은 인식론적 근거를 뜻한다.[111] 즉 그것은 감각적 경험 이전에 인간에게 선천적으로 주어진 것으로서, 일종의 인식의 틀(the frame of understanding)을 의미하는 바, 인간은 선험적으로 주어진 그 인식의 틀 의해 경험(experience)이라는 내용을 만들어간다는 것이다. 따라서 칸트에게 있어

---

109 그는 기독교신앙을 하나님께 대한 효로 해석하면서, 그리스도의 순종을 모범적인 효행으로 이해하였다. 하지만 이것은 자칫 기독교를 단순한 도덕 종교로 전락시킬 위험이 있다(윤성범, "예수는 모름지기 孝子다", 「基督教思想」 제217호, 1976. 7., 20-31).

110 윤성범, 『孝』, 158-159.

111 S.P. Lamprecht, *Our Philosophical Traditions,* 김태길 · 윤명로 · 최명관 공역, 『西洋哲學史』(서울: 을유문화사, 1987), 519-520.

서 선험성은 인간의 경험 이전의 것이며, 경험을 경험으로 살아 있게 하는 중요한 사고의 틀로서 작용한다. 말하자면 인간은 선천적으로 주어져 있는 이 선험성 때문에 현상세계에서의 객관적인 지식을 보유할 수 있다는 것이다.

그러나 해천에게 선험성은 신앙 인식을 위한 한국인의 고유한 종교·문화적 영성을 뜻한다. 곧 해천의 선험성은 사람들로 하여금 복음의 메시지를 수용하고 이해할 수 있는 일종의 신앙적 유비(*analogia fidei*)의 틀로서 작용한다. 결국 칸트의 선험성은 인간의 지식과 연관되는 개념이고, 해천의 선험성은 인간의 신앙과 연관되는 개념이다. 그렇기 때문에 칸트에게서 그것은 인간의 지식의 객관성을 담보하기 위한 발판이지만, 해천에게 그것은 신앙인이 하나님을 인식하게 되는 종교·문화적 영성에 해당된다는 점에서, 객관성보다는 주관적·주체적 성격이 강하다. 그렇다면 그는 왜 칸트의 용어를 빌어왔는가? 그것은 칸트가 선험이론을 통해 인식론적 근거를 제시하려 했듯이, 해천은 한국 문화 아프리오리를 한국적 신학의 해석학적 원리 혹은 신앙에 대한 인식근거로 설명하려는 목적에서였다. 결국 해천은 칸트의 도덕철학적 원리를 신학에 도입했을 뿐 아니라, 칸트의 인식론적 개념인 아프리오리를 한국인의 종교·문화적 경건을 표현하는 말로 전용하여 토착화신학의 내용을 심화한 것으로 보인다.

4) 칼 야스퍼스의 철학

해천과 야스퍼스의 만남은 바젤에서의 유학 시절이었다. 해천은 바젤에서 바르트 강의 못잖게 야스퍼스의 강의에도 심취하였다. 사실 바르트와 야스퍼스는 서로의 반대편에 서 있었다. 바르트가 하나님과 인간 사이의 질적 차이를 강조하면서 하나님의 초월성과 하나님의 말씀을 초자연적 성격을 강조한 신학자였다면, 야스퍼스는 실존주의 철학의 대부로서, 인간 자신의 실존에 방점을 찍었던 철학자였기 때문이다. 해천은 양자 사이에서 고민하면서, 중용의 길을 걸었고, 그것은 후일 '한국적 신학'의 주요 모티브로 작용하였다. 아무튼, 야스퍼스는 해천으로 하여금, 동양 사상가들에 대한 신학적 해석의 가능성을 암시해 주었다. 이러한 시각에서 볼 때, 해천에게 있어서 야스퍼스는 바르트만큼 중요한 사상적 바탕을 제공하는 인물이었다. 특히 야스퍼스는 그에게 순수신학(바르트)에의 몰입으로부터 응용신학의 길을 가도록 이끌어주었다. 즉 야스퍼스는 도상의 철학을 말하면서, 철학함은 곧 자기 내적 현실의 파악이며, 정확한 자기 인식은 자기에 대한 주의집중(실존적 사고)에서 비롯된다고 보았다.

> 철학은 항상 교통을 구할 것, 뒤를 돌아보지 말고 교통을 감행할 것, 항상 다른 옷을 입음으로써 강요해 오는 나의 교만한 자기 주장을 버릴 것, 이러한 극기로부터 내가 예측할 수 없도록 나에게 허용되어지는 소망 가운데서 살 것을 요구한다.[112]

이러한 실존적 교통은 인간으로 하여금 현존재적 한계를 벗어나 초월자의 현실으로 비상케 하며, 초월자의 암호를 인식케 된다. 이러한 야스퍼스의 주장은 해천에게 중요한 암시를 주었다. 그가 신학적 주체의식을 주장하면서, 바르트식의 계시실증주의를 비판하고 한국 문화 *a priori*를 말하게 된 것도 야스퍼스의 영향이었다.[113] 더욱이 해천은 야스

---

112 K. Jaspers, *Einfuhrung in die Philosophie*, 윤성범 역, 『哲學入門』(서울: 을유문화사, 1983), 174.

113 윤성범, 『基督教와 韓國思想』, 12-13.

퍼스가 칸트의 관념론을 극복한 것처럼, 율곡은 주자의 이원적 체계를 극복했다면서, 성을 야스퍼스의 초월자 암호 혹은 계시의 등가개념으로 이해한다.

> 誠은 초월적이며 동시에 내재적이다. 초월적이며 동시에 역사적이다. 誠이 바로 우리에게 암호 이상으로 자신을 풀어헤치고 있다는 점에서 계시에 해당한다고 하겠다. … 誠은 바로 우리 인간성의 모든 부분의 규정 원리가 되며, 인간을 정말로 인간답게 하는 친구가 되기 때문이다.[114]

나아가 해천의 신학 사상 안에 살아 있는 신학적 방향이 인간적 축점인 문화적 선험성에서, 신적 축점인 성령의 역사로 전환되는 것 역시, 마치 야스퍼스가 현존재(現存在)에서 시작하여 초월자(超越者)에게로 향하는 것과 유사하다. 그리하여 우리는 다음과 같은 해천의 말을 쉽게 이해할 것 같다.

> 하나님의 말씀이 한국적인 문화 a priori인 이 솜씨에 담겨질 때에 비로소 말씀은 빛을 발하게 될 수 있는 것이다. … 솜씨는 말하자면 조화의 기술이다. 이 조화는 신학적으로 화육 또는 화해에 해당한다고 말할 수 있을 것이다.[115]

> 솜씨를 전제하지 않은 말씀(Logos)은 정통주의자들이 보는 말씀이요, 솜씨를 전제하지 않은 문화 a priori는 합리주의자들이 보는 입장인 것이다. 믿음의 긴장은 이 양자를 초월한 데서 일어나는 법이다. 이러한 솜씨

114 윤성범, 『韓國的 神學』, 31.
115 윤성범, 『基督敎와 韓國思想』, 29-32.

가 인간의 것이라고 본다면 이것이야말로 언어도단이다. 물론 인간은 이러한 솜씨를 흉내낼 수 있으나, 실현할 수는 없는 것이다. … 이것은 성령의 활동영역인 것이다. 성령의 역사 없이는 성서해석도 무효로 돌아갈 수밖에 없는 것이다.[116]

결국 성의 신학은 야스퍼스 철학 원리를 형식적 기반으로 삼고, 바르트 말씀의 신학을 내용으로 삼은 구조 안에 성을 중심원리로 세웠고, 여기에 불트만의 해석학과 칸트의 도덕 종교론이 함께 뒤엉킨 형태를 이루고 있다. 다시 말해서 해천의 성의 신학은 바르트 말씀의 신학이 형식적 내용을 이루었고, 불트만의 해석학이 성의 해석학적 원리에 중요한 암시를 주었으며, 칸트의 선험철학과 도덕 종교론 그리고 야스퍼스의 실존철학적 원리가 신학에 새로운 활력을 공급하는 형태의 종합적 접근을 시도하는 가운데, 율곡의 성이 조화의 변증법적 원리로 등장하는 것으로 이해할 수 있다.

요컨대 해천의 성의 신학은 복음의 뿌리내림으로서 토착화개념을 바탕으로, 복음이 뿌리를 내리게 될 토양으로서 한국인의 심성에 대한 관심에서 출발하는 바, 한국인의 심성을 특정적으로 설명해주는 개념이 바로 신유학의 인성론 철학 개념인 성이었다. 그런데 해천은 그 성이 초월적인 동시에 내재적인 성격을 갖고 있다는 점에서, 하나님과 사람을 진리의 말씀으로 연결하는 중보자적인 개념을 함의하는 것으로 보았을 뿐만 아니라, 한국인의 천재미학적인 솜씨를 담고 있는 놀라운 개념으로 파악하였다. 그리하여 성은 분석-종합적인 사고 구조적 특성을 지닌 서구적인 사고와는 달리, 조화-전개적인 사고 구조적 특성을 지닌 동양적인 사고, 곧 한국인의 사고구조를 그대로 반영하기에, 더욱 해천으로

116 *Ibid.*, 37.

하여금, '한국적 신학'을 전개할 수 있는 중요한 핵심 매체(the Core Metaphor)가 될 수 있었다. 그래서 해천은 시종일관 성의 변증법적인 특성에 집중하면서, 자기 길을 걸어갈 수 있었다.

특히 그에게 있어서, 신유학의 성의 원리만큼 한국인의 심성을 잘 표현하는 논리적 구조가 없으며, 따라서 성은 한국인들에게 기독교의 진리(복음)를 담아내기에 가장 이상적인 바탕이기도 하기 때문에, 더욱더 한국인들을 향한 선교적 목적을 완수할 수 있는 이상적인 개념이기도 하였다. 그래서 그는 자신의 '한국적 신학'에 대해서, 성의 신학이라고 불렀다. 하지만 그처럼 성의 신학은 외견상, 한국의 종교·문화와의 대화와 이해를 지향하지만, 신학 방법론적 측면에서 볼 때, 그것은 사실상 서구 신학 사상(바르트, 불트만 등)과 한국적 종교·문화적 영성과의 만남의 문제로 귀결되는 구조를 이루고 있다는 점에서, 그것은 복음의 토착화라기보다는 서구 신학(특히 칼 바르트 신학)의 한국적 토착화에 불과하다는 날선 비판에서 자유로울 수 없었던 것이다.

III. 성(誠)의 해석학으로서 '한국적 신학'

윤성범은 신유학의 인성론 개념인 성이 한국인들에게 기독교의 복음을 담아내기에 가장 이상적 바탕이라는 전제 아래, 그것을 핵심 매체(the Core Metaphor)로 삼은 성의 해석학으로서 '한국적 신학'을 저술하였다. 그런데 '한국적 신학'은 전술한 대로, 그의 독특한 토착화론에 뿌리를 두고 있다. 그는 토착화 개념을 뿌리내림(root-in: 土着)으로 풀이하면서, 씨앗으로서 복음이 한국 문화 아프리오리라는 솜씨에 의해, 토양인 한국인의 심성에 뿌리내리는 과정, 즉 파종모델로서 토착화를 주장했다. 따라서 종자와 밭의 변증법적 관계 모형을 전제하는 그의 토착화론에서는 종자인 복음의 주체성보다, 토양의 질이 문제이다. 곧 그는 씨앗으로서 복음 자체 보다, 토질의 생산성, 곧 한국의 종교·문화라는 밭의 성질을 주목했고, 이것은 복음을 수용하는 한국 교회 주체성 문제로서 전이해와 관련된 것인 바, 이른바 한국 문화 아프리오리에 의한 솜씨의 변증법의 문제였다.

그런데 한편 해천은 전술한 바와 같이 감론과 솜씨론에서 한국 신학의 가능 근거를 인간적인 축점인 한국 문화 아프리오리인 솜씨의 변증법에서 찾던 태도를 넘어, 멋론에서는 갑자기 토착화가 성령의 역사(役事)라고 말하면서, 돌연 토착화의 문제를 신적인 축점에서 바라보았다. 토착화가 신적 축점이라는 말은 곧 토착화의 주체가 인간이 아닌, 하나님 자신임을 뜻한다. 그리하여 해천의 토착화론은 인간적인 축점과 신적인 축점이 함께 역설적인 만남(Paradoxical Encounter)을 갖는 독특한 구조를 이루고 있다. 그는 특히 이러한 역설적인 특성을 조화롭게 수용할 수 있는 개념을 신유학의 인성론 개념인 성에서 발견하였는데, 그것은 하늘과 땅을 연결하고, 신과 인간을 연결하는 독특한 원리를 함의한다는 점에서, 자신의 토착화론에 가장 잘 어울리는 용어요, 기독교 신학과 신유학을 가교할 수 있는 핵심 매체로 수용하였고, 마침내 이 성의 원리를 바탕으로 한국적 신학을 전개하였던 것이다. 그렇다면 해천의 성의 해석학으로서 '한국적 신학'은 어떠한 내용을 담고 있는가?

1. 한국적 신학의 주제별 내용과 분석

'한국적 신학'은 간헐적으로 발표한 글들을 모은 것이기에 다소 일관성이 떨어지고, 이해하기가 쉽지 않다. 따라서 여기서는 전술한 해천의 신학방법론과 그 바탕에 흐르는 성의 원리를 중심으로 분석·비판하는 형식을 취하려고 한다. 또한 성의 신학에는 성을 기반으로 다양한 신학 주제들이 암시적으로 등장하지만, 모두를 망라하기 어렵기에 여기서는 다만 '한국적 신학'이 제시하는 주제들을 따라 살피기로 한다.

1) 성(誠)의 신학의 계시론(啓示論)

신학에서 계시론은 신학의 기초에 해당된다. 계시란 하나님께서 인간들에게 자신을 열어 보이시는 행위로서, 다양한 내용을 담고 있지만, 그 중심은 예수 그리스도를 통한 하나님의 자기 계시라고 할 수 있다. 신학은 그 계시를 존립 근거로 삼으며, 그것을 해명하고, 선포하는 것을 핵심적 소명으로 수용한다. 그런데 현실적으로 예수 그리스도를 통한 하나님의 자기 계시는 성서 안에 증언되어 있다. 즉 성서가 하나님의 자기 계시인 예수 그리스도에 대한 증언이라는 점에서, 신학은 성서에서 존재 기반을 찾는다. 말하자면, 신학은 성서에 의해 검증되고 비판을 받아야 하며, 내용적으로도 성서의 지지를 받을 때, 참으로 기독교 신학일 수 있다. 그렇다면 성의 신학이 말하는 계시론은 어떤 내용을 담아내고 있는가?

(1) 계시적 원리로서 성(誠)

해천은 '한국적 신학' 서두에서 계시론에 해당하는 성론(誠論)을 펼친다. 곧 그는 한국적 신학의 가능성과 타당성의 논리적 전거를 동양인에게 낯선 서구 신학의 계시를 넘어, 그것에 유비되는 개념으로서, 신유학의 인성론 요체인 성을 선택한다. 그에 따르면, 성은 한국인에게 가장 친근한 개념으로서, 율곡의 중심사상이며, 화랑정신의 핵심이고, 한국문화의 기본바탕이며, 한국예술의 핵심 원리라는 것이다. 이러한 성은 조화의 원리로서, 천 · 지 · 인의 관계를 함께 고려할 수 있다는 점에서, 계시와 대치가 가능하다는 것이다.[1] 따라서 그는 계시(啓示)를 성으로 대치할 것을 주장하는 가운데, 한국인에 의한 주체적 신학으로써 한국적 신학의 구축을 주창하게 된다.

> 앞으로의 우리의 신학은 이중적인 과제를 수행해야 되겠다는 것이다. 즉 한국적 신학은 한국적인 실존과 한국적인 정황, 다시 말하면 한국적인 문화적 정신적 전통에다가 서구적인 신학적 전통을 가미함으로써 우리 전통이 다시금 살아나게 하는 것이 한국적 신학의 과제라 할 수 있다. 이러한 과업은 단순한 신학적 토착화의 과제만이 아니요, 이것이 바로 신학 그 자체라 말할 수 있다.[2]

해천은 지금까지 한국 교회는 하루살이 같은 값싼 유행신학을 추종

1 윤성범, 『韓國的 神學』, 29-31.
2 윤성범, "韓國的 神學-名 誠의 神學", 「基督敎思想」(1970. 11.), 134-135.

해왔지만, 이제부터는 한국적 전통과 서구적 전통을 가미하여, 한국적 전통을 되살리는 한국적 신학을 추구해야 하며, 이를 위해 한국 종교·문화적 전통, 곧 신유학적 영성인 성을 도입하자는 것이다. 그에 따르면 성이야말로 계시 개념을 한국적으로 이해할 수 있는 유비적 요소를 갖고 있는데, 그것은 동양사상의 핵심인 동시에 한국사상의 노른자위이며, 그것은 철학이나 종교, 학문 일반에 적용될 뿐만 아니라, 음악, 시, 미술, 공예에까지 영향을 끼친다는 점에서, 인간 윤리와 사회문제 해결의 핵심적 계기가 될 수 있다는 것이다. 특히 성을 글자 풀이하면, 말이 이뤄짐을 뜻하고, 그것은 곧 참말에 해당한다는 점에서, 성은 형식상 "서구 신학에서 말하는 계시와 동등한 성격을 갖고 있다"고 할 수 있는 바, 이는 성이 하나님과 사람을 진리의 말씀으로 연결하는 능력을 갖고 있기 때문이라는 것이다.[3] 이처럼 해천은 성의 형식논리를 따라, 계시와 성을 등가개념으로 수용하려 했다. 하지만 그가 신학적 개념인 계시와 인성론 철학 개념인 성을 동일 선상에 놓고, 대체 가능성을 말한 것은 성의 신학의 출발부터 논란의 빌미를 제공했다고 볼 수 있다. 신학의 계시와 신유학의 성은 형식적으로는 가능할지라도, 내용적으로는 곧바로 대체될 수 있는 용어가 아니기 때문이다.

(2) 성(誠)과 계시

그렇다면 해천의 주장대로 성은 과연 계시의 대체 개념일 수 있는가? 그리고 그것은 정말 우리에게 가장 친근한 개념인가? 물론 한국은 유교 문화권에 속한다. 그렇지만 한국 사회의 전 분야가 성 하나로 통할 수 있는 것은 아니다. 한국에서의 유학은 삼국 초기에 전래되어, 조선시대에 만개(滿開)되지만, 그나마 일부 지식층의 전유물이었다.[4] 따라서 비

3 *Ibid.*, 135-140.

록 성이 율곡 등의 영향력 있는 학자들의 주요 관심사였을지라도, 그것은 결국 일부 엘리트층에 해당되는 문제였다. 오히려 민중들에게 친숙한 개념은 도라고 할 수 있고, 실제로 동양적 정신세계의 궁극적인 실재를 표현함에서는 도의 개념이 훨씬 더 일반적이고 심오한 측면이 있다.[5] 그래서 한국 교회의 초기 성서번역은 요한복음의 로고스를 도로 번역했다. 이처럼 성은 한국인 모두에게 친숙한 개념은 아니다. 오히려 한국인들에게는 성보다는 도가 더 큰 울림으로 다가올 수 있다.

그렇다면 그는 왜 성을 선택했을까? 그것은 성의 독특성 때문이었다. 유학의 근본은 인간성 완성인 바, 그것은 하늘(天)에서 기인한다. 하늘 이치(天理)를 자기 내면에 실현해가는 인간이 성인(成人-聖人)인 바, 참된 인간성의 실현은 수양(修養)을 통해 가능하다는 차원에서, 우주론적 맥락에서의 하늘(天)에 대한 인식(人性論 인식)에 기초하여 수신(修身)을 실천한다. 유학에서 우주(天)는 역동적인 생성(生成)과 변화(變化)를 본질로 하는 바, 인간세계 역시 같은 패턴으로 영위된다고 본다. 곧 인간은 자연(우주)을 거울삼아 인성을 실현해 나가는 것이다. 특히 유학에서 하늘(天)은 서구 사상의 궁극적 관심(Ultimate concern)과 통하는 개념인데, 궁극적 관심으로서 하늘은 밝음(明), 존엄(嚴), 신령스러움(靈), 지속성(秩), 권위(威), 떳떳함(常), 근본(大原) 등의 덕성을 지니는 바, 이러한

---

4 금장태, 유동식 공저, 『韓國宗教思想史』II(서울: 연세대학교출판부, 1994), 5-23. 그러나 이성배는 至誠感天이란 격언을 예로 들면서, 한국인에게는 각자의 종교가 무엇이든 종교사상의 한가운데에 항상 誠이 놓여있고, 한국인들은 誠이란 말 앞에서 종교적 희열을 느낀다고 주장하나, 다소 과격한 표현으로 보인다(이성배, 『유교와 그리스도교』, 74).

5 김광식, 『土着化와 解釋學』, 166. 그러나 윤성범은 誠과 대치 가능한 개념으로서 불교의 圓音이나 一音 혹은 야스퍼스의 초월이나 포괄자(Transzendenz, das Omgreifends), 元曉의 한마음(一心) 개념 등도 가능하다고 보았으나, 誠만큼 보편성은 없다고 보았다(윤성범, 『韓國的 神學』, 36-38).

하늘은 주제천(主帝天) 혹은 의리천(義理天)으로서 인간의 삶에 방향과 기준을 제시하는 표준이 된다. 유학의 수양론은 그런 하늘 덕성을 함양하는 것을 근본으로 삼는다. 그리고 이 하늘의 도가 진실함, 참됨을 뜻하는 성으로 표현된다. 특히 유학에서 성을 언급하는 문서들은 『상서(尙書)』의 태갑(太甲)편, 『주역본의(周易本意)』, 『대학(大學)』과 『중용(中庸)』 등이며, 성은 대체로 믿음(信), 순박함(純), 진실(眞實), 무망(無妄), 충성(忠誠), 실정(實情) 등의 뜻을 갖는다.[6] 그렇다면 구체적으로 성은 어떤 의미를 지니는가? 이에 대해 『대학』과 『중용』의 성(誠: 성실함-우주적 진실)에 대한 표현을 고찰해보자. 『대학』은 성을 이렇게 설명한다.

> 이른바 그 뜻을 참되게 한다는 것은 스스로를 속이지 않는 것이다. 나쁜 냄새를 싫어하듯이 하고 좋은 색을 좋아하듯이 하는 것을 스스로 만족한다고 한다. 그러므로 군자는 반드시 혼자 있을 때 마음을 다잡고 몸가짐을 신중하게 한다(所謂誠其意者 毋自欺也 如惡惡臭 如好好色 此之謂自謙 故君子 必愼其獨也).[7]

요컨대 성은 속임(欺)과 상반되는 참됨(眞/善)의 가치를 함의하는 개념이다. 그 대상이 타인이든 자신이든 간에, 속인다는 것은 참된 마음과 거짓된 마음이 다투는 상태이며, 두 마음의 갈등 상황이요, 대립하는 국면이다. 반면 진실한 사람은 거짓이 없으며, 확고한 자기 정체성을 지니고 있어 머뭇거림이 없다. 그것의 근거는 바로 자연의 질서(天)를 따르는 삶에서 가능해진다. 『중용』 역시 다음과 같이 말한다.

---

6 https://blog.naver.com/PostView.nhn?blogIhttps://blog.naver.com/PostView.nhn?blogId=edurecruit&logNo= 221204177839 (2020. 4. 20.).

7 주희(朱熹) 편, 『大學』, 김학주 역주, 『대학』(서울: 서울대학교출판부, 2006), 66.

誠은 하늘의 道이고 誠하려고 하는 사람의 道이다. 誠이 있는 자는 힘쓰지 않아도 적중하게 되고, 생각하지 않아도 얻게 되며, 종용(從容)의 道에 적중함으로 聖人이다. 誠해지려고 하는 것은 善을 선택해서 굳게 잡는 것이다(誠者 天地道也, 誠之者 人之道也. 誠者 不勉而中 不思而得, 從容中道 聖人也. 誠之者 擇善而 固執之者也).[8]

誠은 사물의 처음과 끝이니, 誠이 없으면 사물은 없다. 고로 君子는 誠을 귀히 여긴다(誠者 物之終始, 不誠無物, 是故 君子誠之爲貴).[9]

결국 진실함(誠)은 하늘의 도(天道)이고, 진실을 추구하는 것이 올바른 인간의 길(人道)이다. 진실한 자는 힘쓰지 않고도 도에 적중하는 삶을 살고, 특별히 생각하지 않고도 자연스럽게도 알 수 있으니, 그는 곧 성인(聖人)에 해당한다. 그렇게 진실을 추구하는 자는 선(善)을 선택하여 굳게 잡을 수 있다는 것이다. 그 외에도 『중용』은 "성은 덕(德)의 근본이고(21장), 성으로 천하화육(天下化育)에 참여하고(22장), 성으로 세상을 감화하고(23장), 성으로 앞을 내다보고(24장), 성은 만물의 근원이고(25장), 영원히 움직인다(26장)"고 말한다.[10] 유학에 따르면, 하늘은 우주의 시·공간, 천지를 말한다. 천지자연의 운행과 질서의 변화는 진실 자체이다. 있는 그대로 스스로 그러하다(自然). 따라서 우주(宇宙)는 묵묵히 한순간도 쉬지 않고 자기를 전개한다. 이것이 참된 하늘의 도이다. 이렇게 볼 때, 성은 우주의 본질, 하늘(天)의 운행과 질서, 원리를 핵심적으로 드러낸다. 성은 천이요, 천리(天理)요, 천도(天道)이다. 이

8 『中庸』, 김학주 역(2006), 92.

9 *Ibid.*, 104.

10 이성배, "유교의 聖과 그리스도교의 성덕", 「宗教研究」 제8집(1992), 214. 재인용.

를 주자는 "성은 진실하고 망령됨이 없는 것으로 천리의 본연(本然)"이라고 했다. 이러한 성은 첫째, 궁극성(窮極性) 내지 본원성(本源性), 둘째, 완미성(完美性) 내지 구족성(具足性), 셋째, 항구성(恒久性) 내지 유구성(悠久性), 넷째, 종시성(終始性) 내지 체물성(體物性), 다섯째, 체용성(體用性) 내지 내외성(內外性)의 특성을 지닌다. 결국 성을 천도에서 논의한다면, 오직 하늘의 명령이 조화로워 그치지 않는 것이다.[11]

이러한 하늘 이치로서 성은 그 본체는 미미하나, 그 작용은 분명하고, 그 폭은 매우 넓다. 그것은 만물의 체(體)와 물(物)의 종시(終始)가 된다. 성인(聖人)은 그것을 성품으로 하는 사람이며, 군자는 그리로 돌이킨 사람이다. 이러한 성은 인간존재의 근원인 동시에 천도(天道)의 본질로서 초월과 내재의 양 계기를 이루고 있으며, 모든 물질, 운동, 하늘, 사람을 일관하는 원리이다. 인간은 성을 통해 자신을 완성할 뿐 아니라, 사물과 세계의 완성을 목적하는 존재로서 그 삶을 영위한다.[12] 이처럼 성은 유학의 존재론적 원리로서, 만물의 생성과 작용이며, 인간 실존과도 관련된 우주론적 · 인간론적 개념으로서, 만물의 초월적 존재원리인 동시에 구체적인 인간 삶의 실천윤리이다. 그래서 해천은 성이 기독교의 참 하나님 · 참 인간(vere Deus, vere Homo)이신 그리스도에 유비될 수 있고,[13] 이런 측면에서 『중용』의 성은 요한복음의 로고스에 견줄 수 있으며, 계시 개념에 근접한다고 보았다.

하지만 계시와 성을 아무런 여과 단계 없이, 그렇게 직접적으로 연결할 수 있는가? 계시는 단순한 존재론이나 철학적 원리가 아닌, 시공간 속에서 일어나는 하나님의 자기 드러냄의 사건으로서, 인간과 세상을

11 https://blog.naver.com/PostView.nhn?blogId=edurecruit&logNo=22120417783 9 (2020. 4. 20.).

12 이정배, 『토착화와 생명문화』, 98.

13 이은선, "유교적 기독론", 『한국 종교문화와 그리스도』(1996), 182-183.

구원하시는 신적 사건인 동시에, 역사 내적 사건이며, 종말론적 사건이고, 구체적으로 예수 그리스도라는 한 인격 안에서 발생한 하나님의 구원사건이다. 여기에 대해, 칼 바르트는 이렇게 말한다.

> 성서는 항상 구체적 인간들과의 구체적 관계로서 계시를 말하고 있다. 하나님의 불가해성에 대한 것이나, 하나님 계시의 행위에 대한 성서의 표현들은 하나님, 세계 혹은 모든 시대 모든 장소에서 통용되는 것에 종속되어지는 종교에 대한 하나의 추상적인 형이상학이 아니다. 그것은 오히려 어쨌든 정확하고 특별한 시공간 안에서 유일회적으로 발생한 한 사건에 대한 기록(the record of an event that has taken place once and for all)이다.[14]

그러므로 성이 비록 초월적·내재적이며 또한 만물의 생성과 조화의 원리를 나타내는 개념이라 할지라도, 그것이 곧바로 구체적 인격과 역사적 사건을 매개로 하는 하나님의 초월적·구체적 계시로 볼 수는 없다. 기독교 계시와 신유학의 성은 처음부터 서로 다른 개념이다.[15] 다만 해천이 제시한 성과 계시의 유비문제는 인간적 아프리오리의 가능성으로 이해될 수 있고, 기독교 계시론에 대한 보다 넓은 이해의 장(場: 일반계시)을 열어줄 수 있다는 점에서 그 나름대로 의의는 있다. 특히 그가 율곡의 성과 바르트의 계시와의 등가적인 교체, 대치 가능성을 말한 것은

---

14 K. Barth, *Church Dogmatics*, I/1, 325.

15 물론 그는 처음부터 誠을 계시의 대치개념으로 말하지는 않았다. 초기에는("율곡사상의 현대적 해석") 誠을 한국적 솜씨의 개념화로 이해하려 했으나, 점차 율곡의 誠이 바르트의 성령론을 능가하는 한국적 아프리오리라고 주장하게 되었고("바르트의 靈 理解와 技術의 문제"), 마침내 '한국적 신학'에서는 誠을 형이상학적 존재로 고양시켜 계시개념, 심지어 그리스도의 존재와의 유비 내지 대치개념으로 주장하였다(김광식, "솜씨의 神學으로서 誠神學", 「현대와 신학」 제13집, 19-21.).

양자의 기독론적 수렴에서 관철된 것이었다. 즉 그는 계시가 바르트 신학 전체를 꿰뚫는 원리로써 타당하다면, “성이야말로 동양에서의 인간의 인식과 실천의 근거로 타당할 수 있다”는 점에 착안했다.[16] 그래서 그는 자연적 이성과 철학적 사유를 거절하는 바르트의 배타적 계시론을 역으로 적용, 토착화시키려 했다.

물론 해천의 말처럼, 성 개념에 그리스도의 성육신 원리를 한국적으로 이해할 수 있는 유비를 발견될 수 있다는 점에서, 성은 한국적 계시론 혹은 기독론을 위한 하나의 유용한 바탕이 될 수도 있다. 그렇지만 성과 계시의 등가적 대치가 가능하다는 말은 아니다. 오히려 그 반대이다. 비록 우리가 성을 통해 기독론적 메시지가 한국적 조명을 받을 수 있을지라도, 성을 계시와 동일선상에 놓고 보기는 어렵다. 하나님의 계시는 시·공간의 역사 안에서 이뤄진 예수 그리스도의 오심과 사역(십자가/부활)을 통한 하나님의 역설적인 구원 행동이나, 성은 유학의 존재론에서 도출되는 인성론 개념이기 때문이다.

2) 성(誠)의 신학의 신론(神論)

기독교 신학에서 신론(Doctrine of God)은 하나님의 존재(삼위일체론)와 그분에 대한 인식(신인식론)과 사역(창조와 구원)에 관한 내용을 다루는 분야로서, 전통적으로 신학에 대한 논의는 곧 신론(神論)을 의미할 정도로, 신론은 기독교 신학에 있어서 가장 핵심적인 내용을 담고 있으며, 신학의 제 분야의 중심적 기반을 이루는 분야라 할 수 있다. 곧 신학이

16 박충구, “기독교 사회윤리와 한국 토착화신학”, 「基督教思想」 제390호(1991. 6.), 120-121; 이은선, “유교적 기독론”, 『한국 종교문화와 그리스도』(1996), 178-187.

어떠한 신론을 바탕으로 전개되느냐에 따라서, 신학의 성격과 방향이 결정될 정도로 매우 중요한 주제가 바로 신론이다. 그렇다면 해천은 성의 신학에서 어떠한 신 이해를 전개하는가?

(1) 신적 존재 원리로서 성(誠)

계시와 성을 동일선상에 놓으려 한 해천은 이번에는 과감하게 성론(誠論)과 신론(神論)을 연결한다. 과연 그의 의도대로 성은 성서의 하나님과 직접 연결이 가능한가? 전통적으로 유학의 관심은 현실적인 인간 삶에 대한 것이며, 이것은 결국 구체적인 일상에서의 인간다운 질서와 조화를 추구한다는 점에서, 일종의 휴머니즘(Humanism)이다.[17] 물론 유학에도 불분명하지만 신 개념은 존재해왔다. 그것은 초기 경전의 개인적 신성으로부터, 점차 절대자-신격으로 변천되어왔고, 오늘날에도 유학은 주제천(主帝天) 혹은 의리천(義理天)에 대한 문제를 견지하고 있다.[18]

그렇다면 성에 나타나는 신 개념은 어떤가? 성은 공자 이래, 유학의 근본원리인 인·의(仁·義)에 직결되며, 충·신·덕(忠·信·德)과도 통한다는

---

17 Julia Ching, *Confucianism and Christianity*, 34. 유교와 기독교를 단순하게 비교할 때, 유교는 주로 인간에 대해 관심하지만, 기독교는 주로 神에 관해 관심하고, 유교는 내재성으로서 초월을 말하는 반면, 기독교는 이 세계와 철저히 구분되는 타자성으로서 초월을 말한다(이은선, "유교와 기독교, 그 만남의 필요성과 의미에 대하여", 「神學思想」 제82집, 1993. 9., 229-230).

18 천은 유가경전을 관통하는 개념 중의 하나이다. 유가의 천사상(天思想)은 몇 단계의 변천 과정을 거쳤다. 공·맹(孔·孟) 이전, 원시유가의 천은 초월적 의지와 절대적인 힘을 지니고 인간과 자연 현상을 주제하는 자연신화적 주제천(主帝天)이었다. 그러나 공자(孔子)를 거쳐, 자사(子思)의 『중용』과 맹자(孟子)에 이르는 동안 초월적 주제천은 도덕적 의리천(義理天)으로 내재화되면서, 신화적 요소가 사라졌다. 이러한 천사상(天思想)은 주렴계(周濂溪)와 정·주(程·朱)시대를 거치면서 천의 인격성(人格性)과 주재성(主帝性)이 약화되고, 천리(天理)로서 이법천(理法天), 형이상학화(形而上學化)된 역리천(易理天)이 부각되었다(https://blog.daum.net/rina507/3121846, 2020. 12. 8.).

점에서, 그것은 천명·천·상제(天命·天·上帝)으로 사상적 뿌리를 소급할 수 있고, 그 의미 역시 윤리적·인간적 차원에 그치지 않고 초월적·종교적 주재(主帝) 또는 철학적·존재론적 세계관(義理)을 내포한다.[19] 특히 유학은 단순한 인본주의를 넘어, 인성 안에 초월적 천의 내재를 목표하는데, 이것은 『중용』에서 천명지위성(天命之謂性)이라고 하여, 성을 천명(天命)으로 봄에서 드러난다. 그리고 "성은 자성적(自成的) 존재이며, 만물의 처음이요 끝이니, 성이 아니면, 만물도 없다(誠者自成也, … 誠者物之終始, 不誠無物)"고 하여, 성은 스스로 존재하며, 만물의 종시와 근원이 되는 본체적 개념이다.[20] 곧 천도(天道)로서 성은 "하늘 이치의 본래 모습이기 때문에, 성하는 사람은 힘쓰지 않아도 알맞게 되며, 생각하지 않아도 터득하게 되어, 의젓이 도에 알맞게 된다(全其天理之本然, 而不勉而中, 不思而得, 從容中道)"고 하여, 천리(天理)의 본연이요, 존재 자체로 이해된다. 『중용』은 또한 "오직 천하의 지극히 정성스런 사람만이 그 본성을 다 발휘할 수 있으며 또한 그런 사람이 천지의 변화와 생육을 도울 수 있다(唯天下至誠 能盡其性 … 則可以贊天地化育)"고 했고, "오직 천하의 지극히 정성스런 사람만이 만물을 생육시킬 수 있다(唯天下至誠 爲能化)"고 봤으며 또한 "지극히 정성스런 도는 일을 미리 알 수 있고, 마치 신과 같다(至誠之道 可以前知, … 故 至誠如神)"고 하여, 성의 무궁한 조화와 초월적 능력을 언급한다. 나아가 『중용』은 "정성스러움으로 말미암아 밝아지면, 그것을 본성이라고 말하고, 밝음으로 말미암아 정성스러워지면, 그것을 가르침이라 말한다. 정성스러우면 밝아지고, 밝아지면 정성스럽게 된다(自誠明 謂之性, 自明誠 謂之教, 誠則明矣 明卽誠

19 이는 특히 "誠者天之道也, 誠之者人之道也"라는 글귀에서 암시된다. 여기서 誠者의 誠은 명사로서 존재를 가리킨다면, 誠之者의 誠은 동사로서 生成을 지시한다고 볼 수 있다(유승국, "東洋思想과 誠", 「基督教思想」 제181호, 103).

20 『中庸』, 김학주 역(2006), 105.

矣)"고 했고, "넓고 두터우면 땅에 짝이 되고, 높고 밝음은 하늘의 짝이 되고, 멀고 영원함이 끝이 없다(博厚配地 高明配天 悠久無疆)"고 함으로써, 성의 영구한 성격을 보여준다.[21]

율곡 역시 성무위자 미발야(誠無謂者 未發也)라 하여 미발지중(未發之中)의 본체로서 성을 해명했으며, 천이실리이유화지공(天以實理而有之功)에서 천이 화육하는 근거로서 실리(實理)를 성이라 하였으며, 천도로서 실리지성(實理之誠)을 명언하였다.[22] 이렇게 보면, 신유학의 성은 분명히 초월적 성격 혹은 존재 자체와 존재 근원으로서 신적 성격을 소유하고 있는 것처럼 보이고, 그런 점에서 기독교 신론과의 대화의 가능성이 엿보이기도 한다. 그래서 해천은 성의 독특한 형이상학적인 성격을 주목하면서, '성으로서 하나님'을 말하였던 것이다.[23]

(2) 성(誠)과 하나님

그렇다면 유학의 성과 성서의 하나님은 대화가 가능한가? 해천에 따르면, 민족·종교마다 고유한 신명(야웨, 알라, 天, 一音, 圓音 등)이 있지만, 결국 하나님은 한 분이고, 그 본질 역시 하나이다. 즉 본질적으로 그분은 모든 인간에게 동일하지만, 서구인들이 여러 신학적 개념 언어로 표현했을 뿐이고, 동양인들에게 보다 친숙한 표현이 있다면, 성이라는 것이다. 왜냐하면 초월적이며 내재적인 성은 천지도(天之道)인 동시에 인지도(人之道)의 가능 근거이기 때문이며, 이런 의미에서 성은 이미 그 자체 안에 형이상학적 개념을 내포하고 있다는 것이다. 곧 성은 인간 속에 천지도(天之道)로 내재함으로써, 루터(M. Luther)의 표현대로, 숨어

21 *Ibid*., 93, 100, 97, 102,

22 유승국, "東洋思想과 誠", 「基督教思想」 제181호, 103-104.

23 윤성범, "韓國的 神學", 「基督教思想」(1971. 3.), 132-148.

계신 하나님(*Deus absconditus*)의 현실을 벗어나, 계시된 하나님(*Deus revelatus*)의 성격을 드러내며, 모든 인간성의 규정 원리로서 인격적 측면을 드러낸다는 점에서, 이미 단순한 신유학의 인성론 원리가 아닌, 형이상학적 인격성을 나타내, 이런 측면에서 성은 곧 하나님이라는 것이다.[24]

그리하여 해천은 마침내 야스퍼스와 율곡의 철학적 원리를 따라 '성으로서의 하나님'을 설명한다. 이를 위해 해천은 신관(神觀)을 유일신(*der eine Gott*), 인격신(*der persönliche Gott*), 성육신(*der menschgewordene Gott*) 등의 세 가지 암호적 표현으로 설명하면서, 유일신관은 현상학적인 신관으로서, 율곡의 이(理)에 해당하고, 인격적 신관은 해석학적인 신관으로서 율곡의 지(志)에 해당하며, 성육신관은 존재론적 신관으로서 율곡의 기질(氣質)에 해당한다면서, 여러 신 개념에 대해 나름대로 시각을 제시한다.[25]

① 유일신관(理)- 이무성칙불격(理無誠則不格: 理가 있어도 誠이 없으면 格에 맞지 않는 곧 誠으로서 하나님 이해가 비실재적인 추상화된 신관으로나 반대로 세속화되어 열광주의적인 신관으로 전락하는 것을 방지해 준다.

② 인격신관(志)- 여지무성칙불립(如志無誠則不立: 만일 뜻이 있어도 誠이 없으면 설 수 없는 곧 誠으로서 하나님은 초월적이면서도 역사적이며 의지를 가진 분임에 비해, 신인동형론이나 신비주의적 신관으로 이해되는 것을 방지해 준다.

③ 성육신관(氣質)-기질무성칙불능변화(氣質無誠則不能變化: 기질이 있어도 誠이 없으면 변화할 수 없는 곧 誠으로서 하나님 이해는 유일신

---

24 윤성범, 『韓國的 神學』, 29, 31.

25 *Ibid.*, 38-49.

의 초월성과 인격신의 내재성을 종합한 형태로써, 두 신관의 변증법적 보완이며, 역사적·구체적·유일회적 사건인 예수 그리스도 사건에 기인한다. 우리는 예수 그리스도에게서 참 하느님과 참사람의 모습을 발견한다. 그리스도는 誠이신 하느님 말씀의 성육신이기 때문이다.

그런 다음 해천은 이 3가지 철학적 신관념론으로써, 한국 재래종교들과 자연신학을 평가하면서, 성 없는 종교, 성 없는 관념론, 성 없는 실재론은 무의미하다고 보았다. 성이 없다면, 유학은 뜻을 세울 수 없고(不立), 불교의 이치는 격에 맞지 않고(不格), 도교는 기질을 변화시킬 수 없기 때문이다. 결국 이러한 신 관념적 현실은 삼위일체신론을 필연적으로 요청하게 되는데, 유일신관은 단순한 초월신론이 되기 쉽고, 인격신관은 유일신관이 없으면 신비주의로 빠지기 때문에, 양자는 성육신론(成肉神論)에서 조화를 이루게 되는 바, 이것은 구체적으로 하나님의 아들 예수 그리스도에게서 발견되고, 그분의 성육신(成肉身)에 대한 동양적 개념이 바로 성이라는 것이다. 그래서 해천은 성에서 한국 신학을 위한 기독교적 신 개념을 찾으려고 하였다.

그렇지만 성은 그리스철학의 형이상학적 존재론과의 유비는 가능하나, 성서의 하나님과의 직접적인 연결은 어렵다. 왜냐하면 성서의 하나님은 단순히 형이상학적 초월적 존재나 만물의 근원 혹은 우주 생성 원리가 아닌, 인격신(人格神)으로서 초월적인 동시에 그리스도 안에서 인간을 사랑하여 인간을 찾아오시고, 인간과 관계를 맺으시며, 친히 인간이 되셔서 인간의 역사 안에서 인간을 위해 고난을 받으시고, 그들을 구원하시는 하나님이기 때문이다. 곧 그분은 예수 그리스도 안에서 초월자인 동시에 내재자의 인격을 향유하시며, 예수 그리스도를 통한 구원행위를 통해 당신의 진정한 생명성을 증언하신다.

자신의 계시 행위 안에 계시는 하나님은 스스로 계신다. 하느님은 그 자신과 우리 사이에 관계를 추구하시고 창조하신다. 그렇게 함으로써 그분은 우리를 사랑하신다. 그러나 그분은 주권적 자유 안에서 아버지와 아들과 성령으로서 우리 없이도 그 사랑으로 계신다. 그분은 그 자신으로부터 자신의 생명을 취하고 계신다.[26]

그분은 다른 신들처럼 자기를 높이는 분이 아니라, 자기를 낮추시는 분이다. 그는 인간의 몸과 인간의 세계로 자기를 낮추시며, 그 사회에서 버림과 멸시는 받는 사람들에게로 자기를 낮추시며, 죄의 심판 자리에까지 자기를 낮추신다. 그는 홀로 계시고자 하시는 분이 아니라 인간과 함께 계시고자 하며, 단순히 섬김을 받고자 하는 분이 아니라 섬기는 분이며, 무감각한 분이 아니라, 사랑의 정열을 가지신 분이며, 의로운 분인 동시에 사랑의 하나님이며, 자유로운 분인 동시에 인간의 형태로 제한하는 분이다.[27]

곧 성서의 하나님은 인격적 존재라는 점에서, 성, 도, 천과 같은 어떠한 초월적 법칙이나 원리로 이해될 수 없다. 그분은 "그것(It)이 아니라 영원한 당신(Thou)으로서" 우리에게 다가오신다.[28] 그뿐 아니라 그분은 인간과 세계를 창조하고 다스리며, 그것들과 구별되는 절대타자인 동시에, 스스로 낮추고 십자가를 지심으로써, 인간과 역사를 구원하시는 분이시다. 그리고 내재적으로 성부(*paternitas*), 성자(*filiatio*), 성령(*spiratio*)의 영원한 사랑의 친교 속에서 자신 안에(*Gott an sich*) 계실 뿐 아니라, 경륜적으로도 삼위일체적 존재로서 우리를 위한 하나님(*Gott für uns*)이

---

26 K. Barth, *Church Dogmatics,* II-1, 257.

27 김균진, 『基督教組織神學』 II(서울: 연세대학교출판부, 1987), 183.

28 최준식, "한국의 종교적 입장에서 바라본 기독교 토착화신학", 「神學思想」 제82집(1993. 9.), 100.

며, 우리의 아빠 아버지이시다.[29]

따라서 성의 형이상학적, 종교적 개념에 근거하여, 성서의 하나님과 성을 직접적으로 연결하려는 해천의 시도는 문제가 있다. 그뿐 아니라, 그의 말대로 설사 성이 한민족에게 가장 친근한 개념으로서 한국 문화의 기본바탕이요, 하나님의 계시 혹은 심지어 하나님과 동등한 개념일지라도,[30] 성으로서 하나님에 대한 이해를 바탕으로 한민족을 신앙적 실존으로 인도할 수 있느냐는 또 다른 문제이다. 즉 해천의 성-하나님이라는 도식은 결국 기독교 신론을 유교적 형이상학으로 해석하려는 시도인데, 문제는 과연 한민족이 신유학의 형이상학적 존재로서 성을 아버지 하나님으로 고백할 수 있느냐는 것이다. 그렇지 않아도 한국인의 신 관념에는 관심의 도수 혹은 하나님 신앙이 희박하다는 주장이 일찍부터 서남동에 의해서 제기되었다. 그의 주장에 대한 수용 여부는 또 다른 문제지만, 그래도 한민족의 실존적 하나님 신앙에 대한 문제를 지적하는 서남동의 통찰은 정곡을 찌른다.

> 우리는 하나님을 전심전력으로 믿지 아니한다. 요컨대 한국 기독교인의 신관에는 신앙심이 희박하고 신의 실재감(*Wirklichkeit Gefühl*)이 결여했다고 반성할 수밖에 없다. … 다시 말하면 우리는 곧잘 나 아닌 타자의 신과 기도의 대화는 하지만, 그의 신성하고 엄숙한 임재는 느끼지 못하는 것 같다.[31]

따라서 해천의 하나님 문제는 강의실을 넘어서, 한민족의 구체적 신

---

29 J. Moltmann, *Triniät und Reich Gottes,* 김균진 역, 『삼위일체와 하나님의 나라』 (서울: 대한기독교출판사, 1988), 123-158, 185-188.

30 윤성범, 『韓國的 神學』, 28-29.

31 서남동, "韓國敎會의 비젼", 「基督敎思想」 제76호(1964. 5.), 61.

앙의 삶의 현장으로 이끌어가기에는 난점이 있다. 신학은 강단의 신학, 곧 목회 현장을 고려하지 않으면, 또 하나의 형이상학에 그치게 된다. 그렇다면 성의 신학은 무가치한가? 그렇지는 않다. 성의 역설적 성격에 착안하여, 서구 신학적 한계를 극복하고, 한국인의 문화와 사고 안에서 신 인식의 가능성을 찾으려 했던 그의 열정만큼은 인정되어야 한다. 그는 성을 중심으로 기독교 신론과 유교 성리학 사이의 대화를 열었으며,[32] 한국 그리스도인들에게 기독교 신인식론에 대한 논의를 더욱 깊게 하고, 풍성케 했다는 점에서 그 의의가 크다.

덧붙일 것은 그가 굳이 유교와 기독교의 대화를 통한 한국적 신학을 구성하려 했다면, 성보다 천이나 도가 더 좋은 대화상대였지 않을까? 특히 유학에서 천은 전통적으로 상·제·천(上·帝·天) 등으로 불리는 초월적·절대적 개념이었을 뿐 아니라,[33] 상제(上帝)나 천의 형태로 제(帝)와 천의 전통이 결합된 주대(周代)에는 천이 최상의 신격으로 이해되었고, 상제나 천의 성격을 지닌 신(神)을 향한 빈번한 기구(祈求)에서, 인격적 신에 대한 특성과 역사의 주재와 만물의 창조주에 대한 개념이 내포되었다. 그 후 한대에 이르러 천은 음양학파의 조류가 심하게 유입되면서 하늘과 땅의 관계에 대한 논의가 더해가자, 초월보다 내재적 성격에 더 많은 비중을 두었고, 신유학에 이르러 도가사상(道家思想)을 접하면서 인성론 문제와 관련되지만, 천의 신격성과 인격성 그리고 관계성과 주권성은 여전히 보존되어왔고 이것은 현대 유학에서도 마찬가지다.[34]

---

32 H. Ott, *Das Reden vom Unsagbaren*, 김광식 역, 『하나님에 대한 우리 시대의 질문』(서울: 대한기독교출판사, 1981), 79-136. 오트는 여기서 특별히 사람들이 일상적으로 겪는 인격 존재 경험의 한계성과 그것의 한계를 넘어서는 초월적 실재에 대한 질문을 중심하는 대화적 신학을 지향한다.

33 박일영, "한국천주교의 수용과정에 나타난 한국천주교인의 신관과 오늘의 과제", 「司牧」 제156호(1992. 1.), 69.

34 물론 여기서 주재천(主宰天) 혹은 의리천(義理天)의 문제는 별개로 검토되어야

따라서 성이 비록 천도(天道) 혹은 천리(天理)의 본연이요, 존재 자체로 여겨지는 초월적 성격을 지녔을지라도, 그것의 바탕 개념인 천이 보다 보편적 개념이라는 점에서(사실 동양에서 천은 유학의 전유어가 아니었고, 한국적 신학에서는 성보다 천이 더 적절했을지도 모른다. 천은 곧바로 하늘 혹은 하늘님, 하느님 등으로 번역될 수 있고, 이러한 표현은 한민족이 오랜 역사를 통해 막연하게나마 간직해온, 한민족 고유의 신앙언어인 하늘님 혹은 하느님과 연결이 가능하다는 점에서 그 의의가 크다. 특히 천에 대한 개념은 실제로 초기 천주교인들의 기독교 입문에도 큰 영향력을 미쳤으며, 이것은 개신교회의 경우에도 마찬가지였다.[35] 물론 아직 하나님과 천에 대한 문제는 검토해야 할 부분이 많다. 특히 성서의 하나님은 친히 인간이 되어, 인간 역사 안에 오셔서, 인간을 위해 대신 고난받으신 구원과 역사의 하나님이라는 점에서, 단지 형이상학적 개념으로 채색된 유학의 천과는 분명히 다르다. 하지만 신론에서의 기독교와 유학의 대화는 성보다 천이 한국인들에게 보다 친근하다는 점에서, 숙고할 가치가 있다는 것이다.

3) 성(誠)의 신학의 기독론(基督論)

기독교 신학에서 기독론(Christology)은 예수 그리스도의 인격(존재)와 사역에 대한 분야를 언급하는 신학적 주제이다. 특히 기독론은 삼위

할 문제라는 점에서, 신 개념에 관한 유학과 기독교의 대화는 넘어야 할 산이 만만치는 않다.

35 박일영(1992. 1.), 65-71. 초기 천주교인들의 보유론적 태도에는 특히 하늘(天) 개념이 매우 중요했다. 특히 마테오 리치가 저술한 『天主實義』는 하나님을 천주(天主), 즉 모든 하늘에 대한 주님이라는 의미로 사용했다(J. Ching, *Con-fucianism and Christianity*, 38-57).

일체론과 함께 고대교회에서부터 중요하게 여겨진 신학의 한 분야이다. 기독론은 예수 그리스도를 통한 하나님의 구원역사를 진술하는 분야로서, 인간구원의 가능 근거인 동시에 신학의 가능 근거이기도 하다. 현대 신학에 들어와서 기독론은 다양한 측면에서 접근되지만, 하나님의 자기 계시의 핵심인 동시에 구원 사역의 중심에 자리한다는 점에서, 기독교 신학의 중심적 위치를 견지하고 있다. 그렇다면 해천은 성의 신학에서 어떤 기독론을 펼치고 있는가?

(1) 화해의 원리로서 성(誠)

해천에 따르면, 성은 초월 · 내재적 성격을 함께 지니고 있어서, 하나님-인간(*Gott-Mensch*) 도식에 부합하며 또한 중용(中庸) 혹은 중화(中和)의 일원화된 표현일 뿐 아니라, 중(中)과 용(庸)의 포괄자라는 점에서, 그리스도의 중보자적 언어와 유비되고, 따라서 기독론적 의미를 띤다는 것이다. 왜냐하면 중(中)이 초월자요 존재론적으로 터 닦여진 정석(Ruhe)에 해당한다면, 용(庸)은 이것에 의한 내재자요, 현상적인 질서이기 때문이다. 그리하여 중보자로서 성은 역사적 예수와 케리그마의 그리스도 그리고 양자의 종합인 예수 · 그리스도와의 대비를 통해 삼위일체론적 집약개념을 형성하고, 모든 양극화 현실을 초극 · 집약함에서 집중과 확산의 원리를 드러낸다. 따라서 성은 인간 실존과 만나는 신의 겸허를 암시하는 기독론적 최고의 술어이다. 그것은 성이 곧 말씀의 성취요, 말씀의 성립이며, 말씀의 완성이며, 화목 · 화해의 원리이기 때문이다.[36]

나아가 해천은 성에서, 역사적 예수와 케리그마의 그리스도가 화해와 총화를 이룬다는 점에서, 성은 천도(誠者 天之道也: 福音)고, 이를 힘입어 인간은 성을 따르게 되며(思誠者 人之道也: 律法), 이때 성은 인간 삶의

36 윤성범, 『韓國的 神學』, 61-67.

원리로 다가온다(順天者興, 逆天者亡)는 것이다. 이처럼 초역사적 그리스도가 역사적 그리스도로 오심이 그대로 성에 적용된다는 것이다. 즉 중과 용의 관계에서, 중이 현실에 성육화한 상태가 용인 바, 이것은 다시 중(中)과 용(庸)이 합하여 성(誠)으로 나타난다는 것이다.[37]

요컨대 해천은 서구적 기독론 이해를 넘어, 한국적 기독론 이해의 통로로서, 성의 원리를 도입, 참 인간, 참 하나님인 예수 그리스도를 통전적으로 바라보게 하는 조화적 솜씨로서 성을 통해, 그리스도의 초월적·내재적인 중보 원리를 이해하려고 하였다. 곧 그에게 있어서 성은 한국인들에게 그리스도의 성육신 원리인 동시에, 화해자와 중보자의 모습을 보여주는 핵심 매체(the Core Metaphor)로 나타나고 있다는 것이다.

(2) 성(誠)과 중보자 그리스도

전술한 바와 같이 해천은 신유학의 조화와 종합의 원리요, 한국 종교·문화적 아프리오리인 동시에 한국인의 영성적 솜씨의 바탕인 성을 중보자-기독론에 적용하면서, 자신의 한국적 신학의 존재 기반으로 삼으려 한다: "誠에 의한 기독론은 모든 분석으로 인하여 갈라진 계기들을 다 조화 합일하는 것을 과제로 삼는다. 그리고 이러한 과제의 해결은 한국문화의 고유한 특징의 하나인 이 조화의 기교를 받아들이는 데서 종합의 새로운 양상은 마련되게 될 것이다. 誠은 윤리, 종교, 철학 전체에 걸쳐 일이관지하는 솜씨라고 보아도 좋을 것이다."[38] 그렇다면 성을 기반으로 하는 그의 기독론 이해는 정당한가? 해천의 기독론은 요한복음의 로고스 기독론과 유학의 성의 유비론적 측면에 기반을 두고 있다. 이러한

37 윤성범, "韓國的 神學-基督論", 『청암 홍현설박사 회갑기념 논문집』(서울: 감리교신학대학, 1971), 48-49(이 논문은 후일 『韓國的 神學』에 재수록 되었다.

38 윤성범, 『韓國的 神學』, 67.

발상은 형식적 측면에서는 긍정적 측면이 있는 것처럼 보인다. 성이 초월적인 천의 이치를 인간 안에 내재화하는 중요한 원리라는 측면에서(天命之謂性), 그것은 하늘과 인간을 연결하는 성격을 갖고 있기 때문이다. 해천은 다음과 같이 말한다.

> 誠의 관념이 요한복음 제1장 1절의 '말씀(Logos)'과 일치되는 것을 지적하였다. 여기의 로고스는 사람의 말이 아니고, 하느님의 말씀 혹은 '참 말씀(誠)'이다. 결국 이 말씀은 하느님이시라는 결론을 요한 기자는 내리고 있다. 또 "이 말씀이 하느님과 같이 계셨다"(das Wort war bei Gott, Zürcher Bible)고 하였는데, 이것을 마르틴 하이데거는 "언어" 혹은 "말"을 존재의 집(das Haus des Seins)이라고 한 것과 비교해 보면 좋을 것이다. 그리고 이 성(誠, 참 말씀)을 한 자 그대로 풀이하면, "말씀이 이루어지다(It is finished 혹은 Es ist vollbracht)"의 뜻이 되며, 그리스도론적 특이성을 간직하고 있는 개념이다. 따라서 誠은 초월적 개념이면서 동시에 내재적 개념도 되어 신 · 인(Gott- Mensh)의 도식에 부합된다 하겠다.[39]

곧 해천은 성의 독특한 성격을 요한복음의 로고스(Logos) 개념과 연결하여, 성의 기독론적 의미를 유추했는데, 문제는 그가 말하는 로고스가 요한복음의 그것과는 다르다는 점이다. 게다가 해천은 성-로고스 대비에 대해, 성에 대한 설명은 장황하지만, 요한복음의 로고스에 대해서는 주석학적 이해가 부족하다. 그는 단지 한자어 성(誠) 자에 대한 글자풀이(誠 = 言 + 成)를 바탕으로 요한복음 1장을 유비적으로 해석할 뿐이다. 물론 로고스는 일차적으로 그리스 철학적 관점에서는 신의 자기 계시 혹은 우주의 합리적 원리이다.[40] 그러나 요한복음의 로고스 개념은

39 윤성범, "韓國的 神學-基督論",(1971. 11), 9-10.

거기에 머물지 않는다. 요한복음은 로고스를 3단계에 걸친 찬미형식으로 서술하는데, 하나님의 로고스는 창조의 근거와 능력이며, 심지어 창조주 자신이고, 모든 피조물의 생명이며(요 1:1-5), 항상 하나님과 함께하는 말씀일 뿐 아니라, 영접하는 이에게 하나님 자녀가 되는 능력을 주는 생명의 빛이고(요 1:10-12b) 또한 육신을 입고 역사 안으로 오셔서, 하나님의 구원역사를 펼치는 인격적 하나님 아들로 나타난다(요 1:14, 16).[41]

따라서 해천의 주장대로, 설사 신유학의 성과 요한의 로고스가 형식상으로 우주의 합리적 원리로서, 초월적인 동시에 내재적 측면을 매개하는 공통점이 있을지라도, 의미상으로는 출발부터 다른 개념임을 견지해야 한다. 그러므로 해석학적 단계를 무시한 양자의 직접적인 연결은 바람직하지 않다. 특히 요한의 로고스는 하나님 아들의 성육신(Incarnation)이라는 특별한 역사적·계시적 사건을 함의하고, 요한복음 전체가 그 사건에 기인한다는 점에서, 신유학의 추상적인 성과는 상당한 거리가 있다.

또한 해천이 기독론을 주로 화해론적 측면에서만 접근하는 것도 문제가 있다. 그리스도는 신-인 사이의 화해를 위한 중보자인 동시에, 하나님의 어린양으로서 속죄자기 때문이다. 게다가 논리상으로 화해는 속죄에 뒤따르는 개념이다. 그런데 성의 신학은 그리스도의 대리속죄를 통한 구속론에 대해서는 별로 관심이 없다. 더욱이 인간의 죄에 대한 문제도 그리 중요시되지 않는다. 그는 다음과 같이 말한다.

> 유교에서는 죄의식을 찾기 힘들다고 할지 모르나, 결코 그렇지 않다. 유교의 수오지심(義)은 유교사상의 두 핵심(仁과 義) 가운데 하나이다. 단

---

40 C.K. Barrett, *The Gospel According to St. John*, 한국신학연구소 역, 『요한복음 I』(서울: 한국신학연구소, 1990), 232-236.

41 Thomas H. Tobin, “Logos”, *The Anchor Bible Dictionary* IV(New York: Doubleday, 1992), 348-356..

지 이 용어가 서구 신학의 그것과 동일하지 않은 것 뿐이다. 측은지심(仁)이 발동되기 전에 반드시 수오지심을 거쳐야만 된다. 따라서 수오지심(즉 죄의식)이 동양인 만큼 강한 사람도 드물 것이다. 극기복례는 신학적으로 풀이하면 극기는 자기를 이긴다는 말로서, 자기의 혈육을 십자가에 못 박는다는 뜻과 같으며, 복례는 이렇게 함으로 하느님과의 온전한 관계를 맺는다는 뜻이다. 이것은 신학적으로는 칭의에 해당한다.[42]

그의 말대로 유학의 수오지심(羞惡之心)은 성서가 말하는 죄에 대한 이해에 다소간 접근할 수는 있다. 그렇지만 거기에는 죄의 보편성에 관한 설명은 가능성의 여지가 있을지라도, 성서적 의미의 죄의 심각성은 드러나지 않는다. 성서는 분명히 인간의 보편적 죄성과 함께, 죄로 인한 신-인 사이의 분리와 반목이라는 죄의 심각성을 밝히고 있으며, 나아가 그런 인간의 실존적 현실의 극복을 위해 그리스도의 속죄의 필요성을 말한다. 하지만 죄의 보편성과 심각성의 문제를 유학의 수오지심 정도로 이해하는 해천의 시각에서는, 그리스도의 속죄 문제는 부차적 주제일 뿐이고, 그리스도와 성의 유비론 바탕으로 하는 화해론이 더 중요했던 것 같다. 게다가 극기복례(克己復禮)를 그리스도의 속죄와 연결하는 것 또한 쉽게 이해하기 어렵다. 이렇게 되면 그리스도의 십자가 사건은 인간과 세계의 구원을 위한 하나님의 역사적·객관적인 구원사건이 아니라, 하나의 실존적·주관적인 사건으로 전락할 위험이 있다.

전통적으로 신학은 그리스도의 사역에 대해, 제사장과 예언자와 왕이라는 삼중직으로 이해해왔다. 그러나 성의 기독론은 그리스도의 화해사역(제사장 사역)에 관심하면서도, 화해의 기반이 되는 그리스도의 속죄 사역에는 큰 관심이 없다.[43] 이러한 측면에서 보면, 그의 기독론은

42 윤성범, "韓國的 神學-基督論" (1971. 11.), 39.

화해론이기보다 오히려 신·인 조화론 혹은 신·인 합일론으로 보는 것이 타당할 것 같다. 더욱이 그는 유교적 경건 자체가 강한 윤리적 특성을 지닌다는 점에서, 유교와의 대화에서 그리스도의 예언자적 사역에 더 심도 있는 논의가 가능함에도 불구하고, 불교적 경건에서 강조하기 쉬운 화해적 측면에 더 큰 관심을 기울였다. 해천의 이러한 태도는 바르트의 화해론과 조화의 원리인 성을 너무 성급하게 연결하려는 데서 비롯된 것이 아닐까?

그렇다면 왜 그는 특히 화해론적 기독론에 큰 관심을 두었을까? 그에게 있어서 성은 독특한 조화의 원리로서, 직관적 변증법의 핵심 요소이며, 인간 안에 주어진 하늘의 성품이요, 하늘의 도와 이치(理)로서 모든 것을 포용하는 종합의 솜씨였다. 따라서 그는 특히 당시 시대적 상황을 염두에 두는 가운데, 성으로써 성서의 메시지를 읽어내려 한 것은 아니었을까? 그가 활동했던 1950~1970년대의 혼란한 상황들(남북분단, 한국전쟁, 4·19 민주화 혁명, 5·16 군사쿠데타, 교회의 분열)은 무엇보다 화해와 통합의 모티브를 요청하고 있었다. 그리하여 해천은 그 시대적 상황에서, 성리학에서 성의 원리를 발견했고, 그 성으로부터 기독론적 언어를 읽어냈지 않았을까? 그러므로 그는 신·인이며, 객관적 구원의 주체인 동시에 구원은총의 기반으로서 예수 그리스도에 대한 관심보다는 시대적 상황 속에서, 인간존재의 깊은 곳으로부터 화목과 화해를 이루시는

43 물론 이렇게 말하는 것 자체가 서구적 사고의 발상(분석-종합적 사고)이라 할지도 모르지만, 아무리 동양적 사고(조화·전개적 사고)로 본다고 할지라도, 성서에 나타나는 그리스도의 화해 사역과 함께 인간의 범죄로 인한 神·人 사이의 분리와 반목 그리고 여기에 대한 극복으로서 속죄론을 간과할 수는 없지 않을까? 더욱이 "복음의 교육론적 해석"을 말하면서 복음을 죄로부터의 구원이라는 측면에서만 이해하여, "구세주로서 예수에 대한 신앙"만이 아니라, "완전한 선생님으로서 예수에 대한 신앙"도 함께 고려할 때, 비로소 복음에 대한 온전한 이해에 도달할 수 있다면서, 동양적 기독론의 가능성을 모색했던, 김광식의 입장에서도 속죄론적 기독론 자체는 폐기하지 않았다(김광식, "福音의 教育論的 解釋", 「基督教思想」 제159호, 86-99).

예수를 말하기 위해, 한국인들에게 친숙한 기독론적 언어가 절실했고, 이에 따라 성을 중심한 화해론적 기독론을 펼쳤을 것이다.

그렇다면 기록론에서 기독교와 유교의 대화는 전혀 불가능한가? 그렇지 않다. 비록 동양적 종교성은 인간 자신의 가능성에 역점을 두기 때문에 심각한 죄론도 기독론적 사고도 불충분하지만, 서구 신학이 간과해온 기독론의 다른 측면, 곧 동양적 기독론의 가능성은 남아 있다. 이에 대해 김광식은 완전성과 불완전성의 도식을 제시했다.[44] 이것은 약속과 명령에 대한 소명의 도식에 따른 기독론적 사고이다. 즉 소외와 극복의 도식이 아닌, 하나님의 완전에 대한 명령과 약속으로의 부르심에 의한 소명과 순종의 도식을 따르는 소명론적 기독론이다. 그리하여 신적 완전성에 도달할 수 없는 인간에게, 단순히 도덕적 모범이 아닌, 하나님의 계시로서 완전하신 그리스도를 통해, 하나님의 명령과 약속을 따름에서 은혜를 체험하는 동양식 기독론을 생각하자는 것이다. 이러한 신학적 사고는 일찍이 다석 유영모에게서 나타났고,[45] 윤성범의 후기 사상에도 나타난다. 이것은 『중용』의 천명사상과 연계하여 소외에 대한 극복으로서 화해와 구속의 도식에 의한 서구적 기독론에 대한 보완이 될 수 있다. 다만 화해론적 기독론이라는 서구적 유산과의 조화문제가 남아 있지만,[46] 그럼에도 불구하고 전통적인 기독론에 대한 보완의 의미가 있다.

---

44 김광식, "基督論의 土着化 試案", 「基督教思想」 제177호, 117.

45 이정배, "基督論의 韓國的 理解", 『組織神學論叢』 제2집(1996. 4.), 234-264. 특히 다석에 대한 연구는 김흥모, "유영모-기독교의 동양적 이해", 『다석선생 탄생 101주기, 서거10주기기념강연』(서울: 백제문화사, 1992); 박영호, 『죽음에 생명을, 절망에 희망을』(서울: 홍익재, 1993); 『씨올, 다석 유영모의 생애와 사상』(서울: 홍익재, 1985); 최인식, 『다원주의 시대의 교회와 신학』(천안: 한국신학연구소, 1996), 251-301; 김흡영, 『가온 찍기』(서울: 동연, 2013).

46 이외에도 한국적 예수 이해는 민중신학의 '해방자 예수상'과 박종천의 '황색 예수상'을 들 수 있다(박종천, "동학에 대한 신학적 해석",(I/II) 「基督教思想」 제427, 428호(1994. 7, 8.), 160-175, 107-123; 박종천, 1991, 150-194).

그리하여 화해론적 기독론이 직설법(Indicative)적 차원 혹은 수직적 차원이라면, 소명론적 기독론은 명령법(Imperative)적 차원 혹은 수평적 차원으로 접근할 수 있을 것이다. 하지만 양자는 상호배타적, 모순적 대치가 아니라, 상호보완적 시각에서 서로 비판적으로 통전하는 태도가 요청된다. 그리하여 조화-전개적 사고구조를 기반으로 하는 동양적인 소명론적 기독론(Vocation- Christology)은 분석-종합적인 사고구조에 기반을 둔 서구적인 화해론적 기독론(Reconciliation-Christology)과의 조우를 통해, 이른바 통전적 기독론(Integrative Christology)의 새로운 가능성을 엿볼 수 있다.[47]

> 그러므로 성의 기독론적 터 닦음은 모든 분화되고 극한화 되어버린 신학적인 개념들을 종합하고 조화시키고 일치시키는 과정에 다름없다고 보면 좋을 것이다. 하나님과 인간의 양극화, 예수와 그리스도의 양극화, 복음과 율법의 양극화를 초극하고 집약시키는 과정이라고 보아도 좋을 것이다. 이것이 바로 성의 집중(concentration)과 확산(extention)의 원리인 것이다. 그리고 이것이 한국적 신학의 특이성이기도 하다.[48]

이렇게 보면, 비록 해천의 중보자 그리스도 혹은 화해자 그리스도를 핵심으로 하는 성의 기독론 논의는, 전통적인 서구 신학적 관점의 기독론과는 많이 다른 성향이지만, 조화-전개적인 사고구조를 바탕으로 하

47 현대신학은 위로부터의 기독론에 대한 보완책으로서 아래로부터의 기독론을 말한다. 하지만 그것 역시 기독론 자체를 하나님에게서 소외된 인간과 세계현실에 대한 극복의 가능성으로 이해한다는 점에서, 여전히 서구적 사고에 머문다. 이에 비해 동양적 기독론은 성령에 의해 하나님과 완전한 일치를 이룬, 예수 그리스도라는 한 인격 안에서 하나님과 인간의 하나 됨의 차원을 지향한다.

48 윤성범, 『韓國的 神學』, 63.

는 동양적 기독론 논의를 위한 하나의 실마리를 제공했다는 데서 그 의의를 발견할 수 있다. 따라서 해천의 성의 기독론은 서구 신학 일변도로 치닫는 한국 교회의 기독론 신학에 대해, 동·서양의 사고구조를 아우를 수 있는 통전적 기독론 형성을 위한 가능성을 제시했다는 점에서, 그 신학적 가치는 적지 않다고 할 것이다.

4) 성(誠)의 신학의 성령론(聖靈論)

성령론(Pneumatology)은 삼위일체 하나님의 제3위이신 성령의 존재(인격)와 사역에 관한 주제를 다루는 분야이다. 성령은 하나님의 영으로서, 신적 인격이시며, 창조와 구속 그리고 성화의 영으로서, 하나님의 현존성을 함의한다. 신학에서 성령론은 비록 신론, 삼위일체론, 기독론, 구원론, 교회론 등의 신학 주제들보다 늦게 발전되었지만, 다양한 신학 주제들과 밀접한 연관을 가지면서, 특히 현대신학에 들어와서는 창조신학과 생태신학 등지에서 매우 활발하게 다뤄지고 있다. 성령은 하나님의 생명과 창조와 구원의 영으로서, 기독교 신앙과 신학의 활동 근거가 된다. 그렇다면 해천은 이러한 성령에 대해 어떻게 이해하고 있는가?

(1) 영적 원리로서 성(誠)

해천은 성을 하나님 말씀, 하나님, 그리스도 등으로 말하다가 급기야 성령(聖靈)과 연관시킨다. 즉 그는 그리스도의 현재적·생명적 임재가 곧 성령의 오심인 바, 성령은 성으로 설명된다면서, 성령론을 『중용』과 결부시킨다. 그에 따르면, 『중용』은 유교의 성령론이라 할 만하다는 것이다. 또한 주자의 『중용장구』에 성신(聖神)이라는 말이 나오는데(蓋自上古聖神, 繼天立極, 道統之傳有自來矣), 이에 따라 한역 성서는 성령을 성신(聖神)으로 번역했고, 주자가 천명즉천도유행(天命卽天道流行)이라고 했는데, 이것 역시 성령의 역사를 뜻하며, 정자(程子)의 차성인지신화, 상하여천지동유자야(此聖人之神化, 上下與天地同流者也)라는 말도 같은 의미라는 것이다. 그리하여 해천은 "성령의 역사는 곧 성의 역사며, 성령론과 중용론은 형식은 다르나, 내용적으로는 같다"고 보았다.[49]

> 성령의 역사는 바로 성(誠)의 역사이며, 그것이 영적 정신적인 점에서 볼 때에 공통된다 하겠다. 그러므로 성령론과 중용론은 표현은 다르나 내용적으로는 같다 할 수 있다. 종용은 바로 정신(혹은 영)을 어떻게 살리느냐의 중요한 문제가 내포되어 있는 것이다. 극단을 회피할 수 있는 길은 중용의 도밖에 없는 것이기 때문이다. 중용론이 성령론과 일맥상통하며, 따라서 동양인들은 성령론의 문제를 중용론으로 대신하여 이것으로 해결하려 하였다고 할 수 있다.[50]

그렇다면 그는 왜 성과 성령(聖靈)을 연결했는가? 그에 따르면 성령은 계시의 영으로서 자유의 영이다. 신적 계시는 『중용』에서 천명(天命)으로 이해되는데, 천명은 곧 신언(神言)으로서 성을 뜻하며, 천명의 수행은 형식상 초월적이지만(天命率性 則無用人爲), 인간의 결단을 요청한다는 점에서 자유를 내포한다. 그리고 그런 인간의 결단은 참된 인간성 회복을 지향하며, 그 중심은 어디까지나 하나님의 형상(*Imago Dei*)에 있다는 것이다.

> 신적인 계시를 중용에서는 천명(天命)이라고 말한다. 그래서 중용 벽두

49 *Ibid.*, 104-110.
50 윤성범, "聖靈과 神靈", 「한국 종교사연구」 (1972. 6.), 52.

에 "天命之謂性, 率性之謂道, 修道之謂教"라는 말이 나온다. 그런데 이 천명사상은 신학에서는 Imago Dei(하느님의 형상)에 해당되는 개념이라고 보면 좋을 것이다. 필자는 이 Imago Dei의 관념을 재래의 신학자들의 표현과는 달리 이것을 천명이라고 보고, 다시 더 나아가서는 하느님의 말씀인 성(誠)으로 보아, 창조시에 이미 하느님의 말씀은 인간에게 부여되어 있었다는 사상을 주장하고 싶다. 즉 천명이란 하느님의 인간을 처음 창조하실 때, 그의 말씀으로 지었다는 사실과 따라서 천명(天命)이나 솔성(率性)이 인위적인 것이 아니라는 율곡의 주장을 받아들이고 싶다.[51]

해천에 따르면, 이러한 성령은 인간 실존의 근원이 되는 성과 관련된 자유의 영이요, 인간으로 하여금, 참된 실존(性)에 이르게 하는 지혜의 영(知)으로서, 마치 성의 정신적 원리와 같다. 또한 성령은 은혜의 부여자인데, 이는 성령이 중보자 역할을 하기 때문이다. 자유자로서 성령을 의(義: 知)라 한다면, 중보자로서 성령은 인(仁)이라 할 수 있고, 인은 사람됨을 뜻함에서(仁者人也, 親親偉大), 성화(聖化)와 연관된다. 그리하여 성은 곧 성(聖)과 연관되고, 이 성이 만물을 거룩하게 한다. 그러므로 성의 원리로서 성령은 곧 인의 정신이라 할 수 있다는 것이다. 이러한 인의 정신의 핵심은 천명(天命)인 바, 그것이 신학적으로는 하나님의 형상(*Imago Dei*)에 해당한다는 것이다.

나아가 그는 성령을, 인간에게 신언(神言) 청종케 하며, 소망 가운데 끝까지 인내하게 하는 인내의 영(靈: 勇)으로 이해한다. 그리하여 성령은 타협이 아니라 하나님의 뜻을 관철함에서 성화의 참모습과 성의 본질을 드러낸다는 것이다.[52] 결국 해천은 『중용』의 지 · 인 · 용(知 · 仁 · 勇)을

51 *Ibid.*, 53.

52 윤성범, 『韓國的 神學』, 110-123.

중심으로 성령의 능력과 역사를 말하면서, 성의 원리에 모든 논리를 귀결시킨다. 따라서 그의 성령론은 결국 성의 행동철학을 전개한 것과 같은 형태가 되었다.

> 결론적으로 말해서 성령론은 양태적으로 볼 때에는 유교에서는 중용사상과 결부된다고 보면 좋을 것이다. 중용은 그 내용이 형이상학적인 패턴을 내포하고 있으며, 동시에 이러한 형이상학적인 계기가 다시금 어떻게 조화를 이루고 통일을 가져오며, 달리는 중화를 이룩하느냐의 중요한 의미가 여기에 부여되어 있기 때문이다.[53]

해천은 실로 성령론 · 중용론이라는 도식을 바탕으로 과감한 주장을 펼쳤다. 이것은 계시(啓示)와 성(誠: 天命)을 일치시킴에서 출발하여, 신학에서는 계시가 하나님의 말씀(神言)이듯이, 『중용』에서는 천명, 곧 성이 하나님의 말씀(天命)이며, 그것은 한편, 인간 창조 시에 인간에게 주어진 하나님의 형상(*Imago Dei*)과도 통한다는 것이다.[54] 그런데 신학에서는 성령이 인간을 자유와 생명을 통하여 새로운 피조물이 되게 하는 능력자로 등장하듯이, 유학에서는 성이 그러한 역할을 한다는 점에서, 성과 성령은 서로 대치가 가능한 개념이라는 것이다.

(2) 성(誠)과 성령(聖靈)

해천은 성령론을 『중용』의 성의 원리로 이해하면서, 『중용』을 동양

---

53 윤성범, "聖靈과 神靈", 「한국 종교사연구」 (1972. 6.), 47.

54 기독교 신학과 유학과의 대화에서 하나님의 형상(*Imago Dei*)과 천명(天命)의 문제는 현금에 와서 심도 있는 연구들이 이뤄지고 있다는 점에서, 해천의 혜안을 미리 볼 수 있다(김흡영, 『道의 신학』, 서울: 다산글방, 2000, 231-291; *Christ and the Tao*, CCA, 2003, 89-120).

적 성령론으로 주장하는데, 과연 그것이 가능한가? 그는 이미 감(소재)을 매만져서 한국적 멋을 창조하는 솜씨가 바로 성이요, 성령의 역사(役事)라고 할 때부터, **성령(聖靈)** · 성의 도식을 그려왔고, 특히 중용(中庸)이란 말 자체가 중(中)과 용(庸)의 종합을 뜻한다는 논지에 따라, 별 고민 없이 한국적 조화미의 솜씨로서 성과 성령(聖靈)을 연결한다. 하지만 성이라는 신유학의 철학적 개념과 신학이 말하는 하나님의 영(靈)이신, 성령과의 직접적인 대비는 처음부터 조화되기 어렵다. 특히 신유학에서 성은 일차적으로 성실(誠實)을 뜻하며, 비록 후대에 형이상학적 개념이 첨가되지만, 여전히 인격적 개념은 나타나지 않는다는 점에서, 성과 인격적인 성령의 직접 연결은 지나친 비약일 수 있다. 왜냐하면 성령은 철학적 원리가 아닌, 모든 육체를 영원히 생동하게 만드는 생명과 부활의 능력이요,[55] 육체의 생명을 영원한 생명으로 인도하시는 인격적인 하나님의 영이기 때문이다.[56]

다만 해천이 성령을 신유학의 지 · 인 · 용(知 · 仁 · 勇) 개념과 관련하여 이해한 것은 다소 긍정적인 측면이 있다. 특히 성령을 인(仁: 사랑)과 연관시킨 이해는 하나님의 성실성과 관련해서 생각할 만한 여지가 있다. 왜냐하면 성서의 하나님은 약속에 대해 성실하신 분이고, 하나님의 성실성은 곧 하나님의 사랑(仁)과 연결되기 때문이다. 이런 의미에서 그가 성실하신 하나님의 영을 인(仁)의 영으로 이해한 것은 의미가 있다. 더욱이 성령이 자비(仁)의 영이라는 사유는 불교적 영향력이 큰 한국에서 더욱 유용하고, 성령의 인격성을 살릴 수 있다는 점에서, 한국적 성령 이해에 유용할 수 있다.[57] 인(仁)의 영인 성령은 인간에게 하나님을 알도록 이끌

---

55 J. Moltmann, *Der Geist des Lebens*, 김균진 역, 『생명의 영』(서울: 대한기독교서회, 117-119.

56 Michael Welker, *Gottes Geist: Theologie des Heiligen Geistes*, 신준호 역, 『하나님의 영』(서울: 대한기독교서회, 1995), 358-365.

고(知), 각종 고난 속에서도 끝까지 신앙으로 인내하도록 격려하고(仁), 친히 그의 길을 이끄시는 견인(堅忍)의 영(靈: 勇)이라고 말할 수 있기 때문이다.

5) 성(誠)의 신학의 인간론(人間論)

신학에서 인간론은 인류학이나 문화 인류학이 아니라, 인간존재의 삶에 대한 문제를 다루는 신학적 인간학(Theological Anthropology)을 의미한다. 곧 신학적 인간학은 하나님의 말씀인 성서의 가르침을 근거로 인간을 이해하되, 인간은 하나님 형상을 따라 창조되었지만, 스스로 탐욕에 빠져 범죄했고, 하나님의 심판 대상이 되었으나, 예수 그리스도를 통한 하나님의 구원 은총을 통해, 잃어버린 그 형상을 회복하며, 세상을 위한 하나님의 부르심에 응답하는 존재로 세워진다는 신학적 주제를 함의한다. 특히 신학적 인간학이 그리는 인간은 하나님과 교제하는 존재일 뿐만 아니라, 하나님의 위임을 받아 세상을 하나님의 뜻대로 통치하며, 하나님의 거룩하심을 드러내는 삶을 통해, 자신의 존재 의미와 가치를 실현하는 특별한 피조물로서 인간을 그린다는 점에서, 인간의 본질과 실존에 관한 신학적인 이해를 함의한다. 그렇다면 해천의 성의 신학이 그려내는 인간의 본질과 실존은 어떠한 모습으로 나타나고 있는가?

(1) 천명(天命)과 하나님의 형상(形象)

해천은 하나님 형상(*Imago Dei*) 문제로부터 한국적 신학의 인간론을

57 이외에 안병무는 성령을 일종의 氣와 같은 것으로 이해했다(안병무 외 5인 좌담, "한국토착화신학 논쟁의 평가와 전망 I · II", 「基督教思想」 제390 · 391호, 1991, 6·7., 78-100, 75-94). 이에 비해 박종천은 성령을 "해방과 자유의 영"으로 이해한다(박종천, "하느님과 함께 기어라, 성령 안에서 춤추라: 한국적 성령신학의 창조적 형성 I-XI", 「基督教思想」 제452-470호, 1996. 8.~1998. 2.).

펼친다. 그에 따르면, 예수 그리스도는 인간 본질의 원형(Archetype)이라는 점에서 하나님의 형상(*Imago Dei*)이고, 그것은 또한 유학의 성과 연관된다는 점에서, 성은 결국 하나님의 인간화(*Menschlichkeit Gottes*)라고 보았다.[58] 그런데 성은 천도(誠者 天之道也)로서 인간의 마땅한 도리(思誠者 人之道也)요, 인간 본질에 대한 규정이다. 이것을 『중용』은 천명지위성(天命之謂性)이라 했는데, 천명(天命)은 하늘이 내린 인간의 고귀한 성품(性稟: 人間性)이다. 따라서 하나님 형상은 곧 하늘의 성이 성(性)으로 주어진 천명(天命)이며, 그것을 따르는 것이 인간성의 본질이고, 인간 삶의 궁극적 목표이다.[59]

> 이마고 데이(*Imago Dei*)는 하느님과 인간과의 관계에 있어서는 관계개념이요, 따라서 하나의 매개개념이기도 하다. 그리고 이것은 매개개념이기 때문에 초월성과 내재성을 겸유하고 있다고 하겠다. 이것이 초월적이라는 말은 天命이라는 점에서요, 이것이 내재적이라는 말은 誠(인성)이라는 점에서다. 그리고 양자는 그러므로 다르면서도 동일하다는 역리까지 나오게 마련이다. 이것은 바르트의 경우도 마찬가지이다. … 이마고 데이는 바로 성(誠)에 의한 인간 창조를 말하고 있다고 하겠고, 앞서 말한 하느님 형상의 초월-내재 도식과 성(誠)의 그것과는 일치된다고 하겠다.[60]

그런데 이러한 하늘 이치(天理)를 무시하고, 인욕(人欲)을 따름이 죄(罪)요, 죄는 천리(天理)에 대한 거역이라는 점에서 교만이다. 율곡은 천리와 인욕을 구분, 천리(天理)는 하늘로부터 오는 것이고, 인욕(人欲)은

58 윤성범, 『韓國的 神學』, 133.
59 윤성범, 『韓國的 神學』, 132-135; 『人間學』(서울: 대한기독교서회, 1961), 100-102.
60 윤성범, 『韓國的 神學』, 135-136.

인간 안에서 나오는 것으로서, 이것을 율곡은 사(邪)라고 했는데, 곧 성의 길을 벗어난 상태를 뜻한다. 따라서 천리, 곧 성의 내재는 인간 됨의 조건이며, 이를 위해서는 사(邪)를 버려야 한다. 그러기에 성으로 돌아옴은 인간 본질로의 회귀요, 신 · 망 · 애(信 · 望 · 愛)의 실현으로서, 지 · 인 · 용(知 · 仁 · 勇)으로 구체화된다. 성을 통한 지인용 구현의 길은 경(敬), 즉 신앙인데, 경(敬)은 곧 성에 이르는 길이다. 인간은 성을 통해, 성 안에서 인간성 회복이라는 하나님의 소명을 따를 과제를 지닌다. 신학적으로 칭의가 이(理)에 해당한다면, 성화는 지(志), 소명은 기질(氣質)에 해당한다는 것이다.[61] 요컨대, 해천의 인간 이해는 주로 인간 본질과 관련된 인간됨의 가능성에 집중되고, 이것은 인간 윤리로서 효(孝)와 함께, 성론(性論)으로 연결된다.[62] 결국 해천은 신유학의 인간학을 도구로 참된 인간상(*vere Homo*)을 찾는 데에 집중했다고 할 것이다.

(2) 성(誠)과 인간

해천의 기독교 인간론과 유학의 인성론과의 대화는 타당한가? 우선 성리학 자체가 인간 문제를 다루기에 양자의 대화는 가능성이 있다. 먼저 그는 천명, 곧 천도(天道: 誠)가 인간 본질 규정과 통한다는 점에서,

---

61 *Ibid.*, 140-148.

62 윤성범, "性論",(序論) 「신학과 세계」 제1호(1975. 4.), 3-22. 그러나 아쉽게도 그는 "孝"에 관한 부분은 단행본으로 나올 정도로 상세하게 다루었지만, "性論"은 序論에 그치고 말았다. 따라서 우리는 그가 계획했었던 "性論"의 목차만 보는 것으로 만족해야 한다. 그는 3장 27항목으로 참 인간(*vere homo*)을 그리려고 계획했었다. 제1장 性論: 1) 性과 天命(*Imago Dei*) 2) 性과 全人(*totus homo*) 3)人格(*person*) 4) 性과 理 5) 性과 氣 6) 性과 理氣 7) 性과 德 8) 性과 幸福 9) 性과 最高善. 제2장 道論: 1) 道와 原罪(*peccatum originale*) 2) 道와 本罪 3) 道와 社會惡 4) 道와 稱義 5) 道와 聖化(*Heiligung*) 6) 道와 召命 7) 道와 正義 8) 道와 自由 9) 道와 平和. 제3장 教論: 1) 教와 知 2) 教와 行 3) 教와 勇 4) 教와 家庭 5) 教와 教會 6) 教와 社會 7) 教와 過去 8) 教와 現在 9) 教와 未來.

신학의 *Imago Dei*로 해석이 가능하다고 보았다. 『중용』에서는 성지자(誠之者)를 인도(人道)라 하여, 천도인 성자(誠者)에 대조한다. 그리하여 진실무망(眞實無妄)한 천도와 진실무망하려는 인도(人道)가 성에서 만나며, 천도로서 성은 본체론적 개념으로, 인도로서 성은 수양론적 개념으로 나타난다. 따라서 성의 실리(實理)와 실심(實心) 양면이 체용(體用)으로 파악되고, 천의 화육지공(化育之功)과 인의 감통지효(感通之效)가 성을 통해 이뤄지므로 성지전자(誠之全者)를 얻으면 성인(聖人)이라 했다.[63] 여기서 천도로서 성이 인도가 될 때, 천도의 본질로서 초월성과 내면성 양계기를 이룬다는 점에서, 기독교의 *Imago Dei* 문제에 가까울 수는 있다. 그렇지만, 성과 *Imago Dei*의 직접 연결은 쉽지 않다. 성서 하나님의 형상은 일차적으로 인간 안에 영원 불변적으로 고정된 존재론적 원리가 아닌, 하나님과 인간 사이의 인격적·관계론적 개념이요 또한 인간이 항상 지향해야 할 종말론적 희망이며, 인간이 수행해야 할 과제라는 점에서, 자아심리학적 개념에 가까운 천명사상(天命思想)과는 출발부터 차이가 있다.[64] 게다가 천명은 비인격적인 형이상학적 인성론 철학 원리라는 점에서, 인격적인 존재를 전제하는 하나님의 형상과도 거리가 있다.

나아가 해천은 죄와 인욕을 대비한다. 곧 해천에 따르면, 인욕의 발동

---

63 유승국, "東洋思想과 誠", 「基督教思想」 제181호, 104-106.

64 물론 그는 천명사상을 성서의 *Imago Dei*와 같은 관계론적 개념으로 보지만, 문제는 어떤 관계인가가 중요하다. *Imago Dei*는 일차적으로 삼위일체 하나님의 내재적 관계개념에서 출발, 하나님과 인간, 인간과 인간 그리고 인간과 자연과의 관계까지 포괄하는 인격적인 사랑과 섬김의 관계를 뜻하나, 천명사상은 결국 형이상학적으로 추상화된 천의 원리를 따라 건전한 자아확립의 실현을 지향한다는 점에서, 관계론적이기보다 심리적, 존재론적 특징을 갖는다(김흡영, "인(仁)과 아가페(愛): 유교적 그리스도론의 탐구", 「神學思想」 제84집, 1994. 3., 147-149).

은 천명에 대한 거역으로서, 아우구스티누스의 정욕(*concupiscentia*) 혹은 원죄(*peccatum originale*)와 일치하며, 인욕의 발생은 도심(道心), 곧 성의 상실, 하나님 말씀의 상실 또는 반항에서 나오는데, 그것으로부터의 해방은 성에 이르기 위한 경(敬)의 실천, 곧 신앙을 통해 가능하다는 것이다. 그리고 이러한 인욕으로서 죄에 대한 한국인의 구체적 의식은 수치지심(羞恥之心) 혹은 수오지심(羞惡之心)으로서, 부자유친의 관계를 파괴하는 불효(不孝)에서 구체적으로 드러나는데, 한국에서 불효는 큰 수치요 죄로서, 하나님께 대한 불신앙과 통한다는 것이다.[65] 그렇다면 원죄(原罪)와 인욕(人慾)은 연결이 가능한가? 우선 유교 인성론의 선악 개념은 성서의 그것과 큰 차이가 있다. 즉 유교는 인간 행위의 선악 원인을 성서처럼, 절대자 하나님과의 관계에서 찾기보다 인성 자체에서 찾으려 하며, 악의 문제는 인격 수양에 의해 극복이 가능하다는 소박한 도덕론적 차원이지만, 성서의 선악(善惡) 개념은 철저히 관계론적 차원이라는 점에서, 처음부터 양자의 일치는 불가능하다.

그렇다면 그는 왜 동양의 선악관을 기독교 인간론과 연결하였는가? 이것은 무엇보다 그의 죄론과 연관이 있는데, 그는 일차적으로 아우구스티누스의 원죄론을 수용하는 것으로 보인다. 물론 아우구스티누스의 원죄론이 무가치하다는 말은 아니다. 오트(H. Ott)의 말대로 그것은 실존론적 증가분(existentiales plus)으로서 인간 죄악의 보편성과 실재성에 대한 설명으로서는 여전히 유용하다.[66] 하지만 해천처럼, 서구 신학을

---

65 윤성범, "韓國人의 罪意識", 「基督教思想」 제226호(1977. 4.), 78-85; "기독교와 한국 윤리", 「신학과 세계」 제13호(1977. 10.), 13-21. 유교는 본래부터 죄의식이 빈약하고, 특히 조선 유학은 보다 현실주의적이고 실리적이었으므로, 그나마 거의 무시되었다. 따라서 해천이 수치지심에서 유교 죄론의 실마리를 찾으려 한 것은 지나친 비약이다.

66 김광식, 『組織神學』 I, 382.

곧바로 성서적 사신으로 인식하고, 곧바로 유학의 인성론과 연결하는 것은 온당치 못하다. 게다가 아우구스티누스의 원죄론에는 출생에 의한 죄의 유전개념이 내포되어 있기 때문에, 종교개혁신학 이후, 특히 현대신학에서 아우구스티누스의 원죄론을 그대로 수용하는 일이 드물다는 점에서, 해천의 인간 이해는 현대신학적인 이해보다는 다소 고전적인 측면이 남아 있는 것으로 보인다. 물론 해천도 아우구스티누스의 원죄론을 그대로 따르지는 않는다. 해천의 성의 신학의 인간론에는 특히 원죄론의 반대급부인 속죄론적 측면이 매우 약하기 때문이다.[67] 그래서 해천은 인간 죄의 문제에 대한 해결을 그리스도의 대리속죄보다, 그분의 겸허한 인품에 대한 모방(*imitatio christi*)에서 찾으려는 경향이 드러난다. 이러한 모습은 펠라기우스(Pelagius)까지 언급할 필요는 없겠지만, 아무래도 전적 타락 내지 전적 무능에 집중하는 서구 전통의 인간론을 벗어나, 동양적 인간론을 추구하려는 그의 속마음이 엿보이는 듯하다. 이러한 해천의 인간 이해는 유학의 인성론을 도구적 원리로 삼아, 성서의 인간론을 해석하여, 동양 곧 한국인으로서 그리스도인의 입장에서 진실된 인간, 곧 참된 인간상을 찾는 모습이라고 할 수 있고, 그러다 보니 인간론 이해에서, 기독론적 측면 혹은 구속론적 측면이 다소 미흡하게 나타난 것이다. 그렇지만 유교와 기독교 사이의 인간론적 차원에서의 대화의 장을 마련하려 했다는 점에서 한국 신학계에서의 그의 공헌은 결코 적잖다고 할 것이다.[68]

---

67 여기에 대해서는 박아론의 신랄한 비판을 주목할 필요가 있다(박아론, "韓國教會와 韓國思想", 「神學指南」 제161집, 59-64, 69; "韓國的 神學에 대한 異論", 「基督教思想」 제183호, 80-87).

68 신학과 유학의 대화에 있어서 인간론 문제는 여러 측면에서 대화의 가능성이 있다. 이에 대해서는 다음의 논의를 참고하라: 김흡영, *Wang Yang-ming and Karl Barth: a Confucian-Christian Dialogue* (University Press of America, 1996); 김광묵, "장 칼뱅과 퇴계 이황의 경건사상에 대한 비교연구"(강남대학교 박사학위

6) 성(誠)의 실천원리로서 윤리(倫理)

신학에서 윤리학(Christian Ethics)은 기독교 세계관적 관점에서, 올바르거나 잘못된 행위를 규명하는 분야로서, 인간 삶의 가치와 세계관의 문제와 연관된 신학적 주제들을 다루게 된다. 해천은 특히 바르트의 윤리개념을 염두에 두면서, 성의 신학의 윤리론을 시작하는데, 신학에서는 하나님의 형상과 하나님의 계명이 밀접하게 연결되는 것처럼, 성리학에서는 천명사상(天命思想)에 바탕을 두는 인성론 철학에 인간 윤리의 바탕을 둔다고 본다. 이러한 성리학의 윤리론은 『중용』의 첫 구절인 "천명지위성 솔성지위도 수도지위교(天命之謂性 率性之謂道 修道之謂教)"에 유가윤리(儒家倫理)의 본질이 드러난다고 이해한다.

(1) 윤리의 논리적 근거로서 성(誠)

해천에게 있어서 성은 이제 성의 신학의 윤리에 대한 논리적 근거로 등장한다. 곧 해천에 따르면, 윤리 문제는 인간 사회의 가치관의 문제로서, 언제나 관계론적 성격을 지니면서 조화와 화해를 지향하게 되는데, 그러한 가치가 실현되는 사회 완성은 동양에서는 『중용』이 제시하는 성의 원리에서 그 뿌리를 찾을 수 있다는 것이다. 인간 윤리에 대해, 유학은 특히 인을 제시하는데, 인은 단지 인간 사이의 관계론적 개념이 아닌, 천명(天命)으로서 의의를 함의한다는 점에서, 해천에 따르면, 그것은 성에 귀결되고, 결국 신학의 아가페와 통하는 바, 특히 인의 실천은 극기복례(克己復禮)에서 출발하며, 그것의 실천자(仁者)는 성의 경지에 이르게 된다는 것이다.[69]

논문, 2008).

69 "子曰, 克己復禮爲仁", "朱子曰, 仁者本心之全德… 禮者天理之節文也", "… 克

이러한 성리학의 윤리적 본질은 결국 인자(仁者: 聖賢)를 따르는 것인 바, 이것은 기독교적으로는 참 인간인 예수를 따름(*imatatio christi*)에 유비되는 문제이며, 이것이 성의 신학의 윤리의 근본이라는 것이다. 그리고 윤리 실천을 통해 낙(樂)의 세계가 실현되는데, 이것은 말 그대로 조화와 중화의 세계로서, 기독교의 영원한 안식과 통하게 된다. 이렇게 보면 신유학의 윤리관은 분석적 윤리가 아니라, 종합과 조화의 성의 윤리이며, 궁극적으로 공동체의 윤리를 지향한다. 그리하여 성은 신유학 윤리의 논리적, 실천적 근거이며, 아울러 기독교의 사랑의 윤리와도 연관지을 수 있는 개념으로 나타난다는 것이다.

(2) 성(誠)의 실천과 효(孝)

해천은 성의 실천 문제에 있어서, 인간 윤리의 근본인 효를 중심으로 논지를 펼친다. 그는 우선 서양 윤리와 동양 윤리 그리고 서양 윤리와 기독교윤리를 구분하면서, 서양 윤리의 특징이 개인적이라면 동양 윤리는 공동체적인 바,[70] 이는 서양 윤리가 개인의 자유와 평등에서 비롯되었다면, 동양 윤리는 가족적인 효에 뿌리를 두기 때문이라는 것이다. 그런데 기독교윤리도 가족공동체 중심이라는 점에서, 동양 윤리에 가까우며, 바로 그런 점에서 양자 간의 대화가 가능하다고 본다. 물론 서양 윤리도 가정적 측면이 있지만, 부부간의 애정에 기반을 두기 때문에, 부자간의 절대적 관계를 근간으로 하는 동양 윤리만큼 가치 근거가 확실치 못한다는 점에서, 사랑과 의 혹은 인과 의의 조화를 찾기 어렵다고 본다.[71]

己復禮, 久而誠矣"(栗谷: 聖學輯要, 矯氣質).

70 윤성범, 『孝』, 10.

71 해천은 여기서 E. Brunner의 *Das Gebot und die Ordnungen III*(1932)에 나오는 창조 질서(Schöpfungsordnungen)로서 가정 윤리론을 비판하면서 서양 윤리와 기독교 윤리와의 구별을 시도하고 있다(윤성범, "基督敎倫理가 儒敎倫理를 어

특히 동양 윤리에는 효가 인륜의 기반이라는 점에서, 사회윤리의 기반인 삼강오륜 중, 부자유친(父子有親)이 으뜸인데, 왜냐하면 다른 관계들은 가변적이나, 부자 관계는 불변적이고, 수직적 관계로서 『효경』의 배천사상(配天思想) 또는 천성(天性)과 통하기 때문이라는 것이다. 따라서 효는 인간 됨의 근본 덕(德)이며, 수직·수평적 관계로서 인의 실천적 존재 근거임과 동시에 사회 질서의 근본이념이라는 것이다.[72]

나아가 해천은 특이하게 효를 특별히 기독교 신앙윤리로 해석하여, 예수를 효자로 소개한다. 그에 따르면, 성서는 예수와 아버지의 관계를 부자 관계로 표현하고, 예수도 효자의 표상을 지닌다(요 14:31). 특히 예수는 자신이 효자임을 알리기 위해 세상에 왔으며, "내가 아버지 안에 있고 아버지는 내 안에 계신다"(요 14:11)는 말씀이 부자유친의 진리를 피력한다는 것이다.[73] 이 부자 관계는 성(誠: 性)의 다른 표현인 친(親: 愛)으로 대체가능하고, 이것은 공의와 함께 있다는 점에서, 예수는 사랑과 공의의 실현자로서 혹은 『효경』이 말하는 애(愛)와 경(敬)의 실천자, 곧 성의 완성자(聖人: 聖賢)이다.[74] 또한 이러한 예수의 효는 한편으로 신앙이라 할 수 있는데, 이는 신앙 자체가 나의 단독행위가 아니라, 하나님의 계시 혹은 은혜에 대한 응답의 사건이듯, 효 역시 그렇다고 볼 수 있기 때문이라는 것이다.[75]

떻게 規定할 수 있는가?" 「神學思想」 제7집, 1974. 12. 703-712).

72 "인간 행위 가운데 孝보다 큰 것이 없고, 孝는 아버지를 공경하는 것보다 큰 것이 없고, 아버지를 공경하는 것은 그를 하나님 옆에 모시는 것보다 큰 것이 없다"(人之行莫大於孝, 孝莫大於嚴父, 嚴父莫大於配天, 『孝經』, 聖治); 윤성범, 『孝』, 24, 63-115.

73 윤성범, "예수는 모름지기 孝子다", 「基督教思想」 제217호, 21.

74 *Ibid.*, 21-23. 이러한 주장은 한영숙의 반박을 가져왔다(한영숙, "예수는 모름지기 효자인가?" 「基督教思想」 제218호, 1976. 8., 136-139).

75 윤성범, "한영숙 씨에게 答함", 「基督教思想」 제219호(1976. 9.), 146-151; "孝와 現代倫理의 方向定立", 「基督教思想」 제187호(1973. 12.), 93-100.

그렇다면 과연 해천의 말대로 효가 한국 사회의 핵심적 윤리 기반인가? 그는 특히 효를 부자간의 수직적 관계에 근거한 절대불변의 윤리로 규정하면서, 다른 관계들(君臣·夫婦·長幼·朋友)은 상대적이고 가변적이라고 했는데 과연 그런가? 물론 효가 한국 사회에서 매우 중요한 윤리 기반이 되어왔다는 말은 옳다. 하지만 정말 부자 관계 이외에 다른 모든 관계는 상(常)이 될 수 없는가? 한국 사회에서 역사적으로 효 못잖게 군신 사이의 의와 충, 한 몸을 이루어 사회의 기본 단위(가정)를 형성하는 부부 사이의 애정(愛情), 서로 사랑하고 존경하는 장유 간의 질서(秩序), 친구 간의 신의(信義) 역시 중요한 인간 윤리로 여겨왔다. 따라서 효가 한국 윤리의 핵심이라는 주장은 지나친 비약이다.[76] 오히려 그의 말대로 성이 동양 윤리의 핵심 원리라면, 의·친·별·서·신(義·親·別·序·信) 모두가 각기 다른 관계적 상황에서의 성의 윤리에 대한 다른 표현이며, 효(孝) 역시 여러 성의 윤리의 한 형태로 보아야 한다. 따라서 효를 비롯한 여러 윤리 개념 모두가 동등한 가치를 지닌다. 그러므로 유교 윤리는 부자유친(父子有親)을 포함한 군신유의, 부부유별, 장유유서, 붕우유신(君臣有義, 夫婦有別, 長幼有序, 朋友有信) 등의 오륜(五倫)과 군위신강, 부위자강, 부위부강(君爲臣綱, 父爲子綱, 夫爲婦綱) 등의 삼강(三綱)의 체계 속에서 함께 생각되어야 한다.

따라서 효뿐만 아니라, 그것을 내포하면서 유교 인간학의 포괄적 개념이요, 핵심 매체(the Core Metaphor)라 할 수 있는 인을 중심으로 접근할

76 물론 유학의 삼강오륜(三綱五倫)에서 부자 관계를 바탕으로 하는 효는 분명히 상(常)의 위치를 차지한다고 할 수 있고, 나머지 윤리들은 실존적 상황에 영향을 받을 수 있는 측면이 크다고 할 수 있다. 그리고 그것은 실제 역사에서 자주 그런 모습들을 보인 것도 사실이다. 하지만 효 역시 현실적으로는 절대적 상(常)이라고 말하기에는 인간존재의 현실적 한계성이 문제시될 수 있다. 따라서 실제적으로는 효나 다른 윤리들 모두가 등가적 가치를 지닌다고 볼 수 있고, 이러한 시각에서 보면 해천의 효의 윤리에 대한 절대화는 성급한 이해로 비칠 수밖에 없다.

때, 신학과의 대화가 보다 진지해질 수 있을 것으로 보인다. 그렇다면 인(仁, Humanity)을 중심으로 하는 유교의 윤리는 기독교의 사랑(Agape)과 대화가 가능한가? 공자는 인간의 본질로서 인을 말함에서, 그가 이상시하는 인간은 인을 개인적·사회적으로 실현할 수 있는 사람(君子)임을 주장하였다(仁者人也). 따라서 인의 참된 실천과 그에 따른 참모습은 군자에게서 드러난다. 이에 비해 아가페는 그 이상을 완전한 사랑의 실천자요, 율법의 완성자인 예수 그리스도에게서 찾는다. 그는 보이지 않는 하나님 형상(골 1:15)으로서 십자가를 통해, 하나님의 아가페를 온 세상에 드러내셨다. 그리하여 유교의 인이 다른 대상과의 관계를 포괄하고, 조화와 화해로 이끌어 가듯,[77] 기독교의 아가페 역시 신-인 관계를 화해와 화목의 관계, 용서와 화합의 관계로 변화시키는 힘이라는 점에서, 서로 간의 대화 가능성이 엿보인다.[78] 하지만 인과 아가페는 서로 대체가 가능한 동일개념은 아니라는 점에서, 양자의 완전한 일치는 어렵다. 아가페는 인간을 위해 독생자까지 주신 하나님의 자기희생적 사랑으로서 초월적·역사적·인격적 개념이지만, 인은 어디까지나 본질론적 인간상에 관계된, 내재적·비역사적·추상적인 개념으로서, 형이상학적 인간학의 차원에 머물러 있기 때문이다.

이러한 성의 신학의 윤리론의 착안점은 바르트 신학의 윤리적 규범이 그리스도를 통한 하나님의 명령에 근거하고, 유교의 경우 성을 통한 천명에 대한 인식에서 가능해진다는 형식적인 유사점에 있었다. 그리하

---

77 유교의 중심적 가르침인 인은 여기 이곳에서의 구체적인 삶에 집중된다. 따라서 유교도 구체적인 삶에서의 인간다운 질서와 조화를 추구하는 방향에 있으며, 그 영성 자체가 휴머니즘적 성격을 띤다(이은선, "유교와 기독교, 그 만남의 필요성과 의미에 대하여", 「神學思想」 제82집, 223-224).

78 이 문제에 대해 김흡영은 매우 긍정적으로 접근한다(김흡영, 인[仁]과 아가페[愛]: 유교적 그리스도론의 탐구", 「神學思想」 제84집, 137-176).

여 해천은 바르트의 신명에 대한 신앙 고백적 복종을 유교의 효에 연결하였고, 이러한 상관 구조에 따라 효를 기독론적으로 근거 지움으로써 효의 윤리학을 제시하였다. 이렇게 하여 양자의 윤리를 종합하는 중심개념은 유교적으로 표현하면 효가 되고, 바르트적으로 표현하면 복종(服從)이 된다. 그래서 해천은 아버지께 완전한 복종을 이룬 예수를 가리켜 모름지기 효자라고 부를 수 있었다.[79] 이러한 관점에서 보면, 해천의 예수 = 효자의 등식은 중요한 의미를 지닐 수 있다. 그렇지만, 이것은 예수 그리스도를 인간학적 시각에서만 바라본 결과이다. 그분은 보이지 않는 하나님의 형성으로서, 진정한 인간성(vere Homo)을 실현하셨다는 점에서, 해천의 이해는 분명히 의미 있지만, 한편 그분은 완전한 하나님(vere Deus)으로서 아버지와 성령과 함께 삼위일체를 이루신다는 측면에서 보면, 자칫 종속론으로 기울어질 수 있다는 점에서, 삼위일체론과 충돌을 일으키게 된다. 따라서 예수 = 효자의 등식은 고려해야 할 측면이 적지 않다.

7) 성(誠)과 한국 문화

해천은 '한국적 신학'의 마지막 장에서, 한국 문화창달론을 언급한다. 이것은 말 그대로 한국 문화 발전 문제를 다루는 것인데, 특히 신학적 관점으로 접근했다는 점에서, 한국 교회가 기독교적 문화를 한국 땅에 실현해 나가는 문제와 연관된다고 할 것이다. 이것은 해천의 성의 신학의 결론에 해당하며, 직관적 변증법의 마지막 단계인 멋에 해당하는 것으로 보인다. 그리하여 해천은 복음과 성이라는 감(소재)을 가지고 솜씨의 변증법을 통해 서술해 온 한국적 신학은 멋으로서 한국적 문화창달의

79 "예수는 모름지기 孝子다",「基督教思想」제217호(1976. 7.), 20-31.

비전을 내다봄으로써 일단락 짓게 된다.

(1) 한국 문화의 특이성-조화미

해천에 따르면, 한국 문화는 중국과 일본의 중간적 성격을 띠는 중용(中庸)과 중화(中和)의 문화이고, 결국 성의 문화라고 할 수 있다. 성의 문화는 한국 고유 조화의 문화, 곧 멋의 문화인데, 그것은 감성적·심미적인 것이 아닌, 형상과 질료의 혼연일체, 신비적 합일의 경지이다. 이 멋에 의한 한국 문화, 곧 알맞음의 해석학이 바로 성의 신학의 문화론이며, 한국학의 기본 범주라 할 것이다.[80] 이러한 멋과 조화의 문화는 분석과 종합에 기반을 둔 서구문화와는 달리, 조화와 전개를 지향하는 동양 문화의 기반인 동시에 그 핵심으로서, 하늘 이치(天理)에 기인하는 하늘 소명(天命)에 응답하는 문화요, 하늘 이치(天理)에 순응하는(順天) 문화이다. 해천에 따르면, 이러한 한국 문화는 곧 아버지 하나님의 보내심을 받아, 그분의 뜻에 겸손히 순종하는 예수 그리스도의 정신에 응답하는 기독교적 문화와 상통하는 원리요, 이 땅에 펼쳐가야 할 하늘의 문화이며, 진정한 기독교 문화로서 한국 교회가 마땅히 추구해나가야 할 중요한 한국 크리스천으로서 삶의 가치요, 삶의 의미인 셈이다.

(2) 성(誠)의 한국미 · 종교미

전술한 바와 같이 한국미(韓國美)를 조화미(調和美)로 결론지은 해천은 또한 조화미는 곧 종교미(宗敎美)라고 말한다. 왜냐하면 한국미는 결국 한국인의 얼의 표현이고, 얼은 곧 한국인의 종교적 표현이기 때문

80 윤성범, 『韓國的 神學』, 174-176, 183. 그는 멋 곧 알맞음이 바로 誠이며, 中庸, 中和에 대한 형이상학적 종교적인 표현이 誠이라고 한다면, 中과 庸, 中과 和의 혼연일치는 바로 알맞음의 상태를 의미한다면서, 말씀이 이루어짐(誠)이라는 말이 바로 알맞은 상태를 의미한다고 보았다.

이다. 이러한 종교미(宗敎美)·한국미(韓國美)는 결국 성의 미로 귀결된다. 즉 한국의 미는 곧 한국인의 인간 정신의 표현이요, 결국 한국인의 한국인다움의 미라고 할 수 있으며, 이러한 한국인다움은 성을 기반으로 하는 사회생활(신앙·예술·교육활동)에서 드러나는데, 그것은 곧 성의 종교에서 결실된다는 것이다. 이러한 삶의 원형을 그는 율곡(栗谷)에게서 발견한다.

> 필자의 견해로는 율곡의 사상은 단순히 현학적인 것으로 장식된 것이 아니고, 그의 사상 하나하나는 다 현실과 깊은 관련을 맺고 있다는 점이다. 그의 종교사상도 막연한 공리공론(空理空論)이 아니고, 현실을 해결하는데 필요한 지적 태도를 가리킨다는 점에서 더욱 그러하다.[81]

해천은 이러한 한국인으로서 멋의 성취는 성을 기반으로 하는 교육에서 가능하다고 본다. 그렇다고 성의 교육은 반드시 형이상학적-종교적 차원에서 이뤄져야 한다는 것은 아니다. 출발은 그럴 수 있지만, 구체적 실천은 현실에 관계되어야 한다. 이러한 관점에서 오늘의 기독교는 한국인의 얼을 빼는 것이 아니라, 하나님의 말씀을 통해 그것을 되살리는 데에 그 의의가 있다. 왜냐하면 토착화는 결코 한국인의 얼의 배제나 무력화가 아니라, 주체적인 얼, 곧 문화 아프리오리적 솜씨와 연관되기 때문이다.

요컨대 성의 신학의 문화창달론은 결국 성의 원리의 이상적 실현과 다를 바 없다. 즉 해천은 성의 조화와 화해의 원리가 한국 사회에서 실현되는 이상화(理想畵)를 기독교 신학적 색채로 그리려 했다. 물론 우리도 해천처럼 조화와 화해가 온전히 실현되는 사회에 대한 꿈을 가져야 한다. 더욱이 그리스도인은 자신의 속한 역사 현실에 대한 개혁의 책임을 다해야 한다. 그렇지만 한국과 같이 종교다원적 사회에서 유독 성에만 집착

---

81 *Ibid.*, 197.

하여 그것의 원리에 근거한 사회를 건설해야 한다는 주장은 자칫 또 하나의 사상적 폭력이 될 수 있다. 결국 성의 신학은 유학의 인성론 철학 원리인 성을 중심으로 신학과 유학의 대화를 시도한 것이지만, 지나치게 양자 간의 유비(喩比)에 집착한 나머지, 성의 신학이 성서가 말하는 복음을 해명하고 선포하는 신학 작업인지, 성리학을 신학에 적용하려는 것인지, 구별이 모호한 상태가 되어버렸다. 그러기에 성의 신학은 아직도 실험신학의 차원에 머물고 있을 뿐, 교회공동체의 삶의 현장에서 그대로 적용하기에는 어려움이 따른다고 할 것이다.

2. 성(誠)의 신학에 대한 평가

그렇다면 성의 신학은 어떻게 바라봐야 하는가? 선학(先學)의 발자취를 몇 마디의 필설로 평가하는 것은 매우 조심스럽지만, 한국 신학이라는 학문적 과제를 위해서는 반드시 필요한 작업이다. 그런데 성의 신학은 미완성의 신학일 뿐만 아니라, 그것마저도 후학들에 의해 제대로 정리되지 못한 상태로 남아 있기 때문에, 그것을 깊이 이해하기가 쉽지는 않다.

1) 성(誠)의 신학의 긍정적 측면

성의 신학의 출발점은 윤성범의 토착화론이라고 말할 수 있다. 그는 토착화를 뿌리내림(root-in)으로 생각하여 씨로서 복음이 한국적 솜씨에 의해 한국인의 심성에 뿌리내리는 과정으로 이해했다. 따라서 그는 씨앗보다 토양의 질을 강조했는데, 이것은 복음을 수용하는 한국 교회의 주체성과 연관된 것이었다. 이러한 그의 토착화론은 한국 종교·문화에 관한 관심에서 시작하여 유교적 경건 원리인 성을 주목하였고, 마침내 성을 중심으로 대화를 시도했다. 여기서 성은 한국적 솜씨로서 바르트의 관념과 실재의 일치를 향한 매개적 의미의 제3자적 영(靈: Geist) 개념의 대치이며,[82] 또한 계시·그리스도·하나님에 대한 등가적 의미였다. 그리하여 성은 신학의 대상인 동시에 신학 방법론적 성격을 띠고 있다.

(1) 주체적 신학으로써 성(誠)의 신학

성의 신학은 한국인의 주체적 시각(문화 아프리오리: 誠)을 통해 토착화신학으로써 한국적 신학 수립을 위한 가능성을 추구하였다. 곧 성의 신학은 서구 신학 일변도이던 한국 신학계에 주체적 신학이라는 새로운 신학적 패러다임의 형성을 가져오게 했다. 이를 위해 해천은 전통 문화와 종교에 대한 배타적 태도를 지양하고, 그것을 기독교 신앙과 신학을 위한 해석학적 전이해로 주목함으로써, 기독교 영성과 한국적 영성 사이의 대화 가능성을 찾으려 했고, 전통적 유산들을 기독교 신앙을 위한 촉발원리(觸發原理)로 보았다. 그리하여 종교다원적 현실 속에 있는 한국인의 심성을 이해하고, 한국인에게 가장 친숙한 한국적 기독교 수립에 관심을 가졌다.

이러한 해천의 신학은 종종 성취론(成就論)으로 비판을 받지만, 한국 교회의 선교신학적 측면에서는 매우 중요한 공헌이라고 할 수 있다. 특히 그는 한국 신학계가 토착화에 대한 개념조차 정립하지 못했을 때, 단순한 개념 논리를 뛰어넘어, 과감하게 토착화신학 방법론을 제시하면서, 구체적으로 유학과의 대화를 통해 성의 신학: 한국적 신학을 수립함으로써, 복음에 대한 선교적 지평으로서 한국인들의 종교·문화적 영성에 대한 이해에 근거한 선교 신학적 가능성을 보여준 것이다. 물론 아직까지 그것은 한국 교회의 학문으로 온전히 수용되지 못하고 있지만, 그럼에도 불구하고 해천은 한민족의 종교·문화적 전통의 하나인 유교와의

---

82 김광식, "솜씨의 신학으로써 誠神學", 「현대와 신학」 제13집, 20.

대화를 시도함으로써, 서구 신학 일변도로 치닫던 한국 교회의 신학적 지평을 한층 넓히는 데에 혼신의 노력을 기울인 신학적 선각자였던 것은 분명하다.

(2) 조화와 일치를 지향하는 성(誠)의 신학

성의 신학은 조화와 화해의 원리인 신유학의 성을 통해 직관적 변증법을 펼치면서, 한국적 천재미학으로 전개되는데, 해천은 특히 한국 고유의 종교미라 할 수 있는 조화미(멋: 誠)를 들고 나온다. 그리하여 분석-종합의 변증법을 지향하는 서구 신학 일변도이던 한국 신학계에 조화-전개의 변증법을 지향하는 동양적 신학의 가능성을 한층 더 높여주었으며 또한 화해와 일치를 지향하는 성의 에큐메니컬 변증법에 따라,[83] 한국 교회로 하여금, 모든 아픔을 뒤로하고 일치와 화해를 지향할 수 있는 새로운 공간을 마련하기에 이르렀다. 그리고 한편 성의 신학은 문제 상황설정에 있어서, 비록 현대 한국 그리스도인의 정신적 자기분열을 직관적 변증법으로 극복, 조화를 통한 종합에 이르려 함으로써 민족분단의 문제와 민족통일의 과제의 신학적 심각성을 상대적으로 약화시킨다는 비판을 받으면서도,[84] 그것이 가진 조화와 화해의 모티브는 민족적 화해와 하나됨을 통한 민족사의 새로운 발전을 위한 실마리를 제공하기도 했다.

(3) 대화의 신학으로써 성(誠)의 신학

성의 신학은 유학의 인성론 철학 개념인 성을 기독교와 대화를 위한 매개개념(the Core Metaphor)으로 내세워 유교를 기독교적으로 해석함

---

83 김광식, “교회의 에큐메니컬 차원과 복음의 토착화”, 「현대와 신학」 제19집(1994. 10.), 42-43.

84 박종천, “민족통일과 토착화신학의 미래”, 「基督教思想」 제357호(1988. 9.), 117.

에서, 한국적 신학을 위한 하나의 시안(試案)이며, 이것을 통해 유학(율곡)과 기독교 신학(바르트), 곧 동양사상과 서양 신학과의 만남을 위한 하나의 가능성을 열어주었다.[85] 기독교 신학이 타 학문 혹은 타 종교와 대화를 갖는 것은 신학 자체를 위해서도 매우 중요하다. 만일 신학이 이것을 기피한다면, 결국 하나의 종교적 방언으로 전락하고 말 것이기 때문이다. 사실 신학은 자신이 믿는 바를 이해하려는 신앙(*fides quaerens intellectum*)에 대한 밝혀줌(*Lichtung*)이며, 역사적으로도 신학은 세상의 지혜와의 만남에서 이루어졌다. 다른 종교와 다른 학문 세계를 거부하고, 자기만의 세계에 고립화된 신학은 이미 죽은 신학이며, 자기만의 세계에서 절대적 진리로 군림하려는 신학도 그러하다. 따라서 신학은 언제나 예수 그리스도의 복음 안에서 자기 정체성과 규범을 재발견하면서, 주위의 학문과는 물론, 타 종교적 표상들과 끊임없이 대화하는 자리에 서 있어야 한다. 이러한 시각에서 복음과 한국의 종교·문화와의 만남에서 출발한 성의 신학은 우리에게 통전적 신학을 향한 좋은 길잡이가 될 수 있다. 즉 해천의 신학을 그대로 이어가는 데에는 난점이 있을지도 모르지만, 그가 보여준 신학의 방향만큼은 후학들이 마땅히 고심해야 할 문제라는 것이다.

(4) 건전한 사회윤리를 지향하는 성의 신학

윤성범은 기독교 신앙을 효의 윤리적 차원으로 해석함을 통해, 전환기적인 한국 사회의 가정윤리를 비롯한 각종 가치관의 아노미적 현실의 상황에서, 신앙이라는 종교적 차원의 삶과 부모공경이라는 윤리적 차원

---

85 이정배, "토착화신학과 생명신학", 「基督敎思想」 제390호, 38. 물론 맥락은 다르지만, 해천 이후에 국내외에서 유학과 신학과의 만남 혹은 신학과 유학의 관계 문제를 주제로 하는 연구들이 적지 않게 이뤄졌다는 것은 결코 우연한 일은 아닐 것이다.

의 삶을 일원화하는 사회 윤리적 신앙을 제시함으로써, 한국 사회의 전통적 가족 중심의 윤리를 기독교 신앙적 원리 혹은 기독교 신앙의 원리를 가족공동체의 윤리개념으로 재해석하였다. 말하자면 해천은 기독교 신앙적 가치를 유교에 기반을 둔 사회윤리적 가치로써 규정함을 통해, 한국 사회에서의 기독교 신앙적 가치를 고양시켰다고 할 수 있다. 특히 기독교 신앙은 어떤 형이상학적 종교 이데올로기가 아닌, 신자 개개인의 삶 가운데서 응답되고, 실천되어야 할 윤리적 차원을 지니고 있다. 만일 기독교 신앙이 건전한 사회윤리적 차원을 망각한 채, 신앙 논리에 대한 무조건적 맹종만 요구하거나, 자신 안에 안주하는 순환 논리에 함몰되고 만다면, 인류에게 또 하나의 무거운 미신적인 짐이 될 뿐이기 때문이다. 이에 대해, 윤성범의 성의 신학은 결코 하나의 추상적이거나, 관념적인 신학 이론이 아니라, 기독교 신앙이 요구하는 윤리적 실천을 지향한다는 점에서, 상아탑 속에 갇힌 신학 이론이 아닌, 실제 삶 속에서 조화와 일치를 이루는 생명력 넘치는 멋의 신학으로 자리매김하고 있다고 할 것이다.

2) 성(誠)의 신학의 부정적 측면

해천이 서술해온 성의 신학은 어느 날 갑자기 땅에서 솟구친 것은 아니다. 그것은 해천의 사고 안에 처음부터, 익명적인 성의 신학으로써 자리 잡고 있었다.[86] 그러다가 그것이 훗날에 유학의 인성론 철학 원리인 성을 중심으로, 성의 신학이라는 이름으로 정리되고 다듬어진 것뿐이다. 김광식의 이해에 따르면, 해천의 성의 신학은 적어도 다음과 같은

86 김광식, “솜씨의 神學으로서 誠神學”, 「현대와 신학」 제13집, 21. 誠의 신학 즉 솜씨의 신학은 그가 평생토록 추구한 하나의 길이었다. 그가 단군신화를 거론한 까닭도 바로 이러한 맥락에서 이해해야 한다. 즉 그는 단군신화의 환인 · 환웅 · 환검이 기독교의 성부 · 성자 · 성령에 대한 소재적 관계가 있는 것으로 보았다.

몇 가지 논지를 전제로 전개되고 있다.

1. 성(誠)의 해석학은 혼합주의적이다.
2. 성(誠)은 말씀이 이루어짐이다. 이것은 성육신에 상응하며, 계시개념을 의미한다.
3. 성(誠)은 성부와 성자와 성령이신 삼위일체 하나님 자신을 의미한다.
4. 성(誠)은 타 종교의 기본개념들과도 비교할 수 있다(불교의 圓).
5. 성(誠)은 한국적 솜씨, 즉 조화미를 창출하는 기교의 철학적 표현인 동시에 한국적 아프리오리이다.[87]

이러한 성의 신학은 신학 방법론에서 시작하여, 문화창달론 · 삼위일체론 · 인간론 · 화해론 · 선교론 · 윤리론까지를 포함하는 매우 방대한 기획이었지만, 해천의 때 이른 별세로 인해, 학문적으로 미완성의 신학으로 남은 점이 아쉽다. 더구나 해천이 남긴 성의 신학에는 전통적인 기독교 신학이 수용하기 어려운 측면도 몇 가지 드러나고 있다. 그래서 이것은 후학들이 깊이 숙고해야 할 과제로 남겨져 있기도 하다. 그렇다면 해천의 성의 신학은 어떤 면에서 부정적인 측면으로 지적을 받고 있는가?

(1) 유비론적 성(誠)의 해석학

해천의 성의 신학은 신유학의 인성론 개념인 성을 한국적 솜씨뿐 아니라, 계시와 등가적으로 이해하면서, 기독교 진리를 유교적 개념으로의 재해석하는 형식을 취하는 낙관적 · 비교종교론적 성격을 지니는 가운데, 호교론적 · 변증 신학적 특성을 지향하고 있다. 말하자면 그는 유학의 성을 바탕으로 기독교 신학에 대한 일종의 해석학을 제시하였다

87 *Ibid.*, 20-21.

고 할 수 있다. 곧 그에게 있어서 성은 신유학의 인성론 철학적 원리와 기독교 신학 사이를 연결할 수 있는 핵심 매체(the Core Metaphor)로서, 유학을 바탕으로 기독교 신학을 해석하는 핵심 원리로 작용한다는 점에서, 그의 신학을 성의 해석학이라 부를 수 있다. 그렇지만 엄밀한 의미에서, 성의 해석학은 현대 사회에서 통용되는 의미의 신학적 해석학이기보다는 신유학의 성을 중심한 일종의 유비론(喩比論)에 머문다.

해천의 의도는 사실상 성이 특히 한국인들에게 친숙한 개념이라는 점에 착안한 기독교 복음의 토착화에 대한 실현에 그 방향이 있었다. 하지만 아쉽게도 성 자체가 그의 생각만큼, 한국인들에게 친숙한 개념이 아니라는 점에서 일차적인 문제가 있다. 이러한 성의 신학은 비록 해천 자신이 혼합주의적 신학이라고 말했지만, 이정배는 오히려 기독론 중심의 성취론을 근간으로 완곡하게 표현된 계시실증주의 및 성서적 현실주의라고 비판하면서, 한국 사회에 보다 폭넓게 공헌할 수 있는 토착화신학의 수립을 위해서는 그러한 패러다임을 뛰어넘어야 한다고 주장했다.[88] 다시 말해서 이정배는 비록 해천이 성을 중심으로 기독교 복음의 한국적 토착화를 위해 양자 간의 대화를 시도했지만, 결과적으로 예수 그리스도를 중심한 하나님의 초월적, 절대적 계시를 주장하는 서구 신학의 연장선상에서 기독교 우월주의적 신학을 지향하는 가운데, 계시와 성의 계시적 현실성을 동일시하며, 기독교 복음의 초월적·절대적 근거만을 중시한다고 비판한다.

그러나 성의 신학은 단순한 성취론이나 혼합주의이기보다 유비론적인 절충주의적 성격이 강하다. 왜냐하면 성의 신학이 비록 혼합주의를 표방하지만, 사실상 기독교 신학과 유교 성리학과의 유비적·절충적 성격이 강하기 때문이다.[89] 그런데 문제는 윤성범식의 유비적·절충적

---

88 이정배, "토착화신학과 생명신학",「基督敎思想」제390호(1991. 6.), 38-41.

해석은 복음의 건전한 토착화를 지향하기보다, 자칫 종교습합론 혹은 극단적 종교변증론으로 흐를 위험이 크다는 점이다. 더욱이 성의 신학은 성을 근간으로 다양한 신학적 주제들을 해석한다는 점에서 일관성은 있으나, 기독교 신학과 유학의 휴머니즘적 철학은 출발부터 다르다는 점을 간과한 듯하다. 전자는 인격적 하나님과의 관계를 근간으로 하는 개념이나, 후자는 추상적·인간학적 개념이다. 그리고 성의 신학은 내용상 지나치게 성의 논리에 집중하고 있어, 기독교 신학의 깊고 풍부한 성격을 제한하는 모순을 드러내며, 결국 복음(Text)과 상황(Context: 誠) 사이의 객관적 거리를 무시하는 일종의 주관주의로 흐를 위험이 있다. 게다가 성의 신학의 성 자체가 신학 방법론인 동시에 신학의 대상으로 나타나기 때문에 내용상으로도 애매한 측면도 있다. 따라서 성의 해석학으로서 성의 신학은 성을 중심으로 복음에 대한 한국적 이해를 시도하지만, 문제는 해석을 주도하는 성의 실제적인 역할이 해석학적이기보다, 오히려 유비적이라는 점에서, 해석학적 성격 자체가 불분명하다. 이런 측면에서 '한국적 신학'은 성의 해석학이기보다 성의 유비론이란 이름이 보다 적절할 것으로 보인다.

(2) 이중적인 논리 형식

성의 신학은 방법론에 있어서 한국 문화 아프리오리로서 솜씨 곧 성의 인간적 축점과 신적 축점으로써 성령의 역사를 함께 말함으로써 자체적 모순을 안고 있다. 이것은 곧 바르트(성령)와 불트만(솜씨)을 종합하려는 고육지계였지만, 처음부터 서로 다른 노선을 천재 미학적인 성의

89 김광식, "솜씨의 神學으로서 誠神學", 「현대와 신학」 제13집, 27. 윤성범은 기독교계시 개념과 유교의 성 개념을 혼합하려는 것이 아니라, 후자 속에 전자를 투사하고 있으며, 또다시 성을 신학적 개념으로 사용하는 형식을 취하고 있다.

변증법으로써 조화시키는 과정은 계속 혼란을 일으킨다. 그래서 이에 대한 분명한 설명이 필요했지만, 아쉽게도 미완으로 끝나고 말았다.

물론 성의 신학은 결국 기독교와 유교가 함께 인간성 완성의 이상을 표방한다는 점에서, 형식적 측면에서는 긍정적 평가를 받을 수 있다. 하지만 문제는 인간성 완성에 대한 양측의 견해에 차이가 있다는 점이다. 전자는 그것을 인간이 아닌, 예수 그리스도를 통한 삼위일체 하나님의 은총에서 찾지만(은총론·객관론), 후자는 인간 스스로 자기완성을 지향한다는 점에서(자기성취론·주관론), 출발부터 차이가 있다. 그래서 성의 신학은 사실 출발부터 문제점을 내포하고 있다. 즉 성의 신학은 인간적 축점을 중심으로 출발한다는 점에서, 기독교 신학적 성격보다는 오히려 유교 인성론 철학적 성격이 강하게 드러난다. 왜냐하면 기독교 사람됨의 완성은 인간적 축점이 아닌, 예수 그리스도의 구원 행동을 바탕으로 하는 삼위일체 하나님의 은혜와 은사이며, 성령의 칭의와 성화에 기인하는 신적 축점이나, 유학의 인간 본성에 이르는 길(聖賢)은 인간 자신에 의한 인성 개발론인 수신론(修身論)으로서 전적으로 인간적 축점에 그 뿌리가 있기 때문이다.

그러므로 성의 신학이 신학적 토착화론으로서 본래적 성격을 찾기 위해서는 신적 축점에 대한 깊은 통찰이 요청된다. 즉 성의 신학은 한국적이기 전에 먼저 신학적이어야 하고, 하나님의 계시와 은혜에 열려 있어야 하며, 인간적 사고 이전에 하나님의 역사를 기다리고, 성령의 은혜에 의탁하는 태도가 요청된다. 왜냐하면 신학은 신학적 주제들에 대한 인간끼리의 대화 이전에 하나님과의 대화요, 인간적 종교·문화와의 만남 이전에 하나님과의 만남이기 때문이다. 바로 이러한 바탕에서 우리 전통과 종교·문화에 대한 진지한 연구가 필요하고, 그것을 기반으로 하는 대화를 요청해야 한다. 곧 성의 신학은 기본적으로 성서 본문의 고유한 지평과 우리 상황과의 객관적 거리를 존중함에서 시작, 본문(Text)에서 상황(Context)으로 나아감을 통해, 모든 대화적 관계의 새로운 가능성을 열어야 한다는 것이다.

(3) 지나친 논리 비약

성의 신학 자체가 기독교 신학과 유학과의 관계적 패러다임을 갖는다는 점에서, 이미 대화적 성격을 띠지만, 문제는 대화 형식이다. 기독교가 타 종교와 만나는 방식에는 비교법, 차별법, 관용법, 대화법 등이 있는데,[90] 성의 신학은 비교와 관용을 혼합적으로 운용한다. 즉 해천은 기독교와 유교를 성을 중심으로 유비적 공통점을 읽으면서, 유교 철학적 주제들을 기독교 진리로의 논리적 비약을 통한 해석을 시도한다. 하지만 이런 형식만으로는 대화의 신학으로써 바른 정체성을 지니기 어렵다. 단순히 양자 간의 공통점 발견에서 만족할 것이 아니라, 오트(H. Ott)처럼, 공통점과 차이점을 기반으로 상호조명의 가능성을 찾으며, 거기서부터 서로 간의 진지한 대화를 수행해야 한다. 물론 그렇다고 그 대화를 종교다원주의적 차원으로 끌고 가서, 하나님의 유일회적 자기 계시 사건인 예수 그리스도를 상대화하거나 은유화해서는 안 된다. 한국 신학은 어디까지나 기독론을 기반으로 삼는 가운데, 타 종교와의 대화를 열어가야 하며, 거기서 동양적 문화 *a priori*를 발견하고, 그것을 통해 이루어질 성령의 역사로서 하나님의 계시적 현실화를 기다려야 한다.

---

90 비교법은 양자의 공통점과 차이점을 찾아내고, 전자를 보편적 진리로 보는 대신 후자를 우연한 부수성으로 처리하는 자유주의적 시각이고, 차별법은 기독교의 절대성만을 강조하려는 K. 바르트적 노선이다. 관용법은 異教의 윤리적 진리는 어느 정도 인정하나, 복음의 의해 불충분성이 드러나기 때문에, 선교가 불가피하다고 보는 H. 크래머의 방법론이고, 대화법은 양자 사이의 상호조명을 중시하여, 서로 배우고 가르치는 관계 형식을 취하는 H. 오트의 견해다(김광식, 『土着化와 解釋學』, 129).

곧 성서적 한국 신학은 예수 그리스도가 유대의 종교·문화적 *a priori*에 성육신하셨고, 서양 종교·문화적 *a priori*에 성육신하신 것처럼, 동양 종교·문화적 *a priori* 속으로 성육하심이며, 바로 거기서 그리스도 자신이 친히 대화의 주도자가 되심을 전제한다. 이러한 측면에서 한국 신학의 기반으로서 토착화는 곧바로 성령의 역사요, 그리스도의 오심이며, 하나님과의 만남의 사건으로서, 오늘 우리의 종교·문화적 상황 속에의 그리스도의 성육신이며,[91] 결국 우리의 신앙에 대한 인식 작용이요, 하나님의 구원사건에 대한 신앙 고백적 특성을 지닌다. 그리고 한국 신학이 대화적 성격을 지닌다 해서, 곧 신학자가 불교 사상가나 유학자나 무속인을 만나서 직접 대화를 나눈다는 뜻이 아니라, 한국 기독교인 혹은 한국 신학자 자신의 신학적·신앙적 실존 안에서 일어나는 실존적 대화를 그 기반으로 해야 한다는 것이다.

(4) 가부장적 사회윤리

해천은 성의 신학의 윤리론에서 성을 본체로 하는 효의 윤리를 제시함으로써, 성부·성자의 관계로 나타나는 기독교 원초적 공동체성의 풍부한 실현 가능성을 찾으려 한 점은 긍정적이지만, 전근대적인 가부장적 사회윤리를 보편적 사회윤리로 인식, 그것을 마치 성서에 근거한 기독교 사회윤리적 개념인 양, 현시대에 그대로 적용하려고 한 점은 분명히 시대착오적인 발상이었다. 따라서 성의 신학 윤리론의 부자유친적 인격신 관념의 협소화 문제를 여성신학적 시각에서 재조정할 필요가 있고, 전인격적·전사회적·전포괄적 관계로의 확대가 요청된다. 신학의 바탕인 성서는 가부장적 가치관에 뿌리를 두기보다는 처음부터, 양성평등의 가치를 기반으로 하고 있다(창 2:18-25).

---

91 김광식, "성육신의 현재적 의미", 「基督教思想」 제420호(1993. 12.), 10-13.

더욱이 성의 신학은 부자유친 관계로서 효를 말하면서도, 그리스도를 머리로 하는 다양한 지체들의 성령 안에서 하나 되는 교회공동체를 그려내지는 못한다. 그렇기 때문에 성의 신학에는 비록 미완의 신학이기는 하지만, 교회론적 논의가 발견되지 않는다. 그래서 성의 신학에는 천재미학적 사유는 있지만, 교회를 위한 진정한 봉사자로서 섬김의 의미는 찾을 수 없다는 점에서, 강단(講壇)을 위한 신학, 교회를 위한 신학, 선교와 봉사를 위한 신학과는 다소 거리가 있다고 할 것이다. 자신의 본래적인 삶의 자리로서 교회를 의식하지 않는 신학은 이미 자신의 근본적인 삶의 터전(場)을 잃어버린, 화석화된 상아탑 속의 학문적인 논의에 지나지 않는다는 점을 잊지 말아야 한다. 신학은 어디까지나 교회공동체를 통한 하나님의 부르심에 우선 응답하며, 나아가 이 시대를 위한 섬김의 자리로 나아가야 한다.

(5) 사회적 관심에 대한 미흡

해천은 개인적으로 목회자요 교육자인 동시에 생명경외클럽에서 섬기는 등, 사회활동에 적극적이었지만, 그의 사상적 집약체인 성의 신학은 사실상 사회적 측면에 대한 인식이 약하다는 점을 지적하지 않을 수 없다. 즉 해천은 문제 상황설정에 있어서, 한국 그리스도인의 정신적 자기분열을 직관적 변증법을 통해 극복함으로써, 한국 사회적 고난현실에 대한 신학적 관심을 상대적으로 약화시키고 있다. 더욱이 해천은 한때 "성의 신학은 사회-정치적 문제에 신학만이 기여할 수 있는 책임적 역할을 잊어버리지 않기 위해, 세속화 문제에 깊은 관심을 갖는다"고 천명하면서도, 한편으로는 그러한 자신의 발언 자체를 무위로 돌리는 듯한 태도를 보이기도 하였다.

誠의 신학도 사회적, 정치적 문제에 관심을 가져야 하나, 소위 사회신학이니 정치신학이니 하는 조류에는 반대한다. 誠의 신학이 세상의 소금 노릇을 할 수 있어도 정치·사회문제에 깊이 개입하는 것은 신학의 횡포요, 월권이다.[92]

곧 그는 신학의 사회적 관심의 필요는 수긍했지만, 그것의 신학화는 반대했다. 그래서 성의 신학은 프락시스 문제를 소홀히 했다. 물론 전술한 바와 같이, 그는 한때 생명경외클럽(V.V Club)에서 활동하는 등, 기독교 신앙의 실천적 측면을 간과하지 않았지만, 그것을 신학화하지는 못했다. 이것은 독특한 정치적 현실(군사정권)이라는 상황적 측면과 해천 자신의 심리적 측면으로 그 원인을 돌릴 수는 있겠지만, 바로 이 부분이 그의 신학의 중대한 약점 중의 하나로 나타난다. 신학의 관심사는 개별 실존 안에서의 신앙 인식 문제와 함께 사회 현실 역시 중요시한다. 왜냐하면 특정 사회의 종교·문화 *a priori*는 사실상 특정 시대·사회적 현실을 내포하며, 그 시대를 위한 책임 의식을 함의하기 때문이다. 다시 말해서 한국 신학은 한국 사회적 현실에 대한 깊은 이해와 거기서부터 제기되는 신학적 문제에 신중한 응답이 요청된다.

(6) 경직화된 도식의 문제

이른바 종교다원주의자들이 종종 성 신학을 구시대적 패러다임 속에 갇힌 선교 주도적 성취설로 비판하면서, 에큐메니컬 영역에서 자기 신앙의 고유성을 이해할 뿐 아니라, 우주 보편적 사유로 전이할 것을 요구한다. 하지만 그들의 비판은 온당치 못한 면이 있다. 성 신학이 비록 기독론 중심적으로 전개되지만, 그렇다고 종교다원적인 한국의 사회

92 윤성범, 『韓國的 神學』, 16.

현실 자체를 도외시하지는 않는다. 그는 다음과 같이 말한다.

> 재래종교를 열심히 연구해야 될 이유는 소극적으로는 기독교 진리와 재래종교의 그것과의 명백한 차이를 그어 놓으려는 데 있다고 할 것이다. 이와는 달리 적극적으로는 이러한 재래종교 아래서 자라온 우리의 사고양식을 명백히 의식함으로써 기독교 복음의 씨를 올바른 토양에다가 받아들이자는 데 더 큰 의의를 발견하게 된다.[93]

해천은 비록 종교다원주의 신학에까지는 나가지 않았지만, 이미 타종교와의 대 곧 유교와의 대화를 통해, 나름대로 종교다원적 상황에서의 기독교 신학을 표명했다. 다만 성 신학의 문제점은 대화적 성격에 대한 것이 아니라, 자신의 발판을 여전히 서구 신학적 영역에 두고 있다는 점이다. 이것은 그의 주장처럼, 한국 문화에 대한 보다 충분한 연구가 필요했음에도 불구하고, 냉철한 이성보다 열정이 앞섰기 때문이 아닐까? 더욱이 성 신학은 기독교적 관점에서 유교를 바라보자는 것인지 혹은 이미 유교 안에 있는 기독교적 요소를 찾으려는 것인지에 대한 분명한 언급이 없다. 다시 말하면 기독교적 유교인지 혹은 유교적 기독교인지가 불분명하다는 것이다. 해천의 초기입장은 기독교적 측면에서 유교를 바라보는 기독교적 유교의 태도였으나, 후기에는 유교적 측면에서 기독교를 바라보는 유교적 기독교 입장으로 기울어지는 듯한 모습을 보인다. 따라서 그의 신학적 성격은 기독교적 유교로부터 유교적 기독교를 향한 과정에 있다고 볼 수 있지만,

그렇다고 그가 기독교를 유교적 차원으로 격하시키려 한 것은 아니었다. 왜냐하면 그는 여전히 복음의 토착화에 모든 관심을 기울이고 있

---

93 윤성범, 『基督教와 韓國思想』, 100-101.

기 때문이다. 다만 그의 신학이 지향하는 문제점은 서구 신학적 사고를 배제하면서도, 여전히 거기에 뿌리를 두고서 유교와의 대화에 임함으로써, 결국 서구 신학에 대한 한국적 토착화라는 색채에서 자유롭지 못하다는 점을 들 수 있다. 한국 신학이 진정으로 한국 교회와 사회를 섬기는 신학이려면, 지나치게 경직화된 신학적 패러다임에 대한 재고가 필요하다. 특히 종교다원적 사회인 한국적 현실에서 교회에 주어진 중대한 과제는 타 종교와의 대화를 통한, 선교신학적 방향을 새롭게 모색할 수 있어야 할 것이다. 특히 현대 사회에서 타 종교와의 대화 문제는 선택이 아닌 필수로 접어들고 있기 때문이다.

3. 성(誠)의 신학에 대한 신학적 전망

해천의 성의 신학이 추구해온, 한국 신학으로써 토착화신학에 대해, 혹자는 무용론 혹은 종언론을 주장한다. 전자는 프락시스(praxis)를 강조하는 경향이 있고, 후자는 토착화가 너무 과거지향적이고 문화 중심적이어서 현대 기독교의 선교적 방편으로는 부적당하다고 본다. 하지만 양자 모두 복음의 토착화에 대한 것이 아니라, 서구 신학의 토착화에 대한 반론일 뿐이다.[94] 기독교 복음에 대한 진정한 토착화는 인위적인 조작이 아닌, 성령에 의한 하나님의 은총의 사건이라는 점에서, 토착화를 단순히 외국 신학의 한국적 적용으로 이해하거나, 인위적인 신학 작업으로 치부해서는 안 된다. 오히려 복음의 토착화는 하나님의 구원사건에 기인한 신학적 토착화로서 의미를 지녀야 한다. 그때 진정 이 땅에 복음의

94 김광식, "土着化의 再論", 「神學思想」 제45집, 399-402. 특별히 김광식은 신학의 토착화와 신학적 토착화를 구별한다. 전자는 서구 신학을 한국 교회에 토착화함을 의미하나, 후자는 복음 선포를 통해 일어나는 하느님의 구원사건에 대한 인간의 책임적, 학문적 응답으로서 토착화를 의미한다.

씨앗이 뿌려질 수 있고, 참된 결실 또한 가능하다. 해천 역시 토착화론의 한 축을 성령의 역사로 이해하였다. 그렇지만 한편 그는 한국 문화 아프리오리로서 솜씨에 의한 한국인의 주체적인 신학 작업으로서 토착화를 견지하였기에, 신적 축점으로써 토착화 개념(성령의 역사)과 인간적 축점으로써 토착화 개념(한국인의 주체적인 솜씨) 사이에 많은 혼란을 가져왔다. 물론 그의 근본 의도는 양자의 조화와 통전에 있었고, 이를 위한 방법론적 원리로서 신유학의 성을 도입하였지만, 그래도 자체 안에 존재하는 모순을 완전히 설명하지는 못했다. 그리하여 그의 신학 방법론은 한국 교회 안팎에서 적잖은 비판에 직면하게 되었고, 평생 주체적인 한국 신학에 대한 열정을 불태웠지만, 한국 교회는 그의 신학에 대해 큰 관심을 보이지 않게 되는 모순을 안게 되었다. 그리고 바로 여기에 또한 성의 신학의 한계가 있다고 할 것이다.

그렇지만 성의 신학에는 아직도 그 불씨가 살아 있다. 그것은 해천이 평생 고민해오던 두 가지 신학적 과제, 즉 기독교 영성의 핵심으로서 복음의 본질과 한국적 경건 혹은 한국적 영성의 중심을 이루는 한국 문화 아프리오리에 대한 해석 문제다. 신학은 하나님의 구원사건에 대한 해명이라는 점에서, 성서로부터 자신의 메시지와 규범과 근거를 발견하게 되며, 따라서 처음부터 신적 축점(a viewpoint of divinity)을 지닌다. 그렇지만 다른 한편, 기독교 신앙과 신학은 인간의 역사·문화적 맥락 안에서 발생한 하나님의 구원사건에 대한 인간의 주체적 응답의 차원을 지닌다는 점에서, 인간적 축점(a viewpoint of Humanity) 역시 간과할 수 없는 측면이 있다. 사실 종교개혁 신학이 말하는 오직 믿음(*sola fide*) 역시, 예수 그리스도 안에서 주어지는 하나님의 의를 믿음으로 수용함을 의미한다는 점에서, 하나님의 은총으로서 신적인 축점과 믿음에 의한 수용이라는 인간적인 축점을 동시에 가지고 있다고 할 것이다. 그리고 그 하나님의 구원 은총에 대한 인간의 주체적인 수용 과정이 바로 인간의 문화 아프리오리(영성)를 바탕으로 하는 응답이라는 점에서, 기독교 신앙과 신학적 표현에 있어서 민족 문화·사회적인 특성이 나타나게 되며, 이것은 곧 기독교 복음과 문화와의 관계에서 발생하는 신학적인 용트림이라고 할 수 있다. 이러한 측면에서 성의 신학이 참으로 한민족을 위한 한국 신학, 곧 한국 교회를 위한 생명의 신학이 되려면, 기독교 영성과 한국적 영성에 대한 보다 진지한 연구가 요청되며, 이를 위해 복음에 대한 진지한 들음(Hearing)과 물음(Asking)으로부터, 한국적 영성에 대한 보다 진지한 질문을 던져야 한다. 그때 비로소 성의 신학은 한국적 토착화신학으로써 한국 신학이라는 정체성을 갖게 될 것이다.

그뿐만 아니라, 성 신학은 단지 교회만을 위한 학문이어서는 안 된다. 성 신학이 이미 그 출발에서부터 한국 종교·문화적 아프리오리로서 성을 신학적 핵심 매체(the Core Metaphor)로 사용해왔다는 점에서, 더욱 한국 사회의 변화를 위한 섬김의 자리로 나아가는 결단이 필요하다. 곧 성 신학은 한국 사회에 대한 시대적·역사적인 책임성을 함의해야 하며, 더 나아가 온 세상을 향한 하나님의 선교적인 부르심에 응답하는, 신학적 측면에서의 새로운 한류(韓流)를 일으켜야 할 것이다. 오늘도 하나님께서는 한반도의 역사·문화적인 상황 속에서 살아가는 한국인들에게 한민족의 종교·문화적 영성의 바탕 위에 당신의 구원역사를 펼쳐가시기 때문이다. 이러한 의미에서 해천의 한국 신학으로써 성 신학은 그 시대를 위한 하나님의 부르심에 응답하려는 하나의 신학적 몸부림이었다고 할 것이다. 그렇기 때문에 오늘의 한국기독교 신학은 이 시대를 위한 또 다른 성 신학을 구축할 필요가 있고, 이 시대의 역사·문화를 위한 하나님의 부르심에 성실하게 응답해야 할 것으로 보인다.

IV. 요약과 정리

해천 윤성범의 성의 신학은 신유학의 인간론적 원리인 성을 핵심적 매체(the Core Metaphor)로 삼아, 기독교 신학과의 대화를 시도한 한국 토착화신학의 한 장르라고 말할 수 있다. 그의 이러한 신학적 접근은 한국 종교·문화적 상황에서 존재하는 한국인을 향한 선교적 열망에서 비롯된 것으로 보인다. 한국 신학에서 해천의 공헌은 무엇보다 공전만 거듭하던 한국 토착화신학 논쟁에서, 토착화신학의 구체적인 방법론을 제시하면서, 그 자신이 '한국적 신학'이라는 저서를 통해, 토착화신학으로써 한국 신학의 가능성을 실제로 실험해 보인 것이었다고 할 수 있다. 그리하여 그는 당시의 서구 신학 일변도의 한국 교회의 신학적 현실에 대해 새로운 개혁을 시도하였고, 한국 교회와 사회를 위한 주체적 신학 운동의 선구자가 되었다.

그는 특히 자신의 신학 작업의 과정에서, 한국의 종교문화에 대해 깊이 이해하게 되었고. 그것을 바탕으로 토착화신학 방법론을 제시하였는데, 그것은 일차적으로 한국인의 문화 아프리오리로서 솜씨의 변증법을 토착화신학을 위한 중요한 원리로 수용한 것이다. 그렇지만 그의 때 이른 별세로 인해, 한국 문화 아프리오리에 대한 충분한 해명이 뒤따르지 못했고, 결국 그의 한국 문화 아프리오리에 대한 해설은 후학들의 과제로만 남게 되었다. 그런데 해천은 토착화신학 방법론에 대해, 한국 문화 아프리오리로서 솜씨의 변증법을 기독교 복음의 토착화의 중요한 원리로 제시함과 동시에, 한편으로는 토착화는 성령의 역사라고 주장함으로써, 한국 신학계에 큰 혼란을 가져왔는데, 이것은 그가 기독교 신학의 전통적인 흐름 또한 매우 중요한 신학적 바탕으로 수용하는 가운데, 특히 칼 바르트의 신학적 유산을 원용한 결과로 보인다. 그리하여 해천에게 있어서 기독교 신학, 곧 토착화신학은 단지 인간적인 축점만이 아니라, 신적인 측점을 함께 고려하는 직업이어야 함을 분명히 하려고 한 것으로 보인다. 그리하여 혹자는 해천의 토착화론에 대해, 복음에 대한 신학적 토착화라기보다는 칼 바르트 신학의 한국적 토착화라고 평가하기도 하였다.

하지만 그는 신학의 본질이 무엇인가를 분명하게 인식하고 있었다. 곧 기독교 신학은 하나님의 자기 계시인 예수 그리스도에 대한 증언을 담고 있는 성서로부터 출발하지만, 복음이 전파되는 사회문화적 맥락에서, 종교·문화적 영성이라는 채널을 통하여 성서의 메시지를 읽어내게 된다는 점에서, 해천의 제시한 신학 작업의 중요한 양대 원리인 신적인 측점과 인간적인 축점을 통전하는 방향에 서 있어야 한다. 그래서 그는 양 측면을 함께 견지하면서, 나름대로 한국 교회를 위한 신학 방법론을 제시하려고 한 것이다. 따라서 해천의 신학은 결코 한 시대적인 흥밋거리가 아니라, 기독교 신학의 분명한 방향을 제시해준 너무도 귀한 유산이라 할 것이다.

이러한 해천의 신학적인 여정은 도중에 갑자기 특별한 계기로 시작된 것이 아니라, 사실상 신학의 출발점부터 그 가슴에 품고 있었던 한국 교회와 사회를 위한 한국적 신학에 대한 열망으로부터 분출된 아름다운 열매라고 할 것이다. 그런 측면에서 해천의 신학 여정은 유동식의 표현대로 한국 신학계의 풍운아로서 길이었다고 말할 수 있다. 그가 남긴 신학적 유산은 오늘날에도 분명히 그 의미가 적지 않다. 곧 그의 신학은 종교다원적인 한국 사회적 현실에서 한국 종교·문화적 유산의 의미와 가치를 조명하였고, 한국 교회가 지향해야 할 신학적 방향이 무엇인가를 분명히 해주었다는 점에서, 이미 중요한 의의를 지니고 있고, 그의 신학이 지니는 화해와 일치의 영성은 오늘의 한국 사회와 민족통일의 문제에까지 적지 않은 신학적 의미를 제시한다고 할 것이다. 그렇지만 부끄럽게도 오늘의 후학들은 그렇게도 귀한 선각자의 고민과 열정에 대해 별로 관심이 없는 듯해서 안타까울 뿐이다.

3장

유동식과 풍류신학

소금 유동식(素琴 柳東植)은 윤성범과 함께 한국 토착화신학의 새로운 가능성을 열어 왔다. 그런데 해천이 주로 기독교와 엘리트(양반) 중심의 유학이라는 지식종교와의 대화에 관심을 두었다면, 유동식은 주로 민중들의 종교 생활에서 출발, 비엘리트적 성향의 신학을 지향해왔다. 그에 따르면, 한민족의 종교체험은 의식적 측면(Mythos), 이성적 측면(Logos), 예술적 측면(Technique)의 3중적 문화형식으로 표출되는데, 이러한 한민족의 신앙과 삶에 대한 이해를 위해, 그는 문화에 대한 의식적 표현(儀式的 表現)으로서 한국 무교에 대한 연구(宗教神學: 1970년대)와 합리적·이성적 이해로서 풍류도에 대한 관심(靈性神學: 1980년대), 한민족 신앙과 삶에 대한 직관적 이해와 표현으로서 종교 예술에 대해 관심하면서(藝術神學: 1990년대), 마침내 한민족의 정신사를 꿰뚫어 흐르는 풍류도(風流道)의 영성과 복음과의 만남을 바탕으로 풍류신학(風流神學)을 구축했다. 곧 그의 신학적 관심은 항상 복음(Logos)과 한국 문화적 영성인 풍류의 창조적 만남을 통한 선교적 과제의 성취에 있었다. 이러한 그의 여정은 1940년대부터 시작되나, 독자적 신학사고는 1960년경부터였고, 1970~1980년대를 지나면서 더욱 확대되어, 마침내 1990년대의 풍류신학에서 그 결실을 맺었다. 하지만 그의 신학 여정 전체를 통괄해온 핵심적 주제는 언제나 토착적인 한국 신학이었고, 그것은 다름 아닌 풍류신학이었다는 점에서 결국 그의 인생 여정은 풍류신학으로의 여로였다.[1]

1 유동식, 『風流道와 韓國神學』(1992), 9.

I. 유동식의 생애와 사상적 발전 과정

신학은 형이상학적·초역사적인 차원만이 아니라, 인간의 실존 경험에 의한 통찰 역시 중요한 내용으로 삼는다. 물론 신학에는 초역사적 차원, 곧 하나님의 계시라는 절대적인 객관성을 전제한다. 그렇지만 한편, 인간의 역사적 경험을 배제하는 진공상태의 신학은 존재하지 않는다. 신적 축점과 함께 인간적 축점에 대한 공통적 인식 없이 수행되는 신학은 자칫 계시 인식이라는 미명 아래, 형이상학적 독단으로 흐를 위험이 있다. 그러므로 현대신학은 두 지평, 즉 초월적이고 객관적인 하나님 계시와 역사적이고 주관적인 인간 경험 사이의 양자택일이 아니라, 양자 간의 통전적인 만남을 통한 상호연관과 상호매개에서 자기 과제를 발견한다. 이 둘은 상호배타적일 수 없다. 양자택일이나 대립은 사실상 무의미하거나 거짓된 것이다. 양자는 계시와 현실이라는 단일한 실재를 구성하는 불가분리적인 두 요소이기 때문이다.[2] 그런 측면에서 신학은 언제나 Text와 Context의 만남을 통한 부단한 대화의 성격을 지닐 수밖에 없다. 그리고 이러한 측면에서, 한 신학자의 사상에 대한 이해 역시 그의 다양한 삶의 여정들에 대한 심층적 탐색이 요청될 수밖에 없다.

1. 유동식의 생애

1) 여로의 첫걸음

유동식은 1922년 황해도 평산, 남천에서 출생하였다. 남천은 남감리교회의 선교지역이었는데, 그의 가정은 조부모 때부터 예수를 믿는, 경

2 윤철호, "신학이란 무엇인가?" 『組織神學論叢』 제3집(1998), 131.

건한 기독교 가정이었고, 소금은 3대째 기독교 신앙인이다.[3] 조부는 한학자요 독실한 기독교인으로서 교회의 장로였으며, 부친은 감리교회의 권사였다. 따라서 그의 가정은 기독교 신앙적 분위기로 가득했으며, 특히 그는 조부의 경건한 신앙적 감화를 많이 입었다. 소학교(지금의 초등학교) 때에 강원도 춘천으로 이사를 했고, 1940년 춘천고등보통학교(춘천고등학교)를 졸업한 후, 조부의 권고로 연희전문학교(연세대학교) 수·물과(수학·물리: 이과)에 입학했으나, 2학년 말에 인생 의미에 대한 고민과 전공학과에 대한 적성 문제로 돌연 학업을 중단하고, 신학도의 길로 들어서게 된다.[4]

이렇게 된 것은 어쩌면 장로인 조부의 신앙적 감화와 함께, 감리교신학교를 졸업한 목사로서 소금과는 6살의 차이였던 숙부의 영향일 수도 있지만, 자기 나름의 깊은 고민과 사색 끝에 내린 결단이었고, 특히 일제의 식민지로 전락한 조국의 현실 역시 중요한 요소로 작용하였다. 곧 일제의 무단 수탈과 억압은 하나님을 향한 신앙의 바탕에서, 인간에 대한 존엄성과 그 가치에 대해 깊은 신념을 가졌던 그에게, 민족의 아픔이라는 현실에서 기독교 신앙의 의미와 가치에 대한 문제가 그의 가슴을 깊이 파고든 것이다. 이에 대해 그는 다음과 같이 회고한다.

> 그러니까 사회 환경하고 기독교 가정에서 자라났다는 거, 그 둘의 작용인데. 뭐, 수물과 2학년까지 다니다가 그만두었거든. 무언가 공부를 해야겠는데, … 전쟁은 막 터져 사회는 각박해지고, 신학교는 폐지되고 야단날 때 아냐? 그러니까 뭔가 내가 좋든 싫든 제일 가치 있는 것을 해보고 죽어야지 하는 생각을 했어. 신학이 뭔지 전혀 모를 때지. 성서도 뭐 교회에서

3 유동식, "風流神學으로 가는 旅路", 「월간조선」(1983. 9.), 321.

4 박철호, "柳東植의 神學思想 研究", 석사학위논문, 연세대연합신학대학원(1991), 10.

다 들은 얘기지 뭐. 내가 성경 제대로 읽기나 했나. 그때 제일 가치있다고 생각 드는 것이 역시 신앙, 그저 껍데기로 신앙을 가졌어도 신앙의 세계에 뭐 절대적인 것이 있다 하는 생각이 작용하게 되니까….[5]

말하자면 유년기부터 받아온 경건한 신앙적 감화가 인생 의미에 대한 진지한 물음으로 표출되었고, 당시의 시대적 상황 또한 뭔가 가치 있는 삶을 추구하게 했으며, 마침내 신학교 문 앞에서 그 해답을 찾은 것이다. 아무튼, 그의 신학지망 동기는 의식적이든(사회 현실적 환경) 무의식적이든(신앙적 가치관) 자신의 생의 의미에 대한 질문에서 시작하여, 결국 한민족의 생의 의미에 대한 근원적 물음에 이르렀고, 마침내 풍류신학에서 그 완결을 보게 되었다.

2) 인고의 유랑길

소금은 제2차 세계대전이 한창이던 1943년, 신학에 대한 열망을 품고 일본으로 건너갔다. 사실 그때 그는 신학교와 미술대학교 두 군데에 입학원서를 제출했는데, 신학교가 주된 목표였고, 미술대학은 차선이었다, 그런데 양쪽 모두에서 합격통지가 왔다. 그러자 그는 처음 목표대로 신학교를 선택했다. 당시 전시체제였던 일본은 전체 기독교단을 통합하고, 신학교까지도 서부신학교(동지사와 관서학원 중심의 통합)와 동부신학교(일본신학교와 청산학원 중심의 통합)로 통합한 상태였다. 그는 동경에 있는 동부신학교에 입학하였다.[6] 당시 일본의 신학 사조는 칼 바르트

---

5 성백걸 목사와의 대담, "풍류도와 예술신학의 여명", 「샘」, 창간호(1999 봄), 38.

6 *Ibid.* 특이한 것은 토착화신학의 정초를 놓은 이들이 대개 일본에서 공부했거나, 일본 영향을 많이 받았다는 점이다. 윤성범은 京都의 同志社大學 신학부를 졸업했고, 유동식은 東京의 東部神學校에서 신학을 시작했고, 國學院大學大學院에서 학위(문

를 위시한 변증법적 신학이 유행했고, 일본교회도 거기에 따라, 복음적 기독교를 해명하고 있었으나, 바르트 신학의 전투적 측면은 무시된 채, 소위 일본적 바르트주의를 표방하면서, 자유주의 및 사회주의적 기독교 극복을 위한 소극적 태도를 취할 뿐, 오히려 세계평화를 파괴하고 있는 현실적 국가체제를 암묵적으로 추종하고 있었다.[7] 그런 상황에서 시작된 공부였지만, 그는 깊은 인상을 받았다. 그러나 채 1년이 못 되어 학도병으로 징집되어 공부는 중단됐지만, 처음 경험한 신학이었다는 점에서, 그 인상은 오래도록 남아 있었다.

> 신학서설이라는 강의가 있었다. 신학은 철학과는 달리 이성이 아니라, 성서에 증언된 계시를 기초로 한 학문이라는 말에 어떤 자부심과 기쁨 같은 것을 느끼곤 했다. 성서를 읽기 위해 헬라어를 열심히 공부했다. 한번은 三木清 씨의 특강이 있었는데 잘 이해는 못 했으나, 지금도 강한 인상을 갖게 한 사건이었다.[8]

신학이 철학과는 다르게 "계시에 근거한 학문이라는 말에 자부심을 느꼈다"는 그의 말은, 곧 자신의 인생 의미를 충족할 만한 필생의 과업으로서 신학을 발견했다는 환호성이 아니었을까? 비록 짧은 신학 수업이었지만, 그것은 그의 신학적 기초를 다져준, 매우 중요한 경험이었고, 그의 신학적 여정 속에 항상 살아 있었다.

> 그때 신학 초보 일 년 밖에 우린 공부 못했어. … 그때 『기독교 신학개론』

학박사)를 받았다. 변선환의 경우도 일본 선불교와의 대화를 통해 타 종교의 신학을 구현했다.

7 택정언, 『일본기독교회사』(서울: 대한기독교서회, 1979), 172.

8 유동식, "風流神學으로 가는 旅路", (1983. 9.), 321.

이라고 구아다라는 이가 일본신학교 학장하던 때인데, 아주 발티안이고, 자기가 쓴 책을 한 권 아주 다 뗐어요. 그때 신학의 기초를 나한테 준 것은 그거야. 그분이 자기 책의 에센스를 강의했고, 내가 가지고 있는 신학지식의 기초는 그거라고 생각해. 처음 신학을 하니까 그리고 전쟁통이니까 팍팍 들어왔고, 해방이 됐는데, 그러니까 내 경험을 해석한 것은 그 신학개론이고, 그 신학의 내용을 정말로 이해한 것은 체험을 통해서이고, 그 사이에서 전통에 얽매이는 것은 그때부터 깨어진 것이지. 그때부터 그런 것은 아주 우스워 보이지.[9]

토오조오(東條) 전시내각이 부족한 인적 자원 공급을 위해, 징집 연령을 19세로 낮추자(1943. 12.), 소금도 1944년 1월 학도병으로 징집되어, 조국 해방 때까지 일본 규슈의 구마모토(熊本)와 가고시마(鹿兒島)에서 1년 8개월여 동안, 남을 위한 전쟁에 참여했다. 그에게 주어진 임무는 해안에 구멍을 파고 숨어 있다가 미군 탱크가 오면, 지뢰를 안고 돌격하는 것이었다. 참으로 무모한 임무였다. 그런데 그는 그 전쟁 포화 속에서도 허송세월하지 않기 위해 틈틈이 독서를 했다. 물론 그것은 쉽사리 용납될 수 없었다. 발각될 때마다 수없이 매를 맞았지만, 그것은 그리 문제가 되지 않았다. 독서는 쏟아지는 포화 속에서도 초개 같은 생명을 보다 의미 있게 만들었기 때문이었다. 당시를 그는 이렇게 회고한다.

1년 8개월에 걸친 병정놀음은 내 인생의 반이나 되는 듯이 길게 느껴졌다. 하지만 노상 허송 세월을 한 것은 아니었다. 내 인생의 마지막이 될지도 모른다는 절박감에서 최대한의 인생을 살아보려 했다. 폭격 속에서도 틈틈이 숨어서 책을 읽는 도독(盜讀)을 했다. … 신약성서를 통독할 수 있었

9 성백걸 목사와의 대담(1999. 봄), 30.

다. 거기에는 지하로 도는 문고판들이 있어 닥치는 대로 읽었다. 인생이 넓어지는 것 같았다.[10]

죽음의 현실 속에서도 필사적으로 읽었던 책들은 『신약성서』와 함께 나츠메(夏目漱石)의 『풀베게』(草沈)와 러시아인 아르치바셰프의 『썬인』(*SANIN*)이라는 작품이었다. 『풀베게』에서는 사욕을 버리고 하늘을 본받아 타인과의 정에 얽매이지 않는다(則天去私 非人情).라는 귀절에 큰 감명을 받았고, 『썬인』에서는 나라 잃은 설움과 원치 않는 전장에서의 죽음을 목도하며, 마음의 위안을 받았는데, 특히 그것은 비록 허무주의 소설이었으나, 생사(生死)에 초연한 자세를 보여주었다는 점에서, 늘 죽음의 현실에 직면한 그에게 어떤 해방감을 안겨다 주었다.

평론가들은 이것이(『썬인』) 니체의 소설화라 해. 리얼리즘 뒤에는 항상 낭만이 깔려 있어. 그래 주로 다루는 주제가 죽음과 섹스야. 내가 왜 거기에 그렇게 심취해서 읽었을까? 완전히 거기서는 종교 같은 세계는 무시해 버리는 거야. 니힐리즘이면서 지금 여기서 살아 있다는 것에 절대적인 의미를 두지. 그러니까 과거, 미래, 사회와의 관계, 더군다나 윤리 이런 것은 완전히 무시한 거야. 지금 여기서 어떻게 의미 있게 사느냔 데, 그 의미라는 것은 직접 측량할 수 있는 쾌락의 원칙이야. … 적어도 실존적으로 자기가 사는 건데, 종교가 어떻고 이데올로기가 무고 떠드는 것들은 산송장으로 보는 거야. 자기는 살아 있다는 의식을 가지고 살고 있고, 저 친구들은 관념 속에 죽은 송장들이 왔다갔다하는 것으로 보는 거야. 철저한 니힐리즘이면서 휴머니티지. … 관념적인 종교, 윤리, 가치 체계에 대해서 단절해야 한다는 거야. 내가 깊이 심취했어.[11]

---

10 유동식, "風流神學으로 가는 旅路", (1983. 9.), 321.

전쟁 포화 속에서 죽음의 공포를 견디는 가운데, 상관들의 감시를 피하면서, 특히 무의미한 개죽음에서 벗어나기를 기도하면서 읽은 책들은 인간 유동식의 공허한 생의 심연을 채워주는 유일한 양식이었을 뿐 아니라, 장차의 신학적 순례를 위한 좋은 영감의 원천이 되었다. 그러던 중 마침내 비인간적인 병영 생활을 벗어나, 참된 생의 의미를 추구하는 삶이 시작되는 날이 찾아왔다. 조국 해방은 그가 "실존적인 부활을 체험했다"고 말할 정도로 환희의 사건이었고, 후일 그가 "학문과 인생관의 초석을 만들어 준 체험적 지식이 되었다"고 술회할 만큼 크나큰 충격이었다.[12] 규슈 가고시마(鹿兒島)에서 해방을 맞은 그는 1945년 10월 5일 어렵게 구한 민간선을 타고 귀국 길에 올랐다. 하지만 과도한 승선 인원과 거센 풍랑이 작은 배를 난파 직전까지 몰아갔고, 겨우 쓰시마(對馬島)에 도착했다. 그렇게 해서 다시 한번 죽음의 공포를 경험했다. 그렇게 그는 천신만고 끝에 조국 땅을 다시 밟을 수 있었다.

그런데 해방 직후의 조국은 혼란으로 가득했다. 한국 교회는 1945년 9월 연합교단 형태로의 재건이 무산되자 교파 환원을 서둘렀다. 감리교회는 남부대회(새문안교회, 1945. 9. 8.)에서 퇴장한 이규갑, 변홍규, 김광우 등을 중심으로 동대문감리교회에서 재건을 선언했고, 변홍규 목사가 신학교장에 취임했다. 이 혼란기에 소금은 1946년 『감리교신학교』 2학년에 편입학, 변홍규에게서 구약학, 홍현설에게서 기독교윤리, 윤성범에게서 종교철학을 배웠다. 그 무렵 평생의 반려자, 윤정은을 만나게 되었다. 그런데 그는 신학 강의에는 크게 만족하지 못했다. 마음속 깊이에 뭔가 모를 허전함이 있었기 때문이었다. 그것은 전장의 공포에서 벗어나기 위해 위안 삼았던, 즉천거사 비인정(則天去私 非人情)의 세계였

---

11 성백걸 목사와의 대담(1999. 봄), 37-38.

12 유동식, "風流神學으로 가는 旅路", (1983. 9.), 322.

다.[13] 텅 빈 가슴을 안고 방황하던 그는 마침내 그는 YMCA 강당에서 함석헌(咸錫憲)과 탄허(呑虛) 스님을 통해 새로운 동양적 영성 세계를 만나게 되었다. 함석헌의 강연 속에는 항상 종교와 시와 동양사상이 융합된 듯한 영성 세계가 번득였고, 탄허 역시 소금의 사상적 세계의 확장에 크게 공헌했는데, 특히 1946년 겨울 한 달간의 열정적인 『장자』 강의는 그에게 드넓은 동양사상 세계와의 만남을 갖게 했다. 그때를 소금은 이렇게 회고한다.

> 턴허 스님이 겨울방학에 하루 2시간씩 한 달 동안 장자(莊子) 강의를 맡았어… 저녁마다 갔어. 아 새로운 세계가 열려. 탄허라는 이가 우리보다 댓 살 위야. 그런데 수재야. 아주 즐거웠어. 동양고전 세계에 들어간 것이 처음이지. 처음 원전을 놓고 공부한 거야. 그때 네 편만 뗐지. 소요 유편, 그게 머리에 늘 살아 있어서 글 쓰려 하면 떠오르고. 노자는 나 혼자 했어. 일본 주석책 가지고.[14]

1948년 감리교신학교를 졸업한 후, 그는 공주여자사범학교에서 교직 생활을 시작한다. 공주 생활에서 특이한 것은 한 동료 교사와 함께 새벽마다 그리스어 문법을 공부한 것인데, 이것은 장차 신약 연구를 위한 좋은 기초가 되었다. 그의 첫 교편생활은 6·25 한국전쟁으로 중단됐다. 전란으로 화가였던 동생(유병식)을 잃었지만, 한편으로는 연인 윤정은과 결혼을 했다. 공주에서 지내던 그는 피난길에서도 가르치기를 계속했다. 여러 곳을 전전하다가 마침내 전주에 머물면서, 1953년까지 전주사범학교에서 교편을 잡았다. 전주 생활은 그의 사상 세계를 더욱 넓히

13 박철호, "柳東植의 神學思想研究", (1991), 13.
14 성백걸 목사와의 대담(1999. 봄), 33.

게 된 좋은 만남이 있었기에 더욱 행복한 추억으로 남게 되었다. 거기서 그는 당시 한학자로 유명했을 뿐만 아니라, 남문밖교회를 맡아보던 본천 고득순 목사를 만난 것이다.[15]

소금은 새벽마다 본천이 한문으로 저술한 산상수훈 주석을 공부했는데, 특히 본천이 써준 "심허위복"(心虛爲福)이라는 경구를 "심허속천"(心虛屬天: 마 5:3)으로 고쳐 읽으며 또한 "아재천중지일변"(我在天中地一邊)이란 글귀에 "무아낙천상애존"(無我樂天相愛存)이란 어구를 붙여서, 나름대로 인생관을 정리하였다. 이때 그는 특히 유유(悠遊)라는 단어를 즐겨 썼고, "나그네"라는 산문시를 쓰기도 했다. 그리고 첫아들의 이름까지도 낙민(樂民), 곧 유랑민(柳樂民: 나중에 본천이 "來春"으로 다시 지어주었다)고 짓는 등, 다분히 나그네로서 인생에 취해 있었다.[16] 특히 본천에 대해 유동식은 자신의 참 스승이라고 부를 정도로 깊이 존경하였다. 그는 유동식에게 소석(素石)이라는 호도 지어주었다. 그는 당시를 이렇게 회상한다.

> 그분이 나보고 "호가 있느냐?" 그래. "없습니다" 했더니 선비가 호가 없으면 되냐면서 지어주신 게 소석이야. 묵시록 2장에 흰 돌, 그리스도의 이름을 새긴 돌이라는 거거든. 그게 너무 부담스럽고, 무거워서 나중에 호를 바꿔야지 했어. 도연명이 무현금, 줄 없는 거문고를 들고 다녔거든. 그것은 뭔 말이냐면 그분은 줄이 없어도 음악이 늘 있었던 거야. 그걸 내가 멋있다 생각했거든. 그렇다고 무현금이라 하기도 그렇고, 고 목사님께 받은 소자는 살리자 해서 찾아봤더니 소금(素琴)이 바로 무현금이란 뜻이

15 유동식, 『風流道와 韓國神學』, 75.

16 특히 그는 이 시기에 쓴 산문시를 모아서, 『택함받은 나그네들에게』(전주남문밖교회청년회, 1952)라는 시집을 발간하기도 했다.

야. 도연명처럼 줄이 없어도 그 소리를 듣는 게 아니라, 나는 소리는 내고 싶은데, 소리를 못 내는 존재라 그래서 겸손하게 소금으로 고쳤어. 허허. 그게 결국은 풍류랑 관련되는 말이에요.[17]

동족상잔의 아픔이 끝나자, 소금은 상경하여 1954년부터 배화여고의 종교주임교사로 취임, 성서와 기독교를 가르치게 된다. 이때 그는 학생들에게 많은 지식이 아니라, 예수의 근본 사상을 가르쳐야겠다는 생각에서 교과 내용을 나름대로 정리하여 『예수의 근본 문제(1954)』를 출판하게 된다. 여기서 그는 예수의 근본 문제를 마음을 비우고 하늘에 속하는 절대신앙(心虛屬天)으로 이해했는데,[18] 이것은 전주 시절 본천의 가르침에서 비롯된 것이었다. 말하자면 그것은 예수를 한국인의 시각에서 이해하고자 한, 유동식 최초의 토착화신학적 작업이었다. 배화 시절에는 사상적 토양이 더욱 넓어졌는데, 그것은 왕성한 독서에 의해서였다. 이때 그는 주로 三木清의 『인생론 노트』와 임어당(林語堂)의 『생활의 발견』 등의 인생론과 관계된 것들을 읽었는데, 특히 임어당의 저서는 그로 하여금 『노자: 도덕경』를 읽게 한 계기가 되었다. 장자(莊子)에 대해서는 이미 탄허로부터 배웠지만, 노자(老子)에 대해서는 일본인이 쓴 주석을 참고하면서 스스로 읽어나갔다. 물론 노자에 대해, 함석헌의 강의를 들은 적이 있었지만, 동양 세계의 풍부한 자양분을 찾는 그로서는 거기에 만족할 수 없었다. 그에게 노자 연구는 특별한 의미를 갖는다. 이는 장차 보스턴에서의 연구주제와 깊은 관련이 있기 때문이다. 그는 노자의 도를 중심으로 『요한복음』을 읽으려 한 것이다. 그의 회고담이다.

---

17 https://cafe.daum.net/inlmtc19 (2019. 12. 21.).

18 유동식, 『예수의 根本問題』(서울: 심우원, 1954), 57.

책 세 권을 가지고 떠났다. 한글판 성서와 영어사전 그리고 「老子」가 그것이다. 연구의 주제는 "요한복음의 근본 사상"으로 정했고, 그 접근방법은 동양의 道의 입장을 취하려고 했다. 말하자면 요한의 '로고스'와 老子의 '道'의 만남 또는 로고스의 道化를 꿈꾼 셈이다. 이러한 시도에 빛을 던져 준 이는 실현된 종말론을 말하는 C.H. 다드와 비신화화론을 제기한 루돌프 불트만이다.[19]

이처럼 소금은 일찍 신학 공부를 시작했지만, 혼란한 민족 역사적 상황과 2차 대전, 민족해방 그리고 6·25 한국전쟁의 소용돌이 속에서 나그네, 곧 유랑민으로서 고달픈 세월을 보내고 있었기 때문에, 아직 나름의 사상은 구축하지 못하고 있었다. 하지만 그는 이미 함석헌, 탄허, 고득순 등의 가르침을 통해, 학문으로서 신학 작업 이전에, 동양사상과의 만남을 통한 새로운 신학적 패러다임을 추구하는 신학, 곧 토착화신학 수립을 위한 기틀을 서서히 마련하고 있었다는 점에서, 그의 유랑민으로서 삶의 기간은 결코 무의미한 시간이 아니었다.[20]

3) 본격적인 순례길

1956년 소금은 마침내 십자군장학금으로 보스턴대학교에서 신약학을 공부하게 되었다. 거기서 그는 불트만의 해석학을 만났다. 일본에서 만난 바르트의 변증법적 신학이 계시실증주의였다면, 불트만 신학은 실존론적 해석학이었다. 변증법적 신학으로부터 해석학적 신학으로의

19 유동식, "風流神學으로 가는 旅路"(1983. 9.), 323.

20 박철호는 이 시기에 대해 생사의 문제를 통해서 실존적인 자기 이해를 정초한 시기로서, 心虛屬天의 원리를 깨닫고 이로 말미암아 동양적 영성 세계를 이해할 수 있는 토대와 계기를 마련하게 되었다고 본다(1991), 14.

전환은 그의 오랜 관심사였던, 복음과 동양사상과의 만남으로 한 걸음 다가서게 했다.

> 불트만 교수가 제시한 성서의 실존론적 해석은 나에게 또 하나의 새로운 세계를 열어주었다. 그의 『신학성서 신학』과 논문들을 흥분 속에 읽었다. 동서의 벽이 무너지고 道와 로고스가 서로 만날 수 있는 길을 발견했을 때엔 몹시 기뻤다. 비신화화론은 성서해석에서뿐만 아니라, 모든 문화 분야에서도 응용될 수 있는 해석학이라고 생각했다.[21]

보스턴에서 불트만의 사상을 통해 한국 문화와 종교에 대한 해석학적 방법론을 배우고 돌아온 소금은 곧바로 한국 신학계에 불트만 신학을 소개하기 시작했다. 그리고 동시에 그는 신약 성서학 분야보다는 선교학적인 분야의 글을 많이 쓰기 시작하였다.[22] 그리고 그때의 글을 정리한 것이 『道와 로고스』(1978)라는 책으로 출판되었다. 그는 감리교신학대학에서 강의하면서, 오후에는 대한기독교서회의 편집부 일을 맡아서 했다. 그러던 중 1960년 겨울, 홍콩에서 열린 한 세미나에서 네덜란드 신학자, 크래머(H. Kraemer)를 만나면서, 다시 한번 사상적 전환을 이루게 된다. 불트만과의 만남이 그를 변증법적 신학의 테두리에서 해석학적 신학으로 옮겨가게 했다면, 크래머와의 만남은 그의 사상적 방향이 토착화신학으로 전환하는 계기가 되었다.

> 60년 겨울엔 홍콩에서 열린 세미나에서 네덜란드의 종교학자요 선교신

21 유동식, "風流神學으로 가는 旅路"(1983. 9.)., 323-324.

22 그가 신학계에 이름을 알린 첫 번째 글이 바로 「감신학보」에 실린 "복음의 토착화와 선교적 과제"(1962)였고, 그것은 그대로 토착화신학 논쟁의 효시가 되었다.

학자인 헨드릭 크래머 교수를 만났다. 그가 다룬 직접 주제는 평신도 신학이라는 것이었으나, 내가 특히 흥미를 가진 것은 그의 타 종교에 대한 이해와 커뮤니케이션론이었다. 道와 로고스의 만남의 문제는 동서 커뮤니케이션의 문제로 또한 기독교의 토착화론의 문제이기도 하다.[23]

크래머와의 만남은 소금에게 어쩌면 하나의 숙명과도 같았고, 한국 신학계를 위해서도 매우 중요한 사건이었다. 왜냐하면 그때를 계기로 그는 어쨌거나 한국 신학계에서 토착화신학 논쟁의 불씨를 당겼기 때문이다. 하지만 그의 신학 순례는 멈추지 않았다. 1963년 그는 다시 유럽으로 순례길을 떠나게 된다. 이때 그는 제네바 『에큐메니컬 신학연구원』에서 다양한 유럽 신학을 접하면서, 여러 신학자와 풍부한 만남을 갖게 되는데, 바르트(K. Barth), 틸리히(P. Tillich), 콘첼만(H. Conzelmann), 비세트 후프(Visser't Hooft), 불트만(R. Bultmann), 크래머(H. Kraemer) 등과 부지런히 의견을 교환했다. 약 1년간의 유럽 생활은 그로 하여금 자신의 관심에 대한 보다 진지한 사색을 가능하게 만들었다. 발길 닿는 곳마다 유럽 특유의 문물들이 그를 압도했고, 그러한 유럽의 문화적 분위기에서 그는 짙은 기독교적 체취를 맡으면서, 기독교는 결국 서구인의 종교임을 깨닫게 되었고, 마침내 새로운 질문에 부딪히게 된다. 곧 "우리 한국의

23 *Ibid*., 324. 지금까지의 그의 순례길은 일본에서의 바르트 계통의 변증법적 신학에서 출발, 여러 한학자와 만남에서 우리 문화와 사상에 대한 깊은 이해를 갖게 되면서, 바르트 신학과 한민족 문화와의 만남 문제에 고민하게 되지만, 불트만의 해석학과의 만남에서 해결의 실마리를 얻게 된다. 그러다가 크래머와의 만남에서 지금까지 고민해온 문제들을 선교학과 연관 짓게 되었다고 설명할 수 있다. 따라서 그의 신학 순례길은 변증법적 신학 → 해석학적 신학 → 선교신학 → 토착화신학의 형태로 도식화할 수 있다. 이러한 신학 순례 과정에서 그의 신학 사상이 "유랑의 신학" 혹은 "나그네 신학", 곧 "풍류신학"으로 불리게 되는 여러 계기를 대하게 된다. 그러므로 그가 윤성범 교수를 한국 신학계의 풍운아라고 불렀던 것처럼, 우리는 그를 한국 신학계의 풍류객이라고 부를 수 있을 것이다.

전통 문화의 의미는 무엇인가?"라는 것이었다.[24] 지금까지 그의 관심은 '나'라는 실존과 '복음'과의 만남의 문제 또는 '초월적인 도와 로고스의 만남'의 문제였다.

하지만 이때부터는 "과연 우리 전통 문화는 어떤 것이며, 기독교 입장에서 볼 때, 그 존재 의미는 무엇인가?"로 전환되었다. 그래서 그는 귀국 후 곧바로 한국 종교사를 연구하면서, 하나님은 결코 서구인들의 신일 수만은 없다고 단정하고, 한국 문화와 한국인의 삶을 통해 하나님은 어떻게 역사하셨는가를 고민하기 시작했다.[25] 그런데 유럽 생활에서 제기된 질문이 미해결인 상황에서, 그는 또 다른 문제에 부딪혔다. 그것은 한국 문화의 실체로서 한국 종교에 대한 이해 문제였다. 한국 종교사는 서구처럼 하나의 종교 발전사가 아니라, 다양한 종교의 점철사(點綴史)와도 같음에도 불구하고, 하나의 문화적 전통으로 이어졌다는 점이 그를 고민하게 했다. 그래서 소금은 한국 무교(巫敎)를 집중적으로 연구하기 시작했다. 왜냐하면 유·불·선·기독이 모두 외래 종교인데 비해, 무교만은 우리 민족사와 더불어 이어온 전통 종교라는 점에서, 그 안에 한민족 문화 실체가 살아 있을 것으로 생각되었기 때문이었다. 그래서 그는 또 다시 일본 동경대학교로 건너갔다(1968). 거기에는 일본 종교사학의 대가 호리이치요(屈一郎) 교수가 있었기 때문이었다. 소금은 그의 지도를 받으면서, 엘리아데(M. Eliade)의 저서들과 만나게 됐다. 그것들은 주로 『샤머니즘』(*Shamanism: Archaic Techniques of Ecstasy*, 1964)과 『성과 속』(*The Sacred and The Profane*, 1957), 『우주와 역사』(*Cosmos and History*,

---

24 이 자각적인 질문은 이때 비로소 생겨난 것은 아니었다. 오히려 그것은 일제식민지 치하라는 고난의 현실에서 시작되었고, 그 후 그것은 해방 전후의 서구 문명과의 만남에서 좀더 강화되었으며, 훗날 유럽 생활을 통해 구체적으로 되살아났다(성백걸 목사와의 대담, 1999, 봄, 39).

25 유동식, "風流神學으로 가는 旅路",(1983. 9.), 324-325.

1959), 『영원회귀와 신화』(*The Myth of the Eternal Return*, 1959) 등이었고, 엘리아데의 조명을 받아, 한국무속자료들을 검토하면서, 1969년까지 2년간 동경대학 문학부 대학원에서 한국 종교사에 대한 연구를 하였다. 마침내 1972년 "한국 샤머니즘의 역사와 구조적 특질"이라는 논문으로 일본국학원대학교에서 종교학전공 문학박사 학위를 취득하였고,[26] 『한국 무교의 역사와 구조』(1975)라는 저서로 결실을 맺었다. 그가 동경대학에서 연구 생활을 했으면서도 국학원대학에 논문을 제출한 것은 지도교수가 정년퇴임 후 국학원대학으로 옮겨갔기 때문이었다.

그러나 그의 신학 순례는 아직 끝나지 않았다. 1979년 그는 일본국제기독교대학(I.C.U)의 객원 교수로 초빙받아, 두 학기에 걸쳐 한국 종교사상사를 강의하면서, 한국의 다양한 종교의 역사적 전개 형태를 문화사와 비교하며 연구하였는데, 그때 한민족의 다양한 종교 현상의 흐름 속에서도, 한민족의 심성 저변을 꿰뚫고 흐르는 일관된 민족적 이념이 존재한다는 놀라운 사실을 발견하였다. 이것은 곧 우리 민족의 문화적 정체성의 기초가 되는 민족 영성이라 할 수 있는데, 바로 그것이 각종 외래 종교들을 주체적으로 수용하고 토착화시키며 또한 창조적으로 발전시켜 온 원천이라는 것이다. 그는 이것을 **풍류도**라고 불렀다. 마침내 그는 한민족 문화의 실체를 함유한 민족 영성으로서 풍류도에서 한민족 문화와 기독교 신앙·신학과의 구체적인 만남의 장을 찾았다. 이제 그에게는 기독교 신학도 한민족 영성인 풍류도와 관계 안에서 전개되는 것이었고, 이에 따라 **풍류신학**을 주창하였다. 그의 신학 순례 길은 드디어 풍류신학에 와서 최종적인 안식을 취하게 된 것이다. 소금은 다음과 같이 말한다.

> 평생의 내 신학적 과제는 기독교의 로고스와 동양 종교의 道가 어떻게 창

26 *Ibid.*, 325.

조적으로 만나느냐에 있었다고 해도 과언이 아니다. 그런데 이러한 만남의 구체적인 가능성을 나는 한국의 풍류도 안에서 찾을 수 있었다. 풍류도는 실로 포월적인 영성이기 때문이다.[27]

한국 신학계의 풍류객 유동식은 모교인 감리교신학대학에서 강의하면서(1959~1967), 대한기독교서회 편집부장(1962~1972), 세계신학교육기금위원회(T.E.F.) 위원(1971~1977)을 지냈으며, 일본국제기독교대학 객원 교수(1979. 12.~1980. 6.)로 활동했다. 또한 연세대학교 종교학 교수로 섬겼으며, 자신의 신학 순례 과정을 "풍류신학으로의 여로"라고 밝힌, 정년퇴임 강연을 끝으로 공직을 마감했으나(1973~1988), 여전히 풍류신학을 강의하고 있다. 그의 폭넓은 사상은 『한국 종교와 기독교』(1965) 를 비롯, 『한국 무교의 역사와 구조』(1975), 『민속종교와 한국 문화』(1977), 『도와 로고스』(1978), 『한국 신학의 광맥』(1982), 『풍류신학으로의 여로』(1988), 『풍류도와 한국 신학』(1992), 『풍류도와 한국의 종교사상』(1997) 등에서 그 모습을 드러낸다. 하지만 그의 순례는 거기서 멈추지 않았다. 그는 이제 복음과 한민족 전통 문화의 만남이라는 대전제 위에 종교-우주적 신학의 측면에서 전개해온 한민족 영성신학으로써 풍류신학의 마지막 단계로서, 예술신학(藝術神學)을 구축하는 작업이 남아 있었기 때문이다. 그의 완숙한 지성의 눈은 한민족의 가슴속 깊이에 자리 잡은 종교적 심성이 한민족의 삶 전반에서 한 · 멋진 · 삶으로 예술화되는 한민족의 종교적 심성의 완숙미를 주목하게 되었다. 그러기에 예술신학은 그의 신학 전체 그림인 토착화신학으로써 풍류신학의 종착점이며, 어쩌면 한국 신학계의 풍류객 그의 한국 신학계를 위한 마지막 봉사라고 할 수 있다.

---

27 유동식, "風流神學으로 가는 旅路",(1983. 9.), 327.

2. 유동식의 사상적 발전 과정

일반적으로 소금의 사상을 연구 실적에 따라, 신약성서학자 → 토착화 논쟁의 기수 → 무교(巫敎) 연구자 → 풍류신학자 → 예술신학자의 과정을 따라 이해한다. 하지만 이것은 피상적 관찰이다. 외견상으로는 그렇게 보일지라도, 사실상 그의 신학의 바탕에는 하나의 중요한 사상적 저류가 처음부터 변함없이 흐르고 있었다.[28] 곧 소금 자신이 "풍류신학의 여로"라는 논설에서 밝혔듯이, 그가 비록 **풍류신학**이라는 용어를 사용하지 않았을 뿐, 그의 사상적 바탕에는 처음부터 풍류신학이라는 생생한 물줄기가 익명으로 흘러오다가, 1980년대에 본격적으로 표출된 것이다. 이것은 한국 종교·문화의 저변에는 늘 한국인의 영성적 바탕으로서 의식적인 무교가 자리하고 있다는 그의 가설과도 상응한다. 그렇다면 소금의 신학 사상은 어떠한 형태로 발전되어 나갔는가? 이에 대한 정확한 이해를 위해서는, 그의 삶의 여정을 따라 나타나는 사상적 전환점을 중심으로 접근하는 것이 유익할 것으로 보인다.

1) 사상적 정초기(1943~1950년대 중반): 동양적 영성

이 시기의 소금은 신학에 대한 열망을 안고, 1943년부터 일본에서 공부하던 중, 일제에 의해 태평양전쟁에 징집되는 고초를 겪었고, 해방 직후 귀국하여 감리교신학교를 졸업하고, 일반교직에 봉사하다가,

---

28 김광식, "샤마니즘과 풍류신학", 「神學論壇」 제21집(1993. 10.), 39. 유동식 자신도 "풍류신학의 여로"라는 글에서, 자신의 사상적 흐름을 선교신학으로써 토착화론(60년대), 한국인의 영성과 종교문화(70년대), 한국 신학으로써 풍류신학(80년대)로 구분하지만, 역시 "전체를 통괄한 신학적 주제는 하나였다"고 밝힌다(유동식, "풍류신학으로의 여로", 「神學論壇」 제18집, 1989. 2., 51-69).

1950년에는 한국전쟁의 아픔을 온몸으로 겪었다. 이때의 소금은 혼란한 시대·역사적 소용돌이 속에서, 일본 동부신학교와 감리교신학교에서 받은 기초적인 신학 이해를 바탕으로, 자신의 신앙적·신학적 실존 문제를 고민하면서, 장차의 신학 활동을 위한 토대를 마련하는 단계였다는 점에서, 이 시기를 소금의 사상적 정초기로 볼 수 있다. 그런데 한편 그의 이 시기를 단순히 신학적 정초기로만 규정하기에는 온당치 못한 무엇이 있다. 왜냐하면 그는 이때 이미 동양적 영성과 기독교 영성의 만남 문제에 깊은 관심을 보였기 때문이다. 특히 동양적 영성에 대한 그의 관심은 함석헌과 탄허(呑虛)의 강의에서 비롯됐고, 고득순 목사를 통해 더욱 심화되었으며, 이러한 열정이 후일 풍류신학으로 살아났을 것으로 보인다.[29]

이 당시의 그의 저술에는 시집인 『택함받은 나그네들에게』와 일종의 성경공부교재인 『예수의 근본 문제』가 있다.[30] 전자는 전주 남문밖교회 청년들과의 성경 공부를 통해 얻은 영감을 바탕으로, 탕자의 비유(눅 15)를 암울한 역사적 현실에 빗대어, 자신의 신앙적 실존 문제를 시로 녹여낸 작품이고, 후자는 복음의 핵심을 자신의 시각에서 풀어낸 신학적 저작으로서, 그가 서울 배화여학교의 종교 주임으로 섬기는 가운데, 학생들의 수준에 맞게 서술한 것이었다. 그는 『예수의 근본 문제』를 마무리하면서, 다음과 같이 술회하였다.

> 나 자신의 삶을 위하여 써 보았다. 나의 삶의 바퀴는 지금 이 순간에도 한 자욱 한 자욱 하느님과 죽음의 사이를 돌아가고 있다. 여기 실존적인 대결이 있다. 나는 쉽사리 죽음의 현실 앞에 놓여있는 나를 발견함으로써 족하

---

29 이 주제는 그의 평생의 관심사였고, 결국 여기서부터 그의 풍류신학이 탄생되었다고 볼 수 있다(유동식, "風流神學으로 가는 旅路", 1983. 9, 327).

30 유동식, 『택함받은 나그네들에게』(전주남문밖교회청년회, 1952); 『예수의 근본 문제』(서울: 심우원, 1954).

다. 역사의 현실은 더욱 나를 그렇게 하여 준다. 나는 여기 나의 삶을 현재, 이곳에 기초해주는 절대 신앙이 요구된다. 그것은 절대자 앞에서의 신념이어야 한다. 예수의 근본 문제는 또한 나의 근본 문제이어야 한다.[31]

그의 초기 글들은 깊은 신학적인 사고를 바탕으로 하기보다는 현실적 상황에서 기독교인으로서 자기 실존 문제를 심도 있게 서술해냈다는 점에서, 하나님 앞에서의 복음적 실존에 대한 그의 깊은 신앙적 사고를 엿볼 수 있다. 그런데 이 시기의 소금은 자신의 실존에 대해 타향 같은 이 세상에 유유하는 나그네로 고백하면서, 뭔가 모를 깊은 목마름에 몸부림치는 것 같은 내면을 드러내고 있다. 그 목마름은 훗날 풍류도를 만날 때에 비로소 해갈되리라는 것을 그는 아직은 인식하지 못하고 있었다.

2) 사상적 도약기(1950년대 중반~1970년대): 토착화신학

이 시기의 소금은 신학에 대한 목마름을 안고, 보스턴대학교에서 불트만의 해석학에 심취하였고, 귀국 후 토착화 논쟁에 참여하면서, 한국신학계에 돌풍을 일으켰다. 곧 소금은 이때부터 본격적으로, 신학 공부 시작부터 관심해온 복음과 동양적 영성의 만남에 관한 문제를 중점적으로 연구하기 시작했다. 특히 그는 보스턴에서 로고스와 도의 만남에 큰 관심을 갖고, '요한의 근본 사상'이라는 주제로 신약성서학을 연구했는데,[32] 이때 그의 기독교적 영성과 동양적 영성의 만남에 관한 연구에 빛을

31 유동식, 『예수의 근본 문제』 in 소금 유동식 전집 제1권, 『성서학』(서울: 한들출판사, 2009), 104.

32 유동식의 요한신학에 대한 관심은 "요한일서풀이" 「基督教思想」 제31-35호(1959, 4~9.)와 "요한복음에서 본 신앙의 본질" 「基督教思想」 제39호(1961. 1.) 그리고 『선교 70주년 기념 신약성서주석: 요한서신』(서울: 대한기독교서회.

던진 사람은 불트만(R. Bultmann)이었다. 그때까지 그가 일본과 한국에서 쌓아온 신학 훈련은 주로 변증법적 신학이었던 바, 보스턴에서 만난 불트만의 신학은 그에게 새로운 흥분과 감동을 주었다.[33] 불트만의 신학은 하나님의 초역사적 계시에 방점을 둔 바르트 신학과는 달리, 그리스도의 복음 앞에서의 인간의 실존 문제에 방점이 있었고, 이것은 결국 자신만의 독특한 영성을 지닌 주체자로서 한국인이라는 실존과 예수 그리스도의 복음과의 만남의 문제에 관심했던 그의 시각을 새롭게 열어주었다.

그렇게 불트만의 실존론적 해석학을 체득한 그는 귀국하자마자 불트만의 해석학적 신학을 바탕으로 자신의 관심사를 펼치기 시작했다.[34] 그가 한국 신학계에 발표한 최초의 신학 논문은 문헌상으로 "福音傳達에 있어서의 問題點에 대하여(1958. 12.)"인데, 여기서 그는 복음은 초월적 · 절대적 성격의 하나님 말씀이기에 상대적 세상과 양립할 수 없는 질적 차이를 갖고 있고, 이것이 세상에 전달되기 위해서는 해석이 필요한 바, 여기에 "불트만식의 신앙적 실존 문제가 우선으로 따른다"고 주장함으로써, 불트만의 신학을 바탕으로 한 복음에 대한 실존적인 이해를 드러냈다.[35] 곧이어 그는 道와 로고스(1959. 3.)에서 "진리 자체는 영원하

1962) 등으로 나타났다.

33 미국에서 귀국한 유동식은 곧바로 불트만의 주요 저작들인 *Neues Testament und Mythologie & des Problem der Hermeneutik*(『聖書의 實存論的 理解』, 서울: 新楊社, 1958); *Jesus Christ and Mythology*(『예수 그리스도와 神話論』, 서울: 新楊社, 1959) 등과 "非神話論의 概要"(『現代思想講座』 vol. 5, 서울: 博友社. 1960); "불트만의 信仰論"(「基督敎思想」 제43호, 1961. 5., 22-28) 등의 자신의 논문들을 통해, 불트만 신학을 적극적으로 소개하였다.

34 이때 그는 "복음 전달에 있어서의 문제점에 대하여"(1958); "道와 로고스"(1959); "복음과 재래종교와의 대화 문제"(1962); "복음의 토착화와 한국에 있어서의 선교적 과제"(1962); "기독교의 토착화에 대한 이해"(1963) 등의 불트만적 색채를 지닌 논문들을 발표하였다.

35 유동식, "福音傳達에 있어서의 問題點에 대하여", 「基督敎思想」 제16호(1958.

고 절대적이지만, 진리에 대한 이해와 표현은 상대적이어서, 시대적·지역적 제약이 있다"면서, 복음이 진리인 이상 그것은 전 인류를 위한 진리이고, 따라서 서양인들이 복음을 서구적인 양식, 즉 로고스로 이해했듯이, 동양인들에게는 "복음에 대한 동양적 지평을 마련해야 한다"고 말함으로써, 도미할 때 가졌던 물음을 정리했다.[36] 이것은 복음(Text)과 상황(Context) 사이의 시간적 간격 극복에 치중하는 불트만의 해석학을 넘어, 복음의 동양적 이해를 위한 지평으로써 도의 개념을 제시함으로써, 공간적 간격까지 극복하려는 시도였고, 서구 신학에서의 탈피를 주창함으로써, 한국 신학을 향한 진일보한 적극적인 관심의 표현이라고 볼 수 있다.

그 후 소금은 한 걸음 더 나아가, "福音과 在來宗教와의 對話問題"라는 논문을 통해, 기독교가 한국인의 구원을 사명으로 인식한다면, 재래종교들과의 대화는 필수적인 바, 그것은 특히 문화를 매개로 하는 것이야 하는데, 이는 문화 자체가 사상, 전통, 제도, 습관, 풍습 등의 종합되어 있기 때문이며, 한국인이 복음을 이해한다는 것은, 곧 "한국 문화를 매개로 한국 재래종교와 복음 사이의 대화가 이뤄짐을 의미하는 것이라"고 주장했다. 이것은 소금이 토착화신학에의 발판을 서서히 놓아가고 있음을 보여주는 매우 중요한 논문이었다.[37] 이러한 소금의 주장은 마침내 토착화론으로 발전되는데, 그는 「감신학보」에서 "福音의 土着化와 韓國에서의 宣教的 課題"라는 논문을 통해, 하나님은 "유대인만의 하나님이 아니라, 전 인류의 하나님이시다. 그런데 그분은 구체적인 유대의 역사·문화 속에 구원사건을 일으키셨는데, 바로 예수 그리스도 안에

12.), 45-50.

36 유동식, "道와 로고스", 「基督教思想」 제19호(1959. 3.), 54-59.

37 유동식, "福音과 在來宗教와의 對話問題", 「基督教思想」 제56호(1962. 7.), 56-62.

일어난 하나님의 복음 역사이다. 따라서 복음은 하나님의 말씀이 유대민족 문화 속에 토착화한 사건이고, 기독교 선교는 항상 이러한 토착화적 과제를 지닌다"고 주장했다.[38]

이 논문은 그동안 그가 관심해온 한국인들을 향한 선교적 과제에 대한 일종의 방법론을 제시한 것인데, 이것이 예기치 않게 대대적인 토착화 논쟁으로 발전되었다. 그것은 복음의 토착화라는 말에 대한 오해에서 비롯된 것이었다. 그의 논문에 대해, 한신대의 전경연(全景淵)이 반론을 제기했는데, 그는 바르티안으로서, 기독교는 어떤 문화현상이 아니라, 하나님의 초월적 계시에 대한 응답이기 때문에, 복음의 토착화라는 말 자체가 문제가 될 수 있다고 주장했다.[39] 이에 소금은 기독교 신앙은 하나님의 은혜에 대한 주체적인 응답이기에, 여기에는 하나님과 나와의 실존적인 대화가 살아 있다. 따라서 서구인들에게는 서구인으로서 기독교 신앙과 교회가 있을 것이고, 한국인에게는 한국인으로서 기독교 신앙과 교회가 있어야 한다. 토착화는 바로 이 문제를 다루는 것이라고 일축하면서, 토착화는 교회의 선교적 과제와 연관된 교회의 신앙적·신학적 주체성의 문제임을 천명했다.[40] 이렇게 시작된 토착화신학 논쟁은 전방위적으로 확대되어 한국 교회의 신학적 성숙의 장을 넓고 깊게 펼쳐가도록 만들었다.

요컨대 이 시기의 사상적 특징은 불트만의 해석학을 기반으로 기독교 로고스와 동양적 영성인 도의 만남 문제를 다루면서, 복음의 토착화를 외친 것에서 찾을 수 있다. 이러한 그의 토착화론은 핸드릭 크래머(H.

---

38 유동식, "福音의 土着化와 韓國에서의 宣教的 課題", 「감신학보」 창간호(1962. 10.), 43-58.

39 전경연, "基督教文化는 토착화할 수 있는가?" 「新世界」 제2권 3호(1963. 3.), 84-90.

40 유동식, "基督教의 土着化에 대한 理解", 「基督教思想」 제64호(1963. 4), 64-68.

Kreamer)의 선교적 관심과 피서르트 호프트(Visser't Hooft)의 기독교적 보편주의(Christian Universalism)에 근거한 것이라고 볼 수 있고,[41] 이것은 그가 아직은 일종의 성취론적 사고에 머물러 있음을 시사해준다. 이에 대해 그는 이렇게 말한다.

> 한국에 기독교가 들어오기 이전에도 한국은 하나님께서 구원하신 그 은혜 안에 살고 있었으며, 그리스도의 복음 안에서 살고 있었다. 다시 말하면 한국에는 선교사가 들어오기 이전에도 그리스도께서는 이미 일하고 계셨던 것이다. 그리고 현재에도 마찬가지여서 기독교인은 소수에 지나지 않을지라도, 그리스도께서는 한국인 전체 속에 계시며, 구원의 작업과 은혜를 베풀며 일하시는 것이다. 물론 그리스도의 이름 없이 숨은 형태로서(Incognito of Christ) 구원의 일을 하신다. 그것은 인간의 회복을 의미하는 모든 문화적, 역사적 작업 속에서 구체적으로 찾아볼 수 있을 것이다. 과거의 한국에 있어서도 종교의 의미는 바로 이점, 곧 그리스도의 역할을 반영하는 활동을 지녔다는 점에서만 찾아볼 수 있다.[42]

소금의 한국 종교의 의미는 그리스도의 역할을 반영하는 활동에 있다는 주장은 전형적인 그리스도 중심적인 성취론이라고 말할 수 있고, 이것은 결국 칼 라너(K. Rahner)의 익명의 그리스도인(Anonymous Christian) 이론과도 통할 수 있다.[43] 이러한 소금의 사고적 전환은 에큐메니

---

41 김광식, "유동식 신학의 형성과정과 전개", 『韓國宗敎와 韓國神學』(서울: 한국신학연구소, 1993), 37.

42 유동식, 『韓國宗敎와 基督敎』 (서울: 대한기독교서회, 1969), 160.

43 칼 라너(K. Rahner)의 익명의 그리스도인(Anonymous Christian)에 대한 문제는 심상태의 『익명의 그리스도인-칼 라너 학설의 비판적 연구』 (서울: 성바오로출판사, 1989).

컬 신학연구원에서의 연구를 통해 타 종교에 대한 새로운 시각을 갖게 된 것으로 보인다. 유럽에서 돌아온 그는 곧바로 한국 종교를 주목하게 되었고, 마침내 "이제 우리에게 주어진 과제는 이러한 복음의 진리를 우리가 지금 한국인으로서 어떻게 주체적으로 파악하고 사느냐"하는데 있다. 다시 말해서 복음의 한국적 이해가 무엇이냐 하는데 있는 것이다. "한국적 이해 또는 토착화란 한국의 현실에 대한 복음의 효능과 생명력을 최대한 발휘하게 하자는 인간적인 봉사를 의미한다"면서, 『한국 종교와 기독교』(1969)를 출판했다.[44]

하지만 그는 아직 기독교 복음에 대한 주체적인 한국적 이해를 가능케 하는 한국적 영성에 대한 분명한 답을 찾지 못했다. 그래서 그는 다시 한국 문화의 실체인 한국 종교들을 들여다보기 시작했다. 그의 관심은 유·불·선이라는 다양한 외래 종교들이 한반도에 정착하는 과정에 대한 것이었다. 이때 그가 제기한 질문은 "어찌하여 한반도에 정착하는 종교마다 고유의 정체성을 넘어, 한국적인 것으로 새롭게 태어났는가?"라는 것이었다. 즉 "도대체 무엇이 외래 종교들을 한국인의 것이 되게 했는가?"에 대한 문제였다. 가령 인도에서 시작된 불교는 본래적인 것이기보다는 한국 불교가 되었고, 이것은 중국 유교의 경우도 마찬가지였다. 이러한 그의 사색은 결국 다양한 종교들의 점철사와도 같은 한국 종교사에서, "어떻게 한반도 문화라는 전통이 형성되었으며, 각 종교 간의 유기적 관계는 무엇이고, 특히 우리 문화의 뿌리가 된 종교는 무엇인가?"라는 질문과 연관된 것이었다. 이러한 관점에서 그의 관심은 서서히 기독교의 로고스와 만나게 되는 한민족 고유의 종교·문화적 전통 문제로 옮겨갔고, 그러한 한민족 종교·문화적 전통의 핵심이 되는 한국적 종교·문화적 영성을 탐구하게 됐으며, 그 과정에서 마침내 한국의 전통적 종교·문화

44 *Ibid.*, 258.

의 근원이, 곧 무교(巫敎)임을 알게 되었다. 이때부터 소금은 본격적으로 무교 연구에 착수하였다.[45] 이제 무교는 그에게, 극복의 대상이 아니라, 한민족 종교경험의 원초적 형식으로서, 한민족 문화의 종교의례가 담긴 보고로 다가왔다.

이처럼 소금은 토착화 논쟁을 통해, 기독교 신앙이란 하나님의 구원 은총이 담긴 복음에 대한 인간의 주체적인 응답임을 천명하였고, 이것은 한국인에게 동일한 맥락임을 역설하였다. 곧 하나님께서 예수 그리스도를 통해 주신 복음은 분명히 절대성과 보편성을 지니지만, 그 복음이 인간에게 전달된다는 측면에서, 하나님께서는 인간에게 주체적인 응답을 요구하신다는 것이다. 바로 이러한 맥락에서 토착화를 말할 수 있고, 한국 교회 나름의 독특한 신앙을 말할 수 있다는 것이다. 곧 한국 교회의 신앙은 한국인이 절대적이고 객관적인 복음에 대해 주체적으로 응답한 결과물이라는 점에서 그 특성을 말할 수 있다는 것이다.[46] 그런데 소금에 따르면, 바로 여기에 한국인으로 하여금, 예수 그리스도의 복음에 대해, 한국인으로서 주체적인 응답을 가능케 하는 한국인만의 독특한 영성이 존재하는데, 그것의 실체를 찾는 것이 신학자의 중요한 과제라는 것이다. 이를 위해 그는 현실적으로 종교다원적 사회 안에 전래된 한국 교회

---

45 한편 이 시기의 유동식은 자신이 평생 평신도 신학자로 섬겨왔듯이, 평신도 신학에 대해서도 적잖은 관심을 표명하였다. 이에 대해 그는 H. Krarmer의 *A Theology of the Laity*(『平信徒 神學』, 서울: 대한기독교서회. 1963)을 비롯하여, "平信徒論"(「基督敎思想」 제48호, 1961. 11., 17-23); "革命의 宗敎"(「基督敎思想」 제54호, 1962. 05., 24-27); "平信徒運動의 本質"(「基督敎思想」 제62호, 1963. 2., 26-32); "새로운 姿勢를 찾는 西歐敎會"(「基督敎思想」 제78호, 1964. 7., 84-87); "韓國敎會가 지닌 非宗敎化의 課題"(「基督敎思想」 제84호, 1965. 2., 37-42); "敎會革新의 旗手 헨드릭 크래머"(「基督敎思想」 제94호, 1966. 1., 80-85) 등을 제시하였다.

46 이러한 맥락에서 소금은 「基督敎思想」에 1년간 "韓國神學의 鑛脈"이라는 주제로 한국 신학 사상사를 정리하게 되었다(「基督敎思想」 제116-126호, 1968. 1- 11).

는 기존의 종교들에 대해 자신을 개방하고 대화해야 하며, 이것이 곧 그리스도의 복음 사역에 동참하는 것임을 천명하였다.[47] 이것은 그가 복음에 대한 주체적인 응답을 가능케 하는 계기로서 한민족의 영성을 염두에 둔 주장이었다.

3) 사상적 전환기(1970~1980년대): 한민족 영성

1960년대 후반에 이르러, 소금은 한국 교회의 신학적 방향성에 대해 고심하면서, 선교신학적 측면에서 복음과 한국인의 심성(영성)과의 만남에 깊은 관심을 보였고, 이것은 결국 그의 사상적 흐름에 있어서, 기독교 복음과 한국인의 심성과의 커뮤니케이션 문제로 등장하게 되었다.[48] 그리고 이 과정에서 앞서 말한 복음을 수용하게 되는 한국인의 민족적-주체적인 기반(地盤), 곧 영성(靈性) 문제가 부각되기에 이르렀다.

> 일찍이 종교적 터전이 없는 문화가 없었다, 종교는 문화를 창조하고, 문화는 또 종교를 형성해왔다. 그러므로 한 민족의 문화에는 이를 일관하는 일정한 종교가 있다. 한 민족 문화의 형성을 담당하는 종교가 반드시 단일한 것은 아니다. 시대를 따라 종교가 변할 수도 있고, 동일한 시대에 여러 종교가 잡거(雜居)할 수도 있다. 그럼에도 불구하고 한 민족 문화의 저변에는 보편적인 하나의 구조가 흐르고 있고, 그 구조를 구축하는 일정한

47 유동식, "韓國敎會와 他宗敎", 「基督敎思想」 제101호(1966, 8 · 9), 52-61.

48 이런 시각의 논문은 "복음의 세속성"(「基督敎思想」 제115호, 1967. 7.); "Chondo-Kyo: Koreans only Indigenous Religion"(*Japaness Religion* vol.5, 1967); "가난하지만 우리는 젊다-한국 신학의 어제와 내일"(「基督敎思想」 제127호, 1968. 12.); "복음과 코뮤니케이션"(「현대와 신학」 제5집, 1969. 5.); "70년대 한국 신학의 과제"(「基督敎思想」 제138호, 1969. 11.) 등을 들 수 있다.

종교가 있다. 다시 말하면 다양한 종교들이 그 민족의 문화 역사를 형성해 오고 있음에도 불구하고 그 문화에 일정한 성격을 주는 기본적인 구조가 있는 것이어, 그 구조를 형성하는 고유의 종교적 지반이 있다는 말이다.[49]

소금은 한국 문화를 지탱해온 종교적 지반을 무교로 보았다: "우리가 아는 한의 한국 문화사는 무교와 함께 흘러왔다. 그리고 이 무교가 한국 문화의 대지였다. 이 위에 외래 종교인 불교의 씨가 떨어져서 문화적 결실을 했고, 李朝에 와서는 유교의 씨를 받아들여 문화를 생산하였으며, 오늘날에는 기독교를 또한 받아들이고 있다."[50] 한민족 영성의 실체에 대해 고민하던 소금의 유랑은 마침내 한국 종교사 연구를 통해, 무교라는 거대한 지평에서 멈추게 된 것이다. 무교는 비록 한민족 고유의 신앙은 아니지만, 4세기 이전부터 한민족과 함께하면서, 한민족의 민간 신앙으로서, 한국인의 종교적 바탕을 이루고 있으며, 외래 종교들과의 만남을 통해 끊임없이 자신을 변형시키는 가운데, 한국 문화의 정신적 바탕으로서 역할을 해왔다는 점에서,[51] 그것은 분명 한민족 영성의 실체와 연관이 있다고 본 것이다.

실로 샤머니즘은 한국 문화 형성의 바탕을 흐르고 있었던 것이며, 이것은 오늘에 이르기까지 한국의 역사 속을 흘러온 하나의 뿌리 깊은 한국의 통속신앙인 것이다. 여기서 우리가 볼 수 있는 중요한 점은 한국의 종교적

---

49 유동식, "한국 문화의 종교적 기반", 「현대와 신학」 제6집(1970. 5.), 111.
50 *Ibid.*, 112.
51 소금은 종교 일반에 대해, 고등종교, 민족 종교, 원시종교 그리고 민간신앙 등으로 정리하고, 그중 민간신앙을 제4의 종교로 분류하면서, 이것은 원시종교와 달리 미개사회에 존재하는 것이 아니라, 고등종교문화를 받아들인 문화사회의 민중 속에 살아 있는 종교로서 한국의 경우, 무교(巫敎)가 이에 해당된다고 보았다("第四의 宗敎와 基督敎", 「基督敎思想」 제144호, 1970. 5., 42-49).

바탕 또는 정신적 바탕이 근본적으로 샤머니즘에 의거한다는 사실이다. 외래 종교를 받아들이는 주체로서 한국인이란 바로 이러한 샤머니즘을 그 저류에 두고 있다.[52]

1960년대까지만 해도, 그가 이해한 무교는 극복되어야 할 원시 신앙이었다. 이것은 당시 바르트식의 변증 신학에 젖어 있던 그로서는 당연한 시각이었다. 그런데 불트만 신학과의 만남을 통해, 신학적 방향 전환을 가져온 그에게, 무교는 한국 종교·문화사 저변을 흐르는 거대한 물줄기로서, 한국인 영성 이해를 위한 필수적 연구과제로 다가오게 된 것이다. 이제 소금은 엘리아데(M. Eliade)의 종교 현상학적 방법론을 통해 무교를 새롭게 바라보았다. 엘리아데는 종교 현상을 단지 인류 역사 과정에서 유출된 하나의 현상이 아닌, 인간의 원시적, 보편적 의식 구조로 보았다.[53] 따라서 종교 현상과의 만남은 복잡한 문화현상 속에 놓인 문화적 창조성의 성스러운 의미(Secret Significance of a Culture Creation)의 발견이었다.[54] 소금에게도 무교는 단지 사회·심리학적 현상이 아닌, 분명한 한민족 종교 현상이었다. 따라서 그는 한민족 고대 신화에 나타난 고대 신앙과 제의 분석을 통해 한국 무교의 원초적 형태를 찾는 한편, 그것이 각 시대를 통해 어떻게 전개·변천되었으며 또한 그런 변천에도 불구하고 줄기차게 흘러온 무교 신앙의 구조와 그 의미를 분석함으로써, 한국적 영성의 원초적 형태를 찾으려 했다.[55] 고심 끝에 소금은 고대 신앙의

---

52 유동식,『韓國宗教와 基督教』, 21.

53 M. Eliade, *Shamanism: Archaic Techniques of Ecstasy*, 문상희 역,『샤마니즘』(서울: 삼성출판사, 1982), 33-36.

54 M. Eliade, "Cultural Fashions and the History of Religions", J.M. Kitagawa(ed), *The History of Religions-Essays on the Problem of Understanding* (Chicago: the University of Chicago Press, 1974), 21.

55 유동식, "神話와 儀禮에서 본 古代韓國人의 信仰形態",「韓國宗教學」 제1집

원초적 구조가 천신강림신앙, 지모신과 곡신 신앙, 천지 융합과 창조신앙으로 구성되어 있음을 발견했고, 이러한 고대 신앙의 원초적 신앙 형태가 한국 무교의 원초적 신앙 구조와 일치된다는 점에서, 한국 무교는 고대 신앙에서 출발했으며, 오랜 문화사를 통해 타 종교·문화와 혼합되면서 오늘의 무속 형태로 살아남았음을 밝혀냈다.[56] 이러한 그의 지난한 연구는 마침내, 『한국 무교의 역사와 구조』(1975)라는 결실로 나타났다.

> 한국 문화의 지핵은 무교이다. 외래 문명을 받아들이기 전, 한국에는 억압 없이 무교가 노출되어 있던 때가 있었다. 이것이 바탕이 되어 외래 문명들을 받아들이고 문화 기층을 형성하게 했다. 그러나 한편 지각은 차츰 무교를 억압하기 시작했다. 이조 오백 년 사이의 유교와 근대화의 물결을 몰고 온 서구 문명이 오늘의 지표를 형성하자 무교에 대한 억압은 더욱 심하였다. … 하지만 무교는 죽어 없어진 것이 아니다. 민중문화의 저변을 흐르면서 지핵을 형성하고 있다. 한국 문화의 심층에서 여전히 그 에너지를 발휘하고 있다. 우리의 행동양식을 결정할 가치체계와 세계관을 적지 않게 지배하고 있는 것이다.[57]

> 무교는 그 포용성과 유연성에 있어 성인이요, 어른이다. 불교가 오면 불교시대를 낳게 하고, 유교가 오면 유교 문화를 성립하게 했다. 그리고 비록 상극적인 기독교라 하지만 이것 또한 옳다 하고 받아들여 뒷받침마저 해주는 것이 무교이다. 모든 종교로 하여금 마음대로 헤엄치게 하는 바

(1972), 5-25; "한국 문화의 원형과 무교사상", 「韓國文學」 제7호(1973. 4.); "The World of Kut and Korean Optimism." *Korea Jounal.*, vol. 13. No. 8 (Seoul. 1973. 8.): 13-20.

56 유동식, "韓國巫教의 硏究", 「神學思想」 제2집(1973. 10.), 95-126,.

57 유동식, 『韓國巫教의 歷史와 構造』 (서울: 연세대학교출판부, 1975), 15.

다, 그러나 늘지도 줄지도 않는 바다, 이것이 무교이다.[58]

이렇게 하여 소금은 마침내 무교를 한민족 종교적 영성을 형성한 원초적 신앙이요, 한국 문화 형성을 위한 적극적인 활력소였음을 인식하게 되었고, 그것을 바탕으로, 무교적 영성의 승화가 곧 풍류도요, 그것이 곧 한민족 영성임을 주장하게 된다.

요컨대 이 시기의 논의들은 제2시기에 벽에 부딪혔던 문제들에 대한 해결을 위한 것들이었다. 그는 마침내 무교에서 기독교 복음과의 만남을 위한 한국적 영성의 구체적인 좌소를 발견하였다. 이제 그의 발걸음은 종교 신학적 방향으로 나아가게 되었다. 하지만 그의 무교 연구의 목적은 단순히 종교 신학의 추구이거나, 무교 문화론 창출이 아니라, 무교적 전통 속에 들어 있는 한국적 활력소의 부활과 활용을 꾀하며, 민중 속에 잠재해 있는 문화적 활력소를 되찾아 현대문화양상 속에서 한국 문화의 새로운 국면을 창조해 나감에 있었다.[59] 즉 무교 연구의 의의는 여전히 '도와 로고스의 만남'의 문제에 그 뿌리를 두고 있었다. 따라서 제3 시기의 관점도 여전히 선교적 관심에 그 바탕을 두고 있었다. 그러나 소금의 1970년대는 1960년대의 성취론적 토착화를 넘어, 무교를 중심한 종교 신학적 관점에서의 토착화론을 전개함으로써, 풍류신학(風流神學)의 서정을 열어간 시기라 할 수 있다.

이러한 시각에서 지금까지의 소금의 사상적 흐름에 대해, 변증법적 신학(바르트) → 실존론적 신학(불트만) → 토착화신학(크래머) → 종교 신학(엘리아데)으로 이해할 수 있다. 소금은 1980년대에 접어들면서, 본

58 유동식, 『道와 로고스』 (서울: 대한기독교서회, 1978), 162.

59 유동식, 『韓國巫敎의 歷史와 構造』, 351; "巫敎(샤아머니즘)的 世界觀의 問題", 「韓國思想」 제13호(1975. 12.), 100-120.

격적으로 종교-우주적 신학으로써 풍류신학을 주창하지만, 이 단계에서는 아직 그것의 핵심 개념인 풍류도가 신학적 의미라기보다, 무교의 종교적 체험에 대한 이념화·승화된 집약 개념으로 논의되고 있었다.

4) 사상적 발전기(1980~1990년대): 풍류신학

1979년 소금은 일본국제기독교대학(I.C.U)의 객원 교수로 두 학기에 걸쳐, 한국 종교 사상사를 강의하던 중, 다양한 종교사적 흐름 속에서도 일관되게 흘러온 민족이념이 있음을 발견하였다. 그것은 한민족 문화적 정체성의 기초가 되는 민족 영성으로서, 각종 외래 종교들을 주체적으로 수용·토착화하고, 창조적으로 발전시켜 온, 한민족 문화의 핵심적 요소였다. 그것은 한반도 안에 각종 외래 종교들을 주체적으로 수용하고, 토착화함으로써, 종교를 창조적으로 발전시킨 원천인 바, 소금은 이것을 최치원의 표현을 따라, 풍류도라고 불렀다. 일찍이 최치원은 화랑 난랑의 비문에서 이렇게 적었다.

> 우리나라에는 깊고 오묘한 道가 있다. 이를 風流라고 한다. 이 教를 설치한 근원은 선사에 상세히 실려 있거니와 실로 이는 三教를 포함한 것이요, 모든 민중과 접하여서는 이를 教化하였다(國有玄妙之道曰風流 設教之源備詳仙史 實乃包含三教 接化群生, 『三國史記』, 新羅本記-眞興王).[60]

화랑도의 이념이라 할 수 있는 풍류는 그가 발견한 대로, 한민족 문화적 정체성의 바탕이요, 무교적 종교체험의 승화로서, 한민족 영성과 통하는 개념이었다. 그에 따르면 유·불·선 삼교를 포함하는 풍류도·풍월도

---

60 유동식, 『風流道와 한국의 종교사상』, 55 재인용.

로 불리는 화랑도 안에는 무교적 종교의례의 기본구조인 가무강신(歌舞降神)에 기반을 둔 신인 융합적 특징이 나타나는데, 화랑도는 단지 세 종교의 종합으로서 제3의 종교문화라기보다, 이미 있던 종교문화, 곧 무교를 주체로 한, 삼교의 토착화 형태로서, 그 안에 한민족 영성이 함의되었다는 것이다.[61] 따라서 화랑은 단지 특정 신분 계층이 아닌, 한인(韓人)의 주체성을 초래하는 민족적 영성(花郎道)이며, 이런 의미에서 화랑도는 곧 풍류도라고 보았다. 소금의 일관된 신학적 과제는 선교적 측면에서 로고스와 도의 창조적 만남에 있었는데, 이제 그것의 구체적 가능성을 풍류도 안에서 찾게 되었다. 그에게 있어 풍류는 다름 아닌 포월(包越)적인 한민족 영성이었다.[62] 그는 풍류도를 다음과 같이 설명한다.

> 풍류란 자연과 인생과 예술이 하나로 융합된 삼매경(三昧境)을 뜻할 것이다. 그러나 당시 한글 아닌 한자를 쓰던 때라 고유한 사상이나 개념을 표현하기 위해서는 뜻과 음이 비슷한 한자를 택해 쓴 듯하다. 따라서 풍류란 부루의 표기가 아닌가 한다. 부루는 불이며 밝이요, 그 근원은 光明理世하는 天神에 대한 신앙에 있다. 그러므로 풍류도란 부루도로 天神道라 하겠다. … 풍류도란 노래와 춤을 통해 신과 인간이 하나로 융합됨으로 전개되는 종교요, 사상이다.[63]

결국 풍류도는 무교적 종교체험이 이념화되고 승화된 것이요, 그 승화의 계기를 제공한 것은 5세기에 들어온 유·불·선 三敎라 하겠다. 풍류도의 핵심은 無我와 神人融合에 있다. 三敎가 가르친 克己復禮, 歸一心源, 無

---

61 유동식, 『韓國巫教의 歷史와 構造』, 82-97.

62 유동식, "風流神學으로 가는 旅路",(1983. 9.), 327.

63 유동식, "풍류신학", 「神學思想」 제41집(1983. 6.), 433.

爲自然은 바로 이 풍류도에 도달하려는 것으로 이해된다. 그렇기 때문에 풍류도는 실로 三教를 포함한다고 했고, 본래적인 인간으로 회복케 하는 것이라 했다. 풍류가 율동을 탄 것이 멋이요, 포괄적인 것을 한이라고 하고, 사람의 본질이 삶에 있다면, 풍류도의 이념은 한 멋진 삶으로 표현될 것이다. 그러므로 풍류도의 전개사로서 한국의 종교사상사는 한과 멋과 삶의 전개사라 하겠다.[64]

곧 풍류도의 핵심은 가무강신(歌舞降神), 탈아입신(脫我入神), 신인 융합(神人融合)인 바, 자아를 벗어나 신과 하나가 되는 그 순간이 유·불·선 三教의 진수를 포괄하게 된다는 것이다. 이러한 풍류는 한민족의 독특한 문화의 눈으로서, 소금에 따르면, 한국인의 종교·문화적 영성과 통한다는 것이다. 즉 유대인에게 하나님의 말씀을 보는 눈이 있었고, 서구인들에게도 그들 나름의 눈이 있었듯이, 한국인에게는 민족의 꿈을 자아내고, 문화를 형성케 하는 한국 문화의 기초이념으로서 한국인의 눈이 있는데, 그것이 풍류이고, 다른 말로 영성(靈性)이며,[65] 그러한 영성의 핵심이 곧 신인 융합으로서, 풍류도라는 것이다. 이것을 기독교 신앙에 도입하면, 예수의 인격이야말로 신인 융합을 온전히 이루신 경지라는 점에서, 예수는 곧 풍류객이라는 것이다. 풍류신학이란, 이러한 풍류도를 바탕으로 예수 그리스도의 복음을 수용하고 해석하는 신학적 작업을 일컫는 말이라고 할 수 있다.

이렇게 시작된 풍류신학은 "1970년대의 한국 신학"(「신학 사상」, 제36집, 1982. 3.)에서 첫선을 보인 뒤,[66] 곧이어 "風流神學"(「신학 사상」 제41집,

---

64 유동식, "風流神學으로 가는 旅路"(1983. 9.), 326.

65 *Ibid.*, 432.

66 이 논문은 본래 1982년 1월 28~30일에 있었던, 한국 신학연구소 창설 10주년 기념으로 열린 1970년대 한국 신학진단 토론회에서 발표했던 것을 정리하여 「神

1983. 6.)과 "風流道와 基督教"(「신학논단」 제16집, 1983. 11.)에서 재차 논의되었으며, 본격적으로는 한국기독교100주년기념 신학자대회(1984. 10.)에서, 한국 문화와 신학 사상 · 풍류신학의 의미를 통해 가시화되었다(「신학 사상」 제47집, 1984. 12.). 그렇다면 소금은 왜 자신의 신학을 풍류신학으로 명명하였을까? 이에 대해 그는 "우리를 구원하는 복음의 진리는 우리의 종교적 영성인 풍류도의 눈에 의해 주체적으로 이해하지 않으면 안 되기 때문이라"고 말한다.[67] 그리하여 처음부터 그의 가슴에 살아 있었던 로고스와 도의 만남에 대한 문제가 마침내 풍류신학에 와서 해결의 길을 찾게 된 것이다. 그렇다면 풍류신학의 구체적인 내용은 무엇인가?

> 풍류신학은 자연신학과 문화신학과 한국의 민중신학을 풍류도 안에서 융합지양하는 가운데 창조되는 신학이라고 해도 좋을 것이다. 그 주제가 되는 것은 바람이 흐르듯(風流) 역사하는 성령이다. 풍류 속에서 초월적인 하나님은 동시에 내재적인 하나님이 된다. 모순의 일치요 황홀의 신비일 수도 있다. 여기에 절대부정을 매개로 "있는 그대로의 삶"이 절대적인 의미를 갖게 되는 세계가 전개될 수 있을 것이다. 여기에서 사람들은 자존심과 주체 의식을 가지고 "한 멋진 삶"의 실현을 향해 힘찬 발걸음을 옮겨 놓게 된다. 이때에 비로소 우리는 한국인 전체의 해방과 구원을 논할 수 있게 될 것이다. 기독교의 복음이란 모든 사람을 구원하는 진리라는 데에 그 본성이 있다. 그러므로 복음은 마땅히 한국 전체를 구원하려는 우리의 진리가 되어야 한다. 이것을 이해하고 증언하려는 것이 한국 신학이요, 풍류신학이다.[68]

學思想」 제36집(1982. 3.)에 게재한 것이다. 여기서 유동식은 그동안 한국 교회 안에서 출판된 신학 잡지들을 중심으로 한국 신학 사상사를 약술하면서, 앞으로 전개될 종교 신학으로써 풍류신학을 처음으로 소개하고 있다.

67 유동식, "풍류신학으로의 여로", 「神學論壇」 제18집(1989. 2.), 62.

요컨대 풍류신학은 한국의 종교·문화적 근본 바탕이요, 영성인 풍류도를 기반으로 하나님의 말씀인 성서를 재해석하고, 그것을 한국인들에 대한 선교적 통로로 삼으려는 신학 활동이라고 말할 수 있다. 한국인의 기독교에 대한 이해는 풍류도적일 때만 참으로 성서적이며 실존적인 진리가 되기 때문이라는 것이다. 그리하여 풍류신학은 우리의 복음에 대한 이해를 보다 성서적이고 한국적으로 발전시키자는 데에 그 의미가 있다. 이러한 풍류신학은 멋의 신학이요, 한의 신학이며, 나아가 삶의 신학이다. 이에 대해, 소금은 다음과 같이 말한다.

> 풍류신학은 풍류도의 눈으로 삼위일체 신을 신앙하고 신학화하는 것이라 하겠다. 한국 그리스도교의 사상은 이미 풍류신학적 전개를 해오고 있다고도 할 수 있다. 한과 성부와 보수주의 사상, 삶과 성자와 진보주의 사상, 멋과 성령과 자유주의 사상 등의 전개가 그것이다.[69]

소금의 사상은 도와 로고스의 만남의 기반 위에서 변증법적 신학 혹은 실존론적 신학에서 출발하여, 종교 신학적 측면에서 한민족 영성의 본질을 물었으며, 나아가 종교·우주적 신학으로써 영성신학을 수립하는 과정으로서, 외견상 여러 번 사상적 전환을 이루는 것 같지만, 사실은 시종일관 하나의 신학적 물음에 집중하였는데, 바로 풍류신학에 대한 것이었다. 소금에게 풍류신학은 필생의 작업이었다. 이러한 풍류신학은 멋의 신학이요, 한의 신학이며, 삶의 신학으로써, 성령의 자유와 창조 능력을 힘입어, 신·인 합일의 실현이라는 진정한 멋을 창조하고 완성하

---

68 유동식, "風流神學으로 가는 旅路",(1983. 9.), 327; "1970년대 한국 신학." 「神學思想」(1982. 3.), 101.

69 유동식, "韓國文化와 神學思想-풍류신학의 의미", 「神學思想」 제47집(1984. 12.), 729.

는 것이요, 일체를 초월하고 일체를 포괄하시는 하나님의 절대적인 사랑에 응답하는 삶을 지향하는 것이며, 하나님을 모시고 그분의 뜻에 복종하는 진정한 인간 삶을 회복하는 참된 삶의 신학을 의미한다.[70] 다시 말해서 풍류도의 본질은 하나님과 하나 되어, 그분의 뜻을 따라 뭇 사람들과 사랑의 관계를 맺는 것인 바, 이것이 한국인의 영성이요, 얼이며, 결국 사람들로 하여금 본질적인 인간이 되게 하는 민족 문화의 바탕이라는 것이다.[71] 소금은 이 한국적 영성으로서 풍류를 핵심 매체로 삼아, 이른바 풍류신학을 펼쳐나가게 된 것이다.

5) 사상적 완숙기(2000년대): 한 · 멋진 · 삶의 예술신학

1980년대 중후반까지 소금은 풍류신학에 대한 논의를 활발하게 이어가면서, 한국 종교·문화 연구에 더욱 몰입하였다.[72] 이 연구들은 풍류신학을 한층 깊고 완숙한 차원으로 나아갈 수 있게 하였다. 그리하여 그의 풍류신학은 바야흐로 완결의 문을 열었으니, 곧 **예술신학**이라는 독특한 지평이다. 그렇지만 예술신학은 다양한 신학적 논의들에 대한 단순한 종합이 아니라, 오히려 종교 신학이나 영성신학과 함께 한민족 신앙 경험이 표현된 한민족 문화에 대한 3차원의 해석 중, 마지막 단계로

70 *Ibid.*, 730-731.

71 유동식, "한국 문화와 신학 사상", 강원용 편, 『한국 신학의 뿌리』(서울: 문학예술사, 1985.), 263.

72 이때 등장한 논문들에는 "오늘의 선교적 상황과 타 종교 이해"(한국기독교문화연구소편, 『한국 교회와 신학의 과제』(서울: 연세대학교출판부, 1985, 273-302); "한국기독교(1885~1985)의 타 종교에 대한 이해"(「延世論叢」 제21집, 1985. 5., 321-350); "한국의 기독교와 조상숭배문제"(「神學論壇」, 제17집, 1987. 6., 261-269); "한국민족의 영성과 한국 종교"(「基督教思想」 제375호, 1990. 3., 63-75); "한국인의 영성과 종교" (「季刊 思想」 제5호, 1990. 5., 129-162) 등이 있다.

서 의의를 갖는다.[73] 즉 예술신학의 바탕인 종교 예술은 종교의례와 종교사상과 함께 민족 신앙의 핵심을 이루는 삼태극적 구조의 한 측면인 바, 종교와 예술은 분리될 수 없다는 측면에서, 예술은 곧 종교 예술이고, 그것은 다시 종교의식과 교리와 함께 한·멋진·삶을 이루는 실체들이라는 것이다. 바로 여기에 한민족 영성의 참된 모습이 살아 있는데, 그것이 곧 풍류도이고, 그것을 기독교 복음을 바탕으로 신학화한 것이 바로 풍류신학이다. 따라서 예술신학은 풍류신학이라는 거대한 흐름을 종합하고 정리하는 풍류신학의 완성 단계라 할 수 있다. 예술은 단순한 유희가 아니라, 영성의 활성화인 동시에 실체화라고 할 수 있기 때문이다.

> 문화는 전통적인 관념의 한계와 장벽이 무너지고 끊임없이 새로운 하나의 세계로 흘러가는 데서 창조된다. 삶의 율동 속에서는 노동과 유희가, 낮과 밤이, 양(陽)과 음(陰)이, 삶과 죽음이 하나의 태극으로 융합(融合)된다. 여기에 황홀(恍惚)이 있고, 여기에 창조가 있고, 여기에 예술이 있다. … 삶은 직접적이다. 삶에서 예술을 창작하는 것이 아니라, 삶이 곧 예술이다. 삶을 위한 종교가 아니라, 삶이 곧 신앙이다. 삶과 자기가 완전한 통합을 이루는 세계이다.[74]

그러므로 풍류신학은 종교·의식적 차원뿐 아니라, 종교·예술적 차원과 함께 종교·생활적 차원에 대한 이해를 함께 내포한다. 그에 따르면 한민족 영성인 풍류는 신선도의 이상인 자연·인생·예술이 혼연일체가 된 삼매경(三昧境)에 대한 심미적 표현이다.[75] 이러한 풍류신학의 심미

---

73 성백걸 목사와의 대담(1999. 봄), 38-39.
74 유동식, 『韓國巫敎의 歷史와 構造』, 353.
75 유동식, 風流道와 韓國神學』, 18, 42, 110.

적 영성은 멋의 신학에서 드러난다. 예술신학에 대한 구체적 관심은 "예술에 산 목회자 이연호"(「기독교사상」, 1997. 5.)에서 처음 나타났고, 그 뒤 『풍류도와 한국의 종교사상』의 "풍류도와 신앙의 예술"이라는 장에서 명시되었다.

> 풍류도의 두드러진 특성은 그것이 예술적 영성이라는 데 있다. 그 양상은 포월적인 한이요, 그 쓰임은 인간화의 삶이다. 역으로 말하면 초월적인 한과 인간적인 삶이 창조적으로 만난 곳에 풍류도의 멋이 있다. 한국의 기독교사상은 풍류도의 구성요소를 따라 포월적인 종교 신학의 전개와 현실적인 민족·민중신학의 전개를 초래했다. 한편 이 두 신학 유형의 창조적 만남을 전제로 신앙의 예술화 또는 예술적 신앙을 추구해온 흐름이 있었다.[76]

바야흐로 소금의 풍류신학은 종교 신학과 영성신학, 예술신학을 포괄하면서 명실공히 한민족의 생생한 신학으로써 면모를 드러낸다. 신학은 신앙 경험에 대한 단순한 교리적 표현이나, 제의(祭儀)의 단순 반복이 아니라, 삶에 뿌리내려야 하고, 나아가 인간 삶의 극치라 할 수 있는 예술 차원으로 승화할 때, 비로소 살아 있는 신학일 수 있기 때문이다.

> (신학은) 크게 말하면 예술화가 되어야지. 이번 주 내 설교 차례가 되어서

76 유동식, 『風流道와 한국의 종교사상』, 291. 그는 특히 「基督敎思想」과 「새가정」에서 예술 신학에 대한 관심을 표명했다. "밀레니엄과 예술", 「基督敎思想」 제458호(1999. 8.); "동방의 등불", 「새가정」(1999. 1.); "화랑과 풍류도", 「새가정」(1999. 2.); "한국인의 종교적 뿌리", 「새가정」(1999. 3.); "예술과 예술혼", 「새가정」(1999. 4.); "예술과 밀레니엄", 「새가정」(1999. 5.); "청자의 마음", 「새가정」(1999. 6.); "민화의 세계", 「새가정」(1999. 7.); "얼의 그림", 「새가정」(1999. 8.); "역사를 짊고 넘는 예술", 「새가정」(1999. 9.) 등.

설교제목을 그런 차원에서 "삶의 예술"이라고 했는데, 신앙과 삶이 하나의 예술적인, 예술을 어떻게 이해하느냐는 다르지만, 내 생각엔 이념의 형상화 내지는 신앙의 형상화를 통한 새로운 세계의 전개, 뭐 이 정도로 하고. 구상을 하면서 설교 자체도 예술화가 되어야겠다. 논리로 풀어가지고는 논리를 좇아오는 젊은 몇 사람은 따라오지만, 회중 전체, 이것은 아닌 것 같애. 예술적인 표현. 요즘 와서 종교와 예술의 불가분리의 관계, 그게 아주 절실히 느껴져. … 그러면서 그 예배순서 전체, 특히 설교를 통해서 우리가 시를 읽으면서 혹은 예술작품 같은 것을 보면서 느끼는 기쁨 같은, 그런 것을 갖게 해주어야지 않느냐 그 말이지.[77]

신학의 예술화! 하지만 그것은 추상적인 어떤 것이나 심미적인 그 무엇이 아니다. 그는 이것을 사람들의 구체적인 신앙과 삶 속에서 자신에게 기쁨과 생동감을 주는 살아 있는 삶의 예술로서 신학으로 풀이한다. 따라서 진정한 의미의 풍류신학으로써 예술신학은 관료화되고 제도화된 교회로부터 살아 있는 신앙과 삶의 멋을 잃어버린 이 시대 사람들에게 참으로 가까이 다가서는 신학, 참으로 한 · 멋진 · 삶의 신학이라고 할 것이다. 이처럼 소금의 사상적 흐름은 성서신학으로부터 예술신학에 이르기까지 다양한 형태를 보이지만, 그 저변에는 항상 종교와 삶이 하나를 이루는 한 · 멋진 · 삶 · 풍류신학이라는 신앙과 신학의 예술화를 지향해왔다. 이러한 신앙과 삶의 예술화는 때때로 민족 구원을 외치는 선교신학으로, 한민족의 신앙에 대한 신학적 이해를 추구하는 토착화신학으로 그리고 풍류신학으로 표현되었다. 이러한 그의 신학적 발전 과정은 다음과 같이 도표화할 수 있다.

요컨대 소금의 신학은 그의 인생 여정을 따라 풍류신학이라는 큰

---

77 성백걸 목사와의 대담(1999. 봄), 28.

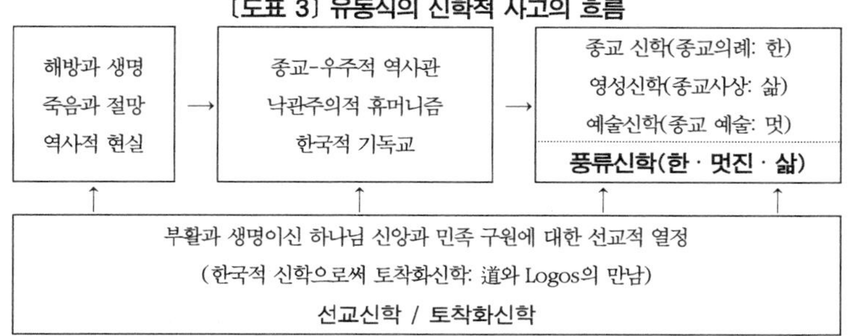

그림을 기반으로 선교신학 → 토착화신학 → 종교 신학 → 영성신학 → 예술신학으로 얼굴을 달리해왔지만, 그의 사고구조는 항상 3가지 초점, 즉 종교-우주적 역사관, 낙관주의적 휴머니즘, 한국적 기독교 추구라는 구조를 이루었으며, 그 저변에는 언제나 절망적인 현실에서 체험한 하나님의 구원 은총에 대한 감사의 힘찬 물결이 흘러가고 있다. 곧 소금의 풍류신학은 그의 인생 여정과 밀접한 관계가 있고, 시대적 상황에 응답하려는 부단한 고투를 통해 솟구친 진정한 삶의 신학이라고 말할 수 있을 것이다. 이에 대해 소금은 다음과 같이 술회한 적이 있다.

> 그 기초는 학병에서 일종의 죽음의 죽음 체험이지. 그때 완전히 절망 속에 들어가 있었어. … 그때 뭘 썼느냐 보면, 그때 그 죽음 체험을 통한 신앙의 의미가 무엇이냐 하는 게 자꾸 반복되거든. 그러니까 기본적인 인생 체험, 정말로 어느 궁극적인 체험이라고 해야겠지… 내가 무엇에 의해서 사느냐? 그리고 어떻게 살 것이냐? 하는 것과 연결이 되지. 항상 내 속에 있는 화두는 "나는 부활이요 생명이니 나를 믿는 자는 죽어도 살겠고, 살아서 믿는 자는 영원히 죽지 아니하리라." 그것이 내 자아 속에 있는 화두고, 그 세계를 내가 어떻게 사느냐?[78]

유동식의 신학적 모티브는 무엇보다 자신의 독특한 인생 경험, 곧 죽음의 상황에서 새 생명을 주신 하나님의 은총에 대한 감격과 찬미로부터 시작되었으며, 그것은 그로 하여금, 모든 것을 달관하는 시각으로 세상을 바라보게 하는 넉넉한 낙관주의자가 되게 했고, 한·멋진·삶을 추구하는 원동력이 되었으며, 거기서부터 시작된 한민족에 대한 사랑과 구원에의 열정이 마침내 민족 구원을 지향하는 토착화신학, 종교 신학, 예술신학의 장르들을 구축하게 만든 에너지가 솟아나게 되었던 것으로 보인다. 이러한 그의 신학적 여정의 바탕에는 언제나 한민족에 사랑과 한민족 구원에 대한 열망이 살아 있었고, 그것은 마침내 한민족 영성을 바탕으로 하는 풍류신학이라는 독창적인 신학적 결실을 이루었다고 할 것이다. 이러한 그의 신학 사상적 특징과 신학적 사고의 흐름은 다음 쪽의 도표로 설명할 수 있을 것이다.

〔도표 4〕 유동식의 시기별 신학 사상적 특징

<table>
<tr><th></th><th>제1 시기
(50년대)</th><th>제2 시기
(60년대)</th><th>제3 시기
(70년대)</th><th>제4 시기
(80년대)</th><th>제5 시기
(90년대)</th></tr>
<tr><td>사상적 특징</td><td>변증법적 신학
(동양적 영성에 대한 관심)</td><td>실존론적 신학
(신약성서신학)
토착화신학</td><td>종교 신학
(무교 연구)
신화·굿</td><td>종교·우주적 신학
(영성신학)
한민족 영성</td><td>예술신학
(신앙의 예술화)
한·멋진·삶</td></tr>
<tr><td>주 요 저 작</td><td>『택함받은 나그네들에게』
『예수의 근본 문제』</td><td>『요한서신』
『韓國宗敎와基督敎』</td><td>『韓國巫敎의 歷史와構造』
『民俗宗敎와 韓國文化』</td><td>『韓國神學의 鑛脈』
『風流道와 韓國神學』</td><td>『風流道와 한국의 종교사상』</td></tr>
<tr><td>학문적 흐름</td><td colspan="2">토착화신학
(변증법적, 신약성서 신학)</td><td>종교 신학:
한</td><td>영성신학:
삶</td><td>예술신학:
한·멋진·삶</td></tr>
<tr><td>신학적 주제</td><td colspan="5">"동양적 道 혹은 한민족 영성(風流)과 복음의 로고스와의 창조적인 만남"-선교 신학적 관심: 종교-우주적 역사관·낙관주의적 휴머니즘·동양적 기독교</td></tr>
<tr><td>사상적 핵심</td><td colspan="5">종교체험(신앙체험)·종교실천(신앙실천)·종교 예술(신앙예술) →"風流道"
종교 신학(한의 신학)·영성신학(삶의 신학)·예술신학(멋의 신학) →"風流神學"</td></tr>
<tr><td>사상적 바탕</td><td colspan="5">한민족을 위한 한민족의 영성을 바탕으로 하는 풍류신학(風流神學)</td></tr>
</table>

78 *Ibid*., 30-31.

3. 유동식 사상의 시대적 의의

소금 유동식의 풍류신학은 기독교 신앙과 한민족 영성과의 관계라는 바탕에서 출발한 한국 신학의 한 장르로서 큰 의의를 지니고 있다. 이에 대해, 그는 일평생 기독교 복음의 핵심인 로고스와 그 복음을 수용하게 되는 한국인의 주체적인 영성 문제에 관심을 두고, 신학자의 길을 걸어왔다. 그는 자신의 신학 여정에 대해 다음과 같이 서술하였다.

> 60년대의 나의 신학적 관심은 기독교와 한국 문화와의 관계를 해명하는 일이었다. 복음의 씨가 어떻게 한국인의 마음 밭에 뿌리를 내리고, 한국인을 온통 새로운 존재가 되게 하느냐 하는 선교신학적 관심이요 토착화론에 대한 관심이었다. 그러기 위해서는 먼저 복음을 분명히 알아야 했고, 한국 문화를 이해해야만 했다. 그리하여 복음 이해를 해명하려 한 것이 『요한서신주석』(1962)이었고, 한국 문화의 실체라 할 한국의 종교문화사를 기독교의 입장에서 점검한 다음, 한국 문화와 기독교의 관계를 해명하려고 한 것이 『한국 종교와 기독교』(1965)였다. 그리고 토착화론을 중심한 충실한 선교 신학에 관한 논문들을 모아 놓은 것이 후에 간행된 『도와 로고스』(1978)이다.[79]

이러한 소금의 신학 여정의 핵심에는 처음부터 풍류신학이라는 저류가 흐르고 있었던 바, 그의 풍류신학의 근본 동기는 어디까지나 기독교 복음과 한국 종교문화 속에 살아 있는 한국인의 영성의 만남을 통한 진정한 한국적 기독교의 창출에 있었다고 할 것이다. 그에 따르면, 하나님께서는 각 민족마다 나름대로의 독특한 영성을 주셨고, 한민족 역시

79 유동식, "風流神學의 旅路"(1989), 51-52.

그러한 은총을 입었는데 그것이 바로, 멋스럽게 살아가는 풍류며, 한민족은 이러한 풍류의 영성을 통해 한민족만의 독특한 종교문화를 형성해왔다는 것이다. 그리고 그러한 한국 종교문화의 역사는 인간만의 어떤 것이 아니라, 사실상 하나님의 역사이며, 그런 의미에서 그리스도는 기독교 전래 이전에 이미 한국인의 심성과 종교문화 속에서 활동하고 계셨다는 것이다. 그러므로 한국 땅에서 기독교 복음은 한민족의 독특한 영성인 풍류와의 만남을 통해, 한국적인 기독교를 형성하였으며, 그런 의미에서 한국 교인들은 한국인인 동시에 그리스인으로서 정체성을 갖게 되어 마침내 한·멋진·삶을 이루게 된다는 것이다. 이러한 유동식의 풍류신학은 다음과 같은 시대적 의의를 지닌다고 할 것이다.

1) 복음과 토착화에 대한 신학적 의미: 토착화신학

소금은 1950~1960년대에 주로 복음의 본질 문제에 집중하면서, 복음의 해석에 대해 깊은 관심을 보였고, 그것은 『요한서신 주석』(1962)을 통해 그 열매를 드러냈다. 그 후 미국 유학 이후부터는 복음의 토착화 문제에 열정을 쏟았던 바, 그의 신학적 관점은 씨앗으로서 복음이 어떻게 한국인의 심성이라는 밭에 뿌리를 내리고, 한국인으로 하여금 "어떻게 온전한 그리스도인이 되게 하느냐?"의 문제에 무게를 둔 선교적 관심이었고, 그것이 곧 복음의 토착화 문제로 표출된 것이다. 소금에 따르면, 모든 기독교 선교 과정은 사실상 복음의 토착화 문제를 안고 있다는 것이다. 왜냐하면 사람들은 자신의 종교·문화적 영성이라는 채널을 통해 복음을 이해하고 수용하기 때문이다. 이것은 한국의 경우도 예외일 수 없다는 것이다. 한국인은 한국 종교·문화적 영성의 바탕이라 할 수 있는 풍류(風流)라는 채널을 통해 기독교 복음을 이해하고 수용하였으며, 그 결과로 한국적인 기독교라는 독특한 형태를 이루었다는 것이다.

따라서 한국 교회의 신학은 이러한 복음의 토착화과정을 해명하고, 한국적 영성을 바탕으로 기독교 복음을 해설함으로써, 한국인들로 하여금 한민족 역사와 문화 속에 처음부터 살아계시는 그 하나님을 만날 수 있게 하는 데에 그 의의가 있다고 할 것이다. 이러한 측면에서 소금의 풍류신학은 기독교의 한국적 수용의 과정을 복음의 토착화라는 측면에서 해명한 것으로 보이며, 결국 기독교 복음과 한국 종교·문화 사이의 이질성을 넘어, 한민족 역사의 맥락에서 한국 종교·문화에 대한 기독교적 접근성을 확보하였다는 점에서, 그 첫 번째 의의를 말할 수 있을 것이다. 그리고 그의 신학적 열정은 일차적으로 『한국 종교와 기독교』(1965), 『도와 로고스』(1978) 등의 결실로 나타났다고 할 것이다.

2) 한국인의 종교 · 문화적 영성: 종교 신학

소금은 기독교 복음의 토착화 문제를 탐구하는 과정에서, 복음이라는 씨앗이 심어질 한국인의 심성이라는 토양 문제에 관심을 갖게 되었다. 사실 소금 이전에도 한국 종교·문화적 전통에 관해 관심을 가진 이들이 다소 있었지만(감리교회 최병헌과 장로교의 채필근 등), 그들의 한계는 비교종교론 정도에 머물렀다는 점이다. 그러나 소금은 단순 비교가 아닌, 한국인의 심성에 뿌리내린 기존 종교의 기반을 추적하였고, 마침내 무교가 한국인의 심성 안에 자리 잡은 원형적인 종교 현상인 것을 밝혀냄으로써, 무교는 기독교가 극복해야 할 대상이 아니라, 한국인의 심성의 기저에 자리 잡은 종교·문화적 현상으로서, 기독교가 새로운 시각으로써, 대화할 대상임을 주목하게 되었다. 이 과정에서 얻어진 결실이 바로 『한국 무교의 역사와 구조』(1975), 『민속종교와 한국 문화』(1977) 등이었다.

그런데 소금은 여기에서 머물지 않았다. 그는 한국적 무교를 형성하고 있는 영성적 본질이 무엇인가를 규명해내기 위해 다시 고군분투했고, 그 결과 한국인의 종교·문화적 영성은 풍류 혹은 풍류도라는 것을 밝혀내게 되었다. 곧 소금에 따르면, 한국인의 여러 종교 현상의 저면에는 한국인 만의 종교·문화적 영성의 원형(풍류)이 존재하며, 그것이 각 종교들과의 만남을 통해 시대마다의 종교적 현상으로 나타나게 되었다는 것이다. 그리고 이것은 기독교 복음 역시 그 종교·문화적 영성이라는 채널을 통해, 이해되고 수용될 수밖에 없다는 것이다. 따라서 한국 교회는 기독교에 대한 서구적인 해석을 따라갈 것이 아니라, 한국적 영성의 바탕 위에서, 한국적 종교 신학을 형성해야 한다는 것이다. 이처럼 소금은 한국 교회로 하여금, 선교 대상으로서 한국인들의 심성과 한국의 종교·문화적 전통에 대해 주의를 기울임을 통해, 비록 소금 자신은 의식하지 못했을지라도, 그의 풍류신학은 한국 교회 안에 종교 신학이라는 장르가 형성되는 기반을 마련하는 데에 크게 공헌하였다고 할 것이다.

3) 복음과 한국인의 영성의 만남: 풍류신학

전술한 바와 같이 소금은 한국인의 종교문화적 영성 혹은 한국 문화에 내포된 궁극적 관심의 원형적 구조가 풍류 혹은 풍류도임을 밝혀냈고, 그것을 바탕으로 기독교 신학을 해명하면서, 풍류신학이라는 장르를 열었다. 이러한 풍류신학은 풍류도와 복음의 만남을 통하여, 새로운 존재로서 한국인과 한국 문화의 형성을 추구하게 된다. 소금이 이러한 풍류신학을 전개하게 된 근본 동기는 한 민족 문화 속에 흐르고 있는 민족의 얼 또는 영성에 관한 관심이었고, 한국 교회는 한국인의 고유의 얼 혹은 영성이라 할 수 있는 풍류도를 기반으로 기독교 복음의 의미를 규명하고 해석할 필요가 있다는 시각에서였던 것으로 보인다. 그의 시각에서 볼 때, 한국 교회는 한국인의 근본적인 종교·문화적 영성인 풍류를 복음 이해의 중심적 채널로 수용할 때, 진정한 한국 신학이 가능하기 때문이었다.

이러한 소금의 풍류신학은 서구 신학적 울타리 안에 안주하는 한국 교회의 신학적 한계성을 넘어, 전체 우주적 시각에서, 예수 그리스도의 복음을 한국의 종교·문화라는 채널을 통하여 주어지는 하나님의 계시와 그 계시의 통로로서 한민족의 역사를 바라보려는 부단한 몸부림과 연관되어 있다고 할 것이다. 그리고 그의 끝없는 열정은 『풍류도와 한국 신학』(1992), 『풍류도와 한국의 종교사상』(1997), 『풍류도와 예술신학』(2006) 등의 결실로 나타나게 되었다. 소금의 풍류신학은 결국 기독교 복음을 수용하게 되는 한국 교회적 영성의 본질을 규명하고, 그 영성의 바탕에서 전개되어야 할 한국 교회의 신학적 방향이 무엇인가를 제시하였다는 점에서, 한국 교회로 하여금 진정한 한국 신학이 무엇인가?에 대해 질문하게 만들었고, 한국 교회로 하여금, 자신의 신학에 대한 관심을 선도하였다는 점에서 또 하나의 중요한 의의를 갖게 된다.

4) 에큐메니컬 신학적 흐름: 예술신학

소금의 풍류신학은 처음부터 에큐메니컬 시각을 갖고 있었다. 그에 따르면, 천지를 지으신 하나님께서 자기를 열어 보이시는데(계시), 특히 유대인인 예수 그리스도를 통하여 마지막 결정적인 계시를 주셨지만, 그렇다고 해서 그분이 옹졸하게 유대민족만을 통해 자신을 계시하셨다기보다는 온 인류에게 보편적으로 자신을 드러내셨고, 그런 관점에서 한민족의 오랜 종교사를 통해서도 자신을 계시하셨다고 볼 수 있다는 것이다. 다시 말해서 예수 그리스도는 하나님의 결정적인 자기 계시가 분명하지만, 한편 하나님은 인류 역사를 통해 보편적으로도 자신을 계시하신다는 점에서, 하나님께서는 처음부터 에큐메니컬한 분이라는 것이다. 이러한 관점에서 풍류신학은 복음을 하나님의 보편적인 계시가 살아 있는 한국적 토양이라는 맥락에서 해명한 것이라는 의미를 함의하지만, 그렇다고 해서 종교다원주의로 나아가는 것은 아니다. 오히려 그는 자신에 대해, 그리스도 중심적 보편주의자로 인식하고 있다.[80]

이러한 성격을 담은 풍류신학은 자연스레 에큐메니컬 성격을 지니고 있고, 그것은 특히 동서양의 다양한 예술 작품을 신학적으로 해명해 나가는 예술신학에서 그 백미를 드러내고 있다. 그에 따르면 하나님은 예술가이시고, 그분의 형상을 닮은 인간 또한 예술가로서 자신의 인생을 창조해 나가는 바 그 과정에서 다양한 예술 활동을 하게 되며, 그것은 곧 인간의 다양한 종교·문화들과 연관을 갖게 된다는 것이다. 이러한 인간의 다양한 종교·문화들은 넓게 보면, 예술가이신 하나님의 거룩한 흔적들로서 의미가 살아 있다고 할 것이다. 특히 한국의 풍류도는 종교적 기초이기도 하지만, 풍류라는 말 자체가 자연미와는 구별되는 예술적 아름다움을 뜻한다. 그리고 이것이 바로 한국적인 미의 식을 대표하고 있으며, 풍류도를 바탕으로 하는 한국 교회의 신앙적 가치는 결국 한·멋진·삶이라는 예술적 구도를 드러내며, 진정한 예술신학으로써 의미를 함의하게 된다는 것이다. 그리하여 풍류신학은 처음부터 에큐메니컬 성격을 내포하고 있으며, 소금은 이러한 풍류신학을 통해, 기독교 신학이 배타적인 성격을 넘어서, 에큐메니컬 방향을 지향해야 함을 역설한다고 할 것이다.

---

80 유동식, 『소금 유동식 전집 10』(2009), 434.

II. 풍류신학에 대한 길라잡이

유동식의 풍류신학은 초기관심이었던 토착화론에서 시작되어, 1980년대에 성숙한 결실을 이루었다. 따라서 풍류신학은 그의 초기 토착화론에 대한 전 이해 없이는 이해하기 어렵다. 왜냐하면 한국 신학계의 풍류객, 유동식의 신학 순례 자체가 기독교 복음과 한국 종교·문화적 영성의 만남에 관한 관심에서 출발했고, 이것은 결국 토착화신학적 맥락과 통하는 것이기 때문이다. 그렇다면 유동식의 토착화론은 어떠한 내용을 담고 있으며, 그것은 구체적으로 풍류신학과 어떤 연관성을 갖는가?

1. 유동식의 토착화론

유동식의 풍류신학은 그의 토착화론에 기반을 두고 있기에, 풍류신학 이해를 위해서는 먼저 그의 토착화론에 대한 충분한 고려가 요청된다. 그의 토착화론은 선교적 관점에서 출발하여, 하나님의 아들이신 예수 그리스도의 성육신 원리(the principle of Incarnation)에 그 기반을 두고 있다. 곧 하나님의 아들이 모든 것을 내려놓고, 사람이 되어 이 땅에 오신 것처럼, 그분의 십자가와 부활의 복음은 모든 것을 비우고, 이 땅의 종교·문화적 영성이라는 밭에, 심어져서 하나님의 구원이라는 본질적 메시지를 통해, 인간과 그의 세상을 변화시키는 능력을 발휘하게 된다는 것이다. 물론 그의 토착화론은 시간에 따라 변화와 성장을 가져오지만, 근본적으로는 성육신의 원리를 견지하고 있다. 그렇다면 그의 토착화론은 어떤 내용을 함의하는가?

1) 유동식의 토착화 개념

전술한 대로 소금의 토착화론은 시간의 흐름에 따라 적잖은 변화와 성숙이 이루어졌다. 따라서 어느 특정 시기의 논의만으로 개념을 정리할 수가 없다. 그렇기 때문에 그의 토착화론에 대한 이해는 그의 신학적 여정을 함께 따라가면서 이해할 필요가 있다.

(1) 토착화론 형성 과정

소금의 토착화론에 대한 이해는 풍류신학의 기층에 관한 문제이다. 그가 토착화 문제에 대해 구체적인 관심을 보인 것은 공식적으로는 토착화 논쟁 때부터라고 할 수 있지만, 그 시작은 사실상 신학 입문 때부터라고 보는 것이 온당할 것이다. 즉 그의 토착화에 관한 관심은 감리교신학교 재학 시 틈틈이 들은 함석헌과 탄허 스님의 동양사상강의(1946~1948)에서 시작하여, 전주에서 지내던 시절, 고득순 목사에 의한 신앙적 감화에서 강화되었고(1950~1953),[1] 미국 유학을 떠나던 1956년경에는 그의 주된 관심사로 자리 잡게 되었다. 『한글 성서』, 『영어사전』, 『도덕경』 등 3권의 책을 품고 유학길에 오르면서, "요한의 로고스와 노자의 도의 만남" 혹은 "로고스의 도화(道化)"에 관심하던, 그에게 불트만의 실존론적 해석학은 동서의 벽을 넘어 도와 로고스의 만남을 위한 새로운 가능성이었다. 그 후 1960년 크래머(H. Kraemer)와 만남은 그에게 타 종교와의 대화에 큰 흥미를 갖게 했고, 이것이 자신이 고심하는 문제에 대한 해결의 실마리가 될 수 있겠다는 기대를 갖게 되었다.

이 무렵 그의 토착화론은 1) 토착화를 성육신과의 관계에서 규정하고, 2) 이것을 다시 씨와 토양의 관계로 전환하여 이해하면서, 3) 그것을

---

1 유동식, "風流神學으로 가는 旅路",(1983. 9.), 324.

한국의 복음 선교에 응용한다는 내용이었다.[2] 즉 그에 따르면, 하나님 아들의 성육신은 하나님께서 이 세상에 토착화하신 것이며, 이것이 곧 예수 그리스도 복음의 내용이었다. 그 복음은 우주적 생명을 지닌 것으로서 옥토에 뿌려져야 하는데, 이 과정이 바로 선교이고, 효과적 선교를 위해서는 복음과 각 민족의 사상·전통·제도·습관·풍속 등이 통합되어 있는 종교문화와의 만남이 필수적이며, 바로 여기서 토착화사건이 발생한다고 보았다. 이때까지 그가 이해한 토착화는 다음과 같은 의미를 갖는 것이었다.

> 토착화는 초월적인 진리가 일정한 역사적 정황 속에 적응하도록 자기를 변화하는 것이다. 그러나 그 역사적 현실과 타협함으로써 진리가 자기를 잃는 것이 아니라, 자신의 독자성과 초월성을 가지고 자기가 처해 있는 역사와 세계를 자기의 의도를 따라 새롭게 창조해 나가는 것이다. 그러므로 토착화와 단순한 혼합주의(Syncretism)와는 구별하여야 한다. 토착화는 주체성을 잃은 씬크레티즘이 아니라, 주체자의 현실에 대한 적응인 것이다.[3]

하지만 이러한 그의 생각은 1963년 에큐메니컬 신학연구원에서, 틸리히(P. Tillich)를 만나면서부터 한층 진보하였다. 이제 소금은 타 종교는 단순한 정복이나 극복에 앞서 대화와 이해의 대상이며, 따라서 기독교는 겸손과 사랑의 태도로 진지하게 타 종교와의 대화에 임해야 함을 주장하기에 이르렀다. 말하자면 기독교 보편주의적인 시각이 담긴 주장이었다.

> 복음을 이해함에 있어 문제되는 것은 그 복음의 절대성과 그 보편성이다.

2 김광식, 『宣教와 土着化』(1975), 40.

3 유동식, "福音의 土着化와 韓國에서의 宣教的 課題", 「監神學報」(창간호, 1962. 10), 44.

우리는 그리스도가 비단 교회의 머리일 뿐만 아니라, 전세계의 주인이요, 머리가 되는 분이라고 믿는다. 그러므로 우리는 다만 그리스도로 말미암아서만 구원의 길이 있다고 믿는다. 한편 그렇기 때문에 전세계의 주인이신 그리스도로 말미암아 전세계 만민이 구원에 이른다고 또한 믿고 있다. 여기에 기독교의 보편주의가 있다. … 복음이 전달되기 이전에는 비록 가리어진 형태이긴 하나 그리스도의 은혜 밑에 살고 있다는 것이 우리의 신앙이다. 사랑과 자유와 정의야말로 그리스도가 우리에게 주시는 은혜이다. 그러므로 사랑과 자유와 정의가 인간의 삶을 지배하는 한, 그곳은 비록 그리스도의 이름을 모른다고 할지라도 그리스도를 따라 사는 것이 된다.[4]

이런 주장은 칼 라너(K. Rahner)의 초월적 신학에서, 소위 익명의 그리스도인(Anonymen Christen) 이론에 나타나지만,[5] 서구보수신학 일변도이던 당시 한국 교회 현실에서는 대담한 주장이었고, 결국 종교-우주론적 신학의 사상적 토대가 되었지만, 그럼에도 불구하고 그의 관심은 언제나 로고스와 도의 창조적 만남에 있었으며, 여전히 선교적 관심이 그 중심에 있다는 점에서, 내용적으로는 초기 입장에서 그렇게 멀리 나가지 않았음을 볼 수 있다.

요컨대 소금의 토착화론은 초기의 동양적 영성에 관한 관심에서 시작, 불트만의 실존론적 해석학에 깊은 감화를 입은 후,[6] 또다시 크래머

---

4 유동식, "韓國敎會와 他宗教", 「基督教思想」 제101호(1966. 8 · 9.), 54.

5 김경재는 라너의 "익명의 그리스도론"이 존재론적이고 정태적인 로고스 기독론(logos Christology)에 기울어져 있다면, 유동식의 "그리스도 중심적인 보편주의"는 보다 기능주의적이고 역동적인 성령론적 기독론(pneumatic Christology)에 기초한다고 보았다(김경재, 『解釋學과 宗教神學』, 214-215).

6 그렇다고 해서 소금이 불트만의 실존론적 해석학을 그대로 따라갔다는 뜻은 아니다. 소금의 신학은 언제나 그리스도의 성육신에 깊은 뿌리를 두고 있었다. 그것은 십자가와 부활의 실존론적인 의미에 치중하는 불트만과는 또 다른 입장이기 때문이다.

(H. Kreamer)의 기독교 보편주의와 틸리히(P. Tillich)의 문화신학을 접하면서, 성숙한 경지에 이르렀다고 할 수 있다. 물론 그렇다고 그의 사상이 서구 신학적 바탕에 집착한다는 말은 아니다. 오히려 그의 토착화론에 대한 원초적 관심이 그들의 신학적 영감을 통해, 새로운 방향으로 흘러갔다고 보는 것이 옳을 것이다.

(2) 토착화 개념과 모델

소금은 우선 요한의 성육신 기독론(요 1:14)과 바울의 케노시스 기독론(빌 2:6-11)을 중심으로 토착화론을 전개한다. 그에 따르면 복음은 하나님께서 그리스도 안에서 인간과의 사귐을 회복하신 사건으로서, 전적 타자인 하나님께서 말씀이신 아들이 인간으로서 우리 가운데 거하게 하신 사건(요 1:14)이요, 하나님 아들이 자기를 비운 사건(빌 2:6-11)인데, 바로 이것이 토착화론의 근거이다. 그런데 성육신 사건은 유대 역사·문화적 현실에서의 하나님 말씀의 토착화사건이지만, 하나님은 유대인만의 하나님이 아니다. 그분은 다만 유대인의 종교적 전통과 형식을 취하셨을 뿐이다. 그는 토착화 개념을 이렇게 정의한다.

> 토착화는 초월적인 진리가 일정한 역사적 정황 속에 적응하도록 자기를 변화하는 것이다. 그러나 그 역사적 현실과 타협함으로써 진리가 자기를 잃는 것이 아니라, 자신의 독자성과 초월성을 가지고 자기가 처해 있는 역사와 세계를 자기의 의도를 따라 새롭게 창조해 나가는 것이다.[7]

그에 따르면 성육신은 하나님의 절대적 존재의 자기부정을 통한 자기실현 사건이지만, 그렇다고 존재의 소멸이나, 주체 의식의 해소를

7 유동식, “福音의 土着化와 韓國에서의 宣教的 課題”, 「監神學報」(1962. 10.), 44.

뜻하지 않는다. 그리스도는 자기를 비우고 사람이 되셨지만, 여전히 하나님의 아들이다. 따라서 말씀이 육신이 되심은 절대적 진리가 역사적 현실과 타협함으로써 자기 본질을 잃는 것이 아니라, 어디까지나 자기 주체성과 초월성을 가지고 새로운 창조라는 자기실현을 위해, 자기 부정의 방법으로 역사·문화적 현실에 자신을 적응하는 것이다. 즉 토착화는 복음의 변질이 아니라, 초월적 진리의 개별적 현실 속에서의 자기실현 방법론에 대한 것이다. 그런 점에서 성육신 원리는 토착화론의 근본 바탕이다.

이렇게 성육신 모델에서 시작된 토착화론은 한 걸음 더 나아가, 선교와 연관되어 이른바 참여·파종모델(고전 9:19-23) 혹은 선교모델로 전이된다. 그에 따르면 복음 전파의 목적은 복음에 참여하는 사귐(요일 1:3)에 있지만, 그 방법론은 복음 자체의 존재 양식, 곧 하나님의 인간존재의 개성을 인정함에서 출발, 자기 제한과 인간에 대한 자기 적응을 통해 인간을 새로운 존재로 창조하시는 하나님의 선교에서 찾는다. 이러한 선교 모델은 특히 바울 서신에서 발견된다. 즉 복음은 우주적 생명을 지니지만, 그 결실은 씨와 토양의 결합에서 이루어지기 때문에 열매마다 개성이 있다. 따라서 좋은 토양에서 좋은 열매를 맺으려면 복음은 바울처럼 모든 사람의 종이 되는 철저한 섬김이 필요하다. 그러나 이것 역시 타협이나 혼합을 뜻하지 않는다. 비록 토양의 후박(厚薄)에 따라 결실의 실·부실(實·不實)이 오지만, 그렇다고 본질과 다른 제3의 것은 아니다. 아무리 박토(薄土)라도 결실은 씨앗 본질로부터 나오게 마련이다.

복음의 토착화라는 현상에 대해 다시금 분명히 해둘 것이 있다. 그것은 이미 언급한 바와 같이 토착화는 결코 자기의 주체성을 해소해 버리는 씬크레티즘은 아니라는 것이다. 다시 말하면, 타문화나 종교사상과 절충·

혼합하는 타협적 현상과는 다르다는 것이다. 유대주의적 종교문화의 온상 속에서 자라난 복음이 로마-그리스 문명 속에 침투하며, 그들의 종교와 접촉함에 있어서 복음 그 자체의 순수성은 언제나 보존되고 변하지 아니하였다는 것을 알아야 한다.[8]

나아가 소금은 토착화를 일종의 번역으로 이해한다. 이른바 번역모델이다. 지금까지의 두 모델이 동일 문화권 내지, 유사 문화권에서의 토착화 문제였다면, 번역모델은 시·공간적으로 멀리 떨어진 제3의 이질문화권, 특히 한민족 문화권에서의 복음의 토착화 문제이다. 그런데 번역은 무엇보다 원의(原意)를 관철해야 하고, 번역 상대의 언어개념과 표현양식에도 통달해야 한다. 이것을 무시하면 혼합과 타협이 발생하는데, 그는 한국 교회가 복음의 원의에 대한 이해와 한국 문화적 바탕에 대한 올바른 인식이 부족했다고 보았다. 따라서 이것은 올바른 토착화가 아니다. 한국 문화적 상황에서의 복음의 올바른 토착화를 위해서는 복음의 본질 규명과 한국적 바탕 파악이라는 두 원칙을 기반으로 한, 복음의 해석과 파종이 요청된다는 것이다.[9]

요컨대 소금의 토착화론은 결국 성육신 모델 → 참여·파종모델(선교모델) → 번역모델의 도식으로 정리할 수 있지만, 각 모델에는 그 저변을 흐르는 근본원리가 있는데, 그것은 선교적 관심에서 출발한 성육신 원리(the Principle of Incarnation)이다.[10] 따라서 다른 두 모델, 곧 선교모델이나 번역모델도 출발점인 성육신 모델에 기초할 뿐만 아니라 또한 그 실천원리로서 의미를 지닌다. 지금까지의 논의를 도표화하면 다음과 같다.

---

8 *Ibid.*, 50.

9 *Ibid.*, 54-58.

10 이정배, 『토착화와 생명문화』, 154-155.

〔도표 5〕 유동식의 초기 토착화 모델

토착화 단계	제1단계	제2단계	제3단계
문화적 특성	유대 문화권	유대 · 그리스 문화권 (유사 문화권)	제3 문화권 (이질 문화권)
토착화 모델	성육신 모델	참여 · 파종모델 (선교모델)	번역모델
복음과 토착화 모델과의 관계	복음의 토착화의 원초적 · 본질적 사건	복음의 선교 과정을 중심한 토착화 모델	복음의 수용과정을 중심한 토착화 모델
일관된 신학적 원리	成肉身 原理 - 선교 신학적 관심(道와 로고스의 만남)		

그런데 그의 토착화론은 후기로 가면서 더욱 확장된다. 이것은 1970년대의 무교 연구를 중심한 종교 신학에 심취하면서 발견한, 한민족 영성, 곧 풍류도에 대한 새로운 이해에 기인한다. 그리하여 토착화를 한층 더 성숙된 개념으로 정리한다.

> 토착화란 단순히 외국 문화의 옷을 벗어버리고 우리 문화의 옷으로 갈아입는다는 뜻이 아니다. 종교의 토착화란 종교적 場인 우리의 영성, 곧 풍류도에 뿌리내리는 것을 뜻하는 것이다. 또한 토착화에 크게 작용하는 것이 기후환경이다. 곧 역사적 현실이다. 그러므로 토착화란 민족의 영성과 외래 종교의 이념과 역사적 현실의 통합에서 이루어지는 종교문화 현상이다.[11]

초기에 비해 달라진 것은 토착화의 장이 막연한 민족 문화적 공간이 아닌, 한민족 영성(풍류도)임을 밝힌 점과 토착화의 요소로서 복음과 문

11 유동식, 『風流道와 韓國神學』, 254. 이러한 토착화론을 바탕으로 김경재는 유동식의 토착화 모델을 "접목모델"로 이해한다(김경재, 『解釋學과 宗敎神學』, 209-216).

화와 함께 역사적 현실을 함께 말하는 점이다.[12] 더욱이 그는 복음의 주체성과 한민족 영성의 주체성을 함께 말한다. 복음이 심어질 한민족 영성은 수동적 · 소극적인 객체가 아니라, 생생한 역사적 삶의 자리에서 힘차게 살아 움직이는 주체적 얼이기 때문이다.

> 복음은 일단 영원의 빛에 비추어서 보편적인 진리로 해석되어야 하지만, 그것이 실존적인 산 진리로 포착되기 위해서는 각자의 주체적인 눈이 요청된다. 주체적인 눈이란…. 곧 그 민족의 영성을 뜻한다. 민족의 꿈을 자아내고 문화를 형성케 하며, 문화발전의 추진력이 되는 것이 영성이다. 이것은 문화의 변천 속에서도 변하지 아니하는 정신적 척추요, 그 민족의 얼이다.[13]

나아가 소금은 복음의 주체성과 토양의 주체성을 동시에 강조하는 접목(接木) 모델로서 토착화를 말한다. 이것은 살아 있는 생명체로서 두 나무의 접목에 대한 유비로서 매우 역동적이다. 즉 토착화는 생명 없는 대지 위에 기독교라는 나무의 이식행위가 아닌, 대지 위에 자라고 있는 생명 있는 나무에다, 복음이라는 새순을 접목하는 것이다. 따라서 여기에는 대목(臺木)과 새순이라는 두 주체 간의 상호작용이 전제되며, 대목이 전통 문화라면, 새순은 복음이고, 양자가 결합하여 하나의 유기체가 되는 것처럼, 토착화는 전통 문화와 역사적 현실 속에, 생명의 복음

12 유동식이 후기에 토착화의 중요원리로서 복음과 민족적 영성 외에 역사적 현실을 함께 말하는 것은 아마도 과거의 토착화론이 복음과 전통 문화와의 조화지묘에 관심을 둔 나머지, 사회 · 정치적 현실을 직시하는 정치적 토착화를 담지할 수 없음으로 인해, 고난과 억압의 현실역사를 도외시하는 문화적 토착화론에 그치고 말았다는 거센 비판에 대한 반성으로 볼 수 있다(이정배, 『토착화와 생명문화』, 161).

13 유동식, 『風流道와 韓國神學』, 39-40.

이 들어가서, 창조적으로 성육신하는 것을 의미한다. 김경재의 설명을 들어보자.

> 접목모델은 그 양자가 동시에 주체요 객체라는 것을 말해준다. 그 양자는 서로를 살리는 주체이면서, 서로에 이해서 변화받는 객체이기 때문에 그 양자 관계는 상호공속, 상호의존, 상호보완의 관계이며, 해석학적으로 말해서는 상호순환 관계이다.[14]

결국 유동식의 토착화론은 성육신 모델을 기반으로 접목모델에 이르고 마침내 풍류신학이란 꽃으로 피어나지만, 접목모델 역시 사실상 초기모델에 뿌리를 둔다. 이러한 그의 토착화 모델에 대한 이해를 도표화하면 다음과 같다.

〔도표 6〕 유동식의 토착화 모델의 변천

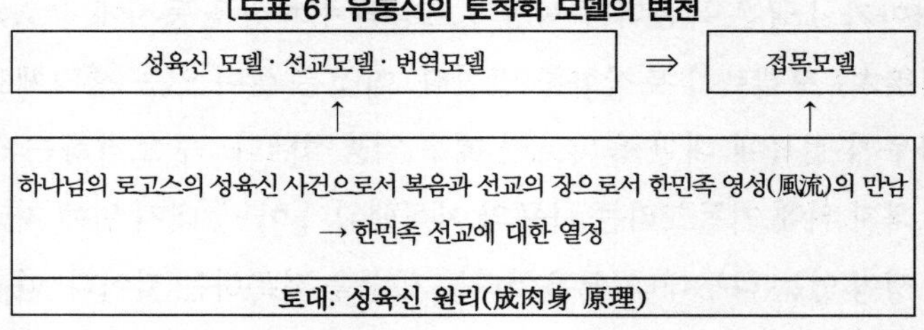

사실 그의 관심은 항상 로고스와 도의 만남에 있었지만, 양자에 관한 관심을 동시에 표명하기가 어려웠다. 초기에는 복음의 본질 규명에 관심했으나, 후에는 한국적 영성에 집중함으로써, 결과적으로 4가지 모델 모두 해천처럼, 토양과 그 환경문제에 강조점을 두었다. 그리하여 복음과 전통 문화(道: 風流)의 조화지묘(調和之妙)에 관심한 결과, 복음의 역동성에 대한 시각을 담기 어려웠고, 이것 때문에 한국 교계의 지속적인

14 김경재, 『解釋學과 宗教神學』, 106-107.

관심을 이끌지 못하고 있다.

(3) 토착화의 원리

소금의 토착화론은 시종 성육신 원리에 기반을 두면서, 초월적 진리로서 복음(Text)과 그것이 심어지게 될 구체적인 종교·문화적 영성과 역사적 정황, 곧 한민족의 종교·문화·역사적 토양(Context)을 중요한 요소로 수용한다. 그러므로 그의 토착화원리에 대한 이해는 먼저 그의 복음과 토양에 대한 이해를 선행적으로 요청한다. 우선 그는 복음을 그리스도 안에서 하나님과 인간의 사귐의 사건으로 정의하는데, 이것은 철저하게 성육신의 원리에 기인한다.

> 복음은 그리스도 안에서 하나님이 우리와 하나가 되셨다는 사실이다. 그것은 곧 사귐(koinonia)의 회복이며, 인간의 회복이요 구원인 것이다. … 우리는 존재 근거를 자기 자신에게 두려고 하고 자기를 확장함으로써 하나님과의 분열을 가져왔다. … 그러므로 구원의 원리는 분명하다. 즉 존재 근거로 돌아가는 것이며, 하나님과 하나가 되는 것이다. 자기 확장에서 분열을 초래하였기 때문에 이제는 자기부정에서 화합하지 않으면 아니된다. … 그러므로 우리는 그리스도 안에 거함으로써 구원된 새로운 존재에 이르게 된다. 이것이 복음이다.[15]

요컨대 복음은 하나님과 인간의 사귐인데, 이것은 하나님께서 인간이 되어 세상에 오심에서 현실화되었다는 것이다. 즉 성육신은 그리스도 안에서 하나님이 사람이 된 사건인 바, 여기에 성(聖) 즉 속(俗)이라는 성속일여(聖俗一如)의 진리가 있다. 또한 그분의 인간되심은 자기를 비

15 유동식, 『韓國宗教와 基督教』, 170-171.

움과 자기부정을 통한, 인간과의 연대·일치의 화합을 위함이었는데, 십자가는 자기부정의 극치이다. 따라서 복음의 중심은 하나님의 자기부정을 통한 인간구원 사건이며, 이것은 구체적으로 성육신·십자가·부활이라는 삼즉일(三卽一)의 원리를 이룬다. 이러한 하나님의 은총에 대해, 인간 역시 자기부정의 결단(신앙)을 통해 구원의 실존을 경험하게 된다.

> 복음은 단순히 사상 문제로서 자기와는 관계없이 객관적으로 이해될 수 있는 성질의 것이 아니다. 그것은 자기의 전인격을 들어서 거기 참여하는 신앙 결단과 그리므로 새로운 피조물이 된다는 자기의 인격의 혁명 속에서 비로소 이해되는 것이다. 이와 같은 신앙적 실존에 이르지 아니하고는 복음에 관한 한 이해되었다고 할 수 없다. … 전달의 마지막 결정은 피전달자의 결단에 달려 있다. 이점 또한 사람이 하나님의 자녀라는 자유와 책임의 인격성에 있다.[16]

나아가 소금은 복음은 절대성(絶對性), 보편성(普遍性), 역동성(力動性)이라는 3대 성격이 있다고 본다. 즉 복음은 하나님의 초월적 진리의 현실적 자기 적응이라는 점에서 절대적 성격이며, 하늘의 일이라는 점에서 근본적으로 신-인간의 질적 차이에 기초하고, 바로 이 성격 때문에 다양한 종교·문화적 현실 속에서도 복음은 결코 혼합주의로 전락하지 않는다.[17] 그러나 한편 복음은 온 인류의 구원을 지향하며, 그리스도는 교회뿐 아니라, 온 세계의 머리라는 점에서 보편적이고, 따라서 사람들이 복음을 몰라도 그들이 복음의 내용인 사랑과 자유와 진리를 찾는 한, 나름대로 그리스도를 따르는 것이 된다. 그렇다면 양자는 어떻게 조화될

---

16 유동식, "福音傳達에 있어서의 問題點에 대하여",「基督教思想」 제16호, 49-50.
17 유동식, 『道와 로고스』, 29, 42.

수 있는가? 절대성에 의하면, 복음은 결코 인간들에게 보편적으로 이해될 수 없는 전적으로 다른 것이다. 따라서 아무리 사람들이 그리스도의 복음과 유사한 윤리적 삶을 살지라도 복음과는 무관하다. 그래서 그는 복음의 역동성을 제시한다. 즉, 복음 자체는 절대적 진리이지만(絶對性), 그것은 성육신을 통해 모든 사람에게 다가왔고(普遍性), 역동적으로 일정한 역사적 상황 속에 적응하도록 자기 변화를 한다(力動性). 즉 복음 자체가 자기부정과 자기 비움을 통해 인간들과 새로운 사귐을 창조하는 역동성(Dynamics)을 갖고 있다는 것이다.

> 그리스도는 본래 하나님과 같은 본질을 가지신 하나님의 아들이시다. 그러나 사람들과의 사귐을 갖기 위해 그리스도는 하나님과 동등됨을 취하지 아니하시고 "자기를 비워 사람들과 같이 되었다." … 이것은 곧 하나님 자신이 자기를 비워 없이하고 사람들과 같이 됨으로써 사람들은 자기에게 복종케 하는 승리에 도달하셨다는 사실과 같은 것이다. 곧 자기부정에 의한 승리 또는 자기부정을 매개로 한 자기실현이다. 그리스도의 자기실현은 곧 하나님의 뜻의 성취에 있다. 여기에 복음의 방법론이 있다.[18]

그렇다면 유동식의 복음에 대한 이해는 타당한가? 성육신론을 토착화의 방법론적 원리로 이해한 그에게 복음의 진솔한 내용은 무엇보다 성육신과 십자가와 부활 그 자체였다. 여기까지는 크게 문제될 것이 없다. 문제는 복음의 보편성이다. 그는 "하나님의 인간 회복사건을 모든 종교·문화의 일반원리로 보고, 참된 인간 회복이 이뤄지는 곳에 하나님이 존재하며, 하나님이 계시는 곳에 구원이 있다"는 논리를 펴면서, 인간 구원사건으로서 복음의 사건을 확대한다. 그에게 중요한 것은 인간 회복

18 유동식, "福音의 土着化와 韓國에서의 宣教的 課題",「監神學報」(1962. 10.), 45.

사건인데, 이것은 곧 모든 종교와 문화에 나타나는 보편적인 계시 사건이라는 것이다. 그는 한 좌담에서 이렇게 술회한 적이 있다.

> 계시라는 단어를 한자로 표기하면 그 의미가 더 좋은데, 초월적인 분이 자기를 열어보인다는 뜻입니다. 열 계(啓) 자거든요. 열어 보인다는 뜻이 사사하듯이, 하나님이 자가를 상대적인 세계에 열어 보이신다는 것을 계시라는 말로 이해하는 것입니다. 그리고 천지를 지으신 하나님께서 자기를 열어 보이시는데, 옹졸하게 유대 민족만을 통해서 열어 보이셨다고는 생각하지 않습니다. 그것은 상식에 어긋나는 것입니다. … 나는 유대민족을 통해서 그리스도에게 마지막 결정적인 계시를 주셨다고 하면, 오히려 이해할 수 있다고 생각합니다. 그런 점에서 하나님의 계시는 인류에게 상당히 보편적인 것이고, 그러한 관점에서 단적으로 한국에 기독교와 교회가 오기까지에는 우리가 하나님을 몰랐다고 생각하지 않습니다. 하나님께서 자기를 열어 보이셨는데, 우리의 긴긴 종교사를 통해서 열어 보이신 것이란 말입니다. 그러니까 우리는 불교나 유교나 무교를 통해서도 하나님의 존재를 알 수 있는 것이고, 그런 점에서 계시를 아주 넓게 생각하고 있습니다.[19]

물론 하나님은 세상 모든 종교뿐만 아니라, 자연을 통해서도, 당신의 존재와 영광을 드러내고 계신다. 이것은 개혁신학도 이른바 일반계시를 인정한다. 그렇지만 그가 "유대민족을 통해서 그리스도에게 마지막 결정적인 계시를 주셨다"는 것을 인정하면서도, "하나님의 계시가 보편적이고, 한국의 재래종교들까지도 포함된다"고 주장하는 것은 자칫 예수

---

19 유동식, "풍류신학으로의 여로", 좌담 1(2002. 8. 8.), 『소금 유동식 전집 10』(서울: 한들출판사, 2009), 431-432.

그리스도를 통한 하나님의 절대적인 자기 계시에 관한 이해를 후퇴시킨다는 오해를 불러올 수 있다. 게다가 그는 "비록 그리스도의 이름을 듣지 못해도 그리스도의 복음이 말하는 윤리적 삶을 산다면, 그들 나름대로 그리스도를 따르는 것이라"는 그리스도 중심적 보편주의를 펼침으로써,[20] 칼 라너 식의 포괄주의에 상당히 접근하는 점 또한 한국 교회가 수용하기에는 어려운 측면이 있다.

더욱이 그는 불트만의 실존론적 해석에 근거한 초기 기독교 케리그마(Kerygma)를 복음과 동일시하면서, 하등의 검토나 비판 없이 그대로 수용한다.[21] 불트만에 따르면, 케리그마의 내용은 그리스도이며, 그리스도의 역사는 과거사가 아닌, "오늘 그리고 여기서(Here and Now)" 선포되는 말씀 속에 현재화되는 사건이다. 따라서 불트만의 케리그마 신학은 계시 사건을 케리그마의 현재적 사건으로 국한하고 있어, 케리그마 배후로 소급해서 케리그마의 역사적 신빙성과 정당성에 대한 물음을 배제한다.[22] 그러므로 불트만에게는 역사적 예수의 인격과 사역을 중심한 복음 이해는 별 의미가 없다. 그리스도는 인간을 오직 케리그마 안에서만 만난다. 케리그마는 역사적 진리의 매개자가 아니라, 현재로 그리스도를 만나는 사건이며, 그 사건 속에서만 그리스도는 현재화된다. 결국 복음서는 교회의 케리그마고, 선포된 그리스도는 역사적 예수가 아니라, 신앙의 그리스도일 뿐이다. 따라서 불트만에게 있어서 사람들이 신앙적 결단에 이르는 것은 케리그마의 그리스도 때문이지, 케리그마 배후에 있는 역사적 예수 때문이 아니다.

이러한 불트만의 복음 이해를 무비판으로 수용한 소금은 한 걸음

---

20 유동식, 『韓國宗教와 基督教』, 149-184.

21 *Ibid.*, 252.

22 김영한, 『바르트에서 몰트만까지』, 151-156.

더 나아가 불트만처럼 과거 · 현재의 시간상의 간격을 극복하는 것에 만족하지 않고, 동 · 서양이라는 공간상의 간격까지 극복하려고 한다. 그리하여 그는 "복음의 본질은 시대적 차이를 초월한 보편적 진리에 속한다. 사고 양식과 표현양식의 차이가 만든 모든 장벽을 뚫고 오늘 우리에게도 구원의 능력이 되는 여기에 복음의 본질이 있다. 이것은 물론 동서양의 문화적 장벽도 뚫은 보편적인 진리라"고 주장하면서,[23] 복음의 한국적 이해를 질문하기에 이르렀고, 결국 한국 크리스천의 인간상을 실현하는 인간해방의 진리에서 복음의 본질을 찾으려고 한다.[24]

그렇다면 소금은 복음이 담길 토양으로서 한민족 영성을 어떻게 이해하는가? 그의 관심은 언제나 로고스와 도의 창조적 만남이었다. 그에게 있어서 동양의 도는 서양의 로고스에 견줄 수 있는 절대적, 보편적인 초월적 존재를 뜻하는 개념이었다. 그는 특히 도에 대한 이해를 노장에게서 가져온다. 『도덕경』 1장 체도(體道)에는 "도가도비상도, 명가명비상명, 무명천지지시, 유명만물지묘"(道可道非常道, 名可名非常名, 無名天地之始, 有名萬物之母: "道를 道라고 부르면, 그것은 상도[常道]가 아니다. 名을 名이라 하면, 그것은 상명[常名]이 아니다. 무명[無名]은 천지의 시작이요, 유명(有名)은 만물의 어미다")라는 글귀가 나오는데,[25] 그는 이것을 "도는

---

23 유동식, 『韓國宗教와 基督教』, 258.

24 *Ibid.*, 258-267. '복음'에 대한 이해는 무엇보다 복음서, 특히 『마가복음』의 견해를 기반으로 이루어져야 한다. 마가복음은 서두에서 "하나님의 아들 예수 그리스도 복음의 시작이라!"(막 1:1)고 밝히면서, 결국 하느님의 아들로서 이 땅에 내려와 죄인들을 위해 자기 목숨을 대속물로 내어준 수난의 인자(막 10:45)로서 예수에 관한 이야기가 곧 복음임을 천명한다. 그러므로 '복음'은 예수의 이야기 또는 예수의 말씀과 행적 전체를 포괄하는 것이어야 한다. 따라서 불트만처럼 복음을 하나님께서 그리스도를 통하여 인간과의 사귐을 가지신 성육신 사건으로 단순화하는 것은 바람직하지 못하다(조태연, "복음을 있게 하고 복음이 된 여인들", 「基督教思想」 제484호, 1999. 4., 97).

25 『老子』, 장기근 역, 세계사상전집 3권(서울: 삼성출판사, 1982), 27.

초월적이고 절대적이기 때문에 제한될 수 없으며, 대상화하거나 객관화할 수도 없는 초월적인 존재로서 천지의 근거이며, 만물 발생의 모체가 된다"고 보았다. 그리고 42장 도화(道化)의 "도생일 일생이 이생삼 삼생만물"(道生一 一生二 二生三 三生萬物)이라는 말은 절대적인 도가 천지만물로 하여금 존재케 하는 동적 상태에 이르게 한다는 의미로 해석한다.[26] 결국 그에게 있어서 도는 능동적인 창조자로서, 그리스의 로고스나 자연법이 무인격적인데 비해 도는 덕을 지닌 인격적 존재로 이해된다.[27] 이처럼 복음과 만나게 될 한민족 심성의 바탕을 서양의 로고스와 대비 가능한 동양의 도에서 찾았던 그의 노력은 후일 한민족 영성으로 구체화되고, 마침내 풍류도에서 그 열매를 거두게 된다. 그에 따르면 풍류도는 유구한 한민족 역사 속에서 한인(韓人)을 한인되게 한 종교·문화적 영성이요, 정신적 얼로서 언제나 한국인의 심성 저변을 흘러가는 세찬 물줄기였다.

그런데 복음과 한민족 영성인 풍류도와의 만남의 가능성은 풍류도가 아니라, 복음이 지닌 힘으로부터 온다. 그리하여 초월적인 복음이 성육신 원리를 따라 한민족 문화와 종교적 현실 속에서, 민족 영성인 풍류와의 만남을 통해, 한민족의 심성 속에 그리스도인의 삶을 새롭게 창조해 간다. 이 복음의 능력은 곧 성령으로부터 나온다. 그러기에 토착화는 성령의 역사이다. 다시 말해서 토착화는 결코 복음과 문화에 대한 인위적 혼합이나 절충이 아니다. 어디까지나 성령의 역사이며, 성령론적 사고로부터 비로소 토착화는 초월적 진리의 자기부정의 원리 혹은 성육신의 원리라고 말할 수 있다. 하지만 소금의 토착화론은 기독론 중

---

26 *Ibid.*, 125. 장기근은 여기서 道를 무(無)로 보고 있다. 왜냐하면 일(一)의 근원이 도라고 할 때, 그 도는 숫자상으로 영(0)이라고 할 수 있고, 따라서 일 · 이 · 삼 그리고 만물이라는 유(有)의 근원은 바로 무(無)라는 도라고 할 수 있기 때문이다.

27 유동식, "道와 로고스", 「基督教思想」 제19호, 58-59.

심적이라는 성격 때문에, 전통적 신학이 그래왔던 것처럼, 성령론적 측면이 다소 약화된 상태이다.

2) 유동식의 토착화론의 사상적 뿌리

그렇다면 소금의 토착화론은 어찌하여 이러한 형식을 갖게 되었는가? 그는 자신의 신학 논의의 근본 동기에 대해, 한국 문화에 관한 크리스천으로서 애착과 선교적 관심임을 밝히면서, 자신의 사상적 전거를 불트만(R. Bultman)의 실존론적 성서 이해와 크래머(H. Kreamer)의 성서적 실재주의, 나일스(D.T. Niles)의 토착화론 등에서 제공받았다고 말했다.[28] 그렇다면 소금의 토착화론에서 그들의 사상은 어떻게 되살아나고 있는가?

우선 지금까지 논의와 연결 짓는 의미에서, 나일스의 토착화론부터 생각하는 것이 좋을 듯하다. 나일스는 한 강연에서(1962. 8. 27.), 복음은 씨앗이요, 교회는 그 씨앗에서 자라난 화초이다. 그런데 같은 씨앗이라도 토질에 따라 화초의 형태가 달라지는 것처럼, 교회 역시 문화적 풍토에 따라 그 형태를 달리한다. 서구선교사들은 서양에서 자란 교회라는 화초를 서양의 흙을 담은 화분에 심어 한국에 들여왔고, 70~ 80년간 물주며 열매를 기대했다. 따라서 이제 우리는 마땅히 화분을 깨뜨려서, 화초를 우리의 옥토에 심어서 힘차게 자라게 해야 하며, 이것이 바로 기독교의 토착화 문제라고 주장하였다.[29] 이러한 나일스의 주장은 결국 본문(Text)이나 복음과 상황(Context)으로써 토양을 구분하면서, 사실상 토양을 강조하는 입장이다. 그리하여 나일스에 따르면, "토착화는 Text로서 복음과 Context로서 문화적 토양과의 만남 문제이고, 중요한 것은 씨앗

28 유동식, 『韓國神學의 鑛脈』, 238.
29 D.T. Niles, "聖經硏究와 土着化 問題", 「基督敎思想」 제59호, 67-68.

을 받아들이는 토양의 문제라"는 것이다. 이러한 나일스의 견해와 관련해서 소금 역시 복음을 토양인 상황에 적응하는 씨앗으로서 설명한다.

> 그러므로 복음은 어떠한 문화적 형편에서든지 적응하면서도 실은 자기의 본질을 가지고 자기가 처해 있는 현실에 대하여 도전하여 새로운 삶을 창조하여 가고 있는 것이다. 반대로 말하면 이러한 창조적 활동 목적을 위하여 복음은 그가 처해 있는 현실에 적응하고 뿌리를 내리는 것이다. 하나님의 말씀이 육신이 되어 이 세상에 오신 것은 이 때문이었다.[30]

소금 역시 나일스처럼 복음이 뿌리내리는 토양의 현실을 중시하지만, 중요한 것은 이것이 상황주의(Contextualism) 문제인가 혹은 맥락관통(Contextualization)의 문제인가 하는 것이다. 문화와 종교, 인종과 역사적 차이에서 오는 시·공간적 차이와 간격을 염두에 두는 해석학적 극복이 전제되지 않으면 토착화는 상황주의에 빠지게 되고, 결과적으로 본문이 상황 혹은 맥락 속에서 어떻게 이해되는가보다는 오히려 맥락 혹은 상황이 어떻게 본문으로 이해될 수 있는가의 문제로 비화될 가능성이 크다. 김광식은 다음과 같이 말한다.

> 여기서는 본문이 맥락 속에서 어떻게 이해되는가가 문제 되기보다는 오히려 맥락이 어떻게 본문으로 이해될 수 있는가가 더 큰 관심사이었다. 이제까지 본문으로 알려지고 본문으로 행세하던 것은 낡은 전통에 속한 것이고, 맥락 속에서 맥락이 본문으로 상장해 오는 것이 신학적 성찰의 대상이 된 셈이다. 맥락이 없이는 본문이 무의미할뿐더러 본문은 맥락의 지배 아래 있고, 오히려 맥락의 지시가 본문을 대신해 버릴 수도 있다. 이

30 유동식, "福音의 土着化와 韓國에서의 宣教的 課題",「監神學報」(1962. 10.), 50.

러한 방식의 Contextualism은 본문을 무효화시킬 위험이 있다. 그러나 만일 Contextualization을 "맥락관통"으로 이해한다면 아마도 그것은 우리의 토착화 논의에 도움이 될 수 있을 것이다. 본문이 맥락 속에서 본문이 말하려는 사물 자체를 환하게 통하도록 하는 것이 맥락관통이다.[31]

상황의 절대화가 내포하는 이러한 문제점을 피하기 위해, 유동식은 복음의 창조적 현실 적응이라는 카드로써 복음의 주체성을 강조하기에 이른다. 즉 복음의 창조적 현실 적응이란 것이 맥락을 이해하도록 한다는 것이다. 그리하여 소금은 본문과 상황 사이의 객관적 거리를 간과함에서 생겨나는 해석자의 주관성에 본문이 해소되어버리는 위험성을 극복해 나간다. 그런데 이 복음의 창조적 현실 적응이란 개념은 곧 그의 토착화의 성육신 모델로 확대·발전하게 된다. 따라서 그의 성육신 모델은 나일스의 상황 중심의 논의에 대해, 상황이 아니라 복음의 주체성을 강조하는 과정에서 형성되었다고 할 수 있다.

또한 소금은 복음의 선교적 특성을 강조하는 참여·파종모델 혹은 선교모델로서 토착화를 말했는데, 이것은 크래머(H. Kraemer)와 관련이 있다. 즉 소금은 토착화 과정에서 한국인의 복음 이해는 곧 한국 문화를 매개로 한 재래종교와 복음 사이의 대화를 전제하는데, 이것은 크래머의 타 종교와의 대화 문제에서 그 뿌리를 찾을 수 있다. 크래머에 따르면, 교회는 자신이 아니라, 세상을 위해 존재하며, 이러한 측면에서 교회 자체가 선교(the church *is* mission)이다. 따라서 "교회밖에는 구원이 없다"는 말보다 "그리스도밖에는 구원이 없다는 말이 성서적이라"고 말함에서 전통적인 제도적인 교회론을 넘어선다.[32] 물론 그는 기독교 복음과

31 김광식, 『土着化와 解釋學』, 33. 물론 여기서 맥락관통의 능력은 어디까지나 성령의 역사임을 잊지 말아야 한다.

타 종교 사상 간의 비연속성(Discontinuty)을 엄격히 주장한다. 그러나 동시에 그는 타 종교에 대한 기독교의 관용을 함께 말한다. 이러한 크래머의 타 종교에 대한 관용과 선교적 측면에서의 교회의 존재 의미에 대한 이해를 소금은 거의 그대로 수용한다.

> 올바른 대화의 형식으로서 복음적 태도를 지적할 수 있다. … 하나님께서는 인간의 고유성과 가치를 인정하시고 인간의 자리에까지 오셔서 대화를 가졌던 것이며, 또 이 대화를 통하여 인간을 질적으로 변화하였던 것이다. 여기에는 배타가 아닌 사귐이 있고, 여기에는 절충과 타협이 아닌 자기 확립과 자기 관철이 있다. 이것이 복음이 태도이다.[33]

이제 유동식은 그러한 복음을 통한 관용의 태도를 다시금 바울의 선교론에서 재발견한다. 그에 따르면, 그리스도 안에 확고히 서 있는 바울은 복음을 굽히거나 다른 무엇과 절충하지 않았지만, 모든 이의 종이 되어 모든 이와 대화를 했는데, 이것은 그가 그리스도 안에서 그들을 얻고자 함이었다. 이러한 바울의 태도야말로 참된 기독교의 태도라고 소금은 주장한다. 이러한 바울신학에 기초한 크래머의 관용적 대화 모델은 소금의 신학 사상 전체에 큰 영향을 남겼고, 종교-우주적 신학을 기반으로 한 풍류신학의 중요한 사상적 기초로 되살아나게 된다.

나아가 소금은 나일스와 크래머의 사고를 기초로, "유대적 종교문화 형태 속에서 자라난 복음의 씨를 다른 종교 문화 속에 옮김에 있어서 유대적 토양까지 옮길 필요는 없다"고 주장하면서, 복음의 본질 규명에 관심하는데, 이를 위한 도구가 불트만(R. Bultmann)의 실존론적 해석학

---

32 H, Kraemer, *A Theology of the Laity*, 140-150.

33 유동식, 福音과 在來宗敎와의 對話問題," 「基督敎思想」 제56호, 59.

이었다. 불트만의 해석학은 하이데거(M. Heidegger)의 전기사상에 기초를 두었으며, 소위 비신화화론(*Entmythologisierung*)에서 그 원리를 드러낸다. 그에 따르면, 성서는 과거 시대의 신화적 산물이므로 비신화화작업을 통해, 케리그마를 오늘의 실존적인 언어로 재해석해야 했다. 즉 케리그마는 고대 세계관의 형식으로 표현된 신화(유대적 종교문화)의 옷을 입고 있는데, 이것은 당시 세계를 위한 복음 전달 수단이었지만, 현대인들에게는 거침돌이다. 따라서 성서의 메시지는 현대인들을 위해 오늘의 말로 재생시켜야 했다.[34] 왜냐하면 신화적인 것은 복음의 내용이 아닌, 형식에 불과하기 때문이다. 이러한 불트만의 방법론은 복음과 현실적 상황과의 시간적 간격을 극복하려는 해석학으로서, "동양의 도와 요한의 로고스의 만남문제"를 가지고 도미한 소금에게 복음의 본질 규명을 위한 유용한 이론적 도구였다. 이때 그가 얻은 결론은 기독교의 핵심인 십자가와 부활 역시 하나의 표현양식에 속한다. "우리는 그 안에서 자기부정을 매개로 본래적인 존재로 되돌아가게 하는 진리를 실존론적으로 파악하지 않으면 안 된다"는 것이었다. 귀국 직후 소금은 이러한 불트만의 해석학을 소개하는 데에 힘썼다.

> 하나님의 복음이 직접적으로는 인간의 말로써 증언되어 있다. 이것이 성서이다. 성서의 말 자체는 사람의 말이다. … 그러므로 그것은 표상이다. 결코 성서의 말 자체가 하나님의 말씀이라든가 복음 자체일 수는 없다. 이러한 표상이 하나님의 말씀 또는 복음의 의미를 갖게 되는 것은 다만 현재 살아 있는 신앙의 눈으로써 해석되었을 때이다. … 그러므로 이제 우리가 성서 안에 증언된 복음을 현대인에게 전달함에 있어서 거기 사용

34 박봉랑, 『신학의 해방』, 633-638; 김영한, 『바르트에서 몰트만까지』, 151; 김광식, 『現代의 神學思想』(서울: 대한기독교서회, 1992), 166-169.

된 고대적 표상을 현대적인 말로 새로이 해석함이 없이 그대로 그 말을 반복함으로써 20세기 문명 속에 살고 있는 현대인에게 전달될 수 있겠는가 하는 것은 하나의 문제다.[35]

그러나 소금은 불트만에 대한 단순한 추종이 아니라, 나름대로 재해석을 시도했다. 즉 불트만의 해석학이 과거와 현재 사이의 시간적인 문제, 곧 종적 간격의 극복을 위한 시도였다면, 소금은 시간적 간격뿐 아니라, 공간적 간격, 즉 횡적·문화적 간격의 극복을 시도했다. 이것은 그가 지난날 불트만의 해석학에 대해 성서해석뿐 아니라, 문화 분야에도 응용 가능성이 있다고 본 것을 구체적으로 실천한 셈이다. 이제 그에게 있어서 성서해석은 단순히 복음의 본질 규명을 넘어, 복음에 대한 동양적 이해로 전환되고 있었다. 따라서 그의 토착화론은 자연스럽게 번역모델로 흘러갔고, 이것은 그 어느 것보다 불트만적 분위기를 많이 간직하고 있다.

지금까지의 유동식의 토착화 모델을 중심으로, 그의 토착화론에 대한 사상적 전거들을 살펴보았는데, 그렇다고 해서 어느 한 모델은 반드시 어느 한 신학자만의 영향력에 의한 것은 아니다. 다만 모델 중심의 이해는 유동식이라는 사상가에게 영향을 끼친 사상적 뿌리들을 찾는데 편리를 도모하려는 것일 뿐이다. 오히려 소금의 토착화론에 대한 명제에는 나일스, 크래머, 불트만의 사상들이 함께 어우러져 있다. 즉 그는 복음의 본질 규명 도구로서 불트만의 해석학을, 복음의 자기실현을 위한 방법론적 모델로서 나일스의 토착화론을 수용했고, 복음과 타 종교와의 대화를 모색하는 과정에서 크래머의 이론을 받아들였다고 할 것이다.

그렇다면 소금의 주된 토착화 모델이라 할 수 있는 접목모델의 뿌리는 어디에서 찾을 수 있을까? 소금은 1963년 『에큐메니컬 신학연구원』

35 유동식, "福音傳達에 있어서의 問題點에 대하여", 「基督教思想」 제16호, 46-47.

에서의 생활 이후, 그때까지 주된 관심사였던 나라는 실존과 복음과의 만남의 문제 혹은 도와 로고스의 만남의 문제는 우리 문화적 전통과 그 존재 의미에 대한 문제로 전이된다. 이제 그의 주된 관심은 한국 종교와 문화에 대한 것으로 한국 문화의 뿌리인 무교였다. 이때 그는 특히 엘리아데(M. Eliade)의 종교 현상학을 근간으로 고대 신앙의 형태와 그 반복행위인 고대제의 분석을 통해, 한국 무교의 원초적 형태를 찾아내려 했다.[36] 엘리아데는 엑스터시(Ecstasy) 경험을 샤머니즘의 기본적 특징으로 파악하고, 그것은 원래 모든 인간에게 보편적 · 원초적 현상이었지만, 다양한 역사 과정에서 터부시되거나 약화되었다고 본다. 그리하여 단절되어버린 양쪽 세계의 신화를 이제는 무당의 엑스터시가 감당하며, 이것은 결국 낙원을 향한 향수라는 신화적 내용을 전제로 한다는 것이다. 이러한 종교 현상학적 이론은 복잡한 무(巫) 현상 전체에 대한 그럴듯한 해석을 가능케 해준다.[37]

---

36 종교 현상학은 종교체험 내용에 대한 가치판단을 중지하고, 일체 선입견과 판단척도를 가지지 않고, 나타난 대로의 종교 현상을 객관적 태도로 연구하는 태도를 중시한다. 따라서 인간이 체험하는 종교적 체험들, 곧 궁극적 실재와의 관계에서 갖는 인간의 반응들에 대하여 현상학적 접근을 한다는 것은 종교 현상이 종교철학 또는 신학과 같은 규범 학문이 아니라는 것을 의미한다. 그런데 문제는 종교 현상학에 있어서 연구하려는 특정 종교에 대한 일절 판단중지의 태도는 필수 불가결한 요청이지만, 과연 연구자가 그처럼 완전한 객관적 태도를 가질 수 있는가에 대한 문제는 남아 있다. 왜냐하면 타 종교를 이해하려면, 연구자 자기 경험과 자신의 종교 전통에서 배운 개념들에 힘입을 수밖에 없다는 사실부터가 이미 완전히 객관적인 종교 현상학이라는 것은 있을 수 없음을 암시하고 있기 때문이다(김경재, "종교다원론에 있어서 해석학의 의미", 「現代와 神學」 제12집, 92-93).

37 유동식, 『韓國巫教의 歷史와 構造』, 19. 그러나 엘리아데의 이론은 巫의 역사 혹은 현상적 측면에 대한 구체적인 이해에 큰 도움이 되지 않는다. 巫는 다른 종교현상이 그렇듯 신화나 상징만이 아닌, 사람들에 의해 직접 신앙되는 구체적인 면을 아울러 가지고 있다. 그리고 그의 이론은 巫에 관한 실제적인 현지 조사를 한 번도 거치지 않았다는 데서 문제점이 드러난다. 그러나 엘리아데는 60년대

유동식은 그런 샤머니즘이 원시종교 현상일 뿐만 아니라, 그것은 또한 잠재적으로 전 인류에게 보편적 현상이라고 보는 엘리아데의 이론들을 중심으로 한국 무교의 역사와 구조를 주목하였고, 결국 무교는 한민족의 종교적 영성을 형성한 원초적 신앙이요, 한국 문화 형성을 위한 적극적인 활력소를 지닌 한국 문화의 지핵으로 인식하게 되었다.[38] 그 후 소금은 1980년대에 이르러 마침내 그러한 무교적 영성의 뿌리가 곧 풍류도요 또한 한민족의 종교·문화적 영성이라고 결론짓고, 그 영성을 복음과의 주체적 대화의 파트너로 주목했다. 그리하여 마침내 복음과 한국 문화의 동시적 주체성을 가능케 하고, 해석학적 순환 논리에 따른 동시적 상호조명과 상호성장을 가능케 하는 선교 신학의 모델로서 소위 접목모델이 등장하게 됐다. 따라서 그의 접목모델로서 토착화론은 엘리아데의 영향이라고 볼 수 있으며, 이것은 풍류신학이란 표제 아래 제시되는 복음과 풍류의 만남에서 그 면모가 드러난다.

요컨대 유동식의 토착화론은 나일스, 크래머, 불트만, 엘리아데의 이론들이 함께 어우러져 그 골격을 형성한 것으로 볼 수 있지만, 그럼에도 불구하고, 그의 토착화론의 가장 중요한 뿌리는 아무래도 불트만의 해석학인데, 이는 그의 일관된 신학적 관심인 한국 문화와 종교 현실 속에서의 복음 선교를 위한 신학을 구체적으로 지향할 수 있는 매우 중요한 이론적 도구가 될 수 있었기 때문이다. 그런데 유동식은 서구 사상에만 심취하지 않았다. 그의 사상적 뿌리는 동양사상들에서도 발견된다.

초 한국에 소개된 이래 한국인 학자들이 많이 주목해온 것이 사실이다. 하지만 그것은 그의 이론이나 방법론의 비판이나 지지, 계승 등의 학문적인 것이 아니고, 단순히 그 내용을 수용하거나(그것도 부분적으로), 인용하는 정도에서 벗어나지 못한다. 유동식 역시 이러한 측면에서 크게 벗어나지 못하고 있다(조흥윤, "巫 연구에 대하여", 「東方學志」 제43집, 1984. 9, 246-250).

38 유동식, 『韓國巫敎의 歷史와 構造』, 15.

특별히 유동식은 일찍부터 노장사상에 깊은 관심을 갖고 있었으며, 이것은 특별히 풍류신학에서 풍부하게 그 모습을 드러낸다.

> 학교 강의는 시원치 않고, 책은 없을 때고, … 광고 붙은 것 보니까 턴허스님이 겨울방학에 하루에 두 시간씩 장자 강의를 맡았어. … 아, 새로운 세계가 열려. … 아주 즐거웠어. 동양고전의 세계에 들어간 것이 처음이지. 처음 원전을 놓고 공부한 거야. 그때 내 편만 뗐지. 소요유편. 그게 머리에 늘 살아 있어서 글 쓰려 하면 떠오르고. 노자는 나 혼자 했어. 일본주석책 가지고.[39]

소금은 그때의 감동을 오랫동안 잊지 않았다. 신학교(감신대)를 통해 기초신학지식은 습득했지만, 새로운 앎에 대한 목마름은 그로 하여금 동양사상을 주목케 했고, 이것은 또 하나의 굵은 사상적 뿌리가 되어, 풍류신학을 이어가는 에너지가 되었던 것이다.

> 하나님의 세계를 이해하는 눈이 튼 것 같아. 그때까지 내가 가지고 있었던 하나님의 세계라는 것은 아무래도 무슨 규격에 걸려 있었고, 교리의 틀이라든가 신학의 틀이라든가 거기에 대해 어느 정도 불만이 있었어. 그런데 그 사람들의 눈으로 보니까 그야말로 우주란 말이 무엇인가 실감이 나고, 하나님을 이해하려면 저런 안목을 가져야지 분명한 것 같애.[40]

나아가 소금의 사상에는 또 하나의 물줄기, 요한신학이 자리잡고 있다. 그는 보스턴에서 신약학을 연구했고, 귀국 후에도 요한서신을 주석

---

39 성백걸 목사와의 대담(1999. 봄), 33.
40 *Ibid.*, 34.

하면서, 사귐과 죄 용서, 이중 초월, 사랑의 복음을 강조했다. 하지만 그는 요한신학에만 몰두하지 않았다. 김광식 교수의 회고담을 들어보면, 그는 요한신학 세미나에서도 도교의 무위자연과 불교의 이중 해탈 등을 종종 언급했고, 이런 주제들은 그의 글에 심심찮게 등장했다고 한다.[41] 말하자면 동양적 요한신학이었다. 이에 대한 관심은 고득순 목사와의 만남에서 시작됐다. 그는 요한복음을 유·불·선 동양사상으로 조명하며 설교했는데, 소금의 인상에 오래도록 남았던 고 목사의 말이 있었다.

> 요즘 젊은 목사들 가운데는 설교자료가 궁하다고 걱정하는 사람들이 있는데, 나로서는 잘 이해가 가지 않는다. 나는 요한복음 하나만을 가지고 30여년 간 설교했지만, 그것도 다하지 못한 채 은퇴하고 말았다.[42]

고 목사 외에도 그에게 동양적 요한신학에 대한 관심을 불러일으킨 이는 김우현 목사였다. 그 역시 요한복음에 심취했었고, 90 평생 단 한 권의 책, 『요한복음서요해: 생명에 관한 21장』을 출판했다. 소금은 다음과 같은 김우현 목사의 말을 인용한다.

> 너무 지나친 말씀일는지는 모르지만, 성경 66권 중에서 65권이 다 없어진다 하더라도 요한복음 한 권만 남아 있다면, 우리가 믿는 그리스도의 복음의 진리는 그대로 남을 것입니다.[43]

결국 소금은 고득순, 김우현 두 사람의 목사들에 의해 요한복음의

---

41 김광식, "샤마니즘과 風流神學", 「神學論壇」 제21집, 61.
42 유동식, 『風流道와 韓國神學』, 75 재인용.
43 *Ibid.*, 76.

중요성을 깨우침을 받았고, 풍류신학의 기반을 구축한 셈이다. 따라서 요한복음은 그에게 성육신에 대한 복음의 진리를 일깨웠으며, 평생 한민족에게 하나님의 복음을 올바로 전하기 위해, 복음과 한국적 영성의 만남의 문제를 해명하는 풍류신학자의 길을 걷게 했었다. 따라서 소금의 사상적 뿌리는 불트만의 해석학, 노장사상, 요한복음 등에서 발견되며, 그것들을 한국적 영성인 풍류도의 눈, 곧 한·멋진·삶의 이념 안으로 읽어 들이면서, 한국적 신학으로써 풍류신학을 주창한 것이다.

3) 유동식 토착화론의 해석학적 성격

토착화가 보편적-객관적 복음과 특정 문화와의 만남에서 양자 간의 관계개념이라고 할 때, 해석학적 측면을 필수적으로 요청한다. 왜냐하면 소금이 지적한 대로 특정 문화적 상황에 복음이 수용될 때, 그 복음에 대한 일종의 번역·해석의 과정이 선행될 수밖에 없기 때문이다. 그렇다면 초기의 선교 신학적 관심에서 출발하여 풍류신학에 이르는 소금의 토착화론의 해석학적 성격은 어떠한 특징을 갖고 있는가?

(1) 한(韓)의 변증법-기독교 보편주의

소금의 신학적 관심은 늘 '복음과 한국 문화와의 관계 해명'이었다. 즉 "복음이 어떻게 한국인의 심성에 뿌리내려서 그들을 새로운 존재가 되게 하는가?"에 중심을 둔 선교학적 토착화론이었다. 그는 특히 『한국종교와 기독교』에서 한국 문화를 이루는 한국인의 마음으로서 한(韓)을 기독교 보편주의와 관련시키면서 한(韓)의 변증법을 제시한다. 그에 따르면 로고스는 우주 만물의 주인이며 역사의 중심이기에, 하나님의 구원은 조건 없이 모든 이에게 미친다. 따라서 기독교 이전의 오랜 역사와 수많은 한국인 역시 하나님의 구원사와 무관하지 않으며, 그리스도는 과거부터 숨은 형태로 이 땅에서 하나님의 구원 사역, 곧 인간 회복역사를 펼쳐왔다는 것이다.[44] 그러므로 그가 이해는 선교는 한국인의 영성(韓의 영성) 안에서 이미 일하고 계시는 그리스도를 발견하고, 그 역사에 합류함으로써 그분을 증언하고 선포하는 것을 뜻한다. 그리하여 소위 익명적 그리스도(*Incognito of Christ*)가 구원 활동을 해온 한국사의 의미도 한의 영성에서 올바로 드러난다.

그에 따르면, 한(韓)은 본래 알타이어의 한(Han) 또는 칸(khan)의 한자 음사(音寫)이며, 몽고어의 가한(可汗), 한(汗), 신라 말의 한(翰), 간(干) 등은 모두 칸, 한의 한자 이사(異寫)에 불과하다.[45] 한국은 한의 나라이며, 한을 이상으로 한다. 한(韓)은 하나인 동시에 전체이며, 가장 높고 크고, 옳고 강하다는 뜻이다. 이러한 한은 한국인의 사상적 바탕이다. 이 한의 뜻을 종합적으로 드러내는 것이 한님 또는 하느님이라는 신앙 대상에 대한 호칭인데, 이는 곧 한(韓)의 인격화다.[46] 이러한 한은 다음과 같은 의미를 갖는다.

---

44 유동식, 『韓國宗教과 基督教』, 160.

45 *Ibid.*, 216.

46 *Ibid.*, 216-217. 한(韓)을 한국사상 전반에 대한 지칭으로 접근한 시도는 이미 함석헌에게서 시작된다(『뜻으로 본 韓國歷史』, 서울: 제일출판사, 1965, 124-125). 이러한 논의는 김상일에 의해서도 제기되는데, 그는 고대 수메르어와 한국어를 비교하는 방식을 채택한다. 수메르어의 GAN은 전체, 많음, 들, 생산 등의 뜻인데, 들에서 AN·ANNA·ANNA 등이 나왔고, 그 의미는 높다 · 높은 평원 · 사막의 구릉 · 꼭대기의 정상 · 하늘 · 들려 높은 곳 등이다. 여기서 특히 한의 개념과 수메르어의 간 혹은 안은 의미를 거의 같다는 것이다("神學과 韓國思想의 만남(I/II)", 「基督教思想」 제325/326호, 1985. 7/8, 121-135 /134-151). 나아가 김상일은 한국인들이 신을 하나님 혹은 하느님으로 불러왔는데, 수메르인들의 경우 최고신은 AN으로서 존칭어 EN을 붙여서 AN-EN으로 불렀으며, 이것이 앗수르에 전승되어서 AN은 ANU로 변했다고 본다. 그런데 자음 ㅎ(H)는 모음 앞에서 저절로 탈락된다는 점에서, 한글의 HAN과 수메르어의 AN과의 모종의 연관이 있다는 것이다. 이것은 또한 변천과정에서도 유사점이 나타나는데, 안 → 아누와 한 →

1. 모든 것을 한 속에 용납하는 큰마음이다. 한은 본래 하나인 동시에 전체다.

2. 종합지양(綜合止揚)하는 마음이니 이것은 단순히 다(多)를 종합한다는 것이 아니라,

이를 지양(止揚)하여 그 근본을 잡게 하는 창의적인 마음이다.

3. 현실에의 책임 있는 참여의 마음이다. 한 마음은 관념적인 공리론에 매이기를 거부한다.

한 마음에게는 하늘이 곧 사람인 것이다.

4. 현실 참여 속에서 갖는 한국이 풍류의 마음이다.[47]

그에게 있어서 선교는 복음이 한국인 심성에 심어져서 꽃피우고 결실하는 것이며, 이것이 곧 토착화의 문제였다. 따라서 기독교라는 종교형식보다 복음이 한국인의 심성에 토착화하는 것이 중요했고, 종교형식은 오히려 비종교화의 대상이었다.

종교란 기독교의 본질적인 것이 아니라, 액세서리에 불과하다. 그러므로 우리는 이러한 종교로부터 자유하지 않으면 아니 된다. 즉 우리는 복음의 본질로 돌아가기 위해 모든 종교적인 것을 해석하고 비종교화(non-religions interpretation)하지 않으면 아니되는 것이다.[48]

왜냐하면 하나님은 유대인만의 하나님이 아니라, 전 인류의 하나님

하늘의 형태가 그렇다는 것이다(김상일, "한 철학적 神學의 모색", 심일섭 편, 『한국 신학의 토착화론과 사회윤리』, 서울: 국학자료원, 1995, 197-213; 『한철학』, 서울: 전망사, 1983).

47 유동식, 『韓國宗教와 基督教』, 223-224.

48 *Ibid.*, 236.

이며, 복음 역시 유대인의 복음인 동시에 온 인류의 복음이기 때문이다. 그러므로 토착화란 유대식 기독교나 서구식 기독교으로의 회귀가 아니라, 초월적 진리가 일정한 역사적 정황에 적응하여 역사 현실, 구체적으로 한국 역사적 현실을 구원하는 것을 뜻한다. 이러한 그의 토착화론은 전술한 대로 한이라는 한국인의 영성에 기초한 기독교 보편주의, 곧 한(韓)의 변증법에 기초하고 있다.[49]

(2) 초월적 진리의 자기부정 · 성육신 원리

유동식은 토착화 현상을 복음 자체가 지니는 변증법적 원리에 의해 이루어지는 것으로 이해한다. 이것은 그의 토착화 개념에서 그 실체가 드러난다. 이에 대해 그는 다음과 같이 말한다.

> 토착화는 초월적인 진리가 일정한 역사적 상황 속에서 적응하도록 자기를 변화하는 것이다. 그러나 그 역사적 현실과 타협함으로써 진리가 자기를 잃는 것이 아니라, 자신의 독자성과 초월성을 가지고 자기가 처해 있는 역사와 세계를 자기의 의도대로 새롭게 창조해 나가는 것이다.[50]

토착화가 초월적 진리가 본질 상실이나 타협 없이, 상대적 · 역사적 상황에 자신을 적응시키는 것이라는 소금의 설명은 이미 엄청난 변증법을 전제한다. 즉 하나님 아들이 성육신함으로써, 만남의 변증법을 일으킨 사건이 예수 그리스도를 통한 하나님의 구원사건이고, 토착화사건이다. 다시 말해서, 절대자 하나님과 연약한 인간이 성육신한 예수 그리스

49 유동식, 『風流道와 韓國神學』, 10-15. 유동식은 1960년대에는 한국인의 마음으로서 한을 하나의 포괄적인 개념으로 보고, 풍류(風流)를 그 한의 한 속성으로 보려 했으나, 후기에 이르러서는 그 풍류가 곧 한의 본체라고 이해하게 된다.

50 유동식, "福音의 土着化와 韓國에서의 宣教的 課題", 「監神學報」(1962. 10.), 44.

도 안에서 성령의 은혜로써, 무한한 질적 차이를 극복하고, 만나는 사건이야말로, 신-인 사이의 역설적인 변증법적 사건이다. 그런데 그의 토착화론은 하나님 자신의 자기부정만을 뜻하지 않는다. 그것은 필연적으로 인간에게도 자기부정을 통한 실존적 결단을 요구한다. 즉 하나님의 자기부정으로서 객관적인 구원사건은 인간이 그 복음을 수용함으로써, 인간 안에서 주관적 사건이 된다.

> 초월적이고 영원한 하나님께서 유한한 인간과의 사귐을 갖는 길은 자기부정 또는 허화(虛化)의 길이었다. 자기를 없이 하고 사람과 같이 되어 사람을 자기 안에 얻었다. 이로써 인간에게는 초월적이요 영원하신 하나님과의 사귐의 길이 열리게 되었다. 이것이 복음이다. 이 복음을 받아들임으로써 인간은 하나님과의 사귐을 갖게 되었다. 차원을 달리하는 인간이 복음을 받아들이고, 하나님과의 사귐을 갖는 길 역시 복음적 방법 곧 자기부정의 방법이 있을 것뿐이다. 자기를 부정하고 그리스도 안에 있게 될 때에 사람은 하나님과 만나는 것이다.[51]

요컨대 소금은 토착화를 초월적 진리의 자기부정의 변증법으로 이해하는 바, 하나님께서 성육신을 통해 인간에게 객관적으로 다가오고, 인간은 복음에 대한 실존적·주관적 결단을 통하여 하나님께로 나감에서 발생하는 역설적인 사건으로 보는 듯하다. 그런데 문제는 그의 무게중심이 초월적 진리인 복음보다 그것이 적응하게 될 한국적 토양에 있다는 점이다.

(3) 선교적 변증론

유동식의 토착화론은 근본적으로 그리고 시종일관 한국인을 향한

---

51 *Ibid.*, 45.

선교적 관심으로 일관하고 있고, 이러한 시각은 그의 토착화론이 필연적으로 한민족 복음화라는 성취론적 방향으로 흘러가게 했다. 그는 다음과 같이 말한다.

> 우리는 한국의 재래종교와의 대화 속에서 언제나 상대방을 복음화하려는 목적의식을 분명히 가져야 할 것이다. 복음의 대화는 단순한 친선이나, 상호 이해증진을 목적하자는 것이 아니다. 대화의 목적은 분명히 그리스도 안에서 "더 많은 사람을 얻고자" 하는 데에 있다.[52]

> 나의 신학적 관심이 신약학에서 선교학으로 달라진 것은 사실이다. … 평생의 내 신학적 과제는 기독교의 로고스와 동양 종교의 道가 어떻게 창조적으로 만나느냐에 있었다 해도 과언이 아니다.[53]

이러한 소금의 관심은 그 자신의 독특한 역사적 경험의 과정에서, 의식·무의식적으로 형성된 한민족에 대한 사랑으로부터 시작된 것으로 보인다. 그리고 그는 이러한 선교적 관점에서의 복음의 한국적 토착화를 위해, 복음의 본질 규명과 함께 한국인의 영성 규명에 온 힘을 기울였는데, 이를 위해 불트만의 해석학을 도구로 무교 연구에 힘썼고, 그 결과 무교적 종교문화의 기층을 흐르는 한국적 영성(韓의 영성)의 실체를 밝혀냈으며, 후일 이것을 풍류 개념으로 정리했다. 그러나 그는 어디까지나 신학자였고, 그의 가슴은 항상 한민족 구원에 대한 열정으로 타오르고 있었다. 한때 종교학에 심취한 것도 결국 선교적 관점에서 복음의 한국적 토착화를 지향함에서였지, 결코 종교학자의 길을 위함은 아니었

52 유동식, "福音과 在來宗教와의 對話問題", 「基督教思想」 제56호, 61.
53 유동식, "風流神學으로 가는 旅路", 「월간조선」(1983. 9.), 327.

다. 이런 측면에서 그의 풍류신학도 어디까지나 무교적 영성을 기반으로 한 복음에 대한 한국적 해석이요, 기독교 변증론이었다.

(4) 종교 · 우주론적 역사관

유동식이 한국적 신학으로써 풍류신학을 주창했다고 해서, 그의 사상적 지평이 한국 종교·문화의 테두리 안에 제한된 것은 아니었다. 오히려 그는 하나님의 창조 세계로서 우주라는 드넓은 장에서 종교와 역사를 이해하고 있다. 이것은 그가 토착화의 장으로서 한국 종교-문화적 영성을 타민족의 그것과 분리된 어떤 것이 아닌, 보편적 종교 현상과 관계되는 전체 종교-문화적 영성 수렴의 의미로 이해함을 뜻한다. 그가 이해하는 우주는 존재하는 것의 총체로서 시·공간적 범주의 내적 존재뿐만 아니라, 초월적 영성 세계까지 포괄하는 통전적 우주를 뜻한다. 그렇지만 그는 이것을 자연과학적 측면이 아니라, 종교적 측면에서 접근한다.[54] 곧 자연과학적 측면에서는 우주에 대해, 시·공적 차원으로 접근하지만, 종교적 측면에서는 영성적 차원으로 접근하는데, 이 영성 우주는 하나님과 그분께 속한 영성과 말씀 등으로 구성된 우주로서 태초 이전부터 존재하는 초월적 실체이다. 영성의 출현은 영성 우주가 시공 우주 안으로 침투해올 때 드러나는데, 그 정점을 이루는 것이 바로 로고스의 성육신이다. 영성 우주는 시공 우주의 존재 근거이고, 시공 우주가 변화무쌍함에 비해 영성 우주는 항상(恒常)하다. 우리는 시공 우주에서 그것의 존재 근거인 영성 우주를 보아야 하며 또한 영성 우주의 빛에서 시공 우주를 보아야 한다.

'이러한 영성 우주는 결국 시공 우주를 초월한 실재이기 때문에, 시·

54 그는 현대 자연과학이 밝힌 시공간적 우주관을 대체로 수용하면서 기기에다 비물질적인 차원의 우주 곧 "종교적 영성적 차원의 우주관"을 통합하여 이해하고 있는 것으로 보인다(유동식, 『風流道와 한국의 종교사상』, 15-28).

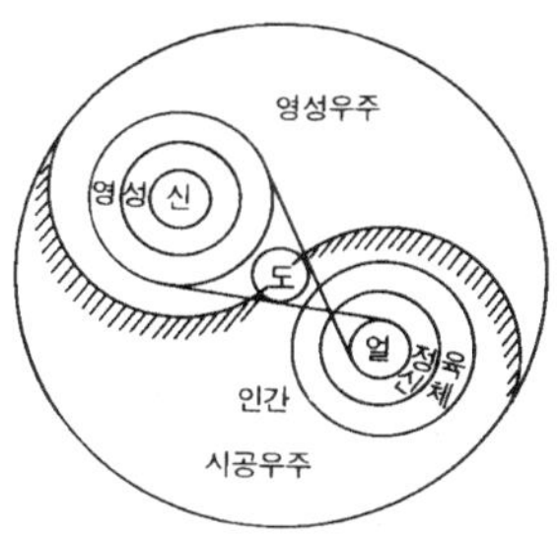

〔그림 1〕 우주의 구조[55]

공간의 제약 없이 시공 우주 안팎에 존재할 수 있지만, 시공 우주와는 구별된다. 이 양자의 관계를 그는 **태극도(太極圖)**를 기반으로 설명한다. 그에 따르면 우주는 음(陰)의 영역에 속하는 **시공 우주**와 양(陽)의 영역에 속하는 **영성 우주**로 이뤄져 있지만, 양자는 서로 엇물린 가운데 하나의 전체를 이루고 있다. 종교는 통전적 우주 안에서 살려는 것이요, 이 세상에서 동시에 영성 우주를 살려는 것이지만, 시공 우주만을 실재 세계로 알고 세속에 집착하는 삶은 반쪽우주를 사는 것이다. 그런데 시공 우주 안에서 동시에 영성 우주를 살기 위해서는 둘 사이의 통로(道)가 필요하다. 이 도가 바로 예수 그리스도이며(요 14:6), 이 도를 닦고 몸에 지니려는 것이 종교의 본질이며, 그렇게 얻은 영성이 얼이다. 사람으로 사람 되게 하는 얼은 인간 안에 존재하는 영성 우주로서, 정신과 육체를 통해 인격을 창출하는 핵이다.

이렇게 보면 인간은 **통전 우주**의 축소판으로서, 육체를 구성하는 물질과 육체 안에 있는 생명과 정신 그리고 인격의 핵인 얼의 사중구조를 이루고 있다. 기독교 신앙은 자기부정을 통해 그리스도를 내 안에 모시는 삶이기에, 결국 그 인격을 통어하는 것은 자신이 아니라 자기 안에 있는 그리스도이며, 믿음으로 인해 그리스도가 우리 얼이 됨으로써, 인

55 *Ibid.*, 24.

간 본래성이 회복되는데, 이것이 곧 인간의 구원이다.[57]

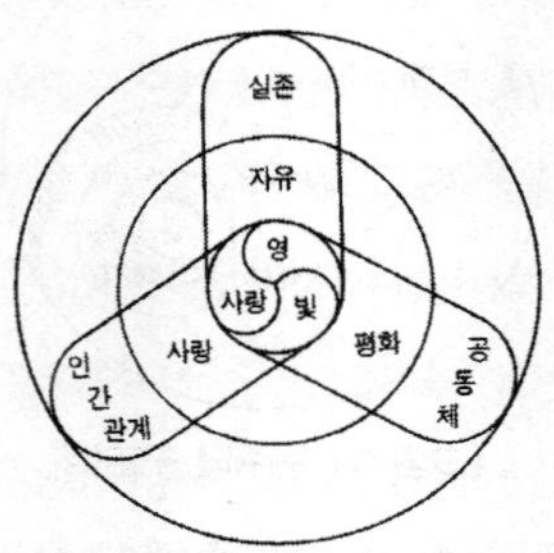

〔그림 2〕 그리스도인의 영성[56]

그렇게 그리스도를 통하여 구원받은 인간은 잃어버렸던 하나님의 형상을 회복하고, 자신 안에 하나님의 인품인 자유·평화·사랑으로 구성된 새로운 영성을 지니게 되는데, 이것은 개인적 실존뿐 아니라, 타인과의 관계 속에서 참된 인류공동체를 형성하는 바탕이 된다. 그런데 도는 분명 유일한 보편적 진리이지만, 문화·종교적 전통에 따라 다양하게 표현되면서, 개성을 지닌 영성을 갖게 되는데, 이것은 동·서양의 보편적 현상이고, 한국 역시 예외가 아니다. 특히 한국의 경우 도는 풍류라는 민족 얼로 살아 있게 되었고, 그것은 풍류도에 의해 종교·문화를 형성하였으며, 결국 한민족의 얼로서 풍류가 기반을 우리는 한민족 역사를 구성해왔다는 것이다. 따라서 한국의 경우 토착화를 위해서는 풍류도의 본질 규명이 선행되어야 하며, 풍류라는 채널을 통하여, 한국사·문화적 상황을 바탕으로, 한민족의 영성 안에서 역사하신 그리스도를 발견하고, 그분의 역사에 합류함으로써, 그분을 증언하는 삶을 살아야 한다는 것이다.

이러한 그의 세계관은 헤겔(G.F. Hegel)의 전체주의적 역사관에 기초를 둔 샤르뎅(Teilhard de Chardin)의 진화론적 사고와 유사하다. 이것은

56 *Ibid.*, 26.
57 *Ibid.*, 23-30.

특히 풍류도의 변증법에서 더욱 확실하게 드러나는데, 그는 하나님이 한 분이요, 우주와 창조의 완성인 종말도 하나라는 획일적 역사관에다 우주 창조 질서를 '무기물 → 생명화 → 인간화 → 사회화 → 영화(靈化)'라는 진화론적 생성 과정으로 보는 진화론적 창조론을 통합한다. 그리하여 창조 질서는 영이신 하나님의 자기실현 과정이며, 마지막 목표인 자유와 사랑과 평화의 영화로운 세계는 그리스도의 죽음과 그의 부활 통한 하나님 나라의 최후 완성에서 드러난다고 본다.[58] 이러한 측면에서, 풍류도 역시 영화 세계에 속하는 한국인의 영성이며, 한국 종교·문화사는 풍류 문화의 형성 과정사로 이해될 수 있다. 곧 한국인의 영성으로서 풍류도는 무교·불교·유교 문화를 매개로 전개되어왔고, 이제는 기독교 문화를 통해 전개되고 있으며, 남은 것은 기독교 문화·동양 종교문화·풍류 문화가 하나로 통합되는 우주 종말의 날이라는 것이다. 그날은 영체(靈體)로 부활하신 그리스도로 말미암아 이미 도래한 날임과 동시에 미래에 이루어질 최후 완성의 날이기도 하다. 이러한 종교적 우주 역사관에 대해 소금은 [그림 3]으로 설명한다.

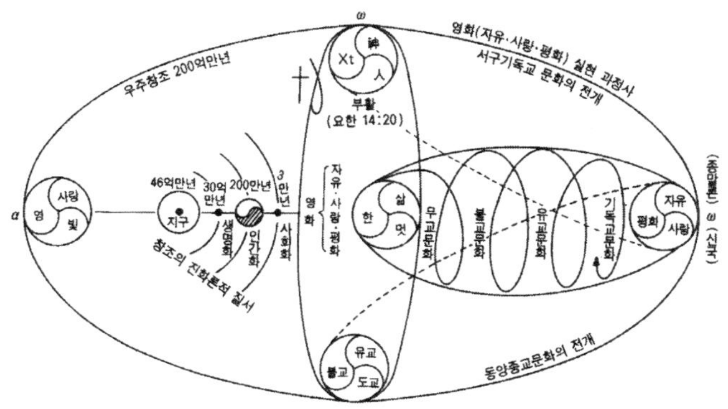

〔그림 3〕 종교적 우주 역사의 구조[59]

---

58 *Ibid.*, 75-76.

(5) 풍류도의 변증법적 종교론

소금의 토착화론은 풍류신학으로 이어지는데, 그가 말하는 한국인의 영성, 풍류도는 독특한 변증법적 구조를 지니고 있다. 그에 따르면 한국의 고대 무교적 제천의식의 중심에는 노래와 춤으로써 신(神)과 교제하려는 가무강신(歌舞降神)이 있었는데, 그것이 4·5세기경에 수용된 유·불·선 삼교를 매개로 승화되었을 때, 최치원은 이를 가리켜 풍류도라 불렀으며, 이 풍류도를 몸에 지닌 이들이 신라 화랑들이었고, 그들이 민족통일과 한국 문화의 초석을 놓았다는 것이다.[60]

따라서 풍류도는 한·멋진·삶의 도, 곧 포월적인 한과 창조적인 멋과 인간성이 회복된 삶이며, 한국 문화의 기초적 이념으로서, 한·멋진·삶이라는 한국인의 존재 의미와 존재가치에 부합하는 한국인다운 삶의 이념구현에 목적이 있다. 그 삶의 이념은 홍익인간이라는 한민족 민족이념과도 통하는 것이다. 그런데 이러한 풍류도는 신인 융합의 원리에 기반을 둔, 초월적·종교적 자유와 삶에 뿌리내린 생동감 있는 조화미로서 멋과 포함삼교(包含三敎)하는 포월적 진리로서 한 그리고 사람을 사람되게 하는 접화군생(接化群生)의 진리로서 삶이라는 삼중적 원리로 구성되지만, 결국 하나로 수렴되고, 새로운 세계창조로 이어진다. 또한 풍류도는 각 시대마다 한민족의 종교문화로서 특성을 드러내기도 하였는데, 고대에는 무교 문화로서, 중세에는 불교 문화로서, 근대에는 유교 문화로서 그 형태를 드러냈으며, 현대에는 기독교라는 종교문화로서 그 얼굴을 드러내는 바, 이것이야말로 한민족을 향한 하나님의 우주적 비전(한·멋진·삶)의 실현이라는 것이다. 이런 논리 위에 세워진 풍류신학

59 *Ibid.*, 78.

60 유동식, "오늘의 선교적 상황과 타 종교 이해", 『한국 교회와 신학의 과제』(서울: 연세대학교 한국기독교문화연구소, 1985), 297-298.

은 한국 문화적 전통과 기독교 전통의 합류이며, 이를 통해 새로운 부활의 세계를 살자는 신학이다.[61] 풍류도는 어떤 고대적 종교 현상이 아닌, 각종 종교를 형성하고 외래 종교를 수용·전개해왔으며, 항상 한국인 의식 속에 살아 있는 고유한 민족적 영성이고, 한국 문화의 기초적 이념이다.[62] 이러한 풍류도의 변증법에 대해, 소금은 [그림 4]로 설명한다.

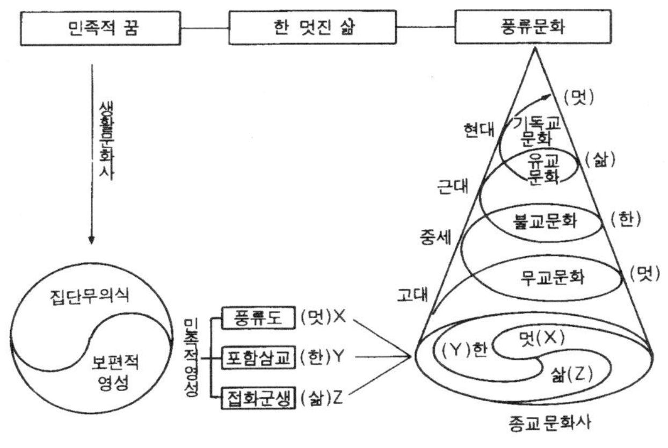

〔그림 4〕 풍류도와 종교문화[63]

그에 따르면 각 종교는 본질상 풍류도의 구성요소 가운데 어느 한 요소가 지배적이다. 무교는 풍류도의 원시적 현현으로서 심미적 멋이, 불교는 초월적인 한이, 유교는 윤리적 현실 치리의 삶이 지배적이나, 기독교는 영적 초월과 역사적 현실과의 변증법적 통일을 강조함에서 다시 멋의 이념이 보다 지배적이다. 이것을 기호화하면 불교문화 Y(XYZ), 유교 문화 Z(XYZ), 기독교 문화 X(XYZ), 무교 문화(XYZ)로 표시된다. 따라서 한국 종교사는 토착적 무교 문화와 3개의 외래 종교문화로 구성된

61 *Ibid.*, 298-299.

62 유동식, 『風流道와 한국의 종교사상』, 60-61.

63 *Ibid.*, 75.

하나의 풍류도 구조를 이루며, 이러한 종교·문화사적 위치로 볼 때 한국 기독교의 사명은 종교사 전체를 수렴하면서 풍류 문화를 창조하는데 공헌하는 것이다. 이러한 풍류도는 결국 일종의 포월적 변증법을 따라간다.

2. 풍류신학 길라잡이

소금은 오랜 세월, 한반도에 삶의 터전을 삼아온 한민족의 다양하고도 복잡한 종교·문화사적 흐름에서도 변하지 않고 지속되어온 민족이념을 풍류도라고 부르면서, 풍류신학을 주창했다. 곧 "한민족의 삶에 등장한 모든 종교는 풍류라는 민족이념의 각 시대마다의 표출"이라는 것이다. 그렇다면 풍류신학은 어떠한 특징을 가지고 있는가?

1) 풍류도와 한국의 종교사상

소금에 따르면, 한민족의 종교·문화적 영성인 풍류는 특히 무교 안에 살아 있었는데, 무교는 한민족이 영유해온 가장 오래된 민간신앙 형태로서, 한민족 민중생활사 전체에 근본적인 영향력을 끼치는 가운데, 특히 민족적 정신세계의 중요한 기반을 이루어 온 민족적 이념의 주요 원천으로서, 한민족의 역사·문화적 흐름의 한가운데를 흘러왔다고 본다.[64]

---

64 유동식은 원시종교와 민간신앙을 구별, 후자는 외견상 전자와 유사하지만, 미개사회가 아닌, 고등종교문화사회의 민중 속에 살아 있는 종교 현상으로 정의한다. 그리고 그것은 자연종교에 뿌리를 두고 있지만, 외래 종교가 수용되고 토착화되는 과정에서 파생된 변질적 요소가 함께 혼합되어 항상 민중의 생활 속에 살아 있으면서, 사회문화의 기층을 흐른다고 보았다("第四의 宗教와 基督教", 「基督教思想」, 제144호, 1970. 5., 42-44).

> 우리에게는 고대로부터 신라와 이조를 지나 오늘에 이르기까지 이를 일관하는 한국 문화라는 일정한 개념이 있다. 그러므로 필경 이 개념을 구성하는 우리 고유의 종교적 터전이 있을 것이다. … 요컨대 문화의 상부구조는 시대를 따라 변해왔음에도 불구하고 그 저변에는 불변의 하부구조가 흐르고 있다는 말이다. 그리고 이 하부구조 형성에는 오랜 종교적 터전이 있다고 본다. … 그러면 과연 한국 문화의 종교적 지반을 이루고 있는 것은 무엇이겠는가? 우리가 아는 한의 한국 문화사는 무교와 함께 흘러왔다. 그리고 이 무교가 한국 문화의 대지였다.[65]

그런데 소금에 따르면 한국 문화의 종교적 지반을 이루는 이 고래(古來)의 무교가 바로 최치원이 말한 현묘지풍류도(玄妙之風流道)로서, 유·불·선 삼교의 모든 요소를 내포하는 묘한 종교요, 신앙 세계라는 것이다.

> 신라말 최치원(崔致遠)의 글귀에 의하면 우리나라에는 현묘(玄妙)한 도가 있는데, 이를 불러 풍류(風流)라 한다. … 실로 이는 삼교를 포함한 것으로 모든 민중과 접촉하여 이를 교화한다고 하였다. 동양의 모든 종교를 포함하고 모든 사람을 교화하고도 남는 대해와도 같은 신앙의 세계가 우리나라에 본시부터 있었다고 한다. 그리고 이것을 불러 풍류도(風流道)라 하였다.[66]

소금에 따르면, 한민족의 원형적 영성은 무교(巫教)나 선교(仙教)와는 다르지만, 그것들과 너무 오랫동안 습합되었기에 구별이 불가능한 상황이고, 다만 풍류도라는 하나의 이념적 형태소로 존재해왔다는 것이

65 유동식, "韓國文化의 宗教的 基盤", 「현대와 신학」 제6집, 111-112.
66 *Ibid.*, 115.

다. 그렇지만 그의 말대로, 한국인의 정신적 삶을 한국적이도록 만드는 결정화된 원형적 형태소가 실제로 존재한다고 보기는 어렵다. 다만 그것은 다양한 종교들 안에 역동적·형태적인 힘으로 존재한다고 보는 것이 옳을 것이다.[67] 따라서 김광식의 주장대로, 한민족의 민족적 자기 이해에서 자성하는 표현인 '사람다움'에서 그 원형을 찾는 것이 더 용이할 수 있다.[68] 그러나 한국인의 종교심 자체가 고대 신화나 제천의식에서처럼, 역동적인 데다가, 무교와 습합하여 열광주의 형태로 표출되어왔다는 점에서, 무교로부터 완전히 분리하기는 어렵다. 그러므로 그의 주장대로 무교적 영성과의 관계에서 한국인의 종교적 심성의 원초적 형태를 유추하는 것이 보다 현실적일 수 있다. 그렇다면 무교적 영성은 어떤 형태로 남아 있는가? 그것은 한국 문화의 지반을 이루지만, 양상은 매우 복잡하다. 과거에 성행했던 국가제의(國家祭儀)와 현존하는 동제(洞祭)가 있는가 하면, 개인적인 굿이 있다. 또한 무교는 각종 신흥종교의 주변을 이루기도 하고, 때로는 기성종교의 그늘에 서식하기도 한다.

하지만 역시 무교를 대표하는 것은 굿 형태의 민간신앙이다. 굿은 신라말부터는 개인의 벽사진경(辟邪進慶)을 위한 신앙 행위로 나타나지만,[69] 그 이전에는 대체로 국가적 제의 형태였다. 특히 고대 제례에는 제천의례와 광명 신앙, 농경의례와 곡신 신앙, 가무강신과 창조신앙 등의 공통적인 구조가 흐른다. 즉 고대 한민족은 천신 신앙(天神信仰)을 기반으로, 곡신(穀神) 곧 지모신(地母神)을 숭배했으며, 그러한 제천·

67 김경재, "한국 교회, 얼마나 한국적인가?" 「신학 사상」 제82집(1993. 9.), 129-130.
68 김광식, "God in Humanity", Chungmyung Verlag (Seoul, 1992), 83-84.
69 처용랑(處容郞) 설화에서 그 모델을 볼 수 있다(유동식, "伽藍構造 및 佛書를 통해본 韓·日 佛敎受容形態의 比較硏究", 「神學思想」 제14집, 1976. 9., 605; "The World of 'Kut' and Korean Optimism", *Korea Journal*, vol. 13-8, 1973. 8., Korea National Commission for UNESCO, Seoul).

농경제례일에는 온 나라가 대회를 열고 음주 가무로써 하느님과 농신(農神)을 즐겁게 하고, 추수를 감사하며, 다음 해의 풍작을 기원했다. 이러한 고대 신앙 형태는 하늘과 땅 또는 신-인 사이의 결혼이라는 신화적 조형(組型)을 제례를 통해 재현한 것으로서, 형식상 고대 건국 신화들이 암시하는 신앙 형태와 유사하다.

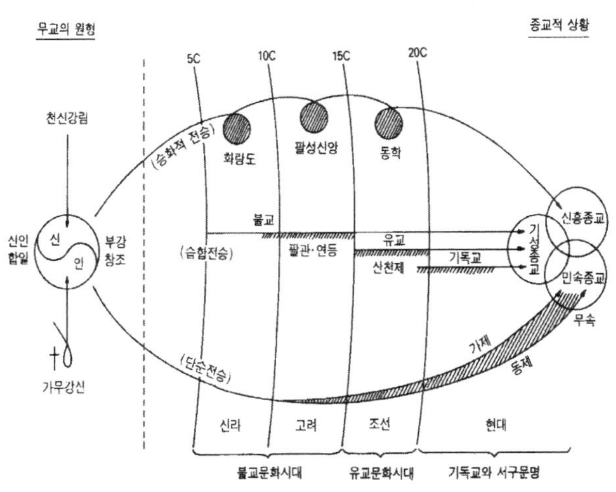

〔그림 5〕 무교의 전승 유형과 한국의 종교[70]

그러기에 고대 한민족 신앙인 무속신앙의 원형은 신화나 제례에 함께 등장하는 천신 강림과 산신신앙, 지모-인간의 승화와 곡신 신앙, 천지 융합과 창조신앙 형태를 기반으로 하는 성속변증법, 신인 융합의 엑스터시, 화복의 조절 형식 등으로 나타나고 있으며, 고대 동북아시아의 보편적 종교 현상과 일치할 뿐 아니라, 다양한 민족사적 상황 속에서 다른 종교문화들과 혼합되면서 오늘의 무속 형태로 현존한다. 그런데 놀랍게도 이러한 한국의 무교는 한국인의 종교 의식과 세계관을 지배하면서,

70 *Ibid.*, 75.

여러 외래 종교들과의 만남에서도 자신의 기반을 잃지 않고, 오히려 외래 종교들의 토착화에 큰 역할을 해왔는데, 그것은 소금에 따르면, 그것은 한민족 정신적 얼인 풍류도에서부터 솟구치는 생생한 에너지 때문이라는 것이다.[71]

더욱이 자신 안에 이러한 풍류도를 품은 채로, 한민족의 오랜 종교·문화적 전통을 이어온 무속신앙은 오늘의 한국 기독교 신앙에도 적잖은 영향을 끼쳤다고 볼 수 있는데, 실제로 한국 그리스도인들의 신앙생활 요소뿐만 아니라, 한국 교회 목회자들의 목회 활동 현장에도 여전히 그 뿌리들이 남아 있다고 할 것이다. 가령 한국 교회의 오랜 전통인 새벽기도회와 철야기도 예배형식과 내용 그리고 심방을 중심으로 하는 목회 활동 등이 그것이다.

2) 풍류도의 의미와 논리 구조

그렇다면 풍류신학 논의의 기반이 되는 풍류도란 무엇인가? 그리고 그것은 또 어떠한 논리 구조인가? 소금은 풍류도에 대한 논의를 복음을 받아들이는 민족마다의 독자적인 문화의 눈이 필요하다는 전제에서 출발한다.

> 유대인에게 하나님의 말씀을 보는 눈이 있었고, 서구인에게 또한 그들 나름대로의 눈이 있었듯이 우리 한국인에게는 우리 나름의 눈이 있다. 눈이란 곧 영성을 말한다. 민족의 꿈을 자아내고 우리의 문화를 형성케 하는 영성 말이다. 우리 문화의 기초이념이라 해도 좋다. 문화의 핵심부에 있으면서

---

71 유동식, "풍류도와 기독교", 「神學論壇」 제16집(1983. 11.), 323; "Korean Religious Culture and Christianity", *KJST,* vol. 3(1999), 237-239.

문화 형성과 발전의 추진력이 되는 이념이다. 이것은 문화의 역사적 변천 속에서도 변치 아니하는 정신적 요소요, 그 문화의 정체성을 형성하는 기초가 되기도 한다. 우리의 눈을 이루고 있는 것은 풍류도(風流道)라 하겠다.[72]

한민족 문화의 눈(韓의 영성)으로서, 풍류도는 자연·인생·예술이 혼연일체가 된 삼매경에 대한 표현으로서, 한민족 고유사상인 부루의 한자 표기이며, 부루는 '불, 밝, 환, 하늘' 곧 광명이세(光明理世)하는 하나님 신앙(天神信仰)에서 나온 개념이라는 점에서, 풍류도는 곧 천신도(天神道)를 일컫는다.[73] 이 천신도는 옛 한인들이 봄·가을 하나님께 가무(歌舞)로써 제사하는 제의 형식을 취하는데, 그 내용은 신(天神: 하나님)과 인간이 하나됨의 체험 곧 강신체험(降神體驗)을 핵심으로 하며, 이것이 5세기 이후 유·불·선을 매개로 승화됨으로써 민족 고유이념인 풍류도를 이루게 되었다는 것이다.

제천의식이 핵이 되는 것은 가무강신이다. 노래와 춤은 우리를 황홀경으로 이끌어 간다. 명상이나 기도가 아닌 몸의 율동, 곧 신체어(身體語)를 통해 무아입신경(無我入神境)으로 가는 신비체험이요, 신인 융합(神人融合)의 실현이다. 여기에 풍류도의 핵심이 있다. 풍류도란 노래와 춤을 통해 신과 인간이 하나로 융합됨으로 전개되는 종교요, 사상이다.[74]

그리하여 소금은 풍류도를 신인 융합(神人融合), 포함삼교(包含三教), 접화군생(接化群生)의 삼중구조로 설명하면서, 먼저 신인 융합은

---

72 유동식, "風流神學", 「神學思想」 제41집(1983. 6.), 432-433.
73 유동식, 『風流道와 韓國神學』, 42-43.
74 유동식, "風流神學", 「神學思想」 제41집, 433.

무엇보다 화랑들의 수련 과정에서 그 의미가 드러난다고 보았다. 화랑들의 수련은 대개 상마이도의(相磨以道義), 상열이가락(相悅以歌樂), 유오산수(遊娛山水)의 3대교 과정으로 구성되었는데, 상마이도의는 도의로써 인격을 닦는 것이고, 상열이가락은 가무와 가락을 즐기는 것이며, 유오산수는 아름다운 산수를 찾아 노니는 것이다. 특히 유오산수는 단지 자연에 대한 만끽이 아닌, 거기에 임하는 하늘의 영과의 교제라는 종교적 목적이 있었다.[75] 풍류도의 신인합일의 의미는 단군신화를 비롯한 고대 시조 신화들에 나타나는 민족 영성의 지반이라 할 수 있는 무교적 영성에도 드러난다.

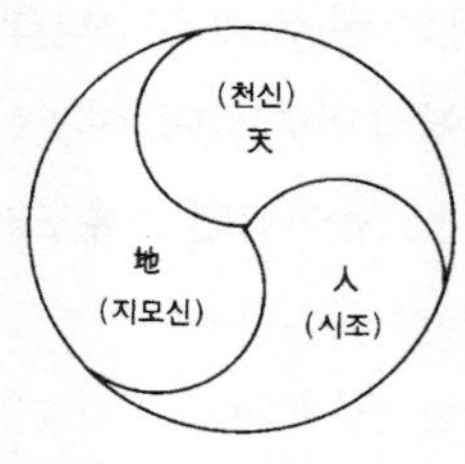

〔그림 6〕 한국인의 멋

이러한 신인 융합으로서 풍류도의 첫 번째 성격을 소금은 멋이라고 불렀는데, 그것은 비록 우리의 미의식에 대한 표현이지만, 풍류도가 말하는 아름다움이란 우리의 인생이 개입된 예술적 미에 속한 개념으로 이상적인 실존의 기초개념을 포함하며, 천·지·인 삼재의 원융무애한 경지를 의미하며 [그림 6]과 같이 삼태극 형상으로 상징화할 수 있다고 본다.[76] 그리고 풍류도는 포함삼교의 성격을 지닌다는 점에서, 풍류도만 터득하면 유불선 삼교의 진수에 대한 통달이 가능하다. 즉 유교의 핵심은 극기복례(克己復禮), 곧 칠정(七情)에 좌우되어 과욕을 일삼는 자기를 극복하고 인간 본성인 예로 돌아감에 있고, 불교의 핵심 역시 귀일심지원(歸一心之源), 즉 아집을 버리고 인간 본성인 한마음 즉 불심으로 돌아감에 있으며, 도교의 진수는 무위자연(無爲自然), 곧

75 유동식, 『風流道와 한국의 종교사상』, 49-60. 유동식은 "풍류도의 기반은 하느님을 신앙하는 것이다."라고 단언한다("Korean Religious Culture and Christianity", *KJST*, 240).

76 *Ibid.*, 38, 60-62.

인간의 거짓된 언행 심사를 떠나 자연 법도를 따라 사는데 그 본질이 있다는 것이다. 이에 따라 삼교의 진수는 아집을 벗어나, 우주적인 도에 회귀함으로써 참사람이 되는 것, 곧 자기부정을 통한 새 존재의 실현을 의미한다. 결국 풍류도는 하나를 뜻하는 동시에 전체를 의미하며, 크고, 위대하며, 바름을 뜻하는 우리말 한에 해당되고, 이것을 인격화한 것이 곧 한님(하느님)이다.[77]

나아가 풍류도는 접화군생의 논리, 곧 뭇 사람들에게 본래적인 삶을 살게 하는 교화의 의미가 있다. 즉 인간 본래적 삶이란 하나님 뜻대로 사는 것인데, 가무강신의 풍류도가 바로 신의 뜻에 호소하고 이에 복종하려는 종교 현상이다. 다시 말하면 인간을 향한 신의(神意)는 삼교를 통해 각각 부분적으로 나타나는데 유교의 충효(忠孝), 불교의 선행(善行), 도교의 무위지사(無爲之事) 등이고, 이러한 삼교의 진수를 포함한 풍류도 윤리는 곧 그 가르침들을 종합·실천하는 의미가 있다. 이러한 풍류도의 효용성을 총괄하는 말은 삶으로서 생명과 함께 사회학적 살림살이 개념을 동시에 내포하며 또한 사람이라는 인간개념을 형성하는데, 이는 사람의 본질은 곧 문화적 가치를 생산하는 사회적 존재로 이해되기 때문이다.[78]

요컨대 그에 따르면 풍류도에 나타난 한국인 이상은 결국 한·멋진·삶에 있으며, 이런 의미에서 풍류도의 구조는 초월적인 '한'과 현실적인 '삶'의 창조적 긴장 관계인 태극적 관계에서 나오는 '멋'의 길에 있다. 그리하여 멋이 풍류도의 체(體)라면, 한은 상(相)이요, 삶은 용(用)이 되며, 바꾸어서 한을 체(體)라 한다면, 멋이 상(相)을 이루게 된다. 따라서 한·삶·멋은 셋이면서도 하나의 이념을 구성하는 3·1적 논리 구조를 이루며 또한

---

77 유동식, 『風流道와 韓國神學』, 21.
78 유동식, "風流神學", 「神學思想」 제41집, 434.

상호 내재적이어서 셋은 각각 다른 둘을 내포함으로써 형성되는 이념이기도 하다. 이러한 풍류도의 멋·한·삶의 구조는 삼태극(三太極) 형상을 이루면서,[79] 서로 유기적 관계를 가진 한민족 공동체 영성으로서, 한·멋진·삶을 자아내는 창조적 얼이며 정신적·문화적 눈이라 할 수 있다.

〔도표 7〕 풍류도의 논리적 구조

영성 / 문화자료	한	멋	삶
신화	천신강림	신인합일	시조·건국
제천의례	제천의식	가무강신	부강·자유
화랑교육	유오산수	상열이가락	상마이도의
현묘지도	포함삼교	풍류도	접화군생
천부경	한님사상	창조사상	사람됨
	(종교성)	(예술성)	(인간성)

하지만 풍류도의 삼태극 구조론은 마치 한·멋진·삶이라는 삼일논리에 억지로 맞춘 듯한 인상이 짙다. 왜냐하면 최치원은 풍류도의 내용(實)으로 포함삼교와 접화군생만을 거론하기 때문이다. 이것은 곧 풍류도가 양자를 내용으로 한다는 뜻이기도 하고, 양자를 포괄한다는 뜻이기도 하다(玄妙之道 曰風流 包含三教 接化群生). 따라서 최치원의 풍류도는 양자의 총괄 개념이지, 소금처럼 풍류도, 포함삼교, 접화군생의 구조로 나열이 가능한 유개념이 아니다. 따라서 총괄 개념으로서 풍류도와 유개념으로서 포함삼교와 접화군생을 하나의 삼태극원 안에서 병렬구조적 개념으로 보는 것은 외견상 자기모순을 안을 수밖에 없다.

그렇다면 소금은 왜 풍류도를 삼태극 구조로 설명하는가? 그에 따르면, 무엇보다 풍류도는 서구적 영성이 아닌, 동양적 영성의 표현인 바,

79 유동식, 『風流道와 韓國神學』, 21-22. 그뿐 아니라, 유동식은 풍류도의 3·1적 논리 구조를 단군의 가르침을 최치원이 한문으로 번역했다고 전하는 「천부경, 天符經」에 나타나는 3·1 철학으로부터 끌어오기도 한다(유동식, "韓國의 文化와 神學思想", 「神學思想」 제47집, 1984. 12., 728-734).

동양적 사유는 서구의 분석 · 종합적 특성과는 달리, 조화 · 전개적 특성을 지니고 있다는 것이다. 서양철학에서의 존재론은 존재의 우월성을 전제한다. 즉 존재(有)는 비존재(無)보다 우월하고 선하다. 그러나 동양에서는 유(有)와 무(無)의 관계를 상대적으로 보기는 해도, 유가 무보다 우월하다고 보지 않는다. 『도덕경』은 오히려 유보다도 무를 더 근원적으로 생각한다.[80] 그래서 만물의 원리인 도 역시 유보다는 무개념에 가깝다. 이러한 도는 스스로 전개하면서, 만물을 이루고 천지조화를 이뤄간다.

> 도는 하나(一氣)를 낳고, 하나는 둘(二氣: 陰陽)을 낳고, 둘은 셋을 낳고(陰 陽 冲氣), 셋을 만물을 낳는다. 만물을 음양을 가지고 있으며, 충기(冲氣)로 조화를 이루어 창생(創生)해 간다(道一生, 一生二, 二生三, 三生萬物.萬物負陰而抱陽, 冲氣以爲和, 『도덕경』, 42장).[81]

따라서 풍류도의 원리는 동양철학적 사고로 접근해야 한다. 그는 일찍부터 동양적 영성에 심취해왔다. 특히 풍류도의 삼태극적 원리는 도덕경의 도론(道論)에 뿌리를 두고 있다. 『도덕경』 제25장에는 다음과 같은 말이 나온다.

> 하나의 混成한 것이 있어 천지보다 먼저 생겨났다. 소리도 형상도 없으면서 독립하여 불변하며 宇宙의 한 가운데 두루 운행하되 위태롭지 않다. 그래서 가히 천하의 어머니가 된다 할 수 있다. 그 이름을 알지 못해 字를 붙이되 道라 하였다. 그리고 억지로 이름을 붙여 광대무변(大)하다 하였

80 김광식, 『土着化와 解釋學』, 166.

81 유인희, "老·莊의 本體論", 『東洋哲學의 本體論과 人性論』, 한국동양철학회편 (서울: 연세대학교출판부, 1994), 47.

다. 광대무변한즉 유행하여 그침이 없다 하고, 유행하여 그침이 없으면 전해져 오래되고 멀다 하여 구원하면 돌아온다(反) 한다. 그러므로 道大, 天大, 地大, 人間 또한 大하다 하는 것이다. 우주의 가운데 四大가 있으니 인간은 그 하나에 거하는 것이다. 인간은 땅을 본받고, 땅은 하늘을 본받고, 하늘은 道를 본받고 道는 자연을 본받는다(有物混成, 先天地生, 寂兮寥兮, 獨立而不改, 周行而不殆, 可以爲天下母, 吾不知其名. 字之曰道, 强爲之名曰大. 大曰逝, 逝曰遠, 遠曰反. 故道大, 天大, 地大, 王亦大. 或中有四大, 而人居其一焉, 人法地, 地法天, 天法道, 道法自然).[82]

『도덕경』은 여기서 도의 현상적 환원의 삼재인 천·지·인을 말하면서 삼재의 조화로운 자연을 이루는 도의 본질을 말한다. 즉 도는 만물을 생성하는 어머니 같지만, 형상화·대상화·객관화할 수 없는 초월적 존재이며, 모든 만물을 조화롭게 하나로 이루어 가는 섭리자다. 그러므로 도는 결국 천·지·인 삼대물(三大物)을 하나로 조화하는 삼태극적 원리의 핵심이다. 소금은 도덕경의 이러한 삼태극적 원리로써 고대 신화를 읽는 가운데, 삼재를 천신강림, 지모신의 승화, 천지융합(시조탄생·국가창건)의 구조 속으로 다시 읽어들인 것으로 보인다.

우리의 시조신화에는 공통된 구조가 들어 있다. 첫째는 하나님의 아들이 산에 강림한다는 것이요, 둘째는 땅의 여신이 자기부정을 매개로 승화된다는 것이요. 셋째는 강림한 천신과 지모신이 결합하여 시조를 낳고 그가 나라를 창건한다는 것이다. … 고대 한인들의 궁극적 관심은 나라를 세우고 문화를 창조하는 데 있었다. 그리고 그 창조작업은 하나님과 인간이 결합되는데서 이뤄진다고 믿었다. 그런데 인간의 탄생은 또한 천신과 지

82 *Ibid*., 45-46 재인용.

> 모신의 결합에서 이뤄진다. 그러므로 문화의 창조를 초래하는 영성의 기본구조는 하늘과 땅과 인간의 유기적 원융관계로 되어 있다. 삼태극으로 표현되는 천지인 삼재의 원융구조는 신화를 통해 나타난 한국적 영성의 규범적 조형을 나타낸다. 삼태극이 한국을 상징하는 문양이 된 것은 그것이 우리의 영성을 표현하기 때문이다.[83]

소금의 이러한 통찰은 바로 일찍부터 관심을 가져왔던, 노자의 도덕경으로부터 영감을 받았다. 따라서 풍류도의 삼태극적 논리 구조는 분석-종합적 사고구조를 가진 서구적 시각으로는 핵심 파악이 어렵고, 동양적인 조화-전개적 사고구조의 측면에서, 노자적 시각을 가지고 접근할 때 그 실체가 드러난다.

3) 풍류도의 자기 전개 과정

전술한 대로 풍류도는 한·멋·삶의 구조를 이루는데, 이 셋은 각기 독자적인 동시에 상호 내재적·포월적 특성이 있다. 그러나 현실적으로는 하나의 이념이 주도적이 된다. 그래서 한(Han)의 원리에서는 종교·문화사로, 멋(Mot)의 원리에서는 예술·문화사로, 삶(Salm)의 원리에서는 생활·문화사의 형태로 전개된다. 그리하여 한민족의 종교·문화적 이념은 한·멋진·삶을 지향하면서 각각의 종교 문화를 형성한다. 그런데 풍류도의 자기 전개는 기초이념이 문화·사회적 위기를 계기로 새로운 사상운동을 전개해 나가는 계기적 창조(契機的 創造) 유형과 외래문화를 매개로 한국사상의 기초이념이 전개되어 나가는 매개적 자기실현 유형의 2가지로 나타나고, 이것은 한국 종교·문화사라는 시간 축을 중심으로 드러난다.

---

83 유동식, 『風流道와 한국의 종교사상』, 37.

결국 풍류도의 자기 전개에 의한 한국 종교문화의 형성은 한민족의 영성(풍류)과 외래 종교의 이념(무·유·불·선·기독), 한반도의 역사적 현실이라는 3요소의 종합에 의해 이루어지게 된다. 소금에 따르면, 한국 종교사는 무교 바탕 위에서 불교·유교·기독교가 교체·전개된 역사이다. 신라와 고려는 불교 문화가, 조선은 유교 문화가 지배했다면, 현대는 기독교 문화가 한국 문화 형성의 지배적 역할을 담당하고 있다. 이것은 나선형의 원추형으로 나타나게 된다. 한·멋·삶을 각각 X·Y·Z로 기호화하면, 풍류도의 3·1적 구조는 XYZ로 표시된다. 여기서 저변을 이루는 삼태극은 종교문화의 장으로서 풍류도를 나타내며, 정점 O는 문화사의 방향을 나타낸다. 문화사는 민족이념의 실현과정이기 때문에 O의 내용은 풍류도이며, O(XYZ)로 표기된다. 그리고 일정한 종교문화의 풍류도적 전개는 그 구조를 따라 세 방향, 곧 OX, OY, OZ의 방향으로 이루어진다.[85]

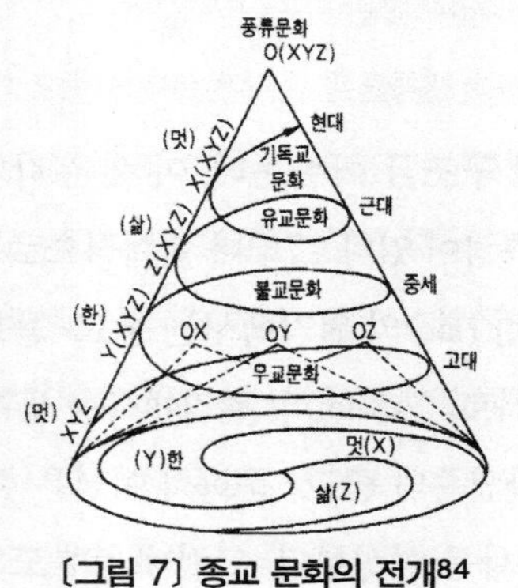

〔그림 7〕 종교 문화의 전개[84]

OX(XYZ) - 문화·예술적 전개: 예술문화사

OY(XYZ) - 종교·형이상학적 전개: 종교문화사

OZ(XYZ) - 윤리·사회적 전개: 생활문화사

즉 멋의 측면이 강조되면, 풍류 문화는 문화·예술적 특성이 강하고, 한의 측면이 강조되면, 종교·형이상학적 방향으로 흐르며, 삶의 측면이

84 *Ibid.*, 73.

85 유동식, "풍류신학으로의 여로", 「神學論壇」 제18집, 60-61.

강조되면, 사회 · 윤리적 방향으로 전개되는데, 이러한 풍류도의 전개 양상은 여러 종교의 기본바탕이 되어왔다는 것이다. 즉 무교는 풍류도의 심미적인 멋의 성격이, 불교는 초월적인 한의 성격이, 유교는 윤리적 현실이라는 삶의 성격이 지배적이라는 것이다. 이에 비해 기독교는 영적인 초월과 역사적인 현실과의 변증법적 통일을 강조하고 있어서, 다시 멋의 이념이 지배적으로 나타나게 된다는 것이다.

그런데 소금은 이러한 종교 · 문화사에는 일정한 순환법칙이 있다고 본다. 곧 신흥종교가 문화창조력 때문에 사회적으로 인정받게 되면, 활발한 성장과 함께 특권층 종교로 상승하지만, 훗날에는 특권에 대한 집착으로 인해, 초창기에 가졌던 창조적 생명력을 잃게 되고, 종교로서 풍류를 상실하게 되며, 마침내 민중의 배척으로 말미암아 다른 종교에 자리를 넘겨주게 된다는 것이다. 그러기에 이러한 시각에서 바라보면, 기독교도 순환과정에 있는 하나의 종교 현상일 뿐이다. 이에 따라 '제5의 종교문화'가 요청된다. 그렇다면 그 종교문화는 어떤 것일까? 그것은 한 · 멋진 · 삶의 풍류도의 이념이 완전히 실현되는 종교문화의 출현일 것이며, 그의 말대로 '제4의 기독교'라는 것이다. 따라서 그의 논리대로라면, 오늘의 한국 교회는 현실 안주의 유혹에서 벗어나, 부단한 자기 개혁의 기치를 들어야 하며, 그때 비로소 진정한 기독교로서 의의를 지니게 된다고 할 것이다: "우리가 기대하는 문화는 무엇인가? 그것은 민족의 꿈인 한 멋진 삶이 실현되는 풍류 문화다. 그것은 하느님의 뜻이 실현된 문화이다."[86] 말하자면 한민족 영성인 풍류도의 바탕에서 성서의 메시지를 새롭게 읽음으로써, 한 · 멋진 · 삶을 실현하는 것이 진정한 한국 교회이며 또한 그것이 한민족을 향한 하나님의 비전이라는 것이다. 따라서 소금의 주장은 어떻게 보면, 복음 자체보다도, 한민족의 종교 · 문화적 영성인

86 유동식, 『風流道와 韓國神學』, 49.

풍류가 주도하는 민족 문화의 실현에 방점이 찍히는 듯한 인상을 지울 수가 없을 것 같다.

그가 한국 종교·문화사를 하나의 유기적인 풍류도의 자기 전개 과정으로 본 것은 분명히 획기적이다. 하지만 문제는 "그가 한국 종교·문화사를 지나치게 단순화하지는 않는가?"라는 의혹이 생긴다. 물론 한반도에 전래된 종교들은 나름대로 특성을 가지고서, 특정 시대적 현실에서 정점을 이루었다. 하지만 그때도 사실상 특정 종교만의 독무대는 아니었다. 무교는 초창기부터 지금까지 민중들의 삶의 현장에 깊이 뿌리를 내려왔

〔도표 8〕 풍류신학(風流神學)의 길라잡이

	종교 신학(宗敎神學)	예술신학(藝術神學)	영성신학(靈性神學)
신학적 소재	제천의례를 위시한 각종 종교의례들: 무교	종교적 상징들에 나타나는 하나님 신앙에 대한 종교적 표현들: 조각·조상·그림	시조신화 및 각종 종교사상들에 나타나는 하나님 신앙에 대한 영성
신학적 내용	하나님 신앙의 핵심으로서 신인 융합 경험에 대한 실존적 해석과 적용	신앙경험에 대한 직관적 이해와 해석으로서 예술화, 신학화	민족 영성인 풍류도의 종교문화적 전개 과정에 대한 해석과 실천
신학적 영성	Mythos (신비-지: 신인 융합) :형이상학적 전개 한(韓)의 영성→종교문화사	Technique (미학-정: 현묘지도/풍류도) :문화·예술적 전개 멋의 영성→예술문화사	Logos (이성-의: 접화군생) :사회·윤리적 전개 삶의 영성→생활문화사
신학적 전개	종교 신학-신과의 만남에 대한 체험: 신인합일의 종교적 경험의 재현→"한(Han)의 신학"	예술신학-신 경험에 대한 종교 예술적 승화: 신앙과 삶의 하나됨의 한·멋진·삶의 실현→"멋(Mot)의 신학"	풍류신학-신 경험에 대한 신학적 해석: 신앙과 삶의 실천적 전개→"삶(Salm)의 신학"
신학적 실천	복음 이해: 성서신학·조직신학·윤리학	예술신학: 풍류도의 실현으로서 예술→풍류신학 핵심 원리	실천신학: 예배신학·영성신학·선교신학·사회봉사
주요 저술	『한국 무교의 역사와 구조』	"밀레니엄과 예술", "동방의 등불" 등 다수의 논문	『풍류도와 한국 신학』 『풍류도와 한국의 종교사상』
신학적 동기	민족 구원과 한민족 문화에 대한 사랑→ "기독교 복음의 로고스와 동양 종교의 도와의 만남의 문제": 성육신 원리로서 토착화신학적 관심 - 한·멋진·삶		
역사관	종교-우주적 역사관: 기독론 중심의 기독교 보편주의		

고, 불교가 성행하던 고려 시대에도 유학 역시 나름대로 자리를 잡고 있었으며, 숭유억불을 표방하던 조선 시대에도 불교는 여전히 자신의 세력을 유지하고 있었다. 따라서 한국 종교·문화사의 유구한 흐름을 단순히 풍류도의 자기 전개 과정으로만 보려는 그의 주장에는 부가적인 설명이 필요하다.

지금까지 논의한 유동식의 풍류신학에 대한 개략적인 내용들을 알기 쉽게 나타내면 다음 쪽의 [도표 8]과 같다. 특히 그의 풍류신학의 기저에는 기독론 중심의 보편주의가 흐르고 있는 바, 그러한 보편주의적인 기독교 복음을 기반으로 한국 종교·문화적 영성인 풍류도를 해석 채널로 삼아, 한·멋진·삶을 지향하는 한국적인 기독교를 세워나가자는 것이 그의 주장이라고 할 것이다.

3. 풍류신학의 방법론적 원리

일찍이 소금은, 진리는 영원하고 절대적이지만, 그것의 표현은 상대적인 것처럼, 한국적 상황에서의 복음 이해 역시 한국적 혹은 동양적 영성의 지평이 필요한데, 그것이 바로 도라고 말했다가 후일에는 풍류, 풍류도라고 불렀다. 그리하여 소금은 풍류도가 한국인의 영성, 곧 문화·종교적 눈이요, 정신적인 얼로서 한국인으로 하여금 복음을 이해하고 수용하며(신앙), 한국적으로 표현(신학)함에 있어서, 중요한 핵심 매체(the Core Metaphor)라고 보았다. 말하자면 풍류는 한국 신학을 위한 근본 메타포(the Root Metaphor)로 작용한다는 것이다. 그리하여 복음이 한국 종교·문화적 영성인 풍류와 만날 때, 복음이 제대로 수용되며, 한국 그리스도인으로서 한국적 신앙을 가질 수 있다는 것이다.

그런데 소금에 따르면, 성서에는 하나님의 자기 계시인 예수 그리스도의 사건에 대한 증언들로서 여러 형태의 복음 이해들이 나타나지만, 그중 풍류도와 같이 호흡할 수 있는 것은 특히 요한복음이라는 것이다. 그래서 그는 요한신학을 바탕으로 풍류신학을 주창한다. 그에 의하면, 요한복음은 하나님의 말씀이 사람이 되어 우리와 함께 계심(요 1:14)을 말한다. 이것은 곧 하나님 아들의 자기부정의 사건(빌 2:7)이요, 하나님의 구원사건이며, 자기부정을 통한 한 신-인(神-人) 사귐(*Koinonia*)의 회복이요, 얼의 회복으로서 복음의 사건이다. 그리고 그 복음을 깨닫게 하고, 거기에 동참케 하는 이는 진리의 성령이며(요 14:15-17), 그렇게 성령으로 거듭난 사람이 유유자적하는 풍류객이다. 예수는 성령을 통해 하나님과 완전한 일치를 이루었다는 점에서 참된 풍류객의 원형이다. 풍류신학은 바로 이러한 구원의 복음을 풀이하는 신학이며, 십자가와 부활에 동참하려는 선교 신학이기도 하다.[87] 이러한 그의 복음에 대한 이해는 기본적으로 불트만에게 의존한다. 즉 그는 불트만의 해석학을 통해 복음의 시간적 간격과 함께 복음의 공간적 간격마저 풍류도의 변증법으로 극복해 나가면서, 결국 신인 융합의 핵심적 원리를 내포하는 풍류도의 이상실현에 와서 발걸음을 멈추고 있다.

풍류신학은 처음부터 성서(the Text) 내용보다 한국 종교·문화적 영성인 풍류도(Context)에 더 많은 관심을 기울인다. 물론 "어떤 신학도 자신의 삶의 자리(Context)에서 자유로울 수 없다"는 점에서, 박숭인의 말대로 모든 신학은 이미 콘텍스트 신학(*Kontextuelle Theologie*)이라고 할 수 있다.[88] 그렇지만 텍스트(the Text) 이전에 콘텍스트(Context)를 먼저

---

87 유동식, "風流神學", 「神學思想」 제41집, 435.

88 박숭인, "콘텍스트신학과 간문화적 해석학", 김광식 교수 회갑기념논총 간행위원회 편, 『해석학과 토착화』(서울: 한들, 1999), 245-260. 하지만 그의 표현을 그대로 수용하는 것은 문제가 있다. 그의 말대로 "모든 신학이 콘텍스트신학"이라면, 최소한 불트만적인 케리그마로서 복음의 의미마저 무시되는 듯한 인상을 준

주목하고, 그것을 전이해로 다시 텍스트에 접근하는 태도는 자칫 텍스트에 소홀할 수 있다. 신학은 항상 Context에서 자유로울 수 없기에, 더욱 중요한 것이 the Text(성서: 복음)이다. 즉 소금의 말처럼, 복음은 처음부터 유대의 문화적 콘텍스트로부터 자유로울 수 없지만, 그럼에도 불구하고 유대교·문화적 형식(Form: Context) 안에 복음의 진리가 참된 내용(Meaning: the Text)으로 살아 있고, 그것은 오늘에도 여전히 인간을 구원하는 복음(the Text)으로 다가오고 있음을 인정하는 거기에 진정한 신학의 가능성이 있다고 할 것이다.

요컨대 소금의 풍류도를 중심한 복음 이해는 과거 해천이 그리했던 것처럼, 여전히 신적 축점(a viewpoint of divinity)보다 인간적 축점(a viewpoint of humanity)을 중시하고, 이것은 결과적으로 텍스트(the Text)로서 복음보다는 콘텍스트(Context)로서 한민족의 종교·문화적 상황에 큰 무게를 두는 형식을 취하고 있기 때문에, 아직까지도 보수적인 한국 교회로부터 큰 관심을 얻지 못한다고 할 것이다. 전술한 바와 같이 신학은 신적인 축점과 인간적인 축점을 통전하는 시각을 견지하되, 그 출발은 신적 축점으로부터여야 하며, 그때 비로소 기독교적인 신학으로써 그 정체성이 분명해질 수 있다. 이런 측면에서 보면, 유동식의 풍류신학은 그 논리와 내용의 풍성함에도 불구하고, 그 좌표가 전통적인 기독교 신학의 방향과는 다소 거리가 느껴질 뿐만 아니라, 많은 이에게 적잖은 의구심을 불러올 수가 있다.

다. 물론 그는 "토착화신학"이라는 표현의 문제점을 지적하면서, 그 대안으로서 "콘텍스트신학"을 말하지만, 그럼에도 불구하고 그 표현양식은 오해의 소지가 있다. 왜냐하면 아무리 모든 신학적 표현들이 콘텍스트의 영향으로부터 자유로울 수 없다 해도, 인류에게 다가오시는 하나님의 자기 계시로서 "복음" 자체가 왜곡 내지 상실의 위험을 초래할 수 있는 콘텍스트의 강조는 문제가 있기 때문이다. 따라서 박승인처럼 "모든 신학은 콘텍스트 신학이다."라기보다는, "모든 신학은 콘텍스트 신학적 성격을 지닌다"고 말하는 편이 오히려 더 좋지 않을까?

III. 풍류신학에 대한 이해

소금 유동식은 해천 윤성범과 함께 복음과 그것이 선포되는 한국인의 영성에 깊은 관심을 두었다. 이에 대해 해천은 한국인의 영성을 함의하는 핵심 매체로서, 신유학의 인성론 개념인 성을 들고 나왔으나, 소금은 최치원의 풍류를 제시하였다. 그리하여 성과 풍류는 함께 복음을 한국인의 심성에 접근시키는 중요한 영성적 채널이라 할 수 있다. 다만 해천은 그것을 신유학의 인성론 개념인 성으로 이해함으로써, 유교적 기독교를 제시하는 데 그쳤으나, 소금은 그것을 유·불·선의 바탕에 흐르는 한민족의 궁극적 영성으로서 풍류를 제시함으로써, 한민족 영성의 본질로 한 걸음 더 다가섰다. 그리고 그 풍류를 바탕으로 하는 신학을 전개하여 풍류신학이라고 불렀다. 그렇다면 소금의 풍류신학은 어떠한 내용을 갖고 있는가? 소금 역시 해천처럼, 주로 개괄적 서술들을 중심으로 자신의 주장을 펴왔기 때문에 내용 파악이 쉽지 않지만, 그의 논저들을 근간으로 전반적인 이해를 시도하려 한다.

1. 풍류도와 풍류신학

풍류신학은 60년대 토착화론과 70년대 무교문화론을 거치면서, 한국 문화 기층에 자리 잡은 한국적 영성으로서 풍류를 발견, 그것을 해석학적 원리로 삼아, 한국적 기독교 신앙과 신학을 구축하려는 시도이다. 그러나 최치원이 말한 풍류도 자체가 이미 해석학적 성격임에도 불구하고, 소금은 이에 대한 분명한 해명 없이 기독교 진리와 이상을 풍류도에서 읽어낼 수 있다는 성급한 가설에서 출발한 결과, 기독교와 풍류도가 너무 밀착되어서, 양자의 관계부터 불명확하다는 비판을 벗어나기 어렵다.[1] 그렇지만 소금은 적잖은 비판에 직면하면서도, 한국인의 영성은 곧 풍류라는 시각을 끝까지 견지하면서, 자신의 풍류신학을 꾸준하게 발전시켰고, 한국 신학에 대한 많은 관심을 불러일으켰다.

1) 풍류신학의 기반

그렇다면 왜 풍류신학인가? 소금에 따르면, 첫째 복음은 한민족 주체적 영성의 눈으로 읽어야 하는데, 이는 성서가 각자의 영성으로써 복음을 읽을 것을 요청하기 때문이다. 즉 성서는 유대-그리스적 영성의 눈으로써 복음을 이해한 것이요, 서구 신학 역시 그레코-로만형의 영성에 의한 표현이었다면, 한국인에게는 한국인의 영성에 의한 복음 이해가 요청되는데, 그 영성이 바로 풍류도라는 것이다.[2] 둘째 한국 종교·문화사 전체의 구조적 위치로 보아 기독교는 한국의 풍류 문화 형성을 위한 결정적 과제를 지닌다는 것이다. 풍류 문화는 민족이념의 실현을 궁극 목표로 하는데, 지금까지 불교를 통해서는 한의 문화가, 유교를 통해서는 삶의 문화가 전개되었다면, 이제 멋의 문화가 전개되어야 할 단계인데, 멋의 문화에 대한 주체적 힘을 기독교가 갖고 있다는 것이다. 셋째 오늘의 새로운 선교적 상황이 풍류신학을 요청한다는 것이다. 지금 세계문화의 중심이 서구로부터 점차 아시아·태평양으로 옮겨오면서 한국이 새로운 문화창조의 주역으로 떠오르고 있고, 이에 따라 한국인에 의한 풍류문화적 선교신학이 요청된다는 것이다.[3]

이러한 논변(論辨)은 한마디로 문화적 주체성 혹은 민족 문화적 자긍

---

1 김광식, "토착화의 재론", 「神學思想」 제45집, 405.

2 유동식, 『風流道와 韓國神學』, 26-27.

3 *Ibid.* 27.

심에 기초하는 종교-우주적 신학의 계기를 제시한다는 점에서, 풍류신학은 한국 종교·문화사가 갖게 되는 역사적 위치와 제삼세계 신학적 발흥이라는 시대적 요청에 부응한다고 할 것이다. 그래서 풍류신학은 복음의 주체적 요청에 의하기보다는 한민족 문화적 매개 계기에서 출발한다. 물론 복음을 한국적인 눈으로 이해해야 한다는 말은 옳지만, 문제는 풍류신학이 뿌리를 둔 한국 문화의 본질적 바탕이다. 그는 그것을 무교 문화에서 찾았다는 점에서, 결국 한국적 눈은 무교적인 단편적 시각으로 축소될 위험이 있다. 오히려 한국 문화의 본질적 바탕은 특정 종교·문화적 현상이 아니라, 한민족 역사·문화적인 전체성(全體性) 속에서 찾아야 한다.[4] 비록 무교가 오랜 역사를 이어오지만, 무교만이 한국 문화를 지배해온 것도, 우리만 무교를 간직한 것도 아니다. 또한 무교가 불교 유교 등의 상층문화와는 달리 하층 문화를 이뤄왔을지라도, 무교가 곧바로 한민족 문화의 핵심이라고 선뜻 말하기는 어렵다. 더욱이 소금 자신도 한 좌담에서 "자신은 무교가 바로 풍류도라고 표현하지는 않았고, 무교는 풍류도의 원시 종교적 표출의 하나로 본다면서, 풍류도 자체가 곧 종교는 아니고, 다만 풍류도가 민족 문화의 저변을 흐르는 주류적 영성임"을 밝혔다.[5] 따라서 무교 문화를 곧바로 한국 종교·문화

4 김광식, 『宣教와 土着化』, 40-42. 물론 유동식은 풍류가 곧바로 무교적 영성은 아니라고 하지만, 사실상 무교와 풍류도는 너무 밀접하게 관련되어 있고, 자신이 밝힌 대로 풍류도는 토착적인 무교의 가무강신의 전통을 이어받았으며, 가무강신을 통한 신인 융합을 핵심으로 하는 무교적 엑스터시 경험을 기반으로 한다는 점에서 무교적 영성과 날카롭게 구별되기는 어렵다(유동식, 『風流道와 한국의 종교사상』, 55-69).

5 곧 유동식은 풍류도와 무교의 동일성을 말하기보다는 풍류도는 민족 영성의 저변을 흐르는 주류적인 영성이요, 무교를 비롯한 후속 종교들은 그것의 표현양식이라고 말함에서, 그동안의 오해를 어느 정도 불식시켰다. 그러나 초창기만 해도 이러한 오해를 사기에 충분했다("풍류신학으로의 여로", 『좌담』, 2002. 8. 8., 『소금 유동식 전집 10』, 383-468).

의 본질적 바탕으로 보는 것은 온당치 못하다. 그렇지만 소금은 무교가 한국인의 영성적 기층을 이루고 있다는 시각에서 한국 종교·문화적 영성을 규명하려 한 점은 많은 오해를 불러왔다. 오히려 한국 종교·문화는 사실상 무교와 함께 다른 종교 문화들까지도 포괄하는 매우 다양한 성격을 지녔기에, 문화적 포괄성이라는 지평에서 비로소 한국 문화의 전체성과 생명성을 밝혀낼 수 있을 것이다. 이에 대해, 소금 자신의 풍류신학 여로에 대한 다음과 같은 회고담을 들어볼 수 있다.

> 무교가 바로 풍류도라고는 표현하지 않았고, 무교는 풍류도의 원시종교적 표출의 하나라고 지적했습니다. 그러니까 풍류도는 종교가 아니라고 하는 것을 전제하고서 이야기하는 것입니다. 그렇게 하면 무교는 적어도 분석을 통해서 그 안에 반영되어 있던 풍류도를 볼 수 있는 자료가 될 수 있다는 것입니다. 무교는 원시종교이기 때문에 또한 가장 보편적인 것이기 때문에 자료 분석하기가 매우 쉽습니다. 그래서 이것을 가지고 추출한 것인데, 한국 불교나 유교 분석을 통해서도 풍류도를 자아낼 수 있다는 얘기지요.[6]

곧 한국인의 심성의 원형적 구조 내지, 영성의 본질이 풍류도인 바, 그것은 한국 종교·문화사의 내면을 도도하게 흘러가는 영성적 바탕임을 부정할 수 없다는 것이다. 이것은 비단 무교뿐 아니라, 불교와 유교를 통해서도 추출될 수 있으며, 심지어 한국기독교 안에도 이미 풍류도적인 특성이 나타나고 있다는 것이다. 그렇다면 풍류도는 최치원 이래, 한국인의 근원적 영성의 특성을 설명하는 핵심 매체(the Core Metaphor)로서 의미를 갖는다고 볼 수 있다. 그리고 이러한 소금의 논조(1975)보다 다소

---

6 *Ibid.*, 422.

앞선 다른 표현이 김광식에 의해 제시되었다. 그는 자신의 학위논문, "인간성 안에 계신 하나님(God in Humanity: The Belief in Hananim and the Faith in God)"에서, 동·서양사상 간의 대화를 위한 근본 바탕이요, 복음에 대한 토착화의 기반으로서 한국인의 근원적 영성에 대해, *Proprium Coreanum*(한국인의 본원성)으로 표현하면서, 그것은 곧 한민족이 오랫동안 보유해온 하나님에 대한 신념(the Belief in Hananim)이요, 그 실제적 내용으로, 사람다움(Saramdaum)에 대한 민족적 신념(이념)이라고 할 수 있는데, 그것이 바로 한국인들로 하여금, 기독교의 하나님에 대한 신앙(the Faith in God)을 수용하게 되는 중요한 계기로 작용하였다고 보았다. 그리고 그 사람다움을 추구하는 삶은 한민족 문화 전체성을 통해 드러난다고 주장하였다.[7] 또한 그는 한민족 영성의 독특성에 대해서 다음과 같이 설명하였다.

> 문화와 역사의 주체가 되는 한국적인 것은 민족적인 자기 이해에서 자성되는 것이다. … 그러나 이러한 근원을 찾는답시고 공연히 문화와 역사의 모든 조각을 낱낱이 조사하려는 것은 실없는 짓이 되고 말 것이다. 왜냐하면 표현들의 집합이 전체를 구성하는 것이 아니라, 단지 저 휘몰아치는 근원을 붙잡을 때만이 전체성이 계시되게 마련이다. 그러나 그 근원 자체는 표현 속에 갇혀 있지 않고 그 표현들을 넘나들며 자성하고 있는 것이다. … 휘몰아치는 근원과 자성하는 유행과 자각에서 생기는 표현이 모두 합쳐져 전체를 이루고 있다. 그러나 이 전체가 단지 여러 가지 다른 표현들을 한데 모아 놓은 집합과는 달리 생명적인 것이다. … 바로 이러한 전체가 즉 한국적인 것 전체가 자성되는 곳은 다름 아닌 민족적 자기 이해이고

7 Kwang Shik Kim, "God in Humanity: The Belief in Hananim and the Faith in God", (Dissert. Universität Basel, 1970), 6-7, 93-97.

이처럼 자성되는 것이 자각되는 곳은 다름 아닌 문화적 표현이다.[8]

한마디로 김광식은 하층 문화든(유동식) 상층문화이든(윤성범) 어느 한 편만을 주목해서는 민족 문화 전체를 볼 수 없을뿐더러, 그 본질 규명도 어렵다고 본다. 오히려 한민족 삶의 현장에서 드러나는 생생한 민족적 자기 이해를 통해 자성(自成)되는 삶의 표현으로서 한민족의 근원적 영성인 *Proprium Coreanum*을 찾아야 하는데, 그것은 곧 의식적이고 성찰적인 민족적 자기 이해로서 민족 신앙(신념)으로서 사람다움(사람됨)의 문제이며, 그것은 신화 또는 종교, 각종 민중운동 등의 형식을 통해 드러난다는 것이다.[9]

그런데 김광식의 견해에도 문제점은 있다. 그가 말한 한민족 신앙 내용으로서 사람다움 혹은 사람됨의 문제는 역사와 문화를 총괄하여 한민족 심성 저변을 흐르는 민족이념(신념)과 통하는 개념인 바, 과연 그의 주장처럼, 민족이념인 그것이 민족 신앙화되어, 민족 신화와 외래 종교의 토착화와 각종 민중운동에 영향을 미쳤는지, 아니면 오히려 그 이념 자체가 그런 역사적 과정의 부산물인지가 불분명하기 때문이다. 다만 한민족 얼로서 한민족 근원적 영성은 특정 종교문화를 통해 파악할 것이 아니라, 한민족의 역사와 삶 전체에서 드러나는 한민족의 자각적 자기 이해의 내용과 형식에 대한 규명으로부터 출발해야 한다는 주장은 정당하다. 그리고 그런 시각에서 풍류도의 문제도 새롭게 바라볼 수 있을 것이다. 소금에 따르면, 한민족 종교·문화적 영성의 본질인 풍류도는 한반도의 유·불·선의 모든 종교·문화적 지층을 흘러가고 있으며, 따라서 무교 연구를 통해서든 불교나 유교에 관한 연구를 통해서든 풍류도가

8 김광식, 『宣教와 土着化』, 42-43.

9 *Ibid.*, 40-56. 이것은 그의 토착화신학을 위한 해석학적 원리에 해당된다.

살아 있음을 발견할 수 있다는 것이다. 다만 소금은 무교를 통해 그것의 실체를 규명해냈다는 것이다.

2) 풍류신학의 하나님과 계시

풍류신학의 신인식론은 기독교 보편주의와 종교·우주적 세계관에서 출발한다. 그는 하나님을 추상적·관념적 초월자가 아니라, 처음부터 인간과 관계를 맺으시고, 사귐을 가지시는 하나님, 곧 인류 역사에 자신을 토착화하는 하나님으로 이해한다.

> 전적 타자이신 하나님께서 어떻게 인간과의 사귐을 가지셨는가? 그것은 말씀이 육신이 되어 이루어졌다. 다시 말하면 하나님께서 자기에게는 전혀 타자인 인간이 되어 이 세상에 들어오셨다는 사실로써 이루어진다. 바꾸어 말하면 하나님께서는 인간과의 사귐을 위해 이 세상에 토착화하신 것이다. 이 세상의 형태를 가지고 이 세상에 뿌리를 내림으로써 세상을 구원하셨다.[10]

그런데 그분은 결코 어느 한 종족만이 아니라, 온 인류와 온 우주의 하나님으로서 구체적으로 인류 역사 한가운데로 들어오실 뿐만 아니라, 모든 인류와 사귐을 가지신다. 다만 그분은 이 사귐을 위해 먼저 유대인의 역사·문화를 선택하셨을 뿐이다. 따라서 우리가 믿는 하나님은 기독교라는 종교 울타리 속에 홀로 존재하지 않고, 그리스도 안에서 항상 이 세상의 모든 인간과 더불어 계시며, 그들과의 사귐을 위해 그들의 문화·종교적 전통 속에 자신을 보이신다. 그래서 그분은 한민족의 하나님도 되시

---

10 유동식, 『道와 로고스』, 41.

고, 한민족 문화·역사 속에 살아계시는 분으로 고백하게 된다. 그러기에 복음을 통해 그분을 발견하는 것이 신학의 과제라고 할 것이다.

> 그리스도의 복음이 전달되기 이전에도 비록 가리워진 형태이긴 하나 그리스도의 은혜 밑에 살고 있다는 것이 우리의 신앙이다. 사랑과 자유와 정의야말로 그리스도 우리에게 주시는 은혜이다. 그러므로 사랑과 자유와 정의가 인간의 삶을 지배하는 한 그곳은 비록 그리스도의 이름을 모른다고 할지라도 그리스도를 따라 사는 곳이 된다. 여기 타 종교가 의미를 갖게 되는 접촉점이 있다.[11]

곧 소금은 명확하게 그리스도의 이름은 없지만, 과거 한국 문화 안에서도 그리스도의 활동 흔적을 찾을 수 있다고 본다. 이러한 그의 논리는 특별계시와 자연 계시를 함께 인정하는 브루너(E. Brunner)에게 가까우나, 자연계시론적 입장의 단순한 계승보다는 유일신론적 범재신관(汎在神觀)의 시각에서 기독교 보편주의를 따른다는 점에서, 칼 라너(K. Rahner)의 입장에 가깝다.[12] 사실 그는 초기부터 복음의 보편성에 입각하여 라너식의 익명적 기독교 혹은 익명적 그리스도를 말해왔다. 그리고 하나님의 계시에 관한 그의 입장은 결국 하나님의 절대성과 인간의 종교·문화적 선험성과의 관계 차원에서 논의되는데, 이것은 또한 계시의 절대성을 인정하지만, 계시가 "인간적 아프리오리 없이, 인간밖에 혹은 인간 위에 머무는 것이 아니라, 인간 안에서 인간을 향하신 하나님이 인간과 더불

---

11 *Ibid.*, 97-98.

12 김균진, 『基督教組織神學 I』, 130-139. 물론 그렇다고 브루너와 유동식의 입장이 서로 일치한다는 말은 아니다. 유동식의 입장은 소위 유일신론적 범재신관이라고 할 수 있지만, 브루너는 오히려 '다른 종교들'의 신들은 일종의 우상으로 본다는 점에서, 여전히 변증법적 신학 노선에 서 있다.

어 행하시는 소통"이라고 주장한 오트(H. Ott)에게 근접한다. 오트는 한 설교에서 다음과 같이 말한다.

> "하나님은 어디 계시고, 하나님은 누구신가?"라고 우리 시대의 사려 깊은 그리스도인들이 묻습니다. 하나님은 우리 자신 속에 계십니다. 그분은 물론 우리의 한 부분이 아닙니다. 우리가 산출해 낸 생각도 아니고 희망의 꿈도 아닙니다. 그분은 우리 속에 계신 힘이지만, 우리 자신의 힘은 아니며, 그러면서도 우리의 내부에서 역사하십니다. 만일 하나님이 단지 '밖에'만 계시고 '안에'는 계시지 않는다면, 그 하나님은 하나님이 아닐 것입니다.[13]

물론 우리는 초월적 · 절대적인 하나님의 계시와 그것에 응답하는 인간적 선험성(신앙)을 함께 포괄하는 폭넓은 계시관에 관해 논할 필요가 있다. 왜냐하면 하나님의 계시는 인간에게 자기의 존재 의미에 대한 질문을 일으키며, 자신을 인간으로 인식하게 하기 때문이다. 이러한 인간의 존재 의미에 대한 질문이 없으면, 인간은 비인간화된 존재로 남을 뿐이다. 그렇지만 인간적 아프리오리는 언제나 Text가 아닌, Context로 남는다. 즉 어디까지나 인간적 아프리오리는 하나님의 주도적 · 선행적 은총에 대한 주체적 · 능동적 응답의 관계에 놓여 있다. 그런데 소금의 경우에는 전적 타자인 하나님의 절대적 계시(Text)보다 그것을 수용하는 인간적 아프리오리(Context)를 강조한다는 점에서 사람들의 비판을 받고 있다.

소금은 진일보하여, 성서의 하나님과 한민족 토속신앙의 하느님(Hananim or Hanunim)과의 조우를 시도한다. 그는 한민족 토속신앙은

13 H. Ott, *Das Reden vom Unsagbaren*, 140.

고대 신화와 제의 형식 안에서 명맥을 이어오다, 현재는 무교 속에 현존한다는 점에서, 토속신앙의 신 개념 규명을 위해 무교 연구를 시작했고, 여기서 토속적인 신과 기독교의 하나님을 연결한다.[14] 특히 그는 이것을 풍류도의 신 개념으로 접근하는데, 풍류도의 신은 천신, 곧 한님(Hannim) 혹은 하느님(Hanunim)으로서, 천신 신앙과 관련된다. 그런데 그 신은 전적 타자이지만, 초월적 존재로서가 아니라, 자기부정을 통해 인간과 융합하는 형태로 존재한다. 이에 대해 소금은 [그림 8]을 중심으로 다음과 같이 설명한다.

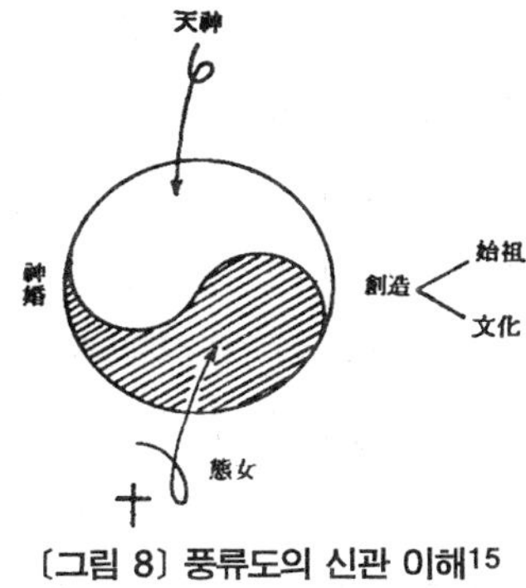

〔그림 8〕 풍류도의 신관 이해[15]

① 양극의 교합구조-하늘과 땅, 신과 인간은 대립적인 이원론적 갈등의 존재가 아니라, 불가분 둘이면서 하나인 교합구조를 이루고 있다.

② 자기부정을 매개로 한 결합-곰은 인간이 되고 하나님은 인간으로 화하여 서로 결합한다. 양극이 인간 안에서 결합되는 여기에 한국인의 인간주의가 엿보인다. ③창조적 태극의 형성-하나님과 인간의 상호내재적 결합은 하나의 새로운 양상 곧 태극적 관계를 형성한다. 이러한 양극의 교합 자체가 하나의 창조이며 이러한 태극이 인간과 문화를 창조한다.

소금은 이러한 신에 대한 이해를 마침내 기독교 신앙이 말하는 하나님(The God)에게로 귀결시키면서, 그 하나님을 풍류도의 구성요소 중, 한(韓, Han)의 원리로부터 드러나게 되는 한님(Hannim or Hanunim)과 동일시한다. 그는 이렇게 설명한다.

---

14 유동식, 『民俗宗教와 韓國文化』(서울: 현대사상사, 1977), 103-114.

15 유동식, 『風流道와 韓國神學』, 107.

풍류객은 풍류도의 눈으로 하나님을 보게 된다. 하나이면서 전체인 포괄적 성격을 가진 풍류도를 한이라고 했다. 이러한 한의 눈으로 보는 기독교의 하나님은 실로 한님이시다.[16]

그렇다면 과연 풍류도의 한님(Hannim), 하느님(Hanunim)과 기독교 신앙의 하나님(The God)의 동일은 정당한가? 첫째로, 그의 주장은 실존적 · 선교론적 관심으로부터 토착화 이론을 내세우고, 그 원리에 따라 한국 종교 · 문화적 영성을 통한 기독교 복음 이해를 시도하려 한 점은, 옳고 그름을 떠나, 한국 신학계에 적잖은 공헌이었다. 그리고 그가 일원론적 · 범신론적 사고와 이원론적 사고를 동시에 거부하면서, 하나님은 인간과 인간세계에 대해 전적 타자이지만, 예수 그리스도 안에서 인간과 관계를 맺으시는, 온 우주를 총괄하여 유일하신 하나님이라고 말한 것은 분명히 긍정적 측면이 있다. 또한 그의 말대로 하나님은 오직 한 분이기에, 바로 그분이 한반도에 복음이 전파되기 이전부터 이 민족과 함께 계셨고, 이 민족을 사랑하신 분임에 틀림없다.[17] 하지만 그렇다고 해서, 고대 신화와 제의에 나타나는 천신 개념에 가까운 한님 · 하느님과 성서가 말하는 창조주요, 구속주인 하나님을 별도 설명 없이 동일시하는 것은

16 *Ibid.*, 30.

17 이러한 기독교적 보편주의(*Christlicher Universalismus*)는 이미 일찍이 크래머(H. Kraemers)와 피서르트 호프트(W.A. Visser't Hooft)에 의해 제기되었다. 특히 후푸트는 "어떤 경우에든 기독교는 여러 종교의 요소들로 구성된 세계 신앙의 한 부분이 되는 것을 전적으로 동의할 수 없다. 이것은 자만이나 혹은 자기중심적 태도 때문에서가 아니라, 오직 기독교의 본질과 그 근원의 단순한 의식 때문이다. 하나님께서는 유일회적으로 자신을 계시하셨으며, 인간의 부르심은 이 계시에의 응답이라는 사실을 선포한다."면서 혼합주의적 요소를 단호히 배격한다. 소금의 기독교보편주의도 이와 유사하다(W.A. Visser't Hooft, *Kein anderer Name: Sykretismus oder Christlicher Universalismus*, 임흥빈 역, 『다른 이름은 없다!』, 서울: 성광문화사, 1987, 118).

토착화신학의 범주를 넘어선다고 말할 수 있다. 한민족의 '하느님 신앙' 혹은 '한님 신앙'은 무교적 풍토 속에서 또는 자연숭배를 통해 형성된 자연신론 속에서 발전해왔고, 지금까지도 그러한 영향력이 감소되지 않을 정도로 오랜 역사적 전통을 가지고 있으며, 초월적이면서도 내재적이고, 일원론적이면서도 다신론적이며, 유신론적이면서도 무신론적인 양면성을 가지고 있다.[18] 따라서 양자의 동일시에는 보다 신중한 검토가 필요하다.

특히 소금은 한민족 토속신앙의 하느님과 성서의 하나님에 대한 단순대비를 통해, 한민족이 전통적으로 견지해온 하느님 신념과 성서의 하나님 신앙을 연결하는데, 한민족이 하느님이란 칭호로 신을 부를 때의 그 신심이 함의하는 하나님에 대한 이해는 유신론이라기보다는 철학적 일자·이·기·태극이라는 관념일 수도 있고, 때로는 인격적인 주일 수도 있으며 또한 무한히 세계를 초월해 있으면서도 세계와 인간 안에 내재한 유일신론적 범재신관(汎在神觀)의 개념을 함의하는 하느님에 가깝다는 점에서, 무엇보다 인격성이 불분명하다.[19] 그렇지만 성서의 하나님은 인간을 포함하여, 세계와 우주를 무로부터 창조하셨으며(*creatio ex nihilo*), 자신을 낮추어 인간과 온 세계와 관계를 맺으시고, 구원하시는 종말론적 구원자로서 삼위일체 하나님이다. 특히 그분이 인간과 세계에 대해 관계를 맺으신다는 말은 곧 그분의 인격성을 전제함을 의미한다. 따라서 그분은 토속적 영성의 한님 혹은 하느님과는 처음부터 다른 분이다. 그러므로 성급하게 양자를 무조건 동일시하는 것은 온당치 못하다. 다만 소금의 초기 주장처럼, 풍류도의 신 이해가 한민족으로 하여금,

18 김경재, 『韓國文化神學』, 111-113. 이에 대해 유동식은 풍류도는 하나이면서도 전체인 포괄적 성격을 띠고 있는 바, 그런 눈으로 기독교의 하나님을 바라봐야 한다.고 주장한다(유동식, 『風流道와 韓國神學』, 30-33).

19 김경재, *Ibid.*, 114.

성서의 하나님께 쉽게 접근하게 했다고 보는 선교적 촉발론의 차원에서 양자를 연결하는 형식이라면, 보다 긍정적인 의미를 발견할 수 있을 것으로 보인다.

둘째로, 신인 융합(神人融合)에 입각한 하나님 이해 역시 문제가 있다. 풍류도에 나타나는 신은 초월적 존재로서 자기부정을 통해 인간과 융합 혹은 교합하며, 이 융합의 구조를 통해 신은 새로운 창조(인간, 생명 혹은 문화)의 역사를 이룩한다. 이러한 그의 주장은 성육신 원리에서 출발, 풍류도를 해석해내고, 다시 그 원리로부터 성육신론으로 순환하는 형식을 취한다.

> 기독교의 본질은 그리스도의 인격과 생활 그 자체에 있다. 그리스도는 하느님의 말씀이 육신을 입고 인간이 되신 분이라고 믿는다. 곧 예수 안에서 초월적인 하느님과 인간이 하나로 융합되어 있는 것이다. 이런 뜻에서 그리스도는 실로 풍류객이었다. 그로 말미암아 이제는 하느님이 우리와 함께 계시게 되었다(Immanuel). 하느님이 우리와 함께 계시고 세계를 지배하게 된 이것이 곧 하느님의 나라요 인간의 구원이다.[20]

그러나 성서는 신-인 사이의 융합이 아닌, 소금 자신이 그렇게도 강조하듯이, 성육신을 기반으로 신-인 연합을 말한다(요 1:14). 즉 하나님 아들 예수 그리스도 오심은 그의 말대로, 초자연적, 절대적 진리가 자기 겸손과 자기부정에 의해, 말씀이 육신이 된 사건이지, 단순히 신-인 사이의 융합이 아니다. 다시 말해서, 그리스도 사건은 초월적 하나님의 말씀이 자기를 낮추시고 한 특수한 장소와 상황 속에서 한 인간 개인이 되었으며, 인간과 자신을 동일시하고 인류 역사의 일원이 되신 유일한 하나님

20 유동식, 『風流道와 韓國神學』, 44.

의 구원사건이지, 하늘에서 강림한 신과 땅에 속하는 인간이 만나 융합 내지, 교합을 이룬 것이 아니다. 따라서 신인 융합 내지 신인교합적 신관 이해는 결국 하나님 말씀의 성육신이 아닌, 신인혼합(神人混合)과 별 차이가 없다.

셋째로, 삼위일체 하나님에 대한 이해도 문제가 있다. 그는 물론 신학의 전통적인 삼위일체론을 수용하지만, 거기에는 사실 성서와 풍류도가 혼합되어 있다. 즉 그는 기독교와 풍류도의 만남을 삼위일체론적으로 이해하여, '한과 하나님의 만남', '멋과 성령의 만남', '삶과 예수 그리스도의 만남'에서 기독교와 풍류도의 만남, 곧 토착화가 이뤄진다고 본다. 한이 만나는 대상은 만유의 아버지이다. 멋이 만나는 대상은 성령이다. 멋은 창조작업을 통하여 존재한다. 창조주 하나님이신 성령이 인간을 새롭게 창조한다. 그리하여 영(靈)으로 난 사람은 풍류객이 된다. 풍류객은 곧 주체적 존재요, 생사 초월의 무애인(無碍人)으로서 예수 그리스도이며, 그는 인간의 삶을 해방하여 정의 사회를 실현한다.

> 풍류신학은 풍류도의 눈으로 삼위일체 신을 신앙하고 신학화하는 것이라 하겠다. 한국 그리스도교의 사상은 이미 풍류신학적 전개를 해오고 있다고도 할 수 있다. 한과 성부와 보수주의 사상, 삶과 성자와 진보주의 사상, 멋과 성령과 자유주의 사상 등의 전개가 그것이다. 그러나 여기서 새삼스런 한국 신학으로써 풍류신학을 강조하는 몇 가지의 이유가 있다.[21]

하지만 풍류신학의 삼위일체론은 전통적 삼위일체론과는 다른 무엇이 있다. 즉 그는 기독교 신학으로써 삼위일체 신론을 말하기보다는 풍류도의 3·1 철학, 곧 『천부경』에 나타나는 3·1 철학을 기독교 신학의

21 유동식, 『風流道와 韓國神學』, 219.

삼위일체론에 억지로 결합시킨 듯한 느낌을 준다.[22] 말하자면 양자의 외면적 유사점을 중심으로, 중간 여과 없이 논리 비약을 시도하고 있다.

> 우주는 한에서 나와 전개하다가 한으로 돌아간다는 것이요, 사람은 이 한을 얻어 본래적인 사람이 된다는 것이다. 여기에 한님 곧 하느님과 인간이 하나로 융합되는 3·1 철학의 기초가 있다. 한은 체(體)요 삼재(三才)의 셋은 용(用)이다. 이런 논리적 바탕이 있었기 때문에 한인들은 불교의 체용(體用)의 논리를 어려움 없이 받아들이고 또한 유교의 이기설을 활발히 전개할 수가 있었다. 이것은 또한 오늘날 그리스도교의 삼위일체 신을 적극적으로 받아들이고 활발한 신앙운동을 전개하게 하는 기초가 되어 있기도 하다. 풍류도의 3·1 철학은 상호내재의 논리와 체용의 논리로 구성되어 있다. 그러므로 성부·성자·성신의 3·1 신에 대한 우리의 이해도 그 인격적 상호 내재성과 활동에 있어서의 체용의 관계로 보는 것이다.[23]

그러나 이러한 풍류신학의 삼위일체론이 —정확히 말하면 동양철학적 삼일론 혹은 삼일철학이 더 타당하다— 전통신학의 삼위일체론과 어떻게 조화될 수 있는지 얼른 이해하기 어렵다. 특히 신인 융합을 기반

---

22 천부경은 단군의 가르침을 최치원이 한문으로 번역한 것으로 전해오는 민간전승의 경전으로서 다음과 같은 내용을 갖고 있다. "일시무시일 석삼극무진본, 천일일, 지이이, 인일삼, 본심본 태양앙명, 인중천지일 일종무종일"(一始無始一析三極無盡本, 天一一, 地一二, 人一三, 本心本 太陽昻明, 人中天地一 一終無終一). 이것을 유동식은 이렇게 번역한다. "존재는 한(一)으로써 시작하되 그 한은 시작이 없는 영원한 것이다. 이것이 천지인 삼재를 낳고 전개하지만 그 근본인 한은 다함이 없다. 한은 우주의 존재 근거이기 때문에 삼재는 각기 이 한을 품음으로써 천지인의 구실을 한다. 마음이 사람의 근본인 이 한의 자리에 서면 천하가 밝아지고 사람 속에 천지의 한이 있음으로 천지인은 하나로 융합되어 본체인 한으로 돌아감을 알지니 한이란 끝없는 영원한 존재이다."(*Ibid.*, 218-219).

23 *Ibid.*, 219.

으로 하는 삼위일체론은 신학에서는 찾아보기 어렵다. 기독교 신앙과 신학에는 신인 융합이 아닌, 성육신(Incarnation)이 있을 뿐이다. 그러므로 풍류신학의 삼위일체론은 우선, 내재적 삼위일체*(Immanent Trinity)* 인지 경세적 삼위일체(Economic Trinity)인지가 모호하지만, 내용상 후자에 가까운 것으로 보인다. 그리고 하나님의 삼위일체 안에, 왜 인간(신도)이 융합되어 포함되고 있는지에 대해, 자세한 설명이 요구된다. 그렇지 않으면 이것은 신·인 융합론일 수밖에 없다. 이러한 그의 삼위일체적 신 이해는 다음 그림에서 보다 분명하게 드러난다.

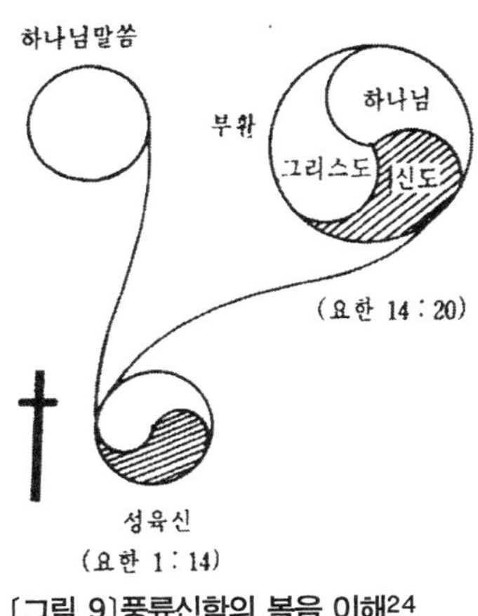

〔그림 9〕풍류신학의 복음 이해[24]

즉 그는 하나님 말씀의 인간되심이 신인 융합 사건이고, 이것은 또한 신인 융합을 이루신 하나님께서 그리스도의 십자가와 부활을 통해, 또다시 신자들과 하나 되어 그리스도 곧 성자가 아버지 안에 있고, 신자들이 그리스도 안에 있으며, 그리스도가 신자들 안에 있게 될 영광의 삶(요 14:20)에 대한 근거가 된다고 본다. 하지만 그림을 살펴보면 하나님(성부)과 그리스도(성자)가 신도와 함께 삼태극 형상(三太極 形象)의 완전한 멋의 현실을 이루지만, 성령에 대한 언급은 없다. 그뿐 아니라, 내용상 성령의 자리를 인간 신자가 차지함으로써, 그의 삼위일체론은 성삼위 하나님의 내재적·경세적 일치를 말하기보다 오히려 신·인간의 혼합적 구조론으로 나타난다.[25] 이것은 그가 신학적 기반으

24 *Ibid.*, 29.

25 물론 그렇다고 유동식이 "성령"에 대해 전혀 무관심하다는 말은 아니다. 여기서

로 삼는 요한복음 14장 20절에 대한 문자적 도해의 결과이지만, 실제로 그의 신학이 기독론 중심적이기 때문에, 출발부터 성령의 위치는 사실상 약화되었다. 물론 이 그림 하나로 그의 사상 전체를 파악하기는 어렵지만, 그래도 이것은 풍류신학의 기본개념이라는 점에서, 매우 중요하다.

따라서 그의 신론은 신·인혼합주의적 성격이 엿보이고, 기독교 신앙과 신학의 삼위일체론과는 거리가 멀 뿐만 아니라, 로고스의 성육신을 전하는 요한신학과 자기부정과 자기 비하를 통해 인간에게 다가오신 하나님의 셰히나(Schechina)로서 케노시스(*Kenosis*) 기독론을 말하는 바울신학에 기초를 두고는 있지만, 기독교 복음의 본질에 치중하기보다는 성육신 원리를 바탕으로 기독교 보편주의를 지향하였다고 할 것이다. 다만 그가 서구적인 일원론 혹은 이원론적 사고를 벗어나려는 동양적 유일신론적 범재신관을 제시함으로써, 씨앗으로서 복음이 심어지고 자라나게 될 토양으로서 종교·문화적 아프리오리(풍류도)에 응답하는 성속일여(聖俗一如)의 신관을 도출했는데, 이는 서구 중심적인 신 이해에 침잠해 있는 한국 신학에 대해, 보다 폭넓은 신 이해의 계기를 마련해준 긍정적인 측면이 있다고 할 것이다.

3) 풍류객 그리스도

풍류신학의 기독론은 성육신론에서 출발한다. 그에 따르면, 그리스도의 성육신은 하나님의 토착화요, 하나님 자신의 인간과의 사귐을 위한 행동이라는 점에서, 바로 거기에 복음의 본질이 드러난다는 것이다. 이

는 다만 그가 설명하는 풍류도의 구조론에 있어서 성령의 위치가 애매모호함을 지적하려는 것이다. 한편 그는 한국 교회의 성령운동에 대해 논고를 하는 등 성령론에 대해서 그 나름대로 적잖은 관심을 표명하고 있다(유동식, “한국 교회와 성령운동”, 『한국 교회 성령운동의 현상과 구조』, 서울: 대화출판사, 1981).

성육신 패러다임을 그는 풍류도에 그대로 적용하는데, 이는 신인 융합이라는 풍류도의 본질적 구조가 성육신 원리와 유사하기 때문이다. 그리하여 그는 그리스도의 성육신과 풍류도의 신인 융합을 직접 연결하여, 예수는 결국 풍류객이라고 주장한다.

> 풍류도의 본질 구조는 자기부정을 매개로 한 신인 융합(神人融合)에 있다. 본래 하느님의 말씀인 그가 인간의 육신이 되어 오신 이가 예수였다. 그러므로 예수의 인격이야말로 신인이 융합하여 하나가 된 풍류객이라 하지 않을 수 없다.[26]

그에 따르면 성육신은 하나님과 인간이 예수라는 한 인격 안에서 하나됨을 뜻하는데, 예수 그리스도가 신·인융합적인 풍류도의 구조와 기능에 걸맞은 존재 양식이라는 점에서, 결국 그리스도는 이 땅에서 풍류객이다. 풍류도는 유·불·선 삼교의 근본 사상을 포함하면서 아집에 사로잡힌 자기를 극복하고, 우주의 대법도인 참 마음(하나님의 마음)으로 돌아가게 함에 그 본질이 있는데, 예수의 존재 양식이 인간으로 하여금, 하나님께로 돌아가게 하는 바로 그분이라는 점에서 예수는 풍류객이라고 본다.

> 요컨대 풍류도의 본질은 하느님과 하나가 되어 뭇 사람들을 사랑하는데 있다. 이것이 우리 전통 문화의 얼을 이루는 것이다. … 기독교의 본질은 그리스도의 인격과 생활 그 자체에 있다. 그리스도는 하느님의 말씀이 육신을 입고 인간이 되신 분이라고 믿는다. 곧 예수 안에서 초월적인 하느님과 인간이 하나로 융합되어 있는 것이다. 이런 뜻에서 그리스도는 실로 풍류객이었다.[27]

---

26 유동식, "風流神學", 「神學思想」 제41집, 435.

이 풍류객 예수는 자기부정 통한 새로운 존재 의식(儀式)으로서 세례와 영체로의 변화를 통해 하나님과 하나됨의 진상을 드러낸 변화한 사건에서, 십자가와 부활을 통해 하나님과 하나임을 보여주었다. 그리하여 그는 소외된 민중들을 교화하고 사랑하면서 그들을 구원하신(接化群生), 말 그대로 풍류객이 된 하나님이었다.[28] 이처럼 소금은 풍류객 예수를 통해 풍류도와 기독교 복음의 연속성을 견지하려고 한다.

> 이로써 풍류객 예수는 삼교의 본질을 포함하고 있을 뿐만 아니라, 뭇 사람이 하나님의 형상을 회복하고 사람 구실하며 살아갈 수 있도록 구원하셨다. 그리스도는 실로 풍류객(風流客)이요 포함삼교자(包含三教者)요 접화군생자(接化群生者)이다. 풍류도와 그리스도 사건은 구조적으로 일치되어 있는 것을 본다. 풍류도는 긴 역사적 전개 끝에 그 완전한 실현을 그리스도 안에서 만나보게 된 것이다. 따라서 이 그리스도를 증언한 성서는 실로 풍류도의 경전이 된 것이다.[29]

그렇다면, 과연 예수 그리스도와 풍류객은 동일시될 수 있는가? 그분은 정말 포함삼교자(包含三教者)이며, 접화군생자(接化群生者)인가? 또한 기독교가 예수는 풍류도 전개사의 연장선상의 풍류도 완성자인가? 나아가 성서는 결국 풍류도의 경전으로서 의미를 갖는가? 이 모든 질문의 근본적 해결은 첫 번째 질문에 달려 있다. 이에 대한 김광식의 말을 들어보자.

---

27 유동식, "風流道와 기독교", 「神學論壇」 제16집, 324.
28 유동식, "風流神學", 「神學思想」 제41집, 436-437.
29 유동식, "風流道와 기독교", 「神學論壇」 제16집, 325.

풍류신학의 기독론과 삼위일체론은 풍류도 혹은 한국 무교의 무당혼과 삼신론에 상응하는 교리해석이다. 이것을 꼭 해석이라고까지 부를 수 있을지는 몰라도 기독교의 교리와 무교의 사상 사이에 있는 어떤 유사성을 찾아내고 양자 사이의 상응 관계를 기초하여 성서와 교리에 나타난 예수의 상과 하나님 신앙을 "한 멋진 삶"으로 풀어가려는 시도임에는 틀림없다. 칼 바르트에 의하면, 해석과 예증은 같은 것을 다른 말로 말하는 것이지만, 해석은 같은 것에 중점을 두고, 예증은 다른 것에 중점을 둔다고 하였다. 아마도 그러한 정의에 따른다면 풍류신학은 기독교 교리의 무교적 예증(Shamanistic illustration)이라고 할 수 있을 것이다. 바로 이러한 무교적 예증은 유선생님의 신학적 천재에서 생긴 창작품이다.[30]

요컨대 김광식에 따르면, 풍류신학은 기독교와 무교 사이의 유사성을 중심한 기독교 교리의 무교적 예증이라는 것이다. 따라서 예수와 풍류객의 일치는 처음부터 문제점을 내포한다. 첫째로, 예수=풍류객이란 명제 자체가 성육신과 신인 융합 사이의 표면적 유사성에서 출발한다. 물론 외견상 양자 간에는 구조적 유사점이 있을 수 있다. 하지만 소금은 양자가 출발부터 본질적으로 전혀 다른 내용임을 간과하고, 하나님 아들의 성육신이라는 원리만을 붙잡으려 하였다. 예수 그리스도 안에 이뤄진 하나님의 아들의 성육신은 인간과 세계 구원을 위한 하나님 아들의 자기 낮춤의 사건이요, 하나님의 자기 제한적 사건이지만, 신인 융합이란, 결국 무교적 엑스터시 경험에 기초한 신-인 합일의 표상이기 때문이다.

일찍부터 우리 조상들은 하느님을 섬겨왔다. 가을 · 봄으로 제천의례를 가졌으며, 그것은 음주가무로써 진행되는 일대 민족적인 축제였다. 가무

30 김광식, "샤마니즘과 風流神學", 「神學論壇」 제21집, 79.

> 강신을 기다려 신령에게 풍년과 평강을 비는 종교행사였다. 제천의식의 핵이 되는 것은 가무강신이다. 노래와 춤은 황홀경(엑스터시: 필자)으로 이끌어간다. 명상이나 기도가 아닌 몸의 율동, 곧 신체어(身體語)를 통해 무아입신경(無我入神境)으로 가는 신비체험이요, 신인 융합의 실현이다. 여기에 풍류도의 핵심이 있다. 풍류도란 노래와 춤을 통해 신과 인간이 하나로 융합됨으로 전개되는 종교요 사상이다.[31]

따라서 양자는 처음부터 일치와는 거리가 있다. 성육신은 하나님이 인간이 된 구체적·역사적 사건을 가리키지만, 신인 융합은 단순히 무당의 엑스터시 경험과 관계된 하나의 신비적 표상에 불과하다. 그리고 성육신은 하나님이 인간이 되신 사건이지만, 신인 융합은 무격의 몰아지경 내지, 무아지경에 이르는 하나의 주술적 경험에 불과하다. 다시 말하면 신인 융합의 표상에는 인간이 신을 경험하는 주술적·신비적 황홀경만 있을 뿐, 인간과 세계의 구원을 위한 메시아의 수난이라는 구체적·역사적 사건개념은 존재하지 않는다. 그러므로 예수=풍류객의 도식은 처음부터 하나의 외면적 표상만을 따라가는 단순한 예증일 뿐이다. 즉 그가 무교적 경건의 눈으로써 기독교적 영성의 본질인 예수 그리스도의 성육신을 해석하려 한 것은 복음의 한국 종교·문화적 상황에서의 토착화적 노력이었지만, 문제는 양자 간의 차이점보다 유사점에 관심을 두었다는 점에서, 처음부터 무리수가 엿보인다.

둘째로, 유동식은 예수=풍류객의 도식에 근거하여, "그리스도는 실로 풍류객이요, 포함삼교자(包含三敎者)요, 접화군생자(接化群生者)이다. 풍류도와 그리스도 사건은 구조적으로 일치되어 있는 것을 본다"고 말하면서, 결국 풍류도의 완전한 실현을 예수에게서 만나게 된다고 주장

---

31 유동식, "風流神學", 「神學思想」 제41집, 432.

한다.[32] 과연 기독교는 한국에서 풍류도로, 예수 그리스도는 풍류객으로 귀결되는가? 물론 토착화신학적 측면에서 재래종교와의 대화를 위해, 전통적인 종교와 문화와의 깊은 대화적 만남은 필요하다. 하지만 그렇다고 기독교가 반드시 재래종교들의 종교·문화적 연장선 위에 서 있어야 한다는 말은 아니다. 오히려 복음은 문화와의 관계에 있어서 참여와 거리 둠의 변증법적 관계를 중시한다. 즉 복음은 문화와 무관한 절대 초월의 형식으로 제시되지 않는다는 측면에서는 문화에의 참여의 관계에 있지만, 문화 속에서의 몰입 내지, 혼합을 지향하지 않는다는 점에서는 거리 둠의 관계를 갖는 역설적 성격을 갖고 있다.

그리스도는 일차적으로 유대교·문화적 상황에 오셨지만, 결코 유대민족의 종교·문화적 혼합체는 아니다. 왜냐하면 하나님의 계시는 본질적으로 인간적인 모든 가능성에 대하여, 절대적인 질적 차이를 갖고 있기 때문이다. 이에 따라 예수 그리스도의 십자가와 부활을 바탕으로 하는 복음은 문화와 거리 둠의 관계에 있고, 이런 의미에서 기독교는 재래종교들의 연장선상에 서 있지 않다. 곧 예수 그리스도의 십자가와 부활의 복음은 한편으로는 구원을 위한 모퉁잇돌(the Cornerstone)이지만, 다른 한편 그것은 인간 종교·문화에 대한 걸림돌(a Setback)이기도 하다. 그러나 한편 그리스도는 유대교·문화의 옷을 입고 있다는 점에서 문화에의 참여의 형식을 취한다. 그리하여 복음과 문화는 역설의 변증법을 지향한다. 특히 김영동은 복음과 문화와의 관계에 대한 니부어(H.R. Niebur)의 이론을 넘어서,[33] 양자의 관계를 변증법적으로 이해하려는 겐시헨(H. W. Gensichen)의 주장을 수용한다.

---

32 유동식, "風流道와 기독교", 「神學論壇」 제16집, 325.

33 H. R. Niebuhr, *Christ and Culture*. 김재준 역, 『그리스도와 문화』(서울: 대한기독교서회. 1983).

기독교 신앙이 제 문화에 가져야 할 입장은 한편으로는 참여가 더 나아가서는 동일시가 되어야 한다. 왜냐하면 성서적 텍스트는 생동하는 기독교 신앙의 응답을 기대하는데 이 응답은 상황과 연관되어 나타날 때에만 참된 것이 될 수 있기 때문이다. 다른 한편으로 기독교 신앙이 제 문화에 가져야 할 입장은 거리 둠이며 더 나아가서는 분리이다. 왜냐하면 문화적 콘텍스트가 텍스트를, 성경적 증거를 완전히 상대화시킬 위협성이 있기 때문이다.[34]

따라서 유동식의 예수=풍류객 도식은 어떤 면에서는 복음과 한국문화와의 관계를 고려하면서, 복음의 문화에의 참여의 측면을 내세우는 주장이지만, 문제는 양자 간의 거리 둠에 대한 신중한 검토를 소홀히 한 측면이 있다. 더욱이 현대 사회에서 풍류라는 개념도 소금이 의도하는 대로 종교적, 신앙적 측면이 거의 제거된 채 통용되고 있는 현실에서,[35] 예수는 풍류객으로 설명한다면 오늘의 한국인들에게 예수 그리스도에 대한 이미지가 어떠한 모습으로 비치게 될지 의문스러운 일이다. 하지만 우리는 복음과 문화의 시공간적 거리를 좁히려고 무던히도 애써 온 유동식의 헌신적인 노력만큼은 인정해야 할 것이다.

셋째로, 그는 복음을 유독 성육신 원리 중심으로 이해하면서, 풍류도

---

34 김영동, "성령과 선교", 김지철 편, 『성령과 교회』(서울: 장신대출판부, 1998), 267-268. H.W. Gensichen의 이론은 *Mission und Kultur, Gesammelt Aufsaetze*, Theologische Bibliothek 74(Muechen, 1985).

35 국어사전은 풍류(風流)의 개념을 "속된 일을 떠나 풍치가 있고 멋스럽게 노는 일. 화조풍월(花鳥風月)"의 의미로 설명한다(이희승 감수, 『민중 엣센스 국어사전』, 서울: 민중서림, 1996. 22, 24). 김광식 역시 유동식의 "예수=풍류객"의 도식은 일종의 무격적 기독론(巫覡的 基督論)이라고 평하면서, "풍류객으로서 그리스도와 그리스도인들은 큰무당과 작은 무당들의 기독교적 표현일 수 있는 것이다"라고 주장했다(김광식, "샤마니즘과 기독교", 「神學論壇」 제21집, 1993. 10., 72).

의 신인 융합 원리와의 대화를 시도한다. 하지만 성서는 예수 그리스도를 통한 하나님의 구원 사건에 관해 성육신에만 집중하지 않는다. 오히려 복음서들은 특히 그리스도의 수난과 부활에 더욱 큰 관심을 두고 있다. 심지어 마가복음은 그리스도의 탄생 설화를 생략할 정도로, 그리스도의 수난에 거의 모든 메시지를 집중시킨다. 바울 서신들도 십자가와 부활이 주된 복음의 내용으로 제시된다(고전 1:18, 2:2, 15:1; 롬 5:6; 갈 6:14). 그런 의미에서 성서는 예수 그리스도의 십자가와 부활을 중심으로 신-인 화해와 화목에 집중하고 있으며, 성육신의 의미도 이러한 신·인 화해의 빛에서 진정한 의의를 드러낼 수 있다. 하지만 풍류도의 신인 융합은 단순히 신-인의 삼태극적 결합 현실에 치중하지, 십자가에 달리신 하나님 아들의 고난과 부활을 통한 신-인화해와 그것을 위한 하나님의 구원 행동에는 큰 관심을 두지 않는다.

> 요컨대 풍류도의 본질은 하느님과 하나가 되어 뭇 사람들을 사랑하는 데 있다. 이것이 우리의 전통 문화의 얼을 이루고 있다. 그러면 오늘날 우리 문화의 큰 부분을 차지하고 있는 서구문화의 얼이라 할 기독교의 본질은 무엇인가 보기로 하자. 기독교의 본질은 그리스도의 인격과 생활 그 자체에 있다. 그리스도는 하나님의 말씀이 육신을 입고 인간이 되신 분이라고 믿는다. 곧 예수 안에서 초월적인 하나님과 인간이 하나로 융합되어 있는 것이다. 이런 뜻에서 그리스도는 실로 풍류객이었다.[36]

따라서 풍류신학의 기독론은 그리스도의 십자가와 부활보다는 성육신에 더 큰 비중을 둠으로써, 결국 복음의 중요한 메시지를 약화시키는 문제가 있다. 오히려 성탄절은 수난절과 부활절이 함께 진술될 때, 그

36 유동식, "風流道와 기독교", 「神學論壇」 제16집, 324-325.

참된 의미가 살아난다는 점에서, 풍류신학이 참으로 한국인들을 위한 한국적 신학으로써 자리매김하기 위해서는, 성육신하신 하나님의 아들 예수 그리스도의 구속 사역의 핵심인 십자가와 부활에 대한 보다 구체적인 해설이 요청될 수밖에 없다. 왜냐하면 기독교 신앙의 최종적인 목표는 죽은 자의 부활에 있기 때문이다.

다만 유동식의 풍류신학이 성육신 원리에 치중하는 이유는 그가 바울신학보다 요한신학에 자신의 신학적 기반을 두고 있기 때문으로 보인다. 물론 요한신학의 기반이 되는 신약성서의 요한문서들은 2세기 이후 기독교 신앙과 신학에 대해 최대의 논적이었던 영지주의와의 치열한 투쟁을 그 기반으로 하는 기독교 신앙과 신학에 대한 변증에 큰 목적을 둔 문서들이지만, 그렇다고 해서, 하나님의 화해의 은총의 뿌리인 예수 그리스도의 십자가와 부활의 의미와 가치를 간과하지 않는다는 것이다. 오히려 요한복음 안에도 그리스도의 십자가를 통한 희생적 속죄에 대한 설명은 풍성하게 나타난다(요 1:29, 6:51-58, 10:11, 12:24). 기독교 신학은 성육신 원리와 함께 그리스도의 십자가와 부활을 통한 하나님의 신-인 화해의 은총을 함께 고려할 때, 진정한 의의와 가치를 지니게 된다. 그리고 바로 이것이 기독론 신학의 핵심이기도 하다.

4) 기독교와 오늘의 화랑

풍류신학은 풍류도에 나타난 한국인의 이상인 한 · 멋진 · 삶의 실현, 곧 복음의 진리를 한국적 영성으로 이해함을 통해 한국 풍류 문화의 완성,[37] 즉 지나치게 서구화되어 정체성마저 흔들리는 이른바 얼빠진 문화적 현실을 극복하고, 한국적 기독교 풍류 문화를 완성하는 것이 풍류신

37 유동식, 『風流道와 韓國神學』, 26-27.

학의 주된 과제이다. 그에 따르면 풍류 문화의 완성은 풍류도를 깨달은 풍류객에 의해 가능한데, 그 원초적 형상이 바로 신라 화랑들이다. 그들은 풍류도를 몸에 지녔으며, 또 그러기 위해서 그들은 유·불·선 삼교의 도의로써 수련하고, 가무로써 강신을 경험했으며, 명산대천을 찾아서 유오산수하며, 한·멋진·삶을 실현하는 한·멋진·사람(*Han-Motchin-Saram*: one beautiful person)으로 살았다.[38] 따라서 그들은 풍류도를 몸으로 완성한 풍류객의 원초적 형상이며, 그들에게서 풍류도의 이상이 실현된다. 그렇다면 오늘의 풍류객은 누구인가? 소금에 따르면, 하나님의 구원사에 헌신함으로써 한국적 기독교 풍류 문화의 이상을 실현하게 될 오늘의 풍류객은 풍류객의 기독교적 원초적 형상(The Archetype of Christianity for Pungryu-Gaeck)인 예수 그리스도를 신앙하고, 그의 삶을 따르는 교회공동체 안에서 찾게 된다. 그리하여 한국 그리스도인은 오늘의 한민족 역사를 위한 풍류객이요 화랑이다.

> 이러한 역사적 과제를 담당하고 수행해 갈 사람은 과연 누구인가? 그것은 우리의 민족적 얼을 지닌 주체적인 청년 곧 오늘의 화랑들이어야 한다. 오늘의 화랑들은 다름 아닌 오늘의 한국 크리스천들이다. 우리는 그리스도 안에서 우리의 얼을 되찾을 수 있기 때문이다. … 여기에 삼위일체 하느님을 믿는 크리스천의 모습이 있다. 그는 한 멋진 사람이요 오늘의 풍류객이요, 화랑이다. 그리하여 오늘의 한국이 지닌 역사적 과제를 수행하고 한국 문화를 창조하는 주역.[39]

이처럼 풍류신학은 새로운 풍류 문화 창조 역군인 풍류객 육성이

38 Tong Shik Ryu, "Korean Religious Culture and Christianity", *KJST*, vol. 3, 238.
39 유동식, 『風流道와 韓國神學』, 48-49.

주요 과제며, 과거 화랑들에게서 발견된 풍류객의 원초적 형상은 이제 그리스도 안에서 오늘의 한국 크리스천을 위한 중요한 삶의 과제로 규정되어야 함을 뜻한다. 그러므로 풍류신학이 지향하는 인간구원의 목표는 풍류도의 이상을 실현하는 풍류객(화랑-한 멋진 사람)의 인격과 삶의 회복이라 할 수 있다.

이러한 풍류객은 무엇보다 신과의 합일을 이룬 새로운 존재 양식의 이상적 인간이며, 내가 없어지고 신과 함께 사는 상태의 나(*Ich*)로서 풍류의 주체를 뜻한다. 풍류신학의 구원은 풍류객이 되는 것, 즉 신인 융합을 통한 새로운 존재 양식의 사람이 되는 것에 있다. 이제 새로운 존재 양식의 풍류객은 접화군생의 삶의 방식을 따르게 된다. 이것은 자기중심의 세계에서 타인과의 관계의 세계로 옮아감을 뜻한다. 그리하여 풍류객은 타인과의 접촉을 통해, 그 또한 인간 본성으로 돌아가도록 교화한다. 이것을 기독교적 측면에서 보면, 예수 그리스도의 삶이요, 하나님 형상으로서 인간 본질을 드러내는 삶이며, 그리스도 제자의 길이라는 것이다.

> 그리스도가 이 세상에서 행하신 것이 무엇인가? 그는 인류를 대신해서 십자가에서 죽고, 인류를 대표하여 부활하신 분이다. 이로써 儒·佛·仙 三敎의 본질이었던 자기부정을 매개로 새로운 존재가 된다는 사상은 그의 몸을 통해 역사화되었고, 사건화되었다. … 이로써 풍류객 예수는 삼교의 본질을 포함하고 있을 뿐만 아니라, 뭇 사람이 하느님의 형상을 회복하고 사람구실을 하며 살아갈 수 있도록 구원하신 것이다. 그리스도는 실로 풍류객이요, 포함삼교자요 접화군생자이다.[40]

나아가 풍류객은 결국 민족 영성을 지닌 주체적 존재로서 한 · 멋진 ·

40 *Ibid.*, 44-45.

삶의 문화를 창조해 나가는 한·멋진·사람, 말하자면 홍익인간의 이념을 실천하는 인간이다. 그리하여 소금은 이러한 풍류 문화의 창조자인 풍류객의 이념을 예수 그리스도의 인격과 삶에서 읽어내면서, 동시에 풍류도의 이념실현이라는 실천적 측면에서 기독교 신앙의 의미를 찾고자 한다.

> 풍류도와 그리스도의 사건은 구조적으로 일치되어 있는 것을 본다. 풍류도는 긴 역사적 전개 끝에 그 완전한 실현을 그리스도 안에서 만나보게 된 것이다. 따라서 이 그리스도를 증언한 성서는 실로 풍류도의 경전이 된 것이다. 그러므로 오늘날 우리가 우리의 전통적인 얼을 되찾는 길은 바로 이 그리스도를 믿고 받아들이는 데 있다.[41]

그렇다면 그의 인간구원론은 신학적으로 타당한가? 물론 기독교의 인간상이 타락으로부터의 인간해방과 회복이고, 풍류신학의 인간상 역시 한·멋진·삶을 이뤄가는 신과 합일된 인간, 즉 신인 융합의 이념을 완성하는 풍류객의 삶의 구현이라는 점에서, 양자가 추구하는 인간상은 부정적 현실로부터 새로운 현실로의 회복을 지향하는 도상의 존재로서, 기독교적으로는 예수 그리스도에게서, 한국적으로는 신라의 화랑에게서 원초적 형상을 발견하게 된다. 그렇지만 과연 풍류도를 성취한 인물로서 풍류도적 실존인 화랑들과 복음을 통해 그리스도 안에서 새로운 삶을 실천하는 기독교적 실존인 크리스천을 동일시할 수 있을까?

그의 풍류객=예수의 도식과 마찬가지로 화랑=그리스도인 혹은 한·멋진·삶=인간 구원의 직접적인 연결도식 구축은 여전히 풍류도와 기독교 사이의 유비론적 도식에 머물러 있다는 점에서, 우선 소위 한국적 기독교 풍류 문화의 실현을 위한 기독교적 한·멋진·사람의 이상을 화랑

---

41 *Ibid.*, 45.

에게서 찾는 것부터 문제이다. 화랑들은 풍류도를 몸에 지니기 위해 자기 수양, 가무강신, 유오산수의 수련 과정을 통해 신인 융합의 경험을 얻었고, 거기서부터 한 · 멋진 · 삶의 이상을 실현해 나갔는데, 문제는 그 모든 과정이 성서가 말하는 하나님의 구원역사와는 다르다는 점이다. 즉 풍류객이라는 새로운 실존을 향한 모든 과정이 인간적 축점으로 구성되어 있기에, 인간을 사랑하여 인간을 위해 모든 고통을 대신 짊어지신 하나님에 관한 표상이 풍류신학에는 전무하다. 그리고 십자가에 달리신 하나님의 속죄의 행동을 통한 신-인 화해와 새로운 창조에 대한 표상들은 가무강신을 통한 신인 융합의 표상에 의해 희석되고 만다.[42]

더욱이 그의 신-인융합적 실존으로서 구원의 표상은 인간의 신화(神化: Deification)에 강조점이 있지, 하나님의 인간화(人間化: Incarnation)가 아니다. 여기서 풍류도와 성서의 구원관이 충돌한다. 풍류신학이 말하는 인간의 구원은 결국 천신(天神)과 지모신(地母神)의 융합을 통한, 새 역사 창조라는 고대 신화적 표상에 근거하는데, 이것은 무교의 엑스터시적 경험에 원초적 뿌리를 둔 것이다. 물론 인간의 성화(聖化: Sanctification)에 대한 가르침은 성서와 기독교 신학 전통에서 자주 등장한다.[43] 그러나 이 표상은 어디까지나 성령에 의한 인간성화(人間聖

---

42 J. Moltmann은 "십자가에 달린 그리스도 한 분만이 진정한 신학이며 인간의 하나님 인식이다. 그것은 하나님의 업적을 통하여 하나님을 간접적으로 인식하는 것이 가능하지만, 그러나 하나님의 존재는 오직 그리스도의 십자가 안에서만 보여질 수 있고 직접적으로 인식되며 또한 하나님 인식도 현실적이며, 구원에 이르게 한다는 것을 전제한다. 만약 우리가 거기서 하나님의 손을 본다면 우리는 하나님의 마음을 보는 것이다. 이것은 십자가에 달린 그리스도로서 하나님이 자신으로부터 나와 인간이 되시고, 이 인간 속에서 하나님이 인간에 의해 볼 수 있게 될 때만 인식할 수 있다"고 말한다(*Der gekreuzigte Gott*, 김균진 역, 『십자가에 달리신 하나님』, 서울: 한국 신학연구소, 1980, 220).

43 특히 개혁신학의 체계를 이룩한 장 칼뱅의 신학 자체가 성화에 깊은 이해를 기반으로 하고 있다. 그런 측면에서 칼 바르트는 칼뱅을 성화의 신학자로 불렀다.

化)지, 엑스터시 경험에 의한 인간 신화가 아니다. 그리고 이 성화에 대한 표상에서, 성령에 의한 하나님 체험은 인간을 참 인간으로, 하나님을 참 하나님으로 인식케 하는 영성적 삶의 문제이나, 풍류신학의 신인 융합의 표상은 신에 대한 인간의 엑스터시 경험, 곧 몰아경(沒我境)을 기반으로 한다. 그러기에 양자 간에는 건너기 어려운 깊은 계곡이 존재한다. 따라서 풍류신학에 나타나는 인간 구원의 표상은 성서에 근거하기보다, 풍류도에 뿌리를 둔 기독교적 인간 이해라는 점에서, 풍류신학은 복음과 풍류 사이의 시·공간적 거리를 간과한 채, 양자 간의 외면적 유비에만 집중하고 있을 뿐임을 지적할 수 있다.

5) 풍류신학과 한 · 멋진 · 삶의 세상

유동식의 사상적 기층에 자리 잡은 궁극적 질문은 복음과 한민족 종교·문화적 현실에 직면한 자신과 민족의 실존 문제와 연관되며, 그 해결점을 복음과 풍류도와의 만남에서 찾으려 하였다. 이에 대해, 유동식의 다음과 같이 말한다.

> 항상 내 속에 있는 화두는 "나는 부활이요 생명이니 나를 믿는 자는 죽어도 살겠고 살아서 나를 믿는 자는 영원히 죽지 아니하리라" 그것이 내 자아 속에 있는 화두고 그 세계를 내가 어떻게 사느냐(하는 것이지)?[44]

> 십자가와 부활에 동참한다는 것은 결코 관념적인 것이 아니다. 그것은 생활과 인간관계에 있어 나에 대하여는 죽고 동족을 위하여 산다는 역사적인 실존의 문제이다.[45]

44 성백걸 목사와의 대담, "풍류신학과 예술신학의 여명", (1999. 봄.), 31.

이러한 소금의 주장은 바로 한민족 문화에 대한 사랑과 그 역사적 실존에 대한 깊은 관심에서 비롯되었으며, 결과적으로 한민족 영성이 지닌 민족 문화적 이념성취에서 결론을 찾는다. 곧 그의 풍류신학은 오늘의 한국이 지닌 역사적 과제의 수행과 풍류도를 기반으로 하는 한국적 풍류 문화 창조를 지향하는데, 이것은 오랜 세월, 변하지 않는 민족 영성인 풍류도의 한(Han)과 멋(Mot)과 삶(Salm)의 3중적인 변증법적 원리를 중심으로 실현된다. 풍류도는 한민족의 고대적 영성만이 아니라, 지금도 여전히 한국 문화사의 기반을 이루면서, 한국인의 삶의 중심적 가치관으로 살아 있기 때문이다.

그러므로 한국인이 한국인 되기 위해서는 풍류도를 지녀야 하고, 한국 교회 역시 과거 유·불·선처럼, 풍류도의 자기 전개 과정에 합류하여, 풍류도의 눈으로써 복음을 이해하고 수용함으로써, 풍류도의 기독교적인 원초적 형상인 그리스도를 따라가는 한·멋진·삶을 이뤄가야 한다. 그렇게 될 때 비로소 한국 교회는 참으로 토착화된 교회가 될 수 있다는 것이다. 왜냐하면 풍류도 없이는 한민족 이상인 풍류 문화를 실현할 수 없기 때문이다. 그렇다면 풍류도를 지닌 오늘의 화랑들(그리스도인)에게 기대되는 풍류 문화는 어떤 형태인가?

> 우리가 기대하는 문화는 무엇인가? 그것은 민족의 꿈인 한 멋진 삶이 실현된 풍류 문화이다. 그것은 하느님의 뜻이 실현된 문화이다. 무엇보다도 인권이 존중되는 사회의 실현이요, 사랑과 평화가 깃든 아름다운 문화의 형성이다. 경제적 풍요가 의미를 갖게 되고, 수적으로 늘어난 한국 교회가 의미를 갖게 되는 것은 풍류 문화가 이 땅에 이루어질 때이다.[46]

45 유동식, 『風流道와 韓國神學』, 44.
46 유동식, 『風流道와 韓國神學』, 49.

그렇다면 이러한 기독교적 풍류 문화 혹은 풍도류적 기독교 문화는 보다 구체적으로 오늘의 한국이라는 역사적 실존상황에서 어떠한 성격을 지녀야 하는가? 그것은 유동식에 따르면 멋에 입각한 예술적 전개가 이루어져야 한다고 본다.

> 한국의 종교문화사는 풍류도의 자기 전개사로 이해된다. 불교에서 한의 전개를 보았고, 유교에서 삶의 전개를 보았다. 이제 기독교는 한과 삶의 창조적 수렴 속에 멋의 문화를 전개해야 할 사명을 지니고 있는 것이다. 이것을 다시 복음의 눈으로 본다면, 한국의 종교문화사는 불교적 자유와 유교적 평천하, 기독교적 사랑의 실현으로 이어지는 하나의 유기체다.[47]

그렇다면 멋을 주축으로 한과 삶을 수렴하는 기독교적 풍류 문화 혹은 풍류도적 기독교 문화는 궁극적으로 어디를 지향하는가? 그것은 하나님 나라의 실현이다. 그리고 그때 비로소 풍류도의 이상인 한·멋진·삶의 참된 실현이 이뤄지며, 사람들은 영성 우주와 시공 우주의 일치를 경험하게 되고, 하나님과 사람의 참된 융합이 이뤄진다는 것이다. 이러한 풍류신학은 특히 역사 현실에 대한 부정적 시각에서 시작된다. 이것은 소금의 역사적 실존과 무관하지 않으면서도, 현대 사회의 인간성 상실 문제에 대한 자각에서 제기되는 역사관에 기초하고 있다.

> 요컨대 한국 문화와 한국인들은 오늘날 깊은 영성에 기초를 둔 그들의 인간성을 상실한 채로 있다. 즉 오늘날 한국 사회의 실체는 그것이 풍류와 멋(미)을 잃어버린 사회라는 것이다. 따라서 우리 앞에 놓여있는 과제는 한국인들이 그들의 얼, 곧 한국인으로 하여금 한국인 되게 하는 풍류도를

47 유동식, 『風流道와 한국의 종교사상』, 220.

회복하도록 돕는데 있다.[48]

하지만 문제는 민족 구원에의 열정에서 시작된 토착화신학이 풍류신학으로 전이되면서, 풍류 문화의 성취에서 자신의 과제를 발견함으로써, 결국 기독교 신학의 본래적 의미를 상실한 채, 자칫 한민족 문화창달론으로 흘러갈 수 있다는 것이다. 그래서 소금의 초창기 주장인 복음의 토착화에 대한 힘찬 메시지는 상당 부분 희석되고, 토착화에 대한 제2의 주체인 민족 영성에 대한 관심이 풍류신학의 주요 내용으로 자리 잡고 있다는 것이다.

신학은 물론 인간 삶과 관계되는 역사·문화적 현실(Context)에 무관심해서는 안 되지만, 신학의 목적이 문화창달론이 아님을 분명히 해야 한다. 신학은 바르트(K. Barth)의 생각처럼, 일차적으로 하나님의 계시(the Text)에 의존하고, 계시에 대한 증언에서 그 과제를 발견한다. 그러나 한편 신학은 슐라이어마허(F.D.E. Schleiermacher)의 생각처럼, 필시 특정 시기의 특정한 신앙공동체의 인간적인 과업이기도 하다.[49] 그러므로 신학은 초월적·객관적인 계시와 함께 역사적·주관적인 종교·문화에 대한 통전적인 만남을 요청한다. 그리고 신학은 계시에 대한 증언이라는 초월적 측면과 하나님 통치의 실현이라는 역사 내적 측면을 함께 포괄하기에, 문화적 과제도 함께 지닌다. 그렇지만, 신학의 주된 과업은 인간과 세계에 대한 하나님의 구원역사를 위한 섬김에 있다. 따라서 신학은 무엇보다 본연의 과제에 우선 성실해야 하며, 그러한 기반 위에서 사회문화적 측면에 관한 관심을 높여가야 할 것이다.

---

48 Tong Shik Ryu, "Korean Religious Culture and Christianity", *KJST*, vol.3, 248.
49 윤철호, "신학이란 무엇인가?" 「組織神學論叢」 제3집, 129-130.

2. 풍류신학에 대한 평가

풍류신학은 한 마디로 기독교 복음에 대한 풍류도 혹은 무교적 해석이다. 이것을 굳이 해석이라고 할 수 있는가의 문제는 접어두고서라도, 기독교 교리와 무교 사이의 어떤 유사성을 찾아내고, 그 상응 관계에 기초하여 성서와 교리에 나타나는 기독교 신앙과 신학을 풍류도의 이상으로 주장되는 한·멋진·삶의 논리로 풀어나가려는, 기독교 교리에 대한 무교적 예증의 한 시도인 것은 분명하다.[50] 이 놀라운 발상은 고난에 처한 민족사적 아픔 속에서, 소금 자신과 민족사에 대한 깊은 실존적 질문으로부터 시작된, 복음을 통한 민족 구원에 대한 열정과 오랜 역사를 통해 형성된 민족 문화에 대한 역사적·실존적 의미를 기독교적 시각에서 찾으려는 민족 문화에 대한 사랑으로부터 흘러나온 천재적인 신학적 통찰이었다.

1) 풍류신학의 긍정적 측면

무교적 영성이 심성의 기층을 흐르고 있어서, 자신이 의식하든 못하든 한국인이라면 누구든지 무교적 영향력으로부터 완전히 자유로울 수 없음을 인정한다면, 복음에 대한 무교적 해석의 불가피성은 부인될 수 없다. 그렇지만, 한국 교회는 무교적 영성에 대해 부정적 태도를 보여왔다. 특히 무교를 복음과 관련하여 긍정적으로 해석한 예는 거의 없다. 오히려 신흥종교들이나 일부 부흥사들 의해 잘못된 수용의 사례들이 종종 혹세무민(惑世誣民)의 도구가 된 적이 많다. 더구나 오늘날 한국 교회의 물량주의, 세속주의도 결코 복음의 무교적 수용과 무관하다고

50 김광식, "샤마니즘과 風流神學", 「神學論壇」 제21집, 79.

단언할 수 없다. 또한 한국적 오순절운동 역시 무교적 영성과 어느 정도 연관이 있다. 이러한 무교에 대한 편견과 오해에서도 복음을 풍류신학이라는 장르로 해석한 소금의 신학적 통찰력은 가히 천재적이다. 그렇다면 풍류신학의 긍정적 측면은 무엇인가?

첫째로, 풍류신학은 복음에 대한 무교적 예증을 통해 이제까지 부정적으로만 보던 재래종교들의 가치와 위치를 긍정적으로 보게 하는 새로운 길을 열었으며, 한국 교회의 신앙적 실존에 관한 보다 분명한 이해를 위한 장을 마련하였다.[51] 만일 우리가 기독교인이라는 우월주의적 편견에 사로잡혀 재래종교들을 경멸·경원시하는 태도로 일관한다면, 복음과 만나는 한국인의 심성과 영성을 이해할 수 없다. 이것은 결국 한국 기독교인으로서 자기 실존에 대한 원초적 바탕을 간과하는 오류이다. 분명한 사실은 우리는 기독교인이라는 정체성 이전에 이미 한국인이다. 말하자면, 초기 교회의 유대 크리스천이 마치 유대인인 동시에 기독교인(*simul Judaeus et Christianus*)이었듯이, 김광식의 말을 빌려서 표현하면, 오늘 우리는 기독교인인 동시에 타 종교인(*simul Christianus et pagaus*)일 수밖에 없다.

토착화신학은 기독교인인 동시에 타 종교인이라는 한국 기독교인으로서 역설적인 실존에 관심을 갖는다. 그런데 그런 실존에 대한 이해는 한국적 영성에 대한 이해를 전제하게 된다. 이러한 측면에서 그의 한민족 무교적 영성으로서 풍류를 기반으로 한, 풍류신학적 접근은 한국 교

51 *Ibid.* 80. 사실상 유동식 자신도 초창기 『韓國宗教와 基督教』를 저술할 때만 해도 무교(巫教)는 기독교의 올바른 토착화를 위해서는 극복되어야 할 부정적인 가치를 지닌, 재래적인 민간신앙에 불과했다. 그러나 한민족 종교사상을 연구하면서 한민족의 종교사상사적 뿌리는 바로 무교에 있으며, 거기서 한민족의 원초적 영성을 찾을 수 있음을 인식한 후부터, 무교는 한민족의 신앙과 삶을 연구하기 위해서는 반드시 연구해야 할 중요한 가치를 지니고 있음을 발견하게 되었다.

회로 하여금 한국인인 동시에 그리스도인이라는 자기 정체성에 대한 좋은 통찰력을 제공했다. 그리하여 풍류신학은 한국 교회만의 독특한 신앙 양태에 대한 폭넓은 이해를 가능케 했다. 그동안 한국 교회는 혼란한 민족사적 현실 속에서 재래종교들의 종교·문화적 영성을 제대로 다듬지 못한 채, 그대로 한국인의 신앙과 삶에 적용해 왔다. 그리하여 엑스터시적이고 현실구복적인 무교적 영성이 탈사회적인 신비주의적 신앙과 기복신앙을 한국 교회 안에 자리 잡게 했고, 이상사회를 지향하는 사회 개혁적인 유교적 영성이 현실사회의 구조적 모순을 개혁하고 인간을 해방하려는 강력한 사회 개혁 이념적 신앙 양태를 자리 잡게 했으며, 현실 세계의 모순으로부터 자기 부정적인 삶을 수단으로 해탈을 추구하는 불교적인 영성이 역시 한국 교회 안에 맹목적이고 탈사회적인 기독교 신앙 양태를 양산하였다. 그중 한국 교회의 신앙적 실존 현실에 대한 보다 중요한 근원적 바탕은 무교적 영성이라 할 수 있다. 이것은 특히 1907년 이후의 한국 교회 부흥 운동에서 보다 분명하게 드러나는데. 부흥 운동은 선교사들이 시작했지만, 그것을 활성화하면서 현대까지 이끌어온 끈질긴 바탕은 무교적 영성이었다고 할 수 있기 때문이다. 풍류신학은 바로 이러한 한국 교회의 신앙 현실과 그 배경이 되는 무교적 영성에 대한 분명한 내용을 밝힘에서, 막연하게 짐작해온 한민족의 종교·문화적 경건의 실체와 독특한 한국 교회의 신앙 형태에 대한 폭넓은 이해를 제공했다는 점에서, 응당 새로운 평가를 받아야 한다.

둘째로, 풍류신학은 한민족 종교·문화에 대한 탁월한 해석을 통해, 한민족의 민족적 이념인 영성의 실체 파악에 큰 공헌을 했다. 유동식의 말을 들어보자.

영성과 종교문화와의 관계는 빙산으로 비유되는 무의식과 의식의 관계

와도 같다. 바닷속에 가리워진 큰 부분이 집단 무의식의 세계요 영성의 세계라고 한다면, 수면에 떠 있는 작은 부분이 의식의 세계요 종교문화의 세계라고 할 수 있을 것이다. 의식의 사고 양식이나 행동양식을 조정하는 것은 심층에 자리 잡고 있는 무의식의 세계라고 한다. 마찬가지로 종교문화의 내용과 형태를 규제하는 것은 영성이다. 삶의 문제와 관계에서 인격을 통어하려는 영성의 문화적 표출이 종교문화라고 할 수 있을 것이다.[52]

민족 영성은 삶의 현장에서 종교·문화적 형태로 표출된다는 점에서, 한민족 종교·문화에는 한민족 영성의 실체가 드러난다는 것이다. 소금에 따르면, 한민족 종교·문화는 민족사 전체를 통해 구체적으로 종교의식(종교·형이상학적 전개 → 한)과 종교사상(윤리·사회적 전개 → 삶)과 종교 예술(문화·예술적 전개 → 멋)의 형태로 나타나는데, 이 종교문화의 기층이 되는 민족 영성은 구체적으로 신인 융합을 핵심으로, 한민족의 신앙과 삶을 이어온 정신적인 힘이었다는 것이다.[53] 그리고 그 영성의 원초적 뿌리가 풍류도인데, 그것은 유·불·선 삼교 이전부터 있었던 고유의 민족 영성으로서 동양 종교가 추구하는 이상경(理想景)의 표현이며, 사람다운 삶을 살게 하는 민족 얼이고, 한민족이 복음과의 만남을 가능케 하는 주체적 원리라는 것이다. 이처럼 소금은 한민족 영성의 실체를 밝힘으로써, 한국 교회의 신앙이해와 신학적 사고에 크게 공헌했고, 한국 신학의 방향을 제시했다는 점에서, 한국 신학의 새로운 기초를 놓았다고 할 것이다.

셋째로, 풍류신학은 한민족 문화·역사에 대한 사랑과 민족 구원의 열망이 살아 있다. 즉 풍류신학의 궁극적 목표는 한민족 구원을 통한

---

52 유동식, 『風流道와 한국의 종교사상』, 29.
53 유동식, 『韓國巫敎의 歷史와 構造』, 25-344.

풍류도의 실현, 곧 한·멋진·삶의 구현이다. 그리고 바로 여기에 한민족 문화사와 한국 교회의 존재 의미가 살아 있다.

> 한국 문화의 기초이념은 "한 멋진 삶"으로 요약된다. 우리 역사는 바로 이 이념의 현실화를 위해 줄달음질 쳐왔고, 달음질치고 있다. 우리가 그리스도교를 힘차게 받아들이는 것은 그 안에 "한 멋진 삶"의 실현 가능성을 보았기 때문이요, 한국 교회의 존재 이유는 이러한 민족적 꿈의 실현에 공헌하는데 있다. 민족적 구원을 우리는 이 "한 멋진 삶"의 실현 속에서 보기 때문이다.[54]

그에게는 한민족의 역사·문화에 대한 사랑에 뿌리를 두지 않은 서구 신학은 무의미했다. 아니 한민족 영성의 눈으로 읽지 않는 복음은 무의미했다. 왜냐하면 한민족은 오직 한민족이기 때문이다. 그에게 있어서 한민족은 고유의 영성으로써 찬란한 역사와 문화를 형성해왔기에, 그것으로 복음을 이해할 때, 비로소 한민족 문화·역사적 상황 속에 토착화된 한국적 신앙과 신학을 형성할 수 있고, 마침내 한민족을 구원으로 이끌 수 있었다. 이제 그에게는 성서의 하나님에 대한 신앙과 한민족의 문화와 역사 속에서 고백된 하느님 혹은 한님에 대한 신앙은 결코 다른 것이 아니었다.[55] 이러한 그의 시각은 한국 교회로 하여금, 한민족 종교와 문화에 대해 깊은 관심을 갖게 했으며, 결국 한국 교회의 한민족에 대한 목회적 돌봄의 차원에서의 섬김에 있어서 중요한 영감을 불러왔다고 할 수 있다. 즉 한민족의 전통 문화는 단지 극복과 배제의 대상이 아니라, 한국 교회의 신학적·목회적 시각에서의 보다 진지한 접근이 요청되는

54 유동식, 『風流道와 韓國神學』, 223.
55 유동식, "가난하지만 우리는 젊다."「基督敎思想」 제 127호(1968. 12.), 123.

바, 이것은 한국인에 대한 이해와 직결되는 문제이기 때문이다.

넷째로, 풍류신학은 에큐메니컬 신학적 특성을 지니고 있다. 이것은 우선 풍류도의 조화와 합일의 변증법에서 드러난다. 즉 복음을 수용하는 한국인의 심안인 한마음 혹은 포월적 한의 영성인 풍류도는 다원화된 이 시대에 기독교인들로 하여금 독선과 아집을 버리고, 타 종교와의 대화를 통해 서로 겸허하게 배움으로써 포함삼교·포함 우주의 풍성한 삶을 지향할 수 있게 한다는 것이다.[56] 이러한 에큐메니컬한 특성은 풍류신학의 형식적 측면에서도 드러난다. 즉 그는 포함삼교(包含三敎)의 원리로서, 현묘지도(玄妙之道)의 특성을 가진 풍류도를 바탕으로, 풍류신학이라는 큰 그림 안에, 무교적 영성으로써 복음을 해석해 나가는 종교신학(神人融合: 한의 신학), 한민족 영성의 바탕 위에서 기독교적 풍류문화의 실현을 지향하는 영성신학(接化群生: 삶의 신학), 풍류도의 이상을 예술을 통해 형상화한 예술신학(風流道: 멋의 신학)이라는 3가지 흐름을 통합한다. 사실 이러한 신학 작업은 이미 『한국 신학의 광맥』에 등장하였다. 그는 거기서 풍류도가 유·불·선 삼교를 포함하듯, 토착화는 보수주의·자유주의·진보주의를 모두 포괄함을 암시한다. 그리하여 자유주의에 속하는 풍류신학의 눈은 보수주의의 거룩성(聖: 神人融合?)과 진보주의의 세속성(俗: 接化群生?)을 통전하는 성속일여(聖俗一如: 包

---

56 성백걸, "한의 영성과 한민족 정체성의 형성: 한 신학의 정초와 성찰", 『한국 종교문화와 문화신학』, 한국 문화신학회 편, 제2집(서울: 한들, 1998), 192. 성백걸은 여기서 한민족의 종교문화적 영성을 한(韓)이라고 보고, 이 한은 한국 종교문화로 하여금 '한국' 종교문화가 되고, 한국인으로 하여금 '한국인'되게 한 고유한 영성이라고 주장하는데, 이것은 유동식의 '풍류' 개념과 일맥상통하는 개념으로서, 그는 실제적으로 한의 영성을 종교로서 풍류도(風流道)의 핵심적 영성으로 이해하고 있다. 다른 점이 있다면 유동식을 비롯한 대개의 학자들이 한민족 고유의 종교문화적 영성을 긍정적 측면에서 보는 반면, 성백걸은 부정적인 측면 곧 한(恨)의 측면도 함께 포함할 것을 지적하는 점이다.

含三教的 風流道?)적 특성을 유감없이 드러낸다.[57] 이처럼 그는 한국 교회적 삶에 공통으로 흐르는 민족 얼인 풍류도는 한민족 문화·역사 전반에 걸친 새로운 해석학이 될 수 있음을 보여준다.

다섯째로, 풍류신학은 기독교 보편주의적 종교-우주적 역사관에 뿌리내리고 있다. 그에 따르면 우주 창조는 무기물 → 생명화 → 인간화 → 사회화 → 영화라는 진화론적 방향에 있으며, 모든 우주 창조 질서는 하나님의 자기 실현 과정으로써(G. Hegel), 그 완성은 종말론적인 오메가 포인트(Omega-Point: Teilhard de Chardin)에서 드러나는데, 한국 종교·문화사 역시 그 대장정에 속하며, 기독교 문화와의 조화와 통합을 지향한다고 본다. 그리하여 기독교와 재래종교들은 배타적이기보다 장차의 한·멋진·삶의 실현을 위한 대화적 관계로 나타난다. 그러기에 그가 이해하는 복음도 그 안에 보편적 지평을 안고 있는 종교-우주적 역사관을 지향한다.

> 복음은 하나님께서 자기 자신을 부정하시고 인간이 되시어 우리 가운데 함께 계시다는 것이다. 하나님은 그리스도 안에서 철저히 세속화하신 것이다. 이와 같은 복음의 사건으로 세계가 전개되었다. … 그리스도의 복음은 현세와 내세의 울타리를 깨버린 것이며, 종교와 세속의 울타리를 치웠고, 기독교와 타 종교 사이의 무의미한 장벽을 부순 것이다. 그리하여 이제는 새로운 하나의 세계를 창조하시었다. 따라서 이 새로운 세계 안에

---

57 김광식, "샤마니즘과 풍류신학", 「神學論壇」 제21집, 75. 유동식은 『韓國神學의 鑛脈』외에 『韓國宗教思想史』II(1986)에서도 대동소이한 내용을 다루지만, 특이하게 천주교 사상까지 취급한다. 그러나 아직은 초기사상만을 다룬다는 점에서 미완성인 셈이다. 현대 한국천주교사상사까지 담게 되면 명실공히 풍류신학의 에큐메니컬적 성격이 더욱 완전하게 드러나게 될 것이지만, 아마 이것은 다음을 위한 연구과제로 남겨놓은 듯하다.

서는 거기 어떠한 울타리도 있을 수 없다. 모든 사람은 하나님의 새로운 자녀로서 하나가 된 것이다.[58]

그에게 있어서 그리스도는 단지 교회의 머리만이 아니라, 온 세상의 머리이며, 바로 이 지평에서 그리스도를 통한 구원의 길이 긍정된다. 왜냐하면 만유의 아버지의 아들 그리스도를 통해 이 세상에 구원이 왔다면, 그것은 마땅히 만민을 위한 객관적 · 보편적 사실이어야 하기 때문이었다. 그렇지만 그가 종교다원주의나 종교혼합주의를 주장한 것은 아니다. 그는 복음의 보편성과 절대성에 대한 이해를 함께 견지한다. 즉 그에게 있어서 하나님의 구원은 오직 예수 그리스도로 말미암고, 이를 위해서 그리스도 예수에 대한 참된 신앙적 결단이 요청되었다. 따라서 그는 보편성과 절대성은 동시에 견지되어야 할 복음의 본질적 특성이라고 보았다.

우리가 말하는 기독교와 타 종교 사이의 담을 제거한다는 것은 혼합이 아니라 화합이요, 화해의 형태이다. 그것은 만유의 주 그리스도에 대한 절대신앙을 결단한 입장에서 세계와 함께 타 종교를 향해서 가슴을 활짝 열고 사귐을 갖자는 것이다. 그러므로 여기에는 하나의 긴장 관계가 있다.[59]

이상과 같이 풍류신학은 소금의 민족애에 기초한 한민족 역사와 문화에 대한 깊은 관심에서 출발, 보편주의적 시각으로써 복음과 한민족 문화적 영성과의 만남을 무교적 예증 형식으로 해석해낸 성격을 지니고 있다. 이를 위해 그는 한국 교회의 실존적 자기 이해를 위한 원초적 유산인 한민족 문화와 종교에 관한 연구를 통해, 등한시되던 문화유산에 대

58 유동식, "韓國教會와 他宗教", 「基督教思想」 제101호, 56-57.
59 *Ibid.*, 60.

한 새로운 시각을 제시하였고, 토착화된 한국 교회의 신학으로써 한국 신학을 향한 역사적 걸음을 옮겼다.

2) 풍류신학의 부정적 측면

그렇다면 유동식의 풍류신학에 신학적인 걸림돌은 없는가? 이 질문에 답하기 위해, 우리는 소금의 풍류신학에 대해, 먼저 이런 질문을 던질 수 있다. 즉 소금의 풍류신학은 그의 말대로 한국인들로 하여금 하나님의 구원 복음에 쉽게 접근토록 했는가? 또한 한국인들을 풍류도의 영성을 통하여 복음의 본질로 이끌었는가? 그리고 풍류신학은 과연 한국 교회의 신앙과 삶을 위한 교회의 신학으로써 의의를 지니고 있는가? 등등이 그것이다.

첫째로, 소금은 무교적 영성을 바탕으로 한 기독교 변증론적 예증을 통해, 무교적 기독교 혹은 기독교적 무교를 지향한다. 그에 따르면 복음이 창조적으로 만나는 것은 문화의 정신적 기초인 민족적 영성인데, 그것은 하나님과의 하나됨(神人融合)을 본질로 하며, 하나님의 뜻을 따라 사람들과 사랑의 관계를 맺음(接化群生)에서 자신을 살아 있게 한다. 이러한 한민족 종교·문화적 영성의 원초적 형태에 대해, 소금은 신인융합의 강신체험을 통해 하나님과의 하나됨을 구현해온, 무교적 영성안에 존속하는 풍류로 보고, 마침내 풍류와 복음의 만남을 기반으로 한 풍류신학을 구축하였다. 이러한 풍류신학은 복음 안에서 풍류도의 실현을 기도하는 신학이요, 복음의 풍류도적 전개를 꾀하는 신학이다. 즉 그것은 신인 융합을 핵심으로 하는 멋의 신학이요, 포함삼교하는 초월적 진리를 핵심으로 하는 한의 신학이며, 사람을 사람되게 하는 접화군생의 진리를 따르는 삶의 신학으로써, 인간 본질 회복을 지향하는 인간화의 신학이다.[60] 이러한 풍류신학은 한국 문화적 전통과 기독교 전통의 예증적 합류로서, 결국 무교적 영성에 대한 기독교적 해석 혹은 기독교 복음에 대한 무교적 해석으로서 성격을 지닌다.

그런데 문제는 한국인의 영성의 본질을 그처럼 무교적 영성과 연관할 때, 자칫 기독교 영성을 무교적 영성화의 방향으로 이끌어갈 위험이 있다는 점이다. 토착화는 결코 기독교의 무교적 토착화 내지 영성화가 아니다. 곧 복음의 토착화는 신인 융합이라는 황홀경에 뿌리를 둔 무교적 영성의 활성화가 아닌, 기독교 영성의 한국적 활성화를 의미한다. 물론 기독교 영성에도 신비적 요소가 존재한다. 하지만 기독교 영성은 무교적인 하나님과의 융합이 아니라, 건강한 지·정·의를 바탕으로 하는 인격적 기반 위에서, 하나님을 향한 진실한 예배의 삶에서 그리스도 안에서의 성령에 의한 하나님과의 연합(*unio cum Dei*)을 지향한다는 점에서 그의 무교적 기독교 혹은 기독교적 무교의 길은 지양되어야 할 측면이 있다.

둘째로, 그는 종교-우주적 신학이라는 이름 아래, 기독교 보편주의를 내세운다. 그에 따르면 기독교 신앙의 '하나님'은 한민족이 제천의례를 통해 신앙해온 '하느님'과 다르지 않다. 왜냐하면 하나님은 오직 한 분이기 때문이다. 이러한 세계관에 기초한 그의 사고에 배타주의는 처음부터 수용되기 어려웠다. 그에게 중요한 것은 종교형식이 아닌, 하나님의 계시를 통한 구원의 복음이었고, 인간을 포함한 우주 만물의 구원을 위한 하나님의 자기부정적 토착화사건이었다. 따라서 그에게는 선교도 타종교인의 개종 목적이 아니라, 이미 한민족의 종교와 문화를 통해 활동해 오신, 하나님의 아들 그리스도의 흔적을 발견하고 거기에 동참하는 것이었다.

---

60 유동식, "오늘의 宣敎的 狀況과 他宗教 理解", 『한국 교회와 신학의 과제』, 298-299.

우리가 최소한 말할 수 있는 것은 타 종교인에 대한 복음의 선교는 그들의 개종을 요구하는 것이 아니라는 점이다. … 따라서 우리는 그리스도 안에 나타난 사랑과 진리를 증거함으로써 그들이 기독교인이 되기를 기대하는 것보다 그들의 종교적 경험 안에서 이 그리스도의 사랑과 진리의 내용에 보다 충실하도록 격려하지 않으면 아니 된다. 타 종교인에 대한 우리의 선교는 그들로 하여금 자기의 종교 신앙생활을 통하여 그리스도의 사랑과 진리에 복종하게 하는 데 있다.[61]

물론 한국 교회는 우월주의를 버리고, 한국의 전통 문화와 종교에 대한 새로운 시각을 가져야 한다. 그렇지만 예수 그리스도를 통한 하나님의 인간 구원 사역을 단순히 전통적인 종교·문화적 차원에서의 인간성 회복으로 격하시키면서, 교회의 선교마저 개종을 통한 개인-사회적 변화라는 대전제를 접어두고, 전통적인 종교들 자체의 신앙에의 충실만을 격려한다면, 굳이 기독교 선교(Mission of Christianity)라는 말을 사용할 필요가 있을까?[62] 물론 그의 목적은 기독교의 종교우월주의에 대한 경계에 있었다. 단연코 기독교는 복음의 담지자라 해서, 결코 우월주의적 태도를 가져서는 안 된다. 겸손히 모든 이에게 진리를 선포할 책임이 있다. 그러기에 타 종교에 대해서도 관용과 인내로써 그들을 대화의 장으로 이끌어야 한다. 이를 위해 한국 교회는 한민족 영성에 뿌리를 둔, 자신에 대한 실존적 이해를 바탕으로 한 자기 정체성을 확립해야 한다. 그렇

61 유동식, "韓國敎會와 他宗敎", 「基督敎思想」 제101호, 55-56.

62 물론 성서가 말하는 구원은 인간성회복의 차원을 지니고 있다. 하지만 그것은 단순히 윤리·도덕적 차원 혹은 종교적 차원에서의 회복을 뜻하지 않는다. 오히려 전인간(全人間) 구원과 전 우주적 하나님나라의 실현을 그 목표로 한다. 따라서 구원을 단순히 인간성 회복으로만 보는 것은 문제가 있다(김균진, 『기독교조직신학』 V, 서울: 연세대학교출판부, 1999, 325-347, 517-568.

지만 그리스도께서 위임하신 복음 선포자로서 세상의 빛과 소금이라는 정체성까지 부정할 필요는 없다. 오히려 교회는 자신을 낮추는 가운데, 복음의 진리로써 온 세상을 밝게 비춰야 한다. 교회의 이러한 태도까지 독선적 배타주의 혹은 우월주의라고 비판할 수는 없을 것이다.

그리고 그의 선교관(宣敎觀)은 복음과 문화의 구별이 모호해서 자칫 혼합주의로 오해받을 소지가 있다. 그에 따르면 기독교 이전에도 그리스도는 한민족의 문화와 종교를 통해 인간성 회복이라는 구원 사역을 수행해오셨기에, 교회는 한민족 문화 · 종교 안에서 일하시는 그리스도를 발견하고, 그의 사역에 합류해서 그를 증언해야 한다는 것이다. 물론 그리스도는 기독교 전래 이전에도 한민족과 함께 계셨고, 한민족 역사를 이끄셨음을 우리는 믿는다. 하지만 예수 그리스도라는 하나님의 역사적 계시를 무시한 채, 로고스 중심의 보편주의적 시각에서 재래종교· 문화와 기독교 복음과의 연속성만을 강조하면, 결국 양자 간의 구별이 모호해진다.

또한 창조주 하나님이 세상 역사의 주인이라면, 그분은 한민족이 예로부터 신앙하던 하나님과 다른 분이라 할 수 없고,[63] 그리스도가 로고스 형태로 처음부터 한민족의 역사와 문화 속에 살아계셨다는 말도 수용할 수 있다.[64] 하지만 그분의 역사적 계시인 예수 그리스도의 복음에 의한 조명 없이, 한민족 종교와 역사 속에서 그분의 발자취를 찾는 것이 가능

63 여기서 우리 민족이 예로부터 섬기던 하느님은 결코 샤머니즘이 말하는 하느님과는 다르다. 샤마니즘은 다령신앙으로서, 그들이 말하는 하느님은 비록 최고신이기는 하지만 근본적으로 다신론이다. 그러나 한민족 문화 · 종교적 영성인 풍류도에 나타나는 하느님은 본질적으로 한 분이신 하나님이다(김경재, 『解釋學과 宗教神學』, 127).

64 유동식은 "하나님 말씀이신 로고스는 단순히 기독교만이 독점해야 할 종교적인 개념이나 원리가 아니다. 이것은 기독교와 함께 전 종교를 꿰뚫는 것이며, 종교와 함께 전 세계를 꿰뚫는 하나님의 자기 계시"라고 본다(유동식, "韓國基督教(1885-1985)의 他宗教에 대한 理解", 「延世論叢」 제21집, 339).

할까? 하나님의 로고스는 형이상학적 형태로 존재하지 않고, 구체적으로 인간의 역사·문화 안에 성육신하신다. 그래서 우리는 역사·문화 안에 구체적으로 성육신한 로고스인 예수 그리스도를 통해 복음을 접하게 된다. 따라서 역사적 예수라는 채널이 없는 **로고스의 그리스도**만으로는 하나님을 올바로 알 수 없다. 그러므로 우리는 복음과 문화의 연속성만을 말하는 그의 주장에 선뜻 동의하기 어렵다. 오히려 양자 간의 불연속성과 시·공간적 거리를 인정함에서부터 논의가 이뤄져야 한다. 역사적 예수가 부정된 로고스의 그리스도는 무의미한 역사철학일 뿐이다. 따라서 복음 이전의 한민족 문화가 잠정적, 익명적 기독교 문화로서 의미가 있다는 주장은 수용될 수 있어도, 그것이 곧바로 복음과의 연속선에 있다는 주장은 수용하기 어렵다. 양자 간의 불연속성과 연속성은 함께 견지되어야 한다. 양자의 긴장 사이에 예수 그리스도가 서 계신다. 그러므로 어느 하나를 무시한 주장은 토착화신학의 범위를 넘어서는 문제다.

셋째로, 풍류신학은 일종의 **무격적 기독론**으로서, 그 핵심은 무엇보다 **기독교적 풍류객** 혹은 **풍류적 기독교인**의 표상에 있다. 이것은 성서의 성육신 원리와 한국 종교·문화적 표상인 신인 융합 원리와의 유비에서 출발한다. 그리하여 그는 풍류객이라는 이상적 인간상을 신라 화랑 → 예수 그리스도 → 그리스도인이라는 유비적 연결고리로 형상화한다. 물론 성육신은 복음의 핵심적 내용이다. 하지만 복음의 전부는 아니다. 기독론은 성육신과 십자가와 부활 모두를 포괄한다. 그런데 풍류신학의 기독론은 그리스도의 성육신에 주력한다는 점에서 이미 포괄적이지 못하다.[65] 그리고 **풍류객 = 예수**의 표상도 성서의 예수상과는 거리가 있다.

---

65 윤철호는 풍류도의 기독론을 전형적인 위로부터의 기독론으로 전제하면서, "예수를 하나님의 말씀으로 받아들이기 위한 신앙적, 신학적 기초로서 나사렛 예수의 지상의 현실에 대한 역사적 탐구가 거의 간과되고 있다. 예수가 한 멋진 삶으로서 풍류도를 역사 속에서 구현한 분이라는 말도 역사적이라기보다는 명제적

풍류객은 엑스터시 경험을 통한 신인 융합적 존재로서 무격적 존재 양식이다. 그러나 예수 그리스도는 특별한 종교적 경험을 통해, 신과 합일을 이룬 무격적 인간(Shamanic Humanity or a Divine person), 즉 인간 → 신의 도식을 가진 존재 양식이 아니라, 하나님 편에서 인간을 구원하기 위해 인간이 되신 신인(God in Man or God in Humanity), 즉 신 → 인간의 도식을 가진 존재 양식이다. 그는 인간 대신 형벌을 당한 종말론적 구원자·심판자이나, 풍류객은 단지 신인 융합자일 뿐이다. 이러한 무격적 기독론은 한국적 영성에 의한 결과로서, 역사적 예수를 뛰어넘어 케리그마의 그리스도를 주목하려는 불트만적 복음 이해로부터 시작된다. 따라서 다음과 같은 주장은 일면 수긍이 가면서도 오류를 지적하지 않을 수 없다.

> 유다인 예수 안에 담겨진 초월적인 복음의 진리는 하나의 객관적인 것으로 인류에게 주어졌다. 따라서 각 민족은 제작기 자기의 눈으로 이를 이해하고 받아들임으로써 그것이 의미를 갖게 되며 또한 구원이 이르게 된다. 우리는 우리의 눈으로 본 예수상을 그려보고 그에게 나타난 복음에 동참하지 않으면 아니된다.[66]

물론 우리의 영성으로 예수를 바라봐야 한다. 그렇지만 역사적 예수 그리스도를 통한 하나님의 구속사건에 관한 내용마저 축소하거나 왜곡해도 좋다는 말은 아니다. 우리는 우리의 눈으로써 예수를 바라보되, 역사적 예수를 먼저 보아야 한다. 역사적 예수를 간과한 케리그마의 그리스도는 복음의 이질화(異質化)로 흐를 위험이 있다. 윤철호의 말을

이거나 교의적이라"고 비판한다(윤철호, 『예수 그리스도』(하), 서울: 한국장로교출판사, 1998, 488).

66 유동식, 『風流道와 韓國神學』, 171.

다시 들어보자.

> 유동식은 풍류도로서 한국적 인간성의 이상을 예수 그리스도에게서 찾고자 한다. 구원받지 못한 인간과 하나님 사이의 중보자인 예수는 "한 멋진 삶"의 이상을 본보기로 보여주신 계시자이고, 그러한 삶으로 나아가도록 결단을 촉구할 뿐만 아니라 그러한 삶의 전통을 소생시켜주는 구세주이다.[67]

넷째로, 풍류신학은 일종의 문화창달론이다. 그에 따르면 풍류도는 영화된 세계에 속하는 한국적 영성으로서 종교·문화형식으로 자기를 실현한다. 이런 의미에서 한국 종교·문화사는 풍류 문화의 형성 과정사며, 그것은 무교와 불교와 유교 문화를 매개로 전개되었고, 이제는 기독교 문화를 매개로 전개되고 있다. 그리스도 이후의 세계문화사가 자유와 사랑과 평화의 실현 과정사라면 우리는 풍류 문화의 형성을 통해 거기에 합류한다는 것이다. 따라서 그것은 궁극적으로 한국 종교사 전체를 수렴하는 것이며, 나아가 동서양의 종교문화들을 하나로 가다듬는 의미를 지닌다. 그러므로 풍류신학은 풍류 문화의 실현을 위한 정신적 원리가 된다.

> 한국의 종교문화는 동서의 종교문화들을 수용하고 이것을 하나로 가다듬어 가는 수렴문화이다. 동서의 조화로운 만남을 획책하는 풍류 문화라고 해도 좋을 것이다. 동양의 삼교를 수용한 한국 문화는 그것을 밑거름으로 한 영성 위에 또다시 기독교를 수용하고 있는 것이다. 여기에 우리의 과제와 공헌의 터전이 있고, 우주적 사랑의 공동체 형성을 위한 우리의 선교적 사명이 있는 것이며, 이것을 뒷받침할 우리의 신학적 과제가 있다

67 윤철호, 『예수 그리스도』(하권), 489.

고 생각한다.[68]

이러한 풍류신학의 종교문화 수렴은 풍류도 안에 내포된 한 · 멋 · 삶이라는 3대 영성 원리를 따라 전개된다. 그런데 풍류신학의 풍류 문화창달 범위는 단순히 한국의 종교문화에 그치지 않고 동 · 서양의 종교 · 문화들의 수렴을 통한 우주적 종교 · 문화 창달까지 확대된다. 그에게는 기독교문화 · 동양 종교문화 · 풍류 문화가 통전되는 종교 · 문화실현의 최종 완성의 날이 바로 하나님의 나라가 도래하는 날이요, 인류 역사의 보편적 완성의 날이기 때문이다.

그렇다면 풍류 문화의 실현과 하나님 나라의 완성을 연속선으로 볼 수 있는가? 그것은 온당치 못하다. 풍류신학의 풍류 문화 실현은 풍류객에 의한 풍류도의 이념성취를 전제한다. 그렇다면 그것은 어디까지나 한 · 멋진 · 삶의 원리를 내포하는 인간성 회복에 초점이 있고, 결국 그 중심이 인간적 축점에 있다. 따라서 풍류 문화의 완성은 하나의 유토피아(Utopia)적 종말일 뿐이다. 이에 비해 하나님 나라는 온 우주에 하나님 자신에 의한 완전한 통치의 실현을 뜻하며, 하나님에 의해 인간의 자연화(*Naturalisierung des Menchen*)와 동시에 자연의 인간화(*Humanisierung der Natur*)가 완성되는 나라요, 하나님의 자비와 사랑과 의가 충만한 나라이다.[69] 따라서 그 나라는 결코 인간에 의한, 종교문화 완성으로 대치될 수 없다. 그것은 하나님 자신의 나라이며, 인간은 하나님 아들을 통해 초대받은 그 나라의 백성들일 뿐이다. 물론 풍류 문화 완성의 날은 역사의 궁극적 완성이라는 점에서는 하나님 나라와 외형적 틀은 같이 할 수 있지만, 내용으로는 전혀 다르다. 전자는 인간에 의한 유토피아니

68 유동식, 『風流道와 한국의 종교사상』, 77.

69 김균진, 『基督教組織神學 V』, 517-568.

즘에 가깝다면, 후자는 하나님의 완전한 통치의 실현이라는 점에서, 근본적으로 다른 개념이다.

마지막으로, 풍류신학은 과연 신학으로써 본질을 유지하고 있는가? 풍류신학은 한국 종교문화에 대한 기독교적 해석인지 아니면, 기독교적 종교·문화론의 전개인지 경계가 불분명하다. 소금의 논지는 전자 쪽이 더 가깝다. 그에 따르면 한국에서의 기독교 존재 목적도 어디까지나 풍류 문화의 실현을 위한 도구적인 의미가 강하다.

> 한국 문화의 기초이념은 '한 멋진 삶'으로 요약된다. 우리 역사는 바로 이 이념의 현실화를 위해 달음질쳐 왔고, 달음질치고 있다. 우리가 그리스도교를 힘차게 받아들이는 것은 그 안에 "한 멋진 삶"의 실현 가능성을 보았기 때문이요, 한국 교회의 한 존재 이유는 이러한 민족적 꿈의 실현에 공헌하는데 있다. 민족적 구원을 우리는 이 '한 멋진 삶'의 실현 속에서 보기 때문이다.[70]

신학은 복음을 바탕으로 교회의 신앙과 선포를 비판적으로 연구·검토하며, 그 시대·문화 속에서 성서의 사신(使信)을 새롭게 해석하고 기독교 진리를 제시하는 과제를 지닌다. 이를 위해 신학은 시대·문화적 혹은 종교적 현실과 만나게 되고, 자연히 종교·문화적 흐름과 발전에 영향력을 주고받게 된다. 그뿐 아니라, 신학 역시 하나의 문화적 사건이기도 하다. 그렇지만 신학이 특정한 종교·문화적 이념성취를 위한 도구는 아니다. 오히려 다양한 종교·문화와의 만남 속에서도 신학은 복음의 진리를 분명하게 드러내야 할 사명이 있다. 바로 이 점에서 풍류신학에 대해, 기독교 신학으로써 정체성을 다시 묻지 않을 수 없다. 풍류신학은

70 유동식, 『風流道와 韓國神學』, 223.

아직까지 한국 교회의 선교 현장을 위한 교회의 신학, 강단의 신학으로 도입되기에 어려운 점이 있고,[71] 이런 점에서 풍류신학은 여전히 상아탑 신학으로써 이미지를 벗어나지 못하기 때문이다.

3. 풍류신학에 대한 신학적 전망

유동식의 사상체계를 한마디로 말한다면, 토착화신학이라는 튼튼한 기초 위에 풍류신학이라는 장르의 기둥을 세운 후, 예술신학이라는 장르의 아름다운 지붕을 얹은, 말 그대로 예술적인 사상체계를 이룩한 한국기독교적 영성신학이라 할 수 있다. 물론 이러한 예술적 구조물에 있어서 어느 것 하나도 경시될 수 없지만, 그래도 그 중심을 이루는 것은 단연 풍류신학이다. 이러한 풍류신학은 여러 문제점에도 불구하고 복음과 한국 종교·문화와의 만남을 기반으로 복음의 토착화와 한민족 구원이라는 거대한 목표를 지향하고 있다는 점에서, 한국 교회를 위한 보다 진지한 신학적 자양분들을 제공할 수 있을 것으로 전망된다.

첫째, 풍류신학은 에큐메니컬적 에너지를 통해 한국 교회의 신학발전에 크게 기여할 수 있다. 그것은 이미 『한국 신학의 광맥』에서 한국 신학 사상사 이해를 위한 기초원리로 적용되면서, 한국 신학계의 3대 조류를 포괄하는 실험을 거쳤다. 이에 대한 김광식의 논평을 들어보자.

> 선생님의 한국 신학사는 보수주의, 자유주의 및 급진주의를 모두 포괄하고 있다. 복음의 토착화는 토착화신학자에게서만 이루어지는 것이 아니

71 유동식의 풍류신학에서 영감을 얻은 것으로 보이는 김경재의 종교 신학, 정현경의 초혼신학, 박종천의 상생신학 등도 여전히 강단의 신학과는 거리가 먼 것은 우연이라고 말하기 어렵다. 그것은 아류적 신학들을 위한 영감의 모체인 풍류신학 자체가 순수학문의 차원에 머물러 있기 때문이 아닐까?

고, 보수주의, 자유주의 및 진보주의에서 함께 이루어지고 있다. 풍류신학이 자유주의에 속한다고 한다면, 보수주의는 거룩함(聖)과 진보주의의 세속성(俗) 사이에서 양자를 일치시키려는 聖俗一如의 신학이라고 할 수 있을 것이다. 사실상 보수주의와 자유주의와 진보주의가 서로 다투기보다는 풍류신학적으로 통합되는 것이 에큐메니컬 차원의 이상이다.[72]

특히 소금은 『한국 종교 사상사』 2권에 실린 "기독교 사상사"에서 개혁교회 신학뿐만 아니라, 천주교회 신학 사상까지도 풍류신학적 안목에서 함께 다루면서,[73] 비록 교리와 신조는 다르지만, 한국의 교회가 다 함께 한민족 영성인 풍류도의 눈으로써 복음을 해석하고 수용해왔고, 따라서 한국 교회의 신앙과 신학 저변에는 항상 한국인의 정신적 기반인 풍류도의 영성이 흐르고 있음을 밝힘에서, 그는 성속일여(聖俗一如)적 특성을 지닌 한국적 영성에 의한 한국 신학이야말로 더욱 성숙한 에큐메니컬 신학으로 발전할 수 있는 가능성을 보여주었다. 그렇지만 풍류적 원리가 중심이 되어야 한다는 말은 결코 아니다. 그것은 말 그대로 형식적 원리이지 내용적 원리는 아니다. 단연코 복음이 내용적 원리이다. 복음을 근거하지 않는 신학 논의는 교회를 위한 신학일 수 없기 때문이다. 신학은 그리스도의 십자가를 통한 화해의 원리에 기초를 둬야 한다(엡 2:13-14). 참된 화해의 사건인 예수 그리스도의 십자가야말로 참된 에큐메니컬 정신의 기반이며, 바로 거기서 세상 모든 사람과 이념들이 하나 될 수 있기 때문이다.

둘째로, 풍류신학은 통전적 한국 신학을 향한 길에 영감을 주고, 거기

72 김광식, "유동식 신학의 형성과정과 전개", 『韓國宗教와 韓國神學』, 소석 유동식 박사 고희기념논문집(천안: 한국 신학연구소, 1993), 49.

73 금장태, 유동식, 『韓國宗教思想史 II』, 201-210.

에 대한 새로운 전망을 갖게 한다. 풍류신학은 그 안에 종교 신학으로써 한의 신학과 영성신학으로써 삶의 신학 그리고 예술신학으로써 멋의 신학이라는 3대 흐름을 포월·통합하는 한·멋진·삶의 신학으로써 성격을 갖고 있다. 이러한 통전적 특성은 한민족 종교문화에 대한 기독교적 해석을 바탕으로 하는데, 한의 측면은 한민족의 종교체험(神人合一)을, 삶의 측면은 한민족 종교문화적 영성(玄妙之道-風流道)을, 멋의 측면은 한민족 종교문화의 예술적 승화(宗教藝術-接化群生)를 지향한다.[74] 그리하여 기독교 신앙과 신학은 종교 예술과 예술신학에서 정점을 이루게 되고, 그 완성은 풍류 문화의 종말론적 실현이라고 봄에서, 풍류신학은 인간존재의 인격과 삶 전반에 걸친 인간다운 삶의 문화를 그 목표로 한다. 그래서 성(聖)과 속(俗)을 하나로 묶는 말 그대로 통전적인 종교문화를 조망하게 된다. 이러한 풍류신학의 성속일여적 특성은 종교적 측면에서는 토착화론이 되고, 사회·정치적 측면에서는 정치신학적 차원을 지니게 되지만, 신학적 차원에서는 에큐메니컬 특성을 드러낸다는 점에서, 통전적인 한국 신학 형성에 대한 새로운 가능성을 열어주고 있다고 할 것이다.

셋째로, 풍류신학은 현대 사회의 모순적 현실에 대한 치유적 원리를 내포한다는 점에서 새로운 신학적 지평이 엿보인다. 현대 사회의 구조적 모순은 인간생존 자체를 위협하고 있다는 점에서, 현실적으로 가장 절실한 문제는 바로 인간 생명을 포함한 자연생태계의 치유와 회복이다. 그러나 한국 교회는 아직 여기에 대해 적극적으로 반응하지 못하고 있다. 그런데 유동식은 이미 현대 사회의 모순현실 극복의 꿈을 풍류 문화의

---

74 유동식은 "한 멋진 삶을 추구해온 것이 우리의 종교문화사와 예술문화사와 생활문화사이며, 종교는 한을 중심으로, 예술은 멋을 중심으로, 생활은 삶을 중심으로 전개된 꿈의 추구"라고 보았다(『風流道와 韓國神學』, 176).

실현에서 발견하고 있다.

> 우리가 기대하는 문화는 무엇인가? 그것은 민족적 꿈인 한 멋진 삶이 실현된 풍류 문화이다. 그것은 하느님의 뜻이 실현된 문화이다. 무엇보다도 인권이 존중되는 사회의 실현이요, 사랑과 평화가 깃들인 아름다운 문화의 형성이다.[75]

> 한국의 종교문화의 과제는 민족적 꿈인 "한 멋진 삶"의 실현에 공헌하는데 있다. 그리고 그 핵심은 하느님과 인간이 서로 내재하는 태극적인 합일에 있다. 근대문명이 초래한 생태학적 위기와 인간성의 파멸을 극복하고 새로운 세계문화로서 풍류 문화를 형성하는데 공헌해야 할 기독교의 일대 과제는 하느님과 사람이 하나가 됨으로써 인간의 영성을 회복하는데 있다고 생각한다.[76]

요컨대 풍류신학의 이상에는 이미 현대 사회의 모순적 현실이 양산하는 각양 문제들의 극복을 향한 모티브를 함의하고 있다는 점에서, 풍류신학은 이미 한국 교회가 사회 현실과 거리가 먼, 형이상학적 신학만을 추구하는 구태의연한 자세를 지양하고, 인간과 사회 현실에 대한 통전적 관심을 갖는 신학의 길을 제시하고 있다. 사실상 한국인의 영성은 사변적 이론보다는 항상 삶의 차원을 내포한다. 즉 한민족 영성 자체가 형이상학과 형이하학, 교리와 현실 혹은 이론과 실천이라는 이원론적 구별을 지향하지 않는다는 점에서 서구적 사유형식인 분석-종합적인 사고가 아니라 조화·전개적인 사고 구조를 지니고 있고, 이러한 한국적

75 *Ibid.*, 49.
76 *Ibid.*, 122.

영성자체가 통전적 신학을 지향할 수 있는 사고적 기반을 갖고 있다. 그러기에 우리는 이 한국적 영성에 대한 해석을 기반으로 하는 풍류신학에서 현대 사회의 모순적 현실에 대한 치유를 위한 새로운 신학적 영감을 얻을 수 있을 것으로 기대한다. 참으로 토착화신학이 한민족을 섬기는 신학으로써 자리매김하려면 단순히 과거적인 종교·문화적 유산에만 집착할 것이 아니라, 그것을 통해 발견한 한민족 영성의 탁월한 성격을 바탕으로 한민족 역사 현실에 대한 새로운 관심을 되살리면서 사회구조적 모순 속에서 상처 입은 영혼들을 위한 하나님의 치유의 복음을 선포하는 화해와 회복을 향한 신학적 논의를 구축해 나가야 할 것이기 때문이다.

IV. 요약과 정리

유동식의 풍류신학은 한민족의 종교·문화적 영성이라는 풍류 혹은 풍류도를 기반으로 기독교 복음을 실존론적 시각에서 해석해낸 한국 신학의 한 장르이다. 유동식 역시 윤성범처럼, 신학의 시작점부터 한국인에 대한 선교적 열망을 안고서 자신의 신학적 여정을 이어갔다. 그는 스스로 그러한 자신의 신학적 여정에 대해 풍류신학으로의 여로라고 말한다. 풍류신학의 주된 논지는 한민족의 심성 저변에는 수많은 역사적 소용돌이와 혼란 속에서도 한민족을 한민족이도록 이끌어온 종교·문화적 영성이 존재하는 바, 그것이 바로 최치원이 포함삼교(包含三教)의 원리로서, 접화군생(接化群生)하는 현묘지도(玄妙之道)인 풍류도라는 것이다. 이러한 풍류도는 외래 종교들이 전래될 때마다 그 바탕에서 작용하여, 그 종교들을 한국적인 것이 되도록 만들어내는 힘을 내포하고 있다는 것이다. 그리고 그러한 힘은 기독교의 전래에서도 마찬가지로 작용하였다는 것이다. 그리하여 한국만의 독특한 한국적인 기독교를 형성하게 되었다는 것이다. 그는 특히 이 풍류를 한국인의 종교·문화의 지층을 이루고 있는 무교에 관한 연구 과정에서 발견하게 되었고, 그것을 바탕으로 기독교 신학을 한국적인 신학으로 새롭게 제시하게 된 것이다.

그렇지만 그의 연구에 따르면, 무교 자체가 풍류도는 아니었다. 오히려 무교 역시도 한국 민중들이 자신들의 영성인 풍류도를 담아낸, 하나의 종교적 그릇이요, 형식적 표현일 뿐이라는 것이다. 그러므로 중요한 것은 한국인의 종교·문화적 영성의 본질인 풍류이며, 이러한 풍류 혹은 풍류도를 바탕으로 기독교의 복음을 해석해냄으로써, 한국적 신학을 수립해야 하고, 그것을 기반으로 한국인을 그리스도의 복음으로 이끌어야 한다는 것이다. 그리고 이러한 시각에서 형성된 기독교 신학 특히 토착화신학이 될 때, 그것이 비로소 한국 신학이 될 수 있고, 더 나아가 한국 민중들을 복음으로 이끄는 중요한 계기가 될 수 있다는 것이다.

그가 특히 풍류를 강조한 것은 기독교 신학은 각 민족의 종교·문화적 바탕 혹은 영성을 기반으로 이뤄지게 되는 바, 만일 우리가 기독교인이라는 우월주의적 편견에 사로잡혀 재래종교들을 경멸·경원시하는 태도로 일관한다면, 복음과 만나는 한국인의 심성과 영성을 이해할 수 없게 되고, 나아가 한국인으로서 한민족의 영성인 풍류를 모르면, 결국 얼빠진 존재가 될 수밖에 없기에, 한국 교회는 한민족 영성에 대한 깊은 이해를 바탕으로 목회와 신학 작업이 이뤄져야 한다는 것이다. 이처럼 한국 종교·문화적 영성을 기반으로 하는 한국 신학이 수립될 때, 한국 교회는 진정으로 풍류도의 이상인 한·멋진·삶의 비전을 성취해갈 수 있다는 것이다.

이러한 풍류신학은 복음에 대한 풍류도를 바탕으로 하는 무교적 예증을 통해 이제까지 부정적으로만 보던 재래종교들의 가치와 위치를 긍정적으로 보게 하는 새로운 길을 열었으며, 한국 교회의 신앙적 실존에 관한 보다 분명한 이해를 위한 장을 마련했다고 할 것이다. 소금의 이 놀라운 발상은 고난에 처한 민족사적 아픔 속에서, 소금 자신과 민족사에 대한 깊은 실존적 질문으로부터 시작된, 복음을 통한 민족 구원에 대한 열정과 오랜 역사를 통해 형성된 민족 문화에 대한 역사적·실존적 의미를 기독교적 시각에서 찾으려는 민족 문화에 대한 사랑으로부터 흘러나온 천재적인 신학적 통찰이었다.

4장

한국 신학에 대한 새로운 모색

오늘의 역사는 제4차 산업혁명 시대를 달리고 있다. 인류 문명은 한계를 가늠키 어렵고, 고도의 정보통신망은 지구촌을 하나의 생활권으로 만들고 있다. 학계에도 전공 구분을 넘어, 융합 및 협업의 방향으로 흐르면서, 독자적인 모습이 사라지고 있다. 그렇게 전 분야가 엄청난 변화를 겪으면서, 다양성이 이 시대를 주도하고 있다. 이러한 시대에 한국 교회 안에서 한국 신학이라는 장르가 큰 의미가 있는가? 그것은 혹시 한반도 상황이라는 게토 안에 머무는 그저 한 시대적인 유행신학은 아닌가? 한국 신학이라는 말은 성서의 핵심 메시지인 예수 그리스도의 복음을 성서의 원리를 따라, 한국의 종교·문화·역사적 현실에서 재해석하고, 오늘에 제기된 물음에 대해, 신학적으로 응답하는 한국 교회의 학문적인 활동이라고 정의할 수 있다. 이러한 한국 신학은 과거 한국 교회 안에 신학 활동이 들불처럼 번지던 시절에 등장한, 3부류의 중요한 신학 장르인 토착화신학, 민중신학, 종교 신학을 포괄하는 개념으로서, 한국 교회 안에서 이뤄지는 신학 활동 전체를 통전하는 말이며, 국 교회와 사회를 위한 섬김을 실천하는 한국 교회에 의한 한국 교회의 신학을 뜻한다고 할 것이다.

우선 한국 신학의 방법론은 토착화신학에서 그 원리를 찾을 수 있다. 사실 토착화 문제는 이미 성서 안에 나타나는 현상이다. 가령 고대교회의 기독론적 정통주의의 시금석이 된 요한복음의 '성육신 케리그마', 곧 '로고스 기독론' 역시 다양한 가능성 중의 하나였지만, 그것을 규범으로 삼은 것은 보편적·필연적 귀결이라기보다 당시 사회·문화적 맥락에서의 하나의 선택, 곧 토착화의 결과였다.[1] 이것은 신약성서 전승 목적이 "예수가 누구였는가(*was*)?"와 함께, "오늘 여기서 그 예수는 누구인가(*is*)?"에 관심이 있었기 때문이다. 이것은 오늘 한국 상황에서도 마찬가지이다. 곧 하나님의 아들이신 그분은 유대 종교·문화적 맥락 안에서 예수라는 한 인간으로 성육신하셨고, 오늘은 한민족 종교·문화적 상황의 한국인들에게 동일한 분으로 다가오신다. 이러한 그분의 한민족 종교·문화적 영성 안으로 오심에 대해, 신학은 토착화라는 표현을 사용한다. 그렇지만 그분의 오심으로서 토착화는 인위적인 무엇에 앞서 성령의 역사이다. 아무튼, 기독교 신앙과 신학은 항상 예수 그리스도 안에서, "오늘 하나님은 누구신가(*is*)?"를 말한다는 점에서, 토착화의 맥락 안에 있으며, 이런 의미에서 모든 신학은 토착화신학이다.[2] 이러한 신학은 하나님의 구원 사건에 대한 교회의 신앙적 실존에 대한 인식 문제라는 시각에서 그 방법론을 찾게 되는 바, 그것은 결국 토착화의 문제와 깊은 연관이 있다.

한국 신학의 방향에 대해서는 민중신학에서 영감을 얻을 수 있다. 민중신학은 "한국이라는 사회적 현실 문제에 대해, 교회가 어떻게 응답할 것인가?"에 대한 물음에서 출발한 한국 교회의 역사적 실존과 관련된 신학적 장르이다. 신학은 교회가 처한 역사적 현실에서, 성서를 바탕으로 그 시대를 향한 하나님의 소명을 인식하고, 그 시대의 교회의 삶의 방향을 제시하는 중대한 사명을 안고 있는 바, 민중신학은 이러한 신학의 방향에 대한 물음에 응답하기 위해 등장했던 것이다. 그런 측면에서 민중신학은 여전히 한국 교회와 사회를 위한 시대적 소명을 안고 있으며, 이러한 시각은 사실상 모든 신학이 지향해야 할 방향이라고 할 수 있다.

---

1 윤철호, 『예수 그리스도』 상권(서울: 한국장로교출판사, 1998), 264.

2 1970년대의 민중신학도 사실상 한국정치·사회적 현실에서의 신학적 토착화 문제였고, 1980년대의 종교 신학(종교다원주의 논쟁) 문제 역시도 한국 종교·문화적 현실에서의 타 종교와의 문제에 대한 토착화신학적 논의의 연장선 상에 있었다고 할 수 있다.

나아가 한국 신학은 종교 신학을 통해 한반도의 위기 상황에서 신음하는 한민족의 해방과 치유를 위한 영성에 관한 영감을 얻을 수 있다. 토착화신학이 주로 기독교 메시지에 대한 한국 종교·문화적 바탕에서의 해석 문제, 즉 교리적 측면(Orthodoxy)에 치중했다면, 민중신학은 한민족 역사와 사회 현실에서의 교회의 실존적 책임에 대한 실천(Orthopraxy) 문제에 치중했고, 종교 신학은 한민족의 종교·문화적 현상의 바탕에 살아 있는 영성(Spirituality) 문제에 관심하면서, 재래종교들과의 대화 문제를 제기하였다. 그런데 종교 신학은 한민족 영성에 대한 깊은 이해를 추구하기도 전에, 엉뚱하게도 구원론 문제에 발목이 잡혀서, 신학 활동 차제가 깊은 상처를 입고 말았다. 그렇지만 종교 신학의 본질은 교리(Orthodoxy)와 실천(Orthopraxy)의 문제를 통전하는 가운데, 한민족의 아픔과 반목과 분열을 치유하고, 그리스도 안에서 새 소망을 제시하는 진정한 기독교 영성(Spirituality of Christianity)의 추구에 있다고 할 것이다.

오늘의 한국 신학은 중요한 기로에 서 있다. 급변하는 사회적 현실이 제기하는 신학적인 문제에 대한 응답이 절실한데, 한국 교회의 현실은 서구 신학에 의존하는 정도가 여전하며, 한국 역사와 종교·문화적 상황에 대한 관심은 지극히 저조하다. 게다가 그동안 성장 일변도이던 한국 교회가 2천년대에 들어오면서부터, 정체 상황을 넘어서, 교인 수 감소라는 심각한 위기를 맞이했으며, 교회 자체의 윤리·도덕적인 문제로 인해 사회로부터 외면, 내지 손가락질 대상이 되고 있다. 한국 교회는 이 상황을 어떻게 대처할 것인가? 여전히 한국적 상황과는 거리가 먼 서구 신학만 붙잡고 있을 것인가? 아니면 한국 종교·문화에 대한 새로운 관심과 함께 오늘의 한국적 현실에 대한 이해를 바탕으로 성서의 사신을 새롭게 들음으로써, 이 시대를 향한 하나님의 말씀에 귀를 기울일 것인가? 이러한 질문은 곧 한국 신학 수립 문제로 이어지게 된다.

I. 한국 신학을 어떻게 수립할 것인가?

기독교 신학이 이 시대의 교회와 사회를 섬기는 신학으로써 변함없는 가치를 지니기 위해서는 과거에 안주할 것이 아니라, 하나님의 말씀인 성서의 가르침을 따라, 끊임없이 새로운 모습으로 자신을 개혁해나가야 한다. 이것은 신학이 언제나 하나님의 말씀인 성서를 바탕으로 그 시대-문화적 상황에 대한 숙고를 요청하기 때문이다. 말하자면, 성서의 메시지는 시대적 흐름에 따라, 계속해서 새로운 토착화를 요구한다는 것이고, 그런 측면에서 신학은 언제나 토착화신학적 의미를 내포하게 되며, 한국 신학 또한 한국 종교·문화적 사회 현실에서 논의되는 신학이라는 점에서, 항상 그러한 기반 위에 서게 된다. 그렇다면 새로운 현대교회와 사회를 위한 기독교 신학으로써 한국 신학은 어떻게 수립되어야 하는가?

1. 신학과 토착화

전술한 바와 같이 모든 신학이 토착화신학적 성격을 갖는다면, 기독교 신학에 있어서 토착화 문제는 항상 고려되어야 할 중요한 기반이다. 그런데 과거 한국 교회는 토착화신학을 특정 신학 사상에 대한 한국적 뿌리내림으로 이해하는 경향이 있었다. 이것은 심지어 대표적인 토착화 신학자들에게서도 발견되는 요소들이다. 가령 윤성범은 신유학과 바르트의 신학과의 깊은 대화를 나누었고, 유동식 역시 불트만의 해석학적 신학과 크래머의 기독교 보편주의를 바탕으로 무교와의 대화를 시도했다는 점에서, 신학의 토착화적 경향을 드러냈다. 물론 그들은 나름대로 한민족 고유의 종교·문화적 영성의 눈으로써 복음을 읽어내려고 애쓴 것은 사실이다. 그리고 그들의 노력은 결코, 민족 문화에 대한 어설픈

연민이 가져온 착상이 아니었다. 그들은 성서가 말하고, 우리가 믿는 그 하나님은 19세기 말엽, 선교사들에 의해 겨우, 이 땅에 첫발을 디딘 분이 아니라, 처음부터 우리 민족사와 함께해오신, 유일하신 한 분 하나님(the One God)이라고 고백함으로써, 하나님의 한국인 구원에 대한 역사를 새롭게 인식하려는 신학적 고민에서 출발했고, 그것이 곧 토착화신학의 문제임을 분명하게 인식하고 있었다.

그런데 문제는 그들의 출발점이 서구 신학적 뿌리였다는 점이다. 윤성범은 바르트의 신학적 영감을 바탕으로 유학 사상에서, 한국인의 복음과의 만남을 위한 매개 원리(the Principle of Metaphor)를 찾음으로써, 일종의 유교적 기독교를 주창했고,[3] 유동식은 불트만의 신학적 영감을 기반으로 무교와의 대화를 시도하여, 복음과 해석자 사이의 시간적 공간뿐 아니라, 복음과 문화 사이의 공간적 간격까지도 극복하는 가운데, 무교에 대한 유사기독교화 내지 준 기독교화를 꾀하였다. 결국 두 사람의 신학은 하나님 자신에 의한 한국인의 구원 문제에 중심을 두는 신학적 토착화보다, 선교적 시각에서 복음에 대한 인위적 뿌리내림에 관심을 두었고, 이를 위해 특정 신학 사상을 기반으로 한국의 특정 종교·문화와의 대화를 시도한, 소위 신학의 토착화에 치중한 것이다.

하지만 토착화는 인간의 신학화 작업 이전에, 다양한 종교·문화적 상황에서 존재하는 인간들에 대한 하나님의 구원 사건 자체로서 의미를 지니며, 토착화신학은 그러한 하나님의 구원 사건에 대한 교회의 학문적, 실존적 응답의 차원이다. 그리하여 토착화신학은 인위적인 선교적 노력이거나, 어떤 특정 신학에 대한 토착화가 아니라, 하나님의 구원 사건으로서 신학적 토착화를 전제하며, 그 하나님의 구원 사건에 대한 교회의

---

3 Kwang Shik Kim, "Asian Values and Church Growth in Korea", *Theologische Zeitschrift*, (Universität Basel Jahrgang 55-1999), 217-218.

인식론적 차원을 의미한다. 따라서 한국 신학이 참으로 토착화를 함의하는 신학으로써, 하나님의 구원사에 봉사코자 한다면, 어디까지나 하나님의 구원 사건인 신학적 사건에 근거해야 한다. 신학은 예수 그리스도를 통한 하나님의 구원 은총에 대한 신실한 응답의 의미를 지니며, 그 예수 그리스도 안에서 하나님과의 만남인 신앙 사건에 그 출발점이 있기 때문이다. 그런 차원에서 윤성범과 김광식이 말한 성령의 역사로서 토착화는 매우 중요한 의미를 지닌다. 거듭 말하지만, 복음의 토착화는 인간에 의한 선교적 맥락 이전에, 하나님의 구원역사임을 전제할 때 기독교적일 수 있다.

2. 신학의 양면성

기독교 신앙에 대한 자기 명시화로서 신학은 하나님의 구원 은총에서 출발한다. 다시 말해서 신학은 인간의 논리적인 인식 작업 이전에, 하나님께서 특정 종교·문화적 영성을 지닌 인간 안에 이룩하신 구원 사건에서 출발하게 되며, 그런 의미에서 신학은 처음부터 토착화신학적 성격을 지닌다. 그리하여 토착화 문제는 선교적 문제 이전에, 구원론적이고, 종말론적 문제이다. 왜냐하면 전술한 바와 같이, 신학적 진술의 핵심이 하나님에 의한 구원 사건이요 또한 절대자 하나님과의 종말론적인 만남의 사건 문제라면, 그것은 인간 의식 이전의 문제이기 때문이다. 그러므로 한국 신학의 출발점은 일차적으로 신적인 축점(a veiwpoint of Divinity)에 놓여있다. 이에 대해 우리는 다음과 같이 말할 수 있다.

첫째로, 신학은 하나님의 구원 사건에 뿌리를 둔다는 점에서, 삼위일체 하나님께서 인간의 심성에 그리스도의 복음이라는 생명의 씨앗을 심으신 사건에 대한 진술이라고 할 수 있다. 즉 신학은 인간의 의식적·

종교적 가르침들의 반영이 아니라, 우리 의식 이전에 발생한, 성령에 의한 하나님의 구원 사역에 대한 진술이고, 바로 이것이 토착화신학이 견지해온 중요한 신학적 원리이다.[4] 곧 토착화는 아직 일어나지 않은 하나님의 구속 사역을 위한 준비 작업으로서 인간의 선교적 사역이 아니라, 이미 우리 가운데 일어났고, 지금도 계속 일어나는 하나님의 구원 사건이며, 신학(토착화신학)은 그것에 대한 교회의 신앙적·실존적 응답을 의미한다. 그런데 과거의 토착화신학 논쟁은 토착화를 하나님의 구원 사건 자체로부터 바라보지 않고, 인위적인 선교적 노력에 의한 부산물로 보았기에 많은 문제가 있었다. 분명한 것은 신학 자체가 하나님의 구원 은총에 대한 인간의 실존적인 인식 작업인 바, 이것은 한국 신학을 위한 중요한 신학적 원리로 수용될 수 있고, 그때 신학은 한국 교회와 사회를 위한 섬김의 자리를 갖게 된다.

둘째로 신학은 그리스도를 통한 하나님의 구원 사건을 진술한다는 점에서 철저히 기독론적이다. 신학에서 기독론 문제는 매우 오랜 전통을 이어오는데, 사실상 시대마다 제시된 기독론들은 어디까지나 그 시대적 토착화 문제를 함의하고 있다. 가령 칼케돈 신조(451)는 성육신의 역사성과 함께 초역사성을 긍정하여 이것을 신적 본성(*vere Deus*)과 인간적 본성(*vere Homo*)이라는 양성교리로 표현하였지만, 문제는 그리스도가 단지 형이상학적 존재와 예배의 대상으로만 고백 된다는 점에서, 그리스도의 현재성이 은폐될 위험이 있다. 니케아-콘스탄티노플 신조(381)는 "성부와 성자와 성령이 한 분의 주님으로서 경배를 받으신다"고 고백하면서, 그리스도의 현재성을 살리기는 했지만, 역시 그리스도의 인격과 지위와 사역을 지나치게 예배의 대상으로만 환원하려 한다는 점에서 문제가 있다.[5]

4 *Ibid*.. 219.

사실 예배의 대상인 그리스도는 우리를 위한 주님인 동시에, 여기서 우리에게 오시는 주님이다. 토착화신학은 그분을 역사적인 주님과 동시에, 오늘 우리의 주님으로 고백한다. 즉 그분은 성육신하신 로고스(*Logos incarnatus*)로서 죽음에서 부활하셨으며, 오늘도 성령으로 우리에게 또 다시 성육신하시는 로고스(*Logos incarnandus*), 곧 토착화하시는 그리스도(*Christus indigenandus*)라는 것이다. 그래서 우리는 이렇게 말하게 된다. 선재하신 그리스도는 성령의 능력으로 성육신하심으로 우리에게 원초적으로 오셨고, 토착화라는 방식으로 우리에게 두 번째로 오신다. 그분은 이스라엘 역사 안에 유대인으로 오셨지만, 이제 한국인으로 우리에게 오신다. 그래서 그분은 유대인인 동시에 이방인이요, 한편 유대인이면서 한국인이다(*Christus est simul Judaeus et paganus, simul Judaeus et Koreanus*).[6] 이처럼 기독교 신학은 기독론의 보편성(Ecumenicity), 곧 2천 년 전 유대 땅에 오신 역사적 예수 그리스도에 대한 신앙을 바탕으로, 하여, 기독론의 현장성(Locality), 즉 오늘 우리에게 오시는 예수 그리스도를 진술하려고 한다. 오늘의 한국 신학 역시 기독론에 대해, 이러한 시각으로 접근할 필요가 있다. 그리하여 과거 한국 토착화신학이 성서가 말하는 예수 그리스도의 본질에서 이탈했던 오류에서 벗어나, 성서가 말하는 예수 그리스

---

5 김광식, "성육신의 현재적 의미", 「基督教思想」 제420호, 14.

6 Kwang Shik Kim, "Simil Christianus et Paganus", *TZ*, 241. 그렇다고 성서의 하나님과 재래종교의 신의 무조건적 동일화를 뜻하는 것은 아니다. 양자는 분명히 구별되어야 한다. 다만 성서의 표현대로 하나님이 우주 만물의 창조주인 동시에 참된 주제(主帝)시며, 유일한 구원자라면, 그분은 당연히 한민족의 창조주와 구원자가 될 수밖에 없다는 측면에서 우리는 성서의 하나님이 곧 한민족의 하나님이라고 말할 수 있고(롬3:29-30), 바로 이 근거에서 비록 조상들이 오늘날처럼 성서를 통해 그리스도 안에서 말씀하시는 하나님을 알지는 못했지만, 일반계시적 차원에서 그들도 어렴풋하게나마 하나님을 인식했다고 말할 수 있다. 물론 그들이 그것을 통해 하나님의 구원에 이르렀느냐는 또 다른 문제지만, 중요한 것은 우리 한민족이 하나님에 대한 의식을 갖고 있었다는 점이다.

도의 본질을 바탕으로, 오늘 한국 종교·문화적 맥락에서, 예수 그리스도가 하나님의 아들이요, 우리의 구주임을 진술하려는 데에, 초점을 두어야 한다. 기독론은 기독교 신학의 정초석과 같기 때문이다.

셋째로, 신학에서 구원론은 성령을 통한 새로운 창조 사역이라는 점에서 성령론적·종말론적 사건임을 말한다. 그런 측면에서 신학은 항상 기독론적으로 근거 설정될 뿐만 아니라, 성령론적으로 현실화되어야 한다. 즉 성령에 의해 사람은 하나님의 구원을 현실적으로 경험하고, 구체적으로 열매 맺게 된다는 점에서, 구원은 성령에 의한 제2의 성육신이다. 그리고 한편 하나님의 구원은 종말론적 영에 의해 현실화한다는 점에서, 종말론적 사건이기도 하다. 곧 그것은 하나님의 종말론적 생명이 종말론적 생명의 영이신 성령에 의해, 인간 안에 새롭게 심어지는 종말론적 새로운 창조이다.[7] 특별히 성서는 성령의 오심을 하나님의 종말론적 약속의 성취로 말한다(요 2:28; 행 2:17; 마 12:28). 이 종말론적 영의 오심은 오순절에 원초적으로 이루어졌지만, 지금도 계속해서 모든 민족에게 현실화(토착화)되고 있다. 여기서 신학은 구원론을 토착화신학적 이해를 펼치게 된다. 곧 하나님의 구원은 오늘의 한국 종교·문화적 상황에 존재하는 한국인들에게 주어지는 성령론적·종말론적인 은총으로 경험·인식된다는 측면에서 토착화신학의 인식론과 연계되며, 이러한 바탕에서 한국 신학은 더욱 풍성해질 수 있다.

넷째로, 하나님의 구원 사건에 대한 이해로서 신학은 성령의 공동체인 교회의 사역이다. 그런데 교회는 성령에 의해 시작되지만, 교회 구성원들은 어디까지나 특정 종교·문화적 맥락에 존재하는 실존적인 인물들이다. 따라서 모든 교회는 특정 종교·문화적 성향을 지니게 된다. 그렇지만 이러한 교회의 특성까지도 사실상 성령의 은혜에 연계되는 문제이다.

7 김균진, 『基督教組織神學 III』(서울: 연세대학교출판부, 1987), 20.

이러한 바탕에서 교회의 토착적 특성이 드러나게 된다. 그런데 토착화의 주체를 인간문화에서 찾으려는 이들은 토착화를 인간의 의도적 작업 혹은, 인간의 의식적인 현상으로 바라보려 한다. 바로 이것이 과거 토착화 논쟁의 오류이다. 그러나 토착화는 인간의 의식 이전에 성령에 의한 신적 사건이며(요 3:6-8), 그분에 의해 이끌리는 사건이다. 이러한 측면에서 한국 교회만의 독특한 신앙 양태와 교회 예전들은 어떤 종교적 기획이나 신학적 선언 혹은 선동적 운동으로 세워진 것이라기보다 하나님의 새 창조의 영인 성령에 의해, 한국 문화적 가치관과 기독교적 가치관이 통전된 결과로 보아야 한다. 엄밀히 말해서 우리의 신학적 인식은 성령의 역사에 의한 하나님의 구원 사건이라는 신학적 현실에 대해, 하나님의 영이신 성령의 인도하심을 따라 이뤄진, 교회의 신앙 고백적 인식 작용이라 할 수 있다. 바로 여기에 한국 신학의 존재의의가 있다.

그렇다면 토착화는 전적으로 하나님의 사건으로만 규정되어야 하는가? 즉 신적 축점만 인정되고 인간적 축점(a viewpoint of Humanity)은 배제되는가? 다시 말해서 토착화신학에서 인간의 창의적인 노력은 전적으로 배제되는가?[8] 그렇지 않다. 하나님의 구원 사건은 인간의 주체적 응답을 내포한다는 점에서, 거기에는 토착화라는 역설적 성격이 드러난다. 즉 칼 바르트의 말처럼, 신앙은 강요된 행동이 아닌 하나님께서 허락하신 행동이지만, 인간에게 부여된 하나님의 은총에 대한 능동적인 감사를 통해 응답하는 인간의 주체적·전인격적 행위이다.[9] 토착화신학의 인간적 축점에 대한 문제는 바로 이런 측면에서 논의될 수 있다. 토착화는 하나님의 구원 사건이지만, 그것은 어디까지나 인간의 역사·문화적

---

8 박종천은 성령의 역사로서 토착화 모델은 인간의 창조적 능력과의 정당한 관계 형성이 배제되므로 토착화신학의 적극적 모형을 추구하기가 난감하다고 비판한다(박종천, "토착화신학의 모형변화",「基督教思想」 제373호, 1990, 1., 35.).

9 K. Barth, *Einführung in die evangelische Theologie*, 113.

상황에서 일어나기 때문이다. 이제 우리는 토착화 문제에 대해 다음과 같은 논의를 계속하면서 한국 신학을 모색하게 된다.

첫째로, 하나님의 초역사적인 구원 사건은 인간의 역사 밖이 아니라, 항상 인간 역사 한가운데서 일어나는 인간을 향한, 인간을 위한 사건이다. 사도 요한은 하나님의 로고스가 스스로 인간이 되셨음을 말한다(요 1:14). 그런데 그것은 유대 역사·문화적 상황 가운데서 발생한, 삼위일체 하나님 자신의 초월적인 로고스의 역사적인 토착화사건이다. 이러한 하나님의 구원 사건으로서 토착화는 결국 인간 역사와 문화에 대한 하나님의 칭의와 긍정이기도 하다. 즉 하나님은 예수 그리스도의 십자가 사건을 통해 인간의 모든 것을 부정하지만, 한편 부활하신 그리스도 안에서 인간의 역사와 문화를 새롭게 긍정하신다. 바로 이 근거 위에서 복음은 인간문화와의 만남을 갖게 되고, 그 속에서 하나님의 구원역사를 펼쳐가게 된다. 신학은 이 하나님의 구원역사에 대한 진술이라는 점에서, 처음부터 토착화 문제를 함의하게 된다.

둘째로, 하나님의 구원 사건은 단지 개인의 실존적 차원만이 아닌, 공동체적·교회적 사건이다. 교회공동체는 성령에 의해 창조된 성령의 전(殿)이지만, 한편 성령에 의해 부름받은 그리스도인들의 종교·문화적 영성의 바탕에 세워진 공동체이며, 신학은 그러한 교회의 자기 실존에 대한 인식과 고백의 차원을 지니는 바, 이러한 교회의 인식 작용으로서 신학은 인간의 종교·문화적 아프리오리의 의미를 갖게 된다. 특히 융(C.G. Jung)의 말을 빌리면, 신학은 원초적 집단 무의식(Archetypical group unconsciousness) 안에서 일어나는 교회적 사역이다. 그러므로 신학은 문화공동체라는 독특한 역사적 맥락을 전제하게 되고(Context), 결국 교회공동체(*Gemeinschaft*)를 중심으로 발생·전승된다. 즉 복음의 한국적 토착화는 한민족 문화 아프리오리의 기반 위에 세워진 한국 교회 안에서 이뤄지고, 한국 교회를 통하여 신학화된다. 그런 의미에서 한국 종교·문화적 맥락에서 이뤄지는 신학 활동은 한국 신학일 수 있다.

셋째로, 신학은 하나님의 선교(*Missio Dei*)적 의미를 함의한다. 즉 성령에 의한 하나님의 구원역사는 과거적 사건에 머물지 않고, 하나님 자신에 의한 선교(*Missio Dei*)라는 현실적인 역동성을 지니고 있다. 그런데 이 하나님의 선교는 성령에 의한 역사이지만, 한편 인간 없이 이뤄지지 않는다. 그것은 성령에 의해, 인간을 통하여, 인간과 함께, 인간의 삶의 자리 안에서 이루어진다. 이러한 측면에서 그리스도는 선포의 주체자인 동시에 선포대상이며 또한 토착화의 주체자인 동시에 토착화의 대상도 되신다(Jesus Christ is the Subject and Object of the Kerygma and on the events of Indigenization).[10] 신학은 이러한 하나님의 선교적 역사에 대한 인식과 섬김에 참여하며, 하나님의 부르심에 대한 응답을 함의한다. 바로 여기에 신학에의 인간적 축점이 요청되며, 한국 신학이 시작될 수 있다.

요컨대 하나님의 구원 은총의 사건에 대한 진술인 신학은 신적 축점(a viewpoint of Divinity)에 그 기반을 둔다는 점에서, 언제나 하나님께 주도권(initiative)이 있다. 그러나 한편 신학은 종교·문화적 존재인 인간 안에서 이뤄지는 신앙적 실존이라는 점에서, 인간의 문화 아프리오리와도 관계된다. 즉 역사·문화적 존재인 인간은 자신의 문화 아프리오리에 의한 눈, 곧 인간의 종교·문화적 영성(religio-cultural spirituality)을 통해, 예수 그리스도의 복음을 만나고, 그것을 수용하게 된다. 이러한 의미에서 신학은 한편으로는 인간적 축점(a viewpoint of Humanity)을 고려하게 된다. 그리하여 신학은 하나님을 향한 수동적인 순종과 그분의 은총에 대한 주체적 응답이라는 이중적 측면을 지니게 된다. 한국 토착화신학은

---

10 Kwang Shik Kim, "Christological Foundation and Pneumatological Actualization", *KJST*, vol 1(1997), 55.

신학의 이러한 양면적 특성을 분명하게 그려냈다. 특히 윤성범의 토착화는 한국적 문화 아프리오리인 솜씨에 의한 것인 동시에 성령의 역사라는 주장이 그러했다. 그렇지만 그는 여기에 대한 명확한 설명이 부족했고, 특히 토착화를 하나님의 구원역사라는 바탕에서 출발하지 않고, 선교적 시각에서 바라보았기에 많은 오해를 낳았던 것이다. 한국 신학은 신적 축점과 인간적 축점을 동시에 견지하는 신학으로써 자리매김할 때, 새롭게 주도하는 신학으로써 존재가치를 드러낼 수 있을 것으로 보인다.

3. 신학과 해석학

전통적으로 신학의 주된 관심은 인간 구원 문제에 따른 기독론이었으며, 특히 구원자 예수 그리스도에게 집중되어왔다. 그런데 신학은 예수 그리스도의 과거적 의미뿐만이 아니라, 그분의 현재적 의미에 관심을 갖는다. 즉 오늘 "예수 그리스도는 누구인가(Who is He)?"에 관심한다. 그런데 한편 기독교가 다른 지역으로 확장될 때, 이것은 또다시 "우리는 예수를 어떻게 믿는가(How do I believe in Him)?" 즉 "우리의 종교·문화적 영성의 바탕에서, 우리는 어떻게 예수 그리스도를 믿게 되는가?"로 전환된다. 전자는 곧 기독교 신앙과 신학의 원초적 기반에 대한 것이요, 후자는 선교적인 문제, 곧 해석학에 대한 질문이다. 이에 대해 기독교 신학은 사실상 양자 모두를 포괄하는 개념을 지녀왔다. 그리하여 신학은 "성서에 증언된 예수 그리스도는 누구인가?"에 대한 진술을 기반으로, 오늘 그리고 여기서(Here and Now), 곧 "오늘 우리에게 예수 그리스도는 누구인가?"에 대한 진술을 도출하게 된다. 바로 여기에서 신학은 성서의 메시지를 바탕으로 "이 시대의 교회와 사회를 위해, 그분은 무엇을 말씀하시는가?"라는 질문에 따르는 해석학적 성격을 취하게 된다. 그런데 한국 토착화신학의 경우, 주로 후자의 문제에 집중하였다. 그래서 많은 논쟁을 불러오게 되었던 것이다.

특히 신학이 해석학과 연관되는 이유는 피선교지의 문화적 현실 때문이다. 하나님의 구원 사건은 일차적으로 유대적 문화권에서 발생하였지만, 복음이 헬레니즘 문화권을 거치면서, 일차적으로 해석학적 과정을 통과하였고, 이어서 라틴 · 게르만 문화권 그리고 앵글로색슨 문화권으로 확산되면서, 지속적인 해석학적 채널을 거쳐, 오랫동안 서구문화에 뿌리를 둔 신학으로 발전하였다. 그런데 복음이 동양 문화권으로 확산되면서, 이제 복음은 동양 문화적 아프리오리에 의한 새로운 해석이 요청되기에 이르렀고, 이에 대한 한국 교회적 관심이 바로 1960년대의 토착화신학 논쟁이었다. 하지만 결과를 놓고 보면, 1960년대의 토착화신학은 충분한 해석학적 통찰을 반영하지 못한 채, 유비론적 차원에 머물러 있었다. 사실 신학은 성서에 나타난 예수 그리스도를 통한 하나님의 자기 계시로부터 출발한다는 점에서, 처음부터 초월적 · 계시적 차원을 전제한다. 그러나 한편 인간 실존이라는 역사적 차원을 간과한 신학이란 존재하지 않는다. 그러기에 신학은 언제나 두 지평을 함의한다. 따라서 두 지평에 대한 진지한 인식이 부족한 신학은 자칫 계시라는 미명 아래, 형이상학적 독단으로 변질될 위험이 크다. 현대 기독교 신학 혹은 토착화신학적 과제는 이 두 지평에 대한 양자택일이 아니라, 통전적인 인식과 매개에 있으며, 바로 이러한 과정에서 신학적 해석학의 차원이 요청된다.[11]

이러한 기독교 신학적 현실은 특히 하나님의 구원 사건에 대한 학문적 응답인 신학 작업 자체가 이미 응답자의 해석학적인 차원을 반영한다는 측면에서 더욱 중요하다. 왜냐하면 무시간적이고 순수한 가치 중립적 ·

---

11 윤철호, "신학이란 무엇인가?" 「組織神學論叢」 제3집, 131.

보편적 인간 실존의 자리는 존재하지 않으며, 따라서 신학 활동을 수행하는 인간 실존이 언제나 역사적·실존적이기 때문이다. 즉 인간은 항상 특정한 삶의 세계 안에서 존재하며, 인간의 이해와 사고의 지평 역시 그 실존 세계 안에서 형성된다. 그러므로 역사적 한계점을 넘어서는 초역사적이고 무시간적인 아르키메데스의 점, 즉 초월적인 입각점이란 인간에게 존재하지 않는다. 따라서 신학은 인간 실존의 한계 안에서 수행되는 해석학적 작업일 수밖에 없고, 결국 인간 자신과 세계의 변혁을 지향하는 실천적 성격을 갖는다.[12] 그러므로 신학이 해석학적이어야 한다는 말은 결코 복음에 대한 변질이나, 혼합을 뜻하지 않는다. 오히려 성서를 통해 말씀하시는 하나님의 말씀에 대해, 보다 진지하고 겸손하게 귀를 기울이는 가운데, 그 말씀에 신실하게 응답하자는 것이다. 한국 신학 역시 과거 토착화신학의 한계였던 유비론으로서 예증 형식을 벗어나, 해석학적 시각을 지향할 때, 예수 그리스도의 복음을 바탕으로 한민족에 대한 섬김을 더 잘 수행할 수 있을 것이다.

4. 신학과 문화

기독교 신학은 언제나 기독교 복음과 특정 종교·문화와의 만남이라는 기본 틀을 전제하게 된다. 그러므로 여기에는 자연히 양자 사이의 연속성과 불연속성의 긴장 관계가 형성된다. 왜냐하면 복음은 언제나 문화 속에서 성육신화되기 때문이다. 그러므로 양자는 구별되어야 하지만, 결코 분리되어서는 안 된다.[13] 바로 여기에 토착화신학으로써 기독교 신학의 중요한 의의가 있다. 왜냐하면 기독교가 말하는 복음은 처음

12 *Ibid.*, 142-145.

13 윤철호, "한국토착화신학에 대한 해석학적 고찰", 「組織神學論叢」 제4집, 189-190.

부터 유대 역사와 문화 속에 오신 하나님의 아들로부터 시작하기 때문이다.

그런데 윤성범의 성의 해석학은 복음과 유교 인성 철학 원리인 성과의 만남에 있어서 양자 간의 연속성을 찾는 방향에 서 있었다. 그리고 또 다른 한국토착화신학의 거성인 유동식의 풍류신학 역시 불트만의 해석학에 기초를 두고서 복음과 문화 사이의 시·공간적인 간격을 극복하려는 입장에서 양자 간의 연속성에 관심이 있었다. 이것은 근본적으로 기독교 보편주의와 종교·우주적 세계관에 기초하는 것이었다. 그러므로 그에게 있어서 복음의 토착화 문제는 복음과 문화 혹은 기독교와 한민족 문화 사이의 간격을 없애고 완전히 하나로 접목시켜, 말 그대로 한·멋진·삶을 이루는 데 있었다. 요컨대 두 사람 모두 성 혹은 풍류를 복음에 대한 한국 종교·문화적 영성에 의한 해석원리(the Principle of Interpretation) 내지, 매개 원리(the Principle of Metaphor) 혹은 핵심 매체(the Core Metaphor)로 삼았다는 점에서는 기본적으로 복음과 문화의 연속성을 인정한다.

그러나 한편 윤성범은 양자에 대한 연속성(한국 문화 아프리오리)과 함께 구별하는 태도, 즉 불연속성(성령의 역사)도 견지한다는 점에서 유동식과는 차이가 있다. 해천은 신학 작업으로서 토착화가 한국 문화적 선험성으로서 한국인의 천재미학적 솜씨만이 아니라, 성령의 역사라는 차원을 함의한다고 보았다. 그리하여 그의 신학은 인간적 축점을 지향하는 불트만적 노선과 신적 축점을 지향하는 바르트적 노선이 긴장을 이루면서, 복음과 문화의 연속성과 불연속성을 동시에 견지하였다. 이러한 윤성범은 신학적 방법론에서만큼은 유동식보다 전통적 흐름에 머물려고 애쓴 것으로 보인다. 그렇다면 신학의 방법론에서, 복음과 문화에 대한 연속성과 불연속성의 문제는 어떻게 할 것인가? 윤철호의 말을 들어보자.

하나님의 말씀은 인간의 말을 통하여 들려진다. 인간의 말이 하나님의 말

씀이 되는 것은 하나님의 말씀이 인간의 말이 됨으로써 일어난다. 그러나 인간의 말은 언제나 유한하고 오류 가능하다. 하나님의 말씀은 이러한 인간의 유한성과 오류 가능성을 폐하지 아니하고, 오히려 그 안으로 성육신 하신다. 하나님은 인간의 말을 통하여 말씀하시기도 하지만, 때로는 인간의 말에도 불구하고 말씀하시기도 한다. 성서와 기독교의 전통의 현실이 이 사실을 입증한다. 마찬가지로 복음은 언제나 문화 속에서 체화(體化) 된다. 역사적, 구체적인 문화 속에서 체화되지 않은 초역사적, 추상적 복음이란 영원한 하늘의 영역에는 있을지 모르나, 시간의 영역인 땅 위에는 없다.[14]

하나님의 말씀으로서 복음은 초역사적 영역의 형이상학적 이데올로기가 아니다. 그것은 인간과 인간 삶의 영역, 곧 구체적으로 유대인의 역사·문화의 영역 안에서 성육신했고, 계속해서 새로운 역사·문화의 영역, 곧 이방인의 역사·문화의 영역 안으로 토착화한다. 즉 성서는 그 안에 이미 Text로서 복음과 Context로서 유대-그리스문화를 함께 내포하고 있을 뿐 아니라, 나아가 새로운 문화권(New Context)으로 전래되는 과정에서, 복음과 문화가 새로운 형태로 만나게 됨을 시사한다. 다시 말해서 하나님 말씀은 언제나 '위'로부터 와서, 인간문화라는 '아래'라는 채널을 통해 전달되고, 유한한 인간은 그 채널을 통해 응답하게 되는데, 그러한 인간 경험 영역으로서 문화 안에는 개인적으로, 사회적으로 구체적인 인간 실존과 이해의 역사성으로 인해 이해의 선험적 구조 혹은 전이해가 필연적으로 작용하며, 그러한 전이해 안에는 이미 해석과정이 함축되어 있다는 데서 응답의 가능성이 발견된다.[15] 그리하여 복음과 문화는

14 *Ibid*., 189.
15 *Ibid*., 190.

만남의 형태에 따라 다양한 이해의 구조를 이루지만, 복음의 진리성 때문에 본질에 있어서는 언제나 자기동일성을 유지하게 된다.

하지만 그렇다 해서, 문화적 선험성 혹은 전이해가 하나님 계시에 대한 인간의 접촉점(E. Brunner)을 뜻하는 것은 아니다. 인간의 구체적·실존적 응답은 성령에 의해 그 가능성이 열릴 때, 말하자면 성령의 내적인 조명을 통하여(J. Calvin), 비로소 복음은 하나님의 말씀으로 들려진다. 그런 의미에서 인간의 응답이란, 오직 위에서부터 주어지는 은혜에 의한 자기 개방과 부르심에 대한 순종일 뿐이다. 그러므로 기독교 신앙은 하나님의 말씀이 하나님으로부터 인간에게로 가는 차원, 곧 위에서부터 아래로 가는 방향과 동시에 그 말씀에 대한 인간의 응답적 차원, 곧 아래서부터 위로 향하는 방향을 함께 갖고 있다. 그렇지만 두 방향 모두 인간 자신에게 돌릴 수 없는 하나님의 성령의 신비적 역사임을 고백한다. 따라서 신학에 있어서, 복음과 문화의 관계는 언제나 연속성과 불연속성 사이의 긴장과 역설 안에 있는 역동적 변증법을 이루게 된다. 곧 신학은 하나님의 구원에 대한 인간의 이성적 응답이지만, 그것은 인간문화 아프리오리에 의한 이해와 해석의 차원을 지니는 동시에, 모든 것이 항상 하나님의 성령의 본원적 역사에 의존한다는 점에서, 그것은 언제나 하나님과 인간의 만남에 의한 변증법적 차원을 지닌다. 이러한 의미에서 신학은 철저하게 신적 축점과 인간적 축점을 동시에 수용하지만, 그 시원적 측면에서는 언제나 신적 축점을 전제하게 된다. 한국기독교 신학으로써 토착화신학, 곧 한국 신학 역시 이러한 특성을 함의하게 된다.

II. 한국 신학은 어디로 갈 것인가?

신학은 하나님의 사건인 동시에, 인간 안에 일어난 인간의 사건으로서 토착화사건에 대한 교회의 학문적 실존에 관련된다. 말하자면 토착화사건은 교회의 신앙적 실존에 속한 문제이나, 토착화신학은 그러한 실존에 대한 신학적 해석과정이다. 따라서 여기에는 학문적 체계와 방법론 문제가 뒤따르게 된다. 이것은 한국 사회에서도 마찬가지다. 특히 한국 교회 안에서 논의된 중요한 신학적 주제들은 1960년대의 한국토착화신학과 1970년대의 한국민중신학, 1980년대의 한국 종교 신학 등이 있었다. 토착화신학은 한국 문화적 바탕에서의 복음과 문화와의 관계 문제에 대한 논의였고, 민중신학은 한국 사회의 정치·사회적 현실에서의 복음의 의미와 가치를 다룬 문제였으며, 종교 신학은 한국 사회의 종교다원적 현실에서의 선교 문제와 관련된 논의들이었다. 그러므로 넓게 보면, 모두가 한국이라는 시대·문화적 상황에서 제기되는 신학적인 물음에 대한 한국 교회의 신학적 응답이었고, 따라서 모두가 한국 신학이라는 테두리로 묶을 수 있을 것이다. 곧 한국 교회는 서구 신학 일변도의 거센 물결에 저항하면서, 시대마다 제기되는 신학적 이슈에 대한 응답을 위해 부단히 노력해왔고 그것이 한국 신학이라는 결실로 나타나게 된 것이다. 그렇다면 앞으로 한국 신학은 어떤 방향으로 전개되어야 할 것인가?

1. 교회의 학문으로서 신학

신학은 일차적으로 하나님의 구원 사역에 관심하지만, 그 대상으로서 하나님은 인간과 세계와의 관계 속에 계신다는 점에서, 하나님과 관계에 있는 인간과 그 세계 역시 신학적 대상이며,[1] 따라서 그 영역은 하나님의 창조 세계 전체를 포괄한다. 하지만 신학은 그리스도를 통한 하나님의 구원역사를 해명하고 진술하는 '교회의 학문'이라는 점에서, 논의의 장은 언제나 교회일 수밖에 없다. 왜냐하면 신학은 곧 신앙의 자기 명시화로서 신앙의 학문이며, 교회적 삶의 실천을 위한 학문적 방편이기 때문이다.[2] 따라서 신학은 성서의 진리 해명에 있어, 하나님의 예수 그리스도를 통한 자기 계시에 그 바탕을 두어야 한다. 이에 대한 알트하우스(P. Althaus)와 김균진의 진술을 들어보자.

> 신학을 연구하는 것은 교회를 연구하는 것이다. 신학은 기독교의(신앙에 대한) 성찰이며, 이 성찰은 밖으로부터 이루어지는 것이 아니라 안으로부터 이루어진다. 신학의 장소와 설 곳은 교회 안에 있다. … 신학은 교회 안에서 이루어지는 기독교 신앙의 인식의 작업이다.[3]

> 신앙을 위한 학문으로써 신학은 교회를 위한 '교회의 학문'이다. 그러므로 신앙을 위한 과제와 교회를 위한 과제는 분리될 수 없다. 신앙을 위한 과제는 교회를 위한 과제에 포함될 수 있으며, 교회를 위한 과제의 한 특별한 영역이라고 볼 수 있다. 왜냐하면 본래 신학은 교회의 테두리 안에서, 교회의 신앙을 올바로 정립하기 위하여 형성되었기 때문이다.[4]

그런데 앞에서 살펴본, 윤성범과 유동식의 신학적 진술은 한민족 선교적 관심에서 출발했다는 점에서, 그 특성상 교회의 학문을 지향하였지만, 그 결과를 보면, 기독교 진리에 대한 유교적 예증(Confucianistic illus-

---

1 김균진, 『基督教組織神學 I』, 18.
2 김광식, 『組織神學 I』, 11-17.
3 P. Althaus, *Die christliche Wahrheit*, s. 5, 6. 김균진, 『基督教組織神學 I』, 25 재인용.
4 김균진, 『基督教組織神學 I』, 23.

tration) 혹은 무교적 예증(Shamanistic illustration)의 성격이 강하다는 점에서, 복음과 문화와의 만남에 대한 기독교 교리의 한국 종교·문화적 해석에 대한 이론적 설명은 있으나, 구체적 신앙과 삶의 실천을 위한 교회론적 설명이 늘 부족하였다. 신학은 항상 교회의 학문으로서 자기 정체성에 대한 질문을 반복해야 한다. 이에 대한 성실한 답변 없이는 교회의 학문이 되기 어렵다. 그러므로 토착화신학적 전통이든 또는 민중신학적 전통이든, 종교 신학적 전통이든, 참으로 한국 교회를 위한 섬김의 신학이려면, 한국적 영성과 기독교적 영성 사이의 단순한 유비가 아닌, 성서에 먼저 귀 기울이는 신학적 차원을 회복해야만 한다. 그렇다면 교회의 신학이라는 말은 구체적으로 무엇을 뜻하는가?

첫째, 한국 신학은 하나님의 말씀인 성서의 가르침을 따라, 하나님의 구원 사건을 해명하는 신학적 성격을 지녀야 한다. 교회 존재 의미가 하나님의 구원역사를 위한 섬김에 있듯이, 신학도 교회의 학문됨에서 존재 의미가 있다. 이것은 결국 신학의 목적이 교회의 머리이신 예수 그리스도의 사건을 회상·해석하고 선포함에 있음을 뜻한다. 따라서 한국 신학은 하나님의 구원 사건의 핵심인 예수 그리스도 사건을 올바로 해명함으로써, 그리스도의 지상적-역사적 실존형식인[5] 교회의 존재 의미와 가치를 증언할 책임을 지닌다.

둘째, 한국 신학이 교회의 학문이어야 한다는 말은, 곧 교회의 실존을 위한 섬김의 신학이어야 함을 뜻한다. 이를 위해 신학은 무엇보다 하나님의 말씀인 성서의 진리를 시대적 상황 속에서 새롭게 해석하고 선포해야 할 성서적 과제를 인식해야 한다.[6] 왜냐하면 교회의 신앙과 삶이 성서로부터 자신의 존재 근거와 규범을 발견하고 있기 때문이다. 다시 말해서 신학

---

5 김균진, 『基督教組織神學 IV』(서울: 연세대학교출판부, 1993), 97.

6 김균진, 『基督教組織神學 I』, 22-33.

의 현실적인 존립 근거는 하나님의 자기 계시에 대한 증언으로서 성서로부터 나오게 되며, 따라서 성서적 과제가 최우선시되어야 한다는 것이다.

셋째, 한국 신학이 교회의 학문이라는 말은 교회 일치를 위한 섬김을 지향함을 뜻한다. 성서는 교회의 하나됨을 거듭 말한다(고전 1:10-31, 12:3-31; 갈 3:28-29; 롬 12:3-8; 엡 4:2-6). 그런데 교회 일치에 관한 문제는 교회적 실존의 단일성(*Einheitlichkeit*)이나 획일성(*Uniformität*)이 아닌, 다양성 안에 있는 통일성(*Einheit in Vielheit*)을 뜻한다. 즉 교회는 자신의 고유한 사회·문화적 전통과 교회 질서와 예배형식과 친교의 형식을 가질 수 있으며, 다양한 봉사활동을 가질 수 있다. 또한 다양한 언어와 역사와 관습과 삶의 방식과 사고방식에 따라 공동체의 존재 양식과 선포의 형태도 다양할 수 있다. 하지만 그럼에도 불구하고, 교회는 한 분 하나님·한 분 그리스도·한 분 성령에 의한, 하나의 세례·하나의 성찬·공통된 신앙 고백·하나님 나라를 향한 공통된 소망을 가지고 있는 하나의 거룩한 보편적인 사도적 공동체이다.[7] 따라서 한국 신학은 근본적으로 다양 중의 일치를 지향함에서, 그리스도의 몸의 하나 됨을 위한 섬김에서 자신의 자리를 찾아야 한다.

2. 사회를 위한 섬김의 신학

교회의 존재 목적이 하나님과 세상을 섬김에 있는 것처럼, 신학 역시 하나님과 교회를 위하며, 궁극적으로는 하나님 나라를 위해 봉사한다. 따라서 신학은 교회라는 폐쇄된 영역에 안주하는 것으로 사명을 다하는 것이 아니라, 사회·문화·경제·정치·자연·우주를 포함하는 전 포괄적인 영역에서 봉사적 실존까지도 함의한다. 그런데 과거 토착화신학이 전통

7 김균진, 『基督教組織神學 IV』, 255-256.

적인 한국 문화와 종교에 관한 관심에서 출발하여 한국 사회와 교회를 섬긴 것은 재론의 여지가 없으나, 계속 제기되어온 문제 중의 하나가 바로 사회적 관심에 대한 것이었다. 윤성범은 신학이 사회·정치적 문제에 관심해야 함을 알았고, 스스로 실천하는 열정도 있었지만, 그것을 신학화하는 일은 반대했다. 그는 신학이 세상의 소금 노릇을 할 수 있어도 정치·사회문제에 깊이 개입하는 것은 신학의 월권이라고 생각했었다. 이러한 태도는 유동식에게서도 발견된다. 물론 그는 윤성범보다는 사회 현실에 많은 관심을 가지면서, 풍류신학의 궁극 목표도 한국 사회·문화적 현실 속에서의 한·멋진·삶이라는 풍류도 이상 실현에 두었다. 그리고 사회·역사적 현실에 큰 관심을 두는 진보주의적 신학 노선에도 종종 관심을 기울였다. 하지만 그럼에도 불구하고 그의 주된 관심은 늘 한민족의 실존적 영성 문제에 머물러 있었다.

따라서 한국 신학이 참으로 오늘의 교회와 민족을 위한 한민족 섬김의 신학이기 위해서는 과거적 종교·문화의 문제와 함께 사회 현실 문제와의 대화 역시 필수적이다. 그리하여 과거·현재의 한국사·문화·사회를 바르게 이해하고, 그 바탕 위에서 그리스도의 복음을 바르게 이해하고 실천해야 한다. 이러한 시각에서 한국 교회와 사회를 섬기려 했던 신학 운동이 바로 민중신학이었다. 민중신학은 기독교 신학의 정치적인 토착화라는 혹평을 받기도 했지만, 사실상 그 시대의 한국 사회를 향한 역사적 책임의 문제를 신학적 화두로 삼고, 한국 교회의 각성을 외쳤었다. 당시 대부분의 한국 교회들이 물량적 성장제일주의에 몰입하면서, 경제성장을 표방하는 군부 정책에 휘둘리는 상황이었다. 이때 민중신학은 사회적 실천을 강조하면서, 한국 교회와 사회에 큰 울림을 남겼다. 그것은 바로 교회의 사회에 대한 책임 문제, 곧 사회 참여 문제였다. 민중신학은 시의적절한 메시지를 통해, 교회의 사회에 대한 책임을 일깨웠고,

전통적 교회가 간과해온 사회적 실천(Othopraxy)에 대한 강조를 통해, 역사를 책임지는 교회로서 길을 제시하였던 것이다. 그러기에 이것은 단순한 사회운동이 아니라, 하나님의 백성들의 공동체인 교회의 섬김에 대한 실천 문제였다. 이러한 신학적 성향은 사실상 어느 한쪽이 아니라, 양쪽 모두를 위한 섬김의 신학이었다.

그렇다면 오늘의 교회와 사회를 위한 신학의 시급한 관심사는 무엇인가? 현대 사회는 특히 **생명 문제**에 큰 관심을 기울이고 있다.[8] 이것은 비단 신학계뿐 아니라, 인간 사회 전체의 관심사이다.[9] 그러기에 한국 신학은 복음 안에서 **생명 구원**에 대한 사신을 보다 깊이 읽어내야 한다. 그래서 성서로부터 현대 사회의 모순적 현실이 빚어내는 각종 아픔으로부터 인간과 세계를 해방하고 치유하며, 궁극적으로 진정한 샬롬의 소망을 말해야 한다. 왜냐하면 생명 문제는 복음의 핵심일 뿐만 아니라, 모든 문화와 종교의 공통적 관심사이며, 하나님께서 독생자를 보내신 주된 이유이고, 결국 성서의 주된 관심사이기 때문이다. 그뿐 아니라, 신학은 한민족의 숙원인 **통일문제**에도 함께 섬길 때, 한민족을 위한 진정한 섬김의 신학으로 자리매김할 수 있을 것이다. 특히 한반도 통일문제는 단지 정치·사회적 이슈가 아니라, 한국 교회의 중요한 섬김의 방향이라고 할 수 있다.[10] 한국 교회는 처음부터 민족과 함께 하는 교회였고, 민족을 위한 섬김의 교회였다는 점에서, 민족 통일 문제는 한국 교회의 마땅한 섬김의 문제고, 목회적 돌봄의 문제라고 할 수 있다. 더욱이 이 문제는

8 김재진, "종교다원주의 속에서 선교신학적 모형교체를 위한 구상 II", 「基督教思想」 제434호(1995. 2.), 104-108. 이 주제는 이미 전 사회적인 문제로 주목되고 있다. 왜냐하면 생명은 곧 인류생존과 직접적으로 관련되기 때문이다.

9 H. Küng, D. Tracy / 박재순, 『현대신학은 어디로 가고 있는가?』(천안: 한국 신학연구소, 1989), 29-33.

10 김광묵, "한국 교회의 통일사역과 통일영성", 「한국조직신학논총」 제57집(2019. 12.), 7-54.

신앙과 애족을 구분하지 않았던 이스라엘 신앙의 전통이기도 하자는 점에서, 매우 중요한 한국 신학의 방향성 문제라고 할 수 있다.

3. 화해와 일치를 위한 신학

하나님 형상으로 창조된 인간은 처음부터 존엄성을 인정받으며 행복을 누릴 권리를 부여받았다. 하지만 현시대는 인간존재, 곧 인간 본질보다 인간 기능을 중시하는 풍토를 빚어내고 있다. 그리하여 인간은 일종의 체계화된 사회의 부속품으로 전락하면서, 인간성 상실의 위기에 직면하고 있다. 특히 고차원적 통신체계구축은 이제 지구촌(global village)이라는 공간적 개념마저 무너뜨리고 가상공간(cyber-space)을 등장시켰으며, 인간관계마저 대면적 인격 관계보다 가상적 비현실 관계로 전환되고 있다. 따라서 현대 사회는 인간성 상실과 인간공동체의 붕괴라는 이중적 위기를 맞고 있다. 이러한 현실에서도 신학은 여전히 인간과 사회를 구원하는 복음으로 현대인들을 섬길 수 있는가? 가능하다면 그 길은 무엇인가?

무엇보다 현대 사회에서의 신학의 섬김의 장은 '화해와 일치'에서 찾을 수 있다. 사이버 시대의 중요한 사회적 특징이 있다면 공통언어, 곧 현대 사회의 구조적 모순이 빚어낸 비인간적 현실을 극복하는 희망의 언어에 대한 관심이다. 특히 과거 토착화신학은 과거·현재, 동·서양이라는 시·공간적 장벽을 넘어 누구든지 하나님의 구원을 경험하고 인식할 수 있는 공통언어, 곧 인간을 치유하는 복음의 보편성에 주된 관심을 가져왔다. 즉 과거 유대나 그리스 문화권에서 시작된 하나님의 구원을 오늘 한민족의 역사·문화적 현실에서 경험케 하는 모든 시·공간적 장벽을 뛰어넘는 하나님 구원의 언어로서 복음에 대한 해석 문제가 토착화신학의 주된 관심사였다. 오늘의 한국 신학은 이러한 토착화신학에서 새로운 영감을 받아, 이 사이버 시대에도 인간치유를 위한 섬김의 공간, 즉 성서로부터 오늘을 위한 치유와 해방의 복음, 곧 하나님의 구원의 복음을 읽어내는 저력을 발휘할 수 있을 것이다.

놀랍게도 한국 교회 안에는 이미 일치의 역사가 일어나고 있다. 그것은 특히 한국 교회 안에 교파적 특징이 사라지고 있다는 점이다. 교파적 특성의 와해 현상은 목회 현장에서 특히 뚜렷하다. 즉 한국에는 장로교회 일색의 목회가 이루어지고 있다. 처음부터 감독제도를 채택했던 감리교회나 심지어 장로제도와는 거리가 먼 교단들조차 장로제를 채택하고 있다. 이것은 한국 교회만의 개성이다. 더욱이 평신도들에게는 이미 교파개념이 거의 존재하지 않는다. 목회자들의 설교 역시 거의 교파적 특색이 없다. 이 모든 현상은 곧 복음이 한국이라는 독특한 문화적 토양에 토착화된 결과요, 신학적 작업에 앞선 성령의 역사라 할 수 있다. 한국 신학의 섬김의 장은 바로 이러한 성령의 역사에 대한 한국 교회의 실존적 응답이라고 할 수 있다. 게다가 2020년 현재 전 지구촌이 코로나19 바이러스(COVID-19)에 의한 호흡기 감염병으로 팬데믹(Pandemic) 상태가 되면서, 전 분야가 비대면 소통 시대가 시작됐고, 이것은 교회 활동과 신학 작업에도 큰 아픔을 양산하고 있다는 점에서, 한국 신학은 한국 교회와 사회뿐만 아니라, 전 지구촌에 대한 하나님의 치유와 회복의 은총에 대한 복음을 제시함으로써, 진정으로 하나님 나라를 섬기는 길을 걸어야 할 책임을 재발견하게 된다.

그리고 덧붙일 것은 한국 신학은 특별히 민족분단·국가분단·국토분단이라는 삼중적 분단의 아픔에다 교회분단의 상처까지 안고 있는 한반도의 상황에 대한 깊은 인식을 통해, 예수 그리스도의 화해와 치유의 복음을 바탕으로, 민족통일을 위한 섬김으로 나아가야 한다는 것이다.

한국 교회는 처음부터 민족 역사와 함께 하는 전통을 이어왔다. 그렇다면 통일문제 역시도 교회의 중요한 목회적 · 신학적인 문제가 아닐 수 없다는 점에서 한국 신학은 통일신학적 메시지를 제시할 필요가 있다. 그렇게 될 때, 한국 신학은 진정으로 한국 교회와 한민족을 위한 섬김의 신학이 될 수 있다.

4. 삼위일체 · 성령론적 기반에 세워진 신학

신학은 하나님을 향한 신앙 사건에 대한 인간의 학문적 응답이다. 그렇지만 신학은 자신의 전제를 인간 경험이 아닌, 하나님의 계시(말씀)에 둔다. 따라서 신학은 하나님의 행동 안에서 선포된 하나님의 말씀, 곧 계시를 인식하는 학문이요, 그 말씀을 증언하는 '성서'라는 학교에서 배우는 학문이며, 그 말씀을 통해 부름받은 공동체에 부과된 진리 물음을 계속 탐구하는 학문이다.[11] 그런데 이러한 하나님의 계시에 대한 인간의 인식 작업 역시 성령의 은총으로부터 시작된다. 왜냐하면 하나님의 말씀은 객관적인 명제나 사건이 아니라, 항상 계시의 영인 성령의 능력으로 함께 오며, 인간은 그 성령에 의해 하나님을 만나기 때문이다.

> 성령은 하나님 안에 있는 것과 이 하나님이 우리에게 주신바를 우리에게 알리시며, 주시려고 우리를 공격해 오시며 우리를 감화시키시고 우리에게 증거하신다. 그리고 이 성령은 예수는 주님이시다라고 하는 고백을 깨우치시고 산출시키는 힘이다.[12]
> 하나님의 영은 하나님의 권능이 알려지도록 한다. 그는 하나님의 권능을

11 K. Barth, *Einführung in die evangelische Theologie*, 66-67.
12 *Ibid.*, 71.

사람들에게 그리고 동료 피조물에게 계시한다. 영은 다양한 피조물을 풍부한, 산출적인, 생명을 유지시키는, 강하게 하는, 보호해주는 관계 속으로 옮겨놓는 하나님의 창조적 권능을 인식케 한다.[13]

그리하여 마치 공중누각과 같은 신학 명제들은 성령 안에서 살아 있는 명제가 된다. 그러기에 성령은 모든 인위적인 것들을 무위로 만드는 창조주 하나님의 주권적인 능력이다. 따라서 신학자의 사고와 언어는 성령에 의해 다스려져야 한다. 성령은 교회공동체의 모임과 세움 그리고 파송을 주도했고, 지금도 신앙과 신학 속에 살아 있는 하나님의 전능하신 창조의 능력이요 종말론적인 힘이다. 즉 성령은 교회공동체의 실존과 모든 신학적 실존의 근원이요 가능성이다. 그러기에 신학은 성령의 능력 안에서만 참된 학문으로 실존할 수 있다.

신학이 어떻게 하나님의 로고스로서 인간의 로고스인 신학이 될 수 있는가? 신학은 스스로 그렇게 할 수 없다. 성령이 신학에 임재하고 신학 위에 군림하는 일이 신학에 일어날 수 있으며, 이 경우 신학은 이를 피하지 말고 자기 마음대로 제어하게도 말고 성령의 인도를 따라가야 한다. 성령을 떠난 신학이란 이 세상에서 가장 끔찍한 일에 속한다. … 신학이 성령과 무관하다면, 이러한 신학은 교회공동체를 방해하고 파괴하는 전혀 낯선 정신들에게 문을 활짝 여는 것이나 마찬가지이다. … 성령은 자신에게 전적으로 의존하고 있는 교회공동체와 신학에게 자유롭게 은혜를 베푸는 생명력이다.[14]

13 J. Moltmann, *Der Geist des Lebens,* 18.

14 K. Barth, *Einführung in die evangelische Theologie,* 72-74.

즉 신학은 명제들 안에 있으면서 주변 세계와 교회공동체 그리고 그 공동체를 섬기는 이들 안에 살아 있는 진정한 힘(성령)을 전제하지 않고서는 불가능하다. 다시 말해서 성령 안에서 계시의 주체자인 삼위일체 하나님과의 만남을 통한 신앙적 실존을 전제하지 않는 신학은 불가능하며, 인간과 세계를 위한 섬김의 학문이 될 수 없다. 왜냐하면 신앙의 계시된 객관인 예수 그리스도(존재의 극)와 신앙의 계시된 주관인 신앙적 그리스도인(인식의 극)이라는 양극은 유비(analogia)를 통해 말씀하시는 하나님의 중재 능력인 성령에 의해서만 연합되는 유비적 실재들로 이해될 수 있기 때문이다. 즉 성령만이 기독교 신앙과 신학이 하나님의 존재적 진리에의 인식적 참여임을 보증하게 된다.[15] 물론 그렇다고 이것은 하나님의 아들 예수 그리스도라는 신학적 기반을 벗어난 순수한 신령주의를 뜻하지 않는다. 신학이 성령을 떠나면 생명 없는 형이상학적 명제들로 전락하듯이, 예수 그리스도와 무관한 성령을 말한다면 또 하나의 열광주의에 빠지게 된다. 따라서 신학은 예수 그리스도를 통한 하나님 말씀에 뿌리를 둔 성령론적 기초 위에서 자기 실존을 열어가야 한다.

이것은 한국 신학 논의에도 그대로 적용된다. 왜냐하면 신학은 성령을 통해서만, 그리스도 안에 오신 삼위일체 하나님을 우리의 주와 구주로 인식하고, 신뢰하며, 찬미할 수 있기 때문이다. 즉 성령 안에서 우리는 유대인인 동시에 이방인이며, 의인인 동시에 죄인이신 그리스도(*Christus est simul Judaeus et paganus & simul justus et peccator*)를 통해 '아빠 하나님'을 경험하고, 그리스도인인 동시에 이방인(*Simul christanus et paganus*)으로서 실존이 가능하며, 하나님에 대해, 유대인의 하나님인 동시에 우리의 하나님으로(롬 3:29) 고백하게 된다. 하지만 과거의 토착화신학 논의들은 주로 형이상학적 기독론에 비중을 두고 있었다. 즉 보내시는

15 김광식, 『組織神學 II』, 472.

아버지와 보내진 아들에게 치중한 나머지, 아들과 아버지의 관계를 가능케하고, 보내시는 아버지의 신적 능력이며, 보냄받은 아들의 실존과 사역의 능력인 성령에 대한 이해를 상대적으로 약화시켰다. 그러나 성서는 삼위일체론적 관점에서 그리스도 사건을 말한다. 공관복음은 예수 그리스도가 성령의 사람이었다는 점에서 영·그리스도론을, 요한복음은 예수 그리스도를 성령을 보내시는 분으로 소개하면서 그리스도-성령론을 말하며, 바울 서신들은 예수의 영으로서 성령을 말한다.[16]

그렇다면 현대신학은 왜 성령론을 주목하는가? 전통적으로 신학은 신론 혹은 기독론에 중심을 두어왔다. 하지만 성서의 증언들과 교회사적으로 제기되어온 성령에 대한 다양한 경험, 특히 20세기 초 오순절 운동의 여파들 그리고 현대 사회가 직면한 정신적·영적 차원의 고갈과 각종 자연생태계의 문제와 교회 일치 문제가 성령론에 대한 당위성을 가져왔다. 이러한 추세에 발맞추어 제7차 WCC 캔버라대회(1991)는 "성령이여 오소서, 전 창조의 세계를 새롭게 하소서!"라는 주제로 열렸다. 특히 제1분과는 "생명의 시여자여! 당신의 세계를 지탱하소서", 제2 분과는 "진리의 성령이여! 우리를 자유케 하소서", 제3 분과는 "하나되게 하는 성령이여! 당신의 백성을 화해케 하소서", 제4 분과는 "성령이여! 우리를 개변시키시고 성화시키소서"를 각각 다루었으며, 4개분과 모두가 성령 초대의 기도로 시작하였다.[17] 이제 신학은 하나님의 영이요, 그리스도의 영인 성령을 창조·구원·성화에 있어서의 삼위일체 하나님의 영이며, 인간을 포함한 전 피조물계에 새로운 창조를 완성하는 종말론적 영인 동시에 모든 피조물의 생명의 힘으로 주목하게 되었다. 그리하여 신학은 성령

16 최영실, "그리스도의 영을 받은 사람들", 『성령과 영성』, 김성재 편(천안: 한국 신학연구소, 1999), 244-274.

17 이형기, "역대 WCC총회문서에 나타난 교회 일치 추구에 있어서 성령의 자리와 그 역할", 『성령과 교회』 (서울: 장로회신학대학교출판부, 1998), 123.

안에서 지금도 살아계시는 하나님을 말할 수 있게 되었다. 이에 대한 미하엘 벨커(M. Welker)의 말을 들어보자.

> 성령의 신학은 이러한 주장, 즉 하나님이 멀리 있다거나 죽었다거나 혹은 존재하지 않았다고 하는 주장에 정면으로 도전한다. 왜냐하면 만일 이 세계에 관여하는 하나님의 능력이 실제로 활동하고 있다면, 어떻게 세계가 하나님을 상실할 수 있는가? 만일 하나님이 자신을-개인적으로만 아니라 또한 공적으로-이 세계 안에서 인식되도록 한다면, 어떻게 세계가 하나님을 헛되이 찾는 상태에 빠질 수 있는가? 하나님이 영을 통하여 이 세계에 관여하시고, 자신이 인식되도록 허용한다는 것이 하나님에게 특징적이라면, 하나님이 부재한다는 현대의 공적 경험은 하나님이 전혀 존재하지 않았다는 것에 대한 증거가 될 수 없지 않는가?[18]

성령에 대한 관심은 이 무신론 시대에도 여전히 살아계신 하나님을 말할 수 있는 교회의 새로운 힘으로 작용하게 된다. 또한 현대신학의 성령론적 접근은 전통적인 기독론 중심의 위로부터의 신학 혹은 아래로부터의 신학의 도식을 넘어서, 새로운 대안으로서 삼위일체론적·통전적 방향을 제시할 수 있게 되었다. 즉 십자가에 달리신 아들을 통하여, 아버지로부터 나오는 성령은 고통하는 인간과 세계를 품고 함께 신음함과 동시에 그리스도 안에 나타난 무한한 아버지의 사랑을 근거로 하나님과 인간과 인간의 세계 안에 참된 화해를 이루고, 거룩하게 하며, 하나님의 영광스러운 세계로 창조하는 영이라는 점에서, 그 안에 삼위일체적이며 통전적인 신학적 지평을 펼쳐나갈 수 있는 요소를 가지고 있다.

한국 신학 역시 신앙과 신학의 가능 근거인 성령론적 지평에서 그

---

18 M. Welker, *Theologie des Heiligen Geistes*, 21.

의미를 찾아야 한다. 참된 사귐의 주체와 능력인 성령은 모든 문화·종교를 뛰어넘어 온 인류를 그리스도 안에서 하나님 앞에 세우고, 구원을 경험케 하며, 하나되게 하신다. 그래서 우리는 성령 안에서, 성령에 의해서 하나님을 하나님으로 인식하며, 이때 하나님의 구원에 대한 은총의 해석학을 만나게 된다. 이러한 측면에서 우리는 이른바 성령의 역사로서 토착화를 말하게 된다. 하나님의 영이신 성령은 곧 하나님의 현존이며, 인간의 참된 삶의 가능성이며, 참된 신앙과 신학의 원동력이다. 다음과 같은 몰트만의 말은 신학 작업에 있어서 매우 중요한 의미를 갖는다.

> 성령은 사람들에게 새로운 삶의 시작을 선사하며 그리스도와의 사귐 속에서 그들의 새로운 삶의 고유한 주체로 만든다. 사람들은 성령을 외적으로 교회에서 이루어지는 사귐 속에서만 경험할 뿐만 아니라, 내적으로 그들의 자기경험 속에서, 다시 말하여 "하나님의 사랑이 성령을 통하여 우리의 마음속에 부어졌다…"(롬 5:5)는 사실에서 경험한다.[19]

요컨대 한국 신학이 진정 한국 교회와 세계교회를 위한 섬김의 신학이려면, 성령의 역사로서 토착화에 대한 보다 깊은 성찰이 필요하다. 왜냐하면 신학은 특정 종교경험에 대한 단순한 해석학이 아니라, 어디까지나 하나님의 계시에 대한 증언인 기록된 말씀에 대해 성령의 내적 조명을 통하여 하나님의 선행적인 구원 사건을 해석하고 인식하는 작업인 동시에, 교회의 학문이요 강단을 위한 작업이기 때문이다.

---

19 J. Moltmann, *Der Geist des Lebens*, 15.

5. 성서적 기반 위에 세워진 신학

신학이 성서적 기반 위에 세워져야 한다는 말은 모든 신학 활동이 성서에 한정되어야 한다는 뜻은 아니다. 신학은 비록 신적 축점(a viewpoint of Divinity)에서 시작되지만, 인간적 축점(a viewpoint of Humanity)으로써 문화 아프리오리 역시 배제될 수 없고, 따라서 신학은 특정 종교·문화적 현실에 따른 실존적 특성을 지니게 된다. 즉 서구문화적 아프리오리는 서구 신학을, 한국 문화적 아프리오리는 한국 신학을 양산하게 된다. 하지만 서구 신학이나 한국 신학 모두, 그 안에 본질적으로 흐르는 예수 그리스도의 절대적인 진리만큼은 변할 수 없다. 그것은 하나님의 말씀인 성서로부터 형성되는 뿌리이기 때문이다.

첫째로, 신학이 성서적 기반 위에 세워져야 한다는 말은 곧 신학의 근거와 규범이 성서에 있음을 뜻한다. 즉 신학은 언제나 성서로부터 출발하고, 성서에 뿌리를 둬야 하며, 성서의 검증을 받아야 한다. 그런데 신학이 성서에 자기 근거와 규범을 둔다는 말은 곧 예수 그리스도를 통한 하나님의 자기 계시로부터 출발함을 뜻한다. 성서의 중심은 곧 예수 그리스도를 통한 하나님의 말씀이기 때문이다. 다시 말해서 성서는 인간으로 오신 하나님 아들의 생명의 복음에 그 핵심이 있다. 이에 대해 김광식과 김균진은 다음과 같이 말한다.

> 기독교적 가르침은 바로 예수 그리스도에 대한 가르침이다. 신학이 기독교의 본질을 문제삼는다고 해도, 그 기독교는 예수 그리스도의 계시에 종속된 종교일 뿐이다. 기독교적 가르침의 시금석은 아예 미리 주어져 있다. 그 시금석은 바로 예수 그리스도 자신이다.[20]

---

20 김광식, 『組織神學 I』, 22.

> 신학의 근거와 규범은 하나님의 말씀인 성서이다. 신학적인 모든 진술뿐만 아니라, 교회의 모든 활동은 성서로부터 출발하여 이루어져야 하며 그 타당성 여부는 언제나 다시금 성서에 비추어 비판적으로 검토되어야 한다. … 성서의 근거성과 규범성은 성서의 주제이며, 성서의 통일성을 형성하는 예수 그리스도로부터 오는 것이다. … 하나님의 자기 계시인 예수 그리스도가 기독교 신학의 궁극적 근거요 규범이다.[21]

둘째로, 신학이 성서에 뿌리를 둔다는 말은 곧 하나님의 말씀으로 오신 예수 그리스도를 증언하는 학문임을 뜻한다. 신학은 그 자체가 하나님의 구원 사건을 진술하는 복음으로서 성격을 갖고 있는 바, 신학적 실존 자체가 하나님의 복음에 대한 증언과 변증에 존재 의미를 두기 때문이다. 따라서 신학은 하나님의 말씀으로서 성서를 올바로 해석하고 선포함을 통해 기독교 진리의 변증을 위한 과제를 지닌다는 점에서, 결코 상아탑 속의 순수학문이 될 수 없다.

셋째로, 신학이 성서적 기반 위에 세워져야 한다는 말은 자연히 건전한 성서해석을 요청한다. 사실 초월적인 하나님의 로고스가 유한하고 특정한 인간의 문화적 상황 속에 오신 것 자체가 이미 해석을 요구한다. 말하자면 하나님의 복음이 인간에게 다가오는 그 순간부터 하나님의 영에 의해 해석이 시작되고, 토착화가 이루어진다. 그런데 해석의 주체자는 인간이 아니라, 하나님의 영이요, 복음 자체이다. 즉 하나님의 말씀이 인간을 해석하고 인간에게 도전한다. 말씀의 핵심은 예수 그리스도를 통한 하나님의 구원이다. 그러므로 건전한 해석이란, 곧 예수 그리스도를 통한 하나님의 구원 사건에 기반을 둔 해석을 뜻한다. 그런데 그 해석은 또한 인간의 종교·문화적 아프리오리적인 특성을 띠게 된다. 왜냐하

---

21 김균진, 『基督教組織神學 I』, 14-15.

면 우리는 예수 그리스도를 통한 하나님의 구원을 한국인으로서 경험하기 때문이다. 그러기에 신학은 하나님의 말씀에 대한 겸손한 복종과 응답을 통해 그 말씀이 한민족의 문화적 삶 속에 날마다 토착화되게 해야 한다. 다시 말해서 복음의 본질적 내용과 문화의 순수형식의 주체적 만남이 신학의 지향과제라면, 한국 신학은 복음이라는 신학적 주체성과 한국 문화라는 인간학적 주체성의 상호 만남에 자기를 개방해야 함을 의미한다.[22] 여기에 한국 신학의 참된 성격이 드러난다.

22 이찬수, "문화-신학간 대화의 禪的 구조", 『한국 종교문화와 문화신학』 제2집(서울: 한국 문화신학회, 1998), 127.

III. 한국 신학에는 무엇을 담을 것인가?

기독교 역사상 최초의 신학자요 목회자였던 사도 바울은 로마교회를 향한 편지에서 매우 귀중한 구절을 남겼다. "하나님은 유대 사람만의 하나님이십니까? 이방 사람의 하나님도 되시는 분 아닙니까? 그렇습니다. 이방 사람의 하나님도 되십니다. 참으로 하나님은 오직 한 분뿐이십니다. 그러므로 하나님은 할례를 받은 사람도 믿음으로 의롭게 하여 주시고, 할례를 받지 않은 사람도 믿음으로 의롭게 하여 주십니다"(롬 3:29-30). "하나님은 유대인만의 하나님이 아니라, 오늘 우리(한국인)의 하나님도 되신다"는 바울의 선언은 한국 신학에 대한 새로운 열망을 불러온다. 한국 신학의 뿌리라 할 수 있는 토착화신학 문제는 일부 신학자들의 천재적 발상이 아니라, 일차적으로 하나님의 구원에 관한 역사요, 아브라함과 이삭과 야곱의 하나님이 곧 우리의 하나님임을 고백하려는 오늘의 한국 기독교인들의 신앙 고백적 사건이기도 하다. 그동안 한국 교회는 토착화신학에 대해, 곱지 않은 시선을 보내왔다. 그것은 "토착화가 복음의 진리성을 해치지 않을까?"라는 우려 때문이었다. 하지만 기독교 신학으로써 토착화신학은 복음이 말하는 진리 위에 서서, 복음에 대한 건전한 이해를 지향하며, 복음에 대한 건전한 해석사의 깊은 뿌리로부터 한국 문화적 상황에서의 복음 이해를 문제시한다. 사실 한국인이 기독교 신학을 들여다보는 것 자체가 이미 한국적 토착화이다. 그렇다면 한국 신학은 어떠한 방향으로 전개되어야 할 것인가?

1. 통전적인 한국 신학

기독교 신학은 하나님의 현존을 구체적으로 경험하려는 신앙인의 몸부림이라 할 수 있고, 모든 신학 논의들은 특정한 문화적 상황을 배경으로 한 그 나름의 '토착화신학'이라고 말할 수 있다.[1] 왜냐하면 우리는 하나님의 구원을 자신의 문화적 상황 안에서, 문화적 언어의 채널을 통해 인식하기 때문이다. 따라서 모든 신학은 토착화신학일 수밖에 없으며, 이에 따라 토착화에 대한 논의는 자연히 통전적 성격을 띨 수밖에 없다. 왜냐하면 복음에 대한 해석으로서 신학은 각 문화적 상황마다 개성을 갖게 되고, 따라서 모든 신학은 복음에 대한 부분적·제한적 이해일 뿐이라면, 하나님 나라를 위한 보다 성실한 섬김을 위해 신학은 각자의 문화적 상황 안에서의 논의들을 기반으로 서로 간의 대화를 위한 나눔이 요청되기 때문이다.

그렇다고 이것은 모든 신학 논의의 무조건적 종합을 뜻하지 않는다. 오히려 서로 대화와 이해를 기반으로 하는 상호배움의 태도를 의미한다. 그리고 그러한 노력은 언제나 신학의 근거와 규범인 예수 그리스도의 계시에 대한 성실한 봉사를 기반으로 해야 한다. 특히 한국에 있어서 신학은 3대 신학 조류와의 상호대화를 전제한다. 그래서 근본주의적 노선에서는 복음에 대한 성실성을, 진보주의적 노선에서는 사회 현실에 대한 성실한 관심을, 자유주의적 노선에서는 신학함에 대한 자유와 학문으로서 신학에 대한 성실성을 배울 수 있다. 그뿐만 아니라 한국 신학은 한국의 독특한 3대 신학 장르들인, 토착화신학과 민중신학 그리고 종교신학을 통전하는 방향에 서 있기도 하다. 한국 신학의 궁극적 목표는 다양한 신학들의 단순한 통합이 아니라, 하나님의 구원 사건에 대한 한국적 영성의 눈으로서 이해와 해석에 있기 때문이다.

---

1 Kim, Kwang Shik, Nonduality of Faith and Earth, *KJST,* vol. 3, 163-166; 이정배, "토착화신학이란 무엇인가", 『한국 종교문화와 문화신학』, 한국 문화신학회편, 제2집(서울: 한들, 1998, 327-330).

2. 생명 신학으로서 한국 신학

기독교 신학은 현대 사회의 비인간적인 모순구조 속에서 고통하는 인간에게 복음을 통해 참된 인간성을 일깨워주고, 그들로 하여금 참된 삶의 의미와 목적을 알게 하며, 하나님 안에서 인간다운 삶을 누리도록 하는, 말 그대로 하나님의 구원의 은총을 경험케 하는 신학, 다시 말하면 사람을 구원하는 신학, 보다 구체적으로는 한민족을 살리는 생명신학이어야 한다. 그리하여 한국적 주체성을 재발견하고 한국인으로 하여금 한국인을 구원하시는 하나님의 구원을 경험하도록 이끌어야 한다는 점에서 토착화신학적 성격을 내포한다. 토착화가 한국 문화적 상황에서 일어난 하나님의 구원 사건이고, 토착화신학은 그것에 대한 신학적 해석이라면, 생명신학으로써 토착화신학은 자연적으로 한국 문화적 상황과 역사적 현실에 대한 깊은 이해를 전제할 수밖에 없기 때문이다. 그런데 토착화사건이 성령의 역사라는 점에서, 토착화신학은 성령론적 측면에서의 접근이 요청되고, 이것은 곧 생명의 영·성령에 대한 올바른 이해를 전제하며, 여기서 한국 신학이라는 거대 담론이 새롭게 시작될 수 있다.

곧 생명신학은 곧 하나님의 생명의 영이신 성령의 역사에 의존하며, 그분의 사역에 대한 해명에 깊은 관심을 기울인다. 생명의 영인 성령은 현대 사회의 각종 모순이 양산하는 비인간화 현실에 대한 참된 치유와 회복에의 소망으로 다가오신다. 하지만 생명 신학은 성령에 의한 구원 사역이 단순히 신자 개인의 차원에 머물기를 원치 않는다. 그것은 오히려 그리스도 안에 있는 모든 하나님 백성들의 공동체를 지향하게 된다. 그리하여 그리스도 안에 있는 하나님의 거룩한 공동체의 종말론적인 완성을 소망하게 된다. 결국 생명신학으로써 한국 신학은 복음 안에 약속된 하나님의 성령에 의한 종말론적인 구원의 은총을 한국적인 영성의 눈으로써 해명함과 동시에 그 성령에 의한 종말론적 공동체인 교회를 통해 한민족의 온전한 구원의 날을 지향하는 한민족을 위한, 한민족을 섬기는 신학이요, 민족통일을 위해 헌신하는 신학을 의미한다.[2] 그리고 한국 신학은 단지 한반도 안에서, 한민족을 섬기는 지역적인 신학에 안주할 것이 아니라, 전 지구촌의 평화와 화해, 치유와 회복을 위한 보다 큰 섬김의 길로 발걸음을 옮겨가는 구체적인 행동이 요청된다고 할 것이다.

3. 선교 신학으로서 한국 신학

기독교 신학은 특정한 문화적 상황에서 그 문화적 영성을 통한 복음 이해의 시각을 전제한다는 점에서, 특정 문화적 가치관 안에서의 선교학적 측면을 내포한다. 사실 과거 한국 토착화신학은 이미 이러한 방향을 담지하고 있었다. 하지만 과거의 토착화신학이 비록 한민족 구원을 표방했지만, 토착화신학 자체를 하나의 성취론 내지, 혼합주의로 몰고 가면서, 신학을 일종의 신학자 개인의 천재적 발상으로 흐르게 했고, 결과적으로 복음의 순수성에 대한 오해를 불러일으켰다. 그러므로 신학은 철저히 하나님의 복음에 대한 겸손한 섬김으로부터 새롭게 출발하여, 성령의 창조적 능력을 의존하면서, 궁극적으로 하나님의 선교(*Missio Dei*)에 대한 봉사자의 자리에 서 있어야 한다. 따라서 한국 신학 역시 한민족을 하나님께로 이끄는 데에 봉사하는 학문이어야 한다. 왜냐하면 신학은

---

2 이정배는 『한국적 생명신학』이라는 저술을 통해 한국 문화적 전통과 여러 기독교 신학 주제들, 특히 현대 신학이 제기하고 있는 문제들과의 대화를 시도하면서, 한국적 생명 신학이라는 근본 주제를 전개해 나간다. 그에게 있어서 한국적 생명 신학은, 신학함에 있어서 주체성의 발견과 신학의 윤리적 실천적 수행력이라는 두 측면을 모든 충족시킬 뿐만 아니라, 한민족 영성의 기초이념인 불이(不二)적 회통이념 및 생명사상을 기반으로 한 기독교 복음에 대한 인식 작업으로서 의미를 가지고 있다(이정배, 『한국적 생명신학』, 서울: 도서출판 감신, 1996, 3-6).

처음부터 순수학문이기보다는 교회를 위한 신학, 하나님의 말씀인 복음을 통하여 인간을 살리는 생명 신학으로써, 그리스도의 복음을 선포하는 하나님의 선교에 봉사하는 학문으로서 정체성을 가지고 있기 때문이다. 즉 신학은 이미 그 자체로서 하나님의 아들 예수 그리스도에 대한 증언을 함의하며, 교회를 통한 하나님의 복음의 진리성에 대한 구체적 실천자로서 과제를 지니고 있다는 점에서 처음부터 선교론적 성격을 그 안에 내포하고 있다고 할 것이다. 그러기에 한국 신학은 한민족과 온 세상을 향한 선교 신학으로써 자기 정체성을 지니고 있을 때 비로소 살아 있는 신학으로 실존할 수 있다.

4. 복음적 신학으로서 한국 신학

기독교 신학이 진정 살아 있는 신학이기 위해서는 무엇보다 그 내용이 복음으로 채워져 있어야 한다. 이것은 특히 한국 신학이 분명히 해야 할 문제이다. 곧 신학이 타 종교와 대화하고 한국 문화에 대한 관심을 크게 갖는다고 해서, 문화와 복음이 동일시되거나 혹은 문화에 의해 복음이 대체되어서는 안 된다. 신학은 근본적으로 복음에 대한 봉사자임을 망각해서는 안 된다. 즉 신학은 언제나 예수 그리스도를 통한 하나님의 계시에 자신을 일치시키려는 태도를 지녀야 한다. 그러기에 신학은 무엇보다 종교·문화적 상황 혹은 정치적 상황에서의 복음의 토착화 문제, 곧 복음의 맥락성에만 치중하는 태도를 지양하고, 먼저 복음의 본질을 규명하고 그 복음에 대한 신실한 봉사자로서 자기 정체성을 확립해야만 한다.[3] 다시 말해서 신학은 예수 그리스도의 십자가와 부활에 근거한

3 김지철은 '한국 문화신학'(토착화신학, 민중신학)이 '예수 그리스도의 십자가'를 중심한 복음의 본질에 대한 규명보다는 시대적·문화적 상황에서의 복음의 맥락

복음의 본질적 내용에 먼저 주목하는 신학 본래의 태도를 되살려야 한다. 즉 하나님의 복음이 한국 문화적 상황 안에서도 인간을 구원하는 하나님의 복음일 수 있게 하는 데에, 기독교 신학의 최대 과제가 있다. 아무리 문화적 상황에 대한 탁월한 이해를 기반으로 하는 신학이라도, 하나님의 구원을 갈망하는 이들에게 복음을 담아 나르는 가죽 부대 역할을 제대로 감당하지 못한다면, 이미 기독교 신학으로써 정체성이 위협받을 수밖에 없다. 과거 토착화신학이 오해를 샀던 것도 바로 이 문제와 관련해서였다.

따라서 기독교 신학이 복음적 신학이어야 한다는 말은, 신학은 무엇보다도 교회의 학문, 곧 강단을 위한 신학으로써 한국 교회와 사회를 위해 섬길 수 있어야 한다는 말과 같다. 즉 그 안에는 예수 그리스도를 통한 하나님 구원의 진리가 살아 있어야 한다. 교회가 외면하는 신학, 교회로부터 주목을 받지 못하는 신학은 진정한 의미에서의 신학으로써 가치를 잃게 되기 때문이다. 오늘도 한국 교회와 전 지구촌은 참된 소망이신 예수 그리스도의 진리를 바탕으로 하는 살아 있는 신학을 기대하고 있다.

그렇지만 한편, 신학이 복음적이어야 한다는 말은 신학이 교회공동체의 테두리 안에만 머물러야 한다는 뜻은 아니다. 오히려 예수 그리스도의 십자가와 부활의 복음을 바탕으로 하나님의 피조 세계의 신음과 탄식을 새롭게 인식하고, 그것의 치유와 해방의 메시지를 성서로부터 다시 읽어냄으로써, 하나님의 나라가 온 누리에 이뤄지는 하나님의 구원 역사에 봉사하는 성격을 지니게 됨을 의미한다. 그리고 이러한 바탕에서 한국 사회의 아픔과 한민족의 아픔, 전 지구촌의 아픔을 함께 살필 수 있어야 한다는 것이다. 바로 여기에 한국 신학의 삶의 자리가 있을 것이다.

성에만 치중한 나머지, 전자를 약화시키거나 왜곡시키는 우를 범했다고 비판하면서 "*crux sola est nostra theologia*"(M. Luther)의 태도로 돌아가야 한다고 주장한다(김지철, "한국 문화신학은 십자가의 거침돌을 제거했는가?" 「복음과 문화」, 한국기독교학회 편, 서울: 대한기독교서회, 1991, 146-169).

결론을 대신하여

한국 신학의 자리

기독교 신학은 하나님의 계시에 대한 인간의 이성적·학문적인 반사이다. 그런데 신학은 일차적으로 하나님께 대한 신앙으로부터 시작된다. 즉 신학은 신앙에 관한 학문이다. 따라서 하나님과의 만남으로서 신앙을 전제하지 않은 신학은 하나의 종교적 이론으로 전락한다. 그런데 기독교 신앙은 성령 안에서 하나님의 아들 예수 그리스도를 통한 하나님과의 만남의 사건에서 비롯되는, 죄인을 구속하시는 하나님의 구원 약속에 대한 신뢰이다. 말하자면 하나님의 구원 사건에 대한 성령 안에서의 실존적인 자기 결단이 곧 기독교 신앙의 핵심이다.

그런데 신학은 그 하나님의 구원 사건에 대한 인간의 학문적 실존, 즉 하나님 구원의 은총을 인간의 문화·언어적 측면에서 인식하는 작업이다. 그렇기 때문에 신학은 하나님의 계시라는 신적인 축점과 인간의 문화라는 인간적인 축점을 동시에 가질 수밖에 없다. 그런데 종교개혁 전통을 따르는 신학 계열은 대체로 신적인 축점에 주된 관심을 두어왔다. 이것은 특히 17세기 정통주의 신학으로부터 현대신학의 바르트 계열을 따르는 변증법적 신학까지의 두드러진 특성이었다. 그리고 이것은 또한 보수적인 한국 신학계의 독특한 분위기이기도 했다.

하지만 아무리 신학자가 철저하게 신적 축점을 지향할지라도, 그 자신은 여전히 문화적 한계성 안에 있음을 간과해서는 안 된다. 즉 신학에 있어서 인간적 한계를 완전히 벗어나는 영원한 초월적 공간은 어디에도 없다. 따라서 모든 신학은 나름대로 인간적 축점으로써 뉘앙스를 내포하고 있다. 말하자면 한국인이 서구 신학을 그대로 모방할지라도, 이미 그것은 온전한 의미에서의 서구 신학일 수 없고 한국화한 서구 신학이라고 해야 옳다. 그러기에 모든 신학은 토착화신학적 성격을 띨 수밖에 없다. 그런 점에서 신학이 하나님의 초월적인 계시만을 고집하면서, 인간 문화적 아프리오리를 무시한다면 스스로 모순에 빠질 수밖에 없다. 신학은 문화적 영성을 통해, 하나님의 말씀을 인식하는 인식론적 채널이기 때문이다. 지난날 한국 신학으로서 토착화신학은 바로 이 문제에 대한 한국 교회의 자기반성이었다고 할 수 있다.

한국 신학은 한국인의 영성의 눈(문화 아프리오리)으로써 하나님의 구원 사건을 바라보려고 한다. 따라서 한국 신학은 하나님의 계시로서 신적인 축점과 문화 아프리오리로서 인간적인 축점을 동시에 견지하려고 한다. 하지만 여기에는 분명한 방향이 있다. 신학은 어디까지나 하나님의 구원 사건에 대한 교회의 학문적 실존이며, 그 인식 작용 역시 하나님의 성령의 은총에 의한다는 기초 위에서 출발한다. 이러한 측면에서 과거 토착화신학은 성령의 역사로서 토착화를 주목했다. 신학은 과거 토착화신학이 종종 오류를 범한 것처럼, 결코 하나님의 구원역사를 위한 준비 작업으로써 인간의 의식적인 활동을 말하는 것이 아니라, 하나님 성령의 역사에 의한 선행적인 구원 사건에 대한 인간의 주체적인 자기 인식이며, 특히 한국 신학은 그런 하나님의 구원역사에 대한 한국 교회의 실존적인 자기 인식으로서 의미를 갖는다.

그렇지만 한국 신학은 결코 복음에 대한 변질이나 왜곡 혹은 상대화를 뜻하지 않는다. 오히려 하나님 구원의 복음에 대한 한국인으로서 응답을 지향하며, 이것은 곧 복음 자체의 성격에 기인한다. 즉 그리스도를 통한 하나님의 복음은 이미 그 자체로서 인간의 역사문화 속으로 들어오신 하나님, 곧 인간이 되신 하나님의 인간 구원 사건이며, 따라서 인간의 역사·문화적 상황과의 만남을 전제한다. 그렇게 복음과 문화와의 만남의 사건 자체가 이미 복음의 토착화를 전제한다. 그리하여 유대 땅에서 일어난 하나님의 구원 역사는 모든 인간 문화적 장벽을 넘어서, 모든 문화적 상황 속에 있는 이들에게 하나님의 복음으로 다가온다. 이것은 복음 자체의 절대 진리성일 뿐만 아니라, 모든 문화적 상황 속에서도 복음으로 하여금 복음으로서 본질을 유지하도록 역사하는 성령의 능력에 기인한다. 신학적 토착화는 모든 인간의 가능성에 선행하는 하나님의 구원 사건으로서 복음 자체의 본질적 성격에 속하며, 따라서 이 땅에 기독교 복음이 존재하는 한 계속될 수밖에 없는 복음의 자기활동의 능력이라고 할 수 있다. 한국 신학은 이러한 복음의 역사에 주된 관심을 두며, 한국인들로 하여금 하나님의 복음을 한국인들을 위한 하나님 구원의 복음으로 들리도록 함에 헌신하는 신학이다.

그러기에 한국 신학은 특정인들의 전유물이 아닌, 온 교회가 함께 관심해야 할 분야이며, 모든 신학도에게 주어진 교회와 사회를 위한 과제라고 할 수 있다. 이러한 의미에서 윤성범 교수와 유동식 교수의 선구자적인 발자취들은 한국 신학계가 다시금 주목해야 할 귀중한 유산이다. 하지만 그동안 한국 교회는 두 사람의 이야기에 별로 귀를 기울이지 않았다. 그것은 토착화신학에 대한 오해로부터 또는 교파주의의 이데올로기에 얽매인 한국 교회의 편협한 안목에서 기인된 결과들이라고 할 수 있다. 그렇지만 한국 교회는 하나님과 역사 앞에서, 모든 가로막힌 장벽들을 그리스도의 이름으로 허물고, 화해와 대화의 자리로 나아가야 할 때가 왔다. 특별히 온 세상이 신학에 있어서 패러다임 전환을 외치고 있지 않는가? 물론 그렇다고 모든 것을 다 내버리고 종교다원주의로 나아가자는 말은 결코 아니다. 기독교 신학은 사람이 되신 하나님의 독생자 예수 그리스도 안에서 자신을 보여주시는 하나님의 구원역사에 기초를 두기 때문이다. 다만 신학은 편협한 교리주의·교파주의를 벗어나, 그리스도 안에서 함께 형제된 이들이 하나님의 말씀에 함께 귀 기울이며, 받은 은혜를 나누는 자리를 필요로 한다. 한국 신학은 바로 이러한 온 한국 교회의 하나 됨을 위해 오늘도 하나님 앞에 거친 두 손을 모을 뿐이다.

또한 한국 신학은 민족통일을 위한 섬김으로 나아갈 필요가 있다. 물론 신학은 교회의 학문이고, 교회를 위한 섬김의 학문이다. 그런데 교회는 인간 사회 한복판에 존재한다. 따라서 교회는 근본적으로 자신이 속한 사회와 관계를 맺을 수밖에 없고, 이에 따라 신학은 자연히 교회가 속한 사회에 대한 관심을 기울이게 된다. 특히 한국 교회는 국토분단(1945), 국가분단(1948), 민족분단(1950)이라는 3중적인 분단의 아픔에다, 교회분단의 상처까지 안고 있는 한국 사회의 한 가운데에 존재한다. 그리하여 민족의 숙원인 통일, 민족, 국토, 국가 문제 역시 교회의 문제로 인식하게 된다. 특히 한반도의 분단 문제는 교회의 분단이라는 아픔을 함께 안고 있다는 사실은 더욱, 통일문제가 한국 교회의 문제임을 자인하게 된다. 바로 이러한 차원에서 한국 신학은 민족 통일 문제까지도 깊은 관심을 갖게 되는 통일신학의 장을 함의해야 한다.

나아가 한국 신학은 생명을 살리는 생명 신학의 장으로 나아갈 필요가 있다. 신학은 결국 사람을 살리고 하나님의 창조 세계를 회복하는 복음의 메시지를 품고 있는 교회의 학문이다. 따라서 한국 신학이 한반도를 비롯한 전 지구촌의 아픔과 고통을 살피지 못한다면, 진정한 기독교 신학으로써 정체성을 지켜나갈 수가 없다. 그러므로 한국 신학은 어디까지나 생명을 살려내고 치유하고 회복하는 하나님 구원의 메시지로 흘러넘쳐야 한다. 그렇게 될 때, 한국 신학은 진정으로 살아 있는 기독교 신학으로서 한반도와 이 지구촌에 자리매김할 수 있을 것이다.

참고문헌

I. 윤성범(尹聖範) 박사의 논저

[저서 및 역서]

A. Schweizter.『예수전 소고』- 슈바이처 전집 3 (서울: 耕智社. 1956).

______. 바울의 人間觀』. "Römer 7:25 und der Pneumatikos, ein exegetisches Problem der Anthropologie des Paulus."

(Seoul: Tong-A-Verlag, 1958).

______.『갈라디아에베소』-주석 (서울: 대한기독교서회. 1959).

『로마서 강해』(서울: 감리교 총리원 교육국. 1960).

『人間學』(서울: 대한기독교서회. 1961).

E. Bruner.『종교철학』(서울: 을유문화사. 1963).

K. Jaspers.『철학입문』(서울: 을유문화사. 1963).

R. Otto.『종교입문』(서울: 을유문화사. 1963).

P. Althouse.『교의학 개론』(서울: 대한기독교서회. 1963).

『基督教와 韓國思想』(서울: 대한기독교서회. 1964).

『위대한 기독교 신앙』-공저 (서울: 감리교총리원교육국. 1964).

『우리 周邊의 宗教』(서울: 대한기독교서회. 1965).

St. Augustinus.『告白』(서울: 을유문화사. 1966).

______.『神國』(서울: 을유문화사. 1966).

I. Kant,『純粹理性批判』(서울: 을유문화사. 1966).

『성령』-공저 (서울: 悟理文化社. 1967).

『칼 바르트』(서울: 대한기독교서회. 1968).

『청년과 세계』. 기독청년 생활총서 (서울: 감리교총리원교육국. 1968).

『칼 바르트 신학연구』(서울: 대한기독교서회. 1970).

『韓國的 神學-誠의 神學』(서울: 선명문화사. 1972).

『孝 - 倫理原論-서양 윤리, 기독교윤리, 유교 윤리의 비교연구』(서울: 서울문화사. 1973).

『오늘을 보람있게』(서울: 三中堂. 1973).

『우리가 믿는 종교』-공저 (서울: 감리교 여선교회전국연합회. 1973).

A. Schweizter, 『예수전 연구』. 세계기독교사상전집 4 (서울: 신태양사. 1975).
S. Kierkegaard, 『哲學斷片 및 斷片의 哲學』. 세계기독교사상전집 2 (서울: 신태양사. 1975).
A. von Harnak, 『기독교의 본질』, 삼성문고 67 (서울: 삼성문화사. 1975).
『현대와 효도』-효도와 종교, 을유문고 181 (서울: 을유문화사. 1976).
『동서사도론』-사도바울 (서울: 을유문화사. 1976).
J. D. Gogsey. 『칼 바르트와의 대화』, 현대신서 78 (서울: 대한기독교서회. 1977).

[논문]

"종교철학에 대한 각서." 「조선감리회보」 (1949. 7. 25.).
"종교철학에 대한 각서." 「조선감리회보」 (1949. 8. 25.).
"종교철학에 대한 각서." 「조선감리회보」 (1949. 9. 25.).
"종교철학에 대한 각서." 「조선감리회보」 (1949. 11. 25.)
"종교철학에 대한 각서." 「조선감리회보」 (1949. 12. 15.).
"종교철학에 대한 각서." 「조선감리회보」 (1950. 2. 25.).
"칸트 실천철학의 해설." 「신학세계」 27권 1호(1952. 10.).
"칸트 실천철학의 해설." 「신학세계」 27권 2호(1952. 12.).
"예수, 산에서의 설교." 「신학세계」 28권 1 · 2호(1953. 12.).
"Der Protestantismus in Korea(1910-1945)." *Theologishe Zeitschrift.* Basel Switzerland (1955. 12.).
"Römer 7:25 und der Pneumatikos, ein exegetisches Problem der Anthropologie des Paulus." Dissertation. Basel University (1955. 12.).
"성령론." 임마누엘총서 1(1956).
"칼 빨트." 「思想界」 (1957. 6.): 185-195.
"칼 빨트의 人間 構造論." 「基督教思想」 창간호(1957. 8.): 16-23.
"케리그마와 教會의 再發見." 「基督教思想」 제13호(1958. 8 · 9.): 10-17.
"불트만의 解釋學." 「基督教思想」 제25호(1959. 10.): 27-35.
"理性과 信仰." 「基督教思想」 제31호(1960. 4.): 20-27.
"哲學的 人間學." 「基督教思想」 제34호(1960. 7.): 22-58.
"保守와 革新." 「基督教思想」 제38호(1960. 12.): 42-48.
"칼빈의 神認識." 「基督教思想」 제41호(1961. 3.): 20-27.
"神學的 立場에서 본 휴밀리타스의 意義." 「基督教思想」 제49호(1961. 12.): 40-46.
"神學方法 序說." 「벌레틴」No. 1. 감리교신학대학 학생회(1961. 12.).

"現代神學의 課題." 「基督教思想 제57호 (1962. 8 · 9.): 4-13.
"*Theologie des Blutes, ein Versuch zur theologischen Existentialien.*" 「감신학보」 제1집(1962. 10.): 40-42.
"현대에 있어서의 종교의 의미." 「현대인강좌」 제4권(서울: 博友社. 1962).
"기독교의 영생관." 「현대사상 강좌」 제5권 (서울: 博友社. 1962).
"메시아니즘과 終末論." 「思想界」(1963. 2.): 163-169.
"韓國 再發見에 대한 斷想." 「基督教思想」 제63호(1963. 3.): 14-20.
"桓因·桓雄·檀劍은 하나님이다-基督教 立場에서 본 檀君神話." 「思想界」 (1963. 5.): 258-271.
"福音의 土着化에 대한 前理解." 「基督教思想」 제66호(1963. 6.): 28-35.
"요한은 어디서 외쳤는가?" 「世代」 제2호(1963. 7.): 46-53 .
"栗谷思想의 現代的 解釋-誠은 韓國的 솜씨." 「思想界」 (1963. 8.): 230-237.
"하나님 觀念의 世界史的 性格-박봉랑 박사의 비평에 답함." 「思想界」 (1963. 9.): 226-233.
"基督教의 正義概念." 「世代」 제4호(1963. 9.): 92-97.
"檀君神話는 VESTIGUMTRINITATIS 이다." 「基督教思想」 제69호(1963. 10.): 14-18.
"人間의 傷處와 絶對者의 손." 「世代」 제6호(1963. 11.): 82-87.
"메시아니즘과 終末論." 「감신학보」 제2집(1963. 11.): 4-9.
"바티칸의 鐵門은 열리는가?." 「世代」 제7호(1963. 12.): 88-96.
"花郎精神과 韓國 샤머니즘", 「思想界」 (1963. 12.): 210-222.
"權威 · 傳統 · 韓國教會." 「基督教思想」 제74호(1964. 3.): 52-59.
"天道教는 基督教의 한 종파인가?" 「思想界」 (1964. 5.): 197-205.
"선비 意識과 兩班根性-카리스마的 선비政治의 害毒." 「世代」 제13호(1964. 6.): 80-87.
"反宗教運動의 根源." 「世代」 제17호(1964. 10.): 168-173.
"로마와 쥬네브는 그리 멀지 않다." 「基督教思想」 제82호(1964. 12.): 40-46.
"韓國教會의 神學的 課題." 「현대와 신학」 제1집(1964. 12.): 7-26.
"教會와 國家." 「감신학보」 제3집(1964. 12.): 59-67.
"韓國美의 形而上學-특히 民藝를 중심으로 한 제언." 「思想界」(1965. 2.): 225-233.
"韓國人의 人間性 診斷." 「基督教思想」 제85호(1965. 3.): 24-31.
"在來宗教에 대한 理解와 誤解." 「基督教思想」 제86호(1965. 4.): 40-47.
"제11 회 國際 宗教史學會 報告." 「基督教思想」 제92호(1965. 11.): 53-57.
"後期 하이데거 思想의 周邊." 「基督教思想」 제95호(1966. 2.): 28-35.

"李朝儒林의 政治參與."「世代」 제31호(1966. 2.): 128-134.

"에밀 부른너 博士에의 追慕."「基督敎思想」 제98호(1966. 5.): 62-67.

"贖罪論的 立場에서 본 新舊敎의 一致는 可能한가?."「基督敎思想」 제99호 (1966. 6.): 60-66.

"Cur Deus Homo와 복음의 토착화."「基督敎思想」 제104호(1966. 12.): 26-33.

"韓國에 있어서의 韓國神學-組織神學에서 可能한 길."「현대와 신학」 제4집 (1967. 4.): 40-60.

"*Das Idealistich - Gnostische im Taoismus*"「東方學誌」 제8집(1967. 10.): 369-382.

"韓哲河 敎授의 1967年 信仰告白에 대한 反論."「基督敎思想」 제115호(1967. 12.): 76-82.

"칼 바르트의 상황윤리."「思想界」 (1967. 12.): 24-29.

"말씀의 神學과 世俗化論."「基督敎思想」 제117호(1968. 2.): 106-111.

"평신도 중심의 교회."「에큐메니컬」 제13호(1968. 7.): 22-28.

"그리스도論 과 그리스도像."「基督敎思想」 제124호(1968. 9.): 100-107.

"韓國 基督敎와 祭祀問題."「史叢」 제12, 13집(1968. 9.): 693-677.

"신흥종교가 보는 그리스도 상."「基督敎思想」 제127호(1968. 12.).

"世紀의 神學者 칼 바르트-生涯와 著書."「基督敎思想」 제129호(1969. 1.): 90-93.

"韓國의 神槪念 生成."「基督敎思想」 제133호(1969. 6.): 104-125.

"A Theological Approach to the Indigenization of Gospel." *NEAJT* (1969. 9.).

"바르트의 靈 理解와 技術의 問題."「基督敎思想」 제137호(1969. 10.): 145-159.

"鄭鑑錄의 立場에서 본 韓國의 歷史觀."「基督敎思想」 제140호(1970. 1.): 102-115.

"和解論의 現代的 課題."「基督敎思想」 제142호(1970. 3.): 94-101.

"Theology of Sincerity, An Attempt to form a Koeran Theology." *NEAJT* (1970. 10.).

"韓國的 神學-名 誠의 神學."「基督敎思想」 제150호(1970. 11.): 134-151.

"Christianity and Korean Thought." *Korea Observer III*-2, The Academy of Korea Studies(1971. 1.): 3-16.

"韓國的 神學- 誠의 神學."「基督敎思想」 제154호(1971. 3.): 132-148..

"Theology of Sincerity." *NEAJT* (1971. 3.).

"敎會一致와 土着化."「神學展望」(1971. 3.).

"韓國的 神學- 基督論." 청암 홍현설 박사 회갑기념논문집. 감리교신학대학 (1971): 9-52.

"유르겐 몰트만의 인간 이해."「靑海」 제3권 27호(1972. 2.): 20-22.

"聖靈과 神靈."「한국 종교사 연구」 제1집(1972. 6. 종교사학회): 15-71.

"기독교윤리에서 본 유교 윤리의 특이성."「儒敎學論叢」. 閔泰植 박사 고희기념

논문집(1972).
"誠의 神學이란 무엇인가?" 「基督教思想」 제177호(1973. 2.): 83-91.
"韓國의 改新教." 「韓國宗教」. 원광대학교 종교 문제연구소(1973. 5.): 163-208.
"오늘의 신학(신관)." *Communicatio*. 감리교신학대학 선교대학원(1973. 7.).
"*La Piete Filiale Dans La Societe Coreenne Contemporaine*-한국 현대 사회에 있어서의 효사상." 「한국 종교사연구」.
제 2집(1973. 10. 종교사학회): 159-166.
"孝와 현대 윤리의 방향 정립." 「基督教思想」 제187호(1973. 12.): 93-100.
"道의 현대적 의미 - 誠의 신학의 구조론." 「文學思想」(1974. 9.): 196-205.
"基督教倫理가 儒教倫理를 어떻게 規定할 수 있는가?." 「神學思想」 제7집(1974. 12.): 703-722.
"性 論." 「신학과 세계」 제1집, 감리교신학대학교(1975. 4.): 3-22.
"聖學과 神學의 比較硏究." 「한국학보」 제3집(1976. 6.): 92-111.
"예수는 모름지기 孝子다." 「基督教思想」 제217호(1976. 7.): 20-31.
"한영숙씨에게 答함." 「基督教思想」 제219호(1976. 9.): 146-151.
"韓國人의 罪意識." 「基督教思想」 제226호(1977. 4.): 78-85.
"基督教와 韓國倫理." 「신학과 세계」 제3집(1977. 10.): 1-24.
"儒教 人間觀과 基督教." 「基督教思想」 제236호(1978. 2.): 76-84.
"3·1 運動과 監理教." 「基督教思想」 제237호(1978. 3.): 125-131.
"李龍道와 十字架 神秘主義." 「신학과 세계」 제4집(1978. 10.): 9-30.
"鄭景玉, 그 人物과 神學的 遺産." 「신학과 세계」 제5집(1979. 10.): 11-21.
"성탄의 깊은 뜻과 과학적 사고." 「基督教思想」 제258호(1979. 12.): 152-161.
"Christian Confucianism As An Attempt the Korean Indigenous Theology." *NEAJT* (1980. 9.).
"퇴계와 율곡의 天思想 理解." 『제1회 한국학 국제학술회강론문집』. 한국정신문화원(1980).

[번역논문]

"국토의 분단과 교회의 일치"(O. Diebelius) 「크리스챤신문」 제302호(1967. 1. 14.).
"그리스도 교회의 통일"(R. Bultmann) 「크리스챤신문」 제303호(1967. 1. 21.).
"각 종교간의 대화"(F. Heiler) 「크리스챤신문」 제304호(1967. 1. 28.).
"융엘의 바르트 해석과 응답의 신학(F. Buri, "Jungels Barth-Paraphrase und die Theologie der Verantwortung."

윤성범 편역.『바르트 신학연구』(서울: 대한기독교서회. 1970).
"바르트 윤리학의 장래전망(H. Ott)" 윤성범 편역.『바르트 신학연구』(서울: 대한기독교서회. 1970).

[리뷰(서평)]

"오스카 쿨만 저,『新約의 國家觀』"「基督敎思想」 제4호(1957. 11.): 94-101.
"T. A. Kantomen, The Theolpgy of Evangelism, Philadelphia, 1954"「基督敎思想」 제17호(1959. 1.): 94-100.
"O. Piper and Other. God and Caesar"「基督敎思想」 제29호(1960. 2.): 91-95.
"『現代人과 宗敎』. 대한기독교서회"「基督敎思想」 제46호(1961. 8 · 9.): 126-127.
"M. Luther,『卓上談話』. 대한기독교서회"「基督敎思想」 제67호(1963. 7.): 90.
"『현대의 세계교화 운동』. 대한기독교서회"「基督敎思想」 제78호(1964. 7.): 97.
"J. L. Nieve.『基督敎敎理史』"「基督敎思想」 제89호(1965. 7.): 100.
"D. 본회퍼.『獄中書簡』"「基督敎思想」 제110호(1967. 6.): 108.
"윌리엄 · 호오던.『新正統主義神學』"「基督敎思想」 제126호(1968. 11.): 132-133.
"채필근.『新約聖書講解』 上 · 下"「基督敎思想」 제127호(1968. 12.): 138-139.
"H. 브라운.『예수와 그의 時代』"「基督敎思想」 제170호(1972. 7.): 133-134.
"P. 트우르니에.『聖書와 醫學』"「基督敎思想」 제182호(1973. 7.):147-149.
"한국철학회 편.『韓國哲學硏究』 上卷"「基督敎思想」 제231호(1977. 9.): 166- 168.
"유동식,『民俗宗敎와 韓國文化』"「基督敎思想」 제240호(1978. 6.): 149-151.
"은준관,『말씀의 證言』"「基督敎思想」 제254호(1979. 8.). 174-175.

[수필, 시평, 설교]

"西歐點描(서구점묘)"「思想界」 (1958. 4.): 307-310.
"사쁜사쁜 예쁜 신"「思想界」 (1959. 1.): 321-324.
"초월로서 한국의 멋"「思想界」 (1959. 6.): 332-333.
"韓國硏究에 앞서는 것"「思想界」 (1962. 4.): 306-307.
"기독교계 학교의 당면과제"「基督敎思想」 제117호(1968. 2.): 54.
"강단에 기름을 치자"「基督敎思想」 제118호(1968. 3.): 59.
"응답적인 교회"「基督敎思想」 제119호(1968. 4.): 70.
"인종문제와 교회의 사명"「基督敎思想」 제120호(1968. 5.): 66.

"울 밖의 양들"「基督教思想」 제121호(1968. 6.): 74.
"부활과 현대" 「기독교세계」 제611호(감리교총회. 1978. 3 · 4.): 3.
"그리스도, 오늘에 오신다면" 「基督教思想」 제246호(1978. 12.): 62-65.
"내가 본 아버지(尹兌鉉 牧師)" 제110호(1963. 3. 11.).
"민주주의는 혁명보다 발전한다" 제122호(1963. 6. 10.).
"사회 참여의 기본자세" 제159호(1964. 3. 14.).
"진리는 단순하다" 제225호(1965. 7. 3.).
"세기의 신학자 파울 틸리히" 제242호(1965. 10. 30.).
"한국의 종교제도" 제267호(1966. 4. 30.).
"20세기의 신학의 주역들 -1)칼 바르트" 제275호(1966. 6. 25.).
"20세기의 신학의 주역들 -2)에밀 부른너" 제279호(1966. 7. 30.).
"20세기의 신학의 주역들 -3)디트리히 본회퍼" 제283호(1966. 8. 27.).
"사랑의 자유주의" 제285호(1966. 9. 10.).
"20세기의 신학의 주역들 -4)루돌프 불트만" 제288호(1966. 10. 01.).
"화해의 신학적 의미" 제290호(1966. 10. 15.).
"20세기의 신학의 주역들 -5)파울 틸리히" 제291호(1966. 10. 22.).
"20세기의 신학의 주역들 -6)라인홀드 니부어" 제296호(1966. 11. 26.).
"20세기의 신학의 주역들 -7)파울 알트하우스" 제300호(1966. 12. 25.).
"20세기의 신학의 주역들 -8)오스카 쿨만" 제304호(1967. 1. 28.).
"20세기의 신학의 주역들 -9)L. 벌코프" 제308호(1967. 02. 25.).
"20세기의 신학의 주역들 -10)난더스 니그렌" 제314호(1967. 4. 8.).
"사이비 신앙운동 비판 " 제320호(1967. 5. 23.).
"도시교회와 목회-심방에 대하여" 제322호(1967. 6. 3.).
"민주주의와 기독교" 제325호(1967. 6. 24.).
"1967년 상반기 신학회고(神學回顧)" 제327호(1967. 7. 8.).
"神學은 學이다 -한철하 교수가 제시한 [순수신학] 비판" 제329호(1967. 7. 2.).
"한철하 교수에게 묻는 말" 제331호(1967. 8. 1.).
"오늘의 종교개혁" 제340호(1967. 10. 14.).
"재일교포의 현황과 그 전망" 제 349호(1967. 12. 16.).
"세계 신학계 전망" 제351호(1968. 1. 6.).
"한국 교회의 자립성 - 한국적 신학" 제356호(1968. 2. 10.).
"1968년도 상반기 신학과 교회 -신학" 제373호(1968. 7. 6.).
"세계 10대 전위신학자씨리즈 -1)하인리히 옷트" 제388호(1968. 9. 28.).
"기독교와 이단시비 -유사종교 심포지엄" 제393호(1968. 11. 2.).

"세계 10대 전위신학자씨리즈 -3)볼프하르트 판넨벨크" 제397호(1968. 11. 30.).
"세계 10대 전위신학자씨리즈 -5)칼 야스퍼스의 생애와 사상" 제409호(1969. 3. 8).
"세계 10대 전위신학자씨리즈 -7)하아비 콕스" 제416호(1969. 4. 26.).
"세계 10대 전위신학자씨리즈 -8)칼 라너" 제420호(1969. 5. 31.).
"1969년도 상반기 결산 -신학" 제425호(1969. 7. 5.).
"有閑 마담의 신학" 제445호(1969. 12. 20.).
"한국인의 양심관" 제746호(1976. 3. 20.).
"나의 생애와 신학" (10회 연재) 제761-770호(1976. 7. 3.~9. 4.).

[좌담회, 대담]

"教會의 社會參與는 可能한가?「基督教思想」 제44호(1961. 6.): 44-51.
"20년 후의 한국 교회상"「크리스찬신문」 제251호(1966. 1. 1.).
"다원화된 사회에 있어서의 크리스챤의 자세"「크리스찬신문」 제301호(1967. 1. 1.).
"20세기 신학 거성 칼 바르트를 말한다"「크리스찬신문」 제399호(1968. 12. 21.).
"70년대를 향한 한국 교회의 비젼"「크리스찬신문」 제401호(1969. 1. 4.).
"북한형제 구원은 우리의 과제"「기독교세계」 제544호(1971. 8.).
"종교의 본질과 성격- 시대의 고뇌를 종교에 묻노라" 「月刊中央」(1977. 1.).

II. 유동식(柳東植) 박사의 논저

[저서, 역서]

『택함받은 나그네들에게』(전주: 동일출판사. 1952).

『예수의 根本問題』(서울: 仁友學社. 1954).

R. Bultmann, *Neues Testament und Mythologie & des Problem der Hermeneutik.* 『聖書의 實存論的 理解』(서울: 新楊社. 1958).

______. *Jesus Christ and Mythology.* 『예수 그리스도와 神話論』(서울: 新楊社. 1959).

『그리스도인의 本質과 使命』(서울: 기독교 대한감리회총리원 교육국. 1961).

『선교 70주년 기념 신약성서주석: 요한서신』(서울: 대한기독교서회. 1962).

H. Krarmer, *A Theology of the Laity.* 『平信徒 神學』(서울: 대한기독교서회. 1963).

『韓國宗教와 基督教』(서울: 대한기독교서회. 1965).

M. Burrows, *Introduction to Biblical Theology.* 『聖書神學 總論』(서울: 대한기독교서회. 1967).

Daniel Jenkins, *Believing in God.* 『우리가 믿는 하나님』(서울: 대한기독교서회. 1969).

『한국의 가족과 종교에 관한 연구동향』(Tokyo, Japan: The Center for East Asian Culture Studies. 1972).

『예수·바울·요한』(서울: 대한기독교서회. 1975).

『韓國巫教의 歷史와 構造』(서울: 연세대학교출판부. 1975).

『韓國の宗教とキリスト教』(東京: 洋洋社. 1975).

『朝鮮のッヤーマニスム』(東京: 學生社. 1975).

J. Macquarie, *A Ethics of Hope.* 『希望의 倫理』-현대신서 69호 (서울: 대한기독교서회, 1976).

『民俗宗教와 韓國文化』(서울: 現代思想社. 1977).

『道와 로고스 - 宣教와 神學의 課題』(서울: 대한기독교출판사. 1978).

『散花歌(수상집)』(서울: 正宇社. 1978).

『韓國神學의 鑛脈』(서울: 전망사. 1982).

『韓國宗教思想史』II-공저(서울: 연세대학교출판부, 1986).

『韓國キリスト教神學思想史』(東京: 教文館. 1986).

『韓國のキリスト教』(東京: 東京大學出版會. 1987).

『風流神學으로의 旅路』(서울: 전망사. 1988).

『하와이의 한인과 교회』(하와이: 그리스도연합감리교회. 1988).
『在日本 韓國基督教青年會史』(東京: 在日本韓國YMCA. 1990).
『風流道와 韓國神學』(서울: 전망사. 1992).
『정동제일교회의 역사(1885-1990)』(서울: 기독교대한감리회 정동제일교회. 1992).
『한국 종교 사상사』Ⅴ-편저 (서울: 연세대학교출판부. 1992).
『기독교와 한국사』-공저 (서울: 연세대학교출판부. 1992).
『한국감리교회사상사』(서울: 전망사. 1993).
『風流道와 한국의 종교사상』(서울: 연세대학교출판부. 1997).
『종교와 예술의 뒤안길에서』(서울: 한들출판사. 2002).
『풍류도와 예술신학』(서울: 한들출판사. 2006).
『풍류도와 요한복음』(서울: 한들출판사. 2007).
『제3시대와 요한복음』-연세신학문고/001 (서울: 동연. 2014).

[논문]

"대한교육의 신구상", 「새교육」 제5권 2호(1953. 5·6.): 30-44.
"福音傳達에 있어서의 問題點에 대하여" 「基督教思想」 제16호(1958. 12.): 45-50.
"道와 로고스-복음의 동양적 이해를 위한 소고" 「基督教思想」 제19호(1959. 3.): 54-59.
"요한 일서 풀이" 「基督教思想」 제31호(1960. 04): 97-102 / 32호(1960. 5.): 95-100 / 33호(1960. 6.): 98-103 /
34호(1960. 07): 96-101 / 35호(1960. 8·9.): 94-99.
"非神話論의 槪要" 『現代思想講座』 vol. 5(서울: 博友社. 1960).
"요한복음에서 본 信仰의 本質" 「基督教思想」 제39호(1961. 1.): 42-47.
"불트만의 信仰論" 「基督教思想」 제43호(1961. 5.): 22-28.
"平信徒論" 「基督教思想」 제48호(1961. 11.): 17-23.
"하늘에서 땅으로" 『한국의 강당』 (1961).
"革命의 宗教" 「基督教思想」 제54호(1962. 5.): 24-27.
"福音과 在來宗教와의 對話問題" 「基督教思想」 제56호(1962. 7.): 56-62.
"福音의 土着化와 韓國에서의 宣教的 課題" 「監神學報」 창간호(1962. 10.): 43-58.
"平信徒運動의 本質" 「基督教思想」 제62호(1963. 2.): 26-32.
"基督教의 土着化에 대한 理解" 「基督教思想」 제64호(1963. 4.): 64-68.
"내가 만난 神學者들" 「基督教思想」 제76호(1964. 5.): 70-75.
"새로운 姿勢를 찾는 西歐教會" 「基督教思想」 제78호(1964. 7.): 84-87.
"回顧와 展望" 「基督教思想」 제82호(1964. 12.): 76-79.

"和解와 共同使命"「基督教思想」제83호(1965. 1.): 81-109.
"韓國教會가 지닌 非宗教化의 課題"「基督教思想」제84호(1965. 2.): 37-42.
"新興宗教가 제시하는 問題點"「基督教思想」제92호(1965. 11.): 48-52.
"教會革新의 旗手 헨드릭 크래머"「基督教思想」제94호(1966. 1.): 80-85.
"韓國教會와 他宗教"「基督教思想」제101호(1966. 8 · 9.): 52-61.
"東南亞 神學硏究會의 意義"「基督教思想」제102호(1966. 10.): 62-65.
"The Religions of Korea and the Personality of Koreans" *Korea Struggles for Christ*"(Seoul: C.L.S.K. 1966).
"李龍道 목사와 그의 周邊"「基督教思想」제110호(1967. 7.): 21-27.
"福音의 世俗性"「基督教思想」제115호(1967. 12.): 24-31.
"Chondo-Kyo: Korean's only Indigenous Religion."*Japanese Religion*. vol.5, No.1 (Kyoto. 1967).
"韓國神學의 鑛脈"「基督教思想」제116-126호(1968. 1-11.).
"가난하지만 우리는 젊다-한국 신학의 어제와 내일"「基督教思想」제127호(1968. 12.): 114-124.
"福音과 코뮤니케이션"「現代와 神學」제5집(1969. 5.): 9-17.
"70年代 韓國神學의 課題"「基督教思想」제138호(1969. 11.): 46-53.
"Some Problems raised by the Newly-Rising Religion in Korea" *Korea Religions*, vol.2. No.1(Seoul. 1970. 1): 38-43.
"第四의 宗教와 基督教"「基督教思想」제144호(1970. 5.): 42-49.
"韓國宗教의 어제와 來日"「미래를 묻는다」제1집(서울: 한국미래학회. 1970).
"韓國文化의 宗教的 基盤"「현대와 신학」제6집(1970): 111-122.
"70年代의 序章을 돌아본다"「基督教思想」제151호(1970. 12.).
"제 3세계와 제 3 T.E.F. - 우간다 회의의 의미"「基督教思想」제159호(1971. 8.): 131-135.
"急變하는 社會 속에서의 韓國教會"「基督教思想」제160호(1971. 9.): 74-79.
"Religion and the Changing Society of Korea" *East Asian Cultural Studies*, vol. 11. No.1-4(Tokyo. 1972. 3): 6-16.
"韓國人의 死生觀"「基督教思想」제167호(1972. 4.): 66-71.
"宗教를 통해 본 韓國人의 意識構造"(서울: 크리스챤아카데미. 1972).
"韓國宗教硏究의 傾向"「基督教思想」제174호(1972. 11.): 82-88.
"神話와 儀禮에서 본 古代韓國人의 信仰形態"「韓國宗教學」제1집(한국종교학회. 1972): 5-25.
"宗教的 側面에서 본 70年代 韓國教育의 目標"(서울: 한국교육개발원. 1972).

"古代朝鮮の信仰と巫教"「宗教硏究」 제208호(東京: 日本宗教學會. 1972).
"New Religions seen from the Point of View of the Mission of the Church in Korea" *New Religions of the East Asia* (EACC. Tokyo. 1972).
"韓國文化의 原型과 巫教思想"「韓國文學」 제7호(1973. 4.).
"原初的 宗教의 樂天主義"「韓國文學」 제9호(1973. 6.).
"人間과 神靈의 交感"「韓國文學」 제10호(1973. 7.).
"바리공주와 죽음과 재생"「韓國文學」 제11호(1973. 8.).
"The World of Kut and Korean Optimism" *Korea Jounal.*, vol. 13. No. 8 (Seoul. 1973. 8.): 13-20.
"韓國巫教의 硏究"「神學思想」 제2집(1973. 10.): 95-126.
"탈출자 예수"「基督教思想」 제194호(1974. 7.): 22-24.
"군선교 활동을 진단한다"「基督教思想」 제197호(1974. 10.): 49-55.
"秋夕과 福音 - 韓國文化와 土着化問題"「司牧」 제36호(1974. 11.): 64-69.
"佛教寺刹의 三聖閣과 三神信仰에 대하여"「문화인류학」 제6집(1974).
"韓國의 神學世代論"『성서신학과 선교』 김정준 박사 회갑기념논문집(서울: 한신대학. 1974): 614-631.
"民俗宗教에 나타난 世界觀"「基督教思想」 제206호(1975. 7.): 57-62.
"韓國의 土着信仰과 民衆의 佛教受容形態"「연세논총」 제12집(1975. 7.): 111-139.
"새로운 共同體의 摸索"「基督教思想」 제209호(1975. 11.): 38-46.
"巫教(샤아머니즘)的 世界觀의 問題"「韓國思想」 제13집(1975. 12.): 100-120.
"토착종교와 신비주의" 『한국인의 사상구조』(서울: 크리스찬아카데미. 1975).
"기술문명과 한국인의 의식 구조" 『위기시대를 사는 쟁점』(서울: 크리스찬아카데미. 1975).
"교회 주변의 샤아머니즘" 『한국 문화의 상황분석』(서울: 크리스찬아카데미. 1975).
"불안시대의 표징-신흥종교연구의 의의" 『구원의 철학과 현대종교』 (서울: 크리스찬아카데미. 1975).
"종교 현상의 유형, 한국의 종교들" 『종교 현상과 기독교』. 종교교재편찬위원회 (서울: 연세대학교출판부. 1975).
"伽藍構造 및 佛書를 통해본 韓日 佛教受容形態의 比較硏究"「神學思想」 제14집(1976. 9.): 602-635.
"藝術的 次元에서 본 韓國人의 슬기" 『大學國語』(서울: 이화여자대학교출판부. 1976).
"Rough Road to Theological Maturity" *Asian Voices in Christian Theology*. ed. G.H. Anderson,
(New York: Oribis Books. 1976).

"土俗信仰에 나타난 福의 理解" 「基督教思想」 제223호(1977. 1.); 34-107.
"現代文明의 挑戰과 韓國神學의 課題" 「基督教思想」 제227호(1977. 5.).
"土着信仰と宗教受容: 韓國と日本における佛教受容形態の比較" 「朝鮮學報」 (奈良: 天理大學. 1977).
"韓國の宗教現象における變化と傳統" 「アシア文化硏究」 9 (東京: 國際基督教大學. 1977).
"現代 韓國의 宗教와 社會變動" 「基督教思想」 제235호(1978. 1.): 123-131.
"濯斯 崔炳憲과 그의 思想" 「東方學志」 제19집(1978. 9.): 135-158.
"Man in Nature: An organic View" *The Human and the Holy: Asian Perspectves in Christain Theology*. ed. E.P. Nakpil and D.J. Elwood (Phillippines: New Day Publishers. 1978).
"交友道場으로서 大學" 『大學의 뜻』(서울: 연세대학교출판부. 1979).
"韓國教會의 土着化 類型과 神學" 「神學論壇」 제14집(1980. 11): 11-31.
"ッヤ一マユスムと韓國の思想" 「韓國文化」 (東京: 韓國文化院. 1980).
"한국 교회와 성령운동" 『한국 교회 성령운동의 현상과 구조』 (서울: 對話出版社. 1981).
"在韓國人の同化問題とその文化史的意義" 「アシア文化硏究」 13輯(東京: 國際基督教大學. 1981).
"Religion and Socio-cultural Transfomation in Korea Today" *Asia Cultural Studies*, vol. 12(Tokyo: Internatoinal Christian University. 1981).
"1970年代의 韓國神學" 「神學思想」 제36집(1982. 3.): 80-102.
"韓國 基督教 思想은 存在하는가?" 「月刊朝鮮」(1982. 6.): 132-141.
"韓國巫教의 宗教的 特性" 『한국 무교의 종합적 고찰』(서울: 고려대학교민족 문화연구소. 1982).
"죽음에 대한 한국인의 이해" 『大學國語』 (서울: 연세대학교출판부. 1982).
"假面劇と祭儀" 「傳統と現代」 74號(東京. 1982).
"風流神學" 「神學思想」 제41집(1983. 6.): 432-441.
"風流神學으로 가는 여로" 「月刊朝鮮」(1983. 09.): 321-327.
"風流道와 基督教 - 韓國神學 序說" 「神學論壇」 제16집(1983. 11.): 321-328
"韓國의 文化와 神學思想" 「神學思想」 제47집(1984. 12): 718-734.
"Shmanism: A Dominant Folk Religion of Korea" *Inter-Religio*. vol. 5 (1984).
"한국 교회와 성령운동" 『한국 신학의 뿌리』(서울: 문학예술사. 1985. 4.): 13-25.
"한국 문화와 신학 사상" 『한국 신학의 뿌리』(서울: 문학예술사. 1985. 4.): 261-279
"韓國基督教(1885-1985)의 他宗教에 대한 理解" 「延世論叢」 제21집(1985. 5.):

321-350.
"오늘의 宣教的 狀況과 他宗教 理解" 『한국 교회와 신학의 과제』(서울: 연세대학교출판부. 1985): 273-302.
"루돌프 불트만, 신약성서와 신화론" 『기독교 명저 60선』 (서울: 종로서적. 1985).
"종교와 한국" 『성서와 기독교』 (서울: 연세대학교출판부. 1985): 2-38.
"Culture and Theology in Korea: The P'ung-Ryu Theology" *East Asia Jounal of Theology* (E.A.C.C. 1985).
"한국인의 신앙전통: 그 구조와 문화-우주적 관점에서" 「연세대박물관 제7회 기획전시기념교양강좌」(서울: 연세대학교출판부. 1986. 5.).
"민속학과 종교학" 『한국민속학의 과제와 방법』 (서울: 정음사. 1986).
"한국기독교사상은 존재하는가?" 『한국사상의 심층연구』 (서울: 유석. 1986).
"한국의 기독교와 조상숭배 문제" 「神學論壇」 제17집(1987. 6.): 261-269.
"풍류신학으로의 여로" 「神學論壇」 제18집(1989. 2.): 51-59.
"풍류신학으로의 여로" 『종교다원주의와 신학의 미래』. 변선환박사 회갑기념논문집(서울: 종로서적. 1989).
"한국민족의 영성과 한국 종교" 「基督教思想」 제375호(1990. 3.): 63-75.
"한국인의 영성과 종교" 「季刊 思想」 제5호(1990. 5.): 129-162.
"한국 종교와 신학적 과제" 『종교다원주의와 신학적 과제』 (서울: 대한기독교서회. 1990): 11-33.
"한국 감리교회의 어제-한 신학적 조명" 「기독교세계」 제750호(1990. 12.).
"在美韓人の定着過程における宗教の役割" 『傳統と近代化』 (國際基督教大學アシア文化硏究所. 1990).
"한국인의 영성과 종교" 『그리스도교와 겨레문화』 제3집(서울: 그리스도교와 겨레문화연구회. 1991).
"요한복음과 풍류도" 『두산 김우현목사-그 신앙과 사상』. 전택부편 (서울: 기독교문사. 1992).
"풍류도의 전개로서 한국 종교와 인간공동체" 『공동체 신학의 모색』 (서울: 전망사. 1992).
"한국감리교회의 전통과 다원주의" 『감리교단을 염려하는 기도회 자료집』 (1992).
"다원종교사회와 한국의 기독교" 계간 연세 「진리 · 자유」 (1992. 12.).
"하늘 나그네의 사랑과 평화" 『한국 종교와 한국 신학: 소석 유동식박사고희기념논문집』(천안: 한국 신학연구소. 1993).
"세계사 속의 한국기독교: 그 위치와 과제. 「종교와 문화」 창간호(서울대학교종교문제 연구소. 1995. 12.): 59-76.

"예술에 산 목회자 이연호" 「基督教思想」 제 461호(1997. 5.): 48-64.
"하늘 나그네의 사랑과 평화" 박대인 교수 은퇴기념논문집. 『역사 · 선교 · 신학』 (서울: 감신대출판부. 1997. 10.): 315-332.
"Korean Religious Culture and Christanity. *KJST.* vol 3 (1999): 225-248.
"한국의 얼 산책-동방의 등불" 「새가정」 (1999. 1.): 40-43.
"한국의 얼 산책-화랑과 풍류도" 「새가정」 (1999. 2.): 22-25.
"한국의 얼 산책-한인의 종교적 뿌리" 「새가정」 (1999. 3.): 72-75.
"한국의 얼 산책-예술과 예술혼" 「새가정」 (1999. 4.): 76-79.
"한국의 얼 산책-예술과 밀레니엄" 「새가정」 (1999. 5.): 76-81.
"한국의 얼 산책-청자의 마음" 「새가정」 (1999. 6.): 72-76.
"한국의 얼 산책-민화의 세계" 「새가정」 (1999. 7.): 52-56.
"한국의 얼 산책-얼의 그림" 「새가정」 (1999. 8.): 60-64.
"밀레니엄과 예술" 「基督教思想」 제458호(1999. 8.): 204-216.
"한국의 얼 산책-역사를 짚고 넘는 예술" 「새가정」 (1999. 9.): 56-61.

[시평, 서평, 심포지엄]

"죽어야 산다" 「基督教思想」 제24호(1959. 8 · 9.): 96-97(성구단상).
"종교적 다원론과 대화의 과제" 「基督教思想」 제95호(1966. 2.): 12(시평).
"멀고도 가까운 길" 「基督教思想」 제119호(1968. 6.): 7(논설).
"역사의 틈바구니에서" 「基督教思想」 제145호(1970. 6.): 24-25(권두언).
"한국 문화의 중흥을 위하여" 「基督教思想」 제147호(1970. 8.): 22-23(권두언).
"자기혁명으로 사는 교회" 「基督教思想」 제148호(1970. 9.): 24-25(권두언).
"젊은이에게 꿈을 주라" 「基督教思想」 제149호(1070. 10.): 24-25(권두언).
"교회가 담당해야 할 안보" 「基督教思想」 제150호(1970. 11.): 24-25(권두언).
"성탄과 70년과 한국 교회" 「基督教思想」 제151호(1970. 12.): 22-23(권두언).
"창조적인 71년과 우리의 책임" 「基督教思想」 제152호(1971. 1.): 32-33(권두언).
"군 선교의 의미" 「基督教思想」 제153호(1971. 2.): 22-23(권두언).
"평화를 위협하는 또 하나의 적" 「基督教思想」 제168호(1972. 5.): 22-23(권두언).
"역사의식과 새마을 운동" 「基督教思想」 제169호(1972. 6.): 22-23(권두언).
"환경과 인간선언" 「基督教思想」 제170호(1972. 7.): 24-25(권두언).
"오늘도 8 · 15의 감격을" 「基督教思想」 제171호(1972. 8.): 22-23(권두언).
"제3세계의 신학적 과제" 「基督教思想」 제172호(1972. 9.): 22-23(권두언).
"창조성의 과제-심청전과 남북대화" 「基督教思想」 제173호(1972. 10.): 24-25(권두언).

"통일의 비정치적 요인-사람됨의 문제"「基督教思想」 제174호(1972. 11.): 12-13 (권두언).
"72년의 전진과 종교인의 과제"「基督教思想」 제175호(1972. 12.): 22-23(권두언).
"광야 40년"「基督教思想」 제201호(1975. 2.): 22-23(권두언).
"국가건설의 기초문제"「基督教思想」 제204호(1975. 5.): 12-13(권두언).
"8 · 15는 한국의 축제일"「基督教思想」 제207호(1975. 8 · 9.): 12-13(권두언).
"암흑을 몰아내는 축제"「基督教思想」 제201호(1975. 12.): 12-13(권두언).
"三 · 一論"「基督教思想」 제213호(1976. 3.): 12-13(권두언).
"풍류신학"「神學思想」 제41집(1983. 6.): 432-441(신학수상).
"앞서간 변선환 목사를 그리며"「基督教思想」 제441호(1995. 9.): 135-137(추모사).
"역사와 종말론-R. Bultmann"「基督教思想」 제15호(1958. 11.): 93-102(서평).
"평신도 신학-H. 크래머"「基督教思想」 제 42호(1961. 4.): 90(서평).
"만물을 새롭게-한국기독교 연합회"「基督教思想」 제113호(1967. 11.): 115(서평).
"신선한 아침 風情-김용구"「基督教思想」 제213호(1976. 3.): 113-115(서평).
"그리스도교와 동양인의 세계-정대위"「神學思想」 제52집(1986. 3.): 204-214(서평).
"그리스도교와 타 종교의 대화"「神學思想」 제39집(1982. 12.): 765-776(심포지엄).

III. 유학경서

공자(孔子).『論語』. 이기동 역해.『논어강설』(서울: 성균관대학교출판부. 2005).
맹자(孟子).『孟子』. 이기동 역해.『맹자강설』(서울: 성균관대학교출판부. 1992).
자사(子思).『中庸』. 김학주 역주.『중용』(서울: 서울대학교출판부, 2006).
주희(朱熹) 편.『大學』. 김학주 역주.『대학』(서울: 서울대학교출판부, 2006).
노자 · 장자(老子 · 莊子).『老子 · 莊子』. 장기근 역. 세계사상전집 4권(서울: 삼성출판사. 1982),
증자(曾子).『孝經』. 임동석 역.『효경』(서울: 동서문화사. 2009).
이이(李珥).『聖學輯要』. 김태환 역.『성학집요』(서울: 청어람미디어. 2018).

IV. 2차 문헌

[도서]

Barth, Karl. *Church Dogmatics* I-1/I-2 /II-1 /Ⅵ-3. tr. by G.W. Bromiey (Edinburgh: T&T CLARK. 1975).

Einführung in die evangelische Theologie. 이형기역. 『복음주의 신학입문』(서울: 크리스찬다이제스트. 1987).

Barrett, C.K. *The Gospel According to st. John*. 한국 신학연구소 역. 『요한복음』I (서울: 한국신학연구소. 1990).

Brown, A. J. *The mastery of the Far East* (New York: C. Scribner's sons, 1919).

Calvin, J. *Institutes of Christian Religions* (1559). tr. by Ford Lewis Battles (Philadelphia: The Westminster Press. 1960).

Eliade, M. *Shamanism: Archaic Techniques of Ecstasy*. 문상희 역. 『샤머니즘』 (서울: 삼성출판사. 1982).

Faricy, Robert L. *Teihard de Chardin's Theology of the Christina in the World* (New York: Sheed and Word. 1967).

Fung Yu-Lan. *A History of Chinese Philosophy* I. tr. D. Bodde. (Princeton. 1952)

Gadamer, H.G. *Wahrheit und Methode* (Tübingen: J.C. Mohr. 1960).

Hick, John. *God Has Many Names*. 이찬수 역. 『하느님은 많은 이름을 가졌다』 (서울: 도서출판 窓. 1991).

______. *The Center of Christain Faith*, 이근홍 역, 『基督教信仰의 中心』(서울: 전망사, 1983).

______. *The Metaphor od God Incarnate: Christology in a Pluralistic Age*. 변선환 역, 『성육신의 새로운 이해』(서울: 이화여자대학교출판부, 1997).

______. *Kim Heup Young, Wang Yang-ming and Karl Barth: a Confucian-Christian Dialogue* (University Press of America. 1996).

Julia Ching. *Confuciaism and Christanity*. 변선환 역. 『儒教와 基督教』(왜관: 분도출판사. 1994).

Knitter, P.F. No Other Name?. 변선환 역. 『오직 예수이름으로만?』(서울: 한국신학연구소. 1987).

Kitagawa, J.M. *The History of Religions Essays on the Problem of Understanding* (Chicago: University of Chicago Press. 1974).

Küng, H. *Theologie im Aufbruch* (München. 1987).

Küng, H. / Tracy, D. *Theologie wohm.* 박재순 역.『현대신학은 어디로 가고 있는가?』(천안: 한국신학연구소. 1999).

Lamprecht, S.P. *Our Philosophical Traditions.* 김태길 · 윤명로 · 최명관 공역.『西洋哲學史』(서울: 을유문화사. 1987).

Migliore, D. L. *Faith seeking Understanding.* 신옥수 · 백충현 공역.『기독교조직신학개론』(서울: 새물결플러스. 2012).

Moltmann, J. *Der gekreuzigte Gott.* 김균진 역.『십자가에 달리신 하나님』(서울: 한국신학연구소. 1987).

______. Triniät und Reich Gottes. 김균진 역.『삼위일체와 하나님의 나라』(서울: 대한기독교출판사. 1988).

______. *Der Geist des Lebens.* 김균진 역.『생명의 영』(서울: 대한기독교서회. 1992).

______. Niebuhr, H.R. *Christ and Culture.* 김재준 역.『그리스도와 문화』(서울: 대한기독교서회. 1983).

______. Ott, H. Das Reden vom Unsagbaren. 김광식 역.『하나님에 대한 우리 시대의 질문』(서울: 대한기독교출판사. 1981).

______. *Denken und Sein.* 김광식 역.『사유와 존재』(서울: 연세대학교출판부. 1985).

Paik, G. *The History of Protestant Mission in Korea.* 1882-1910 (Peyung Yang: Union Christian College Press. 1929).

Panikkar, R. *The Unknown Christ of Hinduism* (London: Darton. Longman & Todd. 1964).

______. *The Intrareligious Dialogue.* 김승철 역.『종교간의 대화』(서울: 서광사. 1992).

Palmer, Richard E. *Hermeneutics: Interpretation Theology in Schleimacher. Dilthey. Heidegger and Gadamer.* (Nothwesten University Press. 1969).

Ringgren, H. *Israelitsche Religion.* 김성애 역.『이스라엘의 종교사』(서울: 성바오로출판사. 1990).

Ritchie, J. *The Indigenous Church Principles in Theory and Practice* (Fleming Co. 1946).

Thomas, H. Tobin. "Logos" *The Anchor Bible Dictionary IV.* (New York: Doubleday. 1992).

Tillich, Paul. *Theology of Culture* (New York: Oxford Press. 1959).

______. *A History of Christian Thought* (New York: A Touchstone Book. 1972).

Vissert Hooft, W.A. *Kein anderer Name: Sykretismus oder Christischer Universalismus.* 임홍빈 역. 『다른 이름은 없다』.(서울: 성광문화사. 1987).

Whitley, C.F. *The Genius of Israel.* (Amsterdam: Philo Press. 1969).

Weber, Ott. *Karl Barth's Kirchlieche Dogmatik.* 김광식 역. 『칼 바르트의 교회 교의학』(서울: 대한기독교서회. 1976).

Welker, Michael. *Gottes Geist: Theologie des Heiligen Geistes.* 신준호 역. 『하나님의 영』(서울: 대한기독교서회. 1995).

김경재. 『韓國文化神學』(서울: 한국신학연구소. 1986).

______. 『解釋學과 宗教神學』(천안: 한국신학연구소. 1994).

김광식. 『선교와 토착화』(서울: 대한기독교서회. 1975).

______. 『土着化와 解釋學』(서울: 대한기독교서회. 1987).

______. 『組織神學』 I, II, III. IV. (서울: 대한기독교서회. 1988, 1990, 1994, 1997).

______. 『現代의 神學思想』(서울: 대한기독교서회. 1992).

______. *GOD IN HUMANITY. The Belief in Hananim and the Faith in God* (Seoul: Chungmyung Verlag Seoul, 1992-Dissert. Basel U. 1970).

김광식 교수 회갑기념논총 간행위원회. 『해석학과 토착화』(서울: 한들. 1999).

김균진. 『기독교 조직신학』I. II. III. IV. V.(서울: 연세대학교출판부. 1985. 1987. 1989. 1995. 1999).

______. 『헤겔 哲學과 現代神學』(서울: 대한기독교출판사. 1990).

______. 『생태계의 위기와 신학』(서울: 대한기독교서회. 1995).

김명용. 『온 신학』(서울: 장로회신학대학교출판부. 2015).

김명혁 외. 『성경과 신학』(서울: 정음출판사. 1983).

김양선. 『韓國基督教解放十年史』(서울: 장로회총회종교교육부. 1956).

김영한. 『바르트에서 몰트만까지』(서울: 대한기독교출판사. 1987).

김흡영. 『道의 신학』(서울: 다산글방, 2000).

______. Christ and the Tao. CCA. 2003.

______. 『가온 찍기』 (서울: 동연. 2013).

금장태. 유동식. 정병조. 이석호. 『韓國宗教思想史 I, II』. (서울: 연세대학교출판부. 1994).

민경배. 『韓國基督教會史』(서울: 연세대학교출판부. 1994).

민영진 외. 『한국민중신학의 조명』(서울: 대화출판사, 1983).

박봉랑. 『신의 세속화』(서울: 대한기독교출판사. 1985).

______. 『신학의 해방』(서울: 대한기독교출판사. 1991).

박재순. 『열린 민중신학』(서울: 한울. 1995).

박종천. 『相生의 神學』(서울: 한국신학연구소. 1991).
서남동. 『민중신학의 탐구』(서울: 한길사. 1983).
송길섭. 『韓國神學思想史』(서울: 대한기독교출판사. 1987).
심상태. 『익명의 그리스도인-칼 라너 학설의 비판적 연구』(서울: 성바오로출판사. 1989).
심일섭 편. 『한국 신학의 토착화론과 사회윤리』 (서울: 국학자료원. 1995).
______. 『한철학』(서울: 전망사. 1983).
윤철호. 『예수 그리스도』 상, 하(서울: 한국장로교출판사. 1998, 1999).
______. 『현대신학과 현대개혁신학』 (서울: 장로회신학대학교출판부. 2008).
이만열. 『한국기독교와 민족의식』(서울: 지식산업사. 1992).
이성배. 『儒教와 그리스도교』(왜관: 분도출판사. 1979).
이양호. 『칼빈, 생애와 사상』(서울: 한국신학연구소. 2001).
이정배. 『토착화와 생명문화』(서울: 종로서적. 1991).
______. 『한국적 생명신학』(서울: 감신. 1996).
장기근. 『老子』, 세계사상전집 3권(서울: 삼성출판사. 1982).
주재용. 『한국그리스도교 사상사』(서울: 대한기독교서회. 1997).
최인식. 『다원주의 시대의 교회와 신학』(천안: 한국신학연구소. 1996).
택정언. 『일본기독교회사』(서울: 대한기독교서회. 1979).
한국기독교학회 편. 『종교다원주의와 신학적 과제』(서울: 대한기독교서회. 1993).
한국 문화신학회 편. 『한국 종교문화와 그리스도』 제1집(서울: 한들. 1996).
한국 문화신학회 편. 『한국 종교문화와 문화신학』 제2집(서울: 한들. 1998).
한영우 외 17인 공저. 『한국사특강』(서울: 서울대학교출판부. 1995).
함석헌. 『뜻으로 본 한국사』(서울: 제일출판사. 1965).
현영학. 『예수의 탈춤』(천안: 한국신학연구소. 1997).
홍지영. 『정치신학의 논리와 행태』(서울: 금란출판사. 1977).

[논문]

강만길. "한국 민족운동사에 대한 기본시각" 『한길역사강좌 1』 (서울: 한길사. 1986): 41-70.
공성철. "오리게네스, 기독교와 그리스철학의 융합자?" 『해석학과 토착화』. 김광식 교수 회갑기념논총(1999): 35-54.
금장태. "유교의 이념과 현실세계" 「基督教思想」 제206호(1975. 7.): 57-55.
김경재. "韓國文化史의 側面에서 본 窮極的 觀心의 性格과 韓國神學의 課題" 「神學思想」 제4집(1994. 3.): 191-226.

______. "복음의 문화적 토착화와 정치적 토착화" 「基督教思想」 제255호(1979. 09.): 58-67.
______. "韓國教會의 神學思想", 「神學思想」 제44집(1984. 3.): 5-34.
______. "종교적 상징의 본질과 기능", 「基督教思想」 제335호(1986. 11.), 194- 216.
______. "한국인의 심성과 기독교 영성" 「基督教思想」 제352호(1988. 4.): 63-72.
______. "종교다원론에 있어서 해석학적 의미" 「현대와 신학」. 제12집(1989. 5.): 87-113.
______. "종교다원론에 대한 교계의 열병을 보며" 「基督教思想」 제397호(1992. 1.): 181-187.
______. "한국 문화신학 형성과 [基督教思想]" 「基督教思想」 제400호(1992. 4.): 35-48.
______. "종교다원론의 참뜻을 밝힌다" 「基督教思想」 제403호(1992. 7.): 153- 160.
______. "한국 교회, 얼마나 한국적인가?" 「神學思想」 제82집(1993. 9.): 129-146.
______. "한국 사회의 종교적 갈등과 관용" 「基督教思想」 제436호(1995. 4.): 44-53.
______. "민중신학과 종교 신학의 길항성과 상보성" 「神學思想」 제93집(1996. 6.): 43-63.
______. "한국 신학 수립을 위한 해석학" 「基督教思想」 제453호(1996. 9.): 61- 74.
김광식. "神學의 變形과 東洋神學의 諸問題" 「基督教思想」 제157호(1971. 6.): 103-114.
______. "福音의 教育論的 解釋" 「基督教思想」 제159호(1971. 8.): 86-99.
______. "基督論의 土着化 試案" 「基督教思想」 제177호(1973. 2.): 108-122.
______. "誠 神學에 可能性 있다" 「基督教思想」 제179호(1973. 4.): 84-91.
______. "이름이 붙지 않은 기독교" 「基督教思想」 제197호(1974. 10.): 94-110.
______. "對話의 神學과 그 展望" 「神學思想」 제32집(1981. 6.): 394-415.
______. "道의 存在論的 解釋" 「現代와 神學」 제9집(1982. 12.): 124-146.
______. "現代神學의 危機와 希望" 「基督教思想」 제298호(1983. 4.): 143-154.
______. "하느님의 啓示와 人間의 宗教" 「神學論壇」 제16집(1983. 11.): 199-219.
______. "土着化의 再論" 「神學思想」 제45집(1984. 6.): 395-418.
______. "土着化 神學의 解釋學的 局面에 對한 研究" 「省谷論叢」 제16집(1985. 6.): 175-221.
______. "教會의 本質과 使命" 「基督教思想」 제329호(1986. 5.): 16-24.
______. "2000년대 한국 신학의 전망" 「基督教思想」 제330호(1986. 6.).: 26-36.
______. "하느님에 대해 말할 수 있는 가능성으로서 속성론 연구" 「神學論壇」 제

17집(1987. 06.): 133-151.
______. "他宗教와의 對話와 土着化神學" 「현대와 신학」 제11집(1987. 9.): 39-59.
______. "多宗教 社會 속에서의 眞理" 「감신학보」 제26집(1987. 10.): 23-30.
______. "솜씨의 神學으로서 誠神學" 「現代와 神學」 제13집(1990. 5.): 19-32.
______. "한국 토착화신학 형성사" 「基督教思想」 제390호(1991. 6.): 7-15.
______. "성육신의 현재적 의미" 「基督教思想」 제420호(1993. 12.): 10-17.
______. "샤마니즘과 풍류신학" 「神學論壇」 제21집(1993. 10.): 59-81.
______. "유동식 신학의 형성과정과 전개" 『韓國宗教와 韓國神學』. 유동식 교수 고희기념논문집(천안: 한국신학연구소, 1993): 33-55.
______. "宗教多元主義와 土着化" 「現代와 神學」 제18집(1994. 06.): 18-32.
______. "교회의 에큐메니컬 차원과 복음의 토착화" 「現代와 神學」 제19집(1994. 10.): 31-50.
______. "토착화신학의 네 가지 신토불이" 『心濟 韓泰東 教授 고희기념논문집』 (서울. 1995): 177-192.
______. "기독교인인 동시에 타 종교인" 「現代와 神學」 제21집(1996. 6.): 41-61.
______. "토착화신학에서 본 문화신학" 『한국 종교문화와 그리스도』. 한국 문화신학회 편, 제1집(서울: 한들 1998): 11-23.
______. "토착화의 모델로서 교파유형" 「現代와 神學」 제22집(1997. 6.): 108- 121.
______. "Harmony and Unfording versus Analysis and Synthesis" *YJT.* vol 1.(1996): 97-106.
______. "Christological Foundation and Pneumatological Actualization" *KJST.* No. 1.(1997): 51-60.
______. "Koreanische Auseinandersetzung mit Postmodernismus und Religionspurasmus" YJT. vol 2.(1997): 85-92.
______. "선교역사에서 본 토착화의 미래" 「현대와 신학」 제23집(1998. 6.): 85-96.
______. "Simul Christianus et paganus" *Theologische Zeitschrift.* herausgegeben von der Theologischen Fakultät der Universität Basel Jahrgang 54. (1998): 241-258.
______. "Nonduality of God and Earth" *KJST.* No 2. (1998): 45-55.
______. "Nonduality of Faith and Earth" *KJST.* No. 3. (1999): 155-166.
______. "Asian Values and Church Growth in Korea" *Theologische Zeitschrift.* herausgegeben von der Theologischen Fakultät der Universität Basel Jahrgang 55. (1999): 212-227.
______. "한국 교회의 성장과 아시아적 가치" 「神學論壇」 제26집(1999. 2.): 79- 96.

______. “하ᄂᆞ님과 ᄒᆞ나님”「神學論壇」제27집(1999. 06.): 115-130.

김광묵. “土着化神學으로서 誠의 神學에 대한 연구” 석사학위논문. 연세대학교연합신학대학원(1998).

______. “장 칼뱅과 퇴계 이황의 경건사상에 대한 비교연구” 박사학위논문. 강남대학교대학원(2008).

______. “한국 교회의 통일사역과 통일영성”「한국조직신학논총」제57집(2019. 12.): 7-54.

김균진. “基督教의 三位一體論的 神觀과 他宗教와의 對話”『한국 교회와 신학의 이해』(서울: 연세대학교출판부. 1985): 303-324.

______. “타 종교와 기독교의 관계”「神學論壇」제21집(1993. 10.): 83-105.

김능근. “儒教思想概觀”I/II/III,「基督教思想」제166호(1972. 3.): 136-141 / 제167호(1972. 4.): 140-147 / 제169호(1972. 6.): 117-125.

김덕기. “토착화의 근거로서 타자와 언어 이해”「神學思想」제101집(1998. 6.): 156-179.

김상일. “神學과 韓國思想의 만남” I/II.「基督教思想」제325호(1985. 7.): 121-135. / 제326호(1985. 8.): 134-151.

______. “한 철학적 신학의 모색”『한국 신학의 토착화론과 사회윤리』, 심일섭 편(서울: 국학자료원, 1995): 197-213.

김성재.“민중신학의 올바른 이해와 신학함”「神學思想」제81집(1993. 6.): 40-55.

김승철.“타 종교와의 만남의 역사로서 기독교”I/II.「基督教思想」제400호(1992. 04.): 152-170 / 제401호(1992. 5.): 95-106.

김용복.“民衆의 社會傳記와 神學”「神學思想」제24집(1979. 3.): 58-77.

______. “文化宣教의 神學과 그 課題”,「基督教思想」제303호(1983. 9.): 17-28.

______. “민중신학과 토착화신학”,「基督教思想」제390호(1991. 6.): 29-37.

김용옥. “韓國神學 形成의 再試圖”「基督教思想」제154호(1971. 3.): 110-120.

김이곤. “토착화신학의 성서적 전거: 조상의 하나님과 야훼의 만남” 황성규 편.『예수 · 민중 · 민족』.

______. 안병무 교수 고희기념논문집(서울: 한국신학연구소. 1992. 12.): 94-114.

김의환. “世俗化는 基督教를 教會에서 世上으로 옮기는 것인가?”「基督教思想」제115호(1967. 12.): 50-54.

______. “誠 神學에 할 말 있다”「基督教思想」제178호(1973. 3.): 108-122.

김재준. “非基督教的 宗教에 대한 理解”「基督教思想」제92호(1965. 11.): 30-37.

김재진. “종교다원주의 속에서 선교신학적 모형교체를 위한 구상”I/II.「基督教思想」제433호(1995. 1): 141-154 / 제434호(1995. 2.): 100-110.

김정준. “정치신학의 논리와 행태를 읽고” 「基督教思想」 제226호(1977. 4.). 149-155.
______. “민중신학의 구약성서적 근거” 「神學思想」 제24집(1979. 3.): 5-32.
김정형. “한국적 신학을 향한 여정: 춘계 이종성의 3단계 토착화론에 대한 소고” 「한국조직신학논총」 제57집(2019. 12.): 55-96.
김중은. “성서신학에서 본 토착화신학” 「基督教思想」 제390호(1991. 6.): 16-28.
______. “종교다원주의에 대한 오해와 이해” 「基督教思想」 제401호(1992. 5.): 131-140.
김지철. “한국 문화신학에 대한 비판” 「基督教思想」 제396호(1991. 12.): 43-54.
______. “한국 문화신학은 십자가의 거침돌을 제거했는가?” 「복음과 문화」 제8집 (1991): 146-173.
김창락. “기로에 서 있는 민중신학” 「神學思想」 제96집(1997. 3.): 54-98.
김충열. “東洋 人性論의 序說” 한국동양철학회 편. 『東洋哲學의 本體論과 人性論』(서울: 연세대학교출판부. 1994): 169-184.
김하태. “韓國文化와 그리스도教” 「神學思想」 제45집(1984. 6.): 445-455.
김형호. “昏迷한 時代의 眞理에 대하여” 「문학사상」 제201호 (1975. 2.): 375-378.
김홍모. “유영모-기독교의 동양적 이해” 『다석선생 탄생101주기, 서거10주기 기념 강연』(서울: 백제문화사. 1992).
김흡영. “인(仁)과 아가페(愛): 유교적 그리스도론의 탐구” 「神學思想」 제84집 (1994. 3.): 137-176.
______. “한국조직신학 50년: 간문화적 고찰” 이화여자대학교한국 문화연구원. 『신학연구 50년』(서울: 혜안. 2003): 141-188.
나학진. “多元的인 宗教倫理” 「基督教思想」 제325호(1985. 7.): 136-151.
문상희. “韓國宗教의 受容과 巫俗信仰” 「神學論壇」 제16집(1983. 11.): 333-342.
민경배. “韓國初代教會와 西歐化의 問題” 「基督教思想」 제163호(1971. 12.): 44-50.
______. “韓國基督教와 在來文化의 만남” 「基督教思想」 제255호(1979. 9.): 31-44.
박봉랑. “基督教 土着化와 檀君神話” 「思想界」 (1963. 7.): 172-184.
______. “聖書는 基督教 啓示의 唯一한 쏘스” 「思想界」 (1963. 10.): 235-247.
박봉배. “韓國基督教의 土着化” 「基督教思想」 제152호(1971. 1.): 72-81.
______. “韓國學과 基督教-특히 방법론적인 면에서” 「基督教思想」 제153호 (1971. 2.): 124-130
박숭인. “콘텍스트 신학과 간문화적 해석학” 『해석학과 토착화』. 김광식 교수 회갑 기념논총(1999): 245-260.

박아론. "韓國教會와 韓國思想"「神學指南」 제161호(1973. 6.): 59-64.
______. "韓國的 神學에 대한 異論"「基督教思想」 제183호(1973. 8.): 80-87.
______. "教會(基督教)밖에는 救援이 없다"「월간목회」(1977. 8.): 48-50.
______. "基督教 밖에는 救援이 없다"「월간목회」(1977. 10.): 59-63.
박영호. 『죽음에 생명을, 절망에 희망을』(서울: 홍익재. 1993).
______. 『씨올, 다석 유영모의 생애와 사상』(서울: 홍익재. 1985).
박웅삼. "기독교는 천도교의 한 부분이다"「신인간」 (포덕 105. 08).
박일영. "한국 천주교 수용과정에 나타난 한국 천주교인의 신관과 오늘의 과제"「司牧」 제156호(1992. 1.): 64-104.
박재순. "민중신학과 민족신학"「神學思想」 제81집(1993. 6.): 80-99.
박종천. "민족통일과 토착화신학의 미래"「基督教思想」 제357호(1988. 9.): 114-133.
______. "토착화신학의 모형변화"「基督教思想」 제373호(1990. 1.): 14-36.
______. "단군신화의 相生理念에 대한 신학적해석"I/II. 「基督教思想」 제379호(1990. 7.): 104-124 / 제380호(1990. 08.): 108-124.
______. "1980년대 민중신학의 문제와 한국 신학의 새로운 탐색"「神學思想」 제71집(1990. 12.): 1083-1106.
______. "토착화신학의 방법:현대 해석학과의 대화를 중심하여"「神學과 世界」 제22호(1991. 6.): 184-275.
______. "토착화신학의 기독론적 쟁점"「基督教思想」 제396호(1991. 12.): 55-66.
______. "동학에 대한 신학적 해석-황색예수 탐구 I, II", 「基督教思想」 제427호(1994. 7.): 160-175, 제428호(1994. 8.): 107-123
______. "하느님과 함께 기어라, 성령 안에서 춤추라: 한국적 성령신학의 창조적형성"「基督教思想」 제452, 470호 (1996. 8., 1998. 2.).
______. "A Paradigm Change in Korea Indigenization Theology" *KJST*. vol. 2(1998): 25-44.
박충구. "기독교 사회윤리와 한국 토착화신학"「基督教思想」 제390호(1991. 6.): 109-135.
박형룡. "異教에 대한 妥協問題"「神學指南」 제33권 3호(1969. 9.): 3-9.
변선환. "教會 밖에도 救援이 있다"「월간목회」(1977. 7.): 72-73.
______. "基督教 밖에도 救援이 있다"「월간목회」(1977. 9.): 65-75.
______. "佛教와 基督教의 對話"「基督教思想」 제291호(1982. 9.). 153-179.
______. "東洋宗教의 復興과 土着化神學"I/II. 「基督教思想」 제300호(1983. 5.): 145-162 / 제301호(1983. 6.): 131-147.
______. "他宗教와 神學"「神學思想」 제47집(1984. 12.): 637-717.

법정(法頂). "기독교와 불교", 「基督敎思想」 제157호(1971. 7.), 62-72
서경수. "미륵 예수와 스퍼스타 예수" 「基督敎思想」 제217호(1976. 7.): 38-43;
서광선. "70年代의 神學-神이 죽은 뒤의 神學" 「基督敎思想」 제138호(1969. 11.): 32-38.
______. "神의 政治와 人間의 參與" 「基督敎思想」 제201호(1975. 2.): 30-40
______. "한국기독교 신학의 형성" 「基督敎思想」 제339호(1987. 3.): 46-55.
서남동. "그리스도論的 無神論" 「基督敎思想」 제92호(1965. 11.): 6-18.
______. "神을 아는 길" 「現代와 神學」 제2집(1966): 103-129.
______. "예수 · 敎會史 · 韓國敎會" 「基督敎思想」 제201호(1975. 2.): 53-68.
______. "民衆의 神學" 「基督敎思想」 제203호(1975. 4.): 85-90.
______. "聖靈의 第三時代" 「基督敎思想」 제208호(1975. 10.): 39-52.
______. "민중의 신학" 「神學思想」 제24집(1979. 3.): 78-109.
______. "文化神學-政治神學-民衆神學" 「神學思想」 제42집(1983. 9.): 674-693.
서영대. "韓國原始宗敎硏究史 小考" 「韓國學報」 제30집(1983. 3.): 155-192.
서인석. "이스라엘 智慧文學의 土着化 過程" 「基督敎思想」 제175호(1972. 12.): 62-75.
성백걸. "한의 영성과 한민족 정체성의 형성: 한 신학의 정초와 형성" 『한국 종교문화와 문화신학』 한국 문화신학회 편 제2집(서울: 한들. 1998): 164-193.
성종현. "기독교와 한국 재래종교에 대한 성서적 조명" 「神學思想」 제91집(1995. 12.): 96-111.
송성진. "존 캅의 기독론에 대한 비판적 연구" 「基督敎思想」 제445호(1996. 1.): 86-110.
송진섭. "기독청년의 적색형태 비판을 읽고"「基督敎思想」 제252호(1979. 6.): 103-109.
심일섭. "韓國神學形成史 序說"上/中/下. 「基督敎思想」 제174호(1972. 11.): 89-101. / 제175호(1972. 12.): 106-187. / 제180호(1973. 5.): 94-104.
______. "다석 유영모의 종교다원사상과 토착신앙" 「基督敎思想」 제420호(1993. 12.): 85-105.
______. "탈 토착화냐 재토착화냐?" 『한국 신학의 토착화론과 사회윤리』(서울: 국학자료원. 1995): 215-232.
심창섭. "포스트모던이즘 현상속의 민족신학과 종교다원주의에 대한 역사신학적 조명" 「神學指南」 제232호(1992. 6.): 70-92.
안병무. "韓國神學의 可能性-성서신학에서 가능한 길" 「현대와 신학」 제4집(1967. 04.): 30-39.

______. "基督教와 西歐化" 「基督教思想」 제163호(1971. 12.): 58-68.
______. "오늘의 救援의 正體" 「基督教思想」 제201호(1975. 2.): 69-79.
______. "民族 · 民衆 · 教會" 「基督教思想」 제203호(1975. 4.): 78-84.
______. "民衆神學" 「神學思想」 제34집(1981. 9.): 504-536.
오강남. "유교와 기독교의 만남" 「基督教思想」 제395호(1991. 11.): 144-161.
______. "서구 문명 속의 동양 종교와 기독교" 「基督教思想」 제412호(1993. 4.): 21-92.
유기종. "佛教의 無와 基督教의 하나님" 「現代와 神學」 제11집(1987. 9.): 61-84.
유승국. "東洋의 人間觀" 「基督教思想」 제34호(1960. 7.): 20-27.
______. "東洋思想과 誠" 「基督教思想」 제181호(1973. 6.): 101-106.
유인희. "老·莊의 本體論", 『東洋哲學의 本體論과 人性論』. 한국동양철학회편 (서울: 연세대학교출판부. 1994): 41-52.
윤이흠. "종교다원문화와 한국 교회의 미래상" 「基督教思想」 제328호(1985. 10.): 23-31.
윤철호. "신학이란 무엇인가?" 「조직신학논총」 제3집(1998): 129-145.
______. "한국토착화신학에 대한 해석학적 고찰" 「조직신학논총」 제4집(1999): 154-192.
이강수. "原始儒家의 人間觀" 한국동양철학연구회 편. 『東洋哲學의 本體論과 人性論』(서울: 연세대학교출판부. 1994): 185-219.
이광규. "傳統文化와 外來文化와의 葛藤" 「基督教思想」 제157호(1971. 6.): 36-43.
이광순. "선교와 문화적 수용" 「基督教思想」 제390호(1991. 6.): 63-77.
이광순. "윤성범 교수의 소론을 駁함" 「신인간」 (포덕 105. 08).
이규호. "土着化論의 哲學的 根據" 「基督教思想」 제69호(1963. 10.): 19-30.
이동주. "홍정수 교수의 부활신학에 대한 성서적 비판" 「크리스챤신문」(1991. 6. 1.).
______. "홍정수 교수의 신학에 답함" 「크리스챤신문」(1991. 6. 15.).
이상직. "한국 교회의 정통주의와 종교다원주의 사이의 갈등요인 분석과 종교간의 대화에 대한 새로운 대안의 모색" 「神學思想」 제101집(1998. 6.): 180-217.
이성배. "儒教의 聖과 그리스도교의 聖德" 「宗教硏究」 제8집(1992): 210-241.
이은선. "유교와 기독교, 그 만남의 필요성과 의미에 대하여" 「神學思想」 제82집 (1993. 9.): 220-250.
______. "유교적 그리스도론" 『한국 종교문화와 그리스도』. 한국 문화신학회 편 제1집(서울: 한들. 1996): 167-202.
이장식. "基督教 土着化는 歷史的 課業" 「基督教思想」 제66호(1963. 6.): 36-44.
______. "韓國 倫理思想과 基督教 神學" 「基督教思想」 제104호(1966. 12.): 34-42.
______. "아시아에 있어서의 韓國神學의 性格 摸索" 「현대와 신학」 제4집(1967.

4.): 9-29.
______. "韓國神學 形成의 길" 「基督教思想」 제123호(1968. 8.): 42-50.
______. "韓國神學思想의 史的 考察" 「神學思想」 제46집(1984. 9.): 774-794.
이재정. "민중신학의 신학적 주제와 방법론" 『한국 땅과 그리스도교』(서울: 성공회출판부, 1995): 192-226.
이정배. "종교다원주의와 현대적 신론" 「神學과 世界」 제19호(1989. 12.): 198-218.
______. "토착화신학과 생명신학" 「基督教思想」 제390호(1991. 6.): 38-53.
______. "改新教 神學의 土着化 試論" 「司牧」 제156호(1992. 1.): 105-133.
______. "한국적 신학 어떻게 할 것인가?" 「神學思想」 제82집(1993. 9.): 54-95
______. "토착화신학에서 본 민중신학, 민족신학"I/II. 「基督教思想」 제429호(1994. 9.): 90-107, 제430호(1994. 10.): 108-119.
______. "한국 문화신학에 대한 평가와 전망" 『한국 문화와 그리스도』. 한국 문화신학회 편, 제1집(서울: 한들 1996): 46-93.
______. "기독론의 한국적 이해" 「조직신학논총」 제2집(1996. 4.): 203-264.
______. "생태학적 신학과 한국 신학의 과제" 「神學思想」 제100집(1998. 3.): 156-195.
______. "토착화신학이란 무엇인가?" 『한국 종교문화와 문화신학』. 한국 문화신학회 편, 제2집(서울: 한들 1998): 320-340.
이종성. "基督教 土着化論에 대한 神學的 考察" 「基督教思想」 제70호(1963. 11.): 22-29.
______. "1972년도의 韓國教會의 決算" 「복된말씀」 제197호(1974. 10.): 6-16.
______. "통전적 신학의 입장에서 본 하나의 해석" 『복음과 문화』. 한국기독교학회. 제8집(1991): 15-45.
이종찬. "誠과 한국 문화신학" 『한국 종교문화와 문화신학』. 한국 문화신학회 편, 제2집(서울: 한들 1998): 72-113.
이찬수. "타 종교의 신학" 「神學思想」 제93집(1996. 6.): 64-88.
______. "문화-신학간 대화의 선적구조" 『한국 종교문화와 문화신학』. 한국 문화신학회 편, 제 2집(서울: 한들 1998): 114-138.
이현주. "한 멋진 삶의 예언자" 『韓國宗教와 韓國神學』. 유동식 교수 고희기념논문집(천안: 한국신학연구소, 1993): 86-97.
이형기. "역대 WCC총회문서에 나타난 교회 일치 추구에 있어서 성령의 자리와 그 역할" 『성령과 교회』. 김지철 편 (서울: 장로회신학대학교출판부. 1998): 103-140.
임태수. "민중은 메시아인가?" 「神學思想」 제81집(1993. 6.): 56-78.

______. "구약성서의 관점에서 본 종교다원주의와 토착화" 「基督教思想」 제465호(1997. 9.): 117-125 / 제466호(1997. 10.): 73-80.

장병일. "類型學的 立場에서 본 基督教와 샤머니즘" 「基督教思想」 제44호(1961. 6.): 52-59.

______. "檀君神話에 대한 神學的 理解-創造說話의 土着化 小考" 「基督教思想」 제49호(1961. 12.): 70-77.

전경연. "基督教文化는 土着化할 수 있는가?" 「新世界」 제2권 3호(1963. 3.): 84-90.

______. "基督教 歷史를 무시한 土着化 이론은 元始化를 意味" 「基督教思想」 제65호(1963. 5.): 22-28.

______. "所謂 前理解와 檀君神話" 「基督教思想」 제68호(1963. 8 · 9.): 22-29.

______. "민중신학의 평가-성서신학적 입장에서" 크리스찬아카데미발제문(1982. 5. 28.): 2-9.

정대위. "韓國社會에 있어서의 宗教混合" 「思想界」 제80호(1960. 03.): 201-215.

정진홍. "宗教文化의 만남" 「神學思想」 제52집(1986. 03.): 5-24.

정하은. "韓國에 있어서 神學의 土着化의 起點" 「基督教思想」 제67호(1963. 7.): 22-30.

조태연. "복음을 있게 하고, 복음이 된 여인들. " 「基督教思想」 제484호(1999. 4.): 86-105

조흥윤. "巫(샤마니즘) 연구에 대하여" 「東方學志」 제43집(1984. 9.): 223-256.

지동식. "韓國教會의 土着化 類型과 神學" 「神學論壇」 제14집(1970.): 17-34.

채은수. "他宗教에 대한 基督人의 評價" 「神學指南」 제205호(1985. 여름호): 121-148.

______. "教會와 福音의 커뮤니케이션" 「神學指南」 제216호(1988. 여름호): 95-117.

채필근. "구원과 해탈" 「神學指南」 제 10권 2호(1928): 9-15.

______. "宗教信仰과 宗教研究" 「神學指南」 제12권 1호(1930): 7-13.

______. "地理的 特徵과 宗教的 特性" 「神學指南」 제12권 3호(1930): 10-18.

______. "世界平和와 基督教." 「神學指南」 제69호(1931. 11.): 16-22

______. "宗教學이란 무엇인가" 「神學指南」 제15권 5호(1933): 9-13.

______. "東洋思想과 그리스도" 1/2. 「基督教思想」 제6호(1958. 1.): 52-57 / 제7호(1958. 2.): 17-65.

______. "韓國教會에 미친 儒教思想" 「基督教思想」 제44호(1961. 6.): 10-17.

최인식. "종교다원주의 시대의 한국 교회와 선교" 「神學思想」 제93집(1996. 6.): 89-119.

______. "다원사회에서의 새로운 선교의 모색" 「神學思想」 제102집(1998. 9.): 80-104.
최영실. "그리스도의 영을 받은 사람들" 김경재 편, 『성령과 영성』(천안: 한국신학연구소. 1999): 244-274.
최종식. "외제신학과 신학의 국산화" 「基督教思想」 제402호(1996. 2.): 139-143.
최준식. "한국의 종교적 입장에서 바라본 기독교 토착화신학" 「神學思想」 제82집(1993. 9.): 96-128.
한숭홍. "윤성범의 생애와 신학" 「教會와 神學」 제23집(1991): 434-461.
______. "윤성범의 신학 사상" 『한국 신학 사상의 흐름』(서울: 장신대출판부. 1996. 9.): 342-407.
한영숙. "예수는 모름지기 효자인가?" 「基督教思想」 제218호(1976. 8.): 136-139.
한철하. "土着化 問題를 둘러싼 諸混亂" 「神學指南」 제30권 3호(1963. 가을호): 2-41.
______. "한국적 신학수립을 위한 방법론 평가" 「크리스챤신문」(1967. 7. 22.).
______. "복음의 세속적 해석" 「基督教思想」 제113호(1967. 10.): 60-67.
______. "韓國 教會의 神學的 課題" 「基督教思想」 제116호(1968. 1.): 84-89.
한태동. "思考의 類型과 土着 問題" 「基督教思想」 제67호(1963. 7.): 14-21.
허호익. "靈溪 吉善宙牧師의 靈性神學" 『韓國教會史論叢』(서울: 민경배 교수회갑기념회. 1994): 125-151.
______. "김광식의 해석학적 토착화론과 언행일치의 신학" 『해석학과 토착화』. 김광식 교수 회갑기념논총(1999): 477-509.
현영학. "韓國教會와 西歐化" 「基督教思想」 제163호(1971. 12.): 51-57.
______. "民衆神學과 恨의 宗教" 「神學思想」 제47집(1984. 12.): 762-773.
홍이섭. "基督教와 儒教文化" 「基督教思想」 제66호(1963. 6.): 14-21.
______. "韓國 現代史와 基督教" 「基督教思想」 제74호(1964. 3.): 34-41.
홍정수. "오늘, 한국에서 神學한다는 것" 「基督教思想」 제321호(1985. 3.): 193- 199.
______. "기독교 종교 신학의 비판적 연구" 「신학과 세계」 제13호(1986. 11.): 259-305.
______. "세계신학의 개념과 과제" 「神學과 世界」 제19호(1989. 12.): 139-165.
______. "부활의 메시지를 다시 조명한다" 「크리스챤신문」 (1991. 3. 30.).
______. "이동주 교수의 비판에 답함" 「크리스챤신문」 (1991. 6. 8.).
홍지영. "공산청년운동과 기독청년운동을 혼동하는 경향에 대하여" 「現代思潮」(1979. 3.).
______. "기독청년의 적색형태를 우려함" 「現代思潮」(1979. 5.).
홍현설. "土着化의 可能面과 不可能面" 「基督教思想」 제68호(1963. 8 · 9.): 14-84.
Andrew Sung. Park, "Minjung and Pungryu Theologies in Contemporary Korea: A Critical and Conparative Examination" Dissert. Berkely U. Califinia (1985).

Bernhardt R. "Aufbruch zu einer pluralistischen Theologie der Religionen" ZThK 2(1994): 230-246 / 심광섭 역.
______. "다원적 종교 신학을 향한 출발"「基督教思想」제434호(2009. 2.): 111-129.
Mcqurry, John. "基督教와 他宗教"「基督教思想」제92호(1965. 11.): 69-75.
______. "Buddha und Christus" Ludwig Röhrsch eid. Verlag. Bern. (1952).
Neiles, D. T. "聖經硏究와 土着化 問題"「基督教思想」제59호(1962. 10.): 65-69.
Nieter, P. F. "기독교 신학은 대화신학이어야만 한다"「基督教思想」제428호(1994. 08.): 88-105 / 오강남 역.
Panikkar, R."佛教와 基督教의 對話" 서남동 역.「基督教思想」제174호(1972. 11.: 71-81.
Sharpe, E. J. "종교다원주의에 대한 역사적 이해"「基督教思想」제407호(1992. 11.: 141-149.
Sneller, A. "한국 제종교들의 혼합과 토착화"「神學指南」제157호(1972. 여름.: 6-14.
Theo Sundermeier." 토착화와 혼합주의: 관계규정의 문제" (Inkulturation und Synkretismus: Porbleme einer
Verhältnisbestimmung). 채수일 역.「神學思想」제82집(1993. 9.): 147-169.
Tobin, Thomas H. "Logos" *The Anchor Bible Dictionary IV* (New York: Doubleday. 1992): 348-356.
藏田雅彦. "韓日兩國에 있어서 基督教와 他宗教와의 關係에 대한 一考察"『韓國 땅과 基督教』. 이천환 주교 서품 30주년 기념논문집(서울: 대한성공회 출판부, 1995. 5.): 150-167.

[좌담회 및 심포지엄자료]

강원구 외. "종교다원주의의 진리성과 실천성"「神學思想」제93집(1996. 6.): 7-42.
김광식 외. "한국 신학의 현황과 과제" 심포지엄.「神學思想」제82집(1993. 9.): 7-53.
______. "김광식의 신학 사상(대담)", 김광식 교수 회갑기념논총,『해석학과 토착화』, 서울: 한들, 1999): 510-570.
서광선 외. "민중신학의 오늘과 내일"「神學思想」제81집(1993. 6.): 7-39.
유동식 외. "안병무의 신학 사상"「神學思想」제96집(1997. 3.): 23-53.
______. "한국 신학으로써 민중신학의 과제"「神學思想」제24집(1979. 3.): 110-133.
______. "한국토착화신학 논쟁의 평가와 전망"I/II.「基督教思想」제390호(1991. 6.): 78-100 / 제391호(1991. 7.): 75-94.

윤성범 외. "教會의 社會參與는 可能한가?" 「基督教思想」 제44호(1961. 6.): 44-51.
______. "한국인의 정신적 기반" 「크리스챤신문」 제746호(1976. 3. 20.).
______. "孝思想의 現代的 接近" 「新東亞」(1977. 5.).
이장식 외. "韓國宗教와 基督教" 「基督教思想」 제92호(1965. 11.): 78-84.

[기타]

김명혁. "神學運動이 아닌 社會運動" 「교회연합신문」(1982. 7. 4.).
김영한. "教會 고유성격에 혼란" 「교회연합신문」 (1982. 7. 18.).
박철호. "柳東植의 神學思想 硏究" 석사학위논문. 연세대학교연합신학대학원(1991).
변선환. "海天 尹聖範 學長님을 追慕함" 「神學과 世界」 제9호(1983. 10.).
손봉호. "민중신학이 신학이며 한국적인가?" 「교회연합신문」(1982. 8. 1.).
이상현. "한국적 신론의 가능성" 석사학위논문. 감리교신학대학교대학원(1993).
장준태. "윤성범의 토착화신학에 대한연구" 석사학위논문. 감리교신학대학교신학대학원(1997).
성백걸. "풍류도와 예술신학의 여명- 유동식선생과의 대담" 「샘」. 창간호(1999. 봄).
「독립신문」. 2-30호(1897. 3. 13.).
「독립신문」. 3-224호(1898. 12. 24.).
「교회연합신보」 (1982. 8. 29.).
https://encykorea.aks.ac.kr/Contents/Item/E0033056 (2020. 3. 11.).
https://100.daum.net/encyclopedia/view/14XXE0008162 (2020. 2. 10.).
https://blog.naver.com/PostView.nhn?blogId=tjd392766&logNo=220624746214 (2020. 3. 12.).
https://blog.naver.com/own2425/221381281341(2020. 3. 13.).
https://brunch.co.kr/@brunchwint/36 (2020. 3. 13.).
https://blog.naver.com/PostView.nhn?blogId=jcy0109&logNo=110022497376 (2020. 3. 12.).
https://egloos.zum.com/chhistory/v/87794 (2020. 3. 17.).
https://cafe.daum.net/lifeligh (2020. 3. 14.).
https://cafe.daum.net/yddchFreedom (2020. 3. 20.).
https://blog.naver.com/PostView.nhn?blogId=edurecruit&logNo=221204177839 (2020. 4. 20.).
https://blog.daum.net/rina507/3121846 (2020. 12. 8.).

찾아보기